Reinhard Bein / Bernhardine Vogel

Nachkriegszeit

Das Braunschweiger Land 1945 bis 1950

Materialien zur Landesgeschichte

Begleitbuch zur Ausstellung
des Gymnasiums Neue Oberschule
im Städtischen Museum Braunschweig
vom 12. März bis 17. April 1995

Inhaltsübersicht

Mitarbeiter an diesem Buch:

Karl-Joachim Krause, Myriam Mommertz, Daniela Opitz, Wilhelm Pieper, Isabell Rohloff, Verena Scheinhardt, Frauke Stieghan, Rosemarie Vogt und
die Schüler des L-Kurses Geschichte der Neuen Oberschule: Andrea Bieler, Maren Böcker, Tobias Burkhardt, Diana Buttler, Vanessa Feige, Helge Mette, Sebastian Pany, Philipp Pausder, Elin Schirmer, Thorsten Schumacher, Kirsten Weigel, Kerstin Wenzel, Björn Wilhelm, Karen Wulff.

Besonderer Dank
für Anregungen und tatkräftige Hilfe:

Bernd Bredemeyer, Frank Ehrhardt, Martina Kuchen-Kalanke, Karl-Joachim Krause, Gertrud Parrisius-Bingel, Christa Bosse-Schaper, Gerhard Pieper, Volker Pany und die Elternhilfe der Neuen Oberschule, Gabriele Popko, Giesela Rothe, Rosemarie Vogt, Gesa Wolff, Verena Kleinschmidt.

Nachkriegszeit

Reinhard Bein / Bernhardine Vogel

Materialien zur Landesgeschichte

Das Braunschweiger Land 1945 bis 1950

Zeittafel von 1945 bis 1950

Braunschweig

12. April 1945	Besetzung der Stadt durch amerikanische Truppen in den frühen Morgenstunden
15. April 1945	Beschlagnahme des Veltheimischen Hauses auf dem Burgplatz als Sitz der alliierten Militärregierung
7. Mai 1945	Wiedereröffnung des Personenverkehrs auf der Eisenbahn, zunächst in beschränktem Umfange
1. Juni 1945	Übernahme der Führung der Stadt durch den früheren Oberbürgermeister Ernst Böhme
5. Juni 1945	Ablösung des amerikanischen durch den englischen Town-Major
8. Juni 1945	Bildung des Freien Deutschen Gewerkschaftsbundes für den Freistaat Braunschweig
20. Juni 1945	Wiederaufnahme des Postverkehrs, zunächst in beschränkem Umfange
17. Juli 1945	Umbenennung von Straßen aus politischen Gründen
10. Aug. 1945	Aufhebung der Reisebeschränkungen in der englischen Besatzungszone
10. Sept. 1945	Wiederbeginn des Schulunterrichts, zunächst in beschränktem Umfange
25. Sept. 1945	Wiedereröffnung des Staatstheaters in der Turnhalle der Kant-Hochschule
3. Okt. 1945	Wiederaufnahme der Tätigkeit bei den Gerichten, zunächst in beschränktem Umfange
6. Nov. 1945	Wiedereröffnung der Kant-Hochschule
12. Nov. 1945	Wiederaufnahme der Vorlesungen an der Technischen Hochschule
17. Nov. 1945	Eröffnung des Flüchtlingshilfswerkes
1. Dez. 1945	Änderung der Stadtverfasssung (Selbstverwaltung nach englischem Muster)
3. Dez. 1945	Erste öffentliche Sitzung der von der Militärregierung ernannten Stadtvertretung
8. Jan. 1946	Wiedererscheinen einer Tageszeitung („Braunschweiger Zeitung") mit Lizenz der Militärregierung
	Konstituierende Versammlung des vom Staatsministerium ernannten „Landesrates des Landes Braunschweig".
9. / 10. Febr. 1946	Gewaltiges Hochwasser in der Stadt
21. Febr. 1946	Erste ordentliche Sitzung des Braunschweigischen Landtages
30. März 1946	Wiederaufstellung des während des Krieges im Rammelsberg sichergestellten Burglöwen
25. Mai 1946	Eröffnung des Hotels Bunker Bockstwete
17. Juni 1946	Beginn der Trümmerräumung durch freiwilligen Notdienst der Bevölkerung
12. Sept. 1946	Amtsübernahme durch den neugewählten Oberstadtdirektor Erich Walter Lotz
6. Okt. 1946	Aufhebung des Ausgehverbotes für die deutsche Bevölkerung
12. Okt. 1946	Wahlen für die Stadtvertretung
1. Nov. 1946	Bildung des Landes Niedersachsen, in dem das Land Braunschweig aufgeht (Gesetz Nr. 55 der britischen Militärregierung)
1. April 1947	Proteststreik gegen Lebensmittelnot
20. April 1947	Wahlen für den Niedersächsischen Landtag
12. Juni 1947	Todesurteil für den früheren Kreisleiter Berthold Heilig wegen Ermordung des Landrates Dr. Friedrich Bergmann
16. Okt. 1947	Bekanntgabe der Demontageliste für die britische und amerikanische Zone
21. Juni 1948	Übergang zur neuen Währung
20. Nov. 1948	Kreistagswahlen
25. Dez. 1948	Wiedereröffnung des Großen Hauses des Staatstheaters mit Mozarts "Don Giovanni"
1. April 1949	Errichtung der „Niedersächsischen Bildungsstätte" im Gebäude des früheren Luftflottenkommandos durch Zusammenfassung von Bezirksschule Franzsches Feld, Raabe-Schule, Großes Waisenhaus BMV, Fachschule für Kindergärtnerinnen und Landeswohlfahrtsschule.
14. Aug. 1949	Wahlen zum ersten Bundestag der Bundesrepublik Deutschland
11. Nov. 1949	Eröffnung des „Braunschweig-Kollegs" als Internat für die Erziehung besonders begabter, junger Menschen und deren Führung bis zur Reifeprüfung
15. Dez. 1949	Eröffnung der „Brücke" zur Pflege kultureller Beziehungen zwischen England und Deutschland im Hause Steintorwall 3
24. Juni 1950	Eröffnung des Freibades im Stadtbad des Bürgerparks
15. Nov. 1950	Wiedereröffnung der Gemäldegalerie des Herzog-Anton-Ulrich-Museums
23. Dez. 1950	Übergang des Fernsprechamtes zum Selbstwählbetrieb

Helmstedt / Zonengrenze

1. Juli 1945	Holzpfähle markieren die Demarkationslinie zur sowjetischen Zone
30. Juni 1946	Sperrung der Demarkationslinie
24. Juni 1948	Vollständige Einstellung des Eisenbahn- und Straßenverkehrs zwischen Helmstedt und Berlin (Blockade)
1. März 1949	Der Zoll übernimmt die Überwachung des Personen- und Wirtschaftsverkehrs vom britischen Militär und der deutschen Polizei an der Zonengrenze.
12. Mai 1949	Aufhebung der Blockade Berlins; Wiederaufnahme des Interzonenverkehrs in begrenztem Umfang
26. Mai 1952	Nach Abschluß des EVG-Vertrages zwischen den westeuropäischen Staaten und der Bundesrepublik Abriegelung der Grenze durch die DDR und die sowjetische Besatzungsmacht: Stacheldrahtzaun mit gepflügtem und geeggtem Kontrollstreifen, Umsiedlung von „unsicheren Elementen“ aus dem „Sperrgebiet“, Unterbrechung der Stromversorgung zwischen der Sowjetischen und Britischen Zone (Kraftwerk Harbke gegenüber Helmstedt)

Blankenburg

20. April 1945	Nach Teilzerstörung der Innenstadt am Morgen Einnahme von Blankenburg durch amerikanische Truppen am Nachmittag
23. Juli 1945	Einmarsch der Roten Armee in den östlichen Teil des Kreises, entsprechend der Festlegung der Zonengrenzen auf der Potsdamer Konferenz; Abtrennung des östlichen Teils des Landkreises Blankenburg und des Amtes Calvörde (Kreis Helmstedt) vom Territorium des braunschweigischen Staates. Eingliederung in das Land Sachsen-Anhalt
11. Sept. 1945	Übergabe der „Harzer Werke Blankenburg” in Treuhänderschaft; am 17. April 1946 erfolgt die Enteignung.
23. Juli 1952	Eingliederung des DDR-Teils des Landkreises Blankenburg in den Landkreis Wernigerode

Wolfenbüttel

11. April 1945	Einmarsch der Amerikaner in Wolfenbüttel
18. Aug. 1947	Die Firmen Mast und Welger stellen als erste Firmen aus Wolfenbüttel auf der Hannover-Messe aus.
1. Nov. 1947	Wegen größerer Papierzuteilung kann die „Braunschweiger Zeitung“ dreimal wöchentlich erscheinen.
15. April 1948	Die britische Besatzungsmacht gibt das Lessingtheater an die Stadt Wolfenbüttel zurück.
1. Sept. 1949	Die Tageszeitungen erscheinen täglich.
21. Jan. 1950	Ende des Jugendstrafvollzugs in Wolfenbüttel
1. März 1950	Erhard Kästner wird neuer Direktor der Herzog-August-Bibliothek in Wolfenbüttel.
27. Mai 1950	Erste Schnellbusverbindung zwischen Wolfenbüttel und Braunschweig nach dem Krieg

Salzgitter

9./11. April 1945	Einmarsch der Amerikaner
22. Dez. 1945	Die von der britischen Militärregierung eingesetzten Stadtvertreter haben ihre letzte Sitzung.
Febr. 1948	Der nahezu vollständige Abbruch der Reichswerke ist beschlossen.
5. Febr. 1948	Beginn der Demontage des Hochofens,
10. Febr. 1948	Beginn der Demontage des Stahlwerkes,
24. Febr. 1948	Beginn der Demontage des Walzwerkes und der Kokerei
18. Aug. 1949	Außerordentliche Ratssitzung mit 2.000 Teilnehmern gegen die Demontage, anschließend Protestdemonstration mit 12-15.000 Beschäftigten der Reichswerke
3./6. März 1950	Aktionen der Belegschaft, um die Zerstörung der Fundamente zu verhindern
1951	Die Demontage der Reichswerke ist abgeschlossen. Das Werk ist zu 90% zerstört.

Blick auf die Ruine des Neustadtrathauses und St. Andreas / Foto: Gertrud Bingel

1 Kriegsende

Zeitzeugenberichte

B 1 Helmstedt

Die Rettung der Stadt Helmstedt in letzter Minute

So kam der 12. April 1945. Nur keine Truppen oder Versprengte in der Stadt! Das war die weitere schwere Sorge im Rathaus. Noch in der Nacht zuvor bekam die Feuerwehr vom Bürgermeister als Führer der Wehr den Auftrag, um jeden Preis zu verhindern, daß Helmstedt von der Hitler-Jugend oder militärischen Einheiten in irgendeiner Form verteidigt würde. Eine Aufgabe, der sich Stadtbrandmeister Laarmann mit diplomatischem Geschick und mit Unterstützung von freigiebig gespendeten Zigaretten unterzog. Und als das glatte Konzept in letzter Minute noch Fallschirmjäger vom Flugplatz Mariental, die den Südrand von Helmstedt besetzten, zu verunreinigen drohten, wurden auch diese auf Rücksprache durch Bürgermeister Drechsler mit militärischen Stellen wieder zurückgezogen. Ebenso wurden die mehr als improvisierten Panzersperren über die westlichen und südlichen Straßenzüge beiseitegeräumt, und so stand einem widerstandslosen Einmarsch der Amerikaner in die offene Stadt Helmstedt nichts mehr im Wege.

Gegen Mittag des 12. April wurde Panzeralarm gegeben. Die Bevölkerung ging in die Keller, und bald erzitterte das Straßenpflaster unter der rasselnden Last der Kriegsmaschinen. Durch die Neumärkerstraße rollten sie bis an den Marktplatz vor, und an der Ecke Kram- und Neumärkerstraße machte die Spitze mit dem Kampfwagen des amerikanischen Majors halt. Bürgermeister Drechsler, in Begleitung von Herbert Hasenfuß als Dolmetscher, übergab dem Major die Stadt. Man ging zusammen ins Rathaus, wo als erste Handlung die Beschlagnahme der Polizeiwaffen erfolgte und anschließend die Formulierung der Bekanntmachung der Besatzungsmacht an die Helmstedter Bevölkerung. Draußen gab es inzwischen noch etwas Feuer von der Parkstraße aus, das ein deutscher Flieger auslöste, der sich von oben über den Stand der Dinge orientieren wollte. Doch als das Kläffen der Flakgeschütze aufhörte, drängte die Bevölkerung aus den Kellern, um die „Parade" der amerikanischen Kriegsfahrzeuge auf der Neumärker, dem Gröpern und in den benachbarten Straßen der Mittelstadt abzunehmen. Zwei Sensationen in Braun – Neger und Schokolade – wurden angestaunt und waren das Tagesgespräch.

Wer die Dinge etwas tiefer sah, dem gaben die nächsten Tage aufgelöster Ordnung und innerchaotischer Vorgänge recht. Die Zeitung, die gegen Kriegsende nur noch aus Braunschweig kam und ihren Lesern gefilterten Wissensstoff in bekömmlicher Dosierung zuteilte, schwieg mit dem 12. April. Die Reporter spitzten keine Bleistifte mehr, Eisenbahn und Post entschliefen, und dem offiziellen Verkehr ging die Puste aus. Umso lebhafter war es auf den Straßen und interessanter als zu den blühendsten Zeiten im Rundfunk und Kino. Eine anonyme Menge interessierte sich nachdrücklich für das Heeresbekleidungsamt in der Spinnerei Hampe, wo vielfältige Kleidungsstücke für den Kriegsgebrauch gebündelt, sortiert und registriert lagerten. Namentlich Pelze und Kappen aus schneeweißem Kanin für den nächsten russischen Winter. Sie wurden die große Helmstedter Frühlingsmode 1945. Es sah aus wie in der Antarktis, und die Kinder spielten Eskimo. Die Polizei stand diesem wüsten Treiben machtlos gegenüber. Als viel wirkungsvoller erwiesen sich im Brennpunkt des Geschehens Hanfschläuche und Hydranten.

Q.: Nitsche, Die Rettung der Stadt Helmstedt in letzter Minute, in: 1945-1955, Zonengrenzkreis Helmstedt, Helmstedt 1955, S. 25.

B 2 Grasleben

Haß auf „Fremdvölker"

Am 12. April 1945 um 18 Uhr wurde das Dorf von nordamerikanischen Panzern besetzt. Die deutschen Truppen hatten des Nachmittags den Fliegerhorst, die Munitionsanstalt und das Dorf kampflos geräumt. Sprengungen waren kurz vor Eintreffen der Feinde auf dem Fliegerhorst vorgenommen. Feindseligkeiten fanden weiter nicht statt. Jedoch waren stellenweise große Plünderungen in den verschiedensten Häusern vorgekommen. Manche Familien mußten Haus und Hof räumen, um den Amerikanern Platz zu machen, und dann wurde geplündert und vieles mutwillig vernichtet, vor allen Dingen von den Panzerbesatzungen und von den gefangen gewesenen Polen und Russen, die frei gelassen werden mußten und sich nun als Herren fühlten. Diese freigelassenen **Fremdvölker*)** wurden auf dem Fliegerhorst untergebracht und dort aus der ganzen Umgegend zum Schrecken des Dorfes einlogiert (ca. 6.000 Mann).

Die Hofbesitzer wurden zum größten Teil von ihren Grundstücken verjagt, um den Amerikanern mit ihren Panzern Platz zu schaffen. Die Freiheit wurde beschränkt. Am 13. April war Ausgang erlaubt von 9-12 Uhr, vom 14. April ab von 7-20 Uhr, vom 30. April ab von 6.30-20.30 Uhr, vom 6. Mai ab von 5-21 Uhr, vom 28. Mai ab von 4.30-23Uhr.

Am 14. April wurden in der Kirche vor versammelter männlicher Einwohnerschaft durch den amerikanischen Oberst die Kriegsartikel mitgeteilt. Um das Dorf wurde Flak eingebaut, aber nach 2 Tagen wieder entfernt. Es folgte für die Dorfinsassen eine aufregende Zeit, es fanden häufig Hausdurchsuchungen nach Soldaten und Waffen statt, auch waren die Amerikaner sehr empfänglich für Wein und Schnaps, Bier und Eier. Sie nahmen mit, was ihnen gefiel.

Sämtliche Waffen, Fotoapparate und Rundfunkempfänger mußten abgeliefert werden. Vom 19. April ab mußte jedes Haus eine weiße Fahne ausstecken. Die Amerikaner benahmen sich durchweg anständig, doch fürchterlich wüteten die freigelassenen Russen und Polen, die in großen Scharen vom Fliegerhorst kamen, zum Teil mit Pistolen und Dolchen bewaffnet, und nahmen was sie bekommen konnten und haben wollten. So schlachteten sie auf den Höfen Schweine, Schafe, Federvieh ab, in den Koppeln wurden Kühe und Rinder abgeschlachtet. Die Amerikaner schritten gegen die Plünderungen nicht ein.

---

*) diffamierender Begriff der Nazi-Propaganda

Am 12. Mai mußten die Einwohner 120 Betten nach den Gastwirtschaften Wille und Wiegmann zur Unterbringung von Amerikanern liefern, die nach Abzug derselben (zum Teil in schadhaftem oder fehlerhaften Zustande) zurückgegeben wurden. Vom 7. Mai ab begann der Abtransport der Russen, Franzosen, Tschechen usw. mit Flugzeugen und Automobilen. Die Polen blieben hier.

Vom 10. April 1945 ab ruhte aller Verkehr, es gingen weder Bahn, noch Post, noch Telefon. Das Dorf durfte keiner ohne Genehmigung des amerikanischen Kommandanten verlassen. Für den sich in englischer Gefangenschaft befindenden Bürgermeister Seelecke führte der Forstaufseher Rob. Richter die Gemeindesachen.

Vom 1. Juni 1945 ab übernahmen die Engländer die Verwaltung. In dieser Zeit waren ca. 10.000 Mann an freigelassenen Gefangenen in den Lagern bei Grasleben, die alle Wege unsicher machten. Am schlimmsten hausten sie im Walde an der Rottorferstraße, so daß sich kein Hiesiger mehr in den Wald wagte. Alle Freigelassenen mußten wir erhalten und zwar mit einem Doppel der Rationen, die die Einheimischen bekamen. Wir erhielten pro Tag 214g Brot, 14g Fleisch, 31 1/4g Marmelade, 9g Quark, 7 1/2g Butter, 3 1/2g Margarine, 4 1/2g Käse, 4 1/2g Kaffee-Ersatz, 5 1/2g Nährmittel, 18g Zucker.

Am 16. Juni 1945, abends 6 Uhr, brannte Ebelings große Feldscheune hinter dem Hofe ab (wahrscheinlich Brandstiftung von den Fremden). Am 20. und 21. Juni entstanden große Waldbrände beim Fliegerhorst, am 24. Juni brannten die Gutsstallungen. Das Bürgermeisteramt wurde Ende Juni in die Gastwirtschaft Wille verlegt (vorher im Hause Seelecke). Es wurden 4 Räume eingerichtet: vorne Ordnungsmannschaft, dann Büro, 3. Zimmer für den Bürgermeister, 4. Zimmer engl. Kommandantur.

Da Bürgermeister Richter der NSDAP angehört hatte, mußte er sein Amt Ende Juni niederlegen. Für ihn wurde Bäckermeister Heinr. Brettschneider zum Bürgermeister ernannt. Aus gleichem Grunde wurde der Sekretär und Gemeindeeinnehmer Mechau durch den Tischler August Meier ersetzt. Es wurden auch alle Lehrer und Beamte, die der NSDAP angehört hatten, aus dem Dienst ohne jede Vergütung entlassen.

Die Plünderungen überall dauerten an. Am 21. Juli wurde der Besitzer Chlopek auf der Stelle erschossen, weil er sich zur Wehr setzte, als man ihm sein Schwein rauben wollte.

Q.: Berge, Die schweren Tage 1945 in Grasleben, in: 1945-1955, a.a.O.S.41f.

B 3 Vorsfelde

Angst vor „Untermenschen"

Vorsfelde war frei von deutschen Soldaten. Zwischen Wolfsburg und Vorsfelde hatten zwar Flakstellungen gelegen. Die Geschütze waren jedoch einige Tage vor dem Einmarsch gesprengt oder ohne Sprengung verlassen worden. In Vorsfelde waren außerdem Nebeltruppen untergezogen, die im Verein mit anderen Nebel-Einheiten, die in der Umgebung von Wolfsburg lagen, den Auftrag hatten, bei Fliegeralarm das Volkswagenwerk einzunebeln.

Auch diese Männer der Nebeltruppe hatten schon Tage vor dem Einmarsch Stellungswechsel gemacht. Ebenfalls wurde in den Tagen vorher Vorsfelde durchflutet von vielen Truppeneinheiten aller Waffengattungen. Die deutschen Einheiten kamen aus dem Westen und konnten sich nur durch den einzigen noch offenen Schlauch in der Richtung Danndorf-Oebisfelde-Gardelegen absetzen.

Im Augenblick der Panzerwarnung in der Frühe des 12. April war dieser ganze Strom vorüber. Insoweit konnte Bürgermeister Valentin beruhigt sein. Doch da zog in letzter Minute – noch nach der Panzerwarnung – eine motorisierte Einheit der Organisation Todt in Vorsfelde ein! Das konnte dem Ort gefährlich werden. Die amerikanischen Flieger und Panzer machten da keinen Unterschied! Uniform war für sie Uniform! Nur dem schnellen Zugreifen Bürgermeister Valentins gelang es, diesen Gefahrenherd zu beseitigen. Auf sein Einwirken verließen die Todt-Männer Vorsfelde. (...)

Aber nicht nur die Gruppe der Todt-Männer schien in jenen Stunden nach dem Panzer-Alarm zum Unglück für Vorsfelde werden zu wollen. Ein kleiner Gefechtsverband von Jugendlichen kam per Lastwagen mit Panzerfäusten aus Richtung Wolfsburg angebraust, machte in der Wolfsburger Straße, dort wo jetzt die Schule steht, halt, versteckte sich hinter den Häusern und wollte feindliche Panzer mit den Panzerfäusten erledigen. Bürgermeister Valentin erhielt telefonisch von diesem Vorgang Kenntnis und konnte durch persönliches Eingreifen in letzter Minute die Jungen dazu bewegen, sich schleunigst aus dem Staube zu machen.

Schon eine halbe Stunde später rückten die ersten amerikanischen Panzerverbände an. Sie kamen aus Braunschweig-Wolfsburg und durchfuhren Vorsfelde in Richtung Rühen. Infanterie war aufgesessen oder auf Lastwagen verladen. Artillerie folgte sofort hinterher. Von diesen ersten Feindtruppen blieb nichts in Vorsfelde liegen. Die Vormarschkeile drängten weiter nach Osten, um den deutschen Verbänden auf den Fersen zu bleiben. (...)

Dieses amerikanische Kommando in Stärke von 5 Offizieren und einem Dolmetscher führte überhaupt die erste direkte Besetzung Vorsfeldes durch. Nach Durchschneidung des Telefonkabels auf der Post suchten sie den Bürgermeister im Rathaus auf. Sie brachten gleich einen Dolmetscher mit, der in Berlin studiert hatte und ein ausgezeichnetes Deutsch sprach, so daß Bürgermeister Valentin sprachlich keine Schwierigkeiten zu überbrücken hatte. Die übrigen Maßnahmen einer Besatzungstruppe, wie Aushang von Anordnungen des Kommandanten über Ausgehbeschränkungen, Waffenablieferungen usw, folgten.

Waffen waren von der Einwohnerschaft Vorsfeldes schon an den Tagen vorher im Rathaus abgegeben worden. Die Amerikaner ließen sie in einem Zimmer liegen und machten sich nicht viel daraus. Lediglich die Pistolen fanden ihre Zuneigung. Sie wurden mitgenommen.

Die Amerikaner setzten Bürgermeister Valentin sogleich wieder in sein Amt ein und machten ihn verantwortlich für die Aufrechterhaltung der Ordnung. Als der Bürgermeister erklärte, wie er das anfangen solle, da er doch keine Polizei mehr zur Verfügung habe, übergaben ihm die Amerikaner abgestempelte weiße Armbinden, mit denen er geeigneten Bürgern Polizeigewalt verleihen mußte. (...)

Ein Problem wurde die Quartierbeschaffung für die amerikanischen Truppen. Sie verlangten nur völlig geräumte große Gebäude, keine Privatquartiere. So mußte die Ortsverwaltung ihnen die großen Häuser Braunschweigische Staatsbank, Hotel Goldener Stern, Hotel Deutsches Haus, Haus Stoppelhaar übergeben.

Etwa gegen den 25. April rückte eine Neger-Kompanie in Vorsfelde ein. Die Neger erhielten keinen Ausgang, so daß nichts passierte. Glücklicherweise fielen den Negern nicht die erheblichen Alkoholmengen in die Hände, die in Vorsfelde während der Tage der Besetzung lagerten. Die Lager gehörten der Firma Loeschick-Braunschweig und der Vorsfelder Firma Stoppelhaar, die große Vorräte wegen ihrer Wehrmachtslieferungen unterhalten mußte. Bürgermeister Valentin hatte damals Anweisung empfangen, auf ein bestimmtes Kennwort hin diese Fässer mit Spirituosen und Weinen in die Gossen der Stadt zu entleeren, damit eine berauschte Soldateska nicht Unheil anstiftete. Die Ortsverwaltung verteilte jedoch rechtzeitig und vorsorglich diese Mengen auf Lebensmittelkarten an die Einwohnerschaft und lagerte einen anderen Teil wiederum in die umliegenden Dörfer aus. Nur ein bescheidener Rest war durch Zufall im Stoppelhaarschen Lager zurückgeblieben. Und ausgerechnet diesen Rest in einer Ecke fanden die Neger. Die Stimmung erreichte schnell einen Siedepunkt. Nur mit Mühe gelang es einem amerikanischen Offizier, durch Aufstellen von Posten und durch die damit erwirkte Isolierung die Trunkenen auf den „Brandherd“ zu beschränken, die nach den Erfahrungen in anderen Gebieten unter Umständen sich schlimm hätte ausbreiten können. (...)

Q.: Plenge, Die Ereignisse vor 10 Jahren in Raum Vorsfelde, in 1945-1955, a.a.O.S.39f.

B 4 Braunschweig

Letzte Durchhalteparolen und Einmarsch der Amerikaner (Aus einer Chronik)

März 1945:
Im Kaffeehaus in Wolfenbüttel hielt Gauleiter Hartmann Lauterbacher, der letzte Gauleiter des Gaues Südhannover-Braunschweig, vor politischen Leitern der NSDAP eine Rede, in der er darauf hinwies, daß die deutsche Wehrmacht für ihre letzte siegreiche Entscheidung über neuartige Waffen verfüge, deren Einsatz die entscheidungsvolle Wende bringen werde. Die deutsche Luftwaffe habe neuartige Flugzeuge, die mit jedem Dreck – so sagte er genau – betrieben werden könnten, und man brauche sich in den nächsten Tagen nicht zu wundern, wenn von den einfliegenden feindlichen Bomberflugzeugen Hunderte vom Himmel fallen würden. Der Feind werde es sich sicher bald überlegen, ob sein überlegener Flugzeugeinsatz dann noch einen Nutzen habe. Natürlich sei es nicht notwendig, diese Nachricht sogleich in die Familien der

Bauernhof in Atzum, Kreis Wolfenbüttel: Die Verteidigung bringt mehr Schaden als Nutzen. Soldaten der Wehrmacht mit Beute-Haubitze im Febr./März 1945 kurz vor dem Einmarsch der Amerikaner. / Q.: Kirsten Weigel

Politischen Leiter zu tragen. Man solle sich überraschen lassen. Er könne in dieser Richtung noch weitere Einzelheiten mitteilen, doch sei er als Gauleiter an das Schweigegebot gebunden, um den Feinden nicht die Kenntnis neuer deutscher Waffen in die Hand zu geben.

5. April 1945:
Am 5. April 1945 wurde vom Gauleiter Lauterbacher ein Aufruf an die niedersächsische Bevölkerung veröffentlicht, der die ersten Worte trug: **"Lieber tot als Slav !"** – Der Gauleiter rief damit alle Volksgenossen seines Gaues (Niedersachsen) "zum fanatischen Einsatz gegen die Feinde auf." In diesem Aufruf, der in der Ausgabe Nr.80 vom Freitag, den 6.April 1945 in der "Braunschweiger Tageszeitung" verzeichnet ist, hieß es u.a.: "Wer dabei nicht mit uns ist oder feige und verräterisch die Hand gegen unsere gerechte Sache erheben sollte, wer weiße Fahnen hißt und sich kampflos ergibt, ist des Todes."

Gauleiter Lauterbacher hatte mit seiner Familie auf dem Gut Rodenkirchen bei Einbeck Wohnung genommen, einem schloßartigen Bau, in dem einst der König von Hannover seinen Sommersitz hatte. Der Verfasser dieser Zeitberichte hatte Gelegenheit, im Sommer 1945 mit dem Hofmeister des Gutes Rodenkirchen zu sprechen, wobei ihm die Mitteilung gemacht wurde, daß auf dem Gut mit seinem reichen Viehbestand und seinem landwirtschaftlichen Hinterland für den Gauleiter Lauterbacher und seine Familie in jeder Hinsicht ernährungsmäßig gut gesorgt war. **Gauleiter Lauterbacher** verließ nach diesem Aufruf seinen Niedersachsengau. Er **flüchtete nach Süddeutschland** und wurde dort nach dem Einzug der amerikanischen Truppen verhaftet. Seine Familie kehrte zwischendurch in Rodenkirchen wieder ein. Die Annahme der Bevölkerung, daß Lauterbacher als Verteidigungskommissar mit allen ihm von der Reichsregierung erteilten Vollmachten den Widerstand im Harz organiseren werde, war ein Trugschluß. Lauterbacher war nicht mehr vorhanden. Er war geflüchtet. Die Bevölkerung war sich selbst überlassen.

10. April 1945:
Ein sonniger Tag. Aus den drei großen Lagerhäusern der Militärverwaltung in Gliesmarode/Querum wurden von Soldaten, die bewaffnet das Gelände absperrten, Lebensmittel an die Bevölkerung verteilt. Hunderte von Menschen standen am Mittag, Tausende am Nachmittag in heißer Frühlingssonne, um sich habgierig an der großen Beute zu beteiligen. Es war an den Bahnanlagen ein wüstes Durcheinander. Männer, Frauen, Jungen, Mädel kamen mit Wagen und Fahrrädern. Die Menschen drängten sich an den Türen der Lagerhäuser, vor denen bewaffnete deutsche Soldaten standen. Im dichten Knäuel, wie ein Bienenschwarm, drängten sich die Menschen an die Güterwagen und reckten ihre Hände hoch, um von den verteilten Gaben etwas zu bekommen. Aufgebrochene Kisten und Kästen, zerschlagene Flaschen, aufgerissene Konservenbüchsen, tausendfach, lagen umher. Viele Soldaten machten einen betrunkenen Eindruck.

Ein aus 20 Wagen bestehender Güterzug, mit Reissäcken beladen, wurde von der Menschenmenge geplündert. Viele Ausländer beteiligten sich daran, die den Reis von dem Boden unter den Wagen auflasen, dann aber selbst mit Hand anlegten und die Säcke aufrissen. Der Chronist stand zwischen den Menschen und nahm Zuflucht unter einem Güterwagen, als feindliche Bombenflugzeuge Braunschweig erneut angriffen. Bei der sich im vollen Fluß befindlichen Plünderung störte viele Menschen die Nähe des Bombentodes nicht mehr. Tiefflieger beschossen das Gelände der Bahn. Immer größer wurde die Zahl der Plünderer, immer nervöser und voller Hast wurde das Verlangen, irgend etwas zu erwischen.

Mittwoch, 11.April 1945:
Wieder ein sonniger Tag. Es kam die Meldung, daß die Amerikaner von Hildesheim über Sarstedt in Richtung Hannover vordringen. In der Nacht vom Dienstag (10. April 1945) auf Mittwoch (11. April 1945) war der Beschuß der Stadt vom Westen her so stark, daß es unmöglich war, in den Wohnungen zu schlafen. Die Menschen zogen in die Keller oder gingen in die Bunker, wo sie dicht gedrängt ununterbrochen 24 Stunden lang auf einer Stelle saßen, heiß im Raum und in stickiger Luft, im wüsten Durcheinander. In den Kellern bildeten die Menschen eine Schicksalsgemeinschaft, wie sie in dieser Form vorher und nachher einmalig war. Jeder fühlte seine Verbundenheit, jeder auch die Nähe des Todes oder die Nähe der Befreiung.

Tieffliegerangriffe auf Braunschweig, Beschuß und Bombenwürfe. Starker feindlicher Artilleriebeschuß aus der Richtung von Groß Schwülper. Viele Gebäude im Ostteil der Stadt wurden von Artilleriegeschossen getroffen. Jeder litt in diesen Stunden seelisch unter dem Druck der Ereignisse. Wir saßen auf dem Hofe in Liegestühlen, ließen uns von der Frühlingssonne bräunen und hörten die über uns hinwegpfeifenden Geschosse bis zum Einschlag. Die Menschen, die seit 24 Stunden in den Bunkern saßen, entbehrten dieser Erlebnisse. Wieder kamen Tiefflieger. Zerstörte Häuser, Verletzte und Tote waren das Ergebnis in letzter Stunde vor der Besetzung.

Gegen 20 Uhr abends wurde der Artilleriebeschuß eingestellt. Aber das Maschinengewehrfeuer wurde stärker. Vom Westen her kam es näher und näher. Wir im Westteil der Stadt wußten: Wir werden die ersten sein, die von der Besetzung berührt werden. Nach 20 Uhr abends standen wir in einer Gruppe von vier Personen an unserem Hause. Eine Gewehrkugel pfiff durch unsere Reihe. Wir flohen auseinander und flüchteten in die Keller. Mehr und mehr kam das Gewehrfeuer näher.

"Kellertüren zu!" War das ein Ruf der Feinde? Die ersten Schatten der Nacht legten sich über die Stadt. Ganz vorsichtig öffneten wir nach einer Stunde die Kellertür, handbreit nur, und lauschten in die Nacht. Nichts war zu hören. Dann krochen wir in die feuchten Kellerbetten. Bald danach kam ein Radfahrer über den Sackring mit der zunächst unwahrscheinlichen Meldung, daß die Amerikaner bis zum Madamenweg vorgedrungen seien. Von der Hildesheimer und der Goslarschen Straße kommend, hörte man das Rattern von Panzerketten.

"Das sind deutsche Panzer." – "Nein, ausländische sind es!" So wechselten die Ansichten unserer Kellerkameraden. **Es waren ausländische Panzer**. Sie waren bereits an den Stadtrand von Braunschweig vorgedrungen.

Sternklar war die Nacht. Morgens 2 Uhr begehrte ein Nachbar Einlaß in unseren Luftschutzkeller. Das war eine Überraschung. "Aufstehen!" sagte er, "die Stadt ist bereits besetzt. Alles ging kampflos. Bürgermeister Dr.Mertens hat es abgelehnt, die Stadt zu verteidigen. Er hat sich, um der Verfolgung durch deutsche Behörden zu entgehen, das Leben genommen."

Auf der Rückseite des Fotos stand: „28.9.-29.9.(1943)" – Am 27.9.1943 flog die Royal Air Force den ersten größeren Angriff gegen Braunschweig. In den Gebieten Hagen, Stadtpark, Gliesmarode und Riddagshausen zerstörten die Bomben Häuser. Diese Bewohner waren noch ganz erfüllt vom baldigen „Endsieg", fröhlich und guter Dinge sitzen sie inmitten der Trümmer ihrer Existenz. / Q.: privat

Braunschweig, 12.4.1945: Die einrückenden amerikanischen Einheiten befreien osteuropäische Zwangsarbeiterinnen und Jugendliche. / Q.: Archiv Eckart Grote

Beschädigte Häuser, ausgestellte Bombenpässe und betroffene Personen bei den einzelnen Luftangriffen 1944

Tag	Total beschädigt	Schwer beschädigt	Mittelschwer beschädigt	Insgesamt	Ausgestellte Bombenpässe	Betroffene Personen
1	2	3	4	5	6	7
14. Januar	10	16	19	45	.	.
30. Januar	25	58	41	124	.	.
10. Februar	233	282	193	708	2 279	4 337
20. Februar	47	40	18	105	740	1 435
21. Februar	34	22	15	71	82	198
29. Februar	10	20	23	53	62	173
15. März	44	45	58	147	351	745
23. März	6	3	5	14	27	47
29. März	66	64	173	303	313	788
8. April	77	78	82	237	701	1 434
23. April	231	201	367	799	1 731	3 905
26. April	52	53	161	266	234	578
29. April	—	7	—	7	2	3
8. Mai	20	15	61	96	192	474
19. Mai	96	58	275	429	456	960
23. Mai	9	10	46	65	207	419
5. August	159	222	284	665	1 180	2 351
13. August	147	142	1 143	1 432	981	2 110
24. August	18	3	38	59	71	194
9. September	9	12	52	73	72	168
16. September	10	4	69	83	26	48
28. September	3	3	—	6	3	12
2. Oktober		—	—	—	8	21
15. Oktober	3 215	677	1 400	5 292	17 902	35 514
22. Oktober	36	—	—	36	195	452
Zusammen	4 557	2 035	4 523	11 115	27 815	56 366

Braunschweig in der Statistik 1950, Braunschweig 1950

In den nächsten Tagen stellte es sich heraus, daß er es abgelehnt hatte, das Gas-, Wasser- und Elektrizitätswerk sprengen zu lassen, wie von der NSDAP befohlen worden war. Er hatte sich damit um die Erhaltung wichtiger Versorgungsbetriebe verdient gemacht. (...)

Die ersten Amerikaner, die die Stadt besetzt hatten, trafen wir am Donnerstagvormittag in der Grünstraße. Sie nahmen von der Bevölkerung kaum Notiz. Ich fragte einen amerikanischen Soldaten: "Wie lange dürfen wir auf der Straße bleiben?"

"Nix Straße bleiben, in die Keller!" war die Antwort. Ein amerikanischer Soldat meinte, Ausgehzeit für Einkäufe sei von 9 bis 12 Uhr vormittags. Wir müßten uns streng danach richten. Dann kämen Erleichterungen. Sämtliche Geschäfte waren geschlossen. Es gab kein Brot, keine Milch, kein Fleisch.

Die ersten Bekanntmachungen der Besatzungstruppen erschienen an den Plakatsäulen: "Wir kommen nicht als Unterdrücker, sondern als Befreier!" hieß es in einem Aufruf. Im dichten Knäuel umstanden die Menschen die Plakatsäulen. Waffen mußten abgegeben werden. Häuser wurden durchsucht, Wohnungen von Feindtruppen besetzt, Panzer standen auf Bürgersteigen und Fahrstraßen, lange Wagenkolonnen der Feindtruppen rollten durch die Stadt. Alle Einrichtungen der NSDAP wurden verboten. Der Gebrauch von Ferngläsern und Fotoapparaten war untersagt.

14. April 1945:
Ausländer, Polen, Russen, Tschechen, um einige zu nennen, die sich in Arbeitslagern oder in Gefangenenlagern befanden, brachen die Schranken der Einsperrung. Sie gingen plündernd durch die Stadt. Einer **Plünderung großen Ausmaßes** unterlag das Heeresbekleidungslager an der Broitzemer Straße, ein Riesenbau mit großen Vorräten. Hier kleideten sich die ausländischen Kriegsgefangenen, vorwiegend die Russen, neu ein. Ihre zerrissenen und zerlumpten Kleider fand man am Straßenrand, in Gärten oder auf dem Hofe des Heeresbekleidungslagers.

An den Plünderungen beteiligten sich am nächsten Tage auch große Teile der Bevölkerung. Stoffteile, große Lederrollen, oft das unmöglichste Zeug, wurde aus dem Heeresbekleidungslager auf Fahrrädern und Handwagen oder schwer belastet auf dem Rücken heimgeschleppt. Die Beute der Menschen an Stoff und Leder reichte für das ganze Leben. Vielfach wurde später mit der Ware getauscht. Ein Aufruf der Polizei, das Raubgut zurückzugeben, auch ein Aufruf an die Nachbarn, Angaben zu machen, blieb im wesentlichen unbeachtet. Es gab kaum eine Familie aus der näheren und weiten Umgebung des Heeresbekleidungslagers, die dort nicht Beute gemacht hatte. Kniehoch watete man später in dem Lager über Stoffreste, aufgerissene Kästen mit Knöpfen oder Rollen mit Nähgarn. Alles lag wirr durcheinander. Ein Bild der Zerstörung und des Raubes.

Auf den Straßen begann die Plünderung von Fahrrädern, Handwagen, Krafträdern und Kraftwagen durch Ausländer. Kein Deutscher wagte, sich dagegen aufzulehnen. Auch ganze Gespanne und Pferde wurden mitgenommen. Die Plünderung landwirtschaftlicher Gehöfte begann. Hühner, Schweine und Kühe wurden abgeschlachtet. Die Bauern waren eingeschüchtert. Viele Bauern kamen durch Mord um...

Die Ausländer, auch die Kriegsgefangenen, stellten die Arbeit in den Fabriken, Werkstätten und auf dem Lande ein und machten sich in den Lagern selbständig. Sie versorgten sich zunächst durch Raub in großem Umfange. Ausländer trugen im Knopfloch die Schleifen in ihren Landesfarben. Fahrzeuge führten ihre Flaggen. Kraftfahrzeuge und Motorräder, die durch Raub ihren Besitzer gewechselt hatten, trugen den amerikanischen Stern.

Lebensmittellager Braunschweiger Großhändler wurden geplündert. In langen Schlangen kehrten die Besitzer fremden Eigentums in ihre Lager zurück. Auch die einheimische Bevölkerung beteiligte sich am Raub. Hier und da entwickelte sich schon der "Schwarze Markt" zum Tausch oder Kauf. Mit Säcken, Eimern, Kisten zogen die raubenden Menschen durch die Straßen. Wenn man an der Menschenschlange entlangging, war unschwer festzustellen, wo sich das ausgeraubte Lager befand. Niemand wagte sich dem Räuberunwesen entgegenzustellen. Polizei war nicht vorhanden. Erst nach und nach entwickelte sich die Hilfspolizei, bestehend aus Männern in Zivil mit weißer Armbinde, die die Bezeichnung "Police" trug.

Soldaten regelten in den nächsten Tagen den Verkehr vor den Bäckerläden, vor denen die Frauen in dichten Schlangen standen. Der Verkauf war nur an wenige Stunden gebunden. Ausländer kauften vielfach ohne Marken. Die Verkäufer standen unter Zwang...

Verspätet wurden die Felder bestellt. Gemüseanpflanzungen gab es kaum, was sich im Herbst durch Gemüsemangel auswirkte. Es gab kaum Kohl, kaum Wirsing, Rotkohl, Weißkohl. Ehemals gefangene Russen waren sich selbst überlassen, wie um die ersten Apriltage die deutschen Soldaten, die auf allen möglichen Fahrzeugen heimzogen.

27. April 1945:
Die Unsicherheit auf Braunschweiger Straßen wird größer. Von Ausländern wird Deutschen der Schmuck abge-

Kreis Wolfenbüttel: Transportfahrzeuge der Wehrmacht stehen ausgeplündert am Straßenrand, Flüchtlinge und versprengte Wehrmachtseinheiten ziehen über die Landstraßen. / Q.: Kirsten Weigel

nommen, auch Uhren werden geraubt. Die Arbeit in den Betrieben wird wieder aufgenommen. Männer, die arbeiten können, werden mit Aufräumungsarbeiten beschäftigt, z .B. auf dem Flugplatz an der Broitzemer Straße. Die deutschen Arbeiter werden mit den Lastkraftwagen abgeholt und zur Arbeit gebracht. Sie stehen unter Bewachung von schwarzen amerikanischen Soldaten.

Viele **Politische Leiter der NSDAP in Braunschweig** (wie auch im Reiche) **werden verhaftet** und in Sammellagern untergebracht. Ehemalige Mitglieder der NSDAP müssen auf Braunschweiger Straßen Schutt wegräumen. Möbel und Wohnungen von ihnen werden beschlagnahmt. Entlassungen erfolgen, für die später von der amerikanischen und englischen Militärregierung Richtlinien herausgegeben wurden. Sie gingen über die Industrie- und Handelskammer an das Präsidium der Freien Gewerkschaften und von diesen an die Betriebsräte der einzelnen Firmen, die die Aufgabe hatten, die Entnazifizierung der Privatbetriebe durchzuführen.

8. Mai 1945:
Das Anstellen vor Geschäften wird nicht mehr geduldet. Später aber machte es sich dennoch in verstärktem Maße wieder bemerkbar. Nach und nach kommt Ordnung in die Stadt. Das Wetter ist schön. In Gärten wird fleißig gearbeitet. Viele Arbeiter aus dem Westen (Frankreich, Holland, Belgien) haben Braunschweig auf umkränzten Lastkraftwagen oder mit der Bahn verlassen. Sie sind heimgekehrt. Nach und nach erscheinen die ersten entlassenen Kriegsgefangenen in der Stadt. Die Verdunklung wird nach 5½ Kriegsjahren aufgehoben. Es ist eigenartig, in der Stadt wieder hellbeleuchtete Fenster an den Häusern! Die Straßenbeleuchtung beginnt mehr und mehr.

8. Juni 1945:
Im Braunschweiger Rathaus ist Ordnung eingekehrt. Die bewaffneten Wachen der Ausländer verschwinden mehr und mehr. Die Rückker der Tschechen in ihre Heimat beginnt. Noch bleiben die Polen hier im Lande. Deutsche machen sich die Köpfe heiß: Es geht das unsinnige Gerücht, daß Deutsche in den nächsten fünf Jahren nicht heiraten dürfen und daß uneheliche Kinder nach den Vereinigten Staaten gebracht werden. Die Nachricht hat sich als Schwindel erwiesen.

18. Juni 1945:
Das Gerücht will nicht verstummen, wonach Niedersachsen ein England angegliedertes Königreich werden soll. Ein Prinz aus dem Cumberländer Haus will sich angeblich mit einer englischen Prinzessin verheiraten. Residenz soll Celle werden. Das Braunschweiger Schloß ist zerstört.

Die Verkehrsregelung durch deutsche Polizeibeamte (Zivil mit Armbinde) beginnt wieder. Später erscheinen wieder Polizeiuniformen in einer Mischung von Grün und Feldgrau.

Q.: Balthasar Becker*), Zeitbilder aus dem Jahre 1945, Braunschweig, maschinengeschriebenes Manuskript 1945, Stadtarchiv Braunschweig

---

*) Balthasar Becker war vor 1945 Redakteur der „Braunschweiger Tages-Zeitung", des Parteiorgans der NSDAP für diese Region. Sein Bericht sollte – wie grundsätzlich jeder Zeitzeugenbericht – mit kritischer Distanz gelesen werden.

Freier Blick über die Schützenstraße (Honigbaum) zum Altstadtrathaus und St. Martini (1945) / Q.: Martina Kuchen

Vor 40 Jahren ging in Braunschweig endlich der Krieg zu Ende

Kapitulationsverhandlungen zuerst ohne Erfolg

Von unserem Redaktionsmitglied Karl-Joachim Krause

Geschützdonner von Westen, Norden und Süden, von wo die Soldaten der 12. US-Armeegruppe aus dem gerade eroberten Hildesheim und aus Richtung Harz auf Magdeburg und die Elbe hin vorrücken, kündigt den Braunschweigern am 10. April 1945 das Ende des Krieges an. Seit Tagen werden Lebensmittel und Kleidungsstücke aus den staatlichen Vorratslagern ohne Bezugschein an die Bevölkerung ausgegeben. Am späten Nachmittag wirft ein Tiefflieger zwei Bomben auf die Marienstraße, schießt aus Bordwaffen, zehn Menschen sterben. Eine weitere Bombe fällt auf das Grundstück Felten, Kastanienallee/Ecke Helmstedter Straße, tötet zwei Menschen. Am Abend fordert Generalmajor Leland Hobbs, Kommandeur der 30. US-Infanterie-Division, den Braunschweiger Kampfkommandanten, Generalleutnant Karl Veith, zur Übergabe auf. 40 Jahre ist das alles her.

„Ich lag damals mit 18 Mann an der Wedtlenstedter Schleuse, unsere aus Genesenden (so hießen damals wiederhergestellte Verwundete) in der Schill-Kaserne zusammengestellte Kompanie sollte den Kanalabschnitt von der Denstorfer Brücke bis Bortfeld verteidigen", erinnert sich Hubert Glaubitz, damals 23 Jahre alter Feldwebel, der im Jahr zuvor von der Marine zur verlustreichen Infanterie versetzt worden war. „Mit einem alten Opel-P 4 hatte ich noch am 9. April einen Spähtrupp gen Westen gefahren, wir waren bis Peine gekommen, dort standen die Amis, deren Panzer dann am 10. April bis Vechelde vorgerückt sind."

Hubert Glaubitz

Diesen 10. April 1945 hat Hubert Glaubitz, der später in Braunschweig Polizeibeamter wurde und inzwischen pensioniert worden ist, noch in guter Erinnerung. „Da kamen plötzlich Amerikaner mit einer weißen Fahne auf uns zu, und einer, der gut Deutsch sprach, forderte von uns die Übergabe der Stadt. Ich gab gleich Nachricht nach Völkenrode, wo unser Oberst seinen Gefechtsstand hatte, und der schickte einen Hauptmann, der nur noch einen Arm hatte, zur Schleuse. Aber aus dessen Verhandlungen wurde wohl nichts."

Treffen um 19 Uhr

Die von Robert L. Hewitt verfaßte Geschichte der (US-amerikanischen) 30. Infanterie-Division schildert den Vorgang von der anderen Seite: „Im nahen Vechelade erklärte ein deutscher Sanitätsoffizier, der in Braunschweig kommandierende General sei zur Kapitulation bereit. Der Soldat Salomon von der 125. Kavallerie-Schwadron wurde durch die Linien geführt, um ein Treffen zu vereinbaren, das für 19 Uhr nahe der Brücke festgelegt wurde. Die Truppenspitzen schlossen hinter dem Kanal auf und warteten auf den Straßen, während die rückwärtigen Truppenteile nachkamen. In der ‚Zwischenzeit trafen die Deutschen, was die Amerikaner nicht wußten, letzte Vorbereitungen zur Sprengung der Kanalbrücken nördlich und westlich Braunschweigs."

Das Zusammentreffen der amerikanischen Generale Hobbs und Harrison (Hobbs' Stellvertreter) mit dem deutschen Flak-Generalleutnant Veith an der Wedtlenstedter Schleuse bleibt ohne Ergebnis. Veith habe, so vermerkt der amerikanische Berichterstatter, außer einem Dolmetscher einen zweiten Begleiter mitgebracht, der auch Uniform getragen habe, aber als Vertreter der NS-Partei angesehen worden sei. Auch keine deutsche Quelle überliefert, wer dies gewesen ist.

Veith weist die amerikanische Forderung nach bedingungsloser Kapitulation zurück. Er will seine Truppen binnen 24 Stunden aus der Stadt zurückziehen, um sie vor weiterer Zerstörung zu bewahren. Hobbs lehnt ab, gibt fünf Minuten Bedenkzeit. Dann schlägt Veith vor: „Braunschweig und Umgebung kapitulieren bedingungslos morgen um 12 Uhr. Ich ziehe meine Truppen aus der Stadt heraus."

Der amerikanische Kommandeur schlägt barsch ab: „Uns interessiert nicht die Stadt. Wir wollen Ihre Truppen!" Und: „Ich bin nicht hier, um zu zanken. Ich fordere bedingungslose Kapitulation!"

Ohne Ergebnis trennen sich die beiden Verhandlungsgruppen. Auf eine Frage des deutschen Dolmetschers kündigt General Hobbs an, in einer halben Stunde würden die Kampfhandlungen wieder aufgenommen werden.

„Standrecht" in Schandelah

In Schandelah östlich der Stadt läßt an diesem 10. April abends der Anführer eines Volkssturm-Kommandos, das aus HJ-Führern der „Reichsjugendakademie" an der Wolfenbütteler Straße in Braunschweig gebildet worden ist, den Bürgermeister Jürgens und den Arzt Dr. Zschirpe „wegen Sabotage und defätistischen Verhaltens" standrechtlich erschießen. Beiden wird zur Last gelegt, die Entfernung der bei Schandelah angelegten Panzersperren veranlaßt zu haben. (1948 ahndet ein Schwurgericht diesen „Totschlag in zwei Fällen" an den drei Tätern mit zweimal sechs und einmal vier Jahren Gefängnis.)

Am 11. April morgens hält der Braunschweiger NSDAP-Kreisleiter Berthold Heilig über Drahtfunk eine Durchhalte-Rede: Braunschweig sei jetzt Festung, die Stadt werde „bis zum letzten Mann" verteidigt.

Die amerikanische Divisionsgeschichte berichtet davon, daß der Kanalübergang am Morgen des 11. April nach drei zurückgeschlagenen nächtlichen Versuchen erzwungen wurde. In Stöckheim fliegt um 2 Uhr die Rüninger Brücke in die Luft. In seiner Chronik von Stöckheim berichtet Wilhelm Bornstedt: „Um drei Uhr nachmittags stoßen amerikanische Truppen über die neue Brücke bei Leiferde und am Lechlumer Holze nach Osten vor. Eine Kanonenbatterie bei Leiferde eröffnet am Abend das Feuer und schießt in Richtung Braunschweig-Süd und -Ost über das Dorf hinweg".

Aus der Kirchenchronik von Ölper zitiert Hans Lindemann in seiner Ölper-Chronik für den 10. April 1945: „Den ganzen Tag über werden Fenster und Türen durch schwere Detonationen erschüttert. Militärische Anlagen und Brücken über die Oker und den

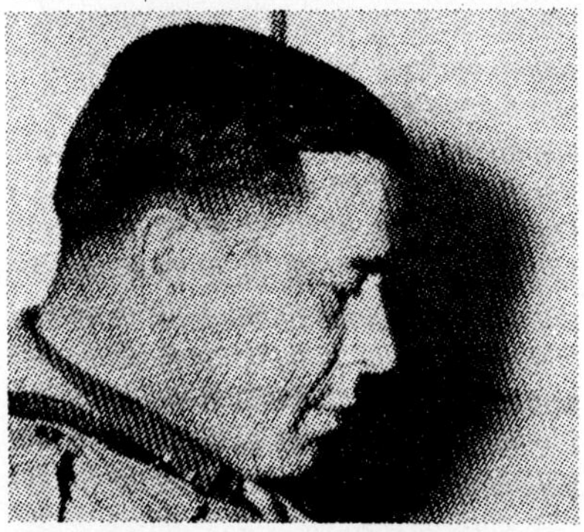

Generalmajor Leland Hobbs, Kommandeur der 30. U.S.-Infanteriedivision, die Braunschweig eingenommen hat.

Mittellandkanal werden gesprengt, um den Anmarsch der amerikanischen Truppen aufzuhalten... Abends um neun Uhr begann die Beschießung der Stadt durch amerikanische Artillerie. Sie dauerte die ganze Nacht hindurch bis zum nächsten Abend. Bis auf wenige Häuser an der Landwehrstraße, die durch Granaten mehr oder weniger beschädigt wurden, blieb Ölper verschont. Wir verbrachten mit etwa 20 Personen aus der Nachbarschaft die Nacht im Luftschutzkeller des Pfarrhauses..."

Und für den 11. April: „Gegen neun Uhr morgens begann der Einmarsch der amerikanischen Panzer von der Hildesheimer Straße her... Maschinengewehre knatterten, Panzer brummten Stunde um Stunde."

Einmarsch ohne Widerstand

In der Stadt hatten die Luftschutzsirenen „Panzeralarm" geheult und damit die Bewohner in die Keller geschickt. Gegen Mittag werden die ersten GIs in der Innenstadt, am Bunker Sack, gesehen. Die Amerikaner überfluten die ganze Stadt mit Panzern und Fahrzeugkolonnen. Sie finden am Stadtrand eilig ausgehobene Gräben, auf einigen Straßen auch aus Straßenbahnwagen, alten Autos und Trümmern errichtete Barrikaden, aber keinen Widerstand vor. Die deutsche Truppe hat sich an den Elm zurückgezogen.

In seinem Dienstzimmer im Rathaus schreibt Bürgermeister Dr. Hans-Joachim Mertens einen Abschiedsbrief an seine Frau („Der Ausgang des letzten Kampfes ist klar, es ist anzunehmen, daß sämtliche Führer die Stadt verlassen") und nimmt sich das Leben.

Kinder waren die letzten

Die letzten Braunschweiger Kriegstoten waren an diesem 11. April 1945 in Langeleben zu beklagen. Durch Bombenwürfe und Bordwaffenbeschuß von drei amerikanischen Flugzeugen kommen 35 aus Braunschweig evakuierte Kinder im Alter von vier bis sechs Jahren und zwei ihrer Betreuerinnen ums Leben. Mit den Kindern, die aus der Braunschweiger städtischen Kinderklinik nach Langeleben in vermeintliche Sicherheit gebracht worden waren, sterben 17 Soldaten und eine Wehrmachtshelferin unter den Geschossen der Bordwaffen der US-Piloten.

Übergabe an einen Leutnant

Mitternacht ist vorüber, der 12. April 1945 angebrochen, als ein Stadtbediensteter in einem Taxibüro den amerikanischen Leutnant Jerome Burkett aufstöbert, der dort über einem deutschen Stadtplan brütet. Er bittet den Zugführer im 117. Infanterieregiment, zum kommissarischen Oberbürgermeister Dr. Erich Bockler zu kommen.

Im Polizeibunker treffen Burkett und sein Melder, Sergeant Rex Mabry, auf mehrere uniformierte Deutsche. Bockler und der kommisarische Polizeipräsident, Hauptmann Karl Stahl, wie Bockler in letzter Minute vom NS-Ministerpräsidenten Dietrich Klagges berufen, übergeben eine lange Liste von Kapitulationsbedingungen, die der müde Infanterieleutnant auf zwei Seiten zusammenstreicht. Am 12. April 1945 um drei Uhr wird die Stadt Braunschweig den Amerikanern übergeben.

Als klar wird, daß die Waffen schweigen, fallen sich in der Gärtnerei Oppelt am Skagerrakplatz, dem heutigen Tostmannplatz, die Tochter der Familie und die dort tätigen vier ausländischen Arbeiterinnen um den Hals: Endlich ist der Krieg aus! Erika Oppelt weiß noch nicht, daß der Krieg in Deutschland noch bis zu ihrem 25. Geburtstag am 8. Mai andauern wird.

Der Kontakt mit den Franzosen, die in der Gärtnerei der Eltern gearbeitet haben und nun nach Hause fahren können, dauert an: Einer ist Pate von Erikas Tochter geworden, und 1984 haben sie und ihr Ehemann den Tag der Invasion in Nordfrankreich zusammen mit einem der einstigen Kriegsgefangenen und dessen Familie in der Normandie verbracht.

„Das Feuerwerk aus Leuchtspurmunition, das die Amerikaner am 8. Mai 1945 im ganzen Stadtgebiet gen Himmel schossen, weil Deutschland kapituliert hatte, empfand ich wie ein Geburtstagsgeschenk an mich!", erzählt die Augenzeugin heute.

Der „Kreisbefehlsstand" auf dem Nußberg, davor ein Wachtposten.

Im Kreisbefehlsstand erging Befehl zum Morden

Landrat und sein Sohn starben am selben Tage

Im noch heute vorhandenen Nußberg-Bunker, dem „Kreisbefehlsstand" der Stadt Braunschweig, gingen nicht nur die Luftlagemeldungen ein, sondern er war auch Kommandozentrale in den letzten Stunden vor der Kapitulation der Stadt.

Der Rotkreuz-Wachtführer Kurt Lampe hat überliefert, wie er hier den Amoklauf der NS-Größen vor dem Zusammenbruch ihres Regimes erlebte. Der 30jährige NS-Kreisleiter Berthold Heilig habe hier dem Landrat Dr. Friedrich Bergmann befohlen, die Sprengung aller Brücken über den Mittellandkanal zu veranlassen, und der stellvertretende Kreisleiter Niemöller befahl, alle Häuser an der Grünewaldstraße zu sprengen. Dabei wären Hunderte von Frauen mit ihren Kindern in einem Bunkerraum am Nußberg entlang der Bahnlinie verschüttet worden. Kurt Lampe und Oberstabsarzt Dr. Hentschel gelang es, zu erreichen, daß der Sprengbefehl nicht ausgeführt wurde.

Nachdem Bürgermeister Dr. Merten Selbstmord begangen hatte, öffnete Landrat Dr. Friedrich Bergmann sich die Pulsadern. Als ein Fahrer ihn in ein Krankenhaus bringen wollte, so berichtete Lampe, habe Kreisleiter Heilig abgewehrt: „Den mache ich!" Heilig hat dann den bewußtlosen Dr. Bergmann von zwei Leuten nach Riddagshausen bringen und in der Nähe des Kreuzteichs durch einen Schuß in den Hinterkopf umbringen lassen.

Gutsarbeiter fanden zwei Tage später seine Leiche, im Stiefelschaft einen Zettel mit der Aufschrift „Der Werwolf" (kurz vor Kriegsende hatten die NS-Machthaber zur Gründung einer Untergrundorganisation „Werwolf" aufgerufen, die im besetzten Deutschland Sabotageakte und Angriffe auf Alliierte verüben sollte).

Am selben Tag wurde Bergmanns 19jähriger Sohn, der Geburtstag hatte, im Theaterpark von unbekannt gebliebener Hand erschossen. Vater und Sohn sind auf dem Hauptfriedhof beigesetzt worden.

Zwei Jahre später wurde der ehemalige Kreisleiter Heilig von einer Braunschweiger Strafkammer als Mörder Dr. Bergmanns zum Tode verurteilt, seine Helfer, die den Befehl vollstreckt hatten, zu acht bzw. sechs Jahren Zuchthaus. *kjk*

Im Innern des „Kreisbefehlsstandes" versahen Parteifunktionäre und Hitlerjungen (im Hintergrund an einer Luftlagekarte) Dienst. Fotos: Fr. W. Reimers

B 6 **Martha Fuchs**

Kriegsende im Frauenkonzentrationslager Ravensbrück

Die frühere Braunschweiger Landtagsabgeordnete Martha Fuchs wurde im Zuge der „Aktion Gewitter", mit der sich Hitler nach dem 20. Juli 1944 in den Augusttagen weiterer möglicher Widerstandskräfte entledigte, zunächst in das Lager 21 bei Hallendorf gebracht (vgl. Bein, Im deutschen Land marschieren wir – Freistaat Braunschweig 1930-1945, S. 234 ff), dann in das KZ Ravensbrück.

Da der Hauptbahnhof ziemlich zerstört war, mußten wir in Braunschweig die lange Frankfurter Straße in Begleitung vieler Polizei bis zum freien Bahngleis laufen. Kannst du dir meine Gefühle vorstellen? Wir wurden dann in die engen Abteilchen zu viert hineingepreßt und kamen erst mal nach Hannover. Dort standen schon die „Grünen Minnas", es wurde hineingepreßt, was nur irgend ging, hinfallen konnte jedenfalls niemand. Im Polizeigefängnis war auch alles überfüllt. Ich kam in einen Raum, der vollbesetzt war mit Frauen, die in irgendein Zuchthaus abtransportiert werden sollten. Die meisten sollten vier bis acht Jahre absitzen, weil sie Lebensmittelkarten verschoben hatten. Einige davon waren alte Pgs (1), sogar eine alte Frauenschaftsleiterin war dabei. Sie waren ziemlich fröhlich, denn sie rechneten mit der baldigen Niederlage ihres einst heiß geliebten „Führers", für den sie eigentlich mit Begeisterung hätten hungern sollen. Komischerweise war es in Deutschland so, daß die ältesten PGs und die größten Bonzen in dieser Beziehung nicht den geringsten Ehrgeiz hatten, sondern mit vollgefressenem Wanst den Sieg erleben wollten. Nun, ich hoffe, daß dieser Sorte „Kriegssaboteure" nichts geschenkt wird.

Am nächsten Tag ging es wieder mit der berühmten „Grünen Minna" zum Bahnhof, Richtung Berlin. Am Bahnhof ein Riesenaufgebot von Grünen, als ob lauter Schwerverbrecher ankämen. Bei dem Transport zum Alex habe ich zum ersten Mal das zerstörte Berlin gesehen, es war damals schon schlimm.

Nach langem Stehen kamen wir dann endlich in die verschiedenen Räume. Ich landete wieder in einem schon gänzlich überfüllten Zimmer. Also die zweite Nacht in irgendeinem Winkel auf dem Fußboden. Gegen drei Uhr morgens mußten wir KZ-Leute raus, und nach Empfang eines Stückes Brot und einer sogenannten Kaffeebrühe ging es nach dem Stettiner Bahnhof.

Wir fuhren durch die wundervolle Märkische Heide, eine reizvolle Landschaft. Leider wurde ich ganz plötzlich aus meinen Betrachtungen in die rauhe Wirklichkeit zurückgebracht, als der Zug sich Oranienburg näherte und das KZ Sachsenhausen sich vor meinen Blicken ausbreitete. Also konnte meine zukünftige Bleibe nicht mehr weit sein. Bald waren wir dann in Fürstenberg, der Bahnstation für Ravensbrück. Da waren auch schon die Beamtinnen mit ihren großen Hunden und den Riemen. Dreiviertel Stunden Fußmarsch durch eine landschaftlich herrliche Gegend, und wir waren im Lagerbereich. Das große Tor mit dem Schlagbaum nahm uns auf, das Brüllen der SS war unser Willkommen. Wir mußten auf einer Lagerstraße stehen, und es hieß, daß wir auch die Nacht hier zubringen müßten. Das ist so üblich, denn die Aufnahmeformalitäten dauern bei den Masseneinlieferungen oft tagelang, und dann kommt es vor, daß Häftlinge bei jedem Wetter drei oder vier Tage und Nächte draußen zubringen müssen.

Es war der 11. Oktober und sehr kalt. Mein erster erschütternder Eindruck: Es wurden dauernd Leichen in die Leichenhalle getragen, dort in einen einfachen Sarg gelegt und diese Särge dann von einigen Häftlingen zum Krematorium gefahren. Nach einiger Zeit kamen sie dann mit den leeren Särgen zurück. Inzwischen waren schon wieder genügend Leichen da, so daß der Wagen von neuem losgefahren werden konnte.

Als wir dann unser kleines Töpfchen mit Rüben und zwei Kartoffeln empfingen, wußten wir uns den traurigen Betrieb zu erklären. Die menschlichen Bedürfnisse mußten in einem Eimer auf der Straße verrichtet werden, da wir noch zu keinem Block Zutritt hatten. Auch daran gewöhnt man sich. (...)

Im Lager herrschte infolge des Schmutzes eine üble Krätze, die ich auch einige Male hatte. Dann die schmerzhafte Furunkulose: ich habe sehr darunter gelitten. Heute noch sind an meinem Körper die dunklen Stellen zu sehen. Ich hatte neben ungezählten kleinen Furunkeln auch die faustgroßen, die jedesmal geschnitten werden mußten. Das ging ohne Betäubung vor sich. Ein einziges Mal bekam ich eine Narkose, mußte aber sofort, als ich wieder bei Bewußtstein war, in meinen Block zurücklaufen.

Die Zustände im Krankenrevier waren furchtbar. Man mußte stundenlang draußen in der Kälte stehen, bevor man der Schwester in die Hände fiel. Frauen mit hohem Fieber und vollkommen entkräftet lagen dann teilweise im Schnee auf dem Fußboden, weil sie einfach nicht mehr stehen konnten.

Die Behandlung ging vor versammelter Mannschaft vor sich, auf diese Weise habe ich die entsetzlich abgemagerten Körper mit den vielen vereiterten Wunden gesehen. Im Krankenrevier wurde man erst aufgenommen, wenn man 40 Grad Temperatur hatte. Auch dort mußten die Kranken zu zweit im Bett liegen. Wenn morgens die eine tot war, kam die nächste in dasselbe Bett. Die Toten wurden im Waschraum gesammelt, denn es wurde ihnen erst noch das Gold aus den Zähnen gebrochen. Wer sich waschen wollte, mußte drüberwegsteigen. (...)

Unsere Verpflegung bestand des Morgens aus einem Töpfchen Kaffeebrühe, das irgendein brüllendes Ungeheuer austeilte. Manchmal gab es auch das nicht. Ich habe oft tagelang nichts zu trinken gehabt, da ich das Wasser wegen der Seuchengefahr nicht trinken wollte. Zu Mittag gab es 3/4 Liter, später nur noch 1/2 Liter warmes Essen. Wir konnten uns nie im Speisezettel irren. Mit ganz wenigen Unterbrechungen bekamen wir täglich die weißen Futterrüben, in denen die Kartoffeln gleich mit der schmutzigen Schale gekocht waren. Ach, wenn es doch recht viele dieser Kartoffeln gewesen wären! Leider war die Brühe oft so dünn, daß man nicht wußte, ob man überhaupt etwas gegessen hatte. Am schlimmsten hungerten wir am Sonntag, da gab es nur eine dünne Graupensuppe mit Wasser und etwas Sacharin. Da sehr oft kein Salz im Lager war, konnte man den Fraß trotz des großen Hungers nur mit Mühe herunterkriegen.

Ich habe während der ganzen Zeit nur im Stehen auf der Straße gegessen. Im Winter mußte man das sowieso nicht sehr heiße Essen ganz schnell verschlingen, denn es war die einzige Möglichkeit bei der furchtbaren Kälte, sich etwas zu erwärmen. Am Abend wieder den Kaffee und ein Stück trockenes Brot, das im Laufe der Zeit immer kleiner wurde und fünf Tage vor Lagerräumung ganz wegfiel.

Sonnabends und Sonntags bekamen wir in der ersten Zeit noch ein kleines Stückchen Margarine, etwas Käse und manchmal eine dünne Scheibe Pferdewurst. Aber diese Leckereien hörten auf, je schlechter die Kriegslage wurde. Bei dieser Verpflegung, schwerer Arbeit und all den anderen üblen Dingen des Lagers, nahm man ganz schnell ab. Ich habe mit sämtlichen Kleidern und Mantel nur noch ungefähr hundert Pfund gewogen. Da ich sehr starke Knochen und eine ziemliche Größe habe, war ich wirklich nur noch ein Gerippe, bezogen mit verschrumpelter Haut. Die Frauen starben wie die Fliegen. Sie wurden bei jeder Gelegenheit ohnmächtig und lagen dann eines Morgens tot im Bette. Allerdings, wenn sie noch nicht ganz tot waren, wurden sie des Morgens noch zum Appell auf die Straße geschleppt. (...)

Dieses Stehen war eigentlich das Schlimmste vom Schlimmen. Wir haben unsere Strafe im wahrsten Sinne des Wortes abgestanden. Wenn wir dann so richtig eiskalt gefroren waren, mußten sich die verschiedenen Arbeitskolonnen an ihren bestimmten Plätzen anstellen, und wenn sie wieder lange genug gestanden hatten, ging es zur Arbeit.

Ich arbeitete die letzten sechs Monate im sogenannten Instandsetzungswerk, das sich außerhalb des elektrisch geladenen Stacheldrahtes befand, aber noch mit zum Lagerbereich gehörte. Zu diesem Lagerbereich gehörten eine ganze Reihe Betriebe, u. a. hatte Siemens einen Riesenbetrieb dort. Mal hatte billige Arbeitskräfte und brauchte keine Bombardierung zu fürchten. Das Lager hat nie einen Angriff erlebt.

Das Instandsetzungswerk war ein ausgedehnter Betrieb mit vier Riesenhallen und großen Lagerplätzen. In dieses Werk kamen mit Eisenbahnwagen Teile der aus den von den Deutschen besetzten Gebieten geraubten Güter. Ich habe gestaunt, was noch für Mengen im Jahr 1944 aus Polen dorthin gebracht wurden. Die Waggons mußten von den Häftlingen entladen werden. Die Waren wurden entweder auf den Straßen und Plätzen oder in den Hallen abgeladen. Die armen hungrigen, entkräfteten Frauen mußten die schweren Kisten, Teppiche, Metallsachen usw. unter der Aufsicht und dem Anbrüllen der Anweiserinnen, der Aufseherinnen und der SS-Männer zu den bestimmten Stellen hinschleppen. Ich habe mir dabei einen Bruch gehoben, den ich mir noch wegoperieren lassen muß.

Es waren teilweise 400 Frauen bei uns beschäftigt. Alle Nationen waren vertreten, Juden und Zigeuner. Ich hatte den großen Vorzug, in einer Halle zu arbeiten. Zwar war es eiskalt, aber man war doch vor dem Regen geschützt. In dieser Halle wurden Wäsche, neue und gebrauchte Schuhe, ebenfalls neue und gebrauchte Wandbehänge, Brücken, Teppiche, Bettvorleger vom kostbarsten Perser, Afghanen, Smyrna bis zum einfachsten Bouclé in unvorstellbaren Mengen aufgestapelt. Andere Waren kamen in die dafür bestimmten Hallen oder wurden einfach im Freien hingelegt. Auch Kleidung und Pelze kamen in meine Halle. Außerdem noch neue Stoffe aller Art, Dekorationsstoffe, Möbelbezugsstoffe in Wolle und schwerer Seide und Gardinen in einfacher und kostbarer Ausführung. Diese letzteren Waren habe ich verwaltet. Wieso ich zu diesem Amt gekommen bin, weiß ich heute noch nicht. Wenn genügend dieser Waren gestapelt waren, wurden sie verladen und weggebracht. Wohin, das mögen die Götter wissen. Angeblich sollte es für Bombengeschädigte sein. Ich habe mich schon verschiedentlich erkundigt, aber bis heute noch niemanden gefunden, der so etwas bekommen hat. Das eine weiß ich, daß die SS sich gut eingedeckt hat: Ich habe ja die Sachen herausgeben müssen. Es war sehr interessant für mich, diese Hamsterei gegen Ende des Krieges zu studieren.

Und trotzdem mußte ich erleben, daß es einen SS-Oberscharführer gab, der sich nichts genommen hat. Er sagte wörtlich zu mir: „Ich möchte davon nichts haben, da klebt mir zu viel Blut dran.“

Auch einer unserer Chefs, der nie eine Frau geschlagen oder angebrüllt hat, nahm sich nicht das kleinste Stück. Ich habe mich immer gewundert, wie diese Menschen zur SS gekommen sind. Ebenfalls gab es unter den Aufseherinnen grundanständige Frauen. Zum Beispiel haben sich die Aufseherinnen unserer Halle meist den ganzen Tag nicht sehen lassen. Sie durften ja mit uns Häftlingen nicht sprechen, aber mit mir haben sie sich oft unterhalten, ja, die eine Aufseherin hat mir manchmal aus dem Mitteilungsblatt die Anweisungen betreffend der Behandlung der Häftlinge vorgelesen und ihre entsprechenden Bemerkungen dazu gemacht. Sie riskierte damit schwerste Strafen, wenn es bekannt geworden wäre. Ich habe damals einige Aufseherinnen gefragt, wie sie denn eigentlich zu ihrem Posten gekommen sind. Sie antworteten darauf, daß sie in einem Betrieb oder Geschäft gearbeitet hätten und einfach dienstverpflichtet wurden. Man sagte ihnen, sie kämen zur Beaufsichtigung von arbeitenden Frauen und fanden sich dann im KZ wieder. Sie sagten mir, daß sie im Grunde genauso gefangen seien wie wir Häftlinge. Es war tatsächlich so, denn da sie die Häftlinge nicht wie die üblichen Aufseherinnen mit Gebrüll und Schlägen zur Arbeit hetzten, wurde natürlich nicht so viel gearbeitet, und sie wurden dann von den SS-Leuten dafür gerügt.

Riesenstapel von Betten, Daunen- und Steppdecken blieben wochen- und monatelang, bis sie fast verkommen waren, im Schnee und Regen liegen, bevor sie unter ein Dach kamen. Denen man sie gestohlen hatte, gab man kaum eine Decke für die Nacht. (Heute wundern sich die deutschen Bürger über die Vergeltungsmaßnahmen der Polen!)

Töpfe und Geschirr, neu und gebraucht, lagen in unvorstellbaren Mengen auf den Plätzen. Ich habe mich oft geschämt, wenn ich in manchem Topf noch den letzten Rest einer Mahlzeit sah, und es kam mir die Wut hoch, wenn irgendeiner Frau, die kein Gefäß mehr für Essen hatte, ein Gefäß, das sie sich von dem Haufen genommen hatte, von dem SS-Mann aus der Hand geschlagen wurde, so daß sie nicht einmal das wenige schlechte Mittagessen bekam. (Da es im eigentlichen Lager zu wenig Geschirr gab, stahlen die Häftlinge sich gegenseitig die Eßnäpfe und Löffel.)

Wenn auch die Arbeit manchmal schwer war – die großen Stoffballen hatten allerhand Gewicht – und wenn auch die

Kälte uns manchmal zur Verzweifelung trieb, so wollten wir das noch ertragen. Aber je näher der Abend kam, umso größer war meine Angst. Nach Arbeitsschluß mußten wir uns wieder draußen anstellen, und dann ging das Kontrollieren los. Die Frauen bekamen nur einmal Wäsche und Kleidung bei ihrer Einlieferung und dann nicht wieder. Es gab kein Wechseln. Man konnte sich sein Hemd im kalten Wasser waschen. Es gab monatlich ein kleines Stückchen sandiger Kriegsseife, nur durfte man das Hemd nirgends zum Trocknen aufhängen. Wir klemmten das Gewaschene über Nacht zwischen die Bettbretter über uns; am anderen Morgen war es natürlich noch nicht ganz trocken. Entweder ließ man es hängen mit der Aussicht, daß es gestohlen wurde, oder man zog es halbnaß an. Da wir sonntags und alltags arbeiteten und am Abend kein Licht brannte, konnten wir wirklich niemals waschen. Was war das Nächstliegende? Hier auf der Arbeitsstelle lag alles in großen Mengen und verkam teilweise im Dreck, weil es oft wochenlang dauerte, bis alles in den Hallen lag. Läuse hatte man auch oft, also zog man sich Wäsche und Strümpfe an vom Lager.

Martha Fuchs, geb.1892 in Grübnitz/Bautzen, Gattin des „Volksfreund"-Redakteurs Georg Fuchs (1885-1930), 1925 Stadtverordnete von Braunschweig, 1927-1930 Landtagsabgeordnete, 1933-1944 betrieb sie einen Laden für Grudeherde, 1944-45 KZ Ravensbrück, 1946 Volksbildungsministerin in Braunschweig (erste Frau in diesem Amt in Deutschland), 1947/48 Flüchtlingskommissarin in Niedersachsen, 1959-1964 Oberbürgermeisterin von Braunschweig; gest.1966 / Q.: Nora Kuntzsch (Hannover)

Unser Bluthund, so nannte ich ihn, hatte eine richtig sadistische Freude daran, die Frauen sich auf der Straße ausziehen zu lassen. Da unsere Aufseherinnen nur ganz oberflächlich kontrollierten, stellte er sich meistens dazu, und wenn etwas gefunden wurde (und es wurde immer etwas gefunden), schlug er erbarmungslos auf die Frauen ein, meist ins Gesicht, daß Blut aus Mund und Nase spritzte. Außerdem trat er sie mit seinen Stiefeln ins Gesäß, und wenn sie dabei hinfielen, ging das Treten am Erdboden weiter. Du kannst dir nicht denken, wie maßlos mich diese Mißhandlungen erregten. Ich habe nie Schläge erhalten, man kontrollierte mich auch nur ganz oberflächlich.

Besonders schlimm war es, wenn über einen Häftling eine Meldung erstattet wurde. Eine beliebte Strafe war das Stehen mit dem Gesicht zur Mauer. Stunden- und tagelang mußte ohne Erbarmen bei jedem Wetter still gestanden werden. Und das übelste war die Prügelstrafe. Ich bekam mal ein Mädchen zu mir ins Bett, die sechs Monate Strafblock und 25 auf den Po hinter sich hatte. Ich habe das Gesäß gesehen, bis zum halben Rücken hoch waren die blauen dicken Narben noch nach sechs Monaten zu sehen. Ich glaube, ganz wird sie die nie verlieren. Sie bekam diese harte Strafe dafür, weil man einen Brief erwischt hatte, den sie an ihre Eltern aus dem Lager schmuggeln wollte und in welchem sie von den Zuständen im Lager einiges geschrieben hatte.

Ich ließ mir von ihr die Prozedur beschreiben. Der Häftling wird über einen Bock gelegt, angebunden und in Gegenwart der Aufseherinnen und des SS-Mannes von einem asozialen Häftling mit der Knute geschlagen. Die Haut platzt gleich auf. Sie sagte mir, daß die ersten Schläge die schlimmsten sind, dann wird man ohnmächtig. Ich habe dann gefragt, wie es denn diejenigen überstehen, denen man 50 und mehr Schläge zudiktiert. Sie sagte mir, daß ein Arzt feststellt, ob sie das in einem aushalten. Meist ist es so, daß man erst 25 verabfolgt und die nächsten 25 nach 14 Tagen, wenn die Wunden noch nicht mal verheilt sind. Ich bin fest überzeugt davon, daß manches Mädchen dabei umgekommen ist.

An dem immer schlechter werdenden Essen und den immer kleiner werdenden Brotrationen, die dann ganz wegfielen, merkten wir, daß der Krieg sich seinem Ende näherte. Es wurden plötzlich die Ausländerinnen nationenweise abtransportiert und zwar durch das schwedische

Rote Kreuz. Die Autos brachten auch Pakete mit, die an die Ausländerinnen und später auch an Juden verteilt wurden. Eines Tages hieß es, auch wir Deutschen bekämen jeder ein Paket. Es wurde uns tatsächlich auch ein Paket des amerikanischen Roten Kreuzes gegeben, und ich muß sagen, daß diese Liebesgabe manchem das Leben erhalten hat. Mir ganz bestimmt, denn ich war ganz von Kräften. Die Backpflaumen und den Würfelzucker habe ich mir gut eingeteilt, so daß ich bei den Schwächezuständen immer etwas hatte, was mir wieder half.

Am 27. April mußten wir uns plötzlich gegen 10 Uhr von der Arbeit weg anstellen. Es hieß, wir kämen in ein anderes Lager und sollten fünf Tage tüchtig marschieren. „Wer nicht kann, weiß, was ihm blüht", wurde wörtlich gesagt. Nun, wir wußten, was das hieß. Zwei Tage hatten wir überhaupt nichts mehr zu essen bekommen und wurden nun ohne ein Stück Brot auf den Marsch geschickt. Ich wußte genau, daß ich das mit meinen geschwollenen Beinen in meinem kraftlosen Zustande niemals durchhalten würde. Deshalb beschloß ich, mit zwei jüngeren Jüdinnen zusammen bei der ersten Gelegenheit zu fliehen.

Wir marschierten den ersten Tag bis gegen 12 Uhr nachts. Die Straßen waren zum Teil verstopft von den vielen Tanks, die auf der Flucht vor den herannahenden Russen wochen- und monatelang unterwegs waren. In der Ferne hörten wir den Donner der Schlacht. Für uns war es Himmelsmusik, denn je näher die Töne kamen, desto schneller mußte ja die Erlösung für uns kommen.

In einem kleinen Wäldchen durften wir uns auf den Boden legen. Trotz der schrecklichen Kälte (wir hatten keine Dekken) schliefen wir sofort ein. Nach wenigen Stunden, es war noch ganz dunkel, mußten wir weiter. Unterwegs kamen wir an einer Gulaschkanone vorbei, und der Soldat wollte uns aus Mitleid etwas zu essen geben. Als die SS-Leute es gewahrten, trieben sie uns mit der Knute davon. Ich hatte noch Glück und teilte mein kleines Töpfchen Suppe mit meinen Kameradinnen.

Gegen sieben Uhr abends sollten wir in einer sehr großen Scheune ausruhen und dort bis elf Uhr schlafen. Wir waren alle hundemüde und hatten uns gerade langgelegt, als in die Scheune gebrüllt wurde: „Sofort antreten, es wird weitermarschiert."

Wieder bis nachts ging der traurige Marsch. Auf einem Acker fielen wir alle ganz erschöpft hin und sind auch sofort wie tot eingeschlafen. Trotzdem wurde ich plötzlich infolge des Lärms zurückflutender deutscher Truppen mit ihren Kanonen und Panzerautos wach. Ganz instinktiv erhob ich mich zusammen mit meinen beiden Jüdinnen und, ohne ein Wort zu verlieren, hatten wir denselben Gedanken, in diesem Gewühl zu verschwinden.

Nicht weit entfernt war ein kleines Wäldchen, dort versteckten wir uns. Bei Nacht wanderten wir vorsichtig weiter, denn noch immer wurden die endlosen Züge mit Häftlingen geführt. Schließlich landeten wir in Röbel an der Müritz, einem kleinen Ackerbürgerstädtchen mit ungefähr 2.000 Einwohnern.

Hier versteckte uns zunächst ein Bauer einen Tag und eine Nacht im Stroh über dem Kuhstall, wir waren inzwischen 20 KZ-Frauen. Dann bekam es unser Bäuerlein aber doch mit der Angst (was ich ihm keinesfalls übelnahm) und schickte uns zeitig am Morgen auf die Straße. Ich beschloß, das Ende des Krieges hier in Röbel zu erleben.

Nachdem wir uns einige Stunden abseits des Städtchens aufgehalten hatten und vor Hunger und Erschöpfung (wir hatten noch immer nichts gegessen, denn unser Bäuerlein gab uns auch nichts, weil er selbst auf dem Sprung zur Flucht stand) nicht mehr weiter konnten, habe ich kurzerhand in einem Gäßchen eine alte Frau angesprochen. Ich fragte sie, ob wir uns wohl bei ihr etwas kochen könnten. Zunächst schaute sie uns komische Gestalten von oben bis unten an, dann aber nahm sie uns mit in ihre Wohnung und hat uns sogar behalten.

Ich bin bis zum 27. Juni bei ihr geblieben. Am 29. Juni wollten wir eigentlich ihren 70. Geburtstag feiern, aber ich hatte ganz zufällig Gelegenheit, mit einem Lastwagen nach Berlin zu kommen. Kurz vorher hatte ich am Marktplatz in Röbel in der Zeitung gelesen, daß Otto Grotewohl in einer großen Funktionärssitzung gesprochen hatte. Du kannst dir wohl denken, daß ich nur noch den einen Gedanken hatte, nach Berlin zu kommen. Bei den damaligen Verhältnissen war das nur zu Fuß möglich, aber so kräftig war ich noch nicht. Die beiden Lastwagenfahrer riskierten natürlich, ihren Wagen samt Ladung loszuwerden, denn die Russen konnten alles gebrauchen und waren in keiner Weise schüchtern... Aber ich kam gut in Berlin an, schlängelte mich durch die Trümmer nach der Motzstraße und sah zu meiner größten Freude das Haus stehen. Martha Grotewohl erwartete mich schon, denn eine befreundete Dame, die von meiner Existenz keine Ahnung hatte, hatte einige Tage vorher aus den Karten prophezeit, daß eine ältere Dame unausgesetzt an sie denke und demnächst erscheinen werde. Das konnte nur die schon totgeglaubte Migge (2) sein. Es funktionierte ja damals noch kein Postverkehr, so daß ich sie nicht benachrichtigen konnte.

Kurz nach meiner Ankunft kam Otto von seiner langen Parteiarbeit nach Hause; es gab ein frohes Wiedersehen und sehr viel zu erzählen. Ich habe dann noch einige Wochen bei Erich Gniffke (3) in Zehlendorf in seinem hübschen Häuschen gewohnt. Dort habe ich mich sehr erholt; die Genossen waren alle rührend um mich besorgt. Als ich hörte, daß in Magdeburg eine Brücke in Stand gesetzt sei, so daß man über die Elbe könne, bin ich Anfang August losgefahren. Die Züge fuhren damals noch sehr unpünktlich, so daß man für eine Reise von Berlin nach Magdeburg einen ganzen Tag rechnen mußte.

Auf dem Bahnsteig lagen Flüchtlinge aus Ostpreußen mit ihren Kindern in allen Altersgruppen und ihrem letzten wenigen Hab und Gut. In Berlin konnten sie nicht bleiben; sie konnten überhaupt nirgends bleiben, denn niemand will sie haben, weil die Not überall unvorstellbar groß ist. So ziehen sie denn dahin, auf den Bahnen, auf den Landstraßen, bei Wind und Wetter; wer weiß, wo sie die Nacht verbringen werden! Eine einzige große, schreiende Anklage für die Hitlerverbrechen!

In Magdeburg halten die Züge in Biederitz, man geht dann acht Kilometer zu Fuß in die Stadt. Nach dem zertrümmerten Berlin das ebenso zertrümmerte Magdeburg! Ich habe die erste Nacht im Bunker zugebracht, zwischen den Flüchtlingen, den heimkehrenden Soldaten und sonstigen Leuten, die von Magdeburg aus versuchen wollten, irgendwo über die russische Zone nach dem Westen zu kommen. Ein einziger unbeschreiblicher Jammer! Nachdem ich noch 14 Tage bei einer lieben Genossin, die ich erst auf dem Parteibüro kennenlernte, zugebracht hatte, gelang es mir nach 25 Kilometern Fußmarsch, schwarz aus der russischen in die englische Zone zu kommen.

Am 23. August, ein Jahr nach meiner Verhaftung, kam ich todmüde auf dem zerstörten Braunschweiger Hauptbahnhof an. Es war 10 Uhr abends, und im Dämmern wanderte ich durch das zerstörte Altbraunschweig der Allerstraße zu. Glücklich war ich, als ich von weitem Licht schimmern sah aus unserer Wohnung. Da das Haus schon abgeschlossen war, warf ich ein kleines Steinchen ans Fenster. Nora (4) und die Kinder sahen, wer das wohl sein konnte. Du kannst dir keine Vorstellung von dem freudigen Schrecken machen, hatte man doch endgültig an meinem Wiederkommen gezweifelt.

Wie ein Lauffeuer ging es durch den Kreis der Genossen. Ich war der siebente Zurückgekehrte von uns damals Verhafteten. So mancher tapfere Mitkämpfer wird nicht wiederkommen, unter anderen Dr. Jasper, Rudolf Löhr, Gustav Steinbrecher, Otto Thielemann. Kuno Rieke ist 14 Tage vor Kriegsende nach elf Jahren Haft im KZ gestorben.

Ein ewiges Schandmal werden die Zustände in den Konzentrationslagern für die Naziherrschaft bleiben. Durch die Prozesse erfährt jetzt die Welt, mit welchen grauenvollen Methoden Menschen zugrunde gerichtet worden sind, die nichts weiter verbrochen hatten, als zu einer den Nazis nicht genehmen Geistesrichtung oder Rasse zu gehören.

Q.: Der Brief an Martha Fuchs' Tochter Gretel wurde in mehreren Folgen zwischen dem 11. März 1946 und dem 10.Juni 1946 in der 14tägig erscheinenden deutschsprachigen Zeitschrift „La Otra Alemania" (Buenos Aires/Argentinien) veröffentlicht.

Anmerkungen:

(1) Parteigenossen der NSDAP
(2) Migge war der Spitzname von Martha Fuchs.
(3) Der frühere Reichstagsabgeordnete Otto Grotewohl und der ehemalige Gaureichsbannerführer Erich Gniffke waren der Familie Fuchs freundschaftlich verbunden. Grotewohl und Gniffke waren, um den Nachstellungen der Braunschweiger Machthaber zu entkommen, 1934/35 nach Berlin gegangen. 1945/46 waren sie wesentlich am Zusammenschluß von KPD und SPD zur SED beteiligt. Grotewohl wurde 1949 Ministerpräsident der DDR, Gniffke brach mit dem SED-Regime.
(4) Nora Kuntzsch,jüngere Tochter von Martha Fuchs

Braunschweig, Juni 1945: Britische Offiziere bei der Bestandsaufnahme der Kriegszerstörungen von Braunschweiger Industriebetrieben. In der Brauerei Wolters besichtigen sie nachdenklich die lagermäßige Unterbringung von Kriegsgefangenen, die in der Produktion arbeiteten. / Q.: Archiv Eckart Grote

Trümmerräumung und Abtransport von brauchbaren Ziegelsteinen im Bereich der Andreaskirche 1945/46
Q.: Archiv der Neuen Oberschule

2 Soziale Not

1. Wohnungen

„Bleibt die Baustoffzuteilung weiter so gering, würde es allein 16 Jahre dauern, bis die beschädigten Wohnungen (ohne die total zerstörten) repariert sind."

Diese aus damaliger Sicht mehr als berechtigte Sorge äußerte Oberstadtdirektor Lotz im November 1946, 1½ Jahre nach Kriegsende.

Die Wohnraumsituation war zu diesem Zeitpunkt noch **katastrophal,** und nichts deutete darauf hin, daß sich die Lage in absehbarer Zeit ändern könnte. Braunschweig gehörte zu den 12 am meisten zerstörten Großstädten Deutschlands. Ein **Viertel der Wohnungen** war völlig zerstört, nur 19% galten als unbeschädigt", doch selbst in diesen Häusern und Wohnungen fehlten oft Fenster und Türen (**M 3**).

Gleichzeitig war die Stadt von Menschen überfüllt, da 20.000 evakuierte Braunschweiger allmählich wieder in die Stadt zurückkamen und täglich 3.000 Flüchtlinge aus dem Osten eintrafen. Obwohl für viele Flüchtlinge Braunschweig nur eine Durchgangsstation darstellte, bereitete ihre Unterbringung große Schwierigkeiten.

40.000 Braunschweiger waren **vollständig ausgebombt** worden und damit ohne jede Wohnmöglichkeit. Auch sie mußten notdürftig untergebracht werden. Teilweise wurden sie vom Wohnungsamt solchen Familien zugewiesen, die noch über ausreichend Wohnraum verfügten, was natürlich zu starken Spannungen führte, da dadurch die Wohnverhältnisse noch beengter wurden. Manchmal mußten sich 4 oder mehr Personen ein enges Zimmer teilen, auch in der Küche wurde geschlafen. Jeder hatte im Durchschnitt **4-6 qm Platz** für sich, was bedeutete, daß es kaum Rückzugsmöglichkeiten für den einzelnen gab.

Im strengen Winter 1946/47 lebten **18.000 Menschen in Bunkern, Kellern oder Baracken.** (**Q.: 1.5.**) Andere hatten sich provisorisch aus aufeinandergeschichteten Steinen und Bretterverschlägen einen Wohnraum zurechtgezimmert. Einige waren in der glücklichen Lage, einen Schrebergarten mit Häuschen zu besitzen. Sie hatten damit nicht nur eine Wohnmöglichkeit, sondern konnten im Sommer auch Obst und Gemüse ernten.

Doch nicht nur der Platzmangel beeinträchtigte das Zusammenleben der Menschen, auch der Zustand der Wohnungen war teilweise unerträglich. In 5.000 Wohnungen fehlte jegliche Einrichtung. Oft gab es nur Behelfsfenster, Decken und Wände waren nicht regensicher, in Tausenden von Wohnungen gab es weder Heiz- noch Kochmöglichkeiten, so daß die Stadt in Zusammenarbeit mit dem Roten Kreuz **Wärmehallen** und Gemeinschaftsküchen einrichtete. (**M 5**) Manchmal wurde einfach auf einer "Kochhexe" draußen auf der Straße gekocht.

Sofort nach Kriegsende hatte die Stadt die Trümmerräumung zur kommunalen Aufgabe erklärt und zur Räumung aufgerufen. Doch die Arbeit ging zunächst nur mühsam voran, weil von Hand geräumt wurde, vor allem von Frauen, da die Männer entweder im Krieg umgekommen waren oder sich noch in Kriegsgefangenschaft befanden. Da sich nicht immer genügend Freiwillige zur Räumung fanden, mußte die Stadt 1947 die Einwohner zwangsverpflichten. (**Q.: 1.1., Q.: 1.2.**) Besonders ehemals aktive Mitglieder der NSDAP sollten so einen Teil ihrer Schuld abarbeiten.

1946 hatte die Stadt in einem Sofortprogramm für die Bauwirtschaft verschiedene Maßnahmen für den Wiederaufbau angeordnet. Zunächst wurden Bunker und Kasernen provisorisch zu Wohnraum umgebaut, dann wurde eine Systematik für die Trümmerbahn festgelegt. Zuerst wurde der stark zerstörte Altstadtkern innerhalb des Okergrabens geräumt, anschließend die Häuser in den weniger zerstörten Randbezirken. Gleichzeitig handelte die Stadt mit zwei Privatfirmen Verträge über die Trümmerräumung aus. Die **Trümmerbahnen** wurden eingerichtet. Sie stellten eine große Erleichterung der Arbeit dar, da jetzt die Trümmer schneller zu den neu geschaffenen Verwertungsanlagen transportiert werden konnten und teilweise als Baumaterial wieder zur Verfügung standen. Die Trümmerräumung erfolgte effektiv und gründlich. Die Stadt wirkte aufgeräumt. Eine andere Maßnahme der Stadt verbot das „wilde Bauen". Viele hatten sich auf ihren Grundstücken notdürftig, doch ohne Rücksicht auf Bauvorschriften, eingerichtet. Um diese Form des Bauens zu unterbinden, sollte eine Wiederaufbaupolitik betrieben werden, die dem Vorhaben, eine "neue" Stadt zu schaffen, gerecht werden sollte. Dazu gehörte vor allem für den Innenstadtbereich, die vielen kleinen Grundstücke zusammenzulegen für „modernen" Wohnungsbau.

Die hierzu erforderliche Klärung der Eigentumsverhältnisse war von Konflikten begleitet. Nicht alle Eigentümer waren bereit, ihre Grundstücke zu verkaufen. Sie wurden von der Stadt gegen Entschädigung dazu verpflichtet.

Was den Wiederaufbau erheblich beeinträchtigte, waren der Mangel an Arbeitskräften – vor allem Fachkräfte fehlten – und Baustoff. (**Q.: 1.6.**) Denn es gab nur noch 2.200 Bauarbeiter in Braunschweig, ungefähr ein Drittel, verglichen mit der Zahl von 1938. Doch selbst diese konnten nicht dauerhaft beschäftigt werden, da kaum Materialien wie Holz, Eisen, Elektrokabel, etc. zur Verfügung standen. So waren nur 5% des benötigten Glases vorhanden, 60% Dachziegel und 75% Holz fehlten, so daß Fenster nicht repariert, Dachstühle und Türen nicht gezimmert werden konnten.

Immerhin konnten 1947 erstmalig 287 Wohngebäude und 365 Wohnungen neugebaut werden. 1950 waren erst ¼ der zerstörten Gebäude und Wohnungen notdürftig repariert bzw. wiederaufgebaut. Doch damit war nur die größte Wohnungsnot beseitigt. (**M 7**) Da die Einwohnerzahl ständig zugenommen hatte und 1948 über dem Stand von 1939 lag, war ein Fortschritt im Wohnungsbau kaum erkennbar. Noch immer lebten die Menschen sehr beengt in ihren Wohnungen, und noch 1948 mußte die Baubehörde Umquartierungen wegen Einsturzgefahr oder aus hygienischen Gründen vornehmen, wobei die Zuteilung neuen Wohnraums oft Monate dauerte. (**Q.: 1.3., Q.: 1.5., Q.: 1.8.**) Viele beschwerten sich beim Wohnungsamt und fühlten sich von den Behörden ungerecht behandelt bei der Vergabe von Wohnraum. Doch auch die Verwaltung konnte trotz ihrer Bemühungen oft nicht helfen. (**M 6**)

Nach der Währungsreform 1948 tauchte in der Bauwirtschaft ein neues Problem auf, was die Bautätigkeit aus einem weiteren Grund behinderte: es gab zwar nun genügend Arbeitskräfte, doch, bedingt durch die Währungsreform, war das Geld knapp geworden. Kredite wurden kaum bewilligt. Erst der Boom in den späten 50er Jahren sorgte für Entspannung auf dem Wohnungsmarkt.

Literatur:

1. Becker, Balthasar, Braunschweiger Zeitbilder, Braunschweig 1945 (Typoskript)
2. Lotz, Walter, Kurze Denkschrift als Überblick über die augenblicklichen Verhältnisse der ehemaligen Landeshauptstadt Braunschweig, Braunschweig 1946 (Typoskript)
3. Mewes, Bernhard, Die Lebensverhältnisse in Braunschweig nach dem Kriege, Kommunalpolitische Schriften der Stadt Braunschweig, Heft 3, Braunschweig 1948
4. Verwaltungsberichte der Stadt Braunschweig 1945-1949, 4 Bände, Braunschweig 1948-1950
5. Braunschweig in der Statistik, Folge 2, Braunschweig 1950

Frühjahr 1944. Bombentreffer auf ein Haus am Cyriaksring – Wohnungstüren führen plötzlich ins Nichts / Q.: privat

2. Energiebeschaffung

Nahezu jeder Braunschweiger griff in den ersten Jahren nach dem Krieg zu einer Art von „Selbsthilfe": dem **„Kohlenklau"**. Dieser wurde im Unterschied zum „Stehlen" nicht als kriminell betrachtet, da jeder dieses Verhalten aus der Notsituation heraus erklärte und es der eigenen Existenzsicherung diente. (**Q.: 2.1.**)

Kohle war so knapp und der "Hungerwinter" 1946/47 so kalt, daß die Menschen manchmal viel dafür riskierten, um an den begehrten Brennstoff zu gelangen. Man mußte geschickt und schnell sein, um sich nicht erwischen zu lassen, denn das bedeutete Herausgabe der Kohlen und eventuelle Bestrafung. Immer wieder kam es zu Un-fällen beim Hinauf- oder Hinabklettern an den Kohlenzügen, und es gab ernsthafte Verletzungen, wenn man nicht vorsichtig genug war.

Für die Stadtverwaltung, die versuchte, in allen Bereichen den Mangel möglichst gerecht zu verwalten und zu verteilen, stellte der "Kohlenklau" ein erhebliches Problem dar. Im Verwaltungsbericht von 1947 heißt es dazu: "Durch die unzureichende Brennstoffversorgung der Bevölkerung sind die auf den Bahnhöfen einlaufenden Kohlenwaggons ständig geplündert worden. Einzelne Waggons waren bis zu 50-75 Prozent beraubt. Die Folge dieser Diebstähle war, daß das Disponieren in den Kohlezuteilungen äußerst schwierig war."

Die Stadt hatte große Mühe, die öffentlichen Gebäude, vor allem die von Flüchtlingen bewohnten Bunker und Kasernen, aber auch die Krankenhäuser zu beheizen. 1946 durfte auf Anordnung der Militärregierung in allen öffentlichen Einrichtungen erst vom 15. November an geheizt werden, doch trotzdem reichten die zugeteilten Steinkohlenkontingente bei weitem nicht aus. (**M 6, Q.: 2.2.**) Die Krankenhäuser erhielten nur 20% ihres tatsächlichen Bedarfs, 42 t im Monat.

Doch nicht nur der Mangel an Steinkohle war groß, auch Gas und Strom fehlten in der Stadt. Strom wurde nur stundenweise zugeteilt und reichte gerade zum Kochen. Die Stadtverwaltung versuchte durch Beschaffung von Ersatzbrennstoffen wie Braunkohle, Rohkohle, Naßpreßsteinen, vor allem Holz, die größten Heizungsprobleme zu mildern. So erlaubte sie der Bevölkerung, beschädigte Bäume in der Stadt und in den Parks zu schlagen, wodurch 2.500 Haushalte zumindest vorübergehend Heizmaterial zur Verfügung hatten. (**B 1**)
Gleichzeitig wurde der Holzeinschlag in den umliegenden Wäldern und im Harz gefördert. (**Q.: 2.3.**) Nach Auskunft von Oberstadtdirektor Lotz waren 1946 im November 496 LKW unterwegs, um Holz in die Stadt zu bringen. Daß diese fahren konnten, war keineswegs selbstverständlich, da es oft an Reifen und Benzin fehlte.

Trotz dieser Maßnahmen stand im Winter 1946/47 nur dem geringsten Teil der Bevölkerung ein ständig geheizter Wohnraum zur Verfügung. Der Brennwert der Heizmaterialien betrug nur 1/6 des Winters 1944/45. Holz gab es nur gegen Bezugsschein. (**M 8**)

Auch die mittelbaren Folgen des Energiemangels waren weitreichend und erheblich. Durch die völlig unzureichende Ernährungslage und den allgemeinen Mangel an Gebrauchsgütern war man unbedingt auf die Produktion in den Betrieben angewiesen. Doch die Herstellung der so dringend gebrauchten Güter scheiterte oft weniger an Materialmangel als an fehlender Energie. Im Winter 1946/47 gab es nicht nur für die Braunschweiger Schulen aus diesem Grunde verlängerte Weihnachtsferien, sondern die gesamte Produktion stand für mehrere Wochen still, selbst die Bäcker konnten kein Brot herstellen. (**Q.: 2.4.**) Die ohnehin schlechte Ernährungslage wurde dadurch weiter verschärft.

Ähnlich wie in den Privatwohnungen fehlten auch in fast allen Betrieben Fenster. Man hatte die Rahmen provisorisch mit Pappe oder Brettern zugenagelt, was zur Folge hatte, daß auch tagsüber bei künstlichem Licht gearbeitet werden mußte. Oft waren die Arbeitsräume deshalb nur sehr schlecht beleuchtet und, wenn Stromsperre war (auch Betriebe erhielten ihre Kontingente – oft in Konkurrenz zu Privathaushalten), mußte die Arbeit eingestellt werden.

Eine weitere Folge, zumindest bis April 1946, war, daß das Pumpwerk zur Abwasserbeseitigung wegen Kohlenmangel nur zeitweise betrieben werden konnte, so daß die Abwässer über Notrohre in die Oker geleitet werden mußten. Im Winter 47/48 war Energie in Höhe von 1/3 des notwendigen Bedarfs vorhanden. Obwohl dieser Winter wesentlich milder war als der vorhergehende, reichten auch jetzt die Brennmaterialien oft nur gerade zum Kochen aus.

In Abstimmung mit den Gewerkschaften wurden deshalb in diesem Winter im Helmstedter Braunkohlenrevier Sonntagsschichten gefahren, so daß die Versorgung der Braunschweiger Haushalte auf 5 Zentner Brikett (neben Kohlen und Holz) erhöht werden konnte. Erst 1948 wurde die Stadt **regelmäßig** wieder mit Gas versorgt, wenn auch der Verbrauch noch rationiert war.

Im September 1948 wurde die Gasstraßenbeleuchtung wieder in Betrieb genommen, geheizt werden konnte wieder regelmäßig. Doch der Mangel an Öfen, Herden und Glühbirnen machte sich weiterhin störend bemerkbar.

Literatur:
1. Berger, Thomas, Müller, Heinz, Lebenssituationen 1945-1948, Hannover 1983
2. Braunschweig in der Statistik, Zweite Folge, Braunschweig 1950
3. Lotz, Walter, Kurze Denkschrift als Überblick über die augenblicklichen Verhältnisse der ehemaligen Landeshauptstadt Braunschweig, Braunschweig 1946
4. Mewes, Bernhard, Die Lebensverhältnisse in Braunschweig nach dem Kriege, Kommunalpolitische Schrift der Stadt Braunschweig, Heft 3, Braunschweig 1948
5. Verwaltungsberichte der Stadt Braunschweig 1945-1949, 4 Bände, Braunschweig 1948-1950

3. Ernährung

Wohl die bedrohlichste Situation ergab sich in den Nachkriegsjahren für die Bevölkerung aus dem **Mangel an Nahrungsmitteln**. Man war zwar seit Kriegsbeginn gewohnt gewesen, auf **Lebensmittelkarten** zugewiesene Rationen zu erhalten, (**M 9, M 10, M 23-25, Q.: 3.9.**) doch anders als im 1. Weltkrieg machte sich der Hunger für die deutsche Bevölkerung nicht während, sondern erst nach dem Krieg bemerkbar.

Dafür gab es mehrere Gründe. Die Industrieanlagen, auch die Lebensmittel produzierenden Betriebe, waren zu einem Großteil zerstört; die während des Krieges besetzten Ostgebiete fielen als wichtige Lieferanten von landwirtschaftlichen Produkten weg, und die in der Landwirtschaft als Zwangsarbeiter eingesetzten Arbeitskräfte wurden mit Kriegsende befreit.

Ein anderer wichtiger Grund bestand jedoch darin, daß wegen der Kampfhandlungen im Frühjahr 1945 die Äcker zum großen Teil nicht bestellt wurden, außerdem befanden sich viele Männer in Kriegsgefangenschaft oder waren gefallen und standen damit als Arbeitskräfte nicht zur Verfügung.

17. Februar 1947: Beim „Kohlenklau" erwischt. Im strengen Winter 1946/47 war das Heizmaterial in Braunschweig besonders knapp, und die Zuteilung an Kohle und Holz reichte bei weitem nicht aus, um regelmäßig zu heizen. So versuchte sich die Bevölkerung selbst zu helfen und plünderte eintreffende Kohlenzüge. / Q.: Stadtarchiv Braunschweig

Im Sommer 1945 machte sich die fehlende Ernte nicht sofort bemerkbar, da viele Haushalte noch einige Zeit von eigenen Vorräten, geplünderten oder freigegebenen Beständen aus den Wehrmachtsdepots leben konnten. Im darauffolgenden Sommer fiel die Ernte sehr schlecht aus. Es hatte an Saatgut und Dünger gefehlt.

Im Braunschweiger Umland hatte es zwar einen geringen Überschuß an Gemüse gegeben, doch da die einheimische Konservenindustrie stark zerstört war, außerdem Mangel an Blechwaren herrschte, gab es keine Möglichkeit zu konservieren, um damit Vorrat zu schaffen für den Winter. Die Stadtbevölkerung sammelte Wildkräuter, und in den städtischen Parks wurden Kartoffel- und Gemüsebeete angelegt, um überhaupt etwas Frisches essen zu können.

Eine weitere Möglichkeit, sich Lebensmittel zu beschaffen, waren **„Hamsterfahrten"** aufs Land. Man tauschte alles nur irgendwie Entbehrliche bei den Bauern gegen Kartoffeln, Wurst oder Speck ein. Wer Verwandte auf dem Lande oder gute Beziehungen zu einem Bauern hatte, war in einer ungleich besseren Situation als die übrige Bevölkerung.

Viele Kinder und Jugendliche, die durch die Kriegswirren im Osten von den Eltern getrennt wurden, kamen erst 1948 aus Polen und Dänemark in die Westzonen. Sie erhielten von den Wohlfahrtsverbänden zur Begrüßung ein CARE-Paket. / Q.: AWO Braunschweig

Glück hatten auch die Besitzer von Schrebergärten, da sie sich zumindest im Sommer zusätzlich versorgen konnten. (**B 2**) Viele Braunschweiger bauten in ihren Gärten Tabak an und tauschten die daraus produzierten Zigaretten auf dem **Schwarzmarkt** oder unter Bekannten gegen Lebensmittel oder andere dringend gebrauchte Güter. (**Q.: 3.1.1., Q.: 3.1.3.**)

Das Gros der Bevölkerung lebte jedoch von Kartoffeln, Brot, Graupen- oder Kohlsuppe. Doch selbst die Kartoffelversorgung konnte nicht immer sichergestellt werden. So fehlten allein im Winter 1946/47 15.000 t Kartoffeln. Manchmal reichten die Vorräte des Zentrallagers der Stadt nicht einmal für wenige Tage.

Einige Braunschweiger Betriebe waren deshalb nach Intervention von Betriebsräten dazu übergegangen, den Beschäftigten im Herbst einen oder zwei sogenannte **„Kartoffeltage“** zu gewähren. An diesen Tagen konnten die Familien nach der eigentlichen Ernte durch die Bauern den Kartoffelacker "nachsuchen“.

Für Familien mit Verwandten oder Freunden in den USA bedeuteten auch die seit Sommer 1946 eintreffenden **Care-Pakete** eine Milderung des Lebensmittelmangels. Sie wurden von den örtlichen Wohlfahrtsverbänden an die Adressaten weitergeleitet. Ihre Zuteilung war in der Regel an Namen gebunden, doch gab es auch freie Kontingente, die an die übrige Bevölkerung abgegeben wurden. Obwohl nicht alle in den Paketen enthaltenen Lebensmittel schmackhaft waren, bemühten sich doch alle darum, eines zu erhalten.

Die wohl schlimmste Zeit für die Braunschweiger war das Frühjahr 1947. Der Kaloriengehalt der tatsächlich zugeteilten Lebensmittel sank auf 830 Kal., das entsprach 1/3 bis 1/4 des normalen Bedarfs. (**Q.: 3.6., Q.: 3.7.**)

Doch nicht nur die geringe Menge der Nahrungsmittel war erschreckend, auch ihre Zusammensetzung war völlig unzureichend. Es fehlten Fett und Eiweiß, Vitamine und Mineralien; die Ernährung bestand fast ausschließlich aus Kohlenhydraten. (**Q.: 3.5.**)

Diese **einseitige Ernährung** wirkte sich bedrohlich auf den Gesundheitszustand vieler Menschen aus. (**Q.: 3.4.**) Die Landwirte waren zur Abgabe von Fleisch und landwirtschaftlichen Produkten verpflichtet. Doch nicht alle folgten dieser Anordnung, so daß sie dazu aufgefordert werden mußten.

Die Braunschweiger Bevölkerung war nicht nur zermürbt vom Krieg, sondern physisch und psychisch erschöpft. Viele waren unterernährt und ständig hungrig, mit der Folge, daß durch Schwächung der Abwehrkräfte Krankheiten stark zunahmen und **die Arbeitsfähigkeit zurückging. (Kap. 2.5.)** Die schlechte Befindlichkeit war **eine** Folge der Mangelwirtschaft.

Eine andere bestand darin, daß die Preise für Lebensmittel und Gebrauchsgüter in schwindelerregende Höhen stiegen. (**Q.: 3.1.3.**) Die Reichsmark hatte ihren Wert verloren, und auf dem Schwarzmarkt, wo es trotz der offiziellen Güterknappheit nahezu alles zu kaufen gab, mußten völlig überhöhte Preise bezahlt werden, oder man tauschte Waren untereinander. Das Tafelsilber gegen ein Pfund Speck zum Beispiel. Schwarzhandel und Elendskriminalität nahmen ständig zu. Viele waren darauf existentiell angewiesen, denn häufig mußten Gewinne aus dem Schwarzhandel Mangel an Arbeit und Einkommen ausgleichen. Oft gab es Polizeirazzien und empfindliche Strafen. Was bei solchen Gelegenheiten beschlagnahmt wurde, zeigt die Liste der am 6. November 1947 sichergestellten Güter während einer solchen Razzia am Hauptbahnhof: *„130kg Getreide, 65kg Mehl, 20kg Senfsaat, 13kg Äpfel, 500g Schmalz, 250g Talg, 105 Dosen Muscheln, 73kg Bücklinge, 70kg grüne Heringe, 115kg Salzheringe, etwa 1.600 selbstgedrehte Zigaretten, ein Heizofen.“* Offensichtlich war ein Zug aus dem Norden, eventuell aus Cuxhaven, eingetroffen.

In manchen Betrieben, z.B. bei Voigtländer, wurden die Beschäftigten **nicht mit Geld**, sondern mit **Naturalabgaben** in Form eines werkseigenen Produkts bezahlt. Der Tauschwert eines solchen Produkts lag wesentlich höher als der Wert der Reichsmark und bot gute Voraussetzungen für die Teilnahme am Schwarzmarkt.

Für die Unternehmer bestand der Vorteil dieses Bezahlungssystems darin, daß es als Leistungsanreiz wirkte – die Arbeiter erschienen regelmäßig zur Arbeit und erbrachten hohe Arbeitsleistungen, um in Besitz der Werkprodukte zu gelangen. Deutlich wird an diesem Verfahren auch, daß der Schwarzhandel mehr oder weniger offiziell geduldet wurde. Trotz aller möglichen Variationen von "Organisieren“ und "Kungeln“ war die Ernährungslage bis zur Währungsreform denkbar schlecht.

Am 1. April 1947, nachdem wieder einmal die Fettration gesenkt worden war, gab es in Braunschweig eine große **Hungerdemonstration,** und am 28. April 1948 gab es eine außerordentliche Sitzung des Stadtrates zu diesem Thema in der Wagenhalle am Altewiekring, an der 10.000 Braunschweiger teilnahmen, um gegen die katastrophale Versorgung zu protestieren. Zu dieser Zeit gab es in Braunschweig tagelang kein Brot.

Nach der **Währungsreform** am 20. Juni 1948 waren fast alle Lebensmittel zu kaufen, doch die Preise waren so hoch, daß sich dadurch erneut viele einschränken mußten. Erst im März 1949 waren Kartoffeln und Eier wieder frei erhältlich, d.h. ohne Lebensmittelmarken zu kaufen. Für andere Güter wurden die Beschränkungen erst 1950 aufgehoben.

Literatur:

1. Becker, Balthasar, Braunschweiger Zeitbilder, Braunschweig 1945 u. 1946 (Typoskript)
2. Boelke, Willi A., Der Schwarzmarkt 1945-1948, Vom Überleben nach dem Kriege, Braunschweig 1986
3. Braunschweig in der Statistik, Zweite Folge. Braunschweig 1950
4. Lotz, Walter, Kurze Denkschrift als Überblick über die angeblichen Verhältnisse der ehemaligen Landeshauptstadt Braunschweig, Braunschweig 1946
5. Mewes, Bernhard: Die Lebensverhältnisse in Braunschweig nach dem Krieg. Kommunalpolitische Schrift der Stadt Braunschweig, Heft 3, Braunschweig 1948
6. Verwaltungsberichte der Stadt Braunschweig 1945-1949, 4 Bände, Braunschweig 1948-1950

4. Krankheiten

Nahezu die Hälfte der Braunschweiger Bevölkerung, vor allem Kinder, hatte in den ersten Nachkriegsjahren Untergewicht und deutliche Anzeichen von Hungerschäden, im Vorstadium zu Hungerödemen. Zwar mußte niemand direkt verhungern, das immerhin war durch das System der Lebensmittelkarten erreicht worden, doch es gab viele **hungerbedingte Folgeerkrankungen,** die sich bei dem allgemein schlechten Gesundheitszustand der Bevölkerung, noch verstärkt durch beengte und unhygienische Wohnverhältnisse, schnell ausbreiteten.

Vor allem **Diphterie, Tuberkulose und Typhus** gehörten zu den höchst ansteckenden Krankheiten, die unter ungünstigen Bedingungen und bei nicht rechtzeitig erfolgter Behandlung oft genug zum Tode führten. (**Q.: 4.3., M 13**)

1946 gab es in Braunschweig über 1.000 Diphteriekranke und fast 300 Fälle von Typhus- und Ruhrerkrankungen. 1946/47 starben über 200 Menschen an Tuberkulose – der Krankheit mit der höchsten Sterberate.

Doch nicht nur diese in hohem Maße lebensbedrohlichen Krankheiten, auch Lebensmittelvergiftungen (Paratyphus) und durch Läuse hervorgerufene Krätze und Fleckfiebererkrankungen gehörten zum Erscheinungsbild jener Zeit. Die Stadt ergriff verschiedene Maßnahmen zur Seuchenbekämpfung, um eine Epidemie zu verhindern.

So führte sie ab 1945 mehrere vom Gesundheitsamt angeordnete **Massenimpfungen gegen Typhus** durch, wodurch die Zahl der Neuerkrankungen spürbar gesenkt werden konnte. (**M 16, Q.: 4.4.**) Ein großes Problem bei der Bekämpfung vieler ansteckender Krankheiten – vor allem bei Tuberkulose und Krätze – stellten die völlig unzureichenden Wohnverhältnisse, der Mangel an Krankenhausbetten, Desinfektionsmitteln und Wäsche dar.

Die erfolgreiche Behandlung eines Kranken setzte voraus, ihm regelmäßige Reinigung und Wäschewechsel zu ermöglichen und ihm ein eigenes Zimmer zu überlassen, vor allem, um Angehörige und Mitbewohner vor Ansteckung zu schützen. An diesen einfachen Dingen scheiterte häufig eine erfolgreiche Hilfe. (**Q.: 4.2.1., Q.: 4.2.2.**) Angehörige wurden selbst zu Ansteckungsquellen.

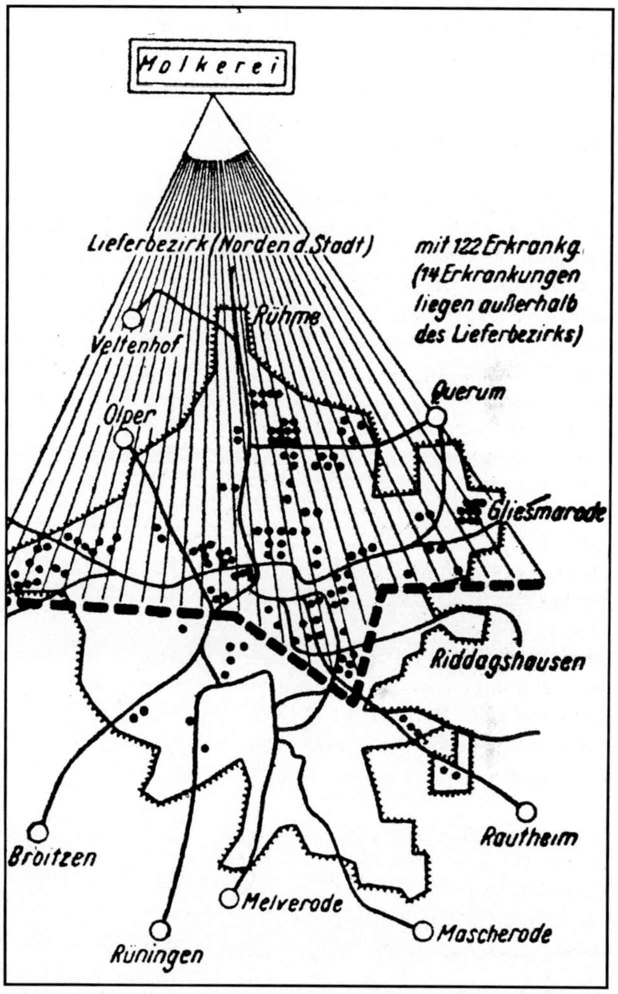

M 1. Die sogenannte „Milchepidemie" 1947 in Braunschweig. Die Ausbreitung von Paratyphus während dieser Epidemie ging von einer Molkerei im Norden der Stadt aus. Es dauerte Wochen, bis die Ansteckungsquelle gefunden wurde. / Q.: Lube, Friedrich, Gesund auch in Ruinen, Kommunalpolitische Schriften der Stadt Braunschweig, Heft 4, S. 32

Ein gesondertes Problem stellte das Auffinden einer solchen Ansteckungsquelle dar. Um sie ausfindig machen zu können, mußten Tausende von Untersuchungen durchgeführt werden, denn nicht jeder meldete einen Kranken, obwohl Anzeigepflicht ansteckender Krankheiten bestand. Bei der sogenannten "Milchepidemie" von 1947, es gab Hunderte von ungeklärten Paratyphuserkrankungen, dauerte es Wochen, bis man die Ansteckungsquelle in einer Molkerei außerhalb der Stadt fand. (**M 1**)

1948 standen für 918 an Lungentuberkulose Erkrankte nur 544 Betten, davon 80 für Kinder, in der **Tuberkuloseanstalt in der Gliesmaroder Straße** zur Verfügung. Als "Hilfskrankenhaus" waren schon 1945/46 die Garagen der Fallerslebenkaserne zu einer Tuberkuloseabteilung umgebaut worden, doch trotzdem war nicht genügend Platz für alle Kranken vorhanden. Das hatte zur Folge, daß viele Patienten nur ambulant behandelt werden konnten, vorausgesetzt, die Kranken konnten sich die entsprechenden Medikamente leisten.

Daß das nicht immer der Fall war, darauf deutet eine Mitteilung der Stadt aus dem Jahre 1948 hin:
"Als weitere Maßnahme zur Minderung der Ausbreitung wurden ab 1948 Spezial-TBC-Entseuchungsmittel kostenlos an Kleinrentner und Fürsorgeempfänger abgegeben und ab Juli 1948 die Ausgabe von Kernseife und Waschmittel an alle Ansteckungsfähigen erwirkt, die bis dahin nur an bettlägrige Patienten erfolgt war."

Eine ganz andere Maßnahme zur **Seuchenbekämpfung** bestand noch 1948 und darüber hinaus: die Rattenbekämpfung. Allein im 1. Halbjahr wurden an besonders gefährdeten Stellen der Stadt 1,8 Millionen Rattenköder ausgelegt. (**Q.: 4.1.**) Diese Maßnahme führte die Stadt jährlich zweimal durch, um zu verhindern, daß diese latenten Krankheitsüberträger sich zu sehr ausbreiteten.

1948 war endlich, nach langen Verhandlungen mit der Militärregierung, das ehemalige Luftwaffenlazarett an der Salzdahlumer Straße an die Stadt übergeben worden. Das erhöhte zwar die Bettenzahl, dennoch betrug die Anzahl der Krankenhausbetten nur 2/3 des Vorkriegsstandes, und das, obwohl in mehreren Stadtteilen, z.B. in der Schule Inselwall oder in der Heinrichstraße, die während des Krieges eingerichteten Hilfskrankenhäuser weiterhin genutzt wurden.

Erschwerend für Braunschweig kam hinzu, daß die Stadt als östlichste Großstadt an der "Zonengrenze" einen wesentlichen Anteil an der Aufnahme und Versorgung von Flüchtlingen zu leisten hatte. Diese, manchmal aus durchseuchten Sammellagern entlassen, erreichten oft völlig erschöpft oder krank die Stadt und bildeten immer wieder ein Potential für ansteckende Krankheiten.

Angesichts dieser prekären Situation ist nachvollziehbar, daß Braunschweig im Gesundheits- und Krankenhauswesen, in einer, mit anderen Städten verglichen, benachteiligten Lage war. So lag – trotz systematischer Tuberkulosefürsorge durch Röntgenuntersuchungen – die Höhe der Sterbefälle bis 1951, neben Salzgitter, bundesweit an zweithöchster Stelle.

Literatur:

1. Lube, Friederich, Gesund auch in Ruinen, Kommunalpolitische Schriften der Stadt Braunschweig, Heft 6, Braunschweig 1949
2. Lube, Friederich, Unser Feind die Tuberkulose, Kommunalpolitische Schriften der Stadt Braunschweig, Heft 10, Braunschweig 1951
3. Verwaltungsberichte der Stadt Braunschweig 1945-1949. 4 Bände, Braunschweig 1948-1950

Kinderkleidung nach dem Kriege: geänderte Erwachsenenkleidung, aus Resten Gefertigtes, aus aufgeribbelter Wolle neu Gestricktes, von älteren Geschwistern Geerbtes. / Q.: Almut Rohloff

5. Kleidung und Haushalt

Nur die Hälfte aller Braunschweiger hatte 1945/46 ein eigenes Bett. An wen gibt man ein Bettgestell, wenn 44 zur Verfügung stehen, aber 18.000 Menschen eines brauchen? Vor diesen und ähnlichen fast unlösbaren Aufgaben standen Mitarbeiter des Wirtschaftsamtes in den ersten Nachkriegsjahren. (**Q.: 5.1.**) Wie in allen Bereichen, so konnte auch bei der Verteilung von Haushaltsgegenständen und Kleidung nur der **Mangel verwaltet** werden. Auch nur annähernd Gerechtigkeit erzielen zu wollen, war nicht möglich. Diese Situation mußte zwangsläufig häufiger zu Spannungen zwischen der Bevölkerung und der Stadtverwaltung führen.

Um Verteilungen nachvollziehbar vorzunehmen, arbeitete die Stadtverwaltung in dieser Frage eng mit den freien Wohlfahrtsverbänden und den Gewerkschaften zusammen, da sie noch am ehesten die schlimmsten Notfälle kannten.

Wie dramatisch die Lage sich für die **Stadtverwaltung** darstellte, zeigt der Umstand, daß 1946 monatelang gar nicht erst Anträge entgegengenommen wurden. Erst im September 1946 wurde diese **Antragssperre** aufgehoben, und es bestand die minimale Chance, nach einigen Monaten oder im Laufe des Jahres die dringend gebrauchten Kleider oder Haushaltsgegenstände zu erhalten. (**Q.: 5.4.**) Oberstadtdirektor Lotz schrieb 1946 in einem Bericht an die englische Militärregierung: *"Die Not ist hier derart groß, daß viele Mütter gezwungen sind, ihre Säuglinge in Papier zu betten."*

Nur 1/6 der neugeborenen Säuglinge konnten mit dem Notwendigen versorgt werden, was einen Anstieg der Säuglingssterblichkeit zur Folge hatte. Jedes 11. Kind starb während oder kurz nach der Geburt (9,2 von 100 im Jahre 1946, während es 1936 5,4 von 100 waren).

Die Not dieser Zeit machte sich vor allem bemerkbar am Schuhwerk. Schuhe mußten bis zur Auflösung getragen werden. Der Mangel zeigte sich besonders bei Kinder- und Arbeitsschuhen, was z. B. dazu führte, daß Geschwister nur abwechselnd jeden zweiten Tag zur Schule gehen konnten, weil sie sich ein Paar Schuhe teilen mußten, oder Arbeiter nicht in den Betrieben erscheinen konnten, weil sie wegen fehlender Schuhe nicht das Haus verlassen konnten.

Häufig sah man Kinder mit **herausgeschnittenen Schuhkappen**. So konnten zu klein gewordene Schuhe noch eine Zeitlang getragen werden, bis sie an jüngere Geschwister übergingen, denn "Nachtragen" von Schuhen war eine Selbstverständlichkeit. Selbst die Reparatur von Schuhen war oft unmöglich oder erforderte Erfindungsgeist und Organisationstalent, denn es gab weder Schnürsenkel noch Nägel, um Schuhe besohlen zu können. Und da auch Leder Mangelware war, stellte man Schuhe aus Stroh her. Viele hatten dadurch ständig nasse und kalte Füße, vor allem Kinder litten dauernd unter Erkältungen und chronischer Bronchitis.

Manchmal gab es Sonderzuteilungen aus amerikanischen Heeresbeständen. So wurden 1947 3.819 Paar Schuhe verteilt, die nach 3 Güteklassen von "neuwertig" über "getragen aber reparaturbedürftig" bis hin zu "nur noch zur Reparatur verwendbar" sortiert waren.

Die Not der Nachkriegsjahre ist am Schuhwerk besonders deutlich ablesbar. Alte Schuhe mußten bis zur Auflösung getragen werden. Nur wer bei Kriegsende aus den Wehrmachtsdepots Leder geplündert hatte, konnte sich Schuhe anfertigen lassen, am besten ohne Schnürsenkel, denn auch die gab es nicht. / Q.: AWO Braunschweig

Ein Merkmal dieser Nachkriegsjahre war, daß alles eine Verwendung fand und verarbeitet oder "umgearbeitet" wurde. Pullover wurden aufgeribbelt und das Garn neu verstrickt. Aus alten Wehrmachtsuniformen wurden Kinderkleidung, Mäntel oder Kostüme gearbeitet. Ein kleiner "Pelzbesatz" und andere Knöpfe ließen eine **Uniformjacke** durchaus als "modern" erscheinen, denn das wollten oder sollten – so zeigen die ersten Modejournale von Herbst 1945 – die Frauen wieder sein. (**Q.: 5.3.**)

So wurde das umgefärbte **Bettlaken zum "Hauskleid"** und Mädchen gingen in selbstgenähten Kleidern aus "Ballonseide" – so genannt, weil sie aus Fallschirmseide gearbeitet waren.

So wie alle anderen Güter gab es auch Kleidung nur gegen Bezugsmarken. Im Kalenderjahr 1947 gab es in Braunschweig pro Person 4 1/2 **Punkte für Kleidung** (1946 waren es noch 15 gewesen, 1948 stieg die Vergabe auf 20 Punkte an), das heißt, man mußte theoretisch 1 Jahr auf ein Paar Socken warten, da sie 5 Punkte "kosteten", und auf Zuteilung eines Anzuges, der 115 Punkte teuer war, bestand kaum eine Chance, jedenfalls auf dem offiziellen Weg nicht. So blieb auch hier häufig nur die Wahl zwischen Verzicht und Geduld oder "Organisieren" auf dem Schwarzmarkt – durch Tausch oder Einkauf zu überhöhten Preisen.

Besonders Flüchtlinge waren benachteiligt, da sie nichts zum Tausch besaßen, so daß die Stadt mehrfach zu Kleiderspenden aufrief und Bekleidungsaktionen durchführte, um wenigstens die größte Not lindern zu können. (**Q.: 5.3.**) Auch die Militärregierung unterstützte die Bemühungen um eine Mindestversorgung der Bevölkerung, so daß von Februar bis Juni 1948 Waren aus amerikanischen Heeresbeständen abgegeben werden konnten. Insgesamt blieb die Versorgung jedoch – trotz Währungsreform – bis ins Jahr 1949 unzureichend, erst dann konnte jeder auf dem freien Markt Kleidung kaufen.

Doch auch im Jahre 1951 hatten – nach einer Umfrage in Schulen – 25% der Schulkinder noch kein eigenes Bett.

Literatur:

1. Berger, Thomas, Müller, Karl-Heinz, Lebenssituation 1945-1948, Hannover 1983
2. Lotz, Walter, Kurze Denkschrift als Überblick über die augenblicklichen Verhältnisse der ehemaligen Landeshauptstadt Braunschweig, Braunschweig 1946 (Typoskript)
3. Verwaltungsberichte der Stadt Braunschweig 1945-1949, 4 Bände, Braunschweig 1948-1950

6. Entlassung der Kriegsgefangenen

Der Krieg hatte viele Familien auseinandergerissen. Oft wußten Frauen nicht, ob ihre Männer gefallen waren oder sich in Kriegsgefangenschaft befanden, und damit die Chance bestand, daß sie zurückkehrten. Familien, die ausgebombt waren, hatten die Adresse gewechselt. Sie lebten in Notunterkünften oder waren bei Freunden und Verwandten untergekommen. In diesem Chaos war man auf jede Information über Angehörige angewiesen.

Zunächst suchten Familien auf eigene Faust Verwandte. Sie verteilten Handzettel an eintreffende Flüchtlinge oder Kriegsheimkehrer (**M 2**), in der Hoffnung, über Familienangehörige etwas zu erfahren. Einige machten sich diese Not der Bevölkerung auch zunutze und betrieben das Suchen professionell, indem sie Büros eröffneten und gegen eine erhobene Gebühr Informationen versprachen. (**Kap.3, Q.: 1.3.**) In vielen Geschäften hingen in Schaufenstern Vermißtenlisten aus, da das Rote Kreuz einen **Suchdienst** organisierte.

Von den Braunschweiger Männern befanden sich nach dem Krieg 16.372 in Gefangenschaft. Die ersten 3.000 kehrten schon 1945 zurück, und bis 1948 waren ca. 14.000 von den Militärbehörden entlassen worden. Ihre Rückkehr gestaltete sich nicht immer ganz unproblematisch, da sie Unterkunft und Arbeit brauchten und an beidem Mangel herrschte. (**B 4**) Oft war der Entlassungsschein aus der Kriegsgefangenschaft der einzige Nachweis ihrer Identität, und die zuständigen Meldebehörden achteten sorgfältig auf eine ordnungsgemäße Anmeldung. Dazu erhielt der zurückkehrende Kriegsgefangene einen Laufzettel, auf dem alle für ihn wichtigen Behördengänge aufgelistet waren und ihm Orientierung gaben. Das Absolvieren der einzelnen Stationen bildete die Voraussetzung dafür, eine Arbeitserlaubnis zu erhalten und Anspruch auf Lebensmittelmarken erheben zu können. (**M 18-22, M 26-27**)

Wir suchen den

Uffz. Heinz Spielmann,

Landwirt aus Breslau, geb. 27. 11. 1905
zuletzt beim 1. Pi.-Bataillon 213 A in
GLOGAU/SCHLESIEN eingeschlossen, wo er im Frühjahr 1945 verwundet wurde.
Für jede Angabe einer Spur über seinen Verbleib wären wir dankbar und vergüten Porto usw.
Nachrichten bitte an

Frau Margarete Spielmann
(23) Nordenholzermoor, Post Hude i. O.
früher Karpenstein bei Bad Landeck/Schles.
oder an
Hans Schulz, Berlin SW 61, Waterloo - Ufer 4

M 2. Handzettel zur Suche vermißter Angehöriger. Kurz nach Kriegsende suchen Familien auf eigene Faust nach vermißten Angehörigen. An Bahnhöfen und öffentlichen Plätzen hingen Hunderte solcher Handzettel. / Q.: privat

Q.: 1. Wohnungen

Q.: 1.1. Trümmerräumung und Anfänge

Vom Willen zur **höchsten Arbeitsleistung** getragen, soll unser Bekenntnis sein:

Alles zu tun, was wir zu tun schuldig sind,
Mehr zu tun, als wir zu tun verpflichtet sind.

Die Stadt Braunschweig befindet sich auf den wichtigsten Gebieten des öffentlichen Lebens als Folge des Krieges noch in einem **Notstand**, der zusätzliche Belastungen, insbesondere durch Zuweisung weiterer Flüchtlinge, nicht mehr verträgt. Ungeachtet dessen wird die Stadt wie bisher bemüht bleiben, auf allen Gebieten des **Wiederaufbaus** an der Spitze der Großstädte der britischen Zone zu stehen. Auf dem Boden des Rechts wird sie in friedlicher Arbeit um Ansehen und Anerkennung ringen, um damit den Weg zu der notwendigen Völkerverständigung zu ebnen.
gez. (Lotz)
Oberstadtdirektor

Q.: Kurze Denkschrift als Überblick Über die augenblicklichen wirtschaftlichen Verhältnisse der ehemaligen Landeshauptstadt Braunschweig, Überreicht anläßlich des Besuches des Regional Commissioners, Lieut. General G. N. Mac Ready (30.11.46); Archiv der Braunschweiger Zeitung

Trümmergeräumter Altstadtmarkt (Braunschweig) 1946 / Q.: Archiv der Neuen Oberschule

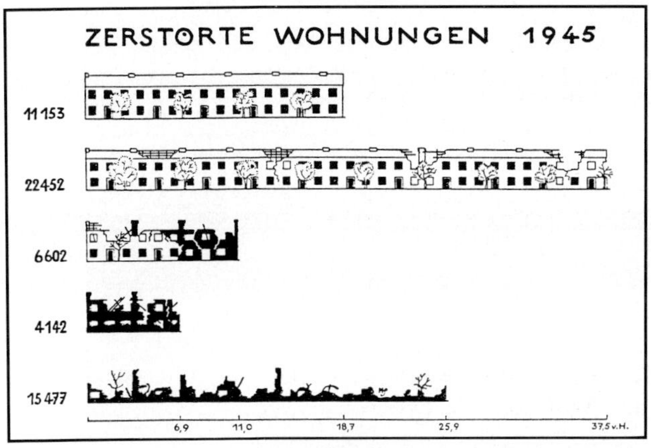

***M 3.** Braunschweig gehörte zu den 12 am meisten zerstörten Großstädten Deutschlands. Fast 20.000 Wohnungen waren total zerstört oder so stark beschädigt, daß ein Wohnen in ihnen unmöglich oder lebensgefährlich war. / Q.: Braunschweig in der Statistik, 1950, S. 127*

Q.: 1.2. An alle Braunschweiger

Aus den Trümmern des alten Braunschweig soll ein neues Braunschweig entstehen. Noch fehlen uns die Facharbeiter und die Baustoffe, um mit einem großzügigen Wiederaufbau beginnen zu können. Aber wir haben bereits Straßen und Grundstücke von Trümmern geräumt. Diese Arbeit ist ins Stocken geraten, da es an Arbeitskräften fehlt!

Ohne Trümmerräumung ist jedoch ein Wiederaufbau nicht möglich! Nur wenn die Bauplätze frei sind, können wir mit der Zuteilung von Baustoffen rechnen. Und wenn diese kommen werden, dürfen wir keine Arbeitskraft mehr durch Vorbereitungen den eigentlichen Bauarbeiten entziehen.

Darum rufe ich auf Beschluß und im Namen der Stadtvertretung die arbeitsfähige Braunschweiger Einwohnerschaft auf, sofort mit allen Kräften an der Trümmerräumung mitzuhelfen.

1. Wer keine Arbeit hat, meldet sich beim Arbeitsamt zum normalen Einsatz. Er erhält tariflichen Lohn und eine Schwerarbeiterzulage.
2. Aber auch die in Arbeit Stehenden sollen freiwillig mindestens sechs Tage im Jahr zusammenhängend mitarbeiten. Die Arbeiter und Angestellten der Betriebe lassen sich im Einvernehmen mit Betriebsleiter und Betriebsrat hierfür beurlauben. Die in freien Berufen Tätigen, vor allem die nicht voll Beschäftigten, machen sich für wenigstens sechs Tage frei. Sie erhalten den tariflichen Lohn und sind gegen Unfall versichert.

Alle diese Arbeiter bekommen kostenlos ein markenfreies Mittagessen. Als gesetzliche Grundlage für diese Beschäftigung wird die Notdienstverordnung vom 15. 10. 1938 (RGBd I S. 1441) benutzt.

Braunschweiger!
Die Stadtvertretung erwartet, daß sich niemand, der dazu in der Lage ist, der **Arbeit am Aufbau unserer Heimatstadt** entzieht! Jeder Freiwillige melde sich sofort bei der hierfür geschaffenen Sondereinsatzstelle des Arbeitsamtes, Cyriaksring. Die Behörden und Betriebe geben Sammelmeldungen ab.
Wer sich dieser moralischen Verpflichtung ohne triftigen Grund entzieht, wird mit der Hilfe der Notdienstverordnung herangezogen werden, und zwar:
Männer von 14 bis 60 Jahren und Frauen von 16 bis 30 Jahren.

Ausnahmen:
a) Schwangere Frauen
b) Frauen mit Kindern unter 12 Jahren
c) Personen, bei denen durch vertrauensärztliche Untersuchung festgestellt wird, daß sie diese Arbeit nicht leisten können.

Wer einem Heranziehungsbescheid nicht folgt, wird nach den gesetzlichen Bestimmungen bestraft. Alle aufbauwilligen Kräfte unserer Stadt können gewiß sein, daß die Bummelanten sowie die alten und neuen Gegner des demokratischen Staates erfaßt werden!

Wer sich freiwillig meldet und mindestens sechs Tage gearbeitet hat, erhält über den der Allgemeinheit geleisteten Dienst eine Bescheinigung, die ihm von Nutzen sein kann, wenn er einmal ein Anliegen bei der Stadtgemeinde vorzubringen hat.

Die Arbeitsstellen sind technisch für eine planmäßige Trümmerräumung, für die Wiederherstellung unserer Grünanlagen und andere gemeinnützige Aufgaben wohl vorbereitet, so daß wöchentlich 1.000 Braunschweiger eine segensreiche Arbeit vollbringen können. Die Verantwortungsbewußten gehen mit gutem Beispiel voran! Zum Zeichen, daß auch wichtige Berufsarbeit kein Hindernisgrund ist, habe ich mich selbst mit den leitenden Beamten der Stadtverwaltung an erster Stelle beim Arbeitsamt für sechs Tage zur Trümmerräumung gemeldet.

Braunschweiger, wir können einen verlorenen Vorsprung wieder gewinnen, darum fangen wir sofort mit allen Kräften an.

Braunschweig, den 23. Mai 1946
Auf Anordnung der Stadtvertretung der Landeshauptstadt Braunschweig
Böhme, Oberbürgermeister

Q.: Aufruf des Oberbürgermeisters Böhme zur Trümmerräumung vom 23. Mai 1946 aus BZ, 7.6.1946

Wohnen in Trümmern. Aufeinandergeschichtete Ziegelsteine mit einem Dach aus Pappe (mit Steinen beschwert) dienen als Wohnraum. Die Wäsche hängt auf der Leine, auch die Gartenbank ist aufgestellt. Alltag... / Foto: Gertrud Bingel

Aufräumarbeiten nach dem Luftangriff bei Westermann (1943) / Q.: Archiv Westermann

Q.: 1.3. Fünf Personen je Wohnung
Braunschweig im Spiegel der Statistik

Braunschweig steht mit 170.679 Einwohnern an 14. Stelle der Städte in der britischen Zone. Es hat damit seinen Bevölkerungsstand vom Jahre 1939, der damals 196.058 Einwohner betrug, zu 87 v.H. erreicht, während Städte wie Köln erst 50 v.H., Hannover 67 v.H., Münster 57 v.H. ihres Vorkriegsstandes besitzen. (...)

In welcher Weise sich die Zerstörung unserer Städte auf die Belegung der Wohnungen auswirkt, zeigt die Tatsache, daß im Durchschnitt der 45 Städte über 50.000 Einwohner in der britischen Zone die Belegung von 3,5 Personen je Wohnung im Jahre 1930 auf 5,1 Personen im Jahre 1945 anstieg: **in Braunschweig sogar von 3,4 auf 5,7 Personen je Wohnung.** Je nach dem Grad der Zerstörung ist diese Relation verschieden. Einen Anhaltspunkt dafür bietet auch die Zahl der unbeschädigten Wohnun-

Verteilung der Bevölkerung auf die Stadtbezirke (1939, 1945 und 1949)

Stadtbezirke	1. 10. 1939			1. 10. 1945			31. 12. 1949		
	m	w	zusammen	m	w	zusammen	m	w	zusammen
1	2	3	4	5	6	7	8	9	10
				Absolute Zahlen					
Altstadt	3 206	3 898	7 104	968	1 397	2 365	1 240	1 848	3 088
Neustadt	6 829	7 193	14 022	425	473	898	644	675	1 319
Sack	8 175	8 062	16 237	1 186	1 471	2 657	1 612	1 841	3 453
Wilhelmitor	11 426	10 994	22 420	8 924	10 387	19 311	14 299	14 942	29 241
Petritor	10 652	12 225	22 877	7 761	8 440	16 201	11 626	11 865	23 491
Hagen	15 700	16 460	32 160	12 968	15 515	28 483	19 136	20 822	39 958
Stadtpark	15 892	18 018	33 910	13 057	17 400	30 457	21 770	26 441	48 211
Altewiek	13 595	11 936	25 531	9 780	11 618	21 398	16 671	16 902	33 573
Lehndorf	5 058	4 877	9 935	5 181	5 958	11 139	7 123	7 567	14 690
Ölper	711	707	1 418	844	874	1 718	1 184	1 204	2 388
Veltenhof	630	688	1 318	623	618	1 241	1 089	995	2 084
Rühme	2 161	1 346	3 507	1 620	1 871	3 491	2 316	2 386	4 702
Querum	3 345	1 232	4 577	1 470	1 525	2 995	2 545	2 554	5 099
Gliesmarode	2 795	1 984	4 779	2 150	2 436	4 586	3 005	3 192	6 197
Riddagshausen	708	694	1 402	733	753	1 486	1 209	1 208	2 417
Melverode	556	531	1 087	581	634	1 215	868	831	1 699
Zusammen	101 439	100 845	202 284	68 271	81 370	149 641	106 337	115 273	221 610

***M 4.** Da die Innenstadt stark zerstört war, wurden viele Braunschweiger in den weitgehend verschonten Außenbezirken, in unzerstörte Wohnungen eingewiesen. / Q.: Braunschweig in der Statistik, 1950, S.13* gen, die in Braunschweig nur 15,9 v.H. betrug, in Hannover 5,2, in Duisburg 2,3 und in Gelsenkirchen 6,0 v.H. Andere Städte wie Oldenburg mit 86,9 v.H., Flensburg mit 73,3 v.H., Hildesheim mit 36,1 v.H. und Lübeck mit 36,3 v.H. unbeschädigten Wohnungen haben weniger gelitten und daher eine geringere Last beim Aufbau ihrer Wohnungen zu tragen.

Q.: BZ, 1.6.1946

Q.: 1.4. Unsere "Trümmerbahn" war ohne Beispiel

In wenigen Tagen, am Ostersonnabend, jährt sich zum 25. Male ein Tag, der in der Nachkriegsgeschichte Braunschweigs symbolhafte Bedeutung besitzt, gleichwohl aber kaum als ein "Jubiläum" gefeiert werden wird: Am 14. April 1954 löste die Stadtverwaltung ihr am 1. September 1945 geschaffenes "Trümmerräumungsamt" auf und gliederte die verbliebenen Aufgaben der Trümmerräumung dem Bauaufsichtsamt an. Mit diesem Verwaltungsakt endete eine Phase Braunschweiger Nachkriegszeit, die sich nach außen hin in einer einmaligen Einrichtung dokumentiert hatte: in der Braunschweiger **"Trümmerbahn"**, deren Gleise von 1946 bis 1952 die Innenstadt durchzogen hatten.
So einmalig diese "Trümmerbahn" gewesen ist, so wenig ist von ihr überliefert worden. Als der aus Hamburg stammende Student Karsten Lübkert im vergangenen Jahr im TU-Institut Für Verkehr, Eisenbahnwesen und Verkehrssicherung eine Arbeit über diese Bahn schreiben wollte, mußte er feststellen, daß die Stadtverwaltung "anscheinend sämtliche Planungsunterlagen aus der Trümmerräumung vernichtet" (so der Autor) hat. Um so reizvoller war es für ihn, aus den Erinnerungen Beteiligter und den wenigen sonst erhaltenen Quellen eine Dokumentation dieser Trümmerbahn zusammenzustellen.

Wertvollste Quelle war dabei die **Trümmerkarte** des viel zu früh verstorbenen Braunschweiger Kartographen Hermann Bollmann aus dem Jahre 1946. Aus der Arbeit Karsten Lübkerts hier einige Auszüge, die das Braunschweig vor 25 Jahren in Erinnerung rufen:
Die Trümmermassen der Innenstadt schätzte man auf 1,5 Millionen Kubikmeter, die Trümmermassen im gesamten Stadtgebiet auf 2,5 Millionen Kubikmeter (am Ende waren es insgesamt 3.670.500 Kubikmeter).

Die Trümmerräumung wurde von Privatfirmen ausgeführt und war für die betroffenen Grundstückseigentümer unentgeltlich. Zunächst waren Geräte und Haushaltsmittel reichlich vorhanden, jedoch mangelte es an Baumaterial und Arbeitskräften.
So griff die Stadtverwaltung auf die Notdienstverordnung vom 15. Oktober 1938 zurück, kraft derer alle Männer zwischen 16 und 60 Jahren, sowie alle Frauen im Alter von 18 bis 30 Jahren zur Trümmerräumung verpflichtet wurden. Dieser "freiwillige Notdienst" der Bevölkerung endete erst nach der Währungsreform.

Die Peter-Büscher-Bahn
Vom Kriegsgeschehen weitgehend ungestört, betrieb die Firma Peter Büscher und Sohn seit 1940 einen umfangreichen Gleisbetrieb in 900mm Spurweite auf der gesamten Bahnhofsbaustelle im Südosten der Stadt. Hier standen ca. 20 zweiachsige Dampflokomotiven mit 75 bis 150 kW (100-200 PS) Leistung und eine tschechische Dampflokomotive mit 180 kW (240 PS) zur Verfügung (Lok Nr. 51). Alle Lokomotiven waren mit Licht ausgerüstet. 12 Lokomotiven standen stets einsatzbereit. Der Wagenpark setzte sich zusammen aus 72 Eisenmulden mit 8 Kubikmetern und 54 Eisenmulden mit 5,3 Kubikmetern Fassungsvermögen. Jeweils 12 Wagen wurden zu einem Zug zusammengefaßt.

Die Trümmerbahn durchneidet die Innenstadt. Bisweilen wurden sogar Rampen aufgeschüttet wie hier zur Auffahrt zur Trümmerverwertungsanlage auf dem Schloßplatz. (1947) / Foto: Gertrud Bingel

Apotheke am Hagenmarkt 1946/ Blick in die Wendenstraße (Braunschweig). In der Trümmerlandschaft herrscht deutsche Ordnung. Selbst die Ruinen machen einen gepflegten Eindruck. Die Straßen sind sauber und gut gepflastert, die Schienenwege erneuert. Ein Polizist auf der Kreuzung regelt den aus einem Pferdegespann bestehenden Verkehr. Die Menschen (bis auf einen) warten brav, bis ihnen der Übergang freigegeben wird. / Foto: Bollmann

Der Betriebsbahnhof der Peter-Büscher-Bahn lag am Ende der Schwarzkopfstraße auf der Südecke des Eisenbahnausbesserungswerkes. Hier wurden die Lokomotiven bei Betriebsruhe zwischen zum Splitterschutz aufgeschütteten Erdwällen abgestellt und mußten durch **Wachposten gegen Diebstahl** insbesondere der Armaturen (damals weniger als Sammlerobjekte, sondern vielmehr ihres Kupfers wegen begehrt) gesichert werden.
Von 1946 bis 1948/49 beteiligte sich die Peter-Büscher-Bahn am Abtransport der Trümmerhalden aus der südlichen Innenstadt vom Schloßplatz und von der Wilhelmstraße. Der Trümmerschutt wurde zur Aufschüttung in den während des Krieges nicht mehr in Angriff genommenen Bahndamm zwischen Wolfenbütteler Straße und Wolfenbütteler Strecke, der späteren westlichen Zufahrt zum Rangierbahnhof, gefahren.
Hierzu wurde ein Gleis vom Schloßplatz aus entlang der Kuhstraße, quer durch die stehengebliebene Fassade von Dannes Hotel hindurch, über den Augustplatz (heute Kennedy-Platz) hinweg, entlang der Wolfenbütteler Straße auf dem östlichen Fußweg, unter der Eisenbahnüberführung hindurch, dann in westlicher Richtung über die Oker hinweg zur Dammaufschüttungsstelle verlegt.
Eine Mitbenutzung der Straßenbahngeleise kam schon auf Grund der abweichenden Spurweite von 1.100 mm nicht in Frage. Vor dem "Löwenhaus" befand sich ein Ausweichgleis in der Wolfenbütteler Straße in der ansonsten eingleisigen Strecke.

Neben den im Bahnhofsbereich sowieso vorhandenen Gleisen der Peter-Büscher-Bahn wurde die Trümmerbahn über ein zusätzliches Gleis an den Betriebsbahnhof angeschlossen, das als "südliche Umgehung" nördlich an der damals vorhandenen Radrennbahn vorbei längs der "Roten Wiese" führte und die Wolfenbütteler Straße an der Ecke Leipziger Straße kreuzte.

Strecke zum Pippelweg

Am 1.März 1948 wurde mit dem Bau einer "Klamottenbahn" – wie die Trümmerbahn auch genannt wurde – aus dem nordöstlichen Innenstadtgebiet zu den Tongruben der ehemaligen Aktienziegelei am Pippelweg begonnen. Den Auftrag hatten die ehemaligen "Reichswerke Hermann Göring" und "Polensky & Zöllner" erhalten, weil sie einsatzbereites Gerät aus dem Bergbau bzw. vom Bau des Salzgitter-Zweigkanals hatten.
Die Betriebseinrichtungen befanden sich beim Neustadtrathaus. Nur zum Wochenende wurden die Lokomotiven kalt gestellt und am Sonntag von 20 Uhr an wieder angeheizt, während der Woche hielt ein Nachtheizer die Lokomotiven unter Dampf. Pro Tag verbrauchte eine Lokomotive zwischen 12 und 16 Zentner Steinkohle. Ein schweres Eisengitter umgab den Betriebsbahnhof. Trotzdem waren **Nachtwachen** unerläßlich, sollte am nächsten Morgen noch etwas von der Kohle vorhanden sein. Zum Nachtwachen halten fanden sich nur wenige bereit, bekamen sie doch die Not der Bevölkerung drastisch zu spüren.

Petrikirche/Radeklint (Braunschweig 1950). Weite Bereiche der Innenstadt waren 1945 völlig zerstört. Unmittelbar nach Kriegsende setzte die Trümmerräumung ein, um großflächig Wiederaufbau zu ermöglichen. Rechts neben der Ruine der Petri-Kirche gehen sternförmig die Straßen Langestraße, Weberstraße, Beckenwerkerstraße und (etwas zurückliegend) Neuer Weg ab. Rekonstruktion und Wiederaufbau haben begonnen. / Q.: Archiv der Neuen Oberschule

Die eingleisige Hauptstrecke führte an der Andreaskirche über Weberstraße, Radeklint, Südklint, Güldenstraße, Pawelstraße, Broitzemer Straße zur Tonkuhle am Pippelweg. Ausweichmöglichkeiten bestanden an der Andreaskirche, in der Broitzemer Straße und an den Schüttstellen.

Posten sicherten

An wichtigen Straßenkreuzungen, die nicht unterbrochen werden durften, mußten die Gleise versenkt werden. Posten hielten den Straßenverkehr mit Hilfe einer roten Fahne auf, wenn ein Zug sich näherte. An wichtigen Straßenkreuzungen, insbesondere wenn auch Straßenbahngleise gekreuzt wurden, sicherten zwei Posten den Verkehr. Die Straßenposten bildeten gleichzeitig das einzige Nachrichtensystem zwischen den Lokführern auf der eingleisigen Strecke.

Von der Andreaskirche aus wurde eine Gleisverbindung an der Stadtschenke (heute "Wienerwald Restaurant", die südliche "Garageneinfahrt" stammt noch von der Trümmerbahnzeit) vorbei, über die Wilhelmstraße zur Trümmerverwertungsanlage am Schloßpark hergestellt. Der größte Anteil der Trümmermassen aus diesem Räumungsabschnitt gelangte jedoch zur kleineren Trümmerverwertungsanlage am Pippelweg. Sie betrieb die Firma Bautechnik, die auch die Gleisanlagen Ecke Sonnenstraße/Güldenstraße bis zur Verwertungsanlage zu erstellen hatte.

Der unverwertbare Restschutt wurde in die Tonkuhlen gekippt oder in den neuen Bahndämmen verbaut. Zu diesem Zweck verlängerte man 1949 das Trümmerbahngleis über die Anlage zum Pippelweg hinaus und führte es in dem dort vorhandenen DB-Gleisanschluß als dritte Schiene bis zur Bahndammbaustelle an der Frankfurter Straße weiter. Selbst die Gleise waren vor dem Zugriff der Bevölkerung nicht sicher. So wurden einige "Schwarze" (so das Maschinenpersonal in der Betriebssprache) als Wachen abgestellt, nachdem in der Langen Straße eines Morgens sämtliche Schienen von den Schwellen gelöst waren...

Q.: BZ, April 1979

Q.: 1.5. Wohnverhältnisse in Braunschweig 1945/46 (Beispiele)

a) In einem Behelfsheim, welches als **Werkstatt** vorgesehen ist, wohnt in 2 Räumen eine Familie mit 2 Kindern im Alter von 5 Jahren und einem Jahr. Das Dach dieses Hauses ist aus Hohlsteinplatten hergestellt, die durch Frost zerplatzt sind und dem Regenwasser ungehinderten Ablauf in die Wohnräume ermöglichen. Um das von der Decke tropfende Wasser abzufangen, hat man durch das Zimmer eine Segeltuchplane gespannt. Die 2 Räume sind nicht unterkellert, so daß der darin befindliche Zementfußboden schon bei geringer Beheizung der Räume Feuchtigkeit ausschwitzt, die sich auf sämtlichen in den Räumen aufbewahrten Gegenständen niederschlägt und sie mit einer stellenweise dicken Schimmelschicht überzogen hat. Toilette und Wasserleitung sind nicht vorhanden.

b) In 4 kleinen Räumen von insgesamt 40 qm Größe wohnen 3 Familien, nämlich 9 Erwachsene und 5 Kinder im Alter von 3-6 Jahren. Das Wohnungsamt hat sich vergeblich bemüht, wenigstens eine Familie umzuquartieren.

c) Seit dem 1. Juni 1945 wohnt in einem **Keller** eine vierköpfige Familie. Infolge von Witterungseinflüssen sind die Hauswände auf das behelfsmäßig hergestellte Notdach gestürzt, so daß auch die Kellerdecke Risse aufweist und der Keller einzustürzen droht. In etwa 70 Kellerwohnungen sind die Verhältnisse ähnlich.

d) Ein an Lungentuberkulose erkrankter Kunstmaler bewohnt mit Frau und einem 8jährigen Sohn ein Zimmer von etwa 16 qm Wohnfläche. Er müßte wegen der **Ansteckungsgefahr**, der besonders das Kind ausgesetzt ist, unbedingt in einem besonders heizbaren Schlafraum untergebracht werden. Auch in diesem Falle ist es dem Wohnungsamt nicht möglich gewesen, sofortige Abhilfe zu schaffen.

Q.: Bernhard Mewes, Lebensverhältnisse in Braunschweig nach dem Krieg, Braunschweig 1948, Kommunalpolitische Schriften der Stadt Braunschweig, Heft 3, S. 22; vgl. dazu auch Kap. Flüchtlinge Q.: 4.

Unterkünfte

Amtl. Gästezimmernachweis der Stadt Braunschweig:
Städt. Verkehrsverein, Lessingplatz 12, Salve Hospes. F 2574.

Flüchtlingsbetreuung
Auskunft über Unterbringung und Betreuung in der Baracke am Hauptbahnhof (Ostseite). F 878 (durchgehend geöffnet)

Hotels
Hotel Braunschweiger Hof, Ziegenmarkt 7, F 1337
Hotel Monopol, Friedrich-Wilhelm-Platz 4, F 1428
Hotel-Bunker Bockstwete, Bockstwete, F 4214
Hotel-Bunker Neu-Melverode, Straßenbahnlinie A, F 4423

Gaststätten mit Übernachtungsmöglichkeit
Ritter St. Georg, Alte Knochenhauerstraße 13
Stadt Braunschweig, Hamburger Straße 24, F 2882
Stadt Seesen, Güldenstraße 9, F 3094

Fremdenheim
Lange, Wilhelmitorwall 24

Bunker
Bunker am Hauptbahnhof, Kalenwall 2a, F 1602
Bunker Madamenweg, Madamenweg 130, F 1721
Bunker Steinstraße, Alte Knochenhauerstraße 1a (Ecke Steinstraße), F 1652
Bunker am Sack, Sack 1, F 2376

Wärmehallen
Deutsches Rotes Kreuz, Adolfstraße 52
Gemeindesaal, Kapellenstraße 14
Baracke des Deutschen Roten Kreuzes, Hauptbahnhof
Baracke der Bahnhofsmission, Hauptbahnhof

Geheizte Leseräume
Lesesaal Haus Salve Hospes, Lessingplatz 12
Informationsbüro Ecke Bohlweg — Langer Hof (Nissenhütte)
Geschäftsräume der Lesehalle, Hintern Brüdern 23

***M 5.** Eine Seite aus dem 1. Braunschweiger Stadtführer nach 1945. Die Stadt stellte für die täglich ankommenden Flüchtlinge Notunterkünfte bereit. Kasernen und Bunker wurden notdürftig als Wohnraum hergerichtet. Da viele Wohnungen wegen fehlender Herde oder Öfen und wegen fehlenden Brennmaterials nicht beheizbar waren, wurden Wärmehallen, vor allem für ältere und kranke Menschen eingerichtet. / Q.: privat*

Beginn des Wiederaufbaus im Zeichen knapper Baustoffe / Q.: Archiv Westermann

Q.: 1.6. Erst die Besatzungsmacht

Die Arbeiten des städtischen Hochbauamtes, dem alle öffentlichen städtischen Bauten und 180 städtische Wohnhäuser unterstehen, wurde stark durch **Materialmangel** und **Mangel an handwerklichen Arbeitskräften** behindert. An erster Stelle mußten die Instandsetzungsarbeiten und Schönheitsreparaturen an Gebäuden durchgeführt werden, die von der **Militärregierung** beschlagnahmt waren. Es handelt sich dabei um die ehem. Reichsjugendakademie, das Luftwaffenkommando, die Siegfriedkaserne, Mars-la-Tour-Kaserne, Kasernen Heinrich der Löwe, Schillkaserne, Roselieskaserne und die Einzelhäuser: Deutsches Haus, Löwenwall 3, Am Hasselteich 27 und Lessingplatz 14. Die benötigten Materialmengen und Arbeitskräfte standen zur Verfügung.
Erhebliche Schwierigkeiten bereitete die **Wiederinstandsetzung** sämtlicher anderer Gebäude, der Schulen, Krankenhäuser, Verwaltungsgebäude usw., denn hierfür waren die Materialmengen und Arbeitskräfte außerordentlich gering.

Q.: Verwaltungsbericht
der Stadt Braunschweig 1945-1946, S. 39

Q.: 1.7. Erste außerordentliche Sitzung der Stadtvertretung vom 15. Januar 1947

Mangelnde Voraussicht und Planlosigkeit von Stellen, die keiner deutschen parlamentarischen Kontrolle unterstehen, haben die **Versorgungsschwierigkeiten** erhöht. Unerträgliche Leide für die gesamte Stadtbevölkerung und schwerste wirtschaftliche und gesundheitliche Auswirkung sind eingetreten.
Die Stadt Braunschweig ist durch Kriegseinwirkungen in der Innenstadt zu **90 Prozent zerstört**. Von 59.826 Wohnungen sind 81 Prozent mehr und minder beschädigt. Trotz der großen Zerstörungen hat die Zahl der Bevölkerung ihren Friedensstand bald wieder erreicht. Auf engstem Raum drängt sich die Bevölkerung zusammen.
Von einer nur einigermaßen erträglichen Wohnlage kann überhaupt nicht mehr gesprochen werden. Diese zusammengepferchte Menschenmenge lebt naturgemäß durch das Fehlen von gesunden Räumen, Nebengelassen, Toiletten usw. auch **hygienisch in völlig unzulänglichen Verhältnissen**. Die Gefahr der ansteckenden Krankheiten und Seuchen wird immer größer. Die Beschlagnahme von Häusern für englische Familien erhöht die Wohnungsnot und die Flüchtlingsnot. Tausende von Vertriebenen konnten noch nicht untergebracht werden und hausen im **Bunker**, in **Baracken** und **unheizbaren Dachkammern**. Bis zum 5. Januar 1947 waren von der Militärregierung beschlagnahmt:

287	Wohnhäuser mit 1.165 Wohnungen,
6	einzelne Wohnungen,
13	Geschäftsräume,
21	öffentliche Gebäude und Kasernen,
21	Hotels, Gaststätten und Kinos,
30	Garagen, Tankstellen usw.

Ein Teil dieser Räumlichkeiten steht seit längerer Zeit leer.

Q.: Verwaltungsberichte der
Stadt Braunschweig 1946-47, S. 7

Q.: 1.8. Von der Stadt bewilligte Wohnungen (1947 bis Anfang 1948)

innerh. der Stadt		außerh. der Stadt		Ablehnungen	
Anträge	Pers.	Anträge	Pers.	Anträge	Pers.
13.086	22.142	5.733	8.550	14.491	21.629

Q.: Verwaltungsberichte der Stadt Braunschweig 1946-47,
Braunschweig 1949, S.15

Beschädigtes Residenzschloß in Braunschweig (1947). Es wurde 1961 abgerissen. / Q.: Archiv der Neuen Oberschule

Hermann Kreutzberg
20b)Braunschweig
Hugo Lutherstr. 46 I

Braunschweig, den 16.4.1947

An den
Beschwerdeausschuß des Wohnungsamtes,

B r a u n s c h w e i g
Rathaus

Betr.:Wohnung Hugo Lutherstr. 46 II links.

Nachdem Frau Erna Wöhler wohnhaft in Groß-Steinum am 31.3.1947 ihre Zuzugsgenehmigung rückgängig gemacht hat und in Gegenwart von Herrn Grotian meiner Frau die Wohnung zur Verfügung stellte glaubten wir die Wohnung beziehen zu können, da uns bisher von jeder Stelle zugesichert wurde, dass die Tochter des Hauseigentümers wohl das Vorrecht hätte.
Es dürfte Ihnen bekannt sein, dass Frau Wöhler mit 2 Kinder unter 10 Jahren Genehmigung erhielt.
Warum wird uns, wo wir 2 Erwachsene und 1 Kind sind, die Wohnung abgeschlagen ?
Seit 21.10.1944 war bereits 1 Zimmer beim Wohnungsamt als unbewohnbar gemeldet, sodass es sich ja nur um eine 2 Zimmerwohnung handelt. Bemerken möchte ich, dass die ganze Wohnung sehr beschädigt ist und ich dieselbe auf meine eigenen Kosten mit Selbsthilfe zurechtmachen will.
Ferner möchte ich erwähnen, dass ich bereits die Wohnung meiner Großmutter übernommen hatte. Nachdem Angriff am 15.Oktober 1944 mußten wir die Wohnung auf Verlangen der damaligen Partei für Ausgebombte räumen.
Meine Frau war damals allein und ich stand im Felde.
Z.Zt. wohne ich bei meinen Schwiegereltern und habe dort nur ein kleines Zimmer.
Da die heutige Lage viele Zwistigkeiten hervorruft ist es ein untragbarer Zustand noch länger auf diese Weise ein Zusammenleben weiter zu führen. Meine Frau leidet sehr darunter.
Ich hoffe, dass Sie für meine Lage Verständnis haben werden und erwarte einen günstigen Bescheid.
Meine Frau und ich sind politisch unbelastet.

Hochachtungsvoll!

M 6. Immer wieder führte der Mangel an Wohnraum zu Beschwerden über ungerechte Verteilung. Manchmal half der Zusatz, „politisch entlastet“ zu sein. / Q.: Reinhard Bein

Bautätigkeit

Jahr	Neuerbaute u. instandgesetzte Gebäude		Neuerbaute und instandgesetzte Wohnungen mit Wohnräumen [1]						Zugang an Wohnräumen [2]	Wohnungsabgang	Bestand am Jahresschluß	
	überhaupt	davon Wohngebäud.	1–2	3–4	5–6	7 und mehr	insgesamt	dav. in Neubauten			Wohngebäude	Wohnungen
1	2	3	4	5	6	7	8	9	10	11	12	13
1936	914	881	35	1 215	445	73	1 768	1 595	6 935	245	12 845	50 604
1937	666	601	14	1 435	255	79	1 783	1 704	7 070	79	13 443	52 308
1938	1 000	913	40	1 741	322	60	2 163	2 127	8 186	27	14 348	54 444
1939	733	668	35	1 743	427	60	2 265	2 238	9 261	9	15 016	56 700
1940	486	441	–	547	426	27	1 000	996	4 505	7	15 456	57 693
1941	229	173	28	827	67	10	932	925	3 425	–	15 629	58 625
1947	322	287	186	168	10	1	365	54	1 310	–	10 576	38 178
1948	290	222	563	520	32	2	1 117	139	3 135	–	10 879 [3]	39 611 [3]
1949	514	205	116	872	179	9	1 176	322	3 230	–	11 096 [4]	40 836 [4]

[1] Ab 1947 einschl. aller Küchen. — [2] Ausschl. aller Küchen. — [3] Einschl. 81 von der Besatzungsmacht freigegebene Wohngebäude mit 341 Wohnungen. — [4] Einschl. 12 von der Besatzungsmacht freigegebene Wohngebäude mit 49 Wohnungen.

M 7. Bautätigkeit in Braunschweig 1936-1949. Nach dem Kriege ging der Wiederaufbau nur mühsam voran. Es fehlten Baustoffe und Facharbeiter. / Q.: Braunschweig in der Statistik, 1950, S. 43

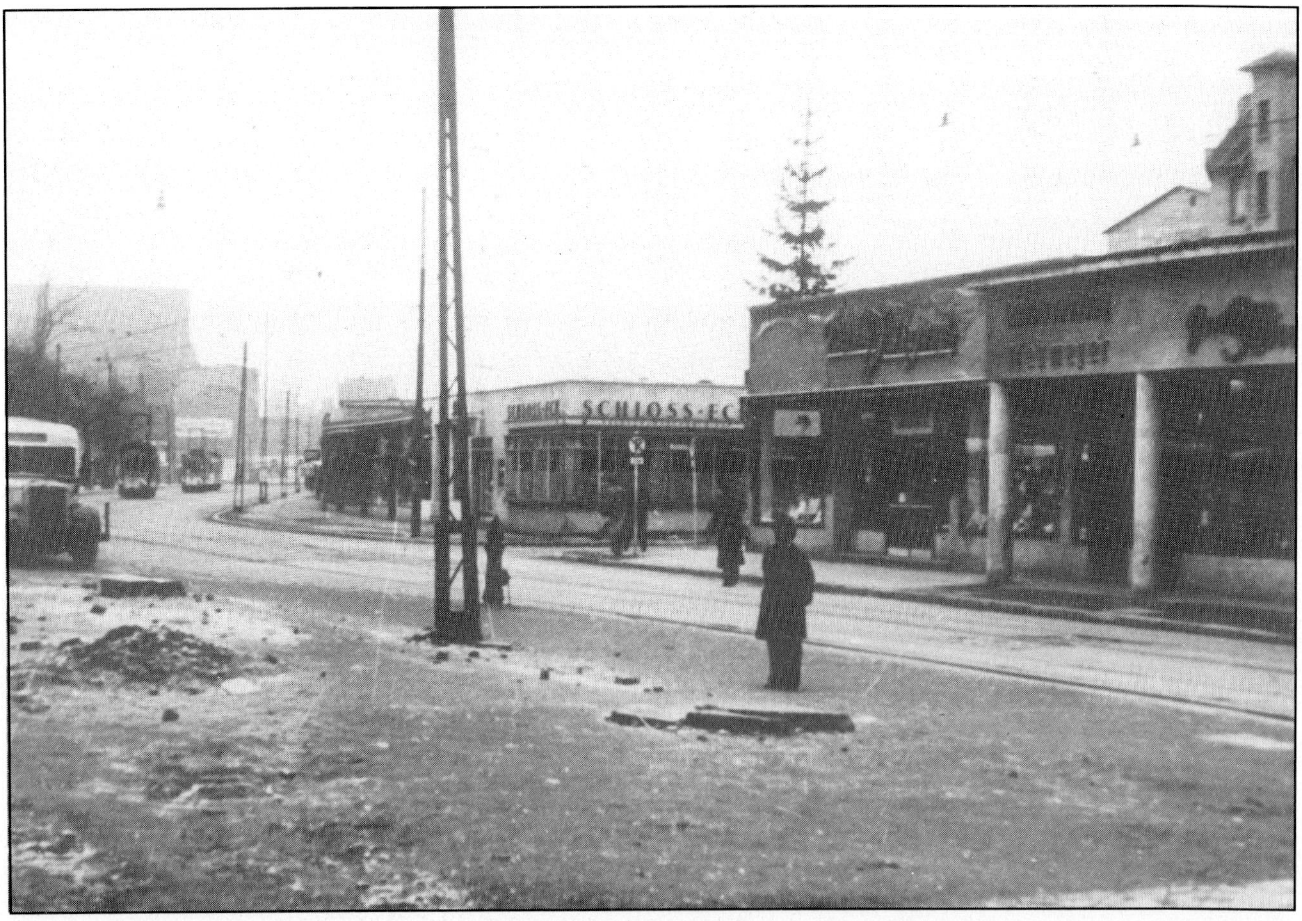

Wiederaufgebaute Ladenzeile am Bohlweg in Braunschweig (1950). Viele Straßenzüge wurden provisorisch mit einfachen einstöckigen Gebäuden wiedererrichtet. Die Läden hatten in der Regel ein Flachdach und waren mit Teerpappe eingedeckt. Sie wurden erst in den siebziger Jahren durch mehrstöckige massive Gebäude ersetzt. / Q.: Stadtarchiv Braunschweig

Q.: 2. Energiebeschaffung

Q.: 2.1. Winter 1946/47

BRAUNSCHWEIG. Es klingt aktuell: „Nach Nachttemperaturen zwischen minus 15 bis minus 20 Grad morgens dunstig, nur geringe Bewölkung; Temperaturen tagsüber minus 8 bis minus 10 Grad. Scharfer Ostwind." Aber es ist kein Wetterbericht aus dem Jahre 1987. Es ist die Meldung des „BZ-Wetterdienst" vom 7. Januar 1947. Der Winter 1946/47 hat sich in die Erinnerung jener, die ihn bewußt erlebt haben, als Katastrophenwinter eingeprägt. Dem strengen Frost konnten die Menschen im zerstörten Deutschland nichts entgegensetzen.

Am Sonntag, 17. November 1946, war in Braunschweig der erste Schnee gefallen, im Harz schon früher. Aber die BZ beruhigte ihre Leser mit einer alten Bauernregel, die besagt, daß auf einen mäßig warmen Sommer oft ein mäßig kalter Winter folgt. „Bauernregeln fußen auf Erfahrungen", meinte der Verfasser H. A. und bemühte zur Erhärtung dieser These alsdann die Statistik. „Auf einen mäßig warmen Sommer folgt in 74 von 100 Fällen ein warmer Dezember, 65mal ein warmer Januar und Februar... Und demnach können wir mit größter Wahrscheinlichkeit für dieses Jahr mit einem milden Winter rechnen." Da zudem die frühe Reife des Roßkastaniensamens — nämlich vor dem 17. September — einen strengen Winter nahezu ausschloß, konnte eigentlich gar nichts passieren.

Wärmehallen

Aber sie hatten sich alle geirrt: die Bauern mit ihren Regeln, die Statistiker und der Roßkastaniensamen. Zum Glück hat die Stadtverwaltung derartige Wetterprognosen nicht in ihre Planungen einbezogen. So teilte das Fürsorgeamt mit, daß der Bevölkerung an kalten Tagen die Wärmehalle des Deutschen Roten Kreuzes, Adolfstraße 52, der Gemeindesaal des Pfarramtes im Hause Kapellenstraße 14 und zwei Baracken des Roten Kreuzes und der Bahnhofsmission am Bahnhof (dem alten natürlich) zur Verfügung stünden. Ich erinnere mich zudem an eine Nissenhütte — die halbrunde Wellblechkonstruktion der Engländer — am Bohlweg, Ecke Langer Hof, wo man außer Wärme tanken auch noch britische Zeitungen lesen konnte.

Doch bis zum 10. Dezember wurde das alles nicht benötigt. Der Wetterbericht meldete konstant: „Weiterhin mild." Erst am 13. Dezember kündigte er „langsam bis zum Gefrierpunkt absinkende Temperaturen" an, und am 17. Dezember dann — die Zeitung erschien aus Papiermangel nur alle drei Tage — „Fortdauer des Frostwetters mit einzelnen leichten Schneefällen". Damit begann es.

„Da mit der Freigabe ausreichender Kohlenmengen für Haushaltungen so gut wie gar nicht gerechnet werden konnte, war die Stadtverwaltung bemüht, für die Versorgung der Haushaltungen Ausweichmöglichkeiten zu schaffen", heißt es im Verwaltungsbericht der Stadt Braunschweig zu 1946/47. Ausweichmöglichkeiten war nur ein anderes Wort für Improvisation. Es entstand ein Produkt, das sich „Naßpreßsteine" nannte. Die Dampfziegelei Weinberg, Pippelweg 60, stellte diese Steine aus Kohlenstaub und sonstigen Überresten aus der Bornhäuser Braunkohlengrube her: 155 405 Stück — 311 Tonnen — in der Zeit vom 17. bis 26. Oktober.

Und es wurde der Harz abgeholzt, was von der Stadt Braunschweig „weitgehend unterstützt und gefördert" wurde. Ergebnis: In der „Versorgungsperiode 1946/47" — also für den ganzen Winter — erhielt jeder Haushalt zwei Zentner Naßpreßsteine, zwei Zentner Briketts, einen Zentner Rohbraunkohle und 15 Zentner Holz. So steht es im Verwaltungsbericht.

Erhielt er wirklich? In meinem Tagebuch ist nur von zwei Zentnern Briketts und sechs Zentnern Holz die Rede, und im Verwaltungsbericht heißt es auch, daß der Kohlennachschub zeitweise unterbrochen war. Die Stadtverwaltung habe in Zusammenarbeit mit den örtlichen Fuhrunternehmern unter schwierigsten Bedingungen Kohle mit Lastwagen von der Ruhr und aus Helmstedt herangeschafft. Als Normalverbrauch pro Haushalt galten 40 Zentner.

Eine Eisglocke lag über dem Land. Und wenn auch die Temperaturen — ähnlich wie im derzeitigen Winter — plötzlich wieder bis null Grad anstiegen, es brachte nichts, weil sie sehr bald wieder weit ins Minus sanken. Die Schulen hatten nach den Weihnachtsferien gar nicht erst wieder angefangen („Kohleferien" nannte man das, und die Kinder sahen das gar nicht mal ungern), die TH schloß ihre Tore, Baustellen lagen still, die Trümmerräumung ruhte. Betriebe stellten aus Brennstoffmangel die Arbeit ein. Die Bevölkerung aber griff zur Selbsthilfe: Man klaute Kohlen. Jeder, oder doch fast jeder: Männer, Frauen, Kinder.

Man klaute mit Vorliebe auf Güter- und Verschiebebahnhöfen. Wir zu Hause aber klauten von der britischen Besatzungsmacht. Genauer: Wir beklauten den britischen Captain und seine Familie von nebenan. Ausgebombt im Haus Altewiekring 76, bewohnten wir zwei kleine Dachkammern in einem Hause An der Wabe in Gliesmarode. Im beschlagnahmten Haus nebenan wohnte besagter Captain. Innerhalb weniger Wochen rollten drei Lieferwagen an und schütteten ihm Koks und Briketts vor die Tür. Ein Geschenk des Himmels — für uns.

Es hat sich gelohnt: Schwer bepackt mit erbeuteter Kohle ist dieses Paar auf dem Heimweg. Oft genug war jedoch die Freude verfrüht. Wenn man einer Polizeistreife in die Arme lief, war man nicht nur seine Beute los.

„Wo steht der Zug?"

„Ich sah die Kinder des Captain in Sommerkleidern und mit weißen Söckchen im Haus rumlaufen...", schrieb ich damals in mein Tagebuch. Der von uns angerichtete Schaden hielt sich demzufolge in erträglichen Grenzen.

Man klaute von Lagern der Gas- und Elektrizitätswerke, von Fabrikhöfen oder wo sonst man Kohlen fand. Am aussichtsreichsten aber waren eben die Bahnhöfe. Wer einen Rucksack mit geklauten Kohlen durch Braunschweigs Straßen schleppte, konnte sicher sein, gefragt zu werden, wo denn wohl, bitte sehr, der Zug mit den Kohlen stehe.

Man machte dabei einen strengen Unterschied zwischen klauen, was — da für den eigenen Gebrauch bestimmt und lebensnotwendig — als legitim galt, und dem gewöhnlichen Stehlen. Einzelne Kohlenwaggons waren bis zu 50 oder gar 75 Prozent „beraubt", heißt es im Verwaltungsbericht.

Vom 7. Januar an wurden Stromsperren eingeführt. Die Industrie durfte von 10 bis 16 Uhr nur ein Drittel der bisherigen Leistung in kW entnehmen. Für den privaten Stromverbrauch wurde die Stadt in vier Bezirke eingeteilt, die abwechselnd von 5 bis 16 Uhr abgeschaltet wurden.

Zu der Kälte kam der Hunger. Die „97. Zuteilungsperiode", die Anfang Januar begann, sah für rund vier Wochen vor: 10 000 g Brot, 500 g Fleisch, 200 g Fett, 62,5 g Käse, 2000 g Magermilch, 10 000 g Kartoffeln, 2000 g Gemüse, 1500 g Nährmittel, 600 g Fisch, 750 g Zucker und 125 g Kaffee-Ersatz. 1550 Kalorien täglich sollten es sein, doch waren die Zuteilungsankündigungen oft nur Absichtserklärungen. Bis auf 900 Kalorien täglich sanken die Rationen mitunter.

„Wir stehen praktisch mitten im Zusammenbruch unserer Wirtschaft, nicht aber in ihrem Neuaufbau", erklärte am 9. Januar 1947 vor dem Niedersächsischen Landtag Wirtschaftsminister Alfred Kubel und fragte die Alliierten nach dem Verbleib der im Exportplan eingesparten 350 000 Tonnen Kohle, von denen weder der deutschen Wirtschaft noch der Hausbrandversorgung auch nur eine einzige Tonne zur Verfügung gestellt worden sei.

Nebenbei bemerkt: In der gleichen Ausgabe der Zeitung vom 10. 1. mit der Rede Kubels ist eine Notiz zu lesen über die „glanzvolle Uraufführung" von Carl Zuckmayers neuem Stück „Des Teufels General" im Züricher Schauspielhaus. In der Rolle des Generals: der Braunschweiger Gustav Knuth.

Appell des Rates

In einer außerordentlichen Ratssitzung am 15. Januar 1947 im Saal der Kanthochschule verlas Oberbürgermeister Ernst Böhme eine an die Besatzungsmacht gerichtete Entschließung.

„Mangelnde Voraussicht und Planlosigkeit von Stellen, die keiner deutschen parlamentarischen Kontrolle unterstehen, haben die Versorgungsschwierigkeiten erhöht", heißt es darin.

Fotos: Archive D. D. und BZ

„Kohlenklauer" am Werk. Nach allen Seiten sichernd, füllen sie ihre Säcke mit Koks. Die deutsche Polizei, die unter Kontrolle der britischen Militärregierung stand, mußte durchgreifen, drückte manchmal aber auch ein Auge zu.

Die Beschlagnahme von Häusern für englische Familien verschärfe die Wohnungsnot in der stark zerstörten Stadt. Tausende von Vertriebenen hausten im Bunker, in Baracken und unheizbaren Dachkammern.

„Bis zum 5. Januar 1947 waren von der Militärregierung beschlagnahmt: 287 Häuser mit 1165 Wohnungen, 6 einzelne Wohnungen, 13 Geschäftsräume, 21 öffentliche Gebäude und Kasernen, 21 Hotels, Gaststätten und Kinos, 30 Garagen, Tankstellen usw. Ein Teil dieser Räumlichkeiten steht seit längerer Zeit leer."

„Der erschreckende Mangel an Kohle wirkt sich bei dieser völlig unzulänglichen Wohnraumzuteilung um so unheilvoller aus. Die Industriebetriebe stehen seit dem 21. Dezember 1946 zum großen Teil still... Krankheiten grassieren. Ältere Menschen und Kleinkinder sind dem Elend nicht mehr gewachsen und sterben."

Der Mangel an Kohlen schlug auch auf die Lebensmittelversorgung zurück. In diesem Monat seien in der Stadt Braunschweig ohne Kohlenversorgung 89 Bäckereien von insgesamt 154, 68 Verpflegungsbetriebe von insgesamt 121, 60 Schlachtereien von insgesamt 108.

„Getrieben von Not und Elend zeigen sich Auflösungserscheinungen, wie sie noch nie dagewesen sind. Hungernde Familienväter, unterernährte Mütter und Kinder holen sich Kohle, Holz, Gemüse usw., wo sie es nur bekommen. Der Zusammenbruch in der Kartoffelversorgung hat die Not erhöht. Nicht einmal mehr für die nächsten Tage, geschweige denn für Wochen, konnten Kartoffeln eingekellert werden... Die Stadtverwaltung sieht sich nicht mehr imstande, der Katastrophe entgegenzutreten, weil ihr einfach die Möglichkeit fehlt."

„Im Namen der Menschlichkeit richten wir deshalb Bitte und Hilferuf an die Alliierten, sich der Erkenntnis der tiefsten Not des deutschen Volkes und der Katastrophe, die die Welt erfassen könnte, nicht zu versagen.

Allzuviel dürfte der Appell nicht bewirkt haben, denn bis weit in das Jahr 1947 hinein wurde gehungert. Die Kälte dauerte auch im März noch an. Am 5. März 1947 lagen die Temperaturen bei minus fünf bis minus sieben Grad. Treibeis auf der Oker gab es um den 18. März herum. Am 21. März dann kündigte der Wetterbericht zehn Grad plus an. Und im April bereits räumten wir die Trümmer der Magnikirche bei warmer Sonne. Eines allerdings brachte jener Winter nicht. Smog-Gefahr. Woher denn auch?

Von unserem Redaktionsmitglied Dieter Diestelmann

Q.: BZ, 10.2.1987

Q.: 2.2. Brennstoffzuteilung wurde neu geregelt. Auch im kommenden Winter keine Kohlen.

Ratsherr Künnemann gab einen Bericht über die Brennstoffversorgung für das laufende Jahr und den kommenden Winter. Im vergangenen Winter standen der Stadt 60.000 rm Holz zur Verfügung, auf jeden Haushalt hätten 10 bis 12 Ztr. Holz kommen müssen, doch hatte die Verteilung erhebliche Mängel.

Hauptschwierigkeit war die Beschaffung von Arbeitskräften und Fahrgelegenheiten, außerdem war die Zeit zu knapp, viele Einwohner haben das ihnen zustehende Holz nicht erhalten. Überdies haben viele Kohlenhändler versagt, und es ist geplant, Kohlenhändler, die ihre Pflicht nicht getan haben, nicht mehr zu beliefern.

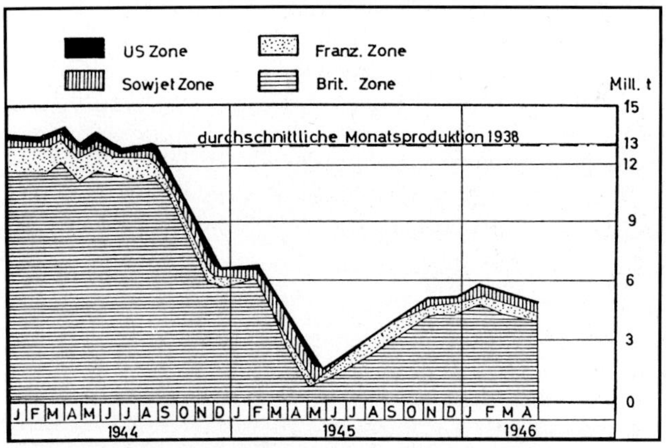

Deutsche Steinkohlenproduktion 1944 bis 1946 / Q.: Europa-Archiv, 1.Jahr, Juli 1946 bis Juni 1947 Oberursel (Taunus), S.25

Für die nächste Heizperiode ist von der Militärregierung wiederum nur **Brennholz** vorgeschrieben, mit Kohlenlieferungen ist nicht zu rechnen. Für 60.000 Haushaltungen sind 120.000 Raummeter Brennholz in die Stadt zu schaffen. Der Friedensbedarf der Stadt betrug 245.000 Tonnen Kohlen. Überdies hat Buchenholz nur einen Heizwert von 1.800 Kalorien, Steinkohle dagegen von 6.000 bis 7.000 Kalorien.

In der übernächsten Kartenperiode der Lebensmittelversorgung soll eine **Holzbezugskarte** ausgegeben werden und zwar eine für Haushalte und eine für Einzelmieter. Diese Karte enthält einen Bezugsschein für die Kohlenhändler. Das angelieferte Holz soll nicht gelagert, sondern sofort an die Bevölkerung ausgegeben werden, es besteht dann allerdings die Gefahr, daß es von manchen Haushalten vorzeitig verbraucht wird.

Jeder kann seinen Händler selbst aussuchen, Großfamilien werden auf Antrag Sonderzuteilungen erhalten können. Der Versuch, Torf zu beschaffen, scheiterte wegen des Mangels an Arbeitskräften, es ist daher kaum damit zu rechnen, daß nennenswerte Mengen Torf hereinkommen. Schließlich werden noch für den Winter Wärmehallen für die Bevölkerung vorbereitet.

Q.: BZ, Ostern 1946

Q.: 2.3. 90.000 t Holz für Braunschweig

Für die Haushaltungen der Stadt Braunschweig sollen 150.000 Raummeter Holz herangeschafft werden, das sind, wenn man 12 Zentner pro Raummeter rechnet, 90.000 Tonnen, eine riesige Menge, die bis zum 30. November 1946 bereits verteilt werden soll.

Die Militärregierung hat allein zum Sprengen von **Stuken** 150 t Sprengstoff zur Verfügung gestellt, man rechnet mit einem Aufkommen von 17.500 t Stuken, so daß noch 72.500 t Holz gefällt werden müssen. 1.500 Mann werden für das Fällen und Transportieren des Holzes eingesetzt, es ist geplant, die Hälfte der Arbeiter aus den Landkreisen anzufordern, während die restlichen 50 v.H. vom Arbeitsamt der Stadt Braunschweig zu stellen sind, mindestens ein Drittel dieser Holzfäller sollen Fachkräfte sein. Das Hauptquartier der Militärregierung Braunschweig-Land hat 750 ehemalige Kriegsgefangene aus dem Munsterlager angefordert, die bei der Holzaktion eingesetzt und im Flüchtlingslager Immendorf untergebracht werden sollen.

Q.: BZ, 7.6.1946

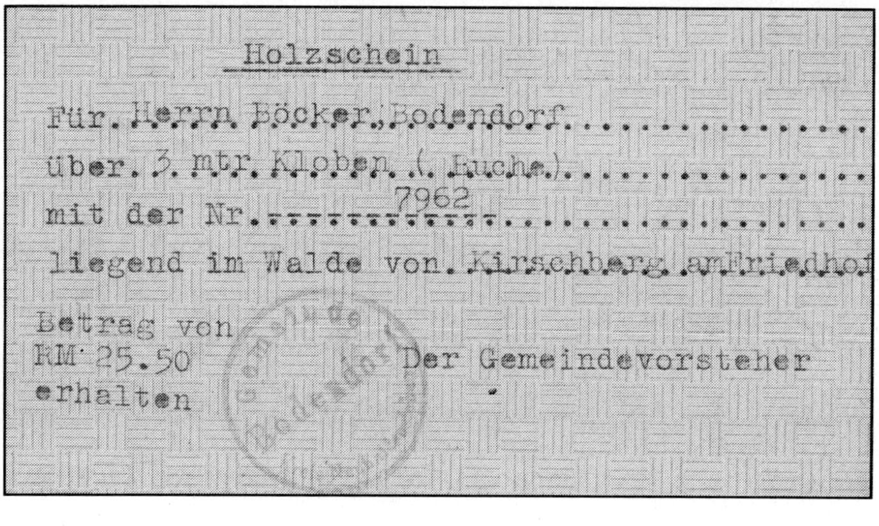

Holzschein

Für Herrn Böcker, Bodendorf
über 3 mtr. Kloben (Buche)
mit der Nr. 7962
liegend im Walde von Kirschberg an Friedhof

Betrag von
RM 25.50
erhalten

Der Gemeindevorsteher

M 8.

Bezugsschein für Feuerholz / Q.: Maren Böcker

Q.: 2.4. Die erste außerordentliche Sitzung der Stadtvertretung vom 15. Januar 1947 äußert sich zur Not der Bevölkerung

Der erschreckende **Mangel an Kohle** wirkt sich bei dieser völlig unzulänglichen Wohnungszuteilung um so unheilvoller aus. Es ist zur Zeit nicht möglich, die für die Haushaltungen der Stadt Braunschweig vorgesehenen Briketts für Januar zu liefern. In der Presse wurde angekündigt, daß die Kohlenförderungen, der Export vermindert und die Kohlenzuteilung erhöht werden sollte. Das Gegenteil ist eingetreten. Das Dezemberkontingent ist bereits um 50 Prozent gekürzt. Die Brikettzufuhren sind fast völlig ausgefallen. **Die Industriebetriebe stehen seit 21.12.1946 zum großen Teil still**. Auch lebensnotwendige gewerbliche Betriebe sind bedroht. Die Haushaltungen sind davon aufs allerschwerste betroffen. Krankenhäuser, Kinderheilanstalten und andere Heime sind unzulänglich beliefert. Krankheiten grassieren, ältere Menschen und Kleinkinder sind dem Elend nicht mehr gewachsen und sterben.
Durch die radikalen Kürzungen der Kohlenzuteilungen wächst die Gefahr auch in den kommenden Wochen. Sie ist unerträglich geworden.
Der Mangel an Kohlen wirkt sich auch auf die Ernährung aus. In diesem Monat sind in der Stadt Braunschweig ohne Kohlenversorgung:

89 Bäckereien von insgesamt 154,
68 Verpflegungsbetriebe von insgesamt 121,
60 Schlachtereien von insgesamt 108.

Insbesondere werden von der Kürzung weiter betroffen:
Schulen,
Gerichte und Strafanstalten und
fast alle sonstigen öffentlichen und privaten Einrichtungen.

Q.: Verwaltungsberichte der
Stadt Braunschweig 1946-47, S. 7

Q.: 3. Ernährung

Q.: 3.1.1. Der Schwarzmarkt in Braunschweig

Auch Braunschweig hat einen **Schwarzen Markt**, eine Erscheinung, die aus allen Städten berichtet wird. – Mangelware, die nicht im geregelten Geschäftsverkehr zu haben ist, wird auf dem sogenannten Schwarzen Markt gehandelt. – Viele Leute sagen: "Was nützt mich mein Geld, wenn ich dafür nichts kaufen kann. Vielleicht wird mir das Geld eines Tages doch genommen, also setze ich es um und – kaufe! – Und so wird gekauft. – Im Dezember 1945 wurden in Braunschweig auf dem Schwarzen Markt bezahlt für:

Polizei und Zoll vor der Razzia auf dem Helmstedter Bahnhof (1950). Grenzgänger und Schieber werden überprüft: Offiziell darf nur Ware für den persönlichen Bedarf ausgeführt werden. / Foto: Christa Bosse-Schaper

einen Hering .... 6 Reichsmark
eine Zigarette .... 3,50 RM
ein Ei .... 5 RM
ein Pfund Rindfleisch
aus Schwarzschlachtungen .... 30 RM
ein Pfund Schweinefleisch
aus Schwarzschlachtungen .... 30 RM
ein Pfund Schmalz .... 60 RM
ein Pfund Butter .... 160 RM
ein Paar Schaftstiefel .... 250 RM und mehr
eine Schreibmaschine .... 4000 RM und mehr
Stoff zu einem Anzug .... bis 500 RM
ein Pfund Kakao .... 450 RM
Bohnenkaffee, eine Tasse voll, gemahlen .... 30 RM
ausreichend für 10 Tassen, so daß jede Tasse ...... 3 RM
kostete.

Das sind einige Preise, soweit sie bekannt wurden. – Häufig stammten die Waren aus **Diebstählen**, das Fleisch von Vieh, das nachts aus den Ställen der Bauern gestohlen und an Ort und Stelle meist gleich abgeschlachtet wurde. Das geschah durch Ausländer, die morgens mit den ersten Zügen vom Lande nach Braunschweig kamen und hier die Waren in den Handel setzten. Die Polizei ging diesen Erscheinungen nach, war aber machtlos, da der Schwarze Markt, auch von Hausfrauen der weniger bemittelten Kreise unterstützt, lebensfähig gehalten wurde. Die vorstehenden "Notierungen" sind freibleibend. Sie bewegen sich dauernd nach oben.

Q.: B. Becker, a.a.O., Braunschweig, 1. Dezember 1945; vgl. auch Kap. Flüchtlinge/Die Zonengrenze F 10-13

Q.: 3.1.2. Groß-Razzia der Schutzpolizei

Die Braunschweiger Schwarzhändler erlebten eine Überraschung. Der **Schwarz- und Schleichhandel** ist eine der übelsten Zeiterscheinungen. Leider gibt es in Braunschweig noch immer Leute, die sich auf Kosten der Allgemeinheit solche Lebens- und Genußmittel zu verschaffen suchen, die für den gewöhnlichen Sterblichen unerreichbar sind. Noch verächtlicher als diese Leute ist jedoch das Gesindel, das sich eine ergiebige Einnahmequelle durch den Vertrieb solcher Waren zu verschaffen versucht und dadurch den Schwarz- und Schleichhandel überhaupt erst ermöglicht. So wird **Mangelware gegen andere Mangelware** eingetauscht oder zu stark übersetzten Preisen verkauft. In welch schwindelnder Höhe sich diese Preise bewegen, ersieht man daraus, daß z.B. 20 RM für drei Zigaretten oder 18 RM für eine Zigarre gefordert und bezahlt wurden. Daß auf einem solchen Schwarzhändler-Markt alles, was es an sonst unerreichbaren schönen Dingen, wie Kaffee, Tee, Schnaps, Zigaretten und Tabak gibt, gehandelt wird, versteht sich von selbst, und bei dieser Gelegenheit wird natürlich auch allerlei Diebesgut zu Phantasiepreisen verschoben.

Der Polizeipräsident von Braunschweig sah sich bereits vor einiger Zeit gezwungen, eine größere Gaststätte, in der sich zahlreiche Schwarzhändler ein Stelldichein gaben, zu schließen. Diese Verbrecher gingen sodann dazu über, das Feld ihrer Tätigkeit auf verschiedene Straßen oder Plätze der Stadt zu verlegen in der Annahme, dort noch besser und unauffälliger ihrem unsauberen Treiben nachgehen zu können, und sie bildeten sich ein, dort vor den Augen des Gesetzes sicher zu sein.

Daß diese Auffassung irrig war, das erlebten die Braunschweiger Schwarzhändler schon einmal vor kurzer Zeit, als die Polizei auf der Bildfläche erschien und zahlreiche Angehörige dieser Zunft festnahm. Der Polizeipräsident ist fest entschlossen, mit allen ihm zur Verfügung stehenden Mitteln dem Schwarz- und Schleichhandel zu Leibe zu gehen und ihn mit Stumpf und Stiel auszurotten. Ihm wird bei seinem Vorgehen die ausgiebigste Unterstützung seitens der Militärregierung zuteil.
Ein Stab von Spezialbeamten in Zivil hat in den letzten Wochen verschiedene Straßen und Plätze der Stadt unter Beobachtung gehalten, wo Schwarzhändler sich zur Abwicklung ihrer "Geschäfte" einzufinden pflegten. So mancher der wilden Händler hatte das Pech, ausgerechnet dem einen oder anderen Beamten Zigaretten oder andere Mangelware zum Kauf anzubieten. Trotzdem griff die Polizei noch nicht zu und wiegte die Verbrecher in Sicherheit, bis der Schwarzhandel wieder in üppigster Blüte stand. Nun aber wurde auf den Knopf gedrückt, und es setzte eine **Groß-Razzia** der Braunschweiger Schutzpolizei ein, an die alle diejenigen, die es angeht, noch lange Zeit denken werden.

Schutzpolizei, Kriminalpolizei und Spezialbeamte und britische Polizei hatten sich am Sonnabend um 10.30 Uhr auf dem Hofe des Polizeipräsidiums versammelt. Die Motoren der Überfallwagen und der großen Omnibusse liefen an. Die verschiedenen Polizeitrupps wurden eingeteilt, und auf die Minute genau verließen die Wagen den Hof. Ziel: Bruchstraße. Das abzuriegelnde Gebiet wurde von den Polizeiautos aus verschiedener Richtung angesteuert. Es dauerte nur Sekunden, bis die in Frage kommenden Straßenzüge abgeriegelt und jeder Ausgang auch zu den Parallelstraßen besetzt war. Wie völlig überrascht die Veranstalter des Schwarzen Marktes waren, ergibt sich daraus, daß viele von ihnen noch den Versuch machten, zu laufen, was die Beine hergeben konnten, jedoch waren die Männer der Braunschweiger Polizei noch schneller, und so mußten auch diese Flüchtlinge den Marsch in die Bruchstraße antreten. Wer den Versuch machte, über die Trümmerhaufen nach der Friedrich-Wilhelm-Straße oder durch die verschiedenen rückwärtigen Eingänge der dort stehenden Häuser zu entkommen, stieß auf diejenigen Beamten, die jeden Ausgang auch nach dorthin besetzt hatten. 85 Personen wurden unter starker Bedeckung ins Polizeipräsidium gebracht, wo auf dem Hof eine genaue Durchsuchung vorgenommen wurde. Wem der Verkauf von Waren jeglicher Art nachgewiesen wurde oder wer Schwarzhandelsware noch bei sich führte, wurde zur weiteren Veranlassung der Kriminalpolizei übergeben.

Die Bevölkerung, die dieser Groß-Razzia der Polizei auf den umliegenden Straßen mit großer Befriedigung zusah, wird erkannt haben, daß für Schieber und Schleichhändler in Braunschweig kein Tätigkeitsfeld mehr vorhanden ist, und zwar bezieht sich das nicht nur auf die Stadt Braunschweig selbst. Dies war nur ein Anfang. Weitere Aktionen sollen folgen. Die Polizei ist genau darüber unterrichtet, wo sich ähnliche **Schwarzhändler-Zentralen** befinden, und sie erfährt es sofort, wenn sich an irgendeiner anderen Stelle der Stadt solche Zusammenkünfte zu bilden beginnen. Sie wird in Zukunft unnachsichtlich und rücksichtslos eingreifen und dafür sorgen, daß diesen Verbrechern an der Allgemeinheit unverzüglich und ein für allemal ihr unsauberes Handwerk gelegt wird. Auch mancher, der sich am Sonnabend nur als Zuschauer in der Nähe dieser Schwarzhändler aufhielt, mußte notgedrungen den

Weg ins Polizeipräsidium antreten und sich eine genaue Durchsuchung und Feststellung seiner Personalien gefallen lassen. Auch hier gilt das bekannte Sprichwort: "Mitgefangen – mitgehangen." Es kann jemand auf diese Weise sehr rasch und ungewollt in den Verdacht kommen, sich ebenfalls – sei es als Schwarzhändler, sei es als Käufer – beteiligt zu haben. Deshalb seien auch die Neugierigen gewarnt.

Q.: "Neuer Hannoverscher Kurier, Ausgabe Nr. 24, vom 7.September 1945

Q.: 3.1.3. Der "Schwarze Markt" 1946

Auch im Jahre 1946 hat er seine Existenz nicht verloren. Der Schwarze Markt ist nicht ein fest umschließbarer Begriff, räumlich gesehen. Der Schwarze Markt ist ein unsichtbarer Begriff, mit einer Nervenverästelung zu vergleichen, die bis in die Küchen der einzelnen Familien geht. Auch da wird gehandelt, getauscht, gekungelt – wie der Braunschweiger sagt. Maßstab allen Tausches ist noch immer die **englische Zigarette**, die Ende des Jahres 1946 mit sechs Reichsmark im Kurse stand. - Kaffee wurde mit 600 Reichsmark für das Pfund bezahlt, Butter mit 240 Reichsmark das Pfund, Speiseöl mit 300 Reichsmark das Liter. Für gebrauchte Schuhe gab man bis 400 Reichsmark, für einen Anzug etwa 1.500 Reichsmark, Für Mäntel bis 3.000 Reichsmark. Auch Textilien wurden verschoben und zu hohem Kurs gehandelt. Aber für neugeborene Kinder gab es keine Windeln. Textilien – sie sind einer der schwersten Engpässe unserer Wirtschaftslage, durch die es ein Durchkommen nicht zu geben scheint. – Und trotz des Mangels an Textilien sieht man oft gutgekleidete Menschen, deren Bekleidung allerdings in einem schroffen Gegensatz zu der abgerissenen Bekleidung heimgekehrter Soldaten oder der Flüchtlinge steht.

Q.: Balthasar Becker, Zeitbilder aus Braunschweig, 1946, Blatt 28, Stadtarchiv Braunschweig

Q.: 3.1.4. Offizielle Preise und Schwarzmarktpreise 1946/1947

Ware	Offizieller Preis 1947	Schwarzmarkt 1946 / 47
1 kg Fleisch	2,20 RM	60 - 80 RM
1 kg Brot	0,37 RM	20 - 30 RM
1 kg Kartoffeln	0,12 RM	4 RM
1 kg Zucker	1,07 RM	120 - 180 RM
20 Zigaretten	2,80 RM	(US-Zig.) 70 - 100 RM
1 l Speiseöl	2,50 RM	150 - 180 RM
1 kg Butter	4,00 RM	350 - 550 RM
1 kg Milchpulver		140 - 160 RM
1 Flasche Wein	2,00 RM	30 - 40 RM
1 l Schnaps		300 RM
1 l Benzin		8 - 12 RM
1 Tasse Kaffee		20 RM
1 Stück T-Seife	0,35 RM	30 - 50 RM
1 Messer		35 RM
1 Glühbirne		40 RM
1 Paar Schuhe (Leder)		500 - 800 RM
1 Kleid		250 - 1200 RM
1 Fahrrad		1.500 RM
1 Pelzmantel		6.000 RM
1 Opel P4		10.000 RM

Wo die offiziellen Preise fehlen, bestand nur ein minimales oder überhaupt kein Warenangebot. Zur Veranschaulichung des Preisniveaus sei der monatliche Lohn eines Arbeiters angeführt: Er bewegte sich 1945-1948 zwischen 150 bis 200 RM.

Q.: Neubeginn und Wiederaufbau 1945-1949, Bonn 1989, S. 8

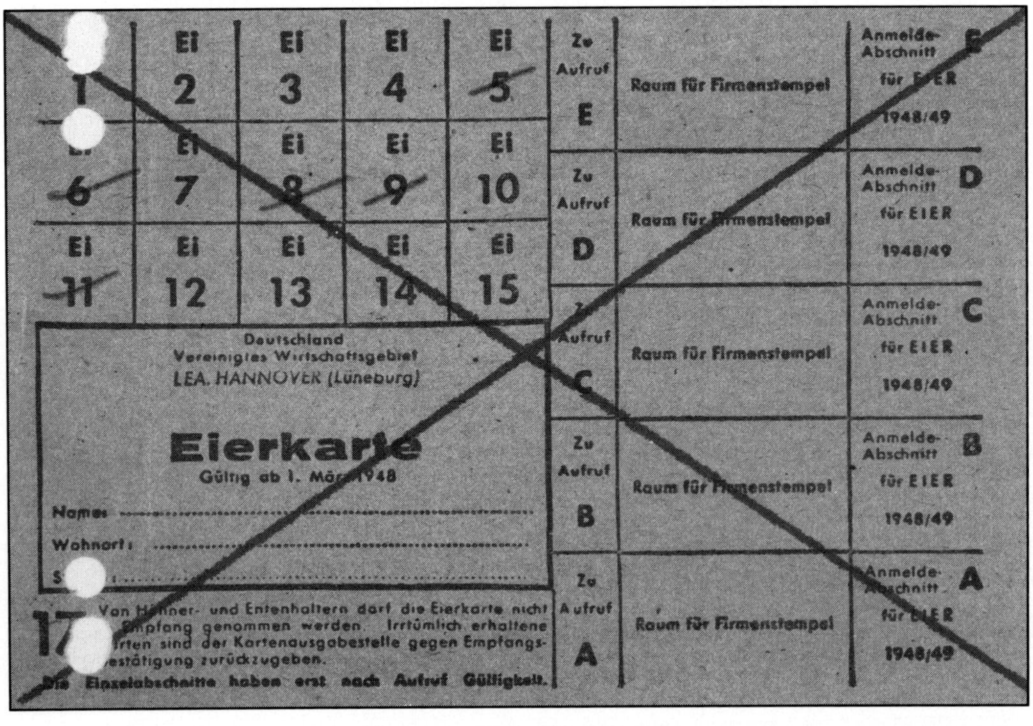

M 9. Beispiele für Lebensmittelkarten (1947/48) / Q.: Karl-Joachim Krause

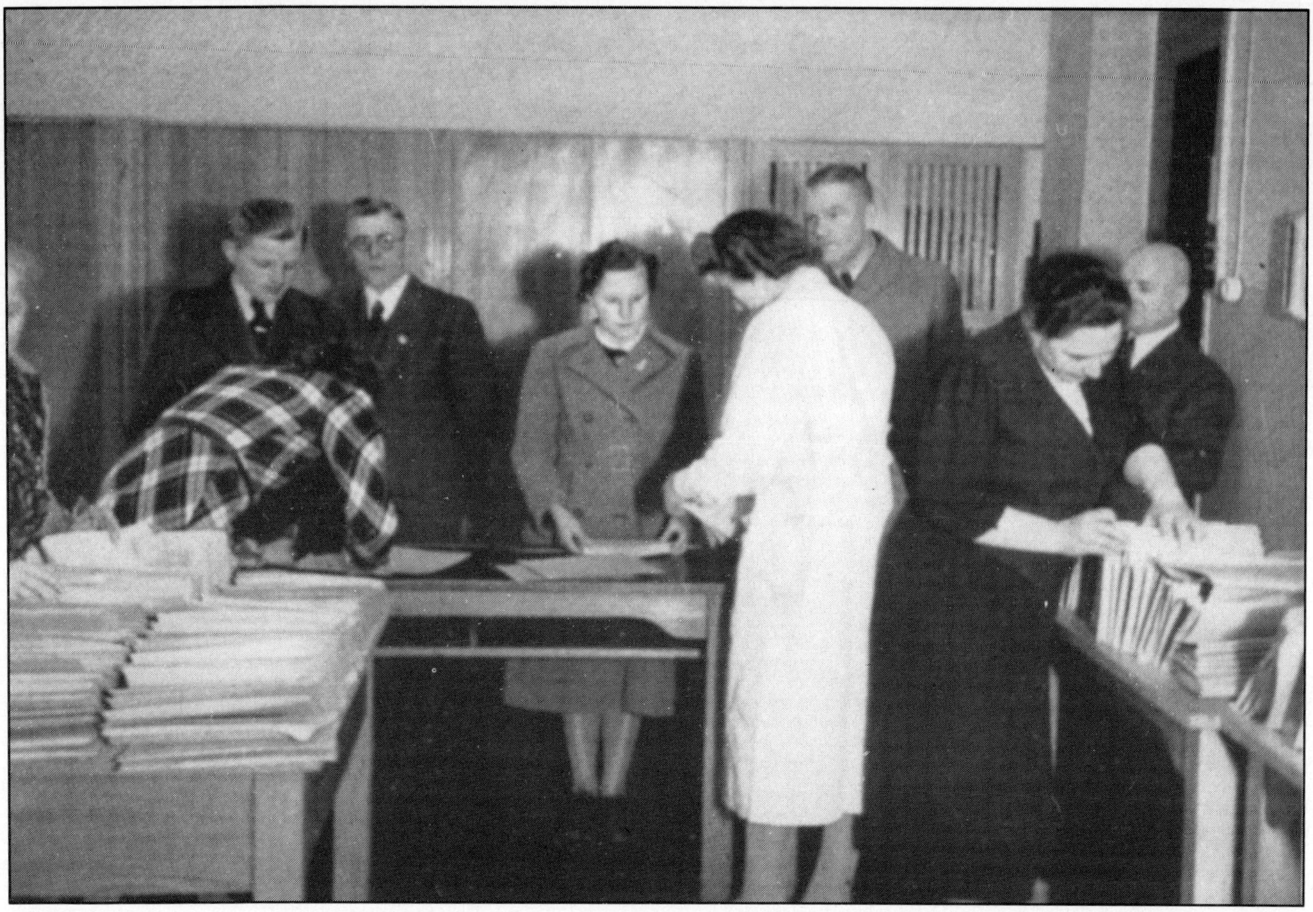

Ausgabe von Lebensmittelkarten 1939 (Braunschweig). Die Zwangswirtschaft dauerte bis 1950. / Q.: Verwaltungsbericht der Stadt Braunschweig 1940

Q.: 3.2. Das freie Wort
Helft den Hausfrauen!

Die Lage unserer Hausfrauen ist ungeheuer schwierig. **Einem Zu-Wenig an Nahrungsmitteln steht ein Fast-Nichts an Brennstoffen gegenüber**. Und was unsere Mütter darüber hinaus an Entbehrungen auf sich nehmen, um die Mäulchen ihrer ewig hungrigen Kinder zu füllen, kann in Worten gar nicht ausgedrückt werden. Die vorhandenen Nahrungsmittel und Brennstoffe so **gerecht** wie möglich zu verteilen, ist deshalb eine selbstverständliche Forderung. Die einseitige Bevorzugung gewisser Teile der Bevölkerung aber ruft mit Recht Erbitterung hervor. Die Landbevölkerung muß selbstverständlich eine ihrer schweren Arbeit angemessene Verpflegung erhalten und erhält sie auch. Doch ist es nötig, daß z.T. Bauern ihre überschüssigen Nahrungsmittel zum Eintausch von Kleidungsstücken, Bedarfs- und Luxusartikeln verwenden, die für den Städter schon seit Jahren nicht mehr zu bekommen sind? Ist es nötig, daß gewisse Teile der Bevölkerung mit Kohlen geradezu überschüttet werden, während die Mehrzahl überhaupt keine erhält? So haben die Angehörigen der Reichsbahn allein im Mai teilweise acht Zentner Kohlen erhalten. Sollte es nicht möglich sein, allen Haushaltungen etwas Kohle zukommen zu lassen, um dadurch die katastrophale Lage unserer Hausfrauen etwas zu entlasten? Hier wäre eine Möglichkeit gegeben, Sozialismus der Tat * zu üben!

Walter Schubert — Q.: Leserbrief an die BZ, 24.5.1946

* Begriff der NS-Propaganda

Q.: 3.3. Entstehende Spannungen und Probleme der Verwaltung durch die Lebensmittelausgabe

Die katastrophale Ernährungslage brachte vermehrten Arbeitsanfall mit sich und zwang zu zahlreichen Berichten und Eingaben an die Militärregierung und andere Dienststellen. Die Versorgungslage der Stadt wurde in wiederholten eingehenden Berichten an den Dezernenten, die Stadtvertretung sowie auch an den Vorsitzenden des Deutschen Gewerkschaftsbundes klargelegt.

Die angespannte Versorgungslage ließ eine geplante Verbrauchslenkung kaum zu, so daß die durch die Verwaltung veröffentlichten Lebensmittelaufrufe nur sehr kurzfristig herausgegeben werden konnten. Die telefonische oder telegraphische Übermittlung der Aufrufabschnitte erforderte genaueste Aufmerksamkeit und verursachte öfter Rückfragen, da die falsche Aufnahme eines Buchstabens oder einer Zahl sehr unangenehme Folgen haben konnte.

Bei den unregelmäßig erfolgten Lebensmittelaufrufen und dem nur zweimaligen Erscheinen der Presse mit den amtlichen Bekanntmachungen nehmen die Rückfragen der Geschäftsleute über inzwischen erfolgte Aufrufe ein großes Ausmaß an.

Mit der wachsenden Not stieg gleichzeitig die Zahl der **Rückfragen, Beschwerden und Denunziationen**. Die Geduld der einzelnen Angestellten wurde oftmals auf eine harte Probe gestellt. Das Ernährungsamt oder gar einzel-

ne Sachbearbeiter wurden von einzelnen Beschwerdeführern oft für Verhältnisse verantwortlich gemacht, an denen weder das Ernährungsamt noch der Sacharbeiter schuld waren.
Der Personalbestand des Wirtschafts- und Ernährungsamtes am 31. März 1948 betrug 188 Angestellte und Aushilfsangestellte, wobei zu bemerken ist, daß zwischen Wirtschafts- und Ernährungsamt Personalunion herrscht. Die Zahl der zu versorgenden Bevölkerung betrug am gleichen Tag 203.315 Personen.

Q.: Verwaltungsbericht 1946-47, S. 66

Speisekartoffeln A/01 LEA
Speisekartoffeln B/01 LEA
Firmenstempel
Firmenstempel
Deutschland
Britische Besatzungszone
LEA. HANNOVER (Lüneburg)
104-107
Gültig vom 21.7. bis 9.11.1947
Bezugsausweis für
Speisekartoffeln
für Versorgungsberechtigte über 3 Jahre
Name
Wohnort
Straße Nr.
01
Nicht übertragbar! Bei Verlust der Karte kein Ersatz!
K IV 01
K III 01
K II 01
K I 01
Kartoffeln 107 IV 01
Kartoffeln 107 III 01
Kartoffeln 107 II 01
Kartoffeln 107 I 01
Kartoffeln 106 IV 01
Kartoffeln 106 III 01
Kartoffeln 106 II 01
Kartoffeln 106 I 01
Kartoffeln 105 IV 01
Kartoffeln 105 III 01
Kartoffeln 105 II 01
Kartoffeln 105 I 01
Kartoffeln 104 IV 01
Kartoffeln 104 III 01
Kartoffeln 104 II 01
Kartoffeln 104 I 01

M 10. *Beispiel für Lebensmittelkarten (1947/48) / Q.: Karl-Joachim Krause*

Q.: 3.4. Das Loch im Nahrungshaushalt Unerfreuliche Entwicklungen und ihre inneren Zusammenhänge

Die neuen **Kürzungen der Rationen** an Fett, Fischen und Zucker rufen eine begreifliche Beunruhigung in der Öffentlichkeit hervor, da sie im Haushalt des Einzelnen eine untragbar scheinende Belastung verursachen. Bei einer Bevölkerungszahl der britischen Zone von über 23 Millionen Menschen haben jedoch die verfügbare Nahrungsfläche und die **Produktionskapazität** ihre natürlichen Grenzen, und diese sind erreicht. Auch bei den bescheidensten Ansprüchen ist unsere Zone jetzt und in einer noch nicht absehbaren Zukunft zumindest in Höhe von 40 v. H. des Verbrauchs auf die Einfuhr angewiesen.

Eine solche Einfuhr stößt auf viele Schwierigkeiten, die wiederum in engstem Zusammenhang mit der Entwicklung der Ernährungswirtschaft in der Welt stehen. Zwar ist hungrigen Mägen mit Argumenten nicht geholfen. Doch ist es wichtig zu wissen, daß die **Nahrungsdecke der ganzen Welt** augenblicklich zu kurz ist. Alle Schwankungen am Weltmarkt wirken sich in Deutschland praktisch aus. Nur eine langsame Wiedergesundung der Welternährungswirtschaft bringt für uns selbst Möglichkeiten einer Verbesserung der Ernährung. Seit Anfang Mai lebt die britische Zone praktisch allein von Auslandslieferungen, und nur unter großen Schwierigkeiten wird der Anschluß an die neue **Getreideernte** im Inland erreicht. Mit einer Aufbesserung der Rationen ist von diesem Zeitpunkt an zu rechnen.

Augenblicklich erhält die britische Besatzungszone neben dem in **England** selbst knapp gewordenen Getreide in erster Linie Lieferungen von Weizen, Roggen, Gerste und Mais aus **nordamerikanischen Quellen**. Großbritannien hat zum drastischen Mittel der Rationierung von Brot und anderen Produkten aus Getreide greifen müssen, was selbst in beiden Kriegen nicht notwendig gewesen war. Was die Ausfuhrländer jetzt und in nächster Zeit zu exportieren vermögen, kommt aus der neuen Ernte, die glücklicherweise in den beiden Hauptausfuhrländern USA und Kanada in diesem Jahr Höchsterträge verspricht.

Fett-Einfuhr ausschlaggebend

Noch weit schwieriger als die Getreideversorgung ist die Lage der internationalen Fettwirtschaft. Das Eigenaufkommen an Fetten in der britischen Zone kann nicht wesentlich vergrößert werden. Im Gegenteil, es ist in diesem Jahre nicht mal möglich, die sonst übliche **Buttereinlagerung** für den Winterverbrauch in vorgesehenem Maße durchzuführen, da die Leistungsfähigkeit der Milchwirtschaft aus natürlichen Ursachen ihren Höchststand überschritten hat. Die Aussichten der eigenen Ölfruchternte sind noch ungewiß und daher nicht genau für den künftigen Verbrauch zu berechnen. Wir sind also für die Gestaltung unserer Fettbilanz ausschlaggebend auf die **Einfuhr** angewiesen.

Zuckerkürzung nur vorübergehend

Die Kürzung der Zuckerration ist nur vorübergehend, bis im Spätherbst der Anschluß an die **Eigenernte** erreicht ist. Hiermit kommt für das Wirtschaftsjahr eine durchschnittliche Zuckerration von 625 g je Zuteilungsperiode für den Normalverbraucher heraus.

Q.: BZ, 19.7.1946

Q.: 3.5. Ausgegebene Rationen in g auf Lebensmittelkarten Juni 1947 und März 1948

	102. Periode Juni 1947	112. Periode März 1948
Brot	6.500	7.250
Fleisch	400	450
Fett	200	170
Nährmittel	750	1.400
Zucker	500	1.000
Käse	125	62,5
Kartoffeln	10.000	9.000
Fisch	500	500
entrahmte Frischmilch	1.000	1.000
Eier	—	1 Stück

Q.: Verwaltungsbericht der Stadt Braunschweig 1948, S. 68

Q.: 3.6. Die erste außerordentliche Stadtvertreterversammlung am 15. Januar 1947 äußert sich zur Not der Braunschweiger Bevölkerung

Schon ist tiefe Unruhe eingetreten wegen der **Brotversorgung**. Die Stimmung gleicht einer Panik. Das Erliegen weiterer Betriebe erhöht die Gefahr des Eintritts einer Hungerkatastrophe.
Die Kinder haben keine oder unzulängliche Schuhe. Die Kranken können zum Teil nicht versorgt werden. Schon haben die Strafanstalten die Gefangenen entlassen. Die Kriminalität steigt.
Getrieben von Not und Elend zeigen sich Auflösungserscheinungen, wie sie noch nie dagewesen sind. Hungernde Familienväter, unterernährte Mütter und Kinder holen sich Kohle, Holz, Gemüse usw., wo sie es nur bekommen. Völlig unzulänglich ist die Energieversorgung. Bei all der Not und all dem Elend kann die hungernde und frierende Bevölkerung nicht einmal in einer hellen Stube sitzen.
Die Ernährungs- und Wirtschaftslage, insbesondere auch auf dem Gebiet der Bekleidung, ist so, daß ein Teil der Bevölkerung voller **Empörung**, der andere völlig **apathisch** ist.
Schon in den frühen Morgenstunden stehen Frauen und Kinder und alte Leute, blaß und verhungert, dürftig bekleidet, **stundenlang** vor den Läden, um dann oftmals enttäuscht, ohne beliefert zu werden, wieder nach Hause gehen zu müssen.
Der Zusammenbruch in der **Kartoffelversorgung** hat die Not erhöht. Nicht einmal mehr für die nächsten Tage, geschweige denn für Wochen, konnten Kartoffeln eingekellert werden.
In der Versorgung mit Bekleidung mag ein Beispiel sein, daß in den letzten vier Wochen 153.889 Anträge, die als notwendig anerkannt wurden, trotzdem abgelehnt werden mußten, weil die entsprechende Ware nicht verfügbar war. Säuglingsausstattungen sind kaum mehr vorhanden. Der Arbeiter ist fast ohne Berufsbekleidung.

Q.: Verwaltungsberichte der Stadt Braunschweig 1946/47, S. 7

Q.: 3.7. Tagesdurchschnitt der effektiv ausgegebenen Rationen in der Stadt Braunschweig

	Zuteilungsperiode	Kalorien
101	28.04. - 25.05.47	830
102	26.05. - 22.06.47	829
103	23.06. - 20.07.47	1.135
104	21.07. - 17.08.47	1.357
105	18.08. - 14.09.47	1.410
106	15.09. - 12.10.47	1.404
107	13.10. - 09.11.47	1.388
108	10.11. - 07.12.47	1.414
109	08.12. - 04.01.48	1.226
110	05.01. - 01.02.48	1.201
111	02.02. - 29.02.48	1.168
112	März 1948	1.161
113	April 1948	1.304
114	Mai 1948	1.376
115	Juni 1948	1.533
116	Juli 1948	1.961
117	Azgust 1948	1.798
118	September 1948	1.881

Q.: Verwaltungsbericht der Stadt Braunschweig 1946/47 S. 365/66 sowie 1948, S. 65

Q.: 3.8. Gebet

„Lieber Jesus, sei unser Gast,
Aber nur, wenn Du Marken hast,
Wenn Du keine hast, bleib fern,
Denn wir essen selber gern!"

Q.: Niedersächsische Landeszentrale Für politische Bildung (Hrsg.), Wege aus dem Chaos, Niedersachsen 1945-1949, Hannover 1983, S. 95

Q.: 3.9. Ernährungsamt

Nach der Besetzung durch die alliierten Truppen mußte in erster Linie die Versorgung der Bevölkerung mit **Lebensmitteln** sicher gestellt werden. Die Besatzungsmächte hatten das frühere Bewirtschaftungssystem nicht aufgegeben, so daß auf Grund der bestehenden Vorschriften weitergearbeitet werden konnte. Die Arbeit des Ernährungsamtes wurde daher nicht unterbrochen, war jedoch erheblich erschwert worden, da jeder Nachschub an Waren aufgehört hatte und die noch vorhandenen Bestände entweder geplündert oder aufgebraucht waren. Hinzu kam, daß die Abgabe an Lebensmitteln durch die Erzeugerbetriebe erheblich nachließ. Damit trat eine **Gefährdung der Versorgungslage** ein, so daß die Lebensmittelkarten in der ersten Zeit nicht voll beliefert werden konnten. Erst allmählich gelang es, durch Verhandlungen mit den zuständigen Wirtschaftsverbänden und durch intensive Einschaltung des Groß- und Einzelhandels eine ordnungsgemäße Belieferung der Lebensmittelkarten durchzuführen.

Q.: Verwaltungsbericht der Stadt Braunschweig 1945-1946, S. 88/89

Merkblatt

zum Eierablieferungsbescheid 1945/46

Auf Grund der Anordnung des Landesernährungsamtes Hannover vom 1. Oktober 1945 ist eine jährliche Ablieferungsmenge von

mindestens 70 Eiern

je gehaltene Henne nach dem Stande der am 25. 9. 1945 erfolgten Zählung für die Zeit vom 1. 10. 1945 – 30. 9. 1946 festgesetzt.

Zwerghühner werden voll angerechnet.

Für den eigenen Verbrauch bleibt bei der Festsetzung der abzuliefernden Menge für jeden Haushaltsangehörigen 1 Henne unberücksichtigt. Als Haushaltsangehörige gelten nur Personen, die mit dem Haushaltsvorstand zu einer Selbstversorgergemeinschaft gehören.

Die jährliche Ablieferung je Henne verteilt sich wie folgt:

Oktober bis Januar	4 Eier
im Februar	5 Eier
im März	9 Eier
im April	13 Eier
im Mai	13 Eier
im Juni	10 Eier
im Juli	8 Eier
im August	5 Eier
im September	3 Eier
	70 Eier

Bei einer Berichtigung des Solls durch den Ortsbauernführer ist die Berechnung nach vorstehendem Lieferkalender vorzunehmen.

Der Erzeuger erhält bereits für jedes über 60 Stück je Henne abgelieferte Ei eine Prämie, sofern das Ablieferungssoll von 70 Eiern erfüllt ist.

Die Ablieferung darf nur erfolgen:

1.) an genehmigte Kennzeichnungsstellen, Sammelstellen oder Sammler gegen Eintragung auf dem Eierablieferungsbescheid,

2.) gegen Bruteierbezugschein des zuständigen Ernährungsamtes Abt. A (Kreisbauernschaft),

3.) bei genehmigten Brütereien durch Verwendung der im eigenen Betrieb erzeugten Eier zur künstlichen Brut.

Jeder direkte Verkauf an Verbraucher (auf besondere Anweisung der Militärregierung zählen auch alle Angehörigen der Besatzungstruppen hierzu) ist verboten und strafbar.

Jeder Hühnerhalter ist verpflichtet, den vorgeschriebenen Eierablieferungsnachweis zu führen und diesen bei Eierablieferungen der Sammelstelle oder dem Sammler zur Bescheinigung der abgelieferten Eier vorzulegen. Außerdem hat er dem Sammler oder der Sammelstelle die von ihm abgelieferte Stückzahl von Eiern durch Unterschrift im Aufkaufsblock zu bescheinigen. Bruteierbezugscheine sind sorgfältig aufzubewahren und bei Einziehung des Eierablieferungsbescheides diesem beizufügen.

Hannover, den 1. Oktober 1945

Kesberg 7 Gifh.

Milch-, Fett- und Eierwirtschaftsverband Niedersachsen

Dr. Rahn

M 11.
Nach dem Krieg wurden auf den Dörfern und in den Städten Viehzählungen durchgeführt. Jeder Landwirt und jeder Kleinviehhalter hatte eine bestimmte Quote an Fleisch und Eiern abzuliefern, um die Stadtbevölkerung versorgen zu können. / Q.: privat

Bekanntmachung!

Ausgabe von Eiern.

Nach Mitteilung des Oberpräsidenten der Provinz Hannover (Landesernährungsamt, Abt. B) wird mit Genehmigung der Militär-Regierung an alle Verbraucher, mit Ausnahme der Selbstversorger in Eiern, in der 86. Zuteilungsperiode

1 Ei

ausgegeben. Die Ausgabe hat auf die ausgegebenen Eierkarten zu erfolgen. Diese tragen den Vermerk „Gültig ab 1. April 1946", können aber bereits vor diesem Zeitpunkt beliefert werden. Die Eierkarte ist durch die Verbraucher bis Mittwoch, den 13. März 1946, einem Verteiler vorzulegen, der den Anmeldeabschnitt A abzutrennen und den dafür vorgesehenen Raum mit seinem Firmenstempel zu versehen hat. Bei der Ausgabe der Eier ist der Abschnitt 1 der Eierkarte abzutrennen. Die Ausgabe der Eier kann erfolgen, sobald genügend Ware bei den Kleinverteilern vorhanden ist. Bei Warenmangel kann der Abschnitt 1 auch nach Ablauf der 86. Zuteilungsperiode beliefert werden.

Im Bezirk des Landesernährungsamtes Hannover ist der unmittelbare Bezug von Eiern vom Erzeuger verboten. Eier dürfen entgegen dem Aufdruck auf den Eierkarten nur vom Kleinverteiler bezogen werden.

Wolfenbüttel, den 7. März 1946.

Der Bürgermeister der Stadt Wolfenbüttel.
Mull

Druck: Heckner, Wolfenbüttel

M 12. Öffentliche Anschläge waren eine der wichtigsten Informationsquellen der Bevölkerung. Die Ausgabe eines Hühnereis war eine solche „Bekanntmachung" wert. / Q.: Wolfenbüttel nach 45 – eine Stadt erzählt seine Nachkriegsgeschichte, Wolfenbüttel 1986, S. 15

Q.: 4 Krankheiten

Q.: 4.1. Vernichtet die Ratten

Man hat uns erzählt, daß die Ratten in der Stadt Braunschweig immer unverschämter werden, sie beschränken sich schon nicht mehr auf ihre angestammten Domizile in Kellern und Lagerräumen, nein sie machen jetzt Spaziergänge in die oberen Stockwerke, besichtigen die Wohnungen und besuchen die Speisekammern. Wer dann plötzlich einem besonders feisten Exemplar gegenübersteht, bekommt leichte Zustände und Komplexe. Die Ratten müssen verschwinden! Sie vernichten riesige Mengen Lebensmittel, sie gefährden Bauten, und sie können auch **Krankheiten** übertragen. Darum ist es die Pflicht jedes Einwohners, die jetzt laufende Rattenbekämpfungsaktion nach besten Kräften zu unterstützen und die Anweisungen genau zu befolgen.

Q.: BZ, 7.6.46

Q.: 4.2.1. Gesund auch in Ruinen

Eine sehr böse Erbschaft haben alle diejenigen übernommen, die für das öffentliche Gesundheitswesen verantwortlich sind. Wenn es nur die Mangelerscheinungen wären, dann ginge es noch. Schwieriger für die öffentliche Gesundheitspflege ist schon die Überbevölkerung in unserer schwer mitgenommenen Stadt. Da wächst natürlich die Gefahr der Erkrankungen, insbesondere für die Kinder und für die Hochbetagten. Und bei dem engen Zusammenwohnen fehlt es immer noch an Seife, und kalt ist es auch; dadurch wird die Gefahr der Erkrankungen noch weiter vergrößert.
Deshalb wird ein jeder verstehen, wenn das Gesundheitsamt sich jetzt mehr als früher um die **Sauberkeit in den Wohnungen** kümmert und bei fehlender Sauberkeit auch einmal mit Zwangsmaßnahmen eingreift.
Aber am schwersten für die Gesundheitspflege sind die Probleme, die durch unsere Lage an der Grenze nach Osten aufgeworfen werden. Tausende von Abwanderern müssen täglich nicht nur vorübergehend untergebracht, verpflegt und dann weitergeleitet werden, es muß auch verhütet werden, daß aus dem Osten Seuchen eingeschleppt werden. Das ist die größte Gefahr und eben unsere größte Sorge. Die Typhuserkrankungen nehmen zu, zunächst in der Umgebung. Aber auch wir in der Stadt sind noch nicht genügend vorbereitet, der Gefahr zu begegnen. Wenigstens drei Viertel der Bevölkerung müßten gegen die Erkrankung geimpft sein, wenn man ihrem Herannahen ohne große Sorge entgegensehen will. Da sind wir aber erst am Anfang.

Selbsthilfe an erster Stelle
Die Bevölkerung muß hier mehr mithelfen, es muß nicht immer gewartet werden, bis das Gesundheitsamt mit mehr oder weniger starkem Druck nachhilft. Selber muß ein jeder kommen, um für sich und seine Familie den nötigen Schutz zu erwerben. Keiner möchte sich noch einmal am Grabe eines lieben Angehörigen sagen müssen, daß das zu vermeiden gewesen wäre!
Aber nicht nur der **Typhus** kommt in gefährliche Nähe, auch das Fleckfieber, auch Fleckthyphus genannt, bedroht unser Gebiet. Noch sind wir frei, aber das Fleckfieber kommt mit den Läusen, und mit der zunehmenden Kälte suchen die Läuse den Menschen. Darum in erster Linie: Kampf den Läusen, wo immer man sie antrifft, denn jede Laus kann den Tod bringen.
Die **Desinfektionsanstalt** unserer Stadt ist in den letzten Monaten in unermüdlicher Arbeit aufgebaut worden, so daß sie jedem helfen kann, der sich um Rat und um Hilfe an sie wendet. Für Werktätige ist die Desinfektionsanstalt auch in den Abendstunden geöffnet. Wer nicht nur bei sich selbst, sondern auch bei seiner Umgebung Läuse feststellt, melde dies sofort der Desinfektionsanstalt. Wer sich trotz festgestellter Verlausung nicht der notwendigen Entlausung unterwirft, wird dazu gezwungen werden.
Auch gegen Fleckfieber kann man sich impfen lassen.
Es sind das noch nicht unsere einzigen Sorgen, die Schulen haben wieder begonnen. In den Klassen sitzen zu viele Schüler, und überhaupt sehen uns unsere Kleinen oft recht fragend und verlangend an. Alle diese Sorgen werden nicht von heute auf morgen von uns genommen werden, wir müssen ihnen ins Auge sehen und sie überwinden.
Es ergibt sich von selbst, daß die Planung und Durchführung der **Seuchenbekämpfung** in enger Fühlung mit dem Gesundheitsamt der Militärregierung erfolgt. Die Zusammenarbeit ist eine gute und ist von gegenseitigem Vertrauen getragen, wie das bei der enormen Wichtigkeit der zu bewältigenden Arbeit auch dringend nötig ist.

Nicht gleichgültig sein
Auch der **seelische Zustand** vieler unserer Mitmenschen macht uns Sorge. Es ist eine alte Tatsache, daß ein Mensch, der zur Abwehr bereit ist, weniger leicht erkrankt als derjenige, der ergeben auf sein Schicksal wartet. Es ist sehr schwer, auf Trümmern zu wohnen, und es ist auch sehr schwer, auf Trümmern gesund zu bleiben. Aber gerade darum ist ein jeder aufgerufen, mit dem Gesundheitsamt zusammen diese Schwere zu überwinden.
Wir wollen nicht optimistisch sein, denn wir wissen, daß unsere Lage sehr ernst ist. Aber wir wollen trotzdem Mut haben und wollen vor allem auch persönliche Unbequemlichkeiten gern in Kauf nehmen, wenn es unsere eigene und die Volksgesundheit erfordert. In der vergangenen Zeit ist viel von der Gesundheit geredet worden. Wir müssen jetzt handeln, um gesund zu bleiben.

Q.: Stadtblatt, 19.10.45

Q.: 4.2.2 Aus dem Bericht der "Seifenstelle"

1 Stück **Einheitsseife**, 125g Waschpulver und 125g Zusatzwaschmittel sind monatlich für Personen über 6 Jahre freigegeben worden. Kinder bis zu 3 Jahren bekamen an Stelle von Einheitsseife 1 Stück Feinseife. An Kinder bis zu 6 Jahren sind 37.5g Waschpulver ausgegeben worden, **Rasierseife** wurde lediglich alle 4 Monate aufgerufen. Diese Rationen waren gänzlich unzureichend.
Die Bewilligung von besonderen Verschmutzungszulagen ist beibehalten worden. Die Auslieferung von Waschpulver und Zusatzmittel macht im großen Ganzen keine Schwierigkeiten. Die **Qualität** des Waschpulvers war jedoch minderwertig. Die Versorgung der Bevölkerung mit Seife ist dagegen in den letzten Monaten außerordentlich schwierig, da den Fabriken nicht genügend Fett zur Verfügung steht. Feinseife ist mehrere Monate hindurch so gut wie gar nicht mehr vorhanden gewesen. Selbst für die im Gesundheitswesen Beschäftigten konnte die benötigte Seife nicht mehr beschafft werden.
Bezugsberechtigungen über durchschnittlich 1.000 Liter Petroleum kamen für Haushaltungen und besondere Verbraucher monatlich durch die Seifenstelle zur Verteilung.

Achtung!

TYPHUS GEFAHR

Die Typhusgefahr im Lande Braunschweig ist groß und wird anwachsen.

Impfung gewährt einen großen Schutz.

Die Gesundheitsämter haben Anordnungen getroffen, um jeden Einwohner in diesem Bezirk zu impfen.

Die Gesundheitsämter werden Zeit und Ort bekanntgeben, wann die Impfungen stattfinden. Beachten Sie die Zeitungen und Bekanntmachungen!

Riskieren Sie nicht den Tod durch ernste Krankheiten! Lassen Sie sich impfen!

Braunschweig, den 18. Oktober 1945

Der Braunschweigische Staatsminister für Inneres

Im Auftrage: Benze

Waisenhaus-Buchdruckerei Braunschweig

M 13. Aufruf der Stadt Braunschweig zur Typhus-Impfung 1945. Typhus gehörte in den Nachkriegsjahren, ähnlich wie Tuberkulose und Diphterie, zu den ansteckendsten Krankheiten. Um eine Epidemie zu verhindern, führte die Stadt regelmäßig Impfungen und Reihenuntersuchungen durch. / Q.: Stadtarchiv Braunschweig

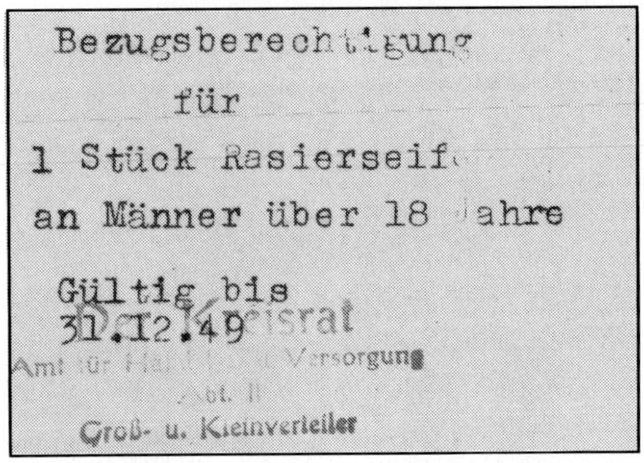
Bezugsberechtigung
für
1 Stück Rasierseife
an Männer über 18 Jahre
Gültig bis
31.12.49
Abt. II
Groß- u. Kleinverteiler

M 14. Bezugskarte für 1 Stück Rasierseife für Männer über 18 Jahre / Q.: privat

Seit Juli 1947 obliegt die Petroleumversorgung der Industrie ebenfalls der Seifenstelle. Die Monatskontingente betrugen im Durchschnitt 6.000 Liter.

Q.: Verwaltungsbericht der Stadt Braunschweig, 1946-1947, S. 63

Q.: 4.3. Zunahme von ansteckenden Krankheiten

	Erkrankungen	Todesfälle
Fleckfieber	14	-
Diphtherie	626	26
Scharlach	160	-
Lungentuberkulose	686	237
Tuberkulose anderer Organe	144	18
Übertragbare Genickstarre	1	-
Übertragbare Kinderlähmung	17	-
Trachoma	2	-
Krätze	3.345	-
Unterleibstyphus	130	6
Paratyphus	154	5
Übertragbare Ruhr	17	4
Bakt. Lebensmittelvergiftung	43	-
Hepatitis	61	1
Malaria	4	-
Geschlechtskrankheiten	3.028	-
Kindbettfieber	13	7
Keuchhusten	199	8
Lungenentzündung	220	3
Grippe	286	-

Q.: Verwaltungsbericht der Stadt Braunschweig 1946-1947, S. 111

Anzeigepflichtige Krankheiten [1]

Krankheit	1936	1937	1938	1939	1940	1941	1942	1946	1947	1948	1949
1	2	3	4	5	6	7	8	9	10	11	12
Lungentuberkulose . .	281	423	288	337	319	483	537	768	721	918	848
Tuberkulose anderer Organe	50	59	47	28	23	78	67	38	96	117	118
Diphtherie	846	537	423	315	366	476	556	1 113	358	137	119
Typhus abdominalis .	4	8	2	7	6	5	4	111	104	55	45
Paratyphus B	3	4	3	2	2	28	5	32	146	22	126
Ruhr	1	—	—	—	—	1	11	14	22	8	9
Fieberhafte Fehlgeburt	2	107	83	50	40	53	36	3	19	3	1
Kindbettfieber	2	2	3	3	9	3	1	5	4	3	1
Krätze	.	.	.	.	.	.	.	3 665	1 851	833	375
Hepatitis	.	.	.	.	.	.	.	15	39	11	22

M 15. Anzeigepflichtige Krankheiten in Braunschweig 1936-1949. Anzeigepflichtig waren alle ansteckenden Krankheiten. Nicht immer kam die Bevölkerung dieser Pflicht nach. / Q.: Braunschweig in der Statistik, 1950, S. 85

Q.: 4.4. Tuberkulosefürsorgestelle

Während der Berichtszeit ist ein weiterer erheblicher Anstieg der Besucherzahl in der Tbc-Fürsorgestelle zu verzeichnen gewesen. Wenn in den Jahren 1946 5.600 und 1947 9.900 Besucher gezählt wurden, so stieg die Zahl im Jahr 1948 auf 18.400 an. Es war daher unvermeidlich, weiteres Personal einzustellen. Im April 1948 wurde eine Fürsorgerin und im Mai 1948 eine weitere Fürsorgerin eingestellt. Die im Sommer 1947 bezogenen Räumlichkeiten in der Humboldtkaserne erwiesen sich für den ausgedehnten Besucherandrang als viel zu klein. Bei der Übernahme verschiedener staatlicher Krankenhäuser in die städtische Verwaltung ergab sich die Gelegenheit, in der sogenannten Steinbaracke auf dem Gelände des ehemaligen Standortlazarettes die **Tuberkulosefürsorgestelle** unterzubringen. Nach den Plänen des Fürsorgearztes wurde die Fürsorgestelle im Herbst 1948 durch Umbau der vorhandenen Räumlichkeiten eingerichtet. Die neuen Untersuchungs- und Warteräume sowie die großen, luftigen Bürozimmer entsprechen den modernen Anforderungen. Die neue Tbc-Fürsorgestelle in Braunschweig ist damit **vorbildlich** für ganz Niedersachsen. Am 5. Januar 1949 wurde die Fürsorgestelle ihrer Bestimmung übergeben.

Q.: Verwaltungsbericht der Stadt Braunschweig 1948, S. 123

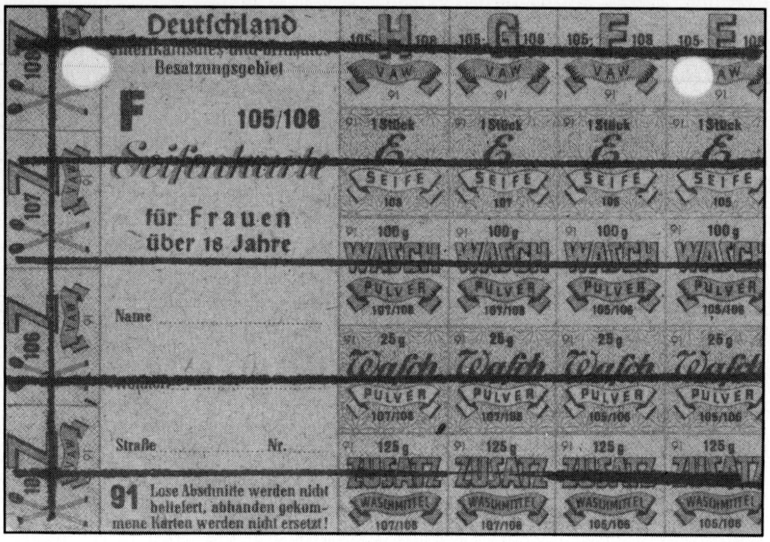

***M 16.** Bezugskarte für Waschpulver für Frauen über 18 Jahre / Q.: Karl-Joachim Krause*

Q.: 4.5. Folgen der Mangelernährung: Feind Tuberkulose

1. Der erkrankte Sohn, 21 Jahre alt, schläft auf dem Fußboden, da für 4 Erwachsene nicht die genügende Bettenzahl aufgestellt werden kann. Es steht eine schräge Bodenkammer – 9,5 m² – zur Verfügung.
2. Ehemann ist erkrankt und teilt mit seiner Familie, davon zwei Kleinkinder, einen Raum, 14 m² groß. Genügende Bettenzahl kann wegen Raummangel nicht aufgestellt werden.
3. Ehemann ist erkrankt und bewohnt mit seiner sechsköpfigen Familie einen außerdem noch völlig **verwanzten Barackenraum** von 16 m² Größe. In der Familie 3 Kinder, davon ein Säugling. Ein Kind ist bereits infiziert.
4. Die Erkrankte, seit 7 Monaten ansteckungsfähig, ist im Gemeinschafts-Wohn-**Schlafraum einer Konservenfabrik** untergebracht. Sie gefährdet die jugendlichen Arbeitskolleginnen im gleichen Raum. Anderweitige Arbeitsunterbringung ist seit 6 Monaten beantragt.
5. Eine sechsköpfige Familie wohnt in den Ruinen einer zerstörten Villa, drei Erwachsene haben schon eine **ansteckungsfähige Tuberkulose**, ein Kind ist außerdem infiziert. Die Familie ist dann bis auf zwei, heute noch schwerkranke, ausgestorben. Ebenfalls krank, aber nicht ernstlich, ist das nach außerhalb gebrachte Kleinkind.
6. Die beiden Söhne, 20 und 25 Jahre alt, sind erkrankt. Für 5 Erwachsene steht ein Raum, 20 m² groß, und ein Zimmer, 10 m² groß, zur Verfügung. Die Erkrankten schlafen in zwei übereinandergestellten **Luftschutzbetten** mit dem Vater zusammen im Wohnraum. Im gleichen Raum wird gekocht und gewaschen. **Küchenbenutzung** ist nicht vorhanden. Die 21jährige Schwester der Erkrankten, z. Zt. der einzige Verdiener in der Familie, macht einen kränklichen Eindruck.

Q.: Friedrich Lube, Unser Feind die Tuberkulose, Kommunalpolitische Schriften der Stadt Braunschweig, Heft 10, Braunschweig 1951, S. 16

Q.: 5. Bekleidung und Hausrat

Q.: 5.1. Beantragter und bewilligter Hausrat 1945-46

	Anträge	Bewilligungen
Bettstellen	18.000	44
Kinderbettstellen	500	11
Stühle	20.000	800
Tische	5.000	37
Kommoden	4.000	19
Kleiderschränke	4.000	4
Öfen / Herde	5.000	896

Q.: Denkschrift des Oberbürgermeisters Lotz, 1946; Archiv der BZ

Q.: 5.2. Bekleidungsaktion für Braunschweig Flüchtlinge werden bevorzugt beliefert

In der nächsten Zeit wird im Lande Braunschweig eine **Bekleidungsaktion** anlaufen. Es handelt sich um größere Mengen an Decken, Bekleidungs- und Wäschestücken, die von der Militärregierung zur Verfügung gestellt werden. Ein erheblicher Teil ist neuwertig, zum Teil aus Übersee, das Übrige gebraucht, aber in tragfähigem Zustand. Auf einer Sitzung gab jetzt der Vorsitzende des Landeswohlfahrtausschusses, Dr. Lohoff, die Richtlinien bekannt, die auf Befehl der Militärregierung vom Oberpräsidenten in Hannover erlassen wurden:
Bei der Verteilung sollen zunächst **Flüchtlinge** berücksichtigt werden, soweit sie notwendigen und dringendsten Bedarf haben. Bevorzugt sollen beliefert werden Flüchtlinge, die beschäftigt sind oder zum Arbeitseinsatz kommen. Überschüsse können an **Ausgebombte** abgegeben werden. Die Abgabe erfolgt kostenlos, jedoch werden an den Ausgabestellen freiwillige Spenden für den Hilfsfonds des Landeswohlfahrtausschusses entgegengenommen. (...)

Die Abgabe größerer Kontingente an Behörden, Betriebe, Firmen usw. , die ihrerseits Flüchtlinge beschäftigen, ist durch die Militärregierung verboten worden. Die Ware darf nur dem **einzelnen** Flüchtling bewilligt werden.
Um den Antragsteller nicht mit vielen Wegen zu belasten, wird von dem aufnehmenden Verband der Durchlauf des Antrages durchgeführt, so daß der Hilfsbedürftige schließlich nur die bewilligte Ware in Empfang zu nehmen braucht.

Keine besonders übertriebenen Hoffnungen
Es wurde besonders darauf hingewiesen, daß die zur Verteilung stehende Gesamtmenge im Verhältnis zu der Riesennot nur klein ist. Es können wirklich nur die **dringendsten** Anträge bewilligt werden.
Für das gesamte Land Braunschweig stehen bisher zur Verfügung zum Beispiel rund 6.000 Decken, etwa 2.800 Stück Männerunterkleidung, 4.100 Damenmäntel, 1.400 Herrenschuhe, 6.100 Damenschuhe. Diese Beispielzahlen werden genügen, um übertriebene Erwartungen auf das richtige Maß zurückzuführen.

Q.: BZ, 30.6.46

Q.: 5.3. Frauen – Berlins Modegeister neu erwacht

Ein großer, festlich erleuchteter Raum, diskret spielende Tanzkapelle, Modenschau: Elegante, hübsche Mannequins bewegen sich auf der Rampe. Nicht eine Erinnerung von einst, ein Bild von heute. In Berlin gibt es viele Modenschauen: **in allen Sektoren**, in allen Stadtteilen. Und manche bilden eine Art gesellschaftliches Ereignis. Alliierte Offiziere mit ihren Damen, Schauspieler von Bühne und Film erscheinen.

Das sichtbarste und demonstrativste Anzeichen für die regsamen Modegeister in Berlin sind die vielen neuentstandenen Salons. Von den 236 Häusern des Berliner Kurfürstendamms sind nur noch einige 40 voll intakt. Aber in ihnen und in den Trümmern der anderen finden sich über 60 solche "Modesalons". Von außen klein, unansehnlich, innen mit Teppichen ausgelegt, mit sanfter elektrischer Beleuchtung und – was das Bemerkenswerteste ist – mit einer zuvorkommenden höflichen Bedienung. Zu kaufen gibt es allerdings in diesen wunderschön eingerichteten Geschäften kaum etwas. Im Gegenteil: **Man muß Stoff mitbringen**, und vor allen Dingen: Man muß "genügend" Stoff mitbringen, sonst begegnet man einem höflichen, aber bestimmten Achselzucken. Man muß außerdem Nähgarn (bestimmte Meterzahl ist angegeben), Knöpfe, Schnallen, Futter, Schulterkissen, Haken usw. mitbringen. Und nun zu den Sachen, die verkauft werden: Handtaschen aus Stoff, Stroh, Bast – nicht unter 100 Mark. Kleine und kleinste Krägelchen – nicht unter 10 Mark. Schmale Pelzkragen – über 500 Mark. Das sind nicht etwa Preise aus Luxusgeschäften, das findet sich auch in einem kleinen Schneideratelier in den Arbeitervierteln.
Wie aber sind nun die Frauen in der ganzen Stadt angezogen, in der der paradoxe Zustand eines regen Modelebens ohne wirkliche Kaufmöglichkeiten herrscht? Die **soziale Kluft** ist größer denn je. Man sieht viele Frauen, deren Mantel alt und zerschlissen ist, deren Schuhe weit und ausgetreten sind. Auf dem Bau stehen sie ohne derbe, vernünftige Arbeitskleidung, und an ihnen vorbei gehen Frauen mit hohen Stöckelschuhen, mit eleganten Pelzen um die Schultern, mit dem letzten Modeschrei auf dem Kopf. Aber trotzdem: Die Berlinerin ist nicht so schlecht angezogen, wie man es annehmen sollte. Die Directrice eines Modesalons sagte verwundert: Ich möchte wissen, woher meine Kundinnen all die schönen Stoffe haben.

Ausgabe von Kleiderspenden im Fürsorgeamt Braunschweig (1952) / Foto: Rückert / Q.: Städtischer Bilderdienst

Frauenarbeit bei Westermann (1946) – Buchdeckenfertigung und Arbeit an der Anleimmaschine . . .

. . . Bücher einhängen und pressen / Q.: Archiv Westermann

Linderung unmittelbarer Not. Kleiderspenden werden an Bedürftige, vor allem an Flüchtlinge, verteilt. / Q.: Städtischer Bilderdienst

Und dann stammt das Material oft aus ganz sauberen Quellen. Da gab es im Winter den Mantel oder das Kostüm aus einer Decke. Oder: Das Feldgrau und Fliegerblau einstiger Uniformen wurde zur Modefarbe erhoben. Das gefärbte Bettlaken gab ein herrliches Hauskleid ab. Matratzendrell und Sackstoff wurden zum Nachmittagskleid verarbeitet. Den meisten Kleidern, Mänteln und Kostümen sieht man ihre Herkunft nicht an. Nur hier und da fehlt es am Geschmack, und man betrachtet belustigt einen Mantel, bei dem das Ornament der Kamelhaardecke quer über die Brust der Trägerin läuft.

Im zerstörten Berlin geben wieder zahlreiche Modeschauen ihre Antwort auf die Frage: "Was ist modern unter Trümmern?" Weite, glockige Röcke, enganliegende Oberteile oder auch geraffte, gekrauste Vorderseiten, locker überfallende Taille, tiefangesetzte Faltenteile, betonte Hüftdrapierungen, Bubikragen oder Hemdkragen, Taschen in allen Arten, Farbe: Bunt im Vordergrund. Viel bekurbelt und bestickt. **Zweierlei Stoff** ist nicht nur zeitbedingt, sondern auch modern.

Mode ist für Berlin nicht nur Spielerei, sondern ein wichtiger Wirtschaftszweig: In rund 14.000 Handwerksbetrieben sind rund 50.000 Menschen heute in der Berliner Bekleidungsindustrie beschäftigt. Viele wohl in der Hoffnung, daß die Notparole "Aus Alt mach Neu" einmal wieder verschwinden und dem wirklich Neuen Platz machen wird.

Q: BZ 20.9.1946

Q.: 5.4. Die Möbelausgabe erfolgt nur unzureichend

Da die Möbelindustrie in erster Linie Aufträge der Militärregierung zu erfüllen hat, ist der für den zivilen Sektor verbleibende Rest außerordentlich gering und reicht in keiner Weise aus, um den dringendsten Bedarf der Flüchtlinge und Ausgebombten zu decken. 2.100 Bezugsberechtigungen für Möbel (Bettstellen, Schränke, Liegen u. dgl.) und 2.000 **für Öfen und Herde** kamen bis zum April 1946 zur Ausgabe. Seit Mai 1946 werden Öfen, Herde und Möbel wie die übrigen bewirtschafteten gewerblichen Güter auf Bezugsmarken bezogen. Dem Wirtschaftsamt sind bis zum September 1946 rund 1.490 Bezugsmarken für Möbel (910 entfielen auf Stühle) und 896 Bezugsmarken für Öfen und Herde zugeteilt worden. Am 30. September 1946 lagen dagegen noch rund **35.000 Anträge** vor.

Q.: Verwaltungsberichte der Stadt Braunschweig 1945-46, S. 88

CONTROL FORM D.2.
Kontrollblatt D.2.

CERTIFICATE OF DISCHARGE
Entlassungschein

ALL ENTRIES WILL BE MADE IN BLOCK LATIN CAPITALS AND WILL BE MADE IN INK OR TYPE-SCRIPT.

I
PERSONAL PARTICULARS
Personalbeschreibung

Dieses Blatt **muss** in folgender weise ausgefüllt werden:
1. In lateinischer Druckschrift und in grossen Buchstaben.
2. Mit Tinte oder mit Schreibmaschine.

SURNAME OF HOLDER LOEHNERT
Familienname des Inhabers

CHRISTIAN NAMES Max
Vornamen des Inhabers

CIVIL OCCUPATION Gemeindebeamter
Beruf oder Beschäftigung

HOME ADDRESS Strasse Nr. 8
Heimatanschrift Ort Kettenburg
Kreis Fallingbostel
Regierungsbezirk/Land/. Lueneburg / Germany

DATE OF BIRTH 5. Nov. 1910
Geburtsdatum (DAY/ MONTH/ YEAR —Tag/ Monat/ Jahr)

PLACE OF BIRTH Geising / Germany
Geburtsort

FAMILY STATUS—SINGLE † Ledig
Familienstand MARRIED Verheiratet XX
WIDOW(ER) Verwitwet
DIVORCED Geschieden

NUMBER OF CHILDREN WHO ARE MINORS
Zahl der minderjährigen Kinder keine

I HEREBY CERTIFY THAT TO THE BEST OF MY KNOWLEDGE AND BELIEF THE PARTICULARS GIVEN ABOVE ARE TRUE.
I ALSO CERTIFY THAT I HAVE READ AND UNDERSTOOD THE "INSTRUCTIONS TO PERSONNEL ON DISCHARGE" (CONTROL FORM D.1).

Ich erkläre hiermit, nach bestem Wissen und Gewissen, dass die obigen Angaben wahr sind.
Ich bestätige ausserdem dass ich die „Anweisung für Soldaten und Angehörige Militär-ähnlicher Organisationen" u.s.w. (Kontrollblatt D.1) gelesen und verstanden habe.

SIGNATURE OF HOLDER
Unterschrift des Inhabers

II
MEDICAL CERTIFICATE
Ärztlicher Befund

DISTINGUISHING MARKS Keine
Besondere Kennzeichen

DISABILITY, WITH DESCRIPTION -.-.-.-.-
Dienstunfähigkeit, mit Beschreibung

MEDICAL CATEGORY arbeitsf.
Tauglichkeitsgrad

I CERTIFY THAT TO THE BEST OF MY KNOWLEDGE AND BELIEF THE ABOVE PARTICULARS RELATING TO THE HOLDER ARE TRUE AND THAT HE IS NOT VERMINOUS OR SUFFERING FROM ANY INFECTIOUS OR CONTAGIOUS DISEASE.

Ich erkläre hiermit, nach bestem Wissen und Gewissen, dass die obigen Angaben wahr sind, dass der Inhaber ungeziefferfrei ist und dass er keinerlei ansteckende oder übertragbar Krankheit hat.

SIGNATURE OF MEDICAL OFFICER
Unterschrift des Sanitätsoffiziers

NAME AND RANK OF MEDICAL OFFICER IN BLOCK LATIN CAPITALS Dr. Schenk, Jochen, U-Arzt
Zuname/ Vorname/ Dienstgrad des Sanitätsoffiziers
(In lateinischer Druckschrift und in grossen Buchstaben)

P.T.O.
Bitte wenden

† DELETE THAT WHICH IS INAPPLICABLE
Nichtzutreffendes durchstreichen

Wt. 11216/67326 2.001M BPL 51-6097

M 18. Entlassungsschein aus der britischen Kriegsgefangenschaft. Die anschließende ärztliche Untersuchung war für alle Entlassenen verpflichtend. / Q.: privat

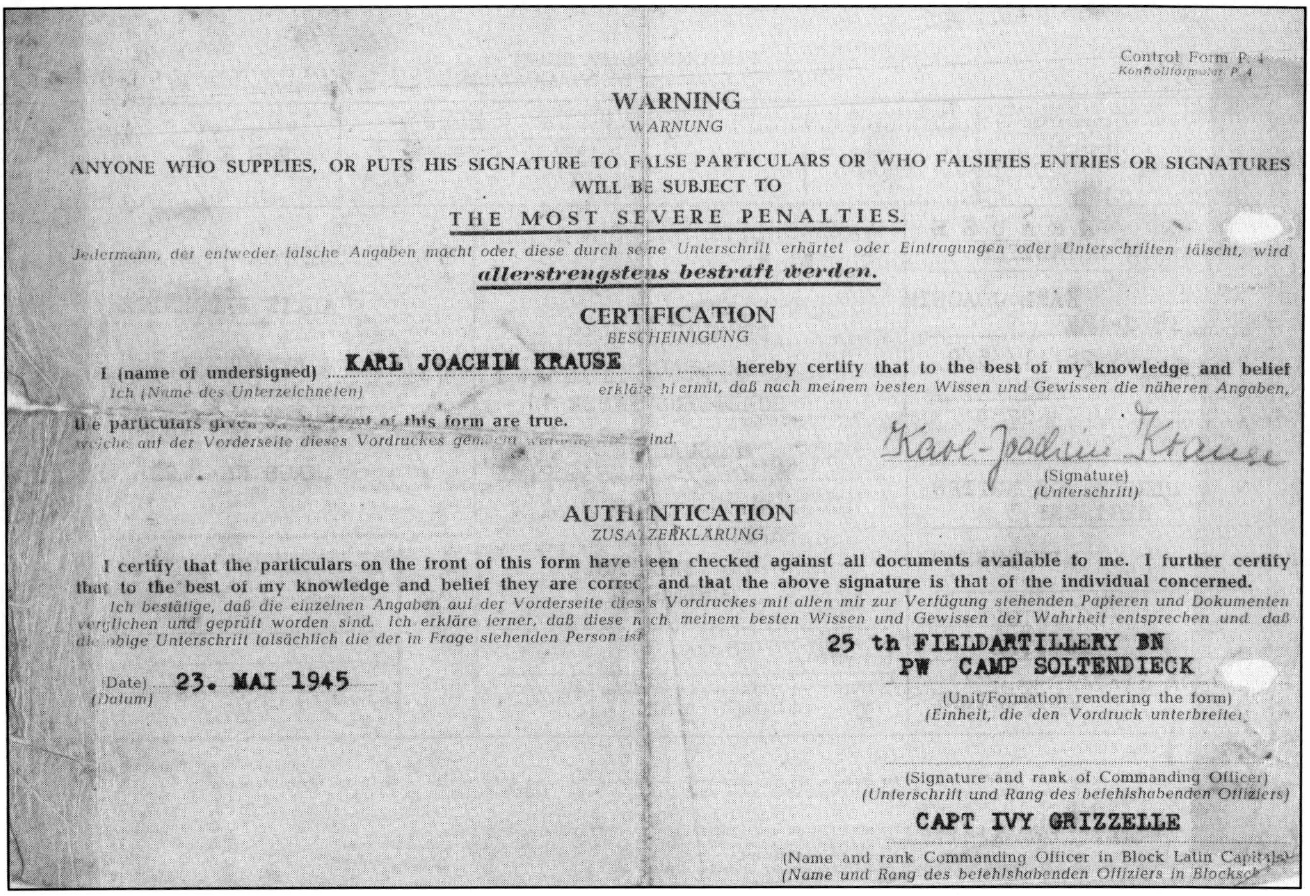

Control Form P. 4
Kontrollformular P. 4

WARNING
WARNUNG

ANYONE WHO SUPPLIES, OR PUTS HIS SIGNATURE TO FALSE PARTICULARS OR WHO FALSIFIES ENTRIES OR SIGNATURES WILL BE SUBJECT TO
THE MOST SEVERE PENALTIES.
Jedermann, der entweder falsche Angaben macht oder diese durch seine Unterschrift erhärtet oder Eintragungen oder Unterschriften fälscht, wird
allerstrengstens bestraft werden.

CERTIFICATION
BESCHEINIGUNG

I (name of undersigned) KARL JOACHIM KRAUSE hereby certify that to the best of my knowledge and belief
Ich (Name des Unterzeichneten) erkläre hiermit, daß nach meinem besten Wissen und Gewissen die näheren Angaben,
the particulars given on the front of this form are true.
welche auf der Vorderseite dieses Vordruckes gemacht wurden, wahr sind.

Karl-Joachim Krause
(Signature)
(Unterschrift)

AUTHENTICATION
ZUSATZERKLÄRUNG

I certify that the particulars on the front of this form have been checked against all documents available to me. I further certify that to the best of my knowledge and belief they are correct and that the above signature is that of the individual concerned.
Ich bestätige, daß die einzelnen Angaben auf der Vorderseite dieses Vordruckes mit allen mir zur Verfügung stehenden Papieren und Dokumenten verglichen und geprüft worden sind. Ich erkläre ferner, daß diese nach meinem besten Wissen und Gewissen der Wahrheit entsprechen und daß die obige Unterschrift tatsächlich die der in Frage stehenden Person ist.

25 th FIELDARTILLERY BN
PW CAMP SOLTENDIECK
(Unit/Formation rendering the form)
(Einheit, die den Vordruck unterbreitet)

(Date) 23. MAI 1945
(Datum)

(Signature and rank of Commanding Officer)
(Unterschrift und Rang des befehlshabenden Offiziers)

CAPT IVY GRIZZELLE
(Name and rank Commanding Officer in Block Latin Capitals)
(Name und Rang des befehlshabenden Offiziers in Blockschrift)

M 19. Registraturschein für die Kriegsgefangenschaft (Vorder- und Rückseite) vom 23. Mai 1945. Von der Militärregierung wurden alle Daten von Wehrmachtsangehörigen sorgfältig erfaßt. Niemand sollte seine Identität ändern können, um einer eventuellen Bestrafung zu entgehen. Es waren Zeugen zu benennen, die die eigenen Angaben bestätigten. / Q.: Karl-Joachim Krause

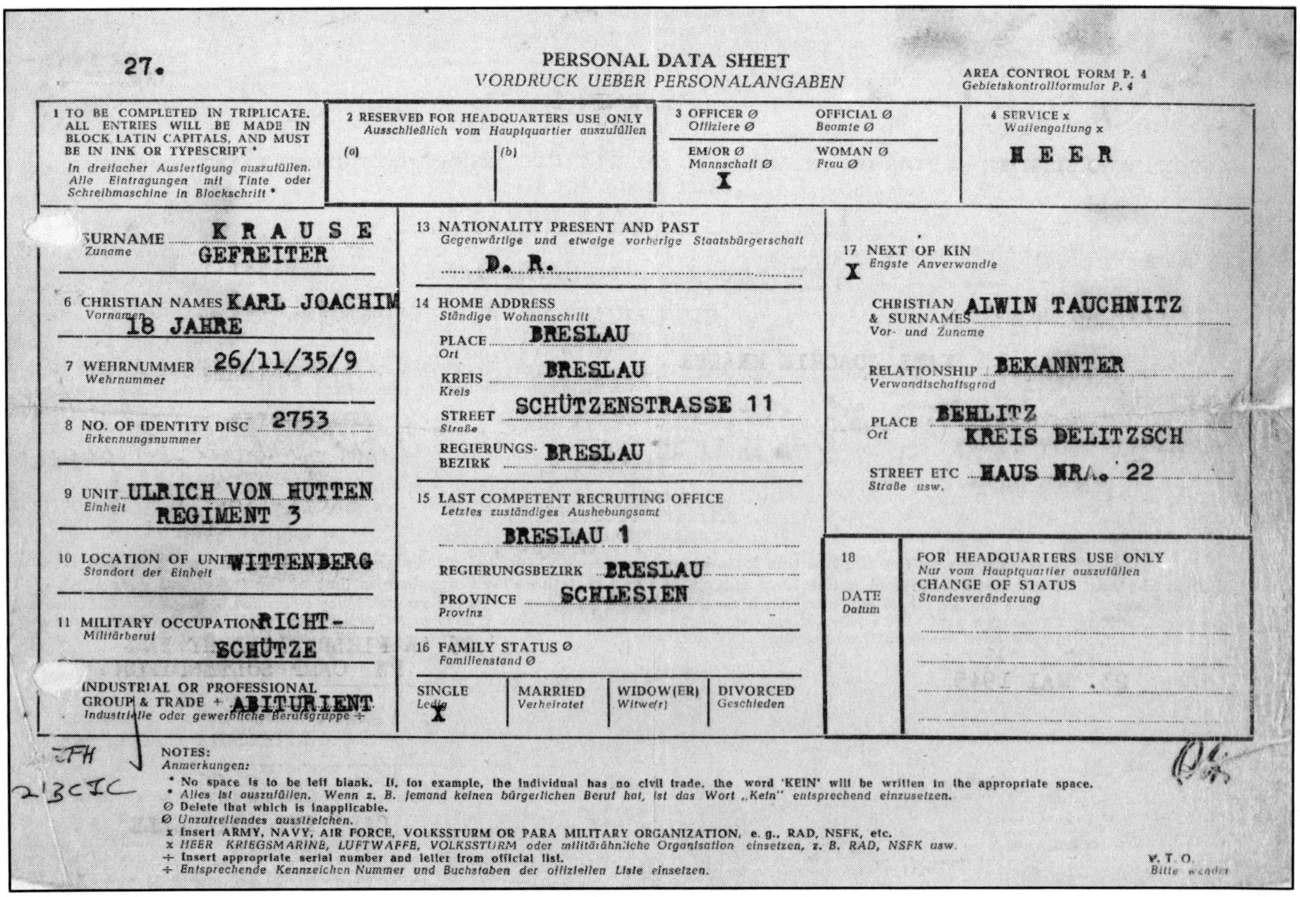

27.

PERSONAL DATA SHEET
VORDRUCK UEBER PERSONALANGABEN

AREA CONTROL FORM P. 4
Gebietskontrollformular P. 4

1 TO BE COMPLETED IN TRIPLICATE. ALL ENTRIES WILL BE MADE IN BLOCK LATIN CAPITALS, AND MUST BE IN INK OR TYPESCRIPT *
In dreifacher Ausfertigung auszufüllen. Alle Eintragungen mit Tinte oder Schreibmaschine in Blockschrift *

2 RESERVED FOR HEADQUARTERS USE ONLY
Ausschließlich vom Hauptquartier auszufüllen
(a) (b)

3 OFFICER Ø / Offiziere Ø — OFFICIAL Ø / Beamte Ø
EM/OR Ø / Mannschaft Ø: X — WOMAN Ø / Frau Ø

4 SERVICE x
Waffengattung x
HEER

SURNAME K R A U S E
Zuname
GEFREITER

6 CHRISTIAN NAMES KARL JOACHIM
Vornamen
18 JAHRE

7 WEHRNUMMER 26/11/35/9
Wehrnummer

8 NO. OF IDENTITY DISC 2753
Erkennungsnummer

9 UNIT ULRICH VON HUTTEN REGIMENT 3
Einheit

10 LOCATION OF UNIT WITTENBERG
Standort der Einheit

11 MILITARY OCCUPATION RICHT-SCHÜTZE
Militärberuf

INDUSTRIAL OR PROFESSIONAL GROUP & TRADE + ABITURIENT
Industrielle oder gewerbliche Berufsgruppe +

13 NATIONALITY PRESENT AND PAST
Gegenwärtige und etwaige vorherige Staatsbürgerschaft
D. R.

14 HOME ADDRESS
Ständige Wohnanschrift
PLACE / Ort: BRESLAU
KREIS / Kreis: BRESLAU
STREET / Straße: SCHÜTZENSTRASSE 11
REGIERUNGS-BEZIRK: BRESLAU

15 LAST COMPETENT RECRUITING OFFICE
Letztes zuständiges Aushebungsamt
BRESLAU 1
REGIERUNGSBEZIRK BRESLAU
PROVINCE / Provinz: SCHLESIEN

16 FAMILY STATUS Ø
Familienstand Ø
SINGLE / Ledig: X — MARRIED / Verheiratet — WIDOW(ER) / Witwe(r) — DIVORCED / Geschieden

17 NEXT OF KIN
Engste Anverwandte
X
CHRISTIAN & SURNAMES / Vor- und Zuname: ALWIN TAUCHNITZ
RELATIONSHIP / Verwandtschaftsgrad: BEKANNTER
PLACE / Ort: BEHLITZ KREIS DELITZSCH
STREET ETC / Straße usw.: HAUS NR. 22

18 DATE / Datum
FOR HEADQUARTERS USE ONLY
Nur vom Hauptquartier auszufüllen
CHANGE OF STATUS
Standesveränderung

NOTES:
Anmerkungen:
* No space is to be left blank. If, for example, the individual has no civil trade, the word 'KEIN' will be written in the appropriate space.
* Alles ist auszufüllen. Wenn z. B. jemand keinen bürgerlichen Beruf hat, ist das Wort „Kein" entsprechend einzusetzen.
Ø Delete that which is inapplicable.
Ø Unzutreffendes ausstreichen.
x Insert ARMY, NAVY, AIR FORCE, VOLKSSTURM OR PARA MILITARY ORGANIZATION, e. g., RAD, NSFK, etc.
x HEER, KRIEGSMARINE, LUFTWAFFE, VOLKSSTURM oder militärähnliche Organisation einsetzen, z. B. RAD, NSFK usw.
+ Insert appropriate serial number and letter from official list.
+ Entsprechende Kennzeichen Nummer und Buchstaben der offiziellen Liste einsetzen.

P. T. O.
Bitte wenden

WEGWEISER

1 **Arbeitsamt, Cyriaksring 10**

Zimmer 4, Mo. bis So. von 8.30 bis 12 Uhr. Entlassungsschein abstempeln lassen.

2 **Betreuungsstelle Heimatdienst**

im städt. Fürsorgeamt, Kl. Burg 1a, Zimmer 8, Mo. bis So. von 8 bis 13 Uhr. Entlassungsschein und diesen Wegweiser bitte mitbringen.

3 **Wohnungsamt, Rathaus**

Zimmer 65 4 Mo., Di., Do., Fr. von 9 bis 13 Uhr. Mitbringen: Entlassungsschein, ggf. ~~Bescheinigung vom Hauptmeister,~~ Abfertigungskarte.

4 **Meldestelle**

beim zuständigen Polizeirevier. Mo. bis Fr. von 9 bis 13 Uhr. Mitbringen: Entlassungsschein, Zuzugsgenehmigung, ausgefülltes Anmeldeformblatt (3fach)

5 **Personal=Ausweis**

10 Tage nach der Anmeldung im Polizei=Präsidium, Münzstraße 1, Zimmer 22a, abholen. Mo. bis Fr. von 9 bis 13 Uhr. Mitbringen: Entlassungsschein, Anmeldung.

6 **Arbeitsamt, Cyriaksring 10**

Stellenvermittlungszimmer, Mo. bis So. von 8.30 bis 12 Uhr. Mitbringen: Entlassungsschein, wenn krank, Attest Berufsberatung: Zimmer 136, Mo., Di., Do., Fr. von 8.30 bis 12 Uhr. Arbeitslosenversicherung, Zim. 107, Mo. bis So. von 8.30 bis 12 Uhr.

7 **Ernährungsamt**

zuständige Bezirksstelle. Mo. bis So. von 9 bis 13 Uhr. Mitbringen: Entlassungsschein, Zuzugsgenehmigung, Anmeldung, Personalausweis, Arbeitspaß oder Arbeitsbefreiungsschein.

Flüchtlingsfürsorge

Steinbaracke am Hauptbahnhof. Mo. bis So. von 9 bis 13 Uhr. Flüchtlingsschein gegen Vorlage von Entlassungsschein, Anmeldung, Personalausweis, Haushaltspaß, Nachweis über frühere Heimat.

Fürsorgeamt

Gesundheitsdienst

innerhalb 3 Wochen n. d. Entlassung Allgemeine Ortskrankenkasse, Fallerslebertor 4. Mo. bis So. von 8.30 bis 13 Uhr, Schalter 18. Mitbringen: Entlassungsschein, Krankenpapiere. Versicherungsamt (II. Obergeschoß) Zi. 205 b. Mo. bis So. v. 8.30 b. 12 Uhr. Mitbringen: Entlassungsschein, Krankenpapiere, Geburtsurkunden von Kindern unter 18 Jahren.

Suchdienst

Verschiedenes

Waisenhaus-Buchdruckerei Braunschweig, R.: C. G. F. 131 Kl. B 4000

M 20. Jeder Kriegsheimkehrer erhielt von der Stadtverwaltung einen Laufzettel. / Q.: Rosemarie Vogt

Deutsches Rotes Kreuz
Landesverband Niedersachsen
Landesnachforschungsdienst

Hannover, den 25. 7. 5o
Leinstr. (Gr. Baracke)

Zeichen: H 16/7/5o Schu.
(Bei Beantwortung bitte angeben !)

Frau
Hedwig V o g t
(21a) Wellentrup 37
bei Henning

Betr.: Pionier Alfred V o g t
Buchdrucker, verheiratet aus Lyk

Im Zuge der Heimkehrerbefragung wurde von dem Heimkehrer Paul Odenbach,
(24a) Oberndorf Krs. Land Hadeln, Laak I
eine Aussage über den Obigen gemacht.
Leider handelt es sich um keine günstige Nachricht, denn nach seiner Aussage ist der Genannte am 21.März 1945 in Oliva gefallen,

Bitte teilen Sie uns mit, ob es sich um einen Angehörigen Ihrer Familie handeln kann. Wir raten Ihnen, sich mit dem Heimkehrer zwecks Klärung in Verbindung zu setzen. Dabei wollen Sie bitte außer einem Foto auch Briefpapier und Rückporto beifügen.
Für baldige Rückantwort mit Angabe des obigen Aktenzeichens wären wir Ihnen dankbar, damit wir ggf. die Nachforschung nach dem wirklichen Angehörigen fortsetzen können.

Hochachtungsvoll
Landesnachforschungsdienst
I.A.

(F13)

M 21 und 22. Der Landesforschungsdienst des Deutschen Roten Kreuzes nahm Anfragen nach vermißten Angehörigen entgegen und gab Informationen über gefallene Soldaten weiter. / Q.: Rosemarie Vogt

Deutsches Rotes Kreuz
LANDESVERBAND NIEDERSACHSEN
Landesnachforschungsdienst

Akt.-Zeichen: H 16/11/50 Gr.
(im Antwortschreiben anzugeben)

(20a) **Hannover,** den 24.11.50
Leinstraße
Telegramm-Adresse: Deutschrotkreuzniedersachsen
Fernruf: 2 27 41/44

Frau
Hedwig V o g t
Dettingen a. Main
linke Maingasse 7

Betr.: Alfred Vogt
Bezug: Ihr Schr.v.20.d.M.

Sehr geehrte Frau Vogt!
Mit Bedauern entnahmen wir Ihrem obigen Schreiben, dass die Aussage des Heimkehrers Odenbach auf Ihren Ehemann zutrifft. Wir übersenden Ihnen daher anliegend die Zweitschrift der Erklärung zur Kenntnisnahme. Ferner übersenden wir Ihnen anliegend einen Ergänzungsbogen mit der höflichen Bitte, diesen möglichst umgehend ausgefüllt an uns zurückzusenden, damit wir die amtliche Beurkundung in die Wege leiten können.
Das Deutsche Rote Kreuz spricht Ihnen zu dem schweren Verlust sein aufrichtiges Mitgefühl aus.

Hochachtungsvoll
Landesnachforschungsdienst
I.A.
(Grönig)

Zeitzeugenberichte

B 1 **Reinhard Bein**

Kampf um die Brennstoffversorgung

Berichterstatter: Dr. Wilhelm Bergwitz (*1904), als Forstmeister Leiter des Forstamtes Braunschweig 1935-1939 und 1945-1954, danach Inspektionsbeamter bei der Niedersächsischen Landesregierung, Sohn des früheren Schulleiters der Neuen Oberschule (vgl. Kap. Schule/B 1).

Wilhelm Bergwitz, kein Mitglied der Nazipartei, wurde 1935 dennoch zum Leiter des Forstamtes Braunschweig ernannt, weil die vom Landwirtschaftsminister Fritz Alpers 1933 eingesetzten **Forst-Verwaltungsbeamten** aus den Reihen der NSDAP durchweg unfähig waren, die geplanten militärischen Infrastrukturmaßnahmen zum Aufbau des **Rüstungszentrums Salzgitter-Braunschweig-Wolfsburg** im Bereich der Forstverwaltung angemessen durchzuführen. In seiner Eigenschaft als Forstmeister hatte er z.B. den Mittellandkanal zu begrünen, das Gelände für die Luftfahrtforschungsanstalt in Völkenrode von den Bauern anzukaufen und für die geplanten Baumaßnahmen zu erschließen, so daß die geheime Anlage aus der Luft nicht erkannt werden konnte (tatsächlich haben die Alliierten von ihr bis zum Einmarsch 1945 nichts gewußt). Außerdem mußte u.a. Wald für eine Luftwaffenversorgungseinheit, für das Rüstungswerk Niemo, für die Erweiterung der Waldschule Querum (vgl. Kap. Flüchtlinge) als Führerschule des Reichsarbeitsdienstes und den Herzogsbergen Manövergelände für die Rautheimer Kasernen abgeholzt und planiert werden. Für den Reichsjägerhof in der Buchhorst, die Göring als Jagdrevier dienen sollte, mußte Bergwitz eine Fasanerie anlegen und für den Stichkanal nach Salzgitter einen Berg abtragen lassen.

1939 wurde er mit Kriegsbeginn zur Wehrmacht eingezogen und blieb bis 1945 Soldat. Im August 1945 kehrte er aus der Kriegsgefangenschaft zurück in das Forstamt Sophiental/Krs. Braunschweig, wo seine Frau lebte. Bald nach seiner Rückkehr erhielt er Besuch:

„Der Forstrat Wassermeier aus Meerdorf, der war als Invalide des 1. Weltkrieges nicht eingezogen worden und war im Dienst geblieben. Er war alter Sozialdemokrat und jetzt Bürgermeister von Meerdorf geworden. Das wußte ich alles nicht. Der erschien eines schönen Tages mit einem Opel P 4 bei mir und sagte, Herr Forstmeister, ich begrüße Sie. Ich freue mich, daß Sie wieder da sind. Haben Sie einen 1.000-Mark-Schein? Ich sagte, wieso einen 1.000-Mark-Schein?

Der Wagen draußen gehört Ihnen. Den habe ich beschlagnahmt, von einem Nazi. 1.000 Mark habe ich dem gegeben, und Sie geben mir auch 1.000 Mark, denn Ihr Wagen ist ja auch weg (zu Beginn des Krieges wurden alle privaten Motorfahrzeuge von der Nazi-Regierung beschlagnahmt, A.d.V.).

Ja, natürlich, mein Wagen war eingezogen worden. Fahren konnte ich also jetzt. Dieser Mann kannte die neuen Verhältnisse und sagte, fahren Sie erstmal zu den Engländern! Ja, sagte ich, das will ich gerne machen. Aber ich muß erst mal sehen, ob meine Behörde in Braunschweig noch existiert. Ja, sagte er, die existiert, das weiß ich. Dort, wo der Präsident sitzt (Hubert Schlebusch, ehemaliger SPD-Reichstagsabgeordneter von Mönchengladbach, der 1933 nach Braunschweig geflüchtet und hier die NS-Zeit überlebt hatte, A.d.V.), sitzt auch die Landforstverwaltung...

Meine Frau und ich fuhren also nach Braunschweig. Der Wagen war ein rührendes Gestell; ich glaube, vier Jahre habe ich den besessen. In der Landesforstverwaltung saß ein Corpsbruder (vom Corps Brunsviga) aus Posen als Landesforstmeister. Ich sagte, wie kommst du denn hier her? Ja, die Braunschweiger waren alle Nazis, die sind rausgeflogen. Schlebusch hat mich hier eingestellt. Ich sagte, dich? Aus Posen und alter Nazi? Ja, das weiß hier keiner.

Leopold von Lösch hieß er. Wir kannten uns von Kindheit an. In der Forstverwaltung von Braunschweig waren lauter Beamte aus Preußen, und es hat eine ganze Weile gedauert, bis (1950) wieder ein Braunschweiger eingestellt wurde (für Beamte aus dem Osten war es wegen fehlender Unterlagen in den Nachkriegsjahren verhältnismäßig einfach, durch die Maschen der **Entnazifizierungsbehörden** zu schlüpfen; A.d.V.). Mir wurde gesagt, mach deinen Kram in Ordnung, helfen können wir dir nicht. Du bist der Forstmeister des Landkreises Braunschweig, das können wir dir bezeugen. Du mußt aber nach den Engländern. Natürlich mache ich das, sagte ich.

Die nächste Station waren also die Engländer. Lösch sagte mir, der Commissionary für Braunschweig-Land, zu dem du gehörst, sitzt in einer roten Villa in Volkmarode, Major Morgan."

Morgan teilte Dr. Bergwitz die Aufgaben mit, die die Militärregierung für ihn hatte. Zunächst wurde das Forstamt des Landkreises, das während des Kriegs in Querum gewesen war, wieder nach Sophiental verlegt und mit Forstbeamten ausgestattet. Bergwitz wurde Beauftragter für die staatlichen Beamten der Forstverwaltung und hatte in dieser Funktion u.a. die damals wichtige Aufgabe, **Benzinscheine** an die Förster zu verteilen. Des weiteren wurde er **Brennholzbeauftragter** von Braunschweig, um sowohl die alliierten Bedürfnisse nach Nutzholz als auch die Brennstoffnot der Bevölkerung der Stadt zu befriedigen. Ferner wurde er Jagdbeauftragter. Für Deutsche war die Jagd verboten, aber die alliierten Offiziere wünschten eine Regelung der Jagdaufsicht für ihre Bedürfnisse. Auch Wilddieberei, vor allem unkontrolliert von den ehemaligen Zwangsarbeitern betrieben, hatte er zu unterbinden.

Das erste, was ich zu regeln hatte, war das Problem der Polen. Die Polen saßen in Broitzem in der Fliegerkaserne und holzten den Timmerlaher Busch ab. Wir versuchten, diese Leute vom Wildern und Holzschlagen abzuhalten. Ich hatte aber keinen Beamten dort, das waren alles Bauernwaldungen. Polizei war nicht zu kriegen. Ein Forstwart aus dem Baltikum kam zu mir und fragte nach Arbeit. Ja, sagte ich, gehen Sie nach Broitzem! Sehen Sie zu, daß Sie dort irgendwo unterkommen, und machen Sie dort Forstschutz. Der hat das dann übernommen.

Der Querumer Wald war zum größten Teil kaputt durch die **Splitterbomben**; die Bäume saßen voller Splitter. Das ganze Holz war nicht zu gebrauchen. Wegen des Flug-

Nach einem Volltreffer auf dem Bebelhof: Kochen im Freien (1944) / Q.: Arbeitskreis für Andere Geschichte

platzes Waggum waren dort besonders viele Bomben abgeworfen worden. Es wird ja normalerweise jedes Jahr so und so viel Holz von einem Wald genutzt. Diesen Einschlag kriegten die Holzhändler. In Gliesmarode saßen die beiden großen Holzfirmen in Braunschweig, Röhm und Klages. Mit denen sprach ich. Die sagten, das Holz können wir nicht gebrauchen. Die hatten mir eine Kiste Splitter mitgebracht, nur von zwei Bäumen, die sie zu sägen versucht hatten."

Der stadtnahe Querumer Forst war also weder für Nutzholz noch als Brennholz in größerem Umfang nutzbar zu machen.

Der erste Winter 1945/46 machte keine größeren Probleme mit dem Brennholz. Da war wohl noch etliches dagewesen in den Häusern. Schwierig wurde es 1946/47. Da kam es knüppeldick. Der Landrat sprach mich im Sommer 1946 an. In den Landgemeinden konnten wir das Problem an die ländlichen Genossenschaften weiterreichen. Aber für die Stadt mußte etwas geschehen. Darum sprach ich mit Major Morgan, und der sagte mir, wir geben Völkenrode frei (das Gelände der Luftfahrtforschungsanstalt, A.d.V.). Der Wald Völkenrode gehörte ja ihnen, das hatten sie alles beschlagnahmt.

Die Engländer machten das so: Meine Beamten schlugen die besten Buchenstämme als Nutzholz für sie heraus. Man rechnet auf den Hektar 300 Festmeter Holz, und von diesen 300 Festmetern sind vielleicht 10 gute Stämme. Also rund 10% von dem Holz haben sie für sich ausgesucht. Das schleppten wir zum Kanal, und von dort ging es nach England. Das Brennholz kriegte die Stadt Braunschweig, etwa 5.000 Raummeter. Dafür wurde auch kein Geld gefordert.

Zum anderen war zwischen der Schunter und Kralenriede Kiefernwald. Der größte Teil war durch Bombensplitter kaputt, aber man konnte es als **Brennholz** für die Bevölkerung aufarbeiten. Das ging natürlich nicht auf einmal, sondern so, wie es Zug um Zug geschlagen wurde. Damit haben wir uns so bis 1948 hingerettet. Einen weiteren Kahlschlag machten wir noch in Sickte."

Der Holzeinschlag reichte dennoch nicht für die Braunschweiger Bevölkerung, denn Kohlen standen so gut wie gar nicht zur Verfügung, und die Nachkriegswinter waren ausgesprochen kalt. Aus dem Harz konnte kein Holz eingekauft werden, da er von den Engländern beschlagnahmt worden war. Vom Solling hätte Braunschweig ein Kontingent Holz bekommen können, aber der ausgewiesene Schlag lag an einem Steilhang nach Carlshafen zu und konnte nicht genutzt werden.

Da das auf **Bezugsscheine** ausgegebene Holz nicht ausreichte, griffen die Braunschweiger zur Selbsthilfe. Bauholz aus den Trümmern und zerstörte Möbel wurden verwertet, und in den stadtnahen Wäldern blieb kein Ast ungenutzt liegen. Der Forst sah blank aus wie die gute Stube. Da konnte man tanzen. Und als das Holz weg war, da haben sie Stubben gerodet, regelrecht ausgegraben. Es wurde restlos alles verwendet. Wenn Sie von der Schunter zur Kralenriede raufgingen, konnte man später dort laufen wie auf dem Ballspielplatz.

Es muß im Winter 1946/47 gewesen sein, als mich ganz entsetzt der alte Jürgensen anrief – das Pawelsche Holz gehörte der Firma Kaffee-Jürgens – und sagte, Herr Forstmeister, kommen Sie um Gottes Willen. Morgen kommt halb Lehndorf. Die haben sich angemeldet und kommen mit Hacke und Beil und wollen Holz holen, mein Holz! Ich sagte Hilfe zu und rief Liesenberg, einen meiner Beamten, den Ältesten, der Feldwebel beim Militär gewesen war und wußte, wie man mit so einem Haufen Menschen umgehen mußte. Wir fuhren da also hin, und richtig – Sie machen sich keinen Begriff – vom Studienrat über den Amtsrichter bis zum Lokomotivführer, Weiblein, Männlein, standen da, mindestens 100 Leute mit Äxten und Sägen, und sagten, wir wollen Holz haben.

Wir verhandelten und sagten, schön, ihr könnt Holz kriegen. Wir wollen die Sache so machen: Der Liesenberg macht jetzt an jedem Baum, der geschlagen werden darf, mit Kreide eine Nummer. Der wußte ja Bescheid, welcher Baum wegkonnte und welcher nicht, und machte entsprechend seine Markierungen. Der Verwalter von Jürgens hatte eine Zigarrenkiste, und da lagen numerierte Zettel drauf. Jede Familie kriegte einen Zettel. Mit diesem Zettel geht ihr dann zu dem Baum mit der gleichen Nummer, und den Baum kriegt ihr. Dafür bezahlt ihr fünf Mark in die Zigarrenkiste. Ob jemand einen dicken oder einen dünnen Baum erwischte, war Glücksache.

Den Leuten wurde dann noch gesagt, wie sie den Baum einschlagen sollten, und dann konnte jeder seinen Baum fällen und klein machen. Darum habe ich mich nicht gekümmert."

Q.: Interview mit Dr. Wilhelm Bergwitz in Bad Harzburg am 27.7.1994

B 2 Erich von Lölhöffel

Aus dem Tagebuch eines Zeitgenossen

5. 4. 1946
Wir haben inzwischen angefangen, ein kleines Eckchen Garten zurechtzumachen, das im äußersten Winkel des hinteren Hofes liegt. Hedwig hat den ganzen Sonntag umgegraben und Steine und Unkraut beseitigt. Dagmar hat eine Menge Samen besorgt, und so können wir schon anfangen, uns auf Radieschen, Salat, Petersilie, Schnittlauch und Dill, Erbsen, Bohnen und Tomaten zu freuen, und das ist viel mehr, als in dem ganzen Eckchen überhaupt Platz hat. In einer Ecke der Müllgrube habe ich auf den dort abgelagerten, mit Glasscherben durchmischten Kompost etwas Mist und Schlamm aufgebracht. Dort sollen Kürbis und Gurken gedeihen. Ein Pflaumenbäumchen, das da schon wächst, und viele Erdbeeren sollen unseren Nachtisch verschönern. Freilich müssen wir sie erst haben, aber freuen kann man sich doch jetzt schon drauf.

4 .5. 1946
Hedwig backt eine Torte, denn es wird gleichzeitig die Nachfeier ihres Geburtstags, der am Montag ausfiel, weil ich ganz persönlich eine Autogelegenheit nach Bremen fand. Statt zu feiern haben die beiden die Wohnung aufgeräumt. Ich habe ein wenig Hilfe mitgebracht, denn der Bauer, der unser einziges überlebendes Treckpferd gekauft hat, gab mir einige eßbare Sachen, und die Bäuerin, eine junge friesische Frau, hat mir so reichlich von ihrem selbstgebackenen Schwarzbrot eingepackt, daß Hedwig auf Brotmarken ein bißchen Mehl kaufen konnte. (...)

Heringsverkauf in der Nachkriegszeit auf dem Holzmarkt in Helmstedt. Helmstedt war als Grenzstadt einer der Hauptumschlagplätze für Salzhering zwischen der britischen und der sowjetischen Zone. In Zeiten großen Fleischmangels spielte der Hering eine wichtige Rolle in der Ernährung. / Foto: Lohse / Helmstedt

Die zweite Hälfte der **Kartoffelkarten**, die bis zur Öffnung der Mieten im Frühjahr zurückgehalten wurde, ist jetzt plötzlich für ungültig erklärt worden. Und zu kaufen gibt es keine.
Beim Brot entsteht eine grobe Lücke durch die Kinder. Der Kleine kriegt noch gar keins und ißt doch täglich mindestens zwei Schnitten. Der Große bekommt im Monat 500g und ißt dabei doch schon tüchtig. Das bißchen Milch und Nährmittel reicht gerade für sie. Nach der Krankenhausbehandlung habe ich eine Verlängerung meiner Zulage bekommen, die bis Ende dieses Monats läuft. So können wir uns noch einigermaßen erhalten, wie es nötig ist, wenn man arbeiten muß. Und das tun wir alle tüchtig.

9. 6. 1946
Zum Mittag hatte H. einen Hackbraten gemacht, der in unserem Herd herrlich braun gebrutzelt war, dazu Pellkartoffeln (5 bis 6 für jeden als Sonn- und Pfingstfeier) mit einer Festtagstunke und frischem Salat aus unserem Garten, mit sauer gewordener Milch angerührt. Aber der Nachtisch – so was gibts nur zu Pfingsten und am Geburtstag – eine Speise aus üblichem Pulver, darüber aber Schlagsahne aus Kondensmilch, die es an diesem Wochenende mal zusätzlich gab, und darin – Erdbeeren, für jeden 3 Stück, die es auf **Kinderkarten** gegeben hatte. Was für ein Festessen!

16. 6. 1946
Unser Gärtchen fängt an, seine ersten Ernten zu bringen. Wir haben schon mehrfach frischen Salat gegessen und Petersilie und Kresse als Würze für die Suppe zu Brühkartoffeln oder Brotaufstrich gepflückt, Stachelbeeren, die durch den Nachbarzaun gewachsen sind, werden schon ganz dick und gelb. Die Tomaten fangen an zu blühen, Kürbis und Gurkenpflanzen breiten sich aus. Spaßig ist, daß auf dem Komposthaufen aus weggeworfenen Kartoffelschalen und angefaulten Knollen ein ganzes Kartoffelfeld gewachsen ist, das wir jetzt angehäufelt und gehackt haben, so daß wir vielleicht eine kleine Knullenernte einbringen können.

6. 7. 1946
In den nächsten Tagen geht D. Erbsen pflücken, wobei es als **Pflücklohn** eine gute Portion gibt. So nutzen wir alles aus, um die Mahlzeiten zu ergänzen. Auf **Rauchermarken** hat es seit mehr als 2 Monaten nichts mehr gegeben. Doch sollen in der nächsten Woche wieder Zigaretten und Tabak herkommen; Harzburg, das in der Ecke des Braunschweiger Ländchens liegt, wird erst später beliefert.

17. 7. 1946
Unsere Rationen für die nächste Periode sind **gekürzt**, so daß man kaum noch weiß, wie man satt werden soll. Fett

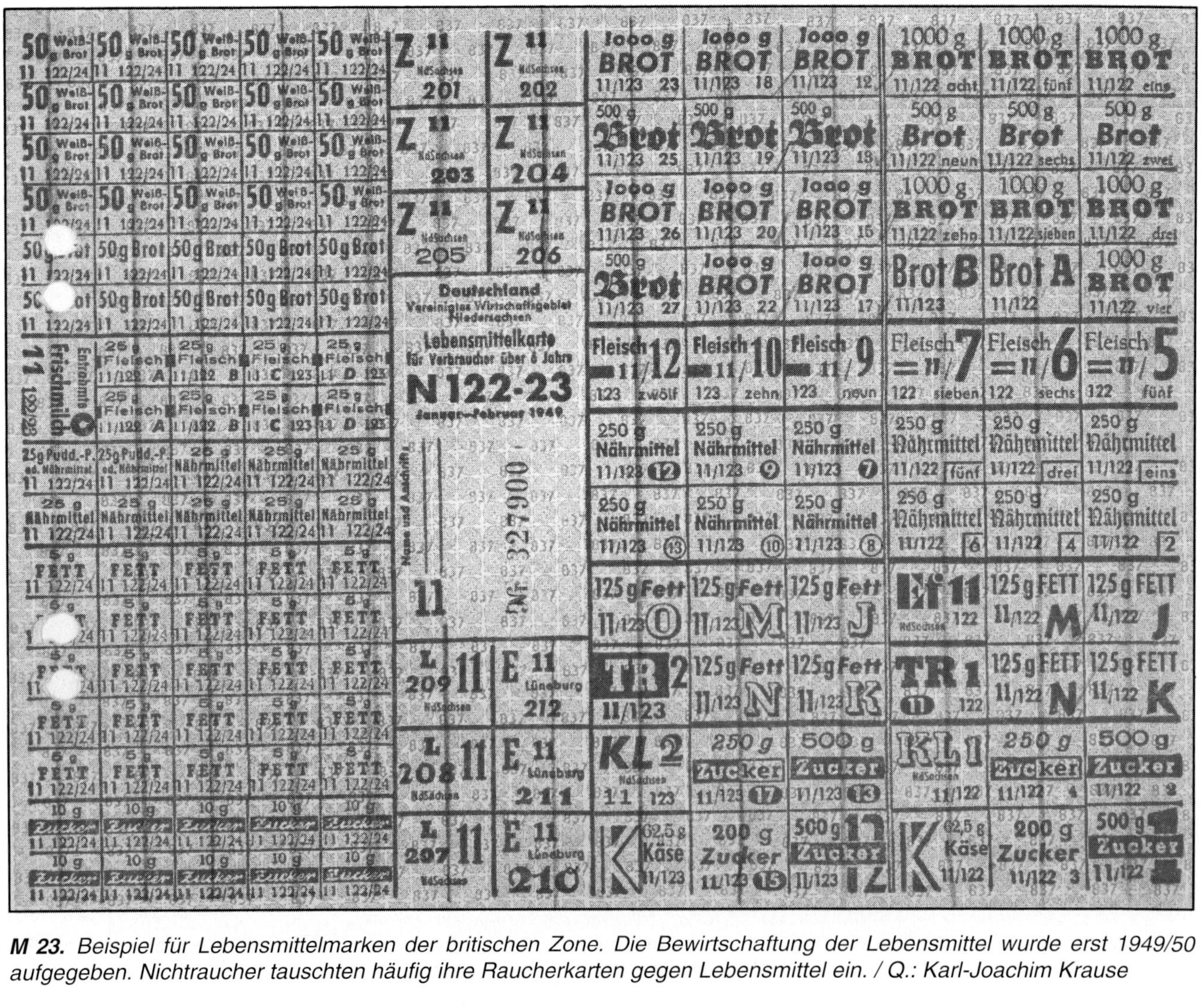

M 23. Beispiel für Lebensmittelmarken der britischen Zone. Die Bewirtschaftung der Lebensmittel wurde erst 1949/50 aufgegeben. Nichtraucher tauschten häufig ihre Raucherkarten gegen Lebensmittel ein. / Q.: Karl-Joachim Krause

Milchtankwagen der Meierei Bolle aus Berlin bei der Verladung in der Molkerei von Barmke (Kreis Helmstedt). Nach dem Ende der Berliner Blockade wurde Berlin mit landwirtschaftlichen Produkten versorgt, die vorwiegend aus Niedersachsen kamen. / Foto: Lohse / Helmstedt

nur noch 100 g im Monat, Zucker halbiert, Fleisch 50g die Woche und die ersten Frühkartoffeln in kleinen Mengen von 3 Pfd. die Woche. Nur die Gemüselieferung ist bei uns etwas besser als bei Euch in Berlin, und unser Spatzengärtchen hilft ja mit. Der Helmut hat jetzt nach den überstandenen Masern einen Mordsappetit.

21. 7. 1946
Nach Tisch habe ich mit D. einen Handwagen voll guter Erde aus dem Badepark geholt. Damit wollen wir noch ein Beet für späte Radieschen und Erdbeerpflanzen anlegen. Dann habe ich aus gefundenem Lehm eine Pfeife nach dem Muster meiner Stacheldrahtpfeifen geformt und im Herdfeuer gebrannt. Vielleicht kann ich auch hier damit noch Geld verdienen.

15. 9.1946
H. und D. arbeiten seit Beginn der Woche immerfort in der Küche, denn ich habe zweimal mit D. oben in den Bergen Pilze gesammelt. Wir haben das erste Mal 30, das nächste über 60 Pfund an Beute mitgebracht. Natürlich haben Eva und Heinz tüchtig was davon abgekriegt, aber es ist allein für uns so viel geblieben, daß wir uns ein paarmal tüchtig sattessen konnten und jetzt die ganze Küche voll Schnüren hängt, an denen die Pilze trocknen. Sobald sie soweit sind, werden wir Dir eine Mustersammlung davon schicken. Außerdem haben wir Falläpfel gekriegt und mit Hagebutten zu Speise verarbeitet. Alles brachte viel Arbeit, vor allem saß Dagmar bis spät in die Nacht hinein beim Pilzeputzen, und unser aller Finger geben deutlich schwarzes Zeugnis davon.

1. 12. 1946
Dein Päckchen kam vor ein paar Tagen zu unserer Überraschung mit herzlicher Freude wohlbehalten an. Vom Inhalt ganz abgesehen, ist schon das Blechkästchen ein wertvolles Geschenk. Denn wir haben in der Küche sehr unter Mäusen zu leiden, trotz dauerndem Fallenstellen haben sie sich unseren Schrank als bequeme und nützliche Wohnung ausgesucht. Und alle paar Tage muß H. feststellen, daß wieder mal eine Tüte angeknabbert, Mehl oder Grieß oder sonst was Gutes rausgelaufen und mit kleinen, schwarzen Mäusekötteln vermengt im Fach verstreut ist. Nun haben wir schon alle eßbaren und mausebeliebten Sachen in einen großen Steinbottich getan, der auf dem Zementtisch steht, und auf den sind sie bisher noch nicht raufgekommen. Aber da was herauszuholen, ist für H. eine kleine Hochgebirgsbesteigung, so daß sie für die Dinge des täglichen Bedarfs über eine solche **mausesichere Blechhülle** sehr glücklich ist. Schönsten Dank dafür!

6. 4. 1947
Augenblicklich ist es schlimm mit der Ernährung: Brot gibt es nur in ganz unzureichender Menge, Nährmittel überhaupt nicht. Butter nur 25 g die Woche, und auch Fleisch ist knapp. So wird ein großer Teil der Karten, die wir bekamen, gar nicht beliefert, und auch von Kartoffeln ist noch keine Rede. Ein Glück, daß wir durch H.s. **Mütter- und Säuglingskarte** wenigstens gut mit Milch versorgt sind. Jetzt bedeutet Brotholen immer **stundenlanges Stehen**, oft genug ohne Erfolg, weil es alle ist, bevor man rankommt.

21. 7. 1947
Von Dagmar kam ein Menge wunderschön zarter Kohlrabi an, die mußten gleich fertiggemacht und eingebüchst werden; 10 Dosen voll hat es ergeben und ein paar Mahlzeiten dazu. Es ist das erste, was wir dies Jahr in Vorrat nehmen konnten. Denn die eingesalzenen Bohnen scheinen verdorben zu sein, um ein halbes Faß Gurken haben wir auch Sorge, denn da wir ja keinen Keller haben, um so etwas kühl aufzubewahren, ist bei dieser Hitze die Gefahr des Verderbens groß. In der engen Küche ist es beim täglichen Heizen des Herdes so warm, daß der Boden geradezu ein Bratofen ist. In den Fabrikräumen ist alles voll und unsicher. Also muß man mit ansehen, wie die paar Vorräte umkommen. Pilze gibt es gar nicht, Fliederbeeren

nur wenig, nach Hagebutten zu fahren habe ich keine Zeit, und wenn man welche fände, hätte man keinen Zucker, um gute Marmelade zu machen. Oft genug weiß H. abends nicht, was sie uns und den Kindern vorsetzen soll. Denn in den Läden gibt es seit Wochen weder Obst noch Gemüse, und das während der reichsten Zeit des Jahres. Auch unser Gärtchen kann nicht sehr viel liefern. Und Blumen sind kaum noch draußen zu finden, es sei denn Herbstzeitlosen, die weite Wiesen bedecken.

27. 12. 1947
Als Prachtstück der Weihnachtsbescherung brachte Mima einen großen Spaten für mich, mit dem ich heute den Rest des Gartens umgegraben habe, eine recht ungewöhnliche Weihnachtsbeschäftigung. War früher das Schenkenkönnen eine große Freude für uns, so haben wir heute lernen müssen, wie schön auch Beschenktwerden ist, vor allem wenn es aus so freundlichen und herzlichen Gefühlen her kommt, wie wir sie ringsum finden.

27. 6. 1948
Wir haben die erste Woche (nach der **Währungsreform**) nun hinter uns, in der wir sorgsam aushielten, denn alle Preise sind so hoch geblieben, wie sie vorher waren, und wir wußten nicht, wie lange wir mit dem ersten **Handgeld** reichen müssen. Inzwischen habe ich meinen ersten Wochenlohn in gutem Geld bekommen, heute ist eine 50% Teilzahlung auf die Konten freigegeben.

Es sind eine Menge Dinge hervorgekommen, die es bislang kaum zu sehen gab: Gemüse wird in Mengen angeboten, allerdings für das knappe Geld sehr teuer: Kochtöpfe, Teller, Fahrräder und Herde, Bücher und Papier und alle möglichen anderen Gegenstände sind mit einem Mal in den Läden zu haben, nur kann man nicht wagen, sie zu kaufen, weil man nicht weiß, was uns am Ende noch zum Leben bleibt. Dagmars Ausbildung muß ja weitergehen, die Kinder werden größer, und bei den gegenwärtig noch viel zu hohen Preisen reicht mein Lohn kaum zum Essen und den sonst notwendigen Bedürfnissen. Da das schon ausgegebene **Kopfgeld** auf den Gesamtumtausch angerechnet wird, bleiben uns als Gesamtvermögen kaum 200,- DM. Und das ist bitter wenig. **(vgl. 3 / Q.: 7.)**

2. 6 .1948
Als ich letzten Mittwoch mit meinem alten Freund Rüger und seiner Frau auf den Berg stieg, um Spaziergang, Schwatz und Pilzsuche angenehm zu verbinden, war es wunderbar schön in den sich bunt färbenden Tälern und moorigen Waldschneisen. Auch die Pilzausbeute war lohnend. Spaßig eine große Ernte von Krempflingen aller Größen, auch ganz jungen darunter, die schon am Boden so trocken sind, daß wir sie mit ganz geringem Putzen gleich aufziehen und fertig trocknen konnten. Es hat lange nicht mehr geregnet, und so sind sie wohl im Wachstum aufgehalten und gleich gebrauchsfertig geworden. (...)

Gestern und heute habe ich 1 1/2 Ztr. Kohl gehobelt und eingestampft, ein ganzes Faß Sauerkraut für den Winter. Und nochmal Fliederbeeren gepflückt, von denen wir zwei Tage zu essen hatten. So gehts uns nicht schlecht.

26. 12. 1948
Seit Dagmar kam, war von früh bis spät Arbeit im Betrieb. Sie hat in der Frauenschule so viel an guten Koch- und Backlehren genossen, daß sie uns daran teilnehmen ließ und jeden Tag in unserem Herd Stolle und Mohnkuchen, Makrönchen und Marzipan backte, soweit Mehl und Zukker, **Bucheckern** – von ihr selbst gesammelt – und Gewürze reichten. Bis in die späte Nacht wurden die aus Lebkuchenteig ausgeschnittenen Figuren "begußt", jeder mit anderem Muster, eine rechte, fröhliche und hübsche Hauskunst, bei der wir manchen Spaß miteinander hatten.

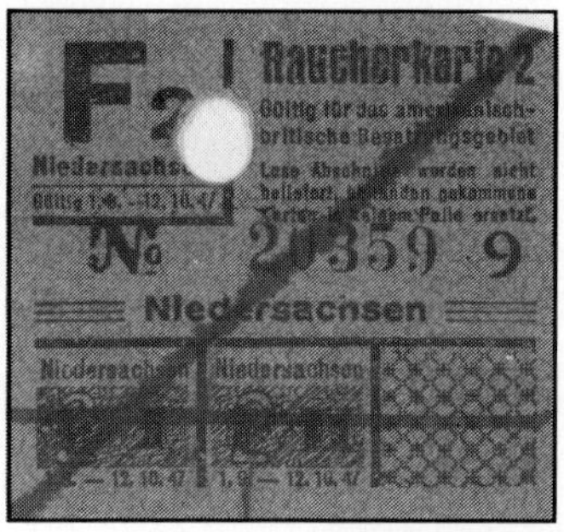

M 24 + 25.
Beispiele für Raucherkarten für Männer (M) und Frauen (F) / Q.: Karl-Joachim Krause

Am 23. nachmittags kam Heiner Rüger von Vienenburg herauf, um als Weihnachtsmann zu erscheinen. Ich hatte einen großen Pelz besorgt, Tannenzweige, Rute und Sack bereit und einen schönen Bart von Mima, er zog sich in der Fabrik an und kam sehr gewichtig hereingestapft, während die Kinder schon zum Empfang bereit saßen und sangen. (...) Jeder bekam ein kleines Spielzeug, einen Apfel und Pfefferkuchen, und Rüger gab uns zwei Pakete, die der Weihnachtsmann erst für den Heiligen Abend bestimmt hatte.

Q.: Erich von Lölhöffel: Briefe aus dem Spatzengraben. Die Nachkriegserlebnisse einer ostpreußischen Flüchtlingsfamilie in Bad Harzburg, Leer 1983

B 3 Elin Schirmer

Nachkriegsjahre auf dem Lande

Ende April 1945 wurde meine Einheit (ich war damals 17 Jahre) in der Nähe von Gransee durch russisches Granatfeuer aufgerieben. Die versprengte Einheit setzte sich ab und geriet in der Gegend von Schwerin in amerikanische Gefangenschaft. Wir wurden Richtung Boitzenburg weitergetrieben (damals einziger Elbübergang) und mußten zu Fuß bis Lüneburg. Ein paar Lebensmittel, Brot und Schinken, hatte ich mir organisiert, da keine Verpflegung durch die Engländer bevorstand. Als Auffanglager wurde in Lüneburg das Gelände einer Knochenmühle ausgesucht. Die ersten drei Wochen hausten wir auf blanker Wiese, natürlich ohne Verpflegung und Dach über dem Kopf.

Als jüngste Lagerinsassen sollten wir bald in das Munsterlager verlegt werden. Der Transport auf Lastwagen in ein verlaustes und von Ungeziefer strotzendes Barackenlager, wo bisher polnische Arbeiter wohnten, diente uns als neues Lager. Deutsche Gründlichkeit brachte Ordnung in diese Unordnung. Es änderte sich jedoch nichts daran, daß wir kein Essen bekamen. Die erste Verpflegung nach Tagen erfolgte durch die englischen eisernen Rationen. Das waren Päckchen, in denen 5 Kekse, etwas Erdnußbutter, Jam und Instanttee waren. Diese lächerlichen Portionen mußten gewöhnlich durch 4 oder 5 geteilt werden. Hunger tut weh. Manch einer hat sich die letzten Blätter oder Grashalme von den Wiesenrändern gepflückt und zu Suppe verkocht. Nach ca. 3 Wochen gab es wieder eine deutsche Lagerleitung mit der nötigen Hierarchie. Vorteil war, daß jetzt eine warme Mahlzeit in Form einer Suppe verabreicht wurde. Die jüngsten Gefangenen sollten zuerst entlassen werden, nur durften die aus der sowjetisch besetzten Zone nicht nach dorthin entlassen werden. Wir kamen zum Arbeitseinsatz.

Am 29. 6. 1945 wurden wir (vorher entlaust) mit LKW nach Gifhorn gebracht. Dort haben wir zum ersten Mal anständiges Essen bekommen. Weiter ging die Fahrt nach Wittingen. Dort wurden wir vom Arbeitsamt an die umliegenden Bauern vermittelt. Mein neuer Wirkungskreis sollte bei einem Bauern (ca. 120 Morgen) in Boitzenhagen sein. Von Wittingen zu Fuß nach Boitzenhagen. An einem Sonntagmittag, rechtzeitig zum Essen, kamen wir zu dritt an. Ein Großstädter auf dem Lande. Ein Witz, aber bitterster Ernst. Nach Hause konnte ich nicht, Dresden war zerstört und damit mein Zuhause. Außerdem wußte ich nicht, ob meine Angehörigen noch lebten.

Am gleichen Tag lernte ich ein hübsches, fröhliches Mädchen auf dem Hof kennen. Sie sollte später meine Frau werden. Sie hatte es als Flüchtling mit ihrer Familie nach Boitzenhagen verschlagen. Flüchtlinge waren zu der Zeit für die Einheimischen Menschen 2. Klasse. Es entwickelte sich Haß zwischen den Menschen. "Flüchtlingen" (war schon beinahe ein Schimpfwort) wurde vom Staat später durch Unterstützung geholfen (Lastenausgleich). Besitzende mußten für die Flüchtlinge bezahlen.

Als Hilfskraft mußte man alles können. Umgang mit Pferden und Ackergerät, Vieh versorgen. Die meiste Arbeit wurde noch mit Hand erledigt. 5 Uhr aufstehen und gewöhnlich 20 Uhr Feierabend.

Die Unterkunft war ein kleiner Raum mit einem uralten Bett mit Stroheinlagen und klumpigen Federbetten. Schrank wurde nicht viel benötigt, weil man keine Kleidung hatte. Hygiene war großgeschrieben: Auf dem Hof befand sich für alle Bewohner ein Plumpsklo. Die Schwierigkeit bestand noch im Abwischen, weil Zeitungspapier eine Rarität war und vom Toilettenpapier noch keine Rede war. Baden war nur selten möglich, da dann die Futterküche blockiert werden mußte und die Zeremonie sich in einem alten Waschzuber ergoß.

Der Lohn? 50 Mark monatlich, bei einer Währung, die wertlos war. Wichtig war nur, daß man das Essen frei hatte. An die eigenartige ländliche Kost mußte man sich erst gewöhnen, aber wir waren nicht verwöhnt. Zu der Zeit hat man viel organisiert (das Wort für "beschaffen" – wie auch immer). Es ging ums Überleben. Anfang 1946 habe ich meine Mutter und meinen Bruder wieder aufgespürt. Eine Zusammenführung war aufgrund der Gegebenheiten nicht möglich. 1946 habe ich das erste Mal Dresden und meine Mutter wiedergesehen. Danach und zu der Zeit mußte man sich über die Grenze schleichen, bei Nacht und Nebel. Wehe, man wurde von den Russen erwischt, das konnte Sibirien bedeuten. Damals waren auch professionelle **Schlepper** bei den Grenzübertritten tätig.

Die Landwirtschaft hat mich bis 1948 festgehalten. Mit der **Währungsreform** wurde das Leben ein bißchen normaler. Es gab Bürger, die am Stichtag sagten, nun sind wir alle gleich reich.

Am 1. 2. 1948 habe ich geheiratet. Die Hochzeit wurde großzügigerweise vom Bauern ausgerichtet. So hatten die verhungerten Gäste die Möglichkeit, sich einmal richtig satt zu essen. Es gab auch alkoholische Getränke: den berühmten Rübenschnaps.

Bald danach wurde die älteste Tochter geboren. Erst jetzt konnten wir eine eigene Bleibe oder Stube bekommen. Das hing meist von der Gunst des Bürgermeisters ab. Wir hatten das Glück, eine Stube unter dem Dach in diesem Haus zu bekommen. Immerhin waren wir für uns allein, wenn auch das Heu in der Nähe lag und die Ratten ihre nächtlichen Liebesspiele trieben. Das Kind hatte ein kleines Bettchen. Wir bekamen die ersten Möbel – Schlafzimmer auf **Bezugsschein**. Es war an der Zeit, einen vernünftigen Beruf anzunehmen. So habe ich im Nachbarort eine Umschulung als Zimmermann begonnen. Die Arbeit war gut, da die Arbeit (Ausbildung) noch nach alter Zimmer-mannstradition erfolgte. Leider sollte die Tätigkeit nicht lange anhalten.

Im Oktober 1949 bin ich an Poliomyelitis erkrankt. Zuerst eine Fehldiagnose. Erst am nächsten Tag hat man erkannt, woran ich leide, aber da konnte ich nicht mehr auf den Beinen stehen. Ich kam nach Uelzen, wo die Epidemie herrschte. Dort war allerdings keine Eiserne Lunge mehr frei, also mußte ich schleunigst nach Hannover gebracht werden. Dort habe ich ein paar Tage mit Blackout in der Lunge gelegen. Nach dem Erwachen habe ich noch ca. 3 Monate in diesem Kasten Tag und Nacht verbracht. Nach 5 Monaten hat man mich ins Annastift verlegt. Hier sollte ich wieder auf die Beine gestellt werden. Nach ca. 4 Monaten war ich soweit, daß ich an Krücken mit einem Schellenapparat Schrittchen für Schrittchen laufen konnte.

Seit langer Zeit wieder zu Frau und Kind. Meiner Frau war es zwischenzeitlich gelungen, eine andere Wohnung zu ergattern, vor allen Dingen ohne Treppe steigen zu müssen. Immerhin waren es mittlerweile 2 Räume geworden. Der Komfort war allerdings immer noch in Form eines Plumpsklos über den Hof gegeben. Nachts mußten sich die Menschen eines Nachtgeschirrs bedienen. So lebte man 1950 noch auf dem Dorf.

Eine Umschulung war für mich in Bad Pyrmont auf der Landesversehrtenschule beantragt. Es bedeutete wieder ein Jahr Trennung von meiner Familie. Fahrscheine für die Heimfahrt gab es nur für die Ferien. Da ich zu der Zeit ohne Einkommen war, zahlte die Fürsorge (heute Sozialamt). Frau und Kind bekamen 98 DM monatlich, und mir gönnte man 15 DM monatlich Taschengeld, Existenzminimum. Ich fuhr auf den Heimfahrten im Rollstuhl im Gepäckwagen. In ein Eisenbahnabteil konnte ich nicht wegen der schmalen Türen. Damals war die Regelung, alle

Leistungen der Fürsorge mußten irgendwann zurückgezahlt werden. Für mich erübrigte sich die Angelegenheit, weil bei meiner **Umschulung** das Arbeitsamt zuständig wurde. Während der Übergangszeit bis zur Umschulung habe ich hin und wieder bei meinem alten Arbeitgeber gearbeitet und für ihn die Lohnabrechnungen für die Zimmerleute ausgeführt. Die Fahrt ins 4 km entfernte Dorf Schneflingen wurde mit den verschiedensten Fahrzeugen zurückgelegt (Bus, Trecker, Milchwagen, Motorrad). Seinerzeit waren diese verwahrlosten Provinzstraßen Teststrecken für das VW-Werk. Die Wagen wurden 24 Stunden über die Straße gejagt.

1952 habe ich die Umschulung mit Erfolg abgeschlossen. Ich hatte das Glück, noch in der Schule einen Arbeitgeber zu finden, der Schwerbehinderte einstellte. Die Einstellung erfolgte nach Braunschweig bei einer Sozialversicherungskasse. Ich fand auch gleich im Hause ein Zimmer. Das 1. Gehalt war damals 231 DM. Trotzdem war ich froh, eine Anstellung gefunden zu haben. Die Versicherungspflichtgrenze zur Krankenversicherung betrug damals 375 DM. Für mich begann der Kampf um die Wohnung. Die beste Möglichkeit zu der Zeit war, in eine Baugenossenschaft einzutreten. Nur waren die Wartefristen dafür 5-6 Jahre. Sozialer Wohnungsbau war utopisch. Ich habe alle Hebel in Bewegung gesetzt. Durch Zufall habe ich über einen Kollegen, der in Erfahrung gebracht hatte, daß die frühere Schulsekretärin vom WG ein Haus besaß, erfahren, daß dort eine Wohnung frei war. Abstand 500 DM. Für mich ein Vermögen! Ein Kredit vom Arbeitgeber machte es möglich, und die Familie konnte nach Braunschweig ziehen.

Zeitzeugenbericht von Albert Kuhn vom 23. 5. 94

B 4 **Karl-Joachim Krause**

Wie die Freiheit begann

An einem kalten Dezembertag des Jahres 1945, zehn Tage vor Weihnachten, beginnt für mich in Lüneburg die Freiheit – in Munsterlager haben die Engländer mich aus der **Kriegsgefangenschaft** entlassen. Ein halbes Jahr vorher hatte ich in einem Gefangenenlager in der Gemarkung Wrestedt Krs. Uelzen meinen 19. Geburtstag "gefeiert", mit einer Scheibe Weißbrot und dem Sirup, den eine freundliche Frau mir tags zuvor zugesteckt hatte, als ich mit einem Arbeitskommando anderer Kriegsgefangener für die Engländer den Sportplatz in Bevensen neu walzen mußte.
Zur Armee Wenck hatte ich gehört, die Berlin hatte freikämpfen sollen, aber nur bis in die Gegend von Potsdam gekommen war und dann in Rückzugsgefechten bei Fischbeck/Tangermünde am 7. Mai über die Elbe in amerikanischer Gefangenschaft gezogen war, gejagt von sowjetischen Panzern. Amerikaner empfingen uns, nahmen uns erst die Waffen und dann unsere Uhren weg, übergaben uns drei Wochen später in Soltendieck Krs. Uelzen einer kanadischen Einheit der britischen Besatzungsmacht, die mit uns nach Wrestedt umzog. Täglich zehn Kekse und zweimal Wassersuppe war unsere Verpflegung. Wer das Glück hatte, zu einem Arbeitskommando außerhalb des Lagers eingeteilt zu werden, durfte hoffen, trotz Verbots ein paar Kartoffeln oder einen Kanten Brot zugesteckt zu bekommen, wenn der Wachtposten einmal wegsah. Oder ein Glas Sirup, wie ich am Tage vor meinem Geburtstag. Mit 19 Jahren war ich dennoch immer hungrig.

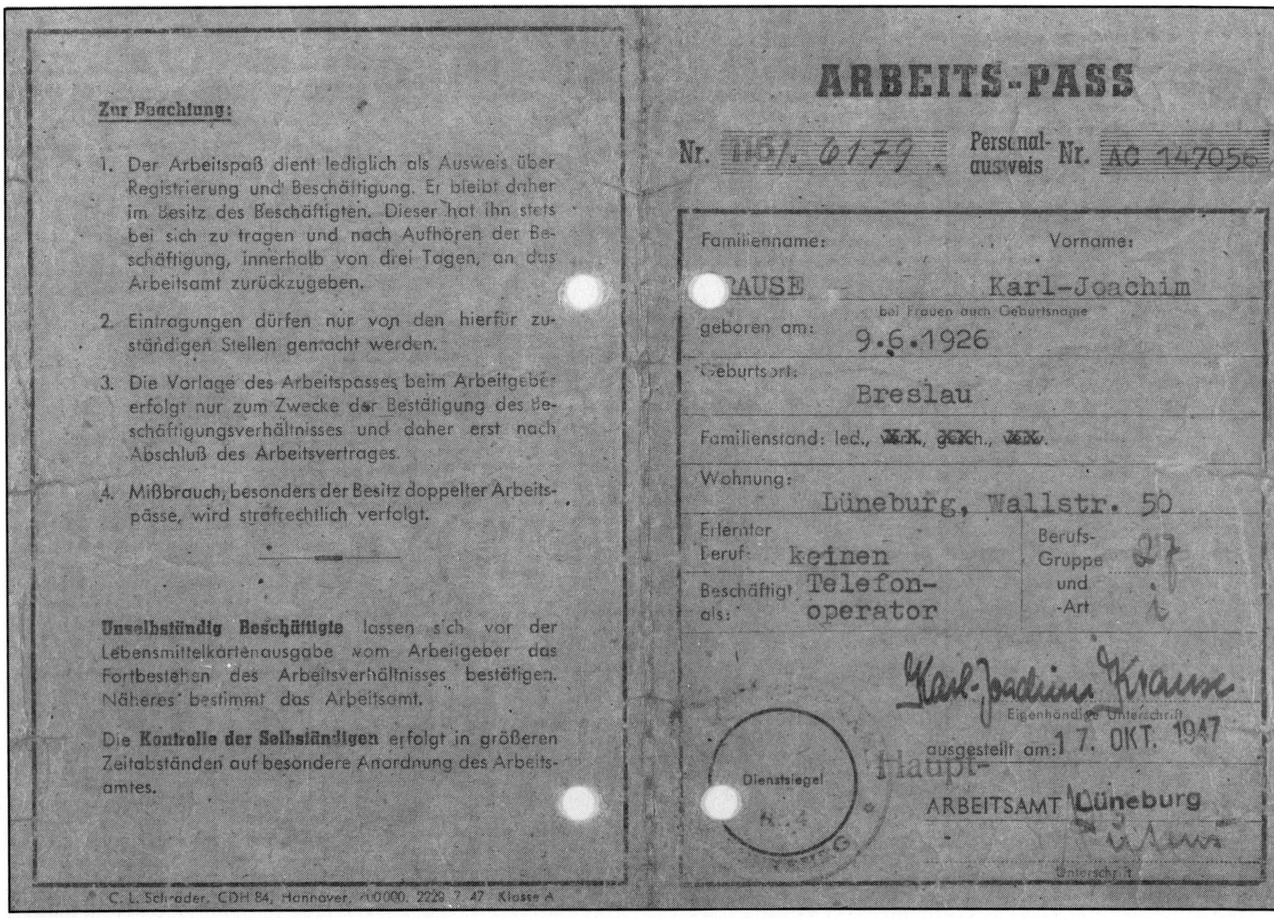
Zur Beachtung:

1. Der Arbeitspaß dient lediglich als Ausweis über Registrierung und Beschäftigung. Er bleibt daher im Besitz des Beschäftigten. Dieser hat ihn stets bei sich zu tragen und nach Aufhören der Beschäftigung, innerhalb von drei Tagen, an das Arbeitsamt zurückzugeben.
2. Eintragungen dürfen nur von den hierfür zuständigen Stellen gemacht werden.
3. Die Vorlage des Arbeitspasses beim Arbeitgeber erfolgt nur zum Zwecke der Bestätigung des Beschäftigungsverhältnisses und daher erst nach Abschluß des Arbeitsvertrages.
4. Mißbrauch, besonders der Besitz doppelter Arbeitspässe, wird strafrechtlich verfolgt.

Unselbständig Beschäftigte lassen sich vor der Lebensmittelkartenausgabe vom Arbeitgeber das Fortbestehen des Arbeitsverhältnisses bestätigen. Näheres bestimmt das Arbeitsamt.

Die **Kontrolle der Selbständigen** erfolgt in größeren Zeitabständen auf besondere Anordnung des Arbeitsamtes.

C. L. Schrader, CDH 84, Hannover, 40000. 2229 7. 47 Klasse A

ARBEITS-PASS

Nr. [illegible]/. 6179 Personalausweis Nr. AC 147056

Familienname: [illegible]AUSE Vorname: Karl-Joachim
bei Frauen auch Geburtsname
geboren am: 9.6.1926
Geburtsort: Breslau
Familienstand: led., [illegible], [illegible]h., [illegible].
Wohnung: Lüneburg, Wallstr. 50
Erlernter Beruf: keinen
Beschäftigt als: Telefon-operator
Berufs-Gruppe und -Art [illegible]

Karl-Joachim Krause
Eigenhändige Unterschrift
ausgestellt am: 17. OKT. 1947
Dienstsiegel
Haupt-
ARBEITSAMT Lüneburg
Unterschrift

M 26. Arbeitspaß zur Vorlage bei der Lebensmittelkartenstelle (1947) / Q.: Karl-Joachim Krause

Arbeitskarte.

Herr Joachim Krause

Beruf Student

geboren am 9. 6. 1926 in Breslau

Staatsangehörigkeit Deutsches Reich

Wohnort Lüneburg Nr. Straße [illegible] 11

bei [illegible]

ist nach erfolgter Entlassung aus der Kriegsgefangenschaft auf Grund des Arbeitserlasses Nr. 1 der Militärregierung Lüneburg vom Mai 1945 gemeldet

Uelzen, den 13. 12. 1945

Arbeitsamt Uelzen
Kriegsgefangenen-Verteilungsstelle.
Im Auftrage:

1730 Becker, Uelzen

M 27. *Arbeitserlaubnis für diejenigen, die sich zur Entnazifizierung angemeldet hatten (1947) / Q.: Karl-Joachim Krause*

Satt wurde ich erst auf einem Arbeitskommando in Lüneburg, wo wir den deutschen Schießstand auf englische Verhältnisse umbauen mußten, angeblich für Marschall Montgomery persönlich, und mit britischer Pionierverpflegung aufgepäppelt wurden, damit uns nicht die Kräfte verließen.

Am 15. Juni wurden im Lager alle Landarbeiter aus der russischen Zone zur Entlassung aufgerufen. Wer irgendeine Adresse zwischen Elbe und Oder kannte, meldete sich, denn wir wußten: In Mecklenburg, in der Altmark, in Sachsen und Thüringen gab es mehr zu essen als in der industriell bestimmten britischen Zone. Zu Tausenden strömten die ausgehungerten deutschen Kriegsgefangenen deshalb **in die sowjetische Besatzungszone**. So viele waren es, daß die britische Besatzungsmacht wohl fürchten mußte, ihre Zone würde sich von männlichen Arbeitskräften entblößen.

Solcher Furcht verdankte ich jetzt, im Dezember, meine Freiheit. Denn ich war in Schlesien zu Hause, daß jetzt unter polnischer Verwaltung stand und aus dem alle Deutschen vertrieben wurden. Logisch, daß dorthin keine deutschen Kriegsgefangenen heimkehren konnten. Also stellte die britische Besatzungsmacht diesen Teil der Kriegsgefangenen frei, sich bevorzugt in die britische Besatzungszone entlassen zu lassen, wahlfrei wohin, aber mit der Verpflichtung, diese Zone nicht zu verlassen. So wurde ich noch vor Weihnachten 1945 ein freier Mensch.

Ohne Angehörige außerhalb Schlesiens, entschied ich mich für Lüneburg, dessen Silhouette ich wenigstens schon von meinem Arbeitskommando her kannte. Aber die Lüneburger wollen mich erst gar nicht. "Junger Mann, weisen Sie ein Arbeitsverhältnis nach, **ohne Arbeit können wir Ihnen kein Zimmer zuweisen!"**, heißt es im städtischen Wohnungsamt.

“Wie bitte? Abiturient und an der Uni Breslau eingeschriebener Student? Dann sind Sie also berufslos, und für Berufslose haben wir keine Arbeitsstelle!", bescheidet mich das Arbeitsamt.

Zum Glück hatte ich in den Gefangenenlagern jede Gelegenheit genutzt, in Gesprächen mit meinen Bewachern mein Schulenglisch aufzubessern und kann mich einigermaßen fließend auf Englisch verständigen.

Also spreche ich bei der "Labour Administration Unit (LAU)" der 914. Mil. Gov. (Militärregierung) in Lüneburg vor: "Ihre Leute in Munsterlager haben mich in die Freiheit entlassen, nun sehen Sie bitte zu, wo ich bleiben kann!" Major Morris, so heißt der ein wenig behäbige Offizier hinter dem Schreibtisch, lacht mich an: "O.k. my boy, as you speak English well, I can do anything for you". Eine halbe Stunde später bin ich Angestellter der Militärregierung für monatlich 169 Reichsmark brutto, und mit der **Arbeitsbescheinigung** weist mich das deutsche Wohnungsamt in ein möbliertes Zimmer direkt unter dem Dach ein, fünf Quadratmeter klein und nicht beheizbar.

Ich habe Hunger, ich friere, mein Vater ist in Rußland vermißt, meine Mutter irgendwo in Schlesien, vielleicht kommt irgendwann einmal wieder die Post in Gang. Aber ich bin erst 19 Jahre alt und habe das Leben vor mir, ich habe einen Job, ein Dach über dem Kopf und bin frei...

Eine erschreckende Bilanz: Als der Motor der Aufräumungsarbeiten im Stadtgebiet ganz langsam zu laufen begann, langsamer, als die Bürger selbst, die über die Trümmerhaufen ihrer Straßen balancierten, lagen in Braunschweig rund 2,3 Millionen Kubikmeter Trümmer. Sie stellten einen Vernichtungswert von schätzungsweise 2,3 Milliarden Mark dar. Die Stadt gehörte somit zu den zwölf Großstädten Deutschlands, die am schwersten an der Trümmerlast zu tragen hatten. 90 Prozent der Innenstadt, 50 Prozent der Industrieanlagen und 60 Prozent der öffentlichen Gebäude waren vernichtet oder schwer beschädigt. Dazu kamen knapp 4100 total zerstörte Wohnhäuser und 15 477 Wohnungen. Trotz der Wohnungsnot, Schwierigkeiten in der Fleisch- und Fettversorgung, eingeschränkter Ausgehzeit und dem Verbot politischer Parteien gingen die Braunschweiger unter Aufsicht und Kontrolle der Alliierten Militärregierung mit unermüdlicher Zähigkeit und Fleiß an die Arbeit, ihrer Stadt wieder ein friedliches Bild, ein neues Gesicht zu geben. Zunächst galt es — das sah auch ein Sofortprogramm der Stadtverwaltung vor — die Trümmer vollständig zu räumen, um für den Wiederaufbau die Voraussetzungen zu schaffen.

Zwischen Trümmern galt es, eine neue Stadt zu schaffen

Wiederaufbau begann sofort nach dem Waffenstillstand

Von unserem Redaktionsmitglied Bettina Habermann

„Als ich vor zwölf Jahren aus diesem Hause geschleppt und ins Gefängnis geworfen wurde, da ließ ich hinter mir eine blühende, saubere Stadt. Bei meiner Rückkehr fand ich im buchstäblichen Sinne des Wortes einen Trümmerhaufen vor. Jetzt laßt uns aber in die Zukunft sehen. Das alte Braunschweig mit seinen Ecken und Winkeln, mit seinen wunderschön geschmückten Giebeln, seinen kunstvollen Fachwerkbauten, mit all den oft wunderlichen Auswüchsen mittelalterlicher Baukunst, dieses alte Braunschweig ist unwiederbringlich verloren. Ein paar Zeugen dessen, was war, sind glücklicherweise der Zerstörung entgangen, im Wesentlichen gilt es jedoch eine neue Stadt zu schaffen."

Oberbürgermeister Dr. Ernst Böhme selbst — er ist von den Alliierten kurz nach Kriegsende wieder eingesetzt worden — nimmt Schaufel und Hacke in die Hand, um vor dem Rathaus einen freien Weg zu schaffen und, um als „erster Bürger der Stadt" mit gutem Beispiel voranzugehen.

Bereits wenige Wochen nach dem Waffenstillstand sieht Braunschweig als wohl erste Stadt in Westdeutschland die Trümmerräumung als kommunale Aufgabe an. Firmen mit genügend Geräten und Führungspersonal stehen zur Verfügung; es fehlen allerdings die notwendigen Arbeitskräfte. „Aus diesem Grunde will das Arbeitsamt mehrere tausend Mann mobilisieren", heißt es in einer Ausgabe des „Braunschweiger Boten", des Nachrichtenblatts der amerikanischen 12. Heeresgruppe im Mai 1945. Auch ehemalige Mitglieder der NSDAP sollen zur Beseitigung der Trümmer angehalten werden.

● Zunächst wird von Hand geräumt. Jeder, der nur irgend kann, packt mit zu. Die Trümmermassen werden auf den Räumstellen nach wiederverwertbaren und unbrauchbaren Gut sortiert. Durch diese Methode birgt man allein bis Ende 1946 rund 4,5 Millionen Ziegelsteine, 6400 Tonnen Schrott, Baustahl und Heizkörper.

Doch schon bald lohnt sich das Sortieren von Hand nicht mehr. Die Räumung wird auf mechanischen Betrieb ohne Vorsortierung auf der Baustelle umgestellt. Monstren von Baggern beherrschen von nun an das Straßenbild. Sie bringen eine Leistungssteigerung von 50 bis 80 Prozent. Es werden 10 000 bis 13 000 Kubikmeter Schutt im Monat beseitigt, statt bisher durchschnittlich 7000 Kubikmeter.

Um hierbei wertvolles Gut nicht verlorengehen zu lassen, schließt die Stadt mit zwei Firmen Verträge über die Trümmerverwertung — Herstellung von Splitt und Steinen — ab. Eine Großanlage wird am Schloßplatz, eine weitere am Pippelweg betrieben.

● Doch neben der Trümmerräumung gilt es vor allem, das öffentliche Leben in Braunschweig, Wirtschaft, Handel und Industrie wieder in Gang zu setzen, das zum Teil arg ramponierte Eisen- und Straßenbahnnetz in Ordnung zu bringen. So ordnet die Alliierte Militärbehörde am 4. Mai die „Betriebsaufnahme bestimmter Eisenbahnlinien zur Beförderung von Nahrungsmitteln und zur Rückführung von Fremdarbeitern" an.

Ausgang von 5 bis 21 Uhr

Ein großes Problem bedeutet für die Braunschweiger ihre eingeschränkte Bewegungsfreiheit: Sie sind nicht Herr im eigenen Hause. Denn in Stadt- und Landkreis sind die Ausgangsstunden von 5 bis 21 Uhr begrenzt worden. „Übertretungen des Ausgangsverbots während der Nacht von 9 Uhr abends bis 5 Uhr morgens werden von jetzt an in jedem Falle mit Gefängnisstrafen geahndet", heißt es dazu in einer Meldung des „Braunschweiger Boten".

„Die Versorgung mit Brot und Lebensmitteln, Milch und Kartoffeln kann bis auf weiteres als gesichert angesehen werden", meldet die Zeitung wenige Tage später. Schwierigkeiten bestehen jedoch bei der Fleisch- und Fettversorgung.

● Der Schwarz- und Schleichhandel ist in jenen Wochen eine der übelsten Zeiterscheinungen. Mangelware wird gegen andere Mangelware eingetauscht oder zu stark übersetzten Preisen verkauft. 20 Reichsmark müssen für drei Zigaretten, 18 Reichsmark für eine Zigarre bezahlt werden. Ähnlich ist es bei Kaffee, Tee und Schnaps.

Obwohl die Wasser- und Elektrizitätswerke die Bevölkerung versorgen, reicht das Gas für ihren Bedarf nicht aus. Es fehlt Steinkohle. Zwischen Helmstedt und Braunschweig verkehren wieder Güterzüge. Sie transportieren Braunkohle, werden immer wieder geplündert, oftmals von Kindern und Jugendlichen. „Hauptabnehmer" jedoch sind neben Wasser- und Elektrizitätswerken die Bäcker, Schlachter und andere Handwerker.

● Während — so der „Braunschweiger Bote" am 18. Mai — alle Molkereien im Lande Braunschweig wieder in Betrieb sind, Friseure, Blumenge-

Trümmerfrauen bei der Arbeit: Zunächst wurden die Schuttberge von Hand geräumt. Wer konnte, packte mit zu.

BZ vom 4. April 1985

Die Trümmerbahnen

mit ihren „Spielzeuglokomotiven", von vielen belächelt und nicht ernst genommen, haben ihre Zweifler dennoch überzeugt. Von 1946 bis 1952 schluckten die Loren Tag für Tag den Trümmerschutt, rollten die Züge unermüdlich von den Schuttsammelplätzen zu den Verwertungsanlagen auf dem Schloßplatz und am Pippelweg. Einzige Dokumentation dafür, wo diese Trümmerbahn damals verlief, ist die 1948 aus der Vogelschau von Hermann Bollmann gezeichnete Bildkarte. Von der Kuhstraße aus schlängelte sich das Gleis den Bohlweg entlang bis zur Wilhelmstraße, knickte dort nach Westen ab und führte an der St.-Andreas-Kirche vorbei über die Weber- und Gülden- bis hin zur Pawelstraße. Bollmann war im Juni 1947 aus Rußland heimgekehrt. Jenes Bild der „Stunde Null", Straßenzüge, die zu gestaltlosen Mauerbrocken zerfallen waren, ließen den damals 36jährigen Graphiker nicht mehr los. Jeden Tag ging er zu Fuß durch die Stadt, ein selbstkonstruiertes Zeichenbrett vor den Körper geschnallt, und zeichnete peinlich genau das zerstörte Braunschweig — ein Dokument von unschätzbarem Wert. Fotos: Stadtarchiv

schäfte, Schneider und Schuster ihre Geschäfte erneut eröffnen, beginnt auch die Industrie in Braunschweig zum Teil wieder mit der Produktion.

Die „Fabrik für fotografische und optische Apparate Franke & Heidecke" legt eine Serie der weltbekannten Rolleiflexkameras auf. Bei Voigtländer laufen die Vorbereitungen, um Kameras, Feldstecher und Rollfilme herzustellen, auf Hochtouren.

Ohne Dach über dem Kopf

In den Büssing-Werken nehmen zunächst 200 Mann, zum Teil ohne Dach über dem Kopf in behelfsmäßig hergerichteten Fertigungshallen, die Arbeit auf. Ungeheure Schwierigkeiten in der Materialbeschaffung, in Transportfragen, in der Überwindung der Kohlen- und Stromnot sind täglich zu lösen. Trotz alledem gelingt es, bis zum Ende des Jahres schon wieder 1000 Fahrzeuge herzustellen.

● Kaum kommt das Wirtschaftsleben wieder ins Rollen, meldet auch schon der kommissarische Beauftragte für Finanzbehörden des Landes Braunschweig seine Ansprüche an. „Die fälligen Steuern sind rechtzeitig an das Finanzamt in Braunschweig abzuführen, um Verzugsfolge zu vermeiden. Rückständige Beträge haben die Säumigen umgehend einzuzahlen. Die Frist für die Steuererklärungen wird bis zum 31. Mai verlängert."

Theater in der Turnhalle

Im kulturellen Bereich ist man trotz vieler Probleme erfolgreich. Seit Ende Mai ist Dr. Jost Dahmen Intendant des Theaters. Zunächst gibt es Pläne, Räume des Herzog Anton Ulrich-Museums als Spielstätte herzurichten, da der Wiederaufbau des „Großen Hauses" etwa eineinhalb Jahre dauern würde. Wenig später beschlagnahmt aber die Militärregierung das Museum, wie sie auch viele der noch unbeschädigten Häuser und Räume, vor allem im Osten der Stadt für sich beansprucht. Dagegen helfen die Engländer unbürokratisch, das Ensemble zusammenzubringen, zum Teil durch schnelle Entlassung von Schauspielern aus Kriegsgefangenenlagern. Sie verbinden dies natürlich mit dem Zweck, das Kulturleben möglichst schnell zu entnazifizieren.

Die Requisiten des Theaters sind während des Krieges größtenteils verloren gegangen — so bittet das Staatstheater die Bevölkerung: „Wir suchen dringend Noten- und Buchmaterial, um den geringen, uns noch gebliebenen Fundus auszuweiten und aufzubauen."

Am 23. September 1945 ist es dann so weit: Die erste Nachkriegsspielsaison beginnt. Präsentiert werden „Die Marienkönigin", „Pan und Nymphen" und „Der Schauspieldirektor". Die Aufführungen finden in der provisorisch hergerichteten Turnhalle der Kant-Hochschule mit 488 Notbehelf-Plätzen statt.

Dort wird auch das erste Nachkriegskonzert veranstaltet. Die Karten hierfür sind so schnell vergriffen und die Nachfrage so groß, daß eine Vorveranstaltung eingeschoben werden muß. Auftakt des Konzertes bildet Schuberts jugendfrohes B-Dur-Trio opus 99, es folgt Brahms. Der Reinertrag dieser Konzerte dient dem Wiederaufbau der Lehrerbildungsanstalt in der Kant-Hochschule.

Auch die Kinos öffnen wieder ihre Pforten für die Braunschweiger Zivilbevölkerung. In den früheren „Lichtspielen" von da an „Capitol", wird nach vollständiger Erneuerung des Gebäudes, der noch im Kriege entstandene Münchhausen-Farbfilm gezeigt.

In Artistenkreisen beginnt man sich ebenfalls zu regen. Die „Rudolf-Renz-Truppe", eine erstklassige Schau deutscher Artisten, führt ihre hervorragenden Leistungen auf dem einstigen kleinen Exerzierplatz unter freiem Himmel auf.

Was wäre Deutschland ohne den Fußball? Bereits im September werden die ersten Spiele ausgetragen. Die Braunschweiger SV Eintracht gewinnt in Hannover ein Spiel gegen 07 Linden mit 4:2.

Auch in Sachen Bildung kommt der Stein wieder ins Rollen: Die kaufmännischen Schulen der Industrie- und Handelskammer eröffnen mit Genehmigung der Militärregierung und des Braunschweiger Ministeriums für Volksbildung Anfang Juli Kurse in Englisch und in verschiedenen Handelsfächern. Schon bald darauf mußten die Englischkurse wegen Überfüllung geschlossen werden. Der offizielle Schulbeginn wird auf den 10. September festgelegt, doch zunächst nur für die Grundschulen. Schulanfänger müssen sich bis Ostern 1946 gedulden.

● Während das Leben in der Trümmerwüste anfängt wieder zu pulsieren, im industriellen, handwerklichen wie auch im kulturellen Bereich hart am Wiederaufbau gearbeitet wird, geht die Trümmerräumung am Steinweg, dort, wo hauptsächlich Läden und Geschäftsräume entstehen sollen, am zügigsten voran. „Es wird nicht mehr lange dauern, bis sich dem Auge des Vorübergehenden das Bild einer vollkommen aufgeräumten Straße bis zum Bohlweg bietet", verkündet die Zeitung nicht ohne erkennbaren Stolz.

Zerstörte Halle 10 des MIAG-Werks in Braunschweig (1945). In einigen Hallen wurde bereits 1945 wieder produziert, obwohl sich der Wiederaufbau schwierig gestaltete durch den Mangel an Baustoffen. Die größte Schwierigkeit bestand darin, die Dächer regensicher zu machen. / Q.: Archiv der Bühler GmbH

3 Wirtschaft und Politik

1. Zerstörungen und Neubeginn in der Industrie

Während des Krieges waren viele metallverarbeitende Betriebe in **Braunschweig systematisch von den Nationalsozialisten für die Rüstungsindustrie umfunktioniert worden.** So die Luther-Werke (Flugzeuge und Geschütze), die Büssing NAG (Flugzeugmotoren), die MIAG (Panzer) und andere.

Im Jahr 1944 war Braunschweig als **Rüstungszentrum** stark bombardiert worden und der durchschnittliche Zerstörungsgrad in der Industrie lag zwischen 50 und 60%. Die Zerstörung der einzelnen Betriebe war unterschiedlich hoch. Während die Luther-Werke – es war eines der führenden Rüstungsbetriebe des Reichs gewesen – zu 90% zerstört wurde, auch die BMA (Braunschweiger Maschinenbauanstalt) weitgehend zerstört war, kamen andere, wie die MIAG mit 60% oder Schmalbach Lubeca mit 35% noch recht "glimpflich" davon. Besonders hart traf Braunschweig die Zerstörung der Lebens-mittelindustrie, vor allem der Konservenfabriken, die traditionell eine wichtige Rolle im Wirtschaftsraum eingenommen hatten.

Mit der Besetzung der Stadt durch die Amerikaner im April 1945 kam es für ein paar Tage zum völligen Produktionsstillstand. Doch schon wenige Tage danach erteilte die amerikanische Militärregierung die ersten **"Produktionspermits".** Büssing z.B. erhielt sie bereits am 18. April und beschäftigte am 11. Mai 1.200 Arbeiter. (**Q.: 1.1.**) Insgesamt wurden in den ersten Wochen in Zusammenarbeit mit der Industrie- und Handelskammer 300 **Lizenzen** an Betriebe vergeben – allerdings mit Produktionsauflagen – so daß im Juli 1945 in Braunschweig wieder 80 Betriebe mit 10.248 Beschäftigten arbeiten konnten.

Viele Unternehmen waren mit der Trümmerräumung und der Reparatur ihrer Werkhallen und Maschinen beschäftigt, doch wurde, wo immer es möglich war, parallel dazu die Produktion wieder aufgenommen. (**Q.: 1.6., Q.: 1.7.**)

Die Art der Produkte hatte sich jedoch vielfach geändert: man stellte um auf **"Friedensproduktion".** (**Q.: 1.5., Q.: 1.8.**) Die Luther-Werke bauten LKW-Anhänger für die Alliierten, Öfen und Schulmöbel, die MIAG Kanonenöfen und Tabakschneidemaschinen, Westermann, als ehemals wichtiger kartographischer Betrieb, druckte Briefmarken und Formulare. Diese schnelle **Umstellung der Produktion** war unter anderem nur dadurch möglich gewesen, daß – bis auf wenige Ausnahmen – Werks- und Geschäftsleitungen politisch entlastet und nicht abgesetzt wurden.

Nachdem die Amerikaner Anfang Juni 1945 aus Braunschweig in ihre eigene Zone abgezogen waren, besetzte die **britische Militärregierung** die wichtigsten Betriebe und übernahmen ihre Verwaltung. Sie verfuhr mit den einzelnen Unternehmen durchaus unterschiedlich.

Für die **Konservenindustrie** (als wichtigem Lebensmittelzweig) erging sehr schnell Order für den Wiederaufbau und damit auch für die Unternehmen, die Produktionsanlagen bauten, wie Karges & Hammer. Die beiden **optischen Betriebe** in Braunschweig (Franke & Heidecke, Rollei und Voigtländer) stellten vor allem Kameras für den Export in die USA und Kanada her und sollten damit die nötigen Devisen für dringende Importe erwirtschaften. Die MIAG, als ehemals großer **Mühlenbaubetrieb**, konnte über die britische Militärregierung ihre schon vor dem Krieg nach England bestehenden Handelsbeziehungen nutzen und exportierte bereits im Herbst 1946 die ersten Maschinen nach Manchester. (**Q.: 1.8.2.**)

Als am **16. Oktober 1947 die Demontageliste** von den britischen Militärbehörden veröffentlicht wurde, enthielt sie auch die Namen von 12 Braunschweiger Unternehmen. (**Q.: 1.13.**) Doch die tatsächlich durchgeführten Demontagen fielen sehr gemäßigt aus, da sich die Haltung der Alliierten zu Deutschland, die noch bei Kriegsende eine völlige Entmilitarisierung und den Abbau vieler wichtiger Industrieanlagen vorgesehen hatte, zugunsten eines (hier noch) begrenzten wirtschaftlichen Wiederaufbaus veränderte. (**Q.: 2.**) Vielen Betrieben wurde deshalb ein **Demontageaufschub** gewährt, und später wurde ganz darauf verzichtet. In Braunschweig war von der Demontage neben den Luther-Werken die Büssing NAG in Querum betroffen, wobei Büssing nur teilweise demontiert wurde und produktionsfähig blieb, da der Betrieb als wirtschaftlich wichtig eingeschätzt wurde. Anders verfuhr die Militärregierung mit den Luther-Werken. Sie beschlagnahmte 1946 das Werk und legte es still. Ab 1947 wurden alle 1.200 Werkbänke demontiert, und das Werk wurde geschlossen. Die alte Werksleitung hatte keinen Zutritt, konnte jedoch die leerstehenden Hallen am 1. Januar 1950 wieder übernehmen.

Die eigentlichen Probleme beim Wiederaufbau der Industrie und der dringend notwendigen Steigerung der Produktion lagen im **Material- und Arbeitskräftemangel.** (**Q.: 1.10.**)

Oberstadtdirektor Lotz stellte im November 1946 fest: *"Die Industrie ist ebensowenig wie das Handwerk voll ausgelastet, weil Zuteilungen an Eisen, Blech, Stahl und Kohlen zu gering waren, so sind die Auslieferungen so minimal, daß Betriebe wochenlang stillgelegt werden müssen."* Erschwerend kam im strengen Winter 1946/47 hinzu, daß das **Großkraftwerk Harbke** im Dezember 1946 abgeschaltet wurde (es lag in der Sowjetzone), mit der Folge, daß 231 Betriebe mit 15.000 Beschäftigten wegen Stromausfalls für mehrere Wochen schließen mußten. Bei Büssing z.B. stand 3 Monate lang die Produktion still. Erst im April 1947 lieferte Harbke wieder ein begrenztes Stromkontingent nach Braunschweig.

Zu dieser Zeit bis zum Ende des Jahres 1947 betrug laut Auskunft der Industrie- und Handelskammer die Auslastung der Betriebe nur rund 45%. Man bewegte sich in einem Teufelskreis. Es mangelte an allem, und man war dringend auf die Fertigung angewiesen, konnte sie jedoch nicht leisten, da selbst die Grundvoraussetzungen fehlten. Vor allem Lebensmittel konnten nicht genügend produziert werden, und die Arbeit der Betriebsräte bestand in diesen ersten Jahren häufig darin, Lebensmittel für Angehörige der Betriebe zu organisieren. (**Q.:1.11**) Die Situation der Braunschweiger Bevölkerung verschärfte sich dermaßen, daß es am 1. April1947 zu einer großen **Hungerdemonstration** kam, der sich die Stadtvertretung anschloß, indem sie sich mit der Bevölkerung solidarisch erklärte. Die Forderungen nach mehr Lebensmitteln richteten sich gegen die Mißwirtschaft der Verteilungsbehörden, aber auch gegen die britische Militärregierung. Bei dieser Demonstration war es auch zu Auseinandersetzungen zwischen Jugendlichen und der Polizei gekommen. Davon distanzierten sich die Ratsmitglieder in scharfer Form. (**Q.: 6.9.**)

Trotz der geringen Auslastungskapazitäten der Unternehmen fehlten in Braunschweig in den Jahren 1946 -1947 ca. 10.000 Arbeitskräfte. Der Arbeitskräftemangel hatte u. a. seinen Grund darin, daß viele, gerade jüngere und arbeitsfähige Männer im Krieg umgekommen waren (insgesamt 5.244) oder sich in Kriegsgefangenschaft befanden. (**Q.: 2.6.**)

Deshalb lag die Hauptlast der Arbeit in den ersten Nachkriegsjahren bei den **Frauen**. Sie hatten für ihre Kinder oder Familien zu sorgen beim "Organisieren" und "Schlangestehen", und gleichzeitig wurden sie überall dort, "wo Not am Mann war", in den Betrieben eingesetzt. Viele von ihnen waren nicht ausgebildet, sondern angelernt, was zur Folge hatte, daß ihnen nur vorübergehend das Recht eingeräumt wurde, für sich selbst zu sorgen (**Q.: 3.**). Für kurze Zeit sprach man den Frauen wirtschaftliche und politische (**Q.: 6., Wahlen1948 in BS**) Bedeutung zu. (**Q.: 3.**)

Es gab zwar genügend Flüchtlinge in der Stadt, doch handelte es sich bei ihnen vor allem um Frauen und Kinder, die kaum in der Produktion eingesetzt werden konnten, weil vor allem Fachkräfte gebraucht wurden.

Auch 1948 blieb die wirtschaftliche Produktion weiter hinter ihren Möglichkeiten zurück. Zwar wurde die Stadt wieder regelmäßig mit Strom und Gas versorgt, und die Betriebe konnten kontinuierlich arbeiten, doch waren Teile der Bevölkerung vor allem im Frühjahr 1948 kaum arbeitsfähig, da die Versorgung mit Nahrungsmitteln in der Zeit vor der Ernte katastrophal war. Im April 1948 gab es tagelang kein Brot in Braunschweig.

Doch nicht nur die Arbeitsfähigkeit war eingeschränkt. Viele wollten nicht mehr für die **wertlose Reichsmark** arbeiten und lebten von anderen Einnahmequellen, z.B. vom Schwarzhandel oder von Kompensationsgeschäften. (**Q.: 1.12., Kap. 2 - Q.: 3.**) Diesen Zustand sollte die bevorstehende **Währungsreform** beenden. Doch mit der Neuordnung des Geldes änderte sich die schlechte Versorgungslage der Bevölkerung keineswegs. Jetzt waren zwar viele Waren zu kaufen, doch sie waren zu teuer geworden.

Auch die Industriebetriebe hatten Mühe mit der neuen Währung. Einige Betriebe waren vorher verschuldet gewesen. Für sie erwies sich der vorgesehene Rückzahlungsmodus als vorteilhaft, denn die Schulden waren nur im Kursverhältnis von 10 : 1 (10 Reichsmark gegen 1 DM) zu zahlen, doch sie konnten zunächst kaum investieren, da der Geldmarkt so knapp war, daß Banken kaum Kredite vergaben. (**Q.: 3.7.**) Die Situation war auch für den städtischen Haushalt problematisch, da sie eine Erhöhung der Arbeitslosenzahl und damit von Sozialhilfeempfängern befürchtete (**Q.: 7.**), was nach der Währungsreform auch eintrat. Hatte die **Arbeitslosenquote** Mitte des Jahres 1948 noch 3,8% betragen, stieg sie in den kommenden Jahren dramatisch an und lag 1951 bei 16,1% und damit weit über dem Bundesdurchschnitt von 8,2%. Ein Grund für diese sehr ungünstige Situation zeigte sich – als verstärkender Faktor – vor allem in der geographisch veränderten Lage Braunschweigs. Durch die **„Zonengrenze"** fehlte der Absatzmarkt für landwirtschaftliche und Industrieprodukte im Osten. (**Q.: 1.16.; Kap. 6 - Q.: 2.9.**)

Magdeburg und der Großraum Berlin waren traditionelle Abnehmer Braunschweiger Produkte gewesen, vor allem aus dem Sektor des Gemüseanbaus und der Konservenindustrie. Es gab noch keine Ersatzmärkte, da durch lange Transportwege höhere Kosten entstanden und die Produkte durch diese Verteuerung nicht konkurrenzfähig waren. Gleichzeitig nahm der Zuzug von Arbeitslosen aus dem Osten ständig zu. Erst in der zweiten Hälfte der fünfziger Jahre stabilisierte sich die Wirtschaft und die Arbeitslosigkeit ging zurück.

Literatur:

1. Biegel, Gerd (Hrsg.), Braunschweigs Industriegeschichte von 1840-1990, Veröffentlichungen des Braunschweiger Landesmuseums, Braunschweig 1989
2. Liedke, Karl; Rother, Bernd, Von der Zuckerfabrik zum Microchip, Braunschweigs Industrie von 1850 bis heute, Frankfurt a. Main 1989.
3. Lein, Albrecht, Antifaschistische Aktion, Die "Stunde Null" in Braunschweig, Göttingen 1978
4. MIAG, Vorstandsprotokolle aus den Jahren 1945-1949, unveröffentlicht
5. MIAG, Chronik über die Zeit von 1945-1947, unveröffentlichte Handschrift, anonym
6. Riechert, Udo, Neubeginn im Schatten der NS-Tyrannei, Wolfsburg 1987
7. Tischert, Hans, 110 Jahre Luther-Werke, Braunschweig [1956]

2. Die Demontage der Reichswerke

Im Potsdamer Abkommen vom 2. August 1945 schrieben die Siegermächte zwei Leitlinien fest. Von Deutschland sollte **nie wieder Krieg ausgehen** und das deutsche Volk sollte **Wiedergutmachung** leisten.

Politisch und wirtschaftlich sollte das Land in Zukunft ohne Macht bleiben und nur für den inneren Bedarf produzieren. Das Abkommen sah vor, **Deutschland zu entmilitarisieren** und nur so viele Industrieanlagen zu erlauben, wie zur Existenzsicherung des Volkes erforderlich waren. Alle anderen Industriebetriebe sollten zerstört oder demontiert werden, um als **Reparationsleistung** an geschädigte Staaten zu gehen oder die Wirtschaft noch nicht industrialisierter Staaten aufzubauen. (**Q.: 3.1.14., Q.: 3.1.15.**) Von dieser konsequenten Haltung rückten zunächst die Amerikaner, dann auch die Briten ab.

Am 1. Januar 1947 wurden die amerikanische und britische Zone zur sogenannten "Bizone" zusammengeschlossen und bildete damit ein einheitliches Wirtschaftsgebiet. Für sie legten beide Besatzungsmächte am 29. August desselben Jahres einen Industrieplan vor, der sicherstellen sollte, daß Deutschland sich selbst bewirtschaften konnte, doch keine "Überschüsse" produzierte.

Für diese Friedenswirtschaft – vor allem für die Schwerindustrie – wurden deshalb **Produktionsquoten** festgelegt, die sich am Jahr 1936 orientierten und 5-10% darunter liegen sollten. Nach dieser Berechung waren die **Reichswerke in Salzgitter** "überzählig", d.h. sie wurden nicht mehr gebraucht. Als am 16. Oktober 1947 von der britischen Militärregierung die Demontageliste bekanntgegeben wurde, war, wie nicht anders erwartet, der Name der Reichswerke aufgeführt. (**Q.: 3.1.13.**)

Die Liste wurde in den folgenden Jahren bis 1949 (Petersberger Abkommen) noch mehrfach zugunsten der deutschen Wirtschaft revidiert. Von den ursprünglich 1.800 Anlagen, die in den Westzonen demontiert werden sollten, blieben schließlich noch 680 Werke übrig, darunter befanden sich die Anlagen in Watenstedt-Salzgitter. Die Reichswerke waren bis zum Kriegsende das bedeutenste Industrieunternehmen Niedersachsens und der größte Arbeitgeber in der Region Braunschweig-Salzgitter. Die Reichswerke "Hermann Göring" waren ab 1937 im Zuge des Vierjahresplans zur Kriegsvorbereitung entstanden. Die Stadt Watenstedt-Salzgitter war als Wohnstadt der Reichswerke ebenfalls in der NS-Zeit gegründet worden. Ohne die Werke hatte die Stadt keine ökonomische Exsistenzberechtigung.

1948 wurde mit der Demontage begonnen, und es entwikkelte sich ein fast 3 Jahre dauernder Kampf um den Erhalt der Werke. (**Q.: 2.1.**, **Q.: 2.2.**)

Die Einwohner von Salzgitter und die Beschäftigten des Werks hatten natürlich ein großes Interesse an der Weiterexistenz des Werkes, wobei niemand sich dagegen aussprach, den Teil des Werkes, die Stahlwerke Braunschweig (eine Tochtergesellschaft), die ein reiner Rüstungsbetrieb gewesen waren, zu demontieren.

Im Winter 1948/49 gab es schon 11-12.000 Arbeitslose in Watenstedt. Das waren 25% der erwerbstätigen Bevölkerung. Diese Zahl mußte mit dem Abbruch der Werkhallen zwangsläufig steigen. Außerdem sollten wenigstens das Kraftwerk und die Kokerei erhalten bleiben, um die Energieversorgung für Niedersachsen sicherzustellen. Die Haltungen der Parteien und Gewerkschaften waren hinsichtlich der Demontage unterschiedlich – es galt schließlich als negatives Symbol des Reichs. So blieben SPD und

März 1950. Arbeiter und Angestellte der Reichswerke protestieren gegen die Demontagemaßnahme der britischen Regierung. Die Fundamente des Werks sollten zerstört werden, um den künftigen Wiederaufbau zu verhindern. / Q.: Stadtarchiv Salzgitter

Von den 110.000 – meist von den Nationalsozialisten **zwangsangesiedelten** – Einwohnern waren 85.000 vom Werk wirtschaftlich abhängig. Schon 1945 war die Diskussion um die Demontage der Reichswerke entbrannt. Sie galten als "**Musterbetrieb**" des Reichs, verfügten über moderne Anlagen und produzierten neben Rüstungsgütern (Granaten und Geschütze) noch im Sommer 1944 47% des Gesamtbedarfs an Eisenerz, 29% Roheisen und 34% Stahl im Reich. Auch für die Kohle- und Koksversorgung, also für die Energieversorgung, spielte das Werk in Niedersachsen eine erhebliche Rolle.

DGB mit ihrer Unterstützung zunächst sehr zurückhaltend. Die Betriebsräte und die Belegschaft forderten mehrfach aktive Hilfe von den Politikern, so daß es 1949 Verhandlungen zwischen Bundeskanzler Konrad Adenauer und der britschen Militärbehörde um den Erhalt der Werke gab.

Doch die britische Regierung blieb auf ihrem Standpunkt, so daß die Demontagen fortgesetzt wurden. Es sollten nur das Wasserwerk und das Kohlekraftwerk erhalten bleiben. Die Betriebsräte und Gewerkschaften führten einen offensiven Kampf. Sie organisierten immer wieder Kundgebun-

Abbau eines Hochofens in Watenstedt-Salzgitter im Frühjahr 1950 / Q.: Stadtarchiv Salzgitter

gen und Demonstrationen, um auf ihre Situation aufmerksam zu machen. (**M 7**) Von vielen Werksangehörigen wurde die Demontage auch deshalb als widersinnig empfunden, da die Amerikaner mit dem im Juni 1947 verabschiedeten **Marshall-Plan** finanzielle Mittel für den Wiederaufbau in Europa, auch in Deutschland, zur Verfügung stellten. (**M 8**)

1948/49 waren zeitweise 3.000 **Demontagearbeiter** beschäftigt, so daß der Abbau des Werkes – zumindestens vorübergehend – selbst zu einem Wirtschaftsfaktor wurde. Mit der Durchführung hatte die Militärregierung eine Tochtergesellschaft der Reichswerke beauftragt, die wiederum Arbeiten an Subunternehmen vergab, darunter auch an Siemens und die Wilke-Werke in Braunschweig. Gegen diese "Demontagefirmen" gab es heftige **Proteste** der Werksangehörigen.

Als im März 1950 mit der Sprengung der Fundamente die Zerstörung der Infrastruktur des Hüttenwerks begonnen wurde, womit ein späterer Wiederaufbau unmöglich wurde, besetzten sie das Werksgelände, um die Arbeiten zu behindern. (**Q.: 2.3.**) Es kam zu heftigen Spannungen zwischen britischen Soldaten und Arbeitern. Die Arbeiter waren mit ihrer Aktion erfolgreich. Die Sprengungen wurden eingestellt.

1951 waren sämtliche Demontagearbeiten abgeschlossen. Das Werk war zu 90% demontiert und abtransportiert bzw. zerstört worden. (**Q.: 2.4.**) In den folgenden Jahren wurde das Stahl- und Walzwerk wiederaufgebaut und andere Industrien siedelten sich an.

Literatur:

1. Archiv der Stadt Salzgitter (Hrsg.), Die Demontage der Reichswerke (1945-1951), Salzgitter 1990
2. Treue, Wilhelm, Schrader, Käthe, Die Demontagepolitik der Westmächte nach dem zweiten Weltkrieg, Hannover 1967

4. Die Militärregierung

Viele Braunschweiger erlebten den Einmarsch der Amerikaner sichtlich mit Erleichterung, da der Krieg nun endlich vorbei war. Doch viele waren auch verunsichert, da sie nicht wußten, was sie von den Feinden zu erwarten hatten. Zwar kamen die Sieger ausdrücklich als "Befreier" und nicht als "Unterdrücker", doch mußten die ersten "Anordnungen" der Militärregierung als Eingengung empfunden werden. (**Q.: 4.2., Q.: 4.3., M 4 bis 6**)

Als äußeres Zeichen für das Ende des Nationalsozialismus hingen überall an den Bäumen und Häuserwänden die "Anordungen der Militärregierung". Die ersten lauteten: **Ausgangsbeschränkung,** Aufräumung und Säuberung von Plätzen und Straßen, Abgabe von Radios, Ablieferung aller Waffen.

Die Braunschweiger Bevölkerung durfte sich in der ersten Zeit nur zu Fuß bewegen, und niemand durfte die Stadt verlassen. Überschreitungen dieser Verbote wurden bestraft, besonders gegen das Übertreten der Ausgangszeiten gab es empfindliche Strafen, obwohl mit der Zeit viele Einschränkungen gelockert oder ganz aufgehoben wurden. (**Q.: 4.4.**) Das lag auch daran, daß sich die Haltung der Militärregierung gegenüber der Bevölkerung änderte. Bis zum Herbst 1945 gab es die sogenannte **„non-fraternization"**-Bestimmung, das heißt, die britischen Soldaten (die im Juni die Amerikaner abgelöst hatten), durften zu den Braunschweigern keinen privaten Kontakt herstellen, so daß Verständigung nur über Aushänge möglich war. Doch da die Militärbehörden auf die Mitarbeit der einheimischen Bevölkerung angewiesen waren, gab man diese distanzierte Haltung auf und arbeitete – nicht ganz ohne Spannungen – doch in der Regel ganz gut zusammen. (**Q.: 4.5., M 9**)

Eine der ersten Maßnahmen der Amerikaner war am Tag des Einmarsches gewesen, **politisch unbelastete Personen zu finden,** um die nicht mehr arbeitsfähige Verwaltung wieder aufzubauen. (**Q.: 4.1.**) Nachdem Ernst Bockler vorübergehend das Oberbürgermeisteramt übertragen worden war, setzen die Briten am 1. Juni 1945 den früheren Amtsinhaber **Ernst Böhme** wieder ein. Dieser war 1933 von den Nationalsozialisten aus dem Amt vertrieben worden und jetzt aus dem Exil zurückgekehrt. Zum Ministerpräsidenten des damals noch existierenden Landes Braunschweig wurde 10 Tage später **Hubert Schlebusch**, ehemaliger sozialdemokratischer Reichstagsabgeordneter, ernannt.

Ein übergeordnetes politisches Ziel der Besatzungsmacht bestand darin, die Bevölkerung zu **"entnazifizieren".** Man wollte sicherstellen, daß die Ideen des Nationalsozialismus keine Chance mehr hatten, weiter zu existieren, und hatte sich vorgenommen, das deutsche Volk zur Demokratie umzuerziehen (**s. Kap. 4, Entnazifizierung**). Dazu wurden unterschiedliche administrative Maßnahmen erlassen. Um auszuschließen, daß ehemalige NSDAP-Mitglieder im öffentlichen Dienst verblieben, wurden die Polizei, die Lehrer und alle leitenden Angestellten und Beamten des öffentlichen Dienstes entlassen. Wer wieder eingestellt werden wollte, hatte schriftlich Auskunft zu geben über seine politische Vergangenheit.

Zunächst kontrollierte die Militärregierung selbst diese Verfahren, wenn auch nicht ganz konsequent, denn im Juli 1945 wurden 33 Polizisten, die der NSDAP angehört hatten, mit ausdrücklichem Wissen wiedereingestellt. Als die Kontrolle an deutsche Behörden übertragen wurde (ab Januar 1946), lockerten sich die Bewertungsmaßstäbe für politische Entlastungen noch weiter, so daß viele **"Persilscheine"** vergeben und Mitschuldige oft nicht zur Rechenschaft gezogen wurden. Die Säuberung von alten Parteigängern erfolgte nur in geringem Umfang, da der reibungslose Ablauf der Behörden und Institutionen als vorrangig betrachtet wurde. Der Bevölkerung war zunächst jede politische Betätigung verboten. Es durften keine Vereine und keine Parteien gegründet oder Versammlungen abgehalten werden, obwohl verschiedene Kreise in Braunschweig schon im April 1945 ihre politischen Aktivitäten wieder aufgenommen hatten. (**Q.: 5.** und **Q.: 6.**)

Inoffiziell fanden zwar Gespräche zwischen Vertretern politischer Kreise und der Militärregierung statt, doch die **Erlaubnis zur Gründung von Parteien und Gewerkschaften** wurde erst im Herbst erteilt, wobei das Braunschweiger Modell des FDGB (Freier Deutscher Gewerkschaftsbund) mit seiner Idee der Zwangsmitgliedschaft nach vorher erteilter Genehmigung im August 1945 verboten wurde. Bis Februar 1946 hatten die wichtigsten Parteien und Gewerkschaften auf Ortsebene ihre Zulassung erhalten, später konnten sie auch auf Kreis- und Landesebene arbeiten. (**Q.: 4.6.**) Dabei wurde jedoch jede Aufbauphase genau überwacht. An allen Versammlungen nahmen britische Offiziere teil.

Am 3. November 1945 wurde auf Empfehlung von Oberbürgermeister Böhme eine **Stadtvertretung,** bestehend aus 30 Ratsherren und 5 Ratsfrauen, darunter auch **Martha Fuchs**, eingesetzt. Auch damit signalisierten die Briten ein Stück Rückkehr zur "Normalität" und hatten gleichzeitig einen offiziellen Ansprechpartner sowie eine Instanz, die ihre Anordnungen verantwortlich durchzuführen hatte. Diese stießen nicht immer auf Verständnis in der Bevölkerung. Ein großes Problem für die Stadt war unter anderem der knappe Wohnraum, so daß es gezwungenermaßen zu Spannungen kam, als das Wohnungsamt im Auftrage der Militärregierung gerade die größten und unbeschädigsten Wohnungen für deren Zwecke beschlagnahmen ließ. **(Kap.2 - Q.: 1.6., Q.: 1.7.)**

Für **Beschlagnahmungen** von Gebrauchs- und Einrichtungsgegenständen wurde von der Stadtverwaltung eigens ein Amt, des "Requisitionsamt", geschaffen, um alle Entschädigungen ordentlich abzurechnen. Das Ergebnis einer solchen Beschlagnahmeaktion im August 1946 sah zum Beispiel so aus: *"146 Betten, 105 Kleiderschränke, 54 Friseurtoiletten, 78 Nachtschränke, 422 Waschkomoden, 123 Staubsauger, 104 Teewagen..."* 1947 hörten diese Aktionen auf, das Amt wurde aufgelöst. Die Besatzungskosten beliefen sich für die Stadt in den Jahren 1946/47 auf 18 760 734 Reichsmark. Sie waren für den knapp bemessenen Finanzhaushalt eine große Belastung und führten zur Verschuldung der Stadt.

Am 1. April 1946 wurde die **Gemeindeordung** in der britischen Zone geändert. Dies sollte der erste Schritt sein, um demokratische Einrichtungen nach dem Wahlprinzip zu schaffen. Nach englischem Vorbild wurde die "Doppelspitze" geschaffen, d. h. neben dem **Oberbürgermeister** sollte es einen **Oberstadtdirektor** geben, der für die Verwaltung zuständig war. Damit war die Idee verbunden, das **"Führerprinzip"** des Nationalsozialismus zu tilgen, indem politische Verantwortung auf "Personengruppen" übertragen wurde. Am 12. September wurde **Walter Lotz** der erste Oberstadtdirektor. Er blieb bis 1960 im Amt.

Nach diesem ersten "Stadium der Demokratisierung" sah die britische Militärregierung im Herbst 1946 mit der **Durchführung von Kommunal- und Kreiswahlen** eine weitere Möglichkeit, politische Verantwortung an die deutsche Bevölkerung zurückzugeben. Am 13. Oktober wurde in Braunschweig erstmals wieder frei gewählt (**s. Q.: 6.**).

Fast gleichzeitig, **am 1. November 1946, wurde auf Anordnung der Militärregierung das Land Niedersachsen gegründet.** Mit der Niederlage Deutschlands und der Einteilung in Zonen war die alte Länderordnung faktisch aufgehoben. Das Land Preußen gab es nicht mehr, und die Idee, ein Land Niedersachsen zu schaffen, hatte es auf deutscher Seite schon früher gegeben, vor allem in Hannover. Jetzt, nach dem Krieg, wurde dieser Plan wieder aufgegriffen. Ein von den Briten eingesetzter **„Zonenbeirat"** – bestehend aus den Ministerpräsidenten der Länder Hannover, Oldenburg und Braunschweig und einigen führenden Politikern, darunter auch Kurt Schumacher – hatten seit dem Sommer über die Neugliederung beraten.

Es gab unterschiedliche Vorstellungen über die endgültige Gestalt des Landes. So vertrat Hubert Schlebusch (der inzwischen Landesdirektor geworden war) als Alternative zum Niedersachsenplan das Drei-Länder-Modell (Großbraunschweig, Großoldenburg, Kleinhannover). Dadurch hätte Braunschweig seinen Status als Landeshauptstadt nicht verloren. Doch die britische Regierung entschied sich für den Vorschlag von Hinrich Wilhelm Kopf (Ministerpräsident von Hannover), Hannover, Braunschweig, Oldenburg und Schaumburg-Lippe in ein neues Land Niedersachsen einzugliedern.

Am 20.4.1947 fanden **die ersten Landtagswahlen** statt, womit ein weiterer Schritt in Richtung politischer Selbstbestimmung getan worden war. Doch spannungsfrei war das Verhältnis zwischen deutschen Politikern und der Militärregierung noch keineswegs. Dem wirtschaftlichen Aufbau des Landes standen vor allem die hohen **Besatzungskosten** im Weg. 1946 waren das 500 Mio. Reichsmark gewesen (33,5% des Steueraufkommens), 1947 stiegen sie noch weiter und betrugen 43,4%.

Literatur:

1. Bein, Reinhard, Widerstand im Nationalsozialismus, Braunschweig 1930 bis 1945, Braunschweig 1985
2. Berger, Thomas, Müller, Karl-Heinz, Lebenssituationen 1945-1948, Hannover 1983
3. Borchers, Jürgen u. a., Gründung des Landes Niedersachsen. Darstellung und Quellen, Hannover 1986
4. Lein, Albrecht, Antifaschistische Aktion 1945, Die "Stunde Null" in Braunschweig, Göttingen1978
5. Schneider, Ulrich, Niedersachsen 1945/46, Kontinuität und Wandel unter Britischer Besatzung
6. Verwaltungsberichte der Stadt Braunschweig 1945-1949, 4 Bände, Braunschweig 1947-1950

6. Der Weg zur politischen Selbstbestimmung

Neben dem Versuch, in Braunschweig eine sozialistische Einheitspartei (SEP) zu gründen **(Q.: 5.)**, gab es noch zwei weitere politische Experimente ähnlicher Art: Die **„Antifa“** (Antifaschistische Aktion) und das Braunschweiger Modell des FDGB (Freier Deutscher Gewerkschaftsbund).

Sie gingen hervor aus zwei Gesprächszirkeln von alten Gewerkschaftern, Sozialdemokraten und Kommunisten, die durch Glück oder Zufall der Verfolgung der Nationalsozialisten entgangen waren. Der eine Kreis war bekannt unter dem Namen **„Kuh-Club“** (so benannt nach dem Treffpunkt des Lebensmittelladens von Otto Metge (SPD) in der Kuhstraße), der andere hieß **„Schuh-Club“** (ebenfalls benannt nach dem Treffpunkt, dem Schuhladen Walter Brinkmanns (KPO) in der Kastanienallee).

Aus dem politischen Kreis um Walter Brinkmann ging die "Antifa“ hervor, die sich zum Ziel gesetzt hatte, mit den Nationalsozialisten abzurechnen. Sie wollte eine **überparteiliche Organisation** schaffen, in der sich alle Antifaschisten sammelten, denn eine Zersplitterung der linken Parteien wie in der Weimarer Republik sollte auf jeden Fall verhindert werden. Die "Antifa“ entwickelte eine Menge politischer und ganz konkreter Aktivitäten.

Da die Militärregierung auf politisch unbelastete Leute angewiesen war, kooperierte sie zunächst mit ihr und gab den Mitgliedern die Möglichkeit, ungehindert zu arbeiten. Sie stellten die **Politische Polizei** und machten alte Braunschweiger Nazis ausfindig, um sie zur Rechenschaft zu ziehen, beschlagnahmten das Vermögen von NS-Organisationen, verteilten das Geld an Opfer des Faschismus, und sie kümmerten sich um freigelassene Zwangsarbeiter, Deportierte und Kriegsgefangene.

Darüber hinaus engagiert sie sich in vielen Braunschweiger Betrieben, so daß es ihr schon im Mai 1945 gelang, in zwölf Betrieben **Betriebsräte** einzusetzen und Betriebsversammlungen durchzuführen. Die Antifa hatte sich mit ihrem Aktionsprogramm vom 22. April 1945 sehr begrenzte Ziele gesetzt, die auf Wiederherstellung "*normaler, ziviler Verhältnisse*“ und "*Überwachung der Behörden . . . und Nazis*“ gerichtet waren. Ein Grundsatzprogramm mit übergeordneten politischen Zielen zu verabschieden, das in der Lage gewesen wäre, alle demokratischen Kräfte längerfristig zu binden, gelang ihr nicht. In ihrer besten Zeit hatte sie 897 Mitglieder (Sommer 1945). Da auch die "alten“ Parteien, vor allen SPD und KPD, sich wieder reorganisierten und bereits im Sommer 1945 Gründungsanträge an die Militärregierung stellten, verlor sie ihre Funktion als Sammelbewegung aller antifaschistischen Kräfte.

Erschwerend kam hinzu, daß die britische Militärregierung die "Antifa“ als "parteiähnliche Organisation“ einstufte und auf das bestehende **Parteienverbot** hinwies. Damit konnte sie nicht mehr offiziell auftreten und blieb bis zu ihrer stillschweigenden Auflösung politisch ohne große Bedeutung.

Die Gewerkschafter des "Kuh-Clubs“ um Otto Metge hatten andere Vorstellungen über die nächsten politischen Schritte. Sie waren daran interessiert, politische Ämter mit Leuten aus den eigenen Reihen zu besetzen, vornehmlich mit Sozialdemokraten. Sie arbeiteten mit der Militärregierung zusammen und übergaben ihr Listen mit geeigneten Personen. So wurde Hubert Schlebusch auf Empfehlung aus dem "Kuh-Club“ zum Ministerpräsidenten ernannt, Buchterkirchen wurde Polizeipräsident.

Der Oberbürgermeister von Braunschweig und spätere Landesminister Otto Bennemann bei einer Osterfeier für Bunkerkinder (1956) – Die Oberbürgermeister in Braunschweig: 1945 bis 1948 Ernst Böhme; 1948 bis 1952 und 1954 bis 1959 Otto Bennemann; 1952 bis 1954 Dr. Kurd Semler (CDU) / Q.: Städtischer Bilderdienst Braunschweig / Foto: Asal

Schlebusch setzte sich sofort für den schnellen Wiederaufbau der Gewerkschaften ein und beauftragte zwei Mitglieder des "Kuh-Clubs" mit den Vorbereitungen zur Gründung. Es wurde ein Fünferausschuß, teilweise aus alten Gewerkschaftsfunktionären bestehend, gebildet, die ein vorläufiges Programm erstellten. Es enthielt u. a. die Forderung nach Einheitsgewerkschaft und **Zwangsmitgliedschaft** sowie nach sozialistischer Produktionsweise und Demokratisierung der Wirtschaft durch betriebliche und überbetriebliche Mitbestimmung. Strittig war der Punkt der Zwangsmitgliedschaft. Es gab Abstimmungen in den Betrieben zu dieser Frage, und 80-90% der Belegschaften sprachen sich für dieses Gewerkschaftsmodell aus. Man war sich einig, daß es keine "Trittbrettfahrer" mehr geben sollte. Die britische Militärregierung stimmte der Gründung des FDGB im Juni 1945 zu. Am 8.6. wählten 184 Vertreter aus den Betrieben Walter Ahrend, Wilhelm Neddermeier und Franz Rosenbruch in den Vorstand. Am 8. August zog die Militärregierung ihre Genehmigung überraschend zurück. Die Forderungen nach Zwangsmitgliedschaft und Umgestaltung der Wirtschaft sollten aus dem Programm gestrichen werden.

Die Arbeiterschaft reagierte kaum auf dieses Verbot. Ein Großteil der Braunschweiger Bevölkerung hatte kein Interesse an Politik. Jeder kümmerte sich um seine eigene Existenzsicherung und wollte irgendwie durchkommen. Gewerkschafter beklagten das mangelnde Interesse an politischen Fragen, und ein britischer Offizier, zuständig für die Industriebetriebe, stellte nach einer Betriebsversammlung fest, daß wenig diskutiert werde. Ein Grund für dieses Verhalten mag auch darin zu sehen sein, daß man nach 12 Jahren Faschismus nicht daran gewöhnt war, seine Meinung frei zu äußern, oder nicht den Mut dazu hatte.

Der FDGB blieb verboten, und im Herbst 1945 gab es einen neuen Anlauf zur Gewerkschaftsgründung. Die Punkte, die zum Verbot geführt hatten, wurden gestrichen, und 1946 konnte die Einheitsgewerkschaft gegründet werden. Der Gewerkschaftsbund war damit nicht nach dem Industrieverbandsprinzip organisiert, sondern in Wirtschaftsgruppen gegliedert.

Mit der **„Verordnung Nr.12"** vom 15. September 1945 waren Parteigründungen wieder erlaubt. Die KPD und die SPD hatten schon vorher ihre Anträge eingereicht. Für die SPD hatte es Karl Brandt, bekannter Antifaschist aus Melverode mit guten Beziehungen zur Militärregierung, geschafft, die Zulassung auf Stadtebene schon am 22. August zu erhalten, so daß am 24.September bereits die Gründungsversammlung stattfand. Martha Fuchs wurde 1. Vorsitzende des SPD-Bezirks (**Kap.1 - B 6**).

Die CDU gründete ihren Ortsverband am 7. Dezember, die FDP wurde im Februar 1946, die NLP (Niedersächsische Landpartei) im Mai 1946 zugelassen. Abgesehen von der NLP, die keinen eigenen Kandidaten präsentierte, waren dies im wesentlichen die Parteien, die sich am 13. Oktober 1946 zur ersten Gemeindewahl nach dem Krieg stellten.

Die Wahl erfolgte nach Richtlinien der Militärregierung, angelehnt an das britische Wahlrecht und bestand aus einer Kombination von Mehrheits- und Verhältniswahlrecht. In dieser Wahl wurde besonders darauf geachtet, daß politisch belastete Personen, ehemalige Aktivisten der NSDAP, weder kandidieren noch wählen konnten – es sei denn, sie waren "entlastet". (**M 17**) Flüchtlinge mußten nachweisen, daß sie seit mindestens 5 Monaten in der Stadt lebten.

Es war ein **Wahlregister nach der Kartei des Ernährungsamtes** angelegt worden (die alten Wählerverzeichnisse waren durch Kriegseinwirkung vernichtet), wo jeder einsehen konnte, ob er als Wähler zugelassen war. Personen, die jemanden als nicht wahlberechtigt betrachteten, konnten Anträge auf Streichung einreichen. Es wurden insgesamt 1.031 Anträge gestellt und 598 Streichungen vorgenommen. Eine weitere Bedingung der Militärregierung sah vor, daß kein Wahlhelfer irgend einer Partei angehörte. Damit wollte sie sichergehen, daß die Wahl demokratisch und ohne Manipulationen durchgeführt würde.

Insgesamt waren 42 Sitze zu vergeben. Davon erhielt die SPD 30 und hatte damit die absolute Mehrheit erreicht. Die CDU kam auf 10 Sitze, während die FDP und die KPD es jeweils zu einem Abgeordneten brachten. (**Q.: 6.1.**) Ernst Böhme (SPD), der schon 1945 der von der Militärregierung eingesetzten Stadtvertretung vorgestanden hatte, wurde in seinem Amt als Oberbürgermeister bestätigt. Dr. Kurt Semler (CDU) wurde sein Stellvertreter.

Am 1. November 1946 war auf Anordnung der Militärregierung das Land Niedersachsen gegründet worden, und die ersten **Wahlen auf Landesebene** fanden am **20. April 1947** statt. Auch hier zeigte sich die SPD als Wahlsiegerin und errang von 149 Sitzen 65. Die CDU erhielt 30 Sitze, und die DP schickte 27 Abgeordnete in den ersten Landtag. (**Q.: 6.2., Q.: 6.10., M 13**) Die DP (Deutsche Partei) kandidierte erstmalig unter diesem Namen. Sie hatte sich als NLP 1945 gegründet und ging später in der CDU auf.

Der erste Ministerpräsident von Niedersachsen hieß **Hinrich Wilhelm Kopf** (SPD). Er hatte schon dem ersten – eingesetzen – Landtag angehört. Das Ministerium für Wirtschaft und Verkehr übernahm der aus Braunschweig stammende **Alfred Kubel** (SPD). Martha Fuchs wurde Flüchtlingskommissarin.

Das Besondere an der **Gemeinde- und Kreiswahl am 28. November 1948** war, daß sie getrennt nach Geschlechtern durchgeführt wurde. (**Q.: 6.5., M 13**) Die Frauen waren in der Überzahl, da viele Männer im Kriege umgekommen waren oder sich noch in Kriegsgefangenschaft befanden. War man 1946 neugierig gewesen, wie die Wahl nach 12 Jahren Faschismus überhaupt ausging, wurden jetzt Vermutungen über das **Wahlverhalten von Frauen** angestellt. Den Parteien war bewußt geworden, daß ihre Stimmen entscheidend für den Ausgang der Wahl waren und hatten sich verschiedener Frauenthemen (familienpolitischer Themen, Berufsausbildung von Frauen, Gleichberechtigung) angenommen.

Beklagt wurde in diesen ersten Jahren die von Wahl zu Wahl **gesunkene Wahlbeteiligung**. (**Q.: 6.6.**) Man vermutete als Gründe dafür neben mangelndem Interesse an politischen Fragen auch eine Haltung in der Bevölkerung, die die politische Bedeutung von Wahlen als gering einschätzte, da die deutschen Stadt- oder Landesabgeordneten sowieso der Militärregierung untergeordnet waren. Die geringe Wahlbeteiligung vieler Flüchtlinge führte man darauf zurück, daß sie noch nicht richtig in das soziale und politische Leben der neuen Umgebung eingebunden waren.

Im Vergleich zur Wahl von 1946 gab es 1948 im Braunschweiger Stadtrat einige politische Veränderungen. Die SPD verlor ihre absolute Mehrheit und erhielt (von jetzt 49 zu vergebenden Sitzen) 23, während die CDU ihre Anzahl auf 13 erhöhen konnte. Auch die FDP hatte sich mit 5 Sitzen stabilisiert. Die KPD stellte 3 Abgeordnete und verbesserte ihre Position gegenüber 1946 kurzfristig. Erich Böhme schied aus Altersgründen aus dem Stadtrat aus, so daß **Otto Bennemann** (SPD) zum Oberbürgermeister gewählt wurde. Stellvertreter blieb Dr. Kurt Semler (CDU).

Literatur:

1. Bein, Reinhard, Widerstand im Nationalsozialismus, Braunschweig 1930 bis 1945, Braunschweig 1985
2. Berger, Thomas, Müller, Karl-Heinz, Lebenssituationen 1945-1948, Hannover 1983
3. Frohne, Heinz, Die Wahlen vom 13. Oktober 1946 und 20. April 1947 im Stadtkreis Braunschweig, Kommunalpolitische Schriften, Heft 2, Braunschweig 1948
4. Mewes, Bernhard, Die Gemeindewahl 1948 in Braunschweig, Kommunalpolitische Schriften, Heft 5, Braunschweig 1949
5. Lein, Albrecht, Antifaschistische Aktion 1945, Die "Stunde Null" in Braunschweig, Göttingen 1978
6. Riechert, Udo, Neubeginn im Schatten der NS-Tyrannei, Gewerkschaften und Betriebsräte in Braunschweig und Wolfsburg in den ersten Nachkriegsjahren, Wolfsburg 1987
7. Landeszentrale für politische Bildung (Hrsg.), Wege aus dem Chaos, Hannover 1987,
8. Borchers, Jürgen u.a., Gründung des Landes Niedersachsen, Darstellung und Quellen, Hannover 1986

7. Die Währungsreform

Der 20. Juni 1948, der Tag der Währungsreform, bedeutete einen tiefen Einschnitt in das wirtschaftliche Leben der westlichen Zonen. Schon lange vorher hatten Bevölkerung und Politiker sich mit diesem Thema auseinandergesetzt und versucht, sich über die Folgen einer Geldneuordnung Klarheit zu verschaffen, denn viele ahnten, daß es sich dabei um eine zweischneidige Sache handelte, so daß man sie gleichzeitig erwartete und befürchtete. (**Q.: 7.1.**) Oberbürgermeister Ernst Böhme sprach diese **Ambivalenz** am 15. Oktober 1947 gegenüber den Stadtverordneten deutlich aus. "*Eine Schwierigkeit eigener Art wird uns (...) durch die beinahe schon sagenhafte Geldneuordnung erwachsen. Einerseits sehnen wir sie alle herbei in der Erwartung, daß dabei das Schwarzgeld verschwindet und damit den Vampiren des Wirtschaftslebens die Möglichkeit zu mühelosem Leben auf Kosten der ehrlich Arbeitenden entzogen wird. Wir erhoffen uns ferner eine Vermehrung der arbeitswilligen Kräfte. Auf der der anderen Seite wird eine Geldneuordnung unsere Verarmung erst richtig offenbaren, und wir müssen fürchten, daß auch die Zahl der Unterstützungsempfänger beträchtlich erhöht wird.*"

Die Wochen vor der Reform verliefen äußerst hektisch. Die Alliierten hatten zwar das Datum des Geldumtausches streng geheim gehalten, doch waren gerüchteweise Informationen darüber durchgesickert.

Jeder wußte, daß nach der Währungsreform das alte Geld, sowohl die Reichsmark als auch das von den Alliierten ausgegebene Geld, gar nichts mehr oder sehr viel weniger Wert sein würde, und wollte es deshalb vorher noch loswerden – egal wofür. Doch der Handel unterlief die Kaufbereitschaft der Bevölkerung. Er wollte die Waren nicht hergeben für **wertloses Papiergeld** und hortete sie stattdessen. Politiker richteten im Frühjahr und Sommer mehrfach Appelle an Händler, ihrer Pflicht nachzukommen, da zeitweise die Versorgung der Bevölkerung mit lebensnotwenigen Gütern nicht mehr gesichert war.

Als am 20. Juni 1948 in den eingerichteten **Zahlstellen** das alte Geld abgegeben und das neue in Empfang genommen wurde, kannte die Bevölkerung nicht alle Details der Umtauschmodalitäten. (**Q.: 7.2.**) Es war nur bekannt geworden, daß jeder Haushaltsvorstand pro Familienmitglied einmalig gegen 60 Reichsmark, 40 neue D-Mark sofort und 20 D-Mark einen Monat später erhalten sollte, das so genannte **Kopfgeld**. Doch die Währungsreform umfaßte wesentlich mehr Maßnahmen.

Binnen einer Woche mußte alles Altgeld, was über den Tausch vom 20. Juni hinaus noch vorhanden war, gemeldet und abgeliefert werden. Auch Kontoguthaben waren offenzulegen und wurden verrechnet. (**M 15**) **Das Umtauschverhältnis für dieses Geld war auf 10 : 1** festgelegt worden, das heißt für 10 Reichsmark erhielt man 1 D-Mark. Die Hälfte des Geldes war sofort verfügbar, die andere Hälfte wurde auf Festgeldkonten eingefroren und zu einem späteren Zeitpunkt ausgezahlt.

Löhne, Gehälter und Renten oder Pensionen wurden in gleicher Höhe, nur in neuer Währung, weiterbezahlt. Die Mieten wurden ebenfalls im Verhältnis von 1:1 gerechnet, während Schulden nur zu einem Zehntel der Reichsmark in D-Mark zurückzuzahlen waren. Damit hatte eine nahezu entschädigungslose **Enteignung der Sparer** stattgefunden. Das traf vor allem die kleinen Haushalte, wie Arbeiterfamilien oder Rentner, die nichts besaßen als ihre Rücklage auf dem Sparkonto. Sie standen plötzlich vor dem Nichts. Wer hingegen Aktien oder Vermögen in Form von Sachwerten, Grundbesitz oder ähnliches hatte, brauchte nichts herzugeben. Doch von diesen langfristigen Auswirkungen war in den ersten Wochen nach der Währungsreform noch nichts zu spüren. Wie erwartet, waren die Läden und Schaufenster der Einzelhändler gefüllt mit Waren, die jahrelang nicht zu kaufen gewesen waren.

*„Plötzlich bedienten sie wieder freundlich und zuvorkommend. Es war wie im Märchen, ein Wunder war geschehen. Ein jahrelang **aufgestauter Konsumbedarf** brach sich nun Bahn. Viele Konsumenten gerieten bei dem Erlebnis, mit dem neuen Geld wirklich etwas kaufen zu können, in Rauschzustände. Und die Händler hatten nichts Eiligeres zu tun, als mit den frisch verdienten D-Mark sich bei Großhandel und Produzenten mit neuen Waren einzudecken. Der Geldumlauf erreichte eine atemberaubende Geschwindigkeit.“* So beschreibt ein Zeitzeuge die erste Zeit nach diesem wichtigen Datum. Doch dieser Zustand währte nur eine kurze Zeit.

Die Produktivität der Industrie war viel zu gering, um den Bedarf an Konsumgütern zu decken. Viele Güter, wie Lebensmittel oder Schuhe, blieben weiterhin knapp und wurden teilweise bis 1950 bewirtschaftet, d.h. nur gegen Bezugsmarken abgegeben. Das hatte zur Folge, daß die Preise für die dringend benötigten Waren innerhalb kurzer Zeit, von Juni bis November 1948 um 17% stiegen. (**Q.: 7.4.**) Bereits im August hatte der Deutsche Gewerkschaftsbund zum **Käuferstreik** gegen überhöhte Preise aufgerufen.

M 1. Bis 1948 gültiges Besatzungsgeld der Alliierten (1944). Es wurde in den USA gedruckt. / Q.: privat

Doch die Resonanz in der Bevölkerung war eher gering, auch wenn einige Händler konsequent gemieden wurden. (**M 17**) Zu lang war die Zeit der Entbehrungen gewesen, man war bereit, fast jeden Preis zu bezahlen. Bei einem Stundenlohn von 40-90 Pfennig waren jedoch für den Erwerb z. B. eines Pfund Butters, das zwischen 5 und 7 DM kostete, viele Arbeitsstunden zu erbringen.

Eine weitere Auswirkung der neuen Währung, die jetzt wieder richtige Kaufkraft bedeutete, bestand darin, daß die Konkurrenz zwischen den Unternehmen ständig wuchs. Kompensationsgeschäfte, Gefälligkeiten, Lohnzahlungen in Naturalien waren nicht mehr möglich. Zwar war der seit 1939 bestehende Lohnstop noch nicht aufgehoben, doch da nicht genügend Kapital – vor allem in den mittelständischen Betrieben – vorhanden war, wurden Arbeitsplätze wegrationalisiert und die Beschäftigten entlassen.

Die **Arbeitslosenzahl verdoppelte sich** in diesen ersten vier Wochen nach der Währungsreform. (**M 3**) Die Zahl der Fürsorgeempfänger stieg zwar nicht in dem Maße an, wie es Oberbürgermeister Böhme (siehe Eingangszitat) 1947 befürchtet hatte, doch konnten viele Einwohner offensichtlich nicht oder nur unter Schwierigkeiten ihre Miete bezahlen. Bei der Stadt gingen bis zum Ende des Jahres 1948 66 Räumungsklagen wegen nicht gezahlter Miete ein. Vor der Währungsreform hatten noch viele ihren finanziellen Verpflichtungen durch Beteiligung an Schwarzmarktgeschäften nachkommen können. Das war jetzt natürlich nicht mehr möglich, so daß die Armut weiter Teile der Bevölkerung sichtbar wurde. (**Q.: 7.3.**)

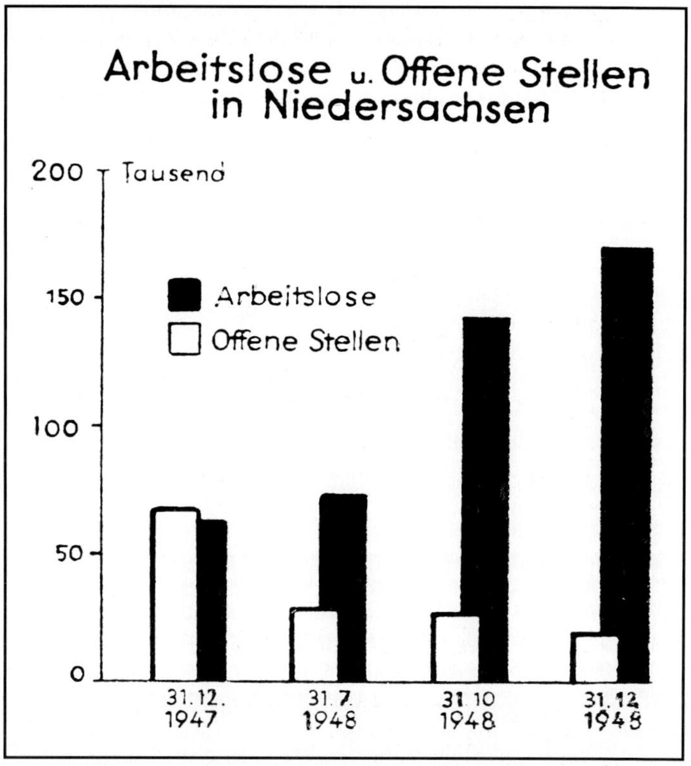

M 3. Arbeitslosigkeit in Niedersachsen 1947-1949. Die Währungsreform verdoppelte innerhalb kurzer Zeit die Zahl der Arbeitslosen. / Q.: Landeszentrale für politische Bildung, Wege aus dem Chaos, Hannover 1985, S. 94

Im Dezember 1948 und im Jahre 1949 sanken die Preise ein wenig, der Markt hatte sich soweit stabilisiert, daß sich die Situation, vor allem die Ernährungssituation der Bevölkerung, endlich besserte.

Literatur:

1. Berger, Thomas, Müller Karl-Heinz, Lebenssituation 1945-1948, Hannover 1983
2. Boelcke, Willi A., Der Schwarzmarkt 1945-1948, Vom Überleben nach dem Kriege, Braunschweig 1986.
3. Böhme, Ernst, Die Zukunft Braunschweigs, Kommunalpolitische Schriften der Stadt Braunschweig, Heft 1, Braunschweig 1947
4. Verwaltungsbericht der Stadt Braunschweig 1948, Braunschweig 1950
5. Weber, Jürgen (Hrsg), Entscheidungsjahr 1948, Paderborn 1981

M 2. / Q.: privat

Q.: 1.

Zerstörungen und Neubeginn

Q.: 1.1. Industrie in Braunschweig

Die ehemaligen Hermann-Göring-Werke bei Braunschweig haben ihre Produktion teilweise wieder aufgenommen und arbeiten für den Bedarf der Alliierten Militärregierung.
Auch das frühere Volkswagenwerk bei Fallersleben arbeitet jetzt wieder.
Die Automobil-, Lastwagen- und Traktorenfabrik Büssing NAG in Braunschweig, die in den vergangenen Jahren für die deutsche Kriegsmaschine arbeitete, hat jetzt wieder ihre Produktion aufgenommen. Die Fertigung wird dem für den Wiederaufbau nötigen zivilen Bedarf zugute kommen.

Q.: Braunschweiger Bote Nr. 3 vom 18. 5. 45, S. 2

Q.: 1.2. Mai 1945 in Braunschweig

Arbeitslose müssen sich beim Arbeitsamt zur Aufstellung neuer Listen melden. Alle Unterlagen waren beim Arbeitsamt vor der Besetzung vernichtet worden. Der **Arbeitsnachweis** und die Arbeitskontrolle nimmt wieder einen geregelten Gang. – Der Abtransport von Fremdarbeitern geht weiter. – Mehr und mehr öffnen auch wieder die Geschäfte. Die Angst vor Plünderungen ist gewichen. Auf pünktliche Einhaltung der Ausgehzeiten wird von der amerikanischen Besatzungsbehörde sehr geachtet. Wer zuwiderhandelt, wird bestraft. Abends werden Kontrollen durchgeführt. Oft werden ganze Lastwagen voll Männer und Frauen in polizeiliches Gewahrsam übernommen. Sie werden bestraft, meist mit einer Geldbuße, in besonderen Fällen mit Gefängnis. Trotz des **Ausgehverbotes** während der Nacht nehmen die Diebstähle, Einbrüche und Raubzüge zu. Die Prozesse vor dem Militärgericht häufen sich. Bei bewaffnetem Raub und Mord gibt es Todesstrafe. In der ersten Maihälfte sind die Tage schön. Die Gartenarbeit nimmt zu in dem Bestreben, mehr Gemüse zu ziehen; viele fürchten sich vor der drohenden Lebensmittelnot. Man geht wieder an die Instandsetzung des Braunschweigischen Staatstheaters, das völlig ausgebrannt ist.

Sperrstunden beachten!

Ausgangsbeschränkungsstunden sind:

Periode		von	bis
1. Juli	bis 14. Juli	22.15	04.45
15. Juli	bis 28. Juli	21.00	03.45
29. Juli	bis 11. August	20.45	04.15
12. August	bis 25. August	20.30	04.30
26. August	bis 7. September	20.00	05.00

M 4. Eine der ersten Anordnungen der amerikanischen Militärregierung sah Ausgangsverbote für die Bevölkerung vor. Ein Übertreten dieses Verbots zog empfindliche Geldstrafen nach sich. / Q.: Endeward, Detlef, u. a., Wolfenbüttel nach '45, eine Stadt erzählt ihre Nachkriegsgeschichte, Hannover 1986, S. 29

12. Juni 1945: Auf Weisung der Militär Regierung hat der Buchhandel bis auf weiteres geschlossen. Die **Bücherbestände** (soweit solche noch vorhanden sind) werden kontrolliert. Das Gleiche gilt für Bibliotheken und private Bücherausleihen. – Betriebsratswahlen sollen demnächst stattfinden. – Textilgeschäfte bleiben vorläufig geschlossen, weil ihnen gegen **Plünderungen** kein Schutz gegeben werden kann. Die Textillage nimmt katastrophale Formen an. Es gibt nichts mehr zu kaufen. Später werden – soweit einige Vorräte vorhanden sind – nur Flüchtlinge und Insassen der Konzentrationslager berücksichtigt. Im Gebäude des Polizeipräsidiums befindet sich auch ein englischer Polizeiposten mit roter Mütze und weißen Gamaschen. – Fahrräder müssen auf Polizeistationen angemeldet werden. Jeder Fahrradbesitzer bekommt einen **Radschein**. Diese Verpflichtung wird aber lückenhaft erfüllt.

Q.: Balthasar Becker, Zeitbilder aus Braunschweig, Braunschweig 1945

Q.: 1.3. Private Suchbüros verboten

Die Tätigkeiten der nichtamtlichen Suchbüros im Lande Braunschweig werden eingestellt und ihre Bücher von Beamten der Militärregierung und der Polizei überprüft. Dieser Schritt wurde unternommen, nachdem verschiedene Beschwerden über die Gebühren der zum größten Teil erfolglosen Suchbüros eingebracht wurden. Es wurde behauptet, daß die Goslar-Ausgabe 25 RM für jede Suchaktion verlangt habe und das Einkommen einiger Personen dabei bis zum 1.000 RM im Monat beträgt.
Es wird behauptet, daß 25 v. H. aller vermißten Verwandten durch dieses Büro gefunden wurden, doch gibt es keine Statistik darüber, und es ist nicht erwiesen, daß dies ein Erfolg der Agentur ist. Viele Leute wendeten sich nämlich zusätzlich auch an das **Rote Kreuz**.
Alle Erlaubnisbescheinigungen der Handelskammern, **Vermißten-Listen** zu drucken, werden eingezogen, und alle Druckereien werden hiermit gewarnt, solche Aufträge in Zukunft anzunehmen.
Lt. Col. GJA Bartlett, von der öffentlichen Sicherheitsabteilung der Militärregierung, erklärte, daß gerichtliche Maßnahmen angewendet werden würden, wenn die Überprüfungen der Polizei Unehrlichkeiten aufdecken oder solche Suchblätter ohne Erlaubnis gedruckt werden.

Q.: Braunschweiger Neue Presse vom 23.10.1945

Q.: 1.4. 31. Mai 1945

Die Fahrgeschwindigkeit in der Stadt Braunschweig wird von der Militär Regierung auf 40 Stundenkilometer beschränkt. Infolge der Ungewißheit über die Zukunft macht sich bei den Bauern eine starke Gleichgültigkeit bemerkbar. Polen haben auf dem Lande vielfach von Häusern Besitz genommen. Die weiß-rote Flagge wurde von den Polen ausgehängt. Die Polen arbeiten nicht. Die Lebensmittelversorgung muß von den Bauern gestellt werden. Wo sie nicht ausreicht, wird eingebrochen und gestohlen. Vieh wird aus den Ställen und von der Weide geholt und an Ort und Stelle abgeschlachtet. – In Braunschweig sind die ersten Soldaten der englischen Besatzung eingetroffen. Man sieht englische Polizei mit roter Mütze und weißen Gamaschen. Jugend ahmt die Gamaschen nach und trägt über den Schuhen weiße Strümpfe. – Die Konservenfa-

ALLIED MILITARY GOVERNMENT
Alliierte Militärregierung
BICYCLE PERMIT
Fahrraderlaubnis
NAME OF REGISTERED OWNER Guido Lancelle
ADDRESS Wuppertal-Elberfeld, Rutenbeckerweg 6
Adresse
SIGNATURE OF OWNER
Unterschrift des Eigentümers
BICYCLE NO. 1 297998
Fahrrad Nr.
PERMIT NO 5/1426
Erlaubnis Nr.
Städt. Pol. Verwaltung
Wuppertal
Polizei Rev. 5
AUTHORIZED BY:
Genehmigt durch:
(Hanpeter)
Pol.-Meister.
VALID UNTIL 30.6.1946
Gültig bis

M 5. *Erlaubnisschein für die Benutzung eines Fahrrades. Britische Besatzungszone 1946. / Q.: privat*

brik von Lampe in der Maschstraße ist zu einem Tauschnest der Polen geworden. Viele Deutsche beteiligen sich an dem „Schwarzen Markt", auf dem zu überhöhten Preisen oder gegen Tausch (Kleidungsstücke) gehandelt wird. Die Verbindung deutscher Mädel mit alliierten Soldaten beginnt sich anzubahnen. Treffpunkt ist vorwiegend der Bürgerpark. – Die Ausgehzeit wird von 4.30 bis 23 Uhr ausgedehnt.

Q.: Balthasar Becker, a.a.O., Blatt 11

Q.: 1.5. Schimmel baut Särge und Schulmöbel

Nach dem Zweiten Weltkrieg – das Werk wurde 1944 durch einen Brand zerstört – hielten sich die Braunschweiger zunächst mit dem Bau von Särgen und Schulmöbeln über Wasser. 1947 konnte man jedoch wieder mit dem Klavierbau beginnen. Auf der ersten Exportmustermesse in Hannover präsentierte Schimmel bereits seine Instrumente. 1958 ist Schimmel das meistgekaufte Klavier in Deutschland.

Q.: Hannoversche Allgemeine Zeitung, 18.2.1994, S. 6

CARRYING OF IDENTITY CARDS

1. All Persons will at all times Carry their National Identy Card on their person and will producc the same at any time on demand.
2. Any persons crontravening this notice are liable to arrest and to prosecution in Military Courts.

BY ORDER OF MILITARY GOVERNMENT

Tragen der Ausweiskarte

1. Jedermann hat ständig seine behördliche Personalausweiskarte bei sich zu tragen und sie auf Verlangen vorzuzeigen.
2. Wer gegen diese Bekanntmachung zuwiderhandelt, ist zu verhaften und militärgerichtlich zu verfolgen.

IM AUFTRAGE DER MILITÄRREGIERUNG

M 6. *Anordnungen der britischen Militärregierung. Alle Plakate waren zweisprachig gedruckt. / Q.: privat*

Q.: 1.6. **Entwicklung der Beschäftigungszahlen 1929-1956/57 einiger ausgewählter Braunschweiger Betriebe**

Voigtländer **(1)**, Rollei **(2)**, GNC/Brunsviga/Olympia **(3)**, Jüdel/VES/Siemens **(4)**, Jute AG **(5)**, AGK/MIAG/Bühler-Miag **(6)**, BMA **(7)**, Luther **(8)**, Wilke **(9)**, Schmalbach **(10)**, Büssing **(11)**, VW **(12)**

Jahr	1	2	3	4	5	6	7	8	9	10	11	12
1929	1.200	-	-	-	-	-	287	-	-	2.500 a	-	-
1930	-	-	-	-	-	-	-	-	395	-	1.000	-
1932	-	-	170	-	-	2.000 b	-	-	-	-	-	-
1934	-	-	-	-	-	-	-	100	-	-	2.658	-
1935	-	-	-	-	-	-	-	6.000	-	-	5.300 c	-
1937	-	-	-	-	-	10.000 b	-	-	-	8.000 c	-	-
1938	-	-	-	-	-	-	-	-	-	-	-	1.050
1939	1.339	750	1.007	1.973	782	-	-	-	446	-	-	1.450
1943	-	-	-	-	-	-	-	-	1.760	-	-	2.189
1944	3.072	-	-	-	-	6.100 b	-	3.487	-	-	-	2.250
1945	800	200	80	-	221	2.507 b	-	700	640	280	3.400	276
1956/57	2.332	2.100	1.250	3.000	-	-	-	-	-	-	5.180	-

Erläuterungen: a) in 11 Werken, b) in 5 Werken, darunter auch Luther-Werke, c) in 8 Werken

Q.: Karl Liedke/Bernd Rother, Von der Zuckerfabrik zum Mikrochip, Frankfurt/M. 1989, S. 61

Zerstörte Halle 16 des MIAG-Werks (1945) in Braunschweig. Die Arbeiter wirken erschöpft und resigniert angesichts der Trümmermassen. 60% des Werkes waren zerstört worden. / Q.: Archiv der Bühler GmbH

Q.: 1.7. Die Beschäftigungszahlen im Juli / August 1945

Betrieb	Belegschaft
Büssing	4.675
MIAG	2.507
Luther u. Jordan	700
Voigtländer	800
Wilke	400
Schmalbach	280
Lampe (Konservenfabrik)	246
Daubert (Konservenfabrik)	162
Max Koch (Konservenfabrik)	115
Volkswagen Vorwerk	180
Siemens	143
Franke u. Heidecke	173
BMA	130
Karges u. Hammer	190

Q.: Karl Liedke/Bernd Rother, Von der Zuckerfabrik zum Mikrochip, Frankfurt/M. 1989, S. 61

Q.: 1.8. Das MIAG-Werk nach dem Krieg

Q.: 1.8.1. MIAG unter amerikanischer Besetzung

1941 wurden die Lutherwerke mit Werk Bienrode an die Herren Luther & Jordan verkauft. Es bleiben bei der MIAG in Braunschweig das Ammewerk und das Werk Arndtstraße. Diese Werke haben in den Jahren 1944/45 durch Kriegshandlungen erheblichen Schaden erlitten.

Am 20. 02. 1944
15. 03. 1944
29. 03. 1944
8. 04. 1944
5. 08. 1944
13. 08. 1944
15. 10. 1944
3. 03. 1945

wurden Hunderte von Sprengbomben verschiedenster Größe, Phosphorkanister und Brandbomben auf das Gelände der MIAG-Werke abgeworfen. Umfangsreiche Schäden traten ein.

Wiederaufgebaute Halle 16 des MIAG-Werks (Datierung ungewiß, vermutlich Anfang der 50er Jahre)
Q.: Archiv der Bühler GmbH

MIAG-Werk in Braunschweig 1945. Nach dem Einmarsch besetzten die Amerikaner das Werk. Federzeichnung aus der MIAG-Chronik, Verfasser anonym (1947). / Q.: Archiv der Bühler GmbH

11. April 1945:
Einzelfeuer auf Teile im Zentrum Braunschweigs. Mutige MIAG-Angehörige halten Verbindung mit dem Werk. Insbesondere Herr Dr. Gries, der sich schon durch die **Verhinderung** der beabsichtigten Sprengungen im Werk verdient gemacht hatte, ist fast laufend im Werk oder im Befehlsbunker anzutreffen.
Braunschweig wird von den Truppen der Westmächte besetzt.

Am 12.4.1945 erfolgte eine Besprechung über die Maßnahmen zum **Wiederaufbau**. Vorbedingungen sind Arbeitsgenehmigung der Militärregierung und tatkräftiges Zufassen der ganzen Belegschaft vom Vorstand bis zum Hilfsarbeiter und Lehrling. Beides gelang.

Am 13.4.1945 erhielt Herr Dr. Gehle vom Kommandeur, Col. Brody, im Beisein von Ltn. Patton, eine **vorläufige Genehmigung** anzufangen. Jung und alt, Werksleitung und gesamte Gefolgschaft *), greifen zum Spaten und zu den Werkzeugen und beginnen energisch mit den Aufräumungsarbeiten innerhalb des Werkes und anderen Notstandsarbeiten.

Auf Grund weiterer Verhandlungen mit der Militärregierung erhielten wir am 3.5.1945 die **schriftliche Arbeitserlaubnis** mit folgendem Text:
Es wird hierdurch vorgeschlagen eine Lizenz zu erteilen an die MIAG-Mühlenbau und Industrie Aktiengesellschaft, Braunschweig.
Art und Kapazität der Produktion:

1. Müllereimaschinen und Teile für vollständige Mühlen einrichtungen und Mahlanlagen für Getreide, Ölfrüchte, Hülsenfrüchte, Zucker usw.
5. Maschinen und Teile für Zementfabriken,
7. Seifenfabriken.
8. Mälzereien und Brauereien.
9. Bau leichter Brücken und Stahlkonstruktionen.
10. Bau von Maschinen und Fahrzeugen für die Landwirtschaft

zur sofortigen Instandsetzung und zur Wiedereröffnung des Betriebes.
Industrie und Handelskammer Braunschweig
gez. Ballhausen
1. Mai 1945

1. Mai 1945:
Die american. 545 Ord. Comp. unter Leitung von Cpt. Glenn besetzt die MIAG und schloß die Tore, nachdem wir wenige Stunden zum Ausräumen des einzigen bewohnbaren Verwaltungsgebäudes, des Neubaues, erhalten hatten. Der größte Teil der Belegschaft war am 1.5.1945 beim Eintreffen der Truppe und den Aufräumungsarbeiten nicht zur Stelle gewesen, da dieser Tag zunächst als Feiertag erklärt worden war. Als sie am 2.5.1945 zur gewohnten Zeit zur Arbeit erschienen, fanden sie das **Werk geschlossen**, Posten vor den Türen, und mußten ratlos auf der Ernst-Ammestraße herumstehen.

3. Mai 1945:
Nach Verhandlungen mit der britischen Besatzungsbehörde und der amerikanischen Truppe wird uns erlaubt, einen Zaun zu ziehen, der uns den größten Teil des Werkes freigibt. Nur Verwaltungsgebäudes und die Hallen 22, 23 und 24 einschließlich Pförtnerhaus 3 bleiben besetzt.

4. Mai bis Anfang Juni 1945:
Wichtigste Arbeiten sind zunächst die Herstellung des vorerwähnten Zaunes, der das Werk in die amerikanisch besetzte und uns zur Verfügung stehende Zone aufteilt und weiterhin das **Beseitigen der Trümmer**, das Reparieren und Inordnungbringen der durch Bombenschäden und Witterungseinflüsse beeinträchtigten Werkzeugmaschinen, Werkseinrichtungen usw. und dann vor allen Dingen das Schaffen von Notdächern für fast sämtliche Hallen des uns zur Verfügung gestellten Werksteils. Es gab kaum eine Halle, die mehr als 20% Dachfläche besaß, viele Hallen waren restlos abgedeckt.

*) Begriff der Nazipropaganda

Fast täglich treffen weitere englische und amerikanische Kommissionen bei uns ein wie z.B. die Kommandeure der Fliegergeschwader, die unsere Braunschweiger Werke angegriffen haben und das Ergebnis ihrer Tätigkeit in Augenschein nehmen wollen, oder Kommissionen, die Auskünfte über den Zustand des Werkes, die frühere Fertigung, die zukünftigen Fertigungsmöglichkeiten usw. verlangen. Es müssen **Bombenpläne** angefertigt werden, die genau zeigen, an welche Stellen die größeren Bomben auf das Fabrikgebäude gefallen sind und schätzungsweise auch die Zahl der kleineren Bomben, Kanister- und Brandbomben enthalten.
Verhältnismäßig kurze Zeit nach der **Überrollung** besuchte uns Mr. Lockwood, der maßgebende technische Direktor der befreundeten Firma Henry Simon Ltd., Cheadle Heath, Stockport bei Manchester. Er wurde von Herrn Abt. Dir. R. Schmidt geführt, gab sich aber nicht zu erkennen, da, wie er bei seinem späteren Besuch sagte, das **„Fraternisations-Verbot“**, noch bestand.

Am 4. Juli 1945 zieht der größte Teil der 545. Comp. aus.
Juli 1945:
Der Aufbau der MIAG macht weitere Fortschritte. Die größten Schuttmassen sind entfernt. Die Belegschaft ist inzwischen (am 10. 7. 1945) auf 1911 Gefolgschaftsmitglieder angewachsen. In der Stahlgießerei herrscht reges Leben, da elektrischer Strom und Schrott genügend zur Verfügung stehen.

Die guten Fortschritte im Wiederaufbau haben dazu geführt, daß wiederholt im Radio erwähnt wurde, die MIAG habe ihre Arbeit auf dem Friedenssektor wieder aufgenommen.

Q.: Chronik der MIAG 1945-1947, privat

Am 4. Juli 1945 verließen die Amerikaner des Werksgelände der MIAG, und die Briten übernahmen die Besetzung. Federzeichnung aus der MIAG-Chronik. Verfasser anonym (1947). / Q.: Archiv der Bühler GmbH

Q.: 1.8.2. „Das Werk ist frei“ – MIAG unter britischer Besetzung

Juli 1945:
Das bisher für uns zuständige Mil. Gouvernment Det. 120 wird ergänzt durch das 103. Mil. Gov. Det., das nun für die Stadt Braunschweig zuständig ist. Zu unserer großen und angenehmen Überraschung besuchte uns Mr. T. Speight von der Abt. „Traffic and Industry“ und teilte uns mit, daß er in Zukunft für die Braunschweiger Werke der MIAG zuständig sein wird. Mr. Speight ist der Bruder unseres früheren A.G.K.-Vertreters, der jetzt bei der Firma Spillers Ltd. in Birkenhead tätig ist.
Im Juli 1945 besuchte uns der **englische Mühlenbesitzer** Mr. John Eyre.

10. Oktober 1945:
Opt. Willies besuchte uns gemeinschaftlich mit 2 Herren vom Hauptquartier Montgomery. Der Bau von neuen Müllereimaschinen für die Herstellung von Weizenmehl, also insbesondere von Walzenstühlen, Planlichtern, Putzmaschinen usw. ist bis auf weiteres **verboten**. Ausnahmen von diesem Verbot werden der MIAG schriftlich von Fall zu Fall bekanntgegeben werden.
Frei und ungesteuert ist der Bau von Hammermühlen mit Zubehör, ferner von allen Maschinen für die Bewegung und Lagerung von Mehl, Getreide und Körnerfrüchten aller Art.

Anfang 1946:
Erster Auslandsauftrag: Walzenkörper für England, roh gedreht, ausgewuchtet und gebohrt.
Nachdem wir zunächst einen Auftrag auf 250 Walzenkörper bekommen hatten, erfolgte die Gesamtbestellung auf 1000 Körper am 16.3.1946.
Teil der Walzenbearbeitung: Hier arbeiten vorzugsweise die **mit Hilfe der Militär-Regierung** von der Hanomag 1945 gekauften Drehbänke. Sie sollten nach England abtransportiert werden, wurden dann aber auf Grund eingehender Verhandlungen zwischen Herrn Dr. Gehle und maßgebenden Stellen der Mil. Reg. für obige Exportaufträge und ihre wichtigen **Friedensaufgaben** der MIAG zum Ankauf freigegeben.

1. Oktober 1946:
Aufgrund der Schwierigkeiten hinsichtlich Materialbeschaffung, Ernährung usw. hat die Fertigung des Werkes leider noch immer nicht denjenigen Umsatz erreicht, der es gestatten würde, alle unsere Fachleute zu halten.

Juni 1947:
Trümmerräumung.
Bekanntlich muß jeder Braunschweiger Einwohner im einsatzfähigen Alter 5 Tage sich an der Beseitigung der Trümmer beteiligen. Die MIAG hat nach langen Verhandlungen das Recht erhalten, 600 ihrer Belegschaftsmitglieder nach und nach zur Trümmerbeseitigung im eigenen Werk einzusetzen. Die erste Gruppe in Stärke von 10 Mann begann mit ihren Arbeiten am 21. Juni 1947.

Sommer und Herbst 1947 sind ferner gekennzeichnet durch eine umfangreiche unter dem Stichwort „Dachaktion" laufende Tätigkeit zur Verbesserung des Zustandes unserer Dächer...
Erfreulicherweise gelang es auch, größere Mengen Glas heranzubekommen, so daß an der Mehrzahl der Arbeitsplätze bei gutem Wetter nunmehr bei Tageslicht gearbeitet werden kann.

Ende 1947:
Schlußwort:
Leider hat der **Wiederaufbau Deutschlands** nicht den Verlauf genommen, den wir wohl alle nach dem Waffenstillstand erwarteten. Zu viele hemmende Faktoren traten auf, wie 1.) mangelhafte Ernährung und dadurch bedingte Reduzierung der Arbeitszeit und Arbeitsleistung, 2.) laufend sich steigernde Schwierigkeiten bei der Beschaffung von Material aller Art und 3.) die Folgen der in ihrer Auswirkung oft unterschätzten Bombenschäden, Demontagen usw.
Für die MIAG kam als besonders erschwerend hinzu, daß sie nicht nur ihre Werke Zschachwitz und Schmiedeberg verlor, sondern daß außerdem noch rund 30 Eisenbahnwaggons Modelle, die zum Fertigungsgebiet des Ammewerks gehörten, in der Nähe von Dresden ausgelagert wurden, um sie vor den Wirkungen der dauernden Bombenangriffe zu schützen.
Unsere Kundschaft wird daher anerkennen müssen, daß die MIAG, deren Dresdener Werke für die Westzone ausfielen, und deren Ammewerk ca. 60% beschädigt war, **vorbildlichste Arbeit** im Wiederaufbau geleistet hat und ihr stärker half und helfen konnte, als dies oft anerkannt wird.

Q.: Chronik der MIAG 1945-1947, privat (gekürzt)

Stark beschädigte Graugießerei des MIAG- Werks in Braunschweig (1945) / Q.: Archiv der Bühler GmbH

Q.: 1.9. Aus den Vorstandsprotokollen der MIAG 1945-1947

Auf Anregung des Herrn Dr. Gehle wird die Frage erörtert, wie in Zukunft die Jubiläumsfeiern der Gefolgschaftsmitglieder ausgestaltet werden sollen, nachdem durch die kriegswirtschaftlichen Verhältnisse die früher übliche Form auch nicht annähernd mehr eingehalten werden kann, weil die früher üblichen Ehrengaben und auch Blumen nicht mehr zu beschaffen sind.
18. 1. 1945

Nach dem **Notprogramm** sollen künftig monatlich 40 Jagdpanther gebaut werden. Die Gehäuse hierfür sind für die nächsten 3 Monate gesichert. Das Sturmgeschütz läuft mit 60 Stück im Februar und 18 Stück im März aus.
12. 2. 1945

Herr Dr. Behrens weist darauf hin, daß die Aufwendungen für **Überstunden** einen unverhältnismäßig hohen Anteil an den Löhnen und Gehältern ausmachen. In Braunschweig betragen sie beispielsweise bei den Gehältern 32-40%, bei den Löhnen ist der Prozentsatz eher noch höher. Die Möglichkeit zur Leistung von Überstunden ist neuerdings wegen **Heizungs- und Beleuchtungsschwierigkeiten** stellenweise erschwert. Zwecks Senkung der Überstundenkosten bei Löhnen und Gehältern soll allgemein geprüft werden, inwieweit eine Konzentrierung der Arbeitsstunden im Hinblick auf die Zeitverhältnisse geboten ist.
12. 2. 1945

Die **Grundernährung des deutschen Volkes** hängt zu einem sehr beachtlichen Teil von der Tätigkeit der MIAG ab, da diese den größten Teil der deutschen Mühlenleistung gebaut hat. Sie muß daher die Mühlenbetriebe mit Ersatzteilen und Ersatzmaschinen versehen. Außerdem soll sie fast hundertprozentig unter Einschaltung von Unterlieferanten das Notprogramm beliefern. Durch die bisher mangelnde Belieferung ist die Gefährdung der Ernährung in bedauerlicherweise verschärft.
16. 3. 1945

In Braunschweig läuft die **Panzerfertigung** Mitte des Jahres 1945 aus. Es muß also dafür gesorgt werden, daß neue Beschäftigungsmöglichkeiten geschaffen werden. Sie sind in erster Linie durch Ausführung der reichlich vorhandenen Aufträge aus wehrwirtschaftlichen Sektor zu finden. Außerdem berichtet Herr Dr. Gehle dazu, daß ein Auftrag auf **Reparatur von Lastkraftwagen** aufgenommen worden ist.
16. 3. 1945

In der Sitzung, die der Herr Vorsitzende des Aufsichtsrats mit dem Vorstand und dem gesamten Betriebsrat am 27. Juli 1945 abgehalten hat, ist erörtert worden, welche Angehörige der Belegschaft in Hinblick auf **politische Belastung** aus dem Betrieb ausscheiden müssen. Es besteht Einverständnis darüber, daß die **bloße Parteizugehörigkeit** kein Hinderungsgrund für das Verbleiben im Betriebe bildet. Eine listenmäßige Prüfung ist bisher für das Personal des Rechnungswesens durchgeführt. Für die übrigen

Neu eingedeckte und instandgesetzte Graugießerei des MIAG-Werks in Braunschweig. Vermutlich Ende der 40er Jahre. Q.: Archiv der Bühler GmbH

Abteilungen wird der **Betriebsrat** seine Wünsche in Form eines Diagramms vorlegen. Der Betriebsrat wird mit den Abteilungsleitern bzw. der Werksleitung ein Einverständnis herzuführen suchen.
28. 7. 1945

Das Werk Lauterberg hat die Friedensproduktion wieder aufgenommen. Eine Nachprüfung an Ort und Stelle hat ergeben, daß zurzeit nur 129 Tonnen Bleche vorhanden sind, so daß auch bei eingeschränkter Arbeitszeit Beschäftigung nur für wenige Wochen vorhanden ist.
Der Vorstand hat auf das eingehendste die finanzielle Lage des Unternehmens geprüft. Sie wird vor allem beeinflußt durch den Fortfall der Rüstungsproduktion, die Abtrennung der Werke Zschachwitz, Schmiedeberg und Atzgersdorf und die Notwendigkeit der Umstellung auf die Friedensfertigung.
28. 7. 1945

Das Werk Braunschweig verfügt zurzeit über flüssige Mittel in Höhe von rund 4 1/2 Millionen Reichsmark. Bei der Dresdner Bank in Dresden ist ein Guthaben von 10 1/2 Mill. Reichsmark und beim Bankhaus Hardy in Berlin ein solches von ca. 4,4 Millionen Reichsmark vorhanden. Die beiden letztgenannten Posten ergeben sich aus der **Einkassierung von Forderungen gegen das Reich**, die erst nach Überrollung von Braunschweig und Abtrennung des westlichen Gebiets, zum größten Teil sogar in den allerletzten Tagen vor Beendigung der Feindseligkeiten, eingegangen sind.

Die Bemühungen des Herrn Dr. Behrens, das Guthaben bei der Dresdner Bank, Dresden, auf Banken der englisch-amerikanischen Zonen zu übertragen, sind leider **ergebnislos** geblieben, da die Dresdner Bank die Ausstellung eines Schecks auf eine westliche Schwesteranstalt oder eines Reichsbankschecks abgelehnt hat.
28. 7. 1945

Nach der Überrollung sind **Zahlungen an Lieferanten** zunächst unterblieben, mit Ausnahme solcher Verpflichtungen, deren Erfüllung zwecks Erhaltung der Liefer-Bereitschaft erforderlich waren, ferner Frachtauslagen, Lebensmittellieferungen und Ähnliches. Künftig soll wie folgt verfahren werden:
Gläubiger aus der **russischen** Zone werden vorläufig nicht befriedigt. Gläubiger aus der **Westzone** mit Forderungen bis zu etwa RM 1.000,- werden voll befriedigt.
28. 7. 1945

Für die **Bildung der Gewerkschaften** sind nunmehr endgültig Richtlinien erlassen. Die Militär-Regierung betreibt parallel hierzu die Bildung der **Arbeitgeberverbände.**
15. 9. 1945

Die Schwierigkeiten im Strombezug haben einen größeren Umfang angenommen. Besonders erschwerend wirkt die neu **eingeführte Sperrzeit** von 17-21.30 Uhr, in der überhaupt kein Strom entnommen werden kann. Sie macht die Einlage von Spätschichten und den frühen Beginn von Nachtschichten unmöglich. Um trotzdem zu einer einigermaßen geregelten Fertigung zu kommen, ist eine Fülle von Nachtschichten in den verschiedensten Abteilungen eingelegt worden. Erfreulicherweise haben sich die Gefolgschaftsmitglieder der MIAG im Gegensatz zu anderen Werken damit einverstanden erklärt.
8. 11. 1945

Schwierigkeiten macht weiter die **Heizungsfrage**. Da die Dächer sehr undicht sind und aus Wellblech bestehen, strömt die Wärme nach oben ab, und kalte Luft strömt durch Undichtheiten und Türen zu, so daß immer wieder zusätzlich offene Koksfeuer aufgestellt werden, die dann sehr häufig nicht nur mit Gießereikoks gefeuert werden, sondern auch mit dem Holzpflaster der Werkshallen usw. Es wird versucht, in den Hallen Lufterhitzer einzubauen.
Die provisorischen Dächer sind derartig undicht, daß die Maschinen und Fertigungsteile bei starkem Regen oder Schneetreiben immer wieder durch Feuchtigkeitseinwirkung Rost ansetzen und gereinigt werden müssen. Dadurch geht kostbare Arbeitszeit verloren.
Die Versorgung mit Elektrizität ist nach wie vor ungenügend und vor allen Dingen außerordentlich wechselnd.
28. 11. 1945

MIAG 1946:
Betr.: Akkordlöhne
Werksleitung und Betriebsrat sind sich darüber einig, daß die **Akkordarbeit** in der jetzigen Situation die beste Maßnahme zur Erreichung einer straffen Arbeitsdisziplin ist. Die Akkorde sollen möglichst einfach und übersichtlich aufgebaut werden. In vielen Fällen ist der Gruppenakkord die zweckmäßigste Form, da er zur gegenseitigen Erziehung der gemeinsam arbeitenden Gruppe beiträgt. Herr Dr. Gries hat darauf aufmerksam gemacht, daß der **Mangel an Material** gewisse Schwierigkeiten mit sich bringt, da dadurch die Verlauf- und Wartezeiten sehr groß sind und den gerechten Akkord erschweren. Es soll aber trotzdem versucht werden, auf dem schon beschrittenen Wege weiterzukommen.
25. - 27. 2. 1946

Trotz aller Verwarnungen nehmen die **Diebstähle** leider nicht in dem gewünschten Maße ab, obwohl die Gefolgschaftsmitglieder Haushaltsgegenstände aus der Lehrlingswerkstatt und gewisse Materialien kaufen können. Es bleibt daher nicht anderes übrig, als durch verschärfte Bestrafung abschreckend vorzugehen. Zu diesem Zweck sollen an vielen Stellen des Werkes Warnungsschilder angebracht werden. In Zukunft sollen diejenigen, die beim Diebstahl erwischt werden, in allen Fällen bestraft werden.
25.-27.2.1946

Die vorsorglich ausgesprochenen **Kündigungen** müssen im Hinblick auf die Geschäftsentwicklung durchgeführt werden, zumal die derzeitigen Einsparungen an Personalkosten durch **Kurzarbeit** in absehbarer Zeit wieder fortfallen werden. In Einzelfällen kann die Kündigungsfrist verlängert oder auch die Kündigung zurückgenommen werden, aber nur dann, wenn dies im Interesse des Betriebs unumgänglich ist.
Der Herr Vorsitzer des Aufsichtsrates stellt folgenden Gedankengang zur Erwägung:
Die allgemeine Entwicklung der letzten Monate hat erhebliche Enttäuschungen gebracht. Der Wiederaufbau des Werkes und sein Umsatz sind durch immer neue Schwierigkeiten auf dem Gebiet der Bautätigkeit, der Materialbeschaffung, der Produktionserlaubnis, der Ernährungslage u.a. gehemmt worden. Vielfache Eingriffe in die Großindustrie legen die Annahme nahe, daß beabsichtigte **Reduzierung des deutschen industriellen Potentials** sich besonders stark bei Großbetrieben auswirken wird. Des weiteren sei zu erwähnen, daß die immer wieder angekündigten Maßnahmen auf dem Währungsgebiet uns mög-

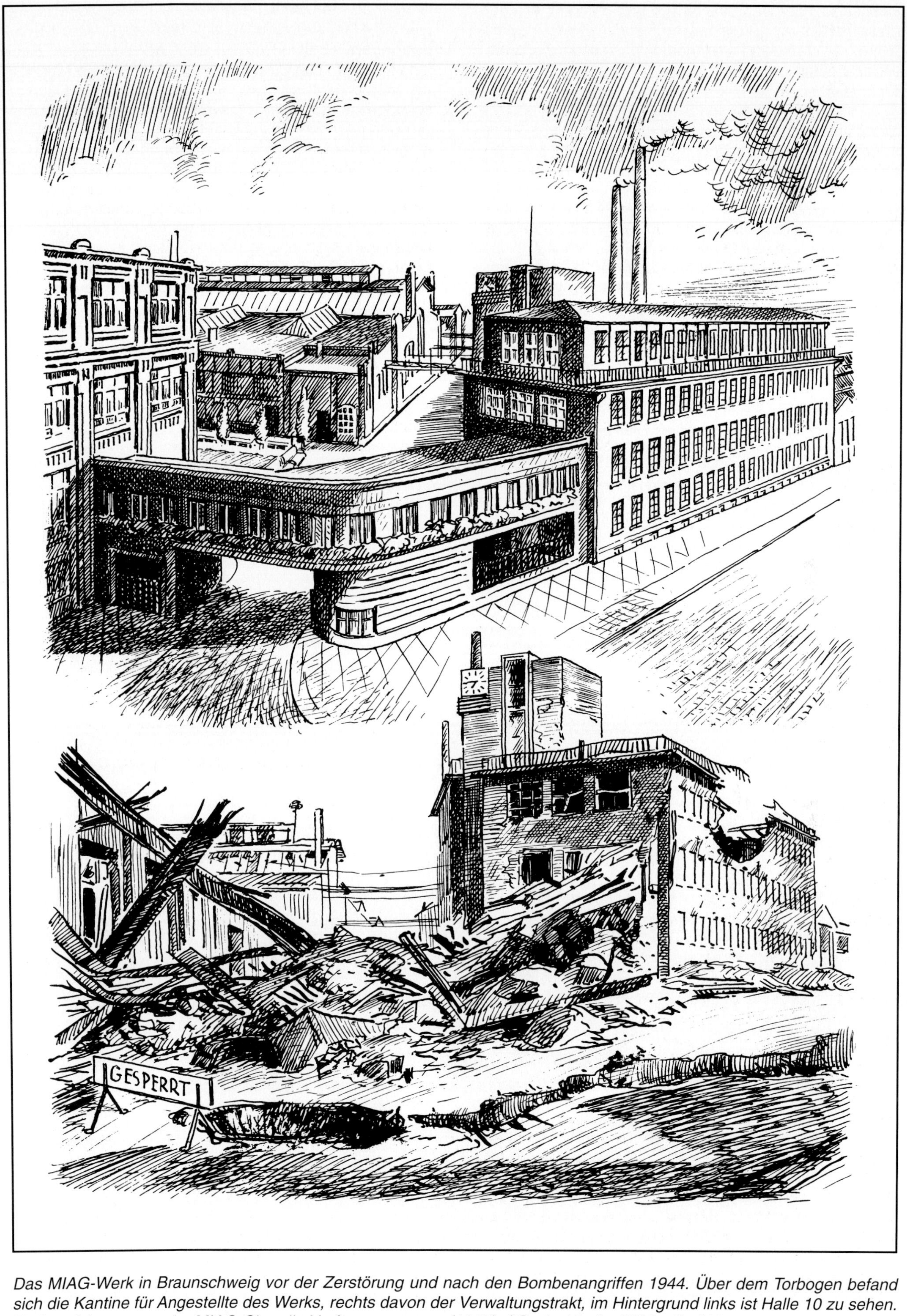

Das MIAG-Werk in Braunschweig vor der Zerstörung und nach den Bombenangriffen 1944. Über dem Torbogen befand sich die Kantine für Angestellte des Werks, rechts davon der Verwaltungstrakt, im Hintergrund links ist Halle 10 zu sehen. Federzeichnung aus der MIAG-Chronik, Verfasser anonym (1947). / Q.: Archiv der Bühler GmbH

licherweise innerhalb ganz kurzer Frist zwingen werden, ausschließlich mit neu hereinkommenden Geldern zu arbeiten, die in diesen Fällen natürlich besonders spärlich fließen werden.
28. 5. 1946

Wir erhalten täglich laufend 5-8 Waggons, um die im Werk befindlichen Panzerwannen, Ketten, Motoren und sonstiges **Rüstungsmaterial** abzufahren. Diese Aktion bedingt einen beachtlichen Menschenaufwand, da es sich um Mengen von mehreren tausend Tonnen handelt. Das Ausbringen des Werkes wird dadurch im Juni/Juli leider ungünstig beeinflußt. Bekanntlich fehlt es im Werk an Transportkräften; es ist dies einer der größten Engpässe, da es an kräftigen Hilfsarbeitern fehlt.
Es ist sehr zu hoffen, daß die Transportarbeiten baldigst nachlassen, damit wir die Transportkolonnen wieder für unsere Fertigung freibekommen. Der Zustand der Behelfsdächer ist derart schlecht, daß unter Umständen im kommenden Winter die Fertigung fast unmöglich wird.
Eine weitere erfreuliche Nachricht erhielten wir vor einigen Tagen: wir bekommen die Genehmigung zum Bau der ersten neuen Mühle in Rheine; bekanntlich durften wir bisher gewisse Müllereimaschinen überhaupt nicht liefern, und der Neubau von Mühlen war noch gar nicht vorgesehen.
21. 6. 1946

Am 16. Juli 1946 erreichte uns die Mitteilung der Militärregierung, Hannover, vom 10. Juli 1946, daß unser **Stromkontingent** ab sofort auf ca. 20% der bisherigen Zuteilung herabgesetzt würde. Begründet wurde die Maßnahme mit der Notwendigkeit, Kohlen zu sparen. Nachforschungen ergaben, daß nur wenige Firmen von einer ähnlich bedeutenden Kürzung betroffen wurden. Die sofort eingeleiteten Maßnahmen, auch durch Einschaltung des Kohle-Referenten bei der **Industrie- und Handelskammer** bewirkten, daß die Kürzung zunächst bis zu einem Verbrauch von 75% der bisherigen Zuteilung ermäßigt und kurz darauf ganz zurückgenommen wurde. Immerhin sind während einer Woche **Arbeitsausfälle** entstanden, da wir einen größeren Teil der Belegschaft während der Dauer der Kürzungen nicht beschäftigen konnten.
20. 7. 1946

In der Schlußbesprechung hat sich der Vorsteher des Finanzamtes mit einer wesentlichen **Erhöhung der Abschreibungen** einverstanden erklärt. Im Endergebnis bekommen wir außer der bereits auf neue Steuern verrechneten rd. RM 1,7 Mill. noch weitere RM 2 Mill. erstattet. Mit dieser Regelung hat sich der Vorstand einverstanden erklärt, nachdem das Finanzamt die alsbaldige bare Rückzahlung dieser 2 Mill. RM zugesagt hat.
16. 1. 1947

Q.: MIAG-Archiv (gekürzt)

Nicht mehr fertiggestellte Panzer auf dem Werksgelände der MIAG (1945). Die MIAG - eigentlich Produzent von Mühlen- und Industrieanlagen - war wie andere Braunschweiger Betriebe von den Nationalsozialisten zum Rüstungsbetrieb umfunktioniert worden. / Q.: Archiv der Bühler GmbH

Q.: 1.10. Nettoproduktion je Kopf der Bevölkerung

	1936	1946	1936
			= 100%
amerikanische Zone	612 RM	164 RM	27 %
britische Zone	456 RM	125 RM	27 %
französische Zone	473 RM	166 RM	35 %
sowj. Zone / Berlin	598 RM	149 RM	22 %
Durchschnitt	553 RM	149 RM	27 %

Q.: Beyer/Müller, Lebenssituation 1945 - 1948, Hannover 1983, S. 45

Q.: 1.11. Die Rationen und die Wirtschaftslage
Kundgebung der
Braunschweiger Betriebsräte
Stellungnahme in einer Entschließung

Die Betriebsräte der im Freien Deutschen Gewerkschaftsbund organisierten Braunschweiger Arbeiter nahmen in einer gemeinsamen **Versammlung zur Kürzung der Lebensmittelrationen** und zur wirtschaftlichen Lage Stellung. Der Präsident des FDGB, Franz Rosenbruch, wies in einer Ansprache darauf hin, daß die Arbeiterschaft nicht mehr wisse, wo sie das nötige Schuhwerk hernehmen und die Arbeitskleidung beschaffen solle.
Zu diesen fast unerträglichen Sorgen käme nun ein neuer Alarmruf, die Kürzung der Lebensmittelrationen. Täglich kommen Nachrichten aus den Betrieben, daß die arbeitenden Männer und Frauen wegen **Entkräftung** ihre Arbeit nicht mehr verrichten könnten. Man wisse, daß die englische Zone stark übervölkert sei und sie sich nicht selbst ernähren könne. Weitere 65.000 Flüchtlinge sollen aber noch dazu in das Land Braunschweig eingeschleust werden. Dieses würde die Katastrophe unerträglich steigern.
Es sei deshalb nötig, daß die **Gewerkschaften** dafür sorgten, daß so schnell wie möglich die Zonengrenzen fallen. Sie müßten schärfsten Protest gegen die neuen Lebensmittelkürzungen erheben. Mit Nachdruck müsse verlangt werden, daß die Kohlenlieferungen als **Reparationszahlungen** solange aussetzen, bis die Wirtschaft wieder floriert und die Ernährungsfrage für das deutsche Volk sichergestellt ist. Die Sicherstellung der Hausbrandkohle sei als dringlich zu bezeichnen, um der arbeitenden Bevölkerung die Arbeitskraft zu bewahren.

Rosenbruch wies darauf hin, daß die Gewerkschaften viel stärker als bisher zur Kontrolle des Groß- und Kleinhandels herangezogen werden sollten, um eine reelle Verteilung der Waren zu gewährleisten. Daß die Arbeiterfrauen nicht in der Lage seien, in Braunschweig in der gemüsereichsten Zeit das notwendigste Gemüse auf den Tisch zu bringen, sei ein Beweis dafür, daß eine Kontrolle der Arbeiterschaft über die Verteilung unumgänglich notwendig sei.
Die Gewerkschaften müßten auch feststellen, daß es in Deutschland schon lange keinen **Preisstopp** mehr gebe, sondern nur einen **Lohnstopp**. Sie forderten darum die Beseitigung der Lohnstoppverordnung von 1939. Es würden heute noch Löhne von 0,55 RM für Männer gezahlt und für Facharbeiter, z. B. in der Bauindustrie, 0,80 RM, im Schneiderhandwerk 0,75 RM. Auf solche Weise lasse man die Armen schuldig werden, aber dann überlasse man sie der Pein.

Die Braunschweiger Betriebsräte nehmen in einer Entschließung zur wirtschaftlichen Lage wie folgt Stellung:
Der Freie Deutsche Gewerkschaftsbund ist sich der schweren Verantwortung für den Neuaufbau Deutschlands bewußt. Dieser kann nur durch unsere eigene Initiative zum Erfolg führen.
Die erneute Kürzung der Fettration um 50 Prozent stellt nicht nur diesen Erfolg in Frage, sondern sie wird ernährungspolitisch und wirtschaftlich gesehen zur Katastrophe führen.

Arbeit in der Versehrtenwerkstatt in Braunschweig (1948). Der Mangel an Gebrauchsgegenständen war groß. Jeder halbwegs brauchbare Topf wurde gelötet. / Q.: Städtischer Bilderdienst Braunschweig. / Foto: Gertrud Bingel

Deshalb ist es dringend nötig, von dem Recht der freien Meinungsäußerung Gebrauch zu machen und folgenden Appell an die Verwaltungsstellen, die Militärregierung und die Weltöffentlichkeit zu richten:

Um die drohende Gefahr einer **Hungerkatastrophe** und dem damit verbundenen Chaos zu begegnen, schlagen die Betriebsräte und Vertrauensleute des FDGB Braunschweigs folgende Sofortmaßnahmen vor:
1. Aufrechterhaltung der Lebensmittelrationen durch Einfuhr von Ölsaaten aus den Weltvorräten durch Öffnung der Zonengrenzen und durch Verhinderung weiterer Zuwanderungen in die übervölkerte britische Zone.
2. Neuordnung der Kohlenbewirtschaftung und zwar durch vorübergehende Einstellung der Reparationslieferungen, durch erhöhte Auslieferungen der Industrie, besonders für landwirtschaftliche Maschinen, Kunstdünger und Nahrungsmittel und durch Berücksichtigung der arbeitenden Bevölkerung mit Hausbrandkohlen.
3. Überwachung der Verteilung durch die Gewerkschaften beim Erzeuger, Groß- und Kleinhandel.
4. Gerechterer Ausgleich der sozialen Lasten durch Aufhebung des Lohnstopps und schärfere Preisüberwachung.

Q.: BZ, 23.7.46

Q.: 1.12. Die graue Eminenz
Eine schwarze Bilanz

Gilt für die übrige deutsche Wirtschaft das Wort Ferdinands aus Kabale und Liebe „Sieh du nach deinen Rechnungen – ich fürchte, die stehen übel!", so kann man das beim Jahresende **vom Schwarzen Markt** kaum sagen, der schon lange nicht mehr schwarz ist, sondern aus dem Dunkel der Nacht in die zwielichtige Dämmerung des Tages getreten ist. Er ist grau.
Serienbefragungen in allen Teilen der britischen Zone haben ergeben, daß fast 40 Prozent aller Großstädter sich am Markt beteiligen. Natürlich gaben sie bei dieser Inquisition nur zu, Käufer zu sein. Der Preis-Pegel des Schwarzen Marktes zeigt Wirkungen, die bei der Preisbildung entscheidend mitwirken und beim „weißen Markt" dem Laien oft verborgen bleiben.
Als Beispiel: Durch die stark angezogene Steuerpresse wurde im Herbst das Geld allmählich knapp; damit drohten die Preise zu fallen. Sie wurden an den meisten Orten noch künstlich durch Vereinbarung unter den Schwarzhändlern aufrechterhalten, doch diese Preispolitik hätte ein schnelles Ende gefunden, wenn nicht plötzlich **Inflationsgerüchte** aufgetaucht wären, die von den rührigen Schwarzhändlern in Erkenntnis ihrer Chance lebhaft kommentiert wurden. Die Preise stiegen wieder etwas an, das Gros des Publikums verhielt sich aber noch abwartend.
Doch da wurde plötzlich in der amerikanischen Presse ein Entwertungsvorschlag veröffentlicht, der in allen deutschen Zeitungen nachgedruckt und kommentiert wurde. Jetzt gab der kleine Mann seine Zurückhaltung auf und brachte seine letzten Spargelder auf den Schwarzen Markt, damit sie nicht der Entwertung verfielen...
Bei den Fettpreisen scheint auf den ersten Blick ein Paradoxon vorzuliegen: obwohl die Fettrationen um die Hälfte herabgesetzt wurden, liegen die Fettpreise um 15 bis 20 Prozent tiefer als bei Jahresbeginn. Die Lösung ist, daß im vergangenen Jahr die Organisationen zur Fälschung von Lebensmittelkarten so weit ausgebaut worden sind, daß ein hohes Markenangebot den Rationentiefstand ausgleicht...
Neben den Fälschungen wurde der schwarze Markenmarkt vor allem mit gestohlenen Lebensmittelkarten beliefert, die oft in überraschend kurzer Zeit unter die Leute gebracht wurden. So wurde ein Tausender-Posten Marken, der in Unna gestohlen worden war, bereits am nächsten Tag in Hamburg in einem Blumengeschäft verkauft...
Hinzu kam noch die allgemeine Verhinderung der Kaufkraft in jener Zeit. Nach der Abschaffung des **alliierten Geldes** stiegen die Zigarettenpreise, die an einzelnen Stellen Süddeutschlands bereits auf 1,50 gesunken waren, langsam aber stetig wieder an. Die Kaufkraft für Zigaretten ist längst nicht mehr die alte –, aber das Angebot ist auch sehr gering geworden...
So, wenn eine Leica gegen 5.000 Zigaretten getauscht wird oder ein Radio gegen 500 Stück...
Der schwarze Handel mit Automobilen, der sich in den letzten Monaten des Jahres immer mehr auf gestohlene Wagen verschob, floriert ebenfalls. Es steht fest, daß in der britischen Zone organisierte Banden besonders gute Wagen stehlen und über die nur sehr ungenügend bewachte Grenze ins Ausland verschieben.
Ihnen mangelt auch jegliche heilige Scheu: Ein besonders regierungsfeindlicher Auto-Gang in Westdeutschland stahl eine ganze Reihe von prächtigen Ministerwagen des ersten Kabinetts Amelunxen in Düsseldorf. Die Minister waren allerdings nicht drin.

Q.: Der Spiegel Nr.1, 4.1.1947, S.15

Arbeit in der Versehrtenwerkstatt Braunschweig (1948). Flechten eines Schuhs. Das Arbeitsmaterial besteht aus Stroh. / Q.: Städtischer Bilderdienst Braunschweig / Foto: Gertrud Bingel

Arbeit in der Versehrtenwerkstatt Braunschweig (1948). Wegen Mangel an Leder wurden Schuhe aus Stroh hergestellt. / Q.: Städtischer Bilderdienst Braunschweig / Foto: Gertrud Bingel

Q.: 1.13. Demontage-Liste für das Land Niedersachsen (Auszug Verwaltungsbezirk Braunschweig)

Serien-Nummer	Firma und Sitz	Beschreibung der Industrieanlage (ob Gesamt- oder Teilanlage überzählig; Art der Produktion, für die die überzählige Einrichtung verwandt wurde)
B/S/302	Büssing N. A. G. Flugmotoren GmbH, Querum in der Nähe Braunschweigs	Anlage für die Herstellung von Flugzeugmotoren (einschl. der früheren Untertagewerke in Grasleben)
B/S/326 D	Heeresmunitionsanstalt Grasleben über Helmstedt	Anlage für die Herstellung von Granaten
B/S/330 D	Helmstedter Maschinenbau (Helmag), Helmstedt	Anlage für die Herstellung von Flugzeugteilen
B/S/332 D	Karges Hammer Gifhorn (Braunschweig)	Anlage für die Herstellung von Panzerwagenteilen
B/S/343	Luther & Jordan, Werk Nr. 3, Waggum, Braunschweig	Anlage für die Montage und Prüfung von Flugzeugen
B/S/344	Luther & Jordan, Werk Nr. 2, Bienrode, Braunschweig	Anlage für die Montage und Prüfung von Flugzeugen
B/S/345	Luther & Jordan, Werk Nr. 1, Braunschweig, Frankfurter Str. 249	Anlage für die Montage und Prüfung von Flugzeugen
B/S/346	Luther & Jordan, Werk Nr. 4, Braunschweig, Bahnhofstr.	Anlage für die Herstellung von Flugzeugteilen
B/S/366	Stahlwerke GmbH Watenstedt, Braunschweig	Teilanlage für die Herstellung von von Granat- und Geschützteilen

Anweisung zur Demontage

2. Liste der gemäß dem Zweizonen-Industrieplan überzähligen Industrieanlagen

1. Stahl-Erzeuger		
a) Haupt-Stahlwerke		
B/S/389	Reichswerke A. G. für den Erzbergbau und Eisenhütten Hütte Braunschweig (Hermann-Göring-Werke), Drütte über Braunschweig	Teilanlagen, bestehend aus 10 Hochöfen Stahlwerken, Walzwerken und Gießereien
b) Kleinere Stahlwerke		
B/S/392	Miag Mühlenbau und Industrie A.G. Amme-Luther- Werke, Braunschweig	Teilanlage bestehend aus 2 Konvertern und 1 Lichtbogenschmelzofen
2. Stahl-Verarbeitung Maschinen-Industrie		
B/S/404	Herfurth & Engelke, Braunschweig, Bültenweg 89	Anlage für die Herstellung von Förderanlagen

Q.: Treue/ Schrader, Die Demontagepolitik der Westmächte, S. 100 ff

Q.1.14. Kommentierung der Demontageliste durch den stellvertretenden Militärgouverneur am 16. 10. 1947

1. Gelegentlich der Verkündung des neuen Planes über den Stand der Industrie im Bereich der beiden Zonen Deutschlands durch General Clay und Luftmarschall Sir Sholto Douglas am 29. August wurde erklärt, daß eine genaue Angabe über die Unternehmungen folgen würde, die im Bereich der beiden Zonen erhalten und solche, die als **Reparationen** abgebaut würden.
5. Eine Anzahl einzelner Maschinensätze ist aus Fabriken in der britischen Zone entfernt und Ländern, die unter dem deutschen Angriff gelitten haben, zur Verfügung gestellt worden. Dies wurde durch die Verzögerung bedingt, ganze Anlagen für Reparationszwecke verfügbar zu machen. Diese Vorgehen werden nunmehr eingestellt.
Es werden keine einzelnen Maschinen mehr aus Fabriken in der britischen Zone ausgebaut, sofern sie nicht bereits für diesen Zweck beschlagnahmt worden sind.
8. Die nun veröffentlichte Liste ist der Ausdruck einer Politik, die auf dem Grundsatz beruht, daß Deutschland durch seinen Angriff unabsehbares Leid und Verlust über die Vereinten Nationen gebracht hat und diesen jede mögliche **Wiedergutmachung** schuldig ist. Das ist eine Sache grundlegender Gerechtigkeit, und kein vernünftiger und ernstgesinnter Deutscher dürfte dies bestreiten. Die abzubauenden Werke dienten verbotenen oder durch den Indu-strieplan eingeschränkten Industriearten. Sie vertreten eine Kapazität, die nötig war, die deutsche Kriegswirtschaft auf-rechtzuerhalten, die aber für ihre künftigen Friedensbedürf-nisse nicht nötig ist.
9. Die auf der neuen Grundlage des Industrieplans beizubehaltende Leistungsfähigkeit wird so groß sein, daß das Zweizonengebiet nicht befähigt sein wird, im Rahmen des **Marshall-Plans** von der ihm verbleibenden Kapazität vollen Gebrauch machen zu können, und selbst nachher wird es den Fleiß und Erfindungsreichtum des deutschen Volkes aufs Äußerste einsetzen müssen, um die Kapazität voll auszunutzen. Wenn die **überflüssigen Werke** nicht abgebaut werden würden, so würden sie ungenutzt bleiben, überaltern und verfallen. Ihr Abbau benachteiligt daher das künftige wirtschaftliche Wohlbefinden Deutschlands in keiner Weise.
10. Die Nationen jedoch, die diese Werke ausgefolgt erhalten, können guten Gebrauch von ihnen machen. In Europa und der Welt besteht großer Mangel besonders an Werken der Schwerindustrie und Ausstattung aller Art. Die Übergabe von überflüssigen Werken Deutschlands an die Länder, bei denen Industrien durch die deutsche Wehrmacht und Luftstreitkräfte vernichtet worden sind, hilft dem Wiederaufbau dieser Länder und ihrer Produktion und dem Wohlstand Europas im Ganzen. Aus diesem wachsenden Wohlstand Europas wird Deutschland selbst Nutzen ziehen.

Q.: Wilhelm Treue/Käthe Schrader, Die Demontagepolitik der Westmächte nach dem Zweiten Weltkrieg Hannover 1967, S. 96-98

Q.: 1.15. Erklärung der Niedersächsischen Staatsregierung vom 5. November 1947

Am 16. Oktober 1947 hat der Gebietsbeauftragte für das Land Niedersachsen der Staatsregierung die **Demontageliste** übergeben. Die Militärregierung hatte bereits vorher erklärt, daß alle Beschlüsse über die Demontage ihr vorbehalten seien und keine offiziellen Beratungen über diese Frage mit deutschen Stellen stattfinden würden. Daher haben deutsche Stellen bei der Festsetzung der Demontageliste nicht mitgewirkt.
Die Staatsregierung hat sich mit der durch die Übergabe der Demontageliste geschaffenen Lage eingehend beschäftigt und ist hierbei zu folgendem Ergebnis gekommen:

1. Die Staatsregierung hält es für ihre Pflicht, das deutsche Volk daran zu erinnern, daß die vom Nationalsozialismus angerichteten wirtschaftlichen Schäden im Rahmen der Leistungsfähigkeit wiedergutzumachen sind. Sie weist aber mit Nachdruck darauf hin: Die Verantwortung dafür, daß überhaupt eine solche Wiedergutmachung stattzufinden hat, tragen allein das nationalsozialistische Regime und seine Helfershelfer.
(...)
3. Da es der Wunsch des deutschen Volkes ist, mit den Völkern der Welt in Frieden zu leben, wird die Staatsregierung die Zerstörung der deutschen Kriegsindustrie in eigener Verantwortung mit durchführen. Ihrer ernsten Sorge muß indes die Staatsregierung über die Demontage von reinen Friedensbetrieben Ausdruck geben. Diese gefährdet insbesondere die vorgesehene Mitwirkung der deutschen Wirtschaft bei der Durchführung der bereits entwickelten Pläne zur Wiederaufrichtung der europäischen Wirtschaft. Die Staatsregierung hofft jedoch, daß die eingeleiteten Verhandlungen unter Einsatz **gemischter Kommissionen** zu wirtschaftlich sinnvollen Ergebnissen führen werden. Diese sollten vor allem darin bestehen, daß

a) offensichtliche Irrtümer berichtigt werden,
b) die dem Wiederaufbau und der Wiedereinsetzung der deutschen Wirtschaft dienenden Maßnahmen, insbesondere die Pläne zur Leistungssteigerung auf dem Gebiete der Großindustrien und des Exports, nicht durch die Demontage beeinträchtigt werden,
c) der Abbau der endgültig für die Demontage vorgesehenen Betriebe in einer zeitlichen Folge vorgenommen wird, welche die Ausführung vordringlicher Aufträge gestattet und die Wiederherstellung solcher Anlagen ermöglicht, die zur Erhaltung der künftigen industriellen Leistungsfähigkeit und zur Sicherstellung einer angemessenen Lebenshaltung der Bevölkerung unentbehrlich sind,
d) bei der Durchführung der Demontage die durch Stillegung von Betrieben beschäftigungslos Werdenden neuer produktiver Arbeit zugeführt werden,
e) Arbeitskräfte aus den dem Wiederaufbau dienenden Betrieben nicht für die Durchführung der Demontage abgezogen werden,
f) die eintretenden sozialen und wirtschaftlichen Schädigungen der betroffenen Arbeitnehmer und Gemeinden in geeigneter Weise ausgeglichen werden.

Stellungnahme der Landesregierung zu der kurz vorher veröffentlichten Demontageliste.

Q.: Treue/Schrader, Die Demontagepolitik ... S. 109/110

Q.: 1.16. Was wird aus Braunschweig? Braunschweig, die Stadt im Osten

Die Abgrenzung der Britischen Zone und der **„Eiserne Vorhang"**, den die Russen an ihrer Zonengrenze gegen die Britische Zone gezogen haben, hat der Stadt Braunschweig eine neue Aufgabe gestellt. Braunschweig ist **Grenzstadt** des Ostens in der Britischen Zone geworden. Noch ist die Aufgabe der Stadt Braunschweig als „Grenzstadt" nicht klar erkennbar, in wirtschaftliche Beziehung nicht fest umrissen. Der Begriff "Grenzstadt" umschließt nicht die Möglichkeit des Transitverkehrs, den Umschlag von Gütern, der allein einer Grenzstadt wirtschaftliche Bedeutung verleiht. Braunschweig ist noch nicht Brücke geworden vom Westen zum Osten, denn das Tor zum Osten ist verschlossen. Braunschweigs Bedeutung als Grenzstadt ist nur in einer Beziehung erkennbar: sie ist Ausgangspunkt der **Grenzgänger,** die von Braunschweig zur Ostzone ausstrahlen, östlich bei Braunschweig und südwärts von Braunschweig bei Hornburg oder im Harz. Das ist kein Aktivposten in der Wirtschaftsbilanz für Braunschweig, nichts was sich in Zahlen fassen läßt, oder was abwägbar ist. Aus der Grenzstellung der Stadt Braunschweig ergibt sich noch nicht der Blickpunkt einer gesunden Entwicklung. *Eine* Entwicklung zeigt sich bisher nur. Sie liegt in ihrer Beziehung zur Grenze nur auf sozialem Gebiete, und diese Entwicklung ist negativ. Braunschweig ist auch als Grenzstadt noch eingekapselt in alle Krisen, die die Zeit brachte und bringen wird: in die Kohlenkrise, Lebensmittelkrise, Verkehrskrise, Industriekrise, Handwerkskrise, Beleuchtungskrise, Reparaturkrise, aus nichts ist die Stellung Braunschweigs lösbar. Mit allem ist sie verknüpft. Und eine neue Krise wird sich bemerkbar machen, erst unsichtbar, aber bald zu erkennen: die Krise um ihre Stellung im neuen Lande Niedersachsen. – Hier geht es um die Traditionen, die zu wahren Braunschweig ein Recht hat. Denn das ist geschichtlich verbrieft und unabwendbar.

Q.: B. Becker, Zeitbilder, a.a.O., Blatt 30

Arbeit in der Versehrtenwerkstatt Braunschweig (1948). Herstellung eines Drahtgestells für eine Lampe. / Q.: Städtischer Bilderdienst Braunschweig / Foto: Gertrud Bingel

Q.: 2. Die Demontage der Reichswerke

Q.: 2.1. Ringen um den Erhalt der Salzgitter-Werke

Gemeinsame Entschließung der politischen Parteien und des FDGB des Kreises Watenstedt-Salzgitter über die Zukunft der Reichswerke vom Mai 1947

Die ernste Sorge um den Bestand der Reichswerke als der wirtschaftlichen Grundlage für das gesamte Kreisgebiet Watenstedt-Salzgitter und der Existenz von ca. 100.000 Menschen veranlaßt uns, dieser Frage größte Bedeutung zu widmen. Seit dem Zusammenbruch im Mai 1945 liegen die Reichswerke zum größten Teil still. Alle Versprechungen und Hoffnungen auf Wiederinbetriebnahme sind in den vergangenen 2 Jahren nicht erfüllt worden. Die neueste Entwicklung über das Schicksal der Reichswerke zeigt große Gefahren für den Bestand der Werke und damit für die Existenz der Bevölkerung auf.

Die Reichswerke wurden 1938 erbaut aus Mitteln des Reiches, d. h. aus dem Steueraufkommen der deutschen Bevölkerung. Beiträge zur Sozialversicherung und anderen aus der Bevölkerung stammenden Abgaben. Die Reichswerke waren und sind somit im Besitz des deutschen Volkes. Es gilt heute, den Besitz des deutschen Volkes zu erhalten.

Die Vertreter der Parteien fordern daher:

1. Erhaltung der Reichswerke im Hinblick ihrer volkswirtschaftlichen Bedeutung für den friedlichen Neuaufbau Deutschlands zur Sicherung des Inlandbedarfs und der Erzeugung von Exportwaren zum Austausch gegen andere lebensnotwendige Güter.
2. Übertragung der Treuhänderschaft über die Reichswerke im Gebiet Watenstedt -Salzgitter an das Land Niedersachsen, bis zur Schaffung einer einheitlichen deutschen Republik.

Arbeit in der Versehrtenwerkstatt Braunschweig (1948). Blechdosen werden aufgeschnitten und zu Ausstechformen für Gebäck umgearbeitet. / Q.: Städtischer Bilderdienst Braunschweig / Foto: Gertrud Bingel

Protestparole der Beschäftigten gegen die Demontagepolitik der Alliierten / Q.: Stadtarchiv Salzgitter

3. Paritätische Zusammensetzung des Aufsichtsrates und des Vorstandes aus demokratischen Fachkräften und Vertretern der Gewerkschaften und Betriebsräte.

Q.: Stadtarchiv Salzgitter (Hrsg.), Die Demontage der Reichswerke (1945-1951), Salzgitter 1990, S. 226/227

Q.: 2.2. Entschließung des Gesamtbetriebsrates der Reichswerke gegen die Entmilitarisierungszerstörung vom 22. Februar 1950

Entschließung

75 Millionen DM vor der Vernichtung! In der vergangenen Woche haben englische Dienststellen damit begonnen, die Fundamente des Blechwalzwerks der Reichswerke zu sprengen, ohne vorher dem Werk hierüber eine Mitteilung zukommen zu lassen. Den weiteren Vorbereitungen nach zu schließen, ist zu befürchten, daß in den nächsten Tagen auch mit der Sprengung der Fundamente der Kokerei II, der Hochofengruppe II, des Stahl- und Walzwerkes und der Schmiede begonnen wird. Die bei diesen Vorbereitungen angewandten Methoden dokumentieren deutlich das schlechte Gewissen des Sprengkommandos. Englische Dienststellen der RD & R, um Auskunft ersucht, erklären, nichts von den Sprengungen zu wissen. Die Disarment Group als verantwortliche Stelle informiert nicht einmal die betreffenden Betriebsabteilungen, sondern läßt einfach den Arbeitern mitteilen, das Gelände zu räumen und von dort noch stehenden Geräten freizumachen. Der Wert dieser Fundamente beträgt ca. 75 Millionen DM. Die durch die Sprengung zu erwartenden Schäden an Kabelkanälen, Wasserversorgungsanlagen und in der Nähe befindlichen Gebäuden und Anlagen erhöht diesen Betrag noch wesentlich. Ausschlaggebend aber ist, daß damit jede zukünftige Entwicklungsmöglichkeit ausgeschlossen ist. Offensichtlich soll dadurch über die Demontage hinaus die völlige Zerstörung der Anlagen der Reichswerke erfolgen, damit auch später kein Neubau mehr vorgenommen werden kann. Die von der Demontage ausgenommen Betriebe wurden so sehr in Mitleidenschaft gezogen, daß auch für sie die Gefahr der Stillegung und damit die Vernichtung weiterer Arbeitsplätze droht. (...)

Tausende von Arbeitsplätzen für die Menschen des **Notstandsgebietes** Watenstedt-Salzgitter sind der Demontage verfallen. Jetzt wird darüber hinaus durch die Sprengung von wertvollen Fundamenten der Rest noch gefährdet. Niemand wird von dieser Sprengung einen Nutzen haben. Es ist ausschließlich sinnlose Zerstörung.

Wir fordern von der Bundes- und Niedersächsischen Regierung, daß sie sich sofort mit dieser neuen Lage beschäftigt und Schritte zur Erhaltung der Fundamente unternimmt. Der Deutsche Gewerkschaftsbund und die IG Metall werden ersucht, jetzt endlich energische Vorstellungen zu erheben, uns in unserem Existenzkampf nicht allein zu lassen, sondern die Kraft der ganzen Organisation zur Verhinderung dieses Unrechts in die Waagschale zu werfen.

Watenstedt, den 22. Februar 1950

Betriebsrat Hütte

gez. Söchtig gez. Wegener

Q.: Stadtarchiv Salzgitter (Hrsg.), Die Demontage der Reichswerke (1945-1951), Salzgitter 1990, S. 265

AUFRUF an die

Einwohner von Watenstedt-Salzgitter!

Regierungserklärung:

Demontagestop für mehrere Betriebe - Reichswerke werden nicht genannt.

Die Weiterführung der Demontage der Reichswerke wird das Schicksal der Stadt Watenstedt-Salzgitter und seiner Bevölkerung endgültig besiegeln. Es geht jetzt im buchstäblichen Sinne um Sein oder Nichtsein. Unvorstellbare Not von Zehntausenden unmittelbar betroffenen Arbeitern und Angestellten wird den übrigen Teil der Wirtschaft und Bevölkerung mit in einen Strudel reißen, aus dem es kein Entrinnen gibt.

Die Jugend ohne Lehrstellen und Arbeitsplätze, der Großteil der Werktätigen ohne Arbeit und Einkommen, Handel, Handwerk und Gewerbe ohne Aufträge und Umsätze und dadurch ebenfalls verelendet, wachsende Kriminalität, politische Radikalisierung, Menschen ohne Hoffnung, bereit, jedem neuen „Führer" blind zu folgen, das ist das Bild der unvermeidlichen künftigen Entwicklung, wenn es nicht gelingt, die Demontage der Reichswerke zu verhindern. Das Herz des ganzen Gebietes, ohne das der übrige Körper nicht leben kann, muß intakt bleiben.

Wir begrüßen die von den Arbeitern der Reichswerke durch ihren Betriebsrat entwickelte Initiative und erklären uns damit voll solidarisch.

In dieser Stunde allerhöchster **Gefahr für Wohlfahrt und Leben** einer ganzen Stadt appellieren wir an alle Einwohner unseres Industriegebietes, einmütig zusammenzustehen und ihre Stimme gegen dieses Unrecht zu erheben, um alle Welt auf die hier herrschende katastrophale Lage nachdrücklichst aufmerksam zu machen. Wir sind sicher, daß dieser Notschrei verstanden und von den gutwilligen Kräften des In- und Auslandes, die ihrerseits den Kampf gegen die unsinnige, Menschen und Wirtschaftskräfte vernichtende Demontage führen, verstanden und weitergetragen wird.

Um unseren geschlossenen Protest in wirksamer Weise kundzutun, rufen wir die gesamte Bevölkerung auf, sich am **Dienstag, dem 22. 11. 1949, um 15 Uhr, auf den öffentlichen Plätzen des Kreisgebietes zu gewaltigen Kundgebungen zusammenzufinden.** Dieser Tag soll als

„Tag des Willens zum Leben und zum friedlichen Aufbau"

überall in Watenstedt-Salzgitter begangen werden.

Betriebe, Werkstätten und Geschäfte, Behörden. Verwaltungen und Schulen schliesst an diesem Tage spätestens um 14 Uhr, damit alle Einwohner Gelegenheit zur Teilnahme an folgenden Kundgebungen haben.

Lebenstedt	**Abschnitt II Kaufhaus**
Salzgitter	**Schützenplatz**
Gebhardshagen	**Festplatz**
Watenstedt	**Lager 9**
Thiede-Steterbg.	**Schulhof**

Einwohner von Watenstedt-Salzgitter, es geht um unser aller Schicksal, gebt durch vollzählige Beteiligung Eurem Willen Ausdruck!

D. G. B. Kreis-Ausschuß Watenstedt-Salzgitter
gez. Söchtig gez. Eibel

I. G. Metall gez. Busch
I. G. Bergbau gez. Wegener
I. G. Öffentliche Dienste, Transport und Verkehr gez. Dörge
I. G. Nahrung, Genuß und Gaststätten gez. Wehlan
I. G. Bau gez. Lindemann
I. G. für Gartenbau, Land- und Forstwirtschaft gez. Volkmann

Für die Betriebsräte der Reichswerke:
gez. Söchtig, Wiese, Schoch, Himstedt

E. Appelhans & Co., Salzgitter - R. CAE IC8 - 11. 49 25000 C

M 7. Aufruf der Gewerkschaften und Betriebsräte in Watenstedt-Salzgitter zu fünf großen Protestkundgebungen am 22. November 1949 / Q.: Stadtarchiv Salzgitter

Q.: 2.3. Zeitzeugenbericht von Erich Seewald (Salzgitter) über die Ereignisse in den Reichswerken im März 1950

Am 6. März 1950 wurden von der Außenmontage der Hauptwerkstatt die Demontagemasten an den Hochöfen gestürzt. Die Winden wurden mit Vorschlaghämmern zerschlagen, alle Werkzeuge und Büroeinrichtungen der Demontagefirmen vernichtet. Tausende liefen davon durch das Stahlwerk zum Brasserthaus. Hier waren die englischen Versandstäbe untergebracht. Die Engländer flohen aus der Hütte. Die nicht schnell genug waren, wurden angehalten, die Autos umgeworfen. Kein Engländer wurde angegriffen. Alle Versandpapiere und Büroeinrichtungen wurden durch die Fenster geworfen und verbrannt. Als die Polizei von der Hauptverwaltung auf der Hochstraße anmarschierte, versperrten die Kollegen die Abfahrt zum Stahlwerk. Die Polizei konnte und wollte nicht eingreifen, außerdem war bereits alles zerstört.
Fast jeder Betrieb versuchte aus dem Demontagegut wertvolles Material, Maschinen, Motoren zu stehlen, die später gebraucht wurden. z.B. wurden nachts vom Ingenieur und Facharbeitern der Hauptwerkstatt moderne Werkzeugmaschinen gegen Ältere aus der Aktion 88 ausgetauscht. Arbeiter bei **Demontagefirmen** lehnten die Arbeit ab, obwohl sie keine Arbeitslosenunterstützung bekamen. Aufgrund ihrer Satzung und dem Verbot der Engländer konnte und durfte die IGM sie nicht unterstützen. Der Betriebsrat sorgte dafür, daß sie eingestellt wurden.
Am nächsten Tag war die Hütte von englischem Militär besetzt. Hauptstützpunkt Kokerei II, jetzt Felsgelände. Hier waren Panzer, Panzerspähwagen und Soldaten mit Maschinengewehren in Stellung gegangen. Die Besetzung der Hütte hatte sich wie ein Lauffeuer in allen Betrieben, in der ganzen Stadt herumgesprochen. Alle strömten zu der Kokerei II, standen wütend vor dem Tor und waren doch machtlos. Plötzlich kam ein Polizeispähwagen, der zum Stützpunkt wollte, und fuhr mit hohem Tempo in die Menschen. Kollegen hängten sich an den Spähwagen, um ihn zu bremsen. Ein schwerer E-Karren fuhr ihm entgegen, brachte ihn zum Stehen und blieb beschädigt liegen. Schnell waren Kollegen auf dem Spähwagen, drehten das MG in Richtung der Engländer und spuckten voller Wut dem Unteroffizier ins Gesicht. Ein englischer Offizier marschierte mit einer Gruppe Soldaten, sie stellten sich in Reihe auf. Er gab Kommando zum Laden der Gewehre. Der 2. Betriebsrats-Vorsitzende des Geschäftsführenden Ausschusses Hein Wegener sprang zwischen Soldaten und Belegschaft und rief: „Nicht schießen", zu den Engländern und zur Belegschaft: „Gebt den Panzer frei". Blitzartig erkannte die Masse die Situation, gab den Spähwagen frei. Ein Blutvergießen war verhindert. Der Spähwagen wurde in den Stützpunkt gezogen, die Versammelten zogen ab.

Q.: Stadtarchiv Salzgitter (Hrsg.), Die Demontage der Reichswerke (1945-1951), Salzgitter 1990, S. 267

Am Morgen des 7. März 1950 besetzten britische Soldaten mit ca. 40 Panzerspähwagen das Werksgelände in Watenstedt- Salzgitter. Es kam zu gefährlichen Konfrontationen zwischen Arbeitern und Soldaten. / Q.: Stadtarchiv Salzgitter

Q.: 2.4. Die erfolgte Demontage der Reichswerke

Das Gesamtgewicht der demontierten Anlagen betrug 260.000 t. Darin enthalten waren 9 Hochöfen, die gesamten Anlagen des Stahl- und Walzwerkes, eine Kokerei mit vier Batterien, der größte Teil der Gießerei-Einrichtungen... Gesprengt oder entmilitarisiert wurden die Fundamente des Walzwerks II, der größte Teil der Bauten und Fundamente der Kokerei II und ein Teil der Stahlwerkshalle. Stehengebliebene sind: drei Hochöfen (davon waren zwei in Betrieb), eine Kokerei mit vier Batterien (davon war eine in Betrieb), die Hauptwerkstatt und andere Hilfsbetriebe...
Die abgebauten Anlagen wurden entsprechend dem Beschluß der **Brüsseler Reparationsagentur** auf folgende Länder aufgeteilt (der Prozentsatz bezieht sich auf das Gewicht):

England	34%
Jugoslawien	29%
Frankreich	21%
Griechenland	8%
Belgien	6%
Norwegen	1%
Albanien	1%

Nach Riedel wurden die „wichtigsten Bestandteile... folgendermaßen aufgeteilt: Die Hochöfen 1-4 wurden Jugoslawien, Nr. 5 Griechenland, Nr. 9 und 10 England, Nr. 11 und 12 Frankreich zugesprochen. Da die Kennummern allein nichts aussagen, ein Wort zu ihrer Erläuterung. Die von Anfang an von der Demontage ausgenommenen Hochöfen Nr. 8 und 7 waren im Herbst 1939 als erste in Watenstedt angeblasen worden, der nachträglich von der Demontageliste abgesetzte Öfen Nr. 6 im Sommer 1940, er war somit kaum jünger als die beiden zuletzt genannten. Die drei ältesten Öfen also wurden den Reichswerken belassen, Nr. 1-5, die eine mittlere Betriebsdauer aufzuweisen hatten, waren für Jugoslawien und Griechenland bestimmt, während die erst im Herbst 1944 in Betrieb genommenen Öfen, die nur wenige Monate in Tätigkeit gewesen waren, nach England gingen. Frankreich schließlich bekam mit Nr. 11 und 12 die neuesten, die noch gar nicht angeblasen worden waren.

Kundgebung protestierender Arbeiter in Watenstedt-Salzgitter am 18. August 1949. Ca. 12-15.000 Beschäftigte der Reichswerke demonstrierten gegen die Demontage und für den Erhalt ihrer Arbeitsplätze. / Q.: Stadtarchiv Salzgitter

Aufteilung von Stahlwerkseinrichtungen
Thomas-Stahlwerk: Frankreich 58,5%, England 32,3%, Jugoslawien 8,2%, Griechenland 0,2%, Norwegen 0,8%;
Siemens-Martin-Stahlwerk: Frankreich 100%;
Elektro-Stahlwerk: England 80,5%, Frankreich 19,5%;
Mischeranlage: Frankreich 73,5%, England 26,5%;
Kalkbrenneranlage: Jugoslawien 100%;

Aufteilung von Walzwerkseinrichtungen
Blockstraße: England 92%, Norwegen 5%, Tschechische Restitution 3%;
800er Straße: Belgien 54%, England 46%;
Konti-Straße: England 65%, Jugoslawien 31%, Tschechische Restitution 5%;
400er Straße: Belgien 100%;
Grobeisenstraße: England 100%;
Feineisenstraße: Belgien: 100%;
Drahtstraße A: Belgien 100%;
Drahtstraße B: Frankreich 100%;
Walzdreherei: Frankreich 98%, Jugoslawien 2%;
Krananlage: Jugoslawien 59%, Norwegen 26%, Belgien 12%, Frankreich 3%.

Aufteilung der Gießerei
Jugoslawien 46,5%, England 29%, Frankreich 12,4%, Norwegen 12,1%, Indien 0,15%, Albanien 0,1%.

Aufteilung der Kokerei II
Frankreich 60%, Jugoslawien 19%, England 16%, Griechenland 3%, Norwegen 1,5%, Albanien 0,5%.
Die Anschaffungswerte der gesamten Anlagen beliefen sich auf rund 520 Mio. RM. Die Empfängernationen erhielten davon 130 Mio. RM. Der Rest von 390 Mio. RM blieb im Demontagegelände zurück. Der Wiederbeschaffungswert der demontierten Anlagen betrug 1950 230 Mio. DM. Für die als Reparationsgüter abtransportierten Anlagen im Anschaffungswert (1938) von 130 Mio. RM und Wiederbeschaffungswert von 230 Mio. (1950) erhielt die Bundesrepublik rund 85 Mio. DM als Gutschrift auf ihr Reparationskonto.

Das Ende der Demontage
Als im Januar 1951 endgültig die Demontage und **Entmilitarisierung** der Reichswerke beendet wurde, atmete die gesamte Bevölkerung von Watenstedt-Salzgitter erleichtert auf. Die Solidarisierung aller wichtigen gesellschaftlichen Gruppen innerhalb der Stadt hat letztendlich zum Erfolg geführt, die Reichswerke als wichtigster Arbeitgeber der Stadt waren erhalten geblieben. Die gewaltige Notlage in der Stadt Watenstedt-Salzgitter war damit jedoch noch lange nicht beendet: ganz im Gegenteil. Über mehrere Jahre waren stets um 2.000 Mann mit Demontagearbeiten in den Reichswerken beschäftigt, die nun keine Arbeit mehr hatten. Die Zahl der Arbeitslosen lag am 31. Dezember 1950 immer noch bei 10.257 (23,4%). Um die gewaltige soziale Notlage zu beseitigen, war die Wiedererrichtung eines Stahl- und Walzwerkes und die Ansiedlung von Ausgleichsindustrien notwendig, Vorhaben, deren Verwirklichung noch mehrere Jahre in Anspruch nahmen.

Q.: Stadtarchiv Salzgitter (Hrsg.), Die Demontage der Reichswerke (1945-1951), Salzgitter 1990, S. 121ff.

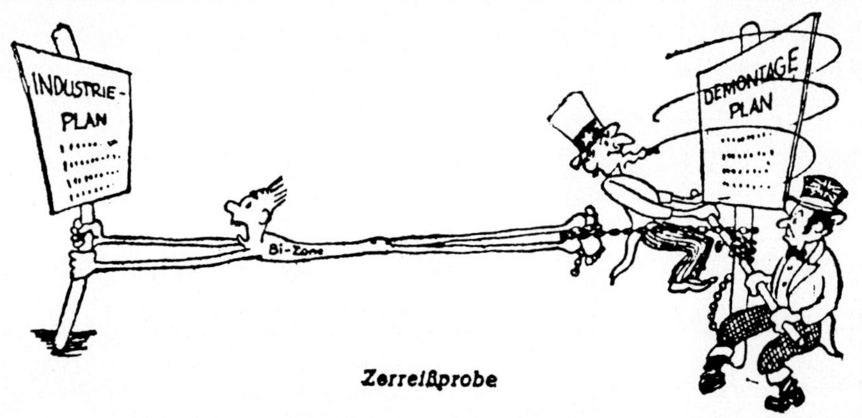

Zerreißprobe

Die Karikatur zielt auf die anscheinende Widersprüchlichkeit der Bizonenpolitik. Auf der einen Seite werden Pläne zur Produktionssteigerung gemacht, auf der anderen Seite wird weiter demontiert — die Bizone droht zu zerbrechen.
(Hannoversche Presse, 7. 10. 1947)

M 8. *Q.: Landeszentrale für politische Bildung, Wege aus dem Chaos, Hannover 1985*

Q.: 3. Die Situation von Frauen in der Nachkriegszeit

Q.: 3.1. Auf 23 Männer kommen 27 Frauen

Der Frauenüberschuß in Braunschweig – Sehr günstiger Altersaufbau.

Statistiken bergen eine gewisse Gefahr in sich. Sehr oft wird das herausgelesen, was man gerade lesen möchte. Immerhin gibt uns die amtliche Liste der Braunschweiger Bevölkerung die als Stichtag das Datum des 1. Oktober 1945 trägt, einige interessante Aufschlüsse und Erläuterungen.

Von rund 196.000 im Jahr 1939 ist die Bevölkerungszahl der Stadt auf 149.730 gesunken. (Inzwischen ist sie wieder auf etwa 165.000 gestiegen) In der Gesamtzahl einbegriffen sind 8.846 Flüchtlinge, davon 7.904 aus den Ostgebieten, und 1.796 Ausländer. War das Verhältnis zwischen weiblichen und männlichen Einwohnern 1939 ungefähr ausgeglichen, so haben die **Frauen** heute die Oberhand gewonnen. Den 81.423 Frauen stehen nur 66.307 Männer gegenüber.

Es ist kein Geheimnis, daß der **Altersaufbau** unseres Volkes ein ungünstiges Bild aufweist. Zwar sind die Jahrgänge zwischen 20 und 40 Jahren gegenwärtig noch am stärksten vertreten, weit geringer ist jedoch heute bereits die Altersklasse bis 20 Jahren. Es fehlt somit die breite Basis, die nachrückend einmal in der Lage sein muß, die Belastung der noch nicht und nicht mehr produktiven Menschen zu tragen. Das Bild der umgekehrten Pyramide, als Darstellung des Volkskörpers, steht in krassester Form vor uns.

Betrachten wir als Beweis einige Zahlen über den altersmäßigen Aufbau der Braunschweiger Bevölkerung.

Jahrgang	männlich	weiblich	gesamt
unter 6 Jahren	6.620	6.239	12.859
6 bis 14 Jahren	7.011	6.619	13.830
14 bis 18 Jahren	2.760	3.553	6.313
18 bis 21 Jahren	2.417	3.760	6.177
21 bis 45 Jahren	23.632	31.580	53.212
45 bis 65 Jahren	18.650	21.885	40.535
über 65 Jahre	6.217	7.587	13.804

Der **Abzug** der Bewohner aus der Innenstadt in die Außenviertel spiegelt sich am klarsten in einem Vergleich zwischen der Altstadt und Lehndorf. Während die Einwohnerzahl von Lehndorf seit 1939 von 9.606 auf 11.139 gestiegen ist, hat die Altstadt jetzt 2.365 Einwohner gegenüber 7.189 im Jahre 1939.

Q.: BZ, 5.3.1946

Spargelproduktion in Braunschweig in den 50er Jahren / Foto: Gertrud Bingel

Q.: 3.2. Frau Tischlerin

„Wenn er doch nur dieses Mal Wort halten und kommen möchte! Ich kann ohne den Schrank gar nicht weiter „einräumen“, klagt die Hausfrau.
Wieder und immer wieder und von allen Seiten hören wir diesen Schrei nach geschulten Handwerkern, nach Elektrotechnikern, nach Hilfe im Haushalt, nach Hausschneiderinnen.
Hierzu nun eine Anregung: Wäre es für viele berufstätige, geeignete Frauen und Mädchen nicht möglich, sich handwerklich umschulen zu lassen? Wohl auf fast allen **männlichen Arbeitsgebieten** hat die Frau sich ihren Platz erobert. Handwerkerinnen aller Art gibt es aber nur erst wenige. Da aber andererseits heute unzählige Frauen sich und ihre Familie erhalten müssen, andererseits aber viele Frauen als eingearbeitete Kräfte sich auf ihren Plätzen behaupten möchten, so ergeben sich zwangsläufig brennende Fragen, unter denen die **Überbelastung des Arbeitsmarktes durch die Frau** und die Ausbalancierung des Lohnniveaus nicht die leichtesten sind. Denn der zurückkehrende Soldat, vielfach Familienvater, will und muß der schon beschnittenen Wirtschaft nach Möglichkeit auch wieder als volle Arbeitskraft eingefügt werden.
Handwerklich, technisch und landwirtschaftlich geschulte Frauen aber finden heute ein riesengroßes Arbeitsfeld. Das Arbeitsamt würde sich unter stärkerer Berücksichtigung persönlicher Wünsche einschalten, und so könnte eine in jeder Beziehung befriedigende, nutzbringende Arbeit einsetzen.
Für die Übergangszeit aber müßten die zuständigen Behörden entsprechende Zuschußregelung sichern.
Noch eins! Die manuell geschickten Frauen, die heute mehr oder weniger geschmackvolle, hochbezahlte kunstgewerbliche Handarbeiten herstellen, müssen sich sagen und darauf aufmerksam gemacht werden, daß die geldliche Auswertung ihrer Kunst konjunkturgebunden ist und nur wenige Auserwählte unter den Schaffenden darauf eine Existenz aufbauen können. Doch über kurz oder lang wird jeder Deutsche dieser wichtigen Existenzfrage wieder näher treten müssen, wenn er auch eben noch verhältnismäßig sorglos ohne Arbeit dahinleben kann, weil er noch einen Spargroschen hinter sich weiß und seelische Erschütterungen und überanstrengende Arbeit seine Kräfte bisher lähmten.
Wie sehr gerade heute, wo fast jeder Haushalt viel Bruch aufweist, der fachlich durchgebildete Arbeiter, die fachlich unterrichtete Frau gesucht werden, weiß jeder von uns. Jeder von uns aber weiß auch um die Unlust, die gerade bei jüngeren Mädchen und Frauen für praktische Arbeit so oft anzutreffen ist. Sie verliert sich erst, wenn eine Sache wirklich gekonnt, wenn sie dankbar anerkannt und besser als bisher bezahlt wird.

Q.: BZ, 18.1.46

Die eingestreuten Werbeanzeigen stammen aus „Denkendes Volk“, Heft 9/Sept. 1947, Westermann Braunschweig

Q.: 3.3. Laßt Männer arbeiten

Noch immer haben heute **Frauen die Arbeitsplätze von Männern** inne, die sie während des Krieges einnehmen mußten und treu versehen haben. Nun sind aber diese Plätze dem aus der Kriegsgefangenschaft heimkehrenden Soldaten, dem Flüchtling und dem stellungssuchenden Familienvater **freizumachen**. Es soll dies keine Undankbarkeit der Frau gegenüber sein, aber in dem heutigen Existenzkampf gehören alle Arbeitsplätze, die früher vom Mann eingenommen wurden und teilweise während der Kriegszeit von der Frau wahrgenommen wurden, an den Mann zurückzugeben, natürlich soweit die Damen nicht selbst auf den Erwerb angewiesen sind.
Karl - Heinz Räder, Oker

Q.: Braunschweiger Neue Presse vom 4.1.1946,
S. 2, Freie Tribüne (Leserbriefe)

**Q.: 3.4. Die Mode
ein Spiegelbild der Zeit**

Nach Beendigung des furchtbaren Mordens in Europa tritt langsam das Leben in seine alten Bahnen zurück. Was jahrelang verschüttet wurde durch die Geißel des Krieges, sucht zögernd das Licht des Friedens. Über den Trümmern einer vergangenen Epoche ragt wie eine Fata morgana das Zukunftsbild der Menschheit: Frieden!
Regt sich da nicht im Herzen mancher Frau der Wunsch, sich wieder zu schmücken, jetzt, da sie wieder froher atmen kann, ohne die quälende Angst um das Morgen? (Sie mag nicht mehr das Kleid tragen, welches sie an so viel traurige Stunden erinnert, sie will wieder fühlen, daß sie ein Mensch ist, daß sie noch lebt, – und diesem Lebensgefühl will sie wieder Ausdruck geben.
Durch Jahrtausende ist die Mode Spiegelbild ihrer Zeit gewesen; sie gibt uns genaue Kunde über die geistige und sittliche Höhe eines Volkes, und es wird auch in Zukunft so bleiben.
Schon bei den Völkern des Altertums spielte die Kleidergestaltung eine wichtige Rolle. Standen die Kleiderfragen und -sorgen doch oft im Vordergrund der Erörterungen, besonders bei wichtigen Ereignissen! Ganz von selbst entwickelten sich die Kleidformen einzelner Völker so, wie es ihrer Wesensart und dem Klima des Landes entsprach. Langsam verwischten sich diese großen Unterschiede, und heute kann man wohl mit Recht von einer internationalen Mode sprechen. Nur kleine Verschiedenheiten, bedingt durch die besonderen Verhältnisse einzelner Länder, sind geblieben.
Große geschichtliche Umwälzungen haben die Mode beeinflußt. Jeder Zeitabschnitt hat der Kleidung der Menschen ein besonderes Gepräge gegeben.
Auch heute stellt die Zeit Forderungen an die Modegestaltung. Wenig Material steht uns zur Verfügung. Wir müssen uns doppelt bemühen, trotzdem eine vollendete Mode zu formen, aus dem wenigen Vorhandenen doch etwas Schönes zu schaffen.
Der „Modespiegel“ soll ein „Spiegelbild der Mode“ unserer Zeit sein, und mein Wunsch, bald einen Teil der Bevölkerung zu seinen regelmäßigen Betrachtern zählen zu können, begleitet das Erscheinen des ersten Heftes.
Karla Brandt.

Q.: Karla Brandt (Hrsg.), Modenspiegel, Heft Nr. 1,
September/Oktober 1945, S. 2

Q.: 4. Die Militärregierung

Q.: 4.1. Reorganisation von Verwaltung und Polizei in den ersten Tagen nach dem Einmarsch der Amerikaner

Die letzten Tage vor dem Einmarsch der alliierten Truppen wohnte ich im Hotel „Deutsches Haus" und hatte dort zwei englisch sprechende Freunde, und zwar einen Deutschen und einen Belgier. Sofort nach dem Einmarsch der amerikanischen Truppen überreichte ich einem Captain eine **Liste von führenden Nationalsozialisten**, welche in Braunschweig ansässig waren, und holte am Morgen nach dem Einmarsch den mir bekannten Erich *Warnecke*, Grünstraße 5, welcher hier einer antifaschistischen Gruppe angehörte, ins Deutsche Haus.
Warnecke fuhr nun mit dem englischen Wagen durch die Stadt zur Verhaftung führender Parteileute.
Ich selbst verblieb im Deutschen Haus, und es erschien gegen 10 Uhr der mir damals noch unbekannte Hauptmann *Stahl*, welcher als kommissarischer Polizeipräsident eingesetzt war. Stahl bekam den Auftrag, eine Liste sämtlicher Einwohner von Braunschweig vorzulegen, bzw. eine Stelle namhaft zu machen, wo sich ein derartiges Verzeichnis befindet. Da das Einwohnermeldeamt vollständig verbrannt war und auch die übrigen Polizeieinrichtungen zerschlagen waren, war dieses Hptm. Stahl nicht möglich. Ich erbot mich Hptm. Stahl gegenüber, im Rathaus Erhebungen anzustellen, ob dort vielleicht noch ein Verzeichnis vorhanden ist, und zwar dachte ich an die Grundliste für die Ausstellung der Steuerkarten etc.. Das Rathaus, welches bis auf wenige Mann unbesetzt war, bot allerdings auch keine Fundgrube bis auf wenige Karteikästen aus dem Wirtschaftsamt, und zwar war hier ein Verzeichnis der Leute, die in den letzten Jahren **Bezugsscheine** erhalten hatten. Da diese Kartei schon einen beträchtlichen Teil der Bevölkerung Braunschweigs umfaßte, wurde diese Kartei den Amerikanern zur Verfügung gestellt, womit man einverstanden war...

Auf Grund dieser Tätigkeit bat mich Hptm. Stahl, mit ins Polizeipräsidium zu gehen und ihm zu helfen, da er besonders für schriftliche Ausarbeitungen usw. überhaupt keine Kraft zur Verfügung hatte.

Bei meinem Eintreffen im Polizeipräsidium sah ich dort Zustände, wie sie überhaupt nicht geschildert werden können. Fast sämtliche Zimmer, besonders aber die Dezernentenzimmer waren einfach ein unüberwindliches Chaos. Ich richtete mich in dem Zimmer 45 ein und nahm meine Tätigkeit auf, welche darin bestand, daß ich vorerst das ratsuchende Publikum so gut es eben ging und es die Verhältnisse gestatteten, abfertigte. Es herrschte an und für sich ein wildes Durcheinander, welches noch dadurch verstärkt wurde, daß alle anderen Behörden stillagen, keine Rechtspflege bestand und deshalb die Polizei als „Mädchen für alles" überlaufen wurde.

Anderentags holte ich eine Stenotypistin, welche dann in entsprechender Weise eingesetzt wurde. Die ersten Arbeiten waren hauptsächlich der Fürsorge für Flüchtlinge, ehemalige KZ-Häftlinge usw. gewidmet.

Langsam kamen dann auch wieder viele Polizeibeamte zurück. Doch als gerüchtweise bekannt wurde, daß eine deutsche Division am Elm durchstoßen würde, verzog sich wieder alles, und nur wenige blieben zurück. Als sich der Durchstoß deutscher Truppen anderen tags als unwahr herausstellte, erschienen auch wieder die alten Beamten...

Q.: Bericht über die Zeit vom 12.-18. April 1945, vermutlich verfaßt von einem Mitglied der „Kuhstraße"; in Albrecht Lein, Antifaschistische Aktion 1945. Die Stunde Null in Braunschweig, Göttingen 1978, S. 258f.

Q. 4.2. Persönliche Botschaft des britischen Oberbefehlshabers an die Bevölkerung des britischen Besatzungsgebietes in Deutschland.

1. Ich bin von der britischen Regierung mit der Befehlsgewalt und Kontrolle des britischen Besatzungsgebietes in Deutschland betraut worden.
   In diesem Gebiet waltet zunächst eine **Militärregierung** unter meinem Befehl.
2. Mein unmittelbares Ziel ist es, für alle ein einfaches und geregeltes Leben zu schaffen. In erster Hinsicht ist dafür zu sorgen, daß die Bevölkerung folgendes hat:
   a) Nahrung, b) Obdach, c) Freisein von Krankheit
   Die Ernte muß eingebracht werden.
   Das Verkehrswesen muß neu aufgebaut werden.
   Das Postwesen muß in Gang gebracht werden.
   Gewisse Industrien müssen wieder die Arbeit aufnehmen. Dieses wird für jedermann viel schwere Arbeit bedeuten.
3. Diejenigen, die nach internationalem Recht **Kriegsverbrechen** begangen haben, werden gesetzmäßig abgeurteilt und bestraft werden.
   Das deutsche Volk wird unter meinen Befehlen arbeiten, um das, was zum Leben der Volksgemeinschaft notwendig ist, zu schaffen und um das wirtschaftliche Leben des Landes wieder aufzubauen.
4. In dem britischen Besatzungsgebiet sind viele deutsche Soldaten, Flieger und Matrosen. Sie werden zur Zeit in besonderen Gebieten versammelt.
   Die Deutsche Wehrmacht sowie alle anderen bewaffneten Verbände werden entwaffnet und aufgelöst.
   Alle deutschen Soldaten, Flieger und Matrosen werden nach ihren Handwerken und Berufen gemustert. In wenigen Tagen wird damit angefangen werden, sie von der Wehrmacht zu verabschieden, damit sie mit der Arbeit beginnen können. Vorrecht in der Dringlichkeit hat die Ernte; darum werden Landarbeiter zuerst entlassen. Die Entlassung von Männern in anderen Handwerken und Berufen erfolgt sobald es praktisch möglich ist.
5. Ich werde dafür sorgen, daß alle deutschen Soldaten und Zivilisten mittels Rundfunk und Presse über den Fortgang der Arbeit auf dem Laufenden gehalten werden. Der Bevölkerung wird aufgetragen, was zu tun ist. Ich erwarte, daß sie es bereitwillig und wirksam tut.

gez. B. L. **Montgomery**
Feldmarschall
Oberbefehlshaber des britischen Besatzungsgebietes
Deutschland, 30. Mai 1945

Q.: Niedersächsische Landeszentrale für politische Bildung (Hrsg.), Gründung des Landes Niedersachsen. Darstellung und Quellen, Hannover 1986, S. 35 f.

Wolfenbüttel, Dezember 1945: Auf Anordnung der britischen Militärregierung hatten alle Deutschen zur Aufrechterhaltung von Ruhe und Ordnung ständig Ausweispapiere bei sich zu führen und mußten sie jederzeit auf Verlangen der alliierten Polizei vorzeigen. / Q.: Imperial War Museum London

Braunschweig, Juni 1945: Zu den ersten Aufgaben der britischen Militärregierung gehörte die Bestandsaufnahme der Industrieanlagen für die Wiederaufnahme der Produktion. Hier besuchen zwei britische Soldaten die Brauerei Wolters. / Q.: Archiv Eckart Grote

Der Präsident der Reichspostdirektion
I A 2 2100-0/2454-0

Braunschweig, den 16. Juni 1945

An

die Ämter des Bezirks

Zu I.A 1 2454-0 v. 12.6.45 an die PÄ

Wiederaufnahme des Postverkehrs

S o f o r t !

Am 20. Juni 1945 wird der Postverkehr in beschränktem Umfang wieder aufgenommen werden.

Zugelassen sind nach den bisherigen Gebührensätzen

1) Im Verkehr zwischen Verwaltungen und öffentlichen Betrieben:
Offene Briefe mit ausschließlich dienstlichem Inhalt,

2) a) im Verkehr zwischen Verwaltungen oder öffentlichen Betrieben (als Absender und Privatpersonen (als Empfänger) und

b) im Verkehr zwischen Handelsfirmen:
offene Briefe mit ausschließlich dienstlichem oder geschäftlichem Inhalt bis zum Höchstgewicht von 20 g,

3) im allgemeinen Verkehr (auch zwischen Privatpersonen):
Postkarten.

(Zu 1 und 2

Zu den öffentlichen Betrieben sind auch Krankenhäuser, Ärzte und Apotheken zu rechnen.)

Zum Freimachen dürfen nur Postwertzeichen der Alliierten Militärregierung verwandt werden, es sei denn, daß die Sendungen durch Stempelabdruck bei den PÄ freigemacht werden. Das Gebührenablösungsverfahren (ADA V,1 Anh. 3) wird vorübergehend außer Kraft gesetzt.

Postwertzeichen werden den PÄ sobald als möglich geliefert werden. Bis dahin ist nach ADA V, 2 § 6 unter c zu verfahren (Vermerk durch Stempelabdruck oder handschriftlich "......Rpf Gebühr bezahlt"; summarische Vereinnahmung im Nachweis besonderer Postgebühren; Namensangaben des Annahme- und Prüfbeamten auf der Sendung nicht erforderlich; Sicherungsmaßnahmen des PA zur Kontrolle der richtigen Vereinnahmung und Verrechnung unbedingt erforderlich).

Bis auf weiteres dürfen an eine Privatperson nur bis zu 4 Freimarken abgegeben werden. Diese Beschränkung gilt nicht für die Abgabe von Wertzeichen an Behörden usw.

Die Briefkastenleerung und die Zustellung sind unter Anpassung an die örtlichen Verhältnisse in der bisherigen Form auszuführen.

Tagesstempel mit Hakenkreuz dürfen nicht mehr verwendet werden. (vgl. Vf. v. 11.5.1945 IV).

Der Postverkehr wird zunächst nur für das Gebiet der RPD-Bezirke Braunschweig und Hannover, d.h. für das Leitgebiet 20, zugelassen.

Für den Beförderungsdienst gelten die Bestimmungen der randvermerkten Verfügung mit der Maßgabe, daß die gesamte Post für den Bezirk Hannover auf Braunschweig zu leiten ist. Eine unmittelbare Beförderung zwischen PÄ des hiesigen Bezirks und PÄ des Bezirks Hannover darf nicht (auch nicht über etwaige Bahnposten) stattfinden.

Die zur Abgabe an die Bevölkerung, in erster Linie an die Großeinlieferer, zum Preise von 20 Rpf bestimmten Aushänge sowie Dienststücke (Aushänge und Hefte) gehen den Ä zu. Weitere Verkaufsstücke sind bei der Dienststelle IV B 5 der RPD anzufordern.

Z a u b i t z e r

M 9. Der Briefverkehr war im Frühjahr 1945 von der Militärregierung verboten worden. Ab 20. Juni wurde das Verbot gelockert. / Q.: privat

Q.: 4.3. Anordnung der Militärregierung

1. Ausgangsbeschränkung
   Von 8 Uhr abends bis 7 Uhr morgens hat sich jedermann in seiner Wohnung aufzuhalten. Wer innerhalb dieser Zeit draußen angetroffen wird, wird festgenommen.

2. Spionage und Sabotage
   Wer a) schießt, b) an militärischen Einrichtungen Schaden verursacht, c) Nachrichten an die deutsche Truppe gibt, d) Fernsprechanlagen zerstört, hat sein Leben verwirkt.

3. Einwohner-Verzeichnis
   An der Haustür eines jeden Hauses muß eine Liste angebracht werden. Es sind anzugeben: Familienname, Vorname, Geburtsdatum, Geschlecht aller Einwohner.

4. Kennkarte
   Alle Personen müssen eine Kennkarte oder einen Personalausweis mit sich führen.

5. Anmeldung und Abgabe kriegsdienlicher Gegenstände
   Wer Feuerwaffen, Munition, Sprengstoffe oder Geräte für Nachrichtenübermittlung besitzt, muß sofort ein Verzeichnis von diesen Gegenständen an der Haustür anschlagen.

6. Alle militärischen Gegenstände müssen abgeliefert werden.

7. Fahrräder dürfen nicht mehr benutzt werden...

8. Vollkommene Verdunkelung muß 1/2 Stunde nach Sonnenuntergang bis 1/2 Stunde vor Sonnenaufgang herrschen.

Q.: Schneider, Ullrich, Niedersachsen 1945/46, Hannover 1984, S. 31

Q.: 4. 4. Alliierte Streitkräfte in Deutschland
Die folgenden Strafen wurden von der Braunschweiger Militärregierung verhängt:

Name	Vergehen	Strafe
Binnewies, Heinz	Ungesetzlicher Besitz von Sprengstoff	2 Jahre Gefängnis
Fricket, Arnold	Sabotage	1 Jahr in einer Anstalt für jugendl. Verbrecher
Wulff, Margarete	Hilfe für oder Nichtmeldung von Personen, die von den Alliierten Behörden gesucht wurden	3 Monate Gefängnis
Voell, Margarete	Ungesetzlicher Besitz von Feuerwaffen	5 Jahre Zuchthaus
Schmidt, Gerh. Herm.	Wissentlich falsche Angaben gemacht	6 Jahre Zuchthaus u. 40.000 RM Geldstrafe
Schmidt, Gust. Herm.	Wissentlich falsche Angaben gemacht	4000 RM Geldstrafe
Breitenstein, Franz	Veranstaltung einer öffentl. Versammlung ohne Erlaubnis	5 Jahre Zuchthaus
Meier, Erich	Verstoß gegen Aufrechterhaltung von Ruhe und Ordnung	6 Wochen Gefängnis und nachher wöchentliche Meldung auf der Polizei für die Dauer von 6 Monaten
Beulshausen, Horst	"	"
Stavenhagen, Gustav	"	"
Junge, Hans	"	"
Pfeng, Arthur	"	6 Wochen Gefängnis
Ernst, H.	"	6 Wochen Gefängnis
Wandt, H.	"	12 Monate Gefängnis
Honnef, K.	"	12 Monate Gefängnis
Ziekoren, Ursula	Verstoß gegen das Ausgehverbot	200 RM
Junge, Willi	Verstoß gegen das Ausgehverbot	400 RM
Bode, R.	Verstoß gegen das Ausgehverbot	200 RM
Zufferi, Uldercio	Verstoß gegen das Ausgehverbot	200 RM
Matytschuck. Anatoli	Verstoß gegen das Ausgehverbot	50 RM
Bengen, Herbert	Verstoß gegen das Ausgehverbot	400 RM
Kirstein, Richard	Verstoß gegen das Ausgehverbot	400 RM
Grosc, Carlo	Verstoß gegen das Ausgehverbot	200 RM
Rabsilber, Bruno	Verstoß gegen das Ausgehverbot	200 RM
Laffe, Friederike	Verstoß gegen das Ausgehverbot	200 RM
Mitschell, Anismo	Verstoß gegen das Ausgehverbot	200 RM
Fuhrmann, Gerhard	Verstoß gegen das Ausgehverbot	14 Tage Gefängnis
Gugisch, Eric	Verstoß gegen das Ausgehverbot	200 RM
Fomin	Verstoß gegen das Ausgehverbot	1 Tag Gefängnis

Q.: Berthold Becker, Zeitbilder aus Braunschweig, 1945

Watenstedt-Salzgitter, Sommer 1946: Die Beschlüsse der Potsdamer Konferenz verlangten eine Demontage von Industrieanlagen, die für die deutsche Friedensproduktion ,,entbehrlich" waren. Obenan auf der britischen Liste der entbehrlichen Betriebe standen die Reichswerke in Watenstedt. Die Aufgabe der Militärregierung war hier die Verteilung der zu demontierenden Güter und Anlagen. Das Foto zeigt den Abtransport von Maschinen durch britische Soldaten und deutsche Demontagearbeiter. / Q.: Archiv Eckart Grote

Braunschweig, 25. Juli 1945: Industriebetriebe mit geringem Zerstörungsgrad, die nicht demontiert werden sollten. erhielten sehr schnell die Produktionserlaubnis. Das Foto zeigt den britischen Oberkommandierenden Feldmarschall Montgomery bei der Betriebsbesichtigung der Firma Voigtländer. / Q.: Archiv Eckart Grote

Q.: 4.5. Aus dem Chaos zur Ordnung

Die Leistungen der Militärregierung im Lande Braunschweig

Zwölf Jahre Naziherrschaft und sechs Jahre Krieg hatten auch in Braunschweig die Grundlagen zerstört, auf der allein ein Gemeinwesen existieren kann. Doch hinter den Armeen der Alliierten kamen bereits die Männer der Verwaltung. Eine gewaltige Aufgabe lag vor ihnen. Wenn man heute daran geht, die Arbeit zu würdigen, die die Militärregierung in Braunschweig in den vergangenen Monaten geleistet hat, so kann das nur in kurzen Zügen geschehen.

Erste und vordringlichste Aufgabe war es, im Lande wieder **Ruhe und Ordnung** herzustellen. Viele Polizisten waren geflohen, andere mußten wegen ihrer nazistischen Einstellung entlassen worden. Von Grund auf mußte das **Polizeiwesen** neu organisiert werden. Das geschah in großzügiger Weise, das englische Vorbild stand dabei Pate. In Braunschweig wurde die Stadtpolizei aufgebaut. Polizeischulen wurden ins Leben gerufen, denn nicht nur die Form, sondern auch der Geist wurde entscheidend geändert. Mit dem 1. Januar wurde die Verwaltungspolizei dem Oberbürgermeister unterstellt, eine berittene Polizei ist in der Vorbereitung.

Wiederaufbau der Wirtschaft
Daß heute wieder eine Reihe von Betrieben in Braunschweig arbeitet, daß hier deutliche Ansätze zu einer beginnenden Gesundung zu bemerken sind, kennzeichnet die Situation auf wirtschaftlichem Gebiete. Lenkung und Zusammenfassung der Arbeitskräfte, Zurverfügungstellung der Rohmaterialien und der Kohle, Überwachung der einzelnen Betriebe, die Sicherstellung der Ernährung waren Probleme, mit denen man sich auseinanderzusetzen hatte. Auch die Versorgung der **zwangsverschleppten Fremdarbeiter** und die Bereitstellung von Heizmaterial für den Winter gehörten dazu, ebenso wie die Überwindung großer Transportschwierigkeiten.

Erhebliche Fortschritte sind auf dem Gebiete des Schulwesens zu verzeichnen. Bei der Besetzung waren alle Schulen geschlossen. Viele Anstalten waren beschädigt und der Rest beschlagnahmt. 90 von Hundert aller Kinder waren ohne Unterricht, und es bestand die große Gefahr der Verwahrlosung der Jugend. Heute sind bereits wieder 75 von Hundert aller Schulen geöffnet, die Technische Hochschule, die Lehrerbildungsanstalt, die Mittel- und die höheren Schulen haben ihren Betrieb ebenfalls aufgenommen. Neue Bücher wurden gedruckt und zum Teil schon verteilt. Sehr schnell gehen hier die Verhältnisse dem normalen Zustand entgegen.

Vorbildliche Flüchtlingsbetreuung
Umfangreiche Maßnahmen erforderte die **Betreuung der Flüchtlinge**, die als eine Folge des verlorenen Krieges zu Millionen durch das Land zogen. Nach der Einsetzung eines Sonderbevollmächtigten für die Flüchtlingsfragen durch die Militärregierung wurde der Flüchtlingsstrom in geordnete Bahnen gelenkt und die Versorgung mit dem lebenswichtigsten Dingen sichergestellt. Mehrere Verordnungen haben das Land der **Selbstverwaltung** erheblich nähergebracht. Die Einsetzung einer **Stadtvertretung** in der Stadt Braunschweig gehört dazu. Die demokratischen, politischen Parteien, zunächst auf Kreisbasis sind in Vorbereitung, um zum Teil haben sie ihre Tätigkeit schon beginnen können. Dasselbe gilt für die Bildung der Gewerkschaften. Die Anträge auf Zulassung sind gestellt und es ist nur eine Frage der Zeit, daß die Genehmigung erteilt wird.

Q.: Stadtblatt, 5.1.1946

Q.: 4.6. Militärregierung Deutschland – Britisches Kontrollgebiet Verordnung Nr. 12 Bildung von politischen Parteien

Um das Wachstum eines demokratischen Geistes in Deutschland zu fördern und um das Abhalten freier Wahlen an einem noch zu bestimmenden Zeitpunkt vorzubereiten, wird folgendes verordnet:

Artikel I
Bildung von politischen Parteien
1. Politische Parteien können auf einer Kreisgrundlage gemäß den hierin enthaltenen Bestimmungen gebildet werden.
2. Die Militärregierung kann einen Zusammenschluß der im Rahmen dieser Verordnung gebildeten Parteien in größeren Gebieten unter Erlassung von besonderen Bestimmungen und Bedingungen gestatten.
3. Die Mitgliedschaft zu politischen Parteien muß **freiwillig** sein.

Artikel II
Form des Antrages
4. Jede Person oder jede Gruppe von Personen, die den Wunsch hat, eine politische Partei für einen Kreis zu gründen, kann einen **Antrag an die Militärregierung** auf Genehmigung zur Bildung einer solchen Partei stellen.

Artikel V
Aufhebung deutscher Gesetze
11. Alle Bestimmungen deutscher Gesetze, die seit dem 20. Januar 1933 erlassen worden sind und die
a) die Bildung politischer Parteien verbieten oder einschränken; oder
b) wegen einer vor dem 30. Januar 1933 zulässigen politischen Betätigung oder der Teilnahme an einer solchen Strafen auferlegen; oder
c) das Vermögen politischer Parteien oder deren Mitglieder der Beschlagnahme aussetzen,

sind hiermit innerhalb der Britischen Kontrollgebiete aufgehoben.

Artikel VI
12. Jeder der
a) sei es als Mitglied einer politischen Partei oder sonst an einer politischen Tätigkeit teilnimmt, die als Zweck hat oder geeignet ist:

I. die **Autorität** der Militärregierung zu untergraben; oder
II. **Zwietracht** unter den Alliierten Mächten zu säen; oder
III. **Krieg oder Militarismus** zu verherrlichen oder vorzubereiten; oder
IV. das Naziregime wieder **herzustellen** oder ein ähnliches Regime einzusetzen; oder
V. **benachteiligende Unterschiede** gegen eine Person oder Gruppe von Personen auf Grund ihrer Rasse, Farbe, Staatsangehörigkeit; oder

Genehmigung der Militärregierung zur Abhaltung einer politischen Versammlung

Die nachstehend aufgeführten Personen (Namen und Anschriften):

Fränz Huther, Wolfenbuttel, Heimstattenweg 18

Otto Basse, Wolfenbuttel, Herrenbreite 18

Arnold Michalek, Wolfenbuttel, Lohenstr. 3a

erhalten hiermit die Genehmigung zur Abhaltung einer Versammlung, ausgeführt durch (Name der Organisation, die die Versammlung durchführt):

Sozialdemokratisdhe Partei, Ortsverein Wolfenbuttel

~~Wolfenbuttel~~ am (Datum) 19. Mai 46

um 1030 Uhr in Wolfenbuttel, in der Schauburg

Folgende Redner sind zugelassen (Namen und Anschriften):

Oberburgermeister Dr. Boehme, Braunschweig

Zweck der Versammlung ist ~~Unsere Wege, unsere Ziele~~

Kundgebung fur die Aufklarung der Bevolkerung

Höchstzahl der Teilnehmer an der Versammlung ist 800-1000

Folgende Bedingungen müssen eingehalten werden:

a) Alle Gesetze, Verordnungen, Bestimmungen und Vorschriften der Militärverwaltung müssen genauestens eingehalten werden.

b) Sammlungen sind / sind nicht / erlaubt.

c) Vertretern der Militärverwaltung oder Alliierten Streitkräfte ist jederzeitige Anwesenheit bei Versammlungen gestattet.

d) Vorkehrungen dazu müssen getroffen werden, sofern die Militärverwaltung oder Vertreter der Alliierten Streitkräfte dies wünschen.

e) Sonderbedingungen: Es wird bescheinigt, dass der Vertreter der ASO von dieser Versammlung unterrichtet ist und nichts gegen ihre Abhaltung hat.

Unterschrift

Datum 14. Mai 46

Kommandant der Militärverwaltung des Bezirks Nr. 827

M 10. Jede politische Betätigung war den Deutschen zunächst von der Militärregierung verboten worden. Nach der Aufhebung dieser Anweisung mußte die Durchführung einer politischen Versammlung bei den Militärbehörden angemeldet werden. / Q.: privat

Am 25. Juli 1945 besucht Feldmarschall Montgomery die Stadt Braunschweig. Ehrenformation vor dem Gebäude des ehem. Luftflotten-Kommandos. / Q.: Archiv Eckart Grote

ihres Glaubensbekenntnisses einzuführen; oder

b) der als Mitglied einer politischen Partei an einer politischen Tätigkeit teilnimmt, deren Absicht oder Bestreben es ist, andere politische Ziele und Zwecke zu erreichen, als die in dem von der Militärregierung **genehmigten** ursprünglichen oder geänderten Parteiprogramme enthalten.
setzt sich – falls ein Gericht der Militärregierung ihn schuldig findet – jeder **gesetzlichen Strafe** einschließlich der Todesstrafe aus.

Artikel VII
14. Eine „Politische Partei" ist jede Gruppe von Personen, die zusammen arbeiten, um ein gemeinsames politisches Ziel zu erreichen.

Artikel VIII
Zeitpunkt des Inkrafttretens.
15. Diese Verordnung tritt am 15. September 1946 in Kraft.
Im Auftrage der Militärregierung.

Q.: Niedersächsische Landeszentrale für politische Bildung, Wege aus dem Chaos, Hannover 1985, S. 42

Q.: 5. Die Sozialistische Einheitspartei (SEP), eine braunschweigische Besonderheit

Q.: 5.1. Die Anfänge

In den Zuchthäusern und Konzentrationslagern der Nazis hatten sich die Funktionäre der Arbeiterparteien geschworen, den alten Bruderkampf zu beenden und nach dem Untergang des Faschismus keine neue Zersplitterung... zuzulassen. Als 1945 die Überlebenden die Haftstätten verließen, gingen sie zusammen mit den aus der Emigration zurückkehrenden Genossen daran, eine sozialistische Einheitspartei aufzubauen. Von ihrem Versuch, im Land Braunschweig eine solche Partei zu gründen und vom Scheitern, berichten einige der Hauptbeteiligten:

Bericht Kurt Schneiders (ISK Braunschweig):
Der Neubeginn einer sozialistischen Politik begann in der Sterbestunde der Nazis... Als Gruppe hervorzutreten begannen wir Mitte April 1945, als wir uns bei Otto Metge/ Kuhstraße einfanden und hier über hergestellte Verbindungen zur Besatzungsmacht sprachen und versuchten, mit Vorschlägen Einfluß insbesondere auf die Besetzung wichtiger politischer Stellen zu gewinnen... Schwieriger war die Bildung von Parteien. Die Besatzungsmächte wollten den Zeitpunkt hierzu noch hinausschieben.

Bericht Alfred Kubels (ISK Braunschweig):
Diese Gruppe lud den Schreiber dieser Schilderung erstmalig zu einer gemeinsamen Besprechung am Sonntag, den 15. 7. 1945, ein.
Nach kurzer Aussprache wurde er einstimmig damit beauftragt, die Vorbereitungsarbeiten für die Gründung einer sozialistischen Partei zu leiten. Er nahm diesen Auftrag unter folgenden Voraussetzungen an:

1. Die zu gründende sozialistische Partei wird so aufgebaut, daß in ihr alle Sozialisten Platz finden.
2. Diese Tatsache kommt in ihrer Formierung zum Ausdruck. Der Name „Sozialdemokratische Partei" wird dieser Tatsache ebensowenig gerecht, wie etwa der Name einer anderen sozialistischen oder kommunistischen Organisation von 1933...

Bericht Kurt Schneiders:
In verschiedenen vertraulichen Gesprächen mit Vertretern der 1933 in Braunschweig vorhandenen sozialistischen Parteien wurde der gemeinsame Wille zur Einheitspartei bekundet.
In diesen Vorbesprechungen waren vertreten von den alten Parteien Keune und Fliess (SPD), Wallbaum (KPD), Ahlbrecht und Günter (SAP), Kirchner (KPO), Kubel und ich (ISK).

Bericht Alfred Kubels:
Am 18. Juli d.J. fand eine Besprechung mit den Leitern der Antifa statt (Brinkmann, Wallbaum, u.a. Anm. d. Verf.). In dieser Besprechung wurde schließlich auch die Zustimmung dieser Genossen, eine sozialistische Einheitspartei zu gründen und die Genossen der Antifa in sie einzugliedern, erzielt.
Die Genossen der Antifa übernahmen es, diesen Beschluß in ihrem Funktionärskreise zu vertreten

Q.: Reinhard Bein, Widerstand im Nationalsozialismus, Braunschweig 1985, S. 146-150

Q.: 5.2. Programmentwurf der SEP vom August 1945 (Generaldirektor Kubel (ISK) und Hermann Ahlbrecht (KPD))

Streng vertraulich!
Richtlinien für ein Parteiprogramm
Warum „Sozialistische Einheitspartei"
Wir sind für die einheitliche sozialistische Partei, weil wir der Meinung sind, daß die Verwirklichung des Sozialismus nur die **gemeinsame** Aufgabe aller Sozialisten sein kann. Wir sind nicht der Auffassung, daß es nur für die Sache des Sozialismus' umso besser ist, je mehr Parteien sich ihrer annehmen. Der gefährlichste Feind aller Sozialisten ist der **Bruderkampf**, und der Krebsschaden des Sozialismus' ist die **Zersplitterung** seiner Organisationen.

Je mehr sozialistische Parteien, um so weiter sind wir vom Ziele des Sozialismus' entfernt. Sozialistische Erfolge sind nur in disziplinierter Einigkeit zu erringen. Wahrhaft sozialistische Politik kann nur eine Politik der **Einheitsfront** sein...
Wir haben aus den Erfahrungen der letzten zwölf Jahre gelernt, und haben den festen Willen, die organisierte Einheit aller sozialistischen Parteien und Gruppen Tatsache werden zu lassen...

Welches ist unser Ziel?
Unser Ziel ist der Sozialismus, d.h., die **ausbeutungsfreie** Gesellschaft. Wir fordern einen freien demokratischen Staat, in dem soziale Gerechtigkeit herrscht, einen wahren Volksstaat, der jedem Volksangehörigen die gleiche Möglichkeit bietet, seine berechtigten Bedürfnisse materieller, sowie geistiger Art zu befriedigen. Wir fordern die Beseitigung aller Besitz-, Geburts- und Bildungsvorrechte als notwendige Vorbedingung eines gleiches Staates für Alle, die Beseitigung aller monopolitischen Schranken als Grundbedingung gerechter Lebensmöglichkeit...

Zur Erreichung unseres Zieles gelten folgende Richtlinien:
A. Wirtschaft und Handel.
Freiheit von wirtschaftlicher Ausbeutung, Freie Entfaltung der wirtschaftlichen Fähigkeiten Aller. Sicherung einer **menschenwürdigen** Existenz für Alle. Vollbeschäftigung für alle Arbeitsfähigen und allgemeine **Arbeitspflicht**. Hebung des allgemeinen Wohlstandes...
Größtmögliche Freiheit der persönlichen Initiative und des wirtschaftlichen Wettbewerbes für die einzelnen staatlichen, genossenschaftlichen und privaten Betriebe...

B. Arbeitsrecht und Sozialpolitik
Forderung nach einem einheitlichen Arbeitsrecht. Jeder hat das gleiche Recht auf Arbeit...

C. Kulturpolitik und Erziehung
Brechung des Bildungsmonopols. **Demokratisierung** des gesamten Bildungs- und Unterrichtswesens. Einheitsschule für das gesamte Volk. Öffentlichkeit und Unentgeltlichkeit für das gesamte Unterrichts- und Erziehungswesen. Bildungsgang nur nach Eignung und Begabung.
Die Erziehung soll frei sein von jeglichem Autoritätswahn und Knechtsgeist und ihr Endziel erblicken allein in edler Gesinnung und **vernünftiger** Selbstbestimmung.
Die Jugend soll im Geiste der Menschlichkeit und der Völkerverständigung, der Demokratie und der sozialen Verantwortung erzogen werden...

Q.: Albrecht Lein, a.a.O., S. 338ff.

Q.: 5.3. Das Scheitern der SEP

Bericht Kurt Schneiders:
In den weiteren Verhandlungen zeigten die SPD-Freunde auf, daß in Hannover Kurt Schumacher bereits sehr aktiv sei und das Ziel verfolgte, die SPD in den drei westlichen Zonen wieder ins Leben zu rufen.
Alfred Kubel wurde von dem vorbereitenden Arbeitskreis gebeten, mit Schumacher in Verbindung zu treten, was wiederholt geschah. Schumacher erkannte die Gründe an, die wir gegen die Nutzung des alten Namen hatten, hielt es aber doch für richtig, aus anderen Gründen, insbesondere weil die große Masse der Arbeiterschaft Interesse daran habe, die SPD wieder ins Leben zu rufen, und versprach sich davon einen Massenzulauf, nicht nur alter Sozialdemokraten, sondern auch neuer...
Die Gespräche waren freundschaftlich, aber bestimmt und hart. Wir waren entschlossen, auch nach dem Gespräch mit Schumacher, hier in Braunschweig eine neue eigene Einheitspartei zu gründen in der Hoffnung, daß an anderen Stellen in Deutschland ähnliche Vorhaben zu beobachten wären.

Auch in anderen Gegenden Deutschlands versuchten Vertreter der linkssozialistischen Parteien, eine sozialistische Einheitspartei zu bilden. In der sowjetischen Besatzungszone war aber bereits eine KPD gegründet worden, und in Hannover arbeitete Schumacher an der Wiedererrichtung der SPD. Die Braunschweiger Entwicklung lief an diesen reichsweiten Bestrebungen zunächst vorbei.
Robert Gehrke, Anfang Juni aus dem KZ Dachau entlassen (vor 1933 Linkskommunist), betrieb, während die Verhandlungen über die Bildung einer sozialistischen Einheitspartei liefen, den Aufbau der KPD.

Bericht Kurt Schneiders:
Die Einmütigkeit wurde gestört, als Robert Gehrke, früher Kommunist, in Braunschweig wieder erschien. Gehrke hatte die besten Verbindungen zur russischen Militärmacht in Ostberlin und war von da wahrscheinlich beauftragt, im Westen aktiv zu werden und alles zu unternehmen, jede Einheitsbewegung zur Gründung einer politischen Partei seitens der Arbeiterschaft zu verhindern.
Diese Haltung wurde von den Freunden der früheren kommunistischen Partei im Vorbereitungskreis natürlich bedauert. Man sprach im Vorbereitungskreis davon, daß Gehrke mit diesem Vorhaben abstimmungsmäßig unterlegen war, sich jedoch an seinen Auftrag Moskaus oder Ostberlins hielt. Die Verhandlungen zur Bildung einer sozialistischen Einheitspartei unter Einschluß der Antifa gingen in Braunschweig weiter, da zunächst der Antrag Gehrkes bei der britischen Militärregierung auf Zulassung der KPD im Land Braunschweig unbekannt blieb. Am 31.7.1945 stimmte der „Kuh-Club" der Bildung der SEP endgültig zu, am 2. 8.1945 die Funktionäre der Antifa.

Bericht Alfred Kubels:
Am Donnerstag, den 2.8.1945, fand die Zusammenkunft mit der Leitung der Antifa statt. Auch diese Genossen erklärten im Namen ihres Funktionärskreises ihre Zustimmung, die Antifa in der Sozialistischen Einheitspartei aufgehen zu lassen. Die Resolution wurde von ihnen mit den nachstehenden Namen unterschrieben: Wallbaum, Fliess, Brinkmann.
Mit diesem Akt ist die Sozialistische Einheitspartei zunächst für das Land Braunschweig gegründet worden unter der Voraussetzung, daß die Militärregierung ihre Zustimmung zu dieser Parteigründung erteilt. Damit hat die Antifa zu existieren aufgehört und auch der Rahmen der SPD ist in dieser Partei aufgegangen.
Die Kommunisten blieben jedoch außerhalb der SEP. Am 17.8.1945 scheiterte ein letztes Gespräch zwischen der SEP (Kubel) und Kommunisten (Gehrke, Stöber, Brinkmann, letzterer nahm eine schwankende Haltung ein).

Bericht Walter Brinkmanns (KPO Braunschweig, Vorsitzender der Antifa):
Die Vertreter dieser beiden Arbeiterparteien (er meint SPD und KPD, Anm. d. Verf.) hatten zusammen Verhandlungen betreffs Vereinigung der beiden politischen Parteien aufgenommen. In dieser fraglichen Konferenz erklärte Genosse Gehrke mit aller Ruhe und Sachlichkeit dem Genossen Kubel, warum und weshalb die Verhandlungen mit ihm, dem Vertreter der KPD, betreffs Einigung dieser beiden Parteien vor sich gehen müsse. Ich erklärte nochmals, daß für die Einigung... nur die KPD und SPD in Frage kämen, nicht aber die Antifa als Sammelorganisation der Antifaschisten verschiedener Parteirichtungen...
Der Genosse Kubel verließ daraufhin das Zimmer und ließ uns sitzen, worauf ich wieder aufstand und sofort feststellte, daß der Genosse Kubel als solcher derjenige war, der die Sitzung böswillig auffliegen (ließ) und jede Verhandlung für die Zukunft damit unterbunden hat.

Bericht Kurt Schneiders:
In einer gemeinsamen Aussprache kamen wir zu der Auffassung, es dann nicht zu einer nur scheinbaren Einheitspolitik kommen zu lassen. Wir näherten uns dem Gedanken Kurt Schumachers, eine politische Partei ins Leben zu rufen, in der sowohl christliche Sozialisten, marxistische Sozialisten als auch ethische Sozialisten ihre Heimat fanden, und einigten uns, von der Gründung einer Einheitspartei in Braunschweig Abstand zu nehmen (d.h. den Antrag auf Zulassung, der am 5.9.1945 gestellt war, zurückzuziehen, Anm. d. Verf.). Wir bedauerten die Situation...
Wallbaum bedauerte die Haltung Gehrkes, und wir entschlossen uns, die Arbeit mit den anderen Vertretern früherer sozialistischer Gruppen weiter auszubauen, mit dem Ziele, diese auch für den Eintritt in die SPD zu gewinnen. Dies gelang mit der SAP, der KPO und auch mit einigen KPD-Leuten. Die ISK-Freunde insgesamt schlossen sich der Neugründung der SPD an.

Albrecht Lein nennt in seiner Untersuchung „Antifaschistische Aktion 1945" als Hauptursache für das Scheitern einer Einheitspartei aller Sozialisten (neben der Ablehnung der Einheitspartei durch die KPD, weil sie darin keinen Einfluß gehabt hätte) die fehlende Unterstützung seitens der Arbeiterschaft. Die politische Einheit der Arbeiterschaft war deshalb schon durch den geringsten Dissens in Funktionärskreisen gefährdet.

Alfred Kubel in einer Befragung:
Wir hatten volle Versammlungen, wenn es sich darum handelte, unmittelbare Not zu lindern. Aber der Drang zur politischen Einflußnahme, der Drang zur Demokratie war nicht sonderlich spürbar, und es war ziemlich schwierig, ihn zu wecken.
Die Menschen hatten ganz andere Sorgen. Sie waren vom Krieg müde, kamen zurück in eine zerstörte Stadt. Das Bedürfnis, politisch Einfluß zu nehmen, bedeutete immer auch Verzicht, das Mögliche zum Wohl der Familie zu tun. Es gab noch eine Reihe alter Funktionäre, die sich um kommunalpolitische Aufgaben kümmerten. Die jungen Leute waren nicht da. Und die Militärregierung war nicht sonderlich förderlich gegenüber dem Entstehen politischer Parteien.

Q.: Reinhard Bein, Widerstand im Nationalsozialismus, Braunschweig 1985, S. 146-150

Zum Geleit!

Am 1. Juni 1945 habe ich mein Amt als Oberbürgermeister der Landeshauptstadt Braunschweig erneut angetreten. Unsere einstmals blühende, stolze und schöne Stadt ist wie viele andere das sinnlose Opfer einer brutalen und verbrecherischen Führung geworden; wo einst ein lebhaftes Geschäftsleben wogte, wo in Werkstätten und Fabriken die arbeitende Bevölkerung wirkte und schaffte, wo mittelalterliche, weit über Deutschlands Grenzen beachtete sehenswerte Häuserzeilen und Winkel das Auge erfreuten, überall zeugen heute Trümmer und Ruinen von einer unglückseligen Zeit, die nichts als ewigen Hasses wert ist. Das traurige Ergebnis dieser Epoche stellt uns vor Aufgaben allergrößten Ausmaßes. Ich bin gewillt, das Aufbauwerk in materieller und geistiger Hinsicht ohne Zögern anzupacken. Dazu aber bedarf es der tätigen und verantwortungsbewußten Mithilfe jedes einzelnen Bürgers der Stadt und jeder im arbeitsfähigen Alter stehenden Frau.

Die Neuordnung unseres Volks- und Gemeinschaftslebens bedingt Verfügungen und Erlasse der Militärregierung; die Verwaltung unseres Gemeinwesens erfordert Anordnungen und Bekanntmachungen der städtischen und anderer in den Mauern der Stadt untergebrachten Behörden. Die „AMTLICHEN BEKANNTMACHUNGEN“ wollen auf diesem Gebiete der Mittler zwischen Behörden und Bevölkerung sein, die damit der Mühe und Unbequemlichkeit überhoben wird, alle notwendigen Auskünfte allein aus den Maueranschlägen zu ersehen.

Ich hoffe auf eine vertrauensvolle Zusammenarbeit mit der gesamten Bevölkerung, auf stolze Erfolge gemeinsamen Wirkens, auf einen, wenn auch mühseligen, so doch sicheren Weg in eine glücklichere Friedenszeit.

Nun frisch ans Werk!

BÖHME, Oberbürgermeister

M 11. *Die erste amtliche Bekanntmachung des neu eingesetzten Oberbürgermeisters Ernst Böhme vom 17. Junli 1945. Diese Bekanntmachungen hingen als Plakate an öffentlichen Plätzen aus, um die Bevölkerung über wichtige Entscheidungen der Stadtverwaltung oder der Militärregierung zu informieren. / Q.: privat*

Antifaschistischer Trauerzug in Braunschweig im Februar 1947 / Q.: Stadtarchiv Braunschweig

Q.: 6. Der Weg zur politischen Selbstbestimmung

Q.: 6.1. Wahlen in Braunschweig

Wie überall in der britischen Zone, haben am Sonntag auch im Lande Braunschweig die Gemeinden ihre **Gemeindevertretungen** gewählt. Eine Ausnahme machten die Städte Braunschweig, Goslar und Watenstedt-Salzgitter, in denen die Bevölkerung erst am 13. Oktober zur Wahlurne schreiten wird. Als Ergebnis des ersten Wahltages im Lande Braunschweig ist ein überzeugender Sieg der Sozialdemokratischen Partei festzustellen, die mit weitem Abstand als stärkste Partei aus dem Wahlgang hervorgegangen ist. Ein Charakteristikum dieser Wahl, bei der Kandidaten und nicht Listen gewählt wurden, ist die hohe Zahl der Stimmen festzustellen, die für die unabhängigen Kandidaten abgegeben wurden, für Personen also, die keiner Partei angehören. Sie rangieren mit der Zahl der Kandidaten an zweiter Stelle hinter der Sozialdemokratie, obschon nach der Stimmenzahl die CDU an zweiter Stelle steht. Der Unterschied zwischen der Zahl der Kandidaten und der Zahl der Stimmen bei den Parteilosen und der CDU erklärt sich aus dem etwas komplizierten Modus der Verteilung der Sitze, aus den Stimmen des sogenannten Reservestockes. Auffallend ist die geringe Zahl der Stimmen, die die KPD auf sich vereinigen konnte. In vielen Orten gelang es ihr nicht, auch nur einen Kandidaten in die neue Gemeindevertretung zu bringen.

Der Wahltag ist **ruhig** verlaufen, und aus keinem Ort des Landes wurden Zwischenfälle gemeldet. Die Wahlbeteiligung lag ungefähr bei 75 v. H. der Wahlberechtigten. Das für die Wähler neuartige Wahlsystem hatte mit zur Folge, daß eine beträchtliche Zahl von **ungültigen Stimmen** zu verzeichnen war, die jedoch nicht so hoch war, daß sie das Wahlergebnis entscheidend beeinflussen konnte. Eine Reihe von Stimmen ging zum Teil dadurch verloren, daß Wähler trotz vorheriger Belehrungen statt drei oder sechs Stimmen auf einen Stimmzettel nur eine Stimme abgaben.

Obwohl in der Stadt Braunschweig nicht gewählt wurde, war das Interesse für die Wahlergebnisse ungewöhnlich rege. Als am Sonntagabend kurz nach 20 Uhr in einem Fenster des Verlagsgebäudes der „Braunschweiger Zeitung“ die ersten Wahlergebnisse bekanntgegeben wurden, fand sich auf dem Hutfiltern eine große Menschenmenge zusammen, die bis zur letzten Stunde vor Mitternacht ausharrte. Auch der Nordwestdeutsche Rundfunk brachte in seiner 22-Uhr-Sendung an erster Stelle Ergebnisse aus dem Lande Braunschweig, die von der Redaktion der „BZ“ über Fernschreiber nach Hamburg durchgegeben worden waren.

Das Ergebnis in den Kreisstädten:

Stadt Helmstedt:
SPD 17 Vertreter, CDU 3, KPD 1.
Stadt Gandersheim:
SPD 8 Vertreter, CDU 7.
Stadt Wolfenbüttel:
SPD 13 Vertreter, CDU 8, FDP 2, KPD 1.

Die Ergebnisse der Kreise:

	Abgegebene Stimmen	Anzahl der Kandidaten
Braunschweig Land		
SPD	88.360	212
CDU	13.213	112
KPD	1.744	5
NLP	–	–
FDP	10.596	40
Unabhängige	22.279	229
Wolfenbüttel		
SPD	84.245	321
CDU	49.324	160
KPD	10.442	10
NLP	1.154	–
FDP	11.363	7
Unabhängige	21.304	95
Helmstedt		
SPD	109.551	417
CDU	55.893	165
KPD	8.514	4
NLP	4.604	14
FDP	–	–
Unabhängige	11.943	84

Q.: BZ, 17.09.1946

Wahlbeteiligung der Altersstufen bei der Kreiswahl 1946 und Landtagswahl 1947 in Braunschweig

Altersstufen	Männer				Frauen				Insgesamt			
	13.10.1946		20.4.1947		13.10.1946		20.4.1947		13.10.1946		20.4.1947	
	Zahl	vH	Zahl	vH	Zahl	vH	Zahl	vH	Zahl	vH	Zahl	vH
1	2	3	4	5	6	7	8	9	10	11	12	13
21 — 27	3.326	55,2	2.887	46,6	5.376	62,4	4.590	45,9	8.702	59,5	7.477	46,2
28 — 37	6.615	69,4	5.729	56,2	9.281	72,9	8.193	58,6	15.896	69,1	13.922	57,6
38 — 47	9.749	70,9	9.836	66,1	11.904	78,4	12.172	70,4	21.653	74,8	22.008	68,4
48 — 57	8.475	74,5	8.627	71,5	11.259	80,9	10.810	71,9	19.734	78,0	19.437	71,8
58 — 70	7.388	78,9	7.511	75,6	8.874	79,7	8.404	69,4	16.262	79,3	15.915	72,2
71 und älter	2.757	74,0	2.849	69,0	2.892	65,3	2.861	53,7	5.649	69,3	5.710	60,4
Insgesamt	38.310	70,3	37.439	65,2	49.586	75,1	47.030	63,8	87.896	72,9	84.469	64,4

Militärregierung — Deutschland, Britisches Kontrollgebiet

Erklärung

(In zweifacher Ausführung von jeder Person auszufüllen, die sich als Kandidat aufstellen lassen will.)

Name (Vor- u. Zuname) Richard Hoppe Beschäftigung Zimmerer
(Zuname in Blockschrift)

Anschrift Hondelage 69 Geburtstag, Monat, Jahr 22. 7. 1902.

---

1. Ich beabsichtige, mich für die demnächst stattfindenden Wahlen als Kandidat *(1)* K.P.D.
   für die *(2)* Gemeinderat *(3)* Hondelage aufstellen zu lassen,
   und zwar am 15. September

2. Ich erkläre hiermit, dass ich im Wahlregister des oben bezeichneten Wahlgebiets (Wahlkreises) ordnungsgemäss eingetragen, und dass ich durch keine der im Anhang zur Verordnung Nr. 28 der Militärregierung enthaltenen Bestimmungen vom Wahlrecht ausgeschlossen bin.

3. Ich erkläre weiter in Bezug auf die Mitgliedschaft in einer der nachstehend angeführten Organisationen:

NSDAP.	Völkisch-Soziale Arbeitsgemeinschaft
SA.	Bund Völkischer Frontkämpfer
NSF.	Tannenbergbund
NSKK.	Wikingbund
NSFK.	Bund „Werwolf"
NSDSTB.	Organisation Rossbach
Stahlhelm	Bund Oberland
Herren-Club	Wehrmacht (Aktiver Offizier)
Deutsch-Völkische Freiheitspartei	

entweder *(4)*

dass ich niemals Mitglied einer dieser Organisationen gewesen bin

oder *(4)*

Anleitung zur Aufstellung des Fragebogens:

(1) Es ist die in Frage kommende Partei oder das Wort „parteilos" einzutragen.
(2) Es ist hier einzusetzen „Gemeindevertretung", Kreistag" usw.
(3) Es ist einzusetzen der Name des Wahlgebiets (Wahlkreises) oder des Wahlbezirks (wenn Einteilung in Wahlbezirke erfolgt ist). (Wenn es sich um eine indirekte Wahl handelt, ist dies besonders zu bemerken und der Wahlbezirk auszulassen.)
(4) Nichtzutreffendes ist zu streichen.

M 12. Erklärung eines Wahlkandidaten über seine Zugehörigkeit zu nationalsozialistischen Organisationen 1948. Jeder Kandidat hatte unabhängig von seiner Parteizugehörigkeit diese Erklärung abzugeben oder eine erfolgreiche Entnazifizierung nachzuweisen. / Q.: privat

Die Wahlbeteiligung war verglichen mit den früheren Wahlen bei beiden Wahlen gering... Hauptgründe für die **geringe Wahlbeteiligung** waren aber sicher die Resignation weiter Kreise und bis zu einem gewissen Grade die Ablehnung demokratischer Formen durch die Anhänger des vergangenen Regimes. Als Anzeichen der Resignation kann man die geringe Wahlbeteiligung der Jugendlichen werten. Als Einzelbeispiel diene die Wahlbeteiligung im Stimmbezirk 43 C 32. Dieser Stimmbezirk, der in der Hauptsache Wohnlager und Ledigenheime, also vorwiegend die Wohngegend von **Flüchtlingen** und Gleichgestellten umfaßt, erreichte am 20. April 1947 eine Wahlbeteiligung von nur 37,3 vH, wobei von den Männern 35,9 vH und von den Frauen 50,6 vH wählten... Das Hinauswachsen des bei den Kreiswahlen noch geringeren Wahlinteresses der Männer über das der Frauen bei den Landtagswahlen ist daraus ersichtlich, daß bei den ersteren Wahlen nur in 18 Stimmbezirken die Wahlbeteiligung der Männer die der Frauen übertraf, während es bei den letzteren in 64 Stimmbezirken der Fall war. Zu erklären ist diese Erscheinung zu einem gewissen Teil damit, daß es sich bei den zwischen den Wahlen zugezogenen Frauen zu einem großen Teil... um jüngere Frauen handelt, deren Wahlbeteiligung bei beiden Wahlen ohnehin geringer war als die der älteren Männer, die das Gros der männlichen Zugezogenen darstellen. Zudem handelte es sich meist um Flüchtlinge, die wegen der Aussichtslosigkeit ihrer Lage und der noch geringen Verbundenheit mit der neuen Heimat an den politischen Vorgängen in der Stadt Braunschweig oder dem Lande Niedersachsen wohl nur wenig Anteil nehmen, wenn man aus dem erwähnten Einzelbeispiel und anderen Stimmbezirken schließen darf, in denen die Verhältnisse ähnlich gelagert sind. Anscheinend ist aber auch bei der **eingesessenen Bevölkerung** das Wahlinteresse bei den Frauen sehr viel stärker zurückgegangen als bei den Männern... Da, wie festgestellt, die Alterspyramide der Wahlbeteiligten eine starke **Überalterung** erkennen läßt und zudem die Wahlbeteiligung in den älteren Jahrgängen weit stärker war als in den jungen, sind es vor allem die Jahrgänge der älter als 40jährigen, deren Meinung für den Ausgang der Wahl entscheidend war, der Menschen also, die schon vor 1933 das politische Leben bewußt miterlebt haben. Die Jugend ist offenbar noch nicht für eine aktive Anteilnahme am demokratischen Leben gewonnen.

Q.: Kommunalpolitische Schriften der Stadt Braunschweig, Heft 2, Die Wahlen vom 13. Oktober 1946 und 20. April 1947 im Landkreis Braunschweig, Braunschweig 1948, S. 15-17

Q.: 6.3. Kommentar
Wahlbeteiligung und ungültige Stimmen im Vergleich zu früheren Wahlen

Art der Wahlen **(1)**, Stimmberechtigte **(2)**, abgegebene Stimmen **(3)**, ungültig **(4)**, ausgestellte Wahlscheine **(5)**, Wahlbeteiligung in v.H.:Braunschweig **(6)**, Reich/Zone **(7)**

1	2	3	4	5	6	7
RT. 6.11.1932	117.952	105.785	952	3.139	89,7	80,6
RT. 12.11.1933	120.157	112.496	8.047	3.715	93,6	95,3
Abst. 18.08.1934	122.330	115.088	2.412	11.896	94,1	95,7
StV. 13.10.1946	120.516	87.896	3.328	—	72,9	—
LT. 20.04.1947	132.406	84.959	3.112	2.151	64,2	—

Man wird für die Entstehung **ungültiger Stimmzettel** folgende Gründe anzunehmen haben: 1. mangelndes Vertrauen in die Geheimhaltung der Wahl, 2. Sabotage der Wahl, 3. Unkenntnis des Wahlsystems, 4. – allerdings nur mittelbar wirkend – Unkenntnis der Bedeutung der Wahlen. Im einzelnen ist hierzu zu sagen: 1. zum mangelnden Vertrauen in die Geheimhaltung der Wahl: Der Wahlberechtigte fürchtet, man könne feststellen, was er gewählt hat und ihm aus seiner Wahl einen Vorwurf machen, würde es ihm aber auch verübeln, wenn er nicht zur Wahl erschiene...

2. Zur Wahlsabotage ist zu sagen: Die Wahlberechtigten wollen die Wahl irgendwie beeinträchtigen, indem sie durch Abgabe ungültiger, hier meist beschrifteter Stimmzettel, die Zählerarbeit stören, oder sie wollen durch Beschriftung des Wahlzettels mit Versen und dergleichen ihrer Ablehnung des Wählens überhaupt oder des die Wahl veranstaltenden Systems Ausdruck geben. Soweit es sich um beschriftete Wahlzettel handelt, dürften die Verfasser meist primitive Menschen sein, häufig wohl auch psychisch abartige. Die Zahl der ungültigen Stimmen ist gering in den Zeiten, in denen das Vertrauen in die Geheimhaltung der Wahl gut ist und die Wahlen als solche bejaht werden. Noch am 5. März 1933 machten die ungültigen Stimmen nicht 1 vH aus bei einer für die Jahreszeit völlig normalen Zahl ausgegebener Stimmscheine und hoher Wahlbeteiligung... 3. Zur Unkenntnis des Wahlsystems ist zu sagen: Die Wahlberechtigten wissen nicht, wie sie den Stimmzettel beschriften müssen, um ihrem politischen Willen Ausdruck zu geben. Auch hier handelt es sich meist um unintelligente Menschen. Die Stimmzettel weisen mehr Kreuze auf, als der Wähler Stimmen zu vergeben hat oder die Ankreuzung läßt nicht zweifelsfrei erkennen, wie der Wähler wählen wollte...

Q.: Kommunalpolitische Schriften, Heft 2, Braunschweig 1948, S. 13/14

Q.: 6.4. Die Gemeindewahl 1948 in Braunschweig

„Die veränderte Bevölkerungsstruktur der Nachkriegszeit hat der Frau im Wirtschaftsleben eine neue Stellung gegeben und damit gleichzeitig ihren Anteil im politischen Leben hervorgehoben. Um der politischen Bedeutung der Frau Rechnung zu tragen, haben in Braunschweig erstmalig bei der Wahl zur Stadtvertretung Männer und Frauen **getrennt** abgestimmt, so daß über **die Frau** in der politischen Entscheidung interessante Aufschlüsse möglich sind..."

Q.: Vorwort vom Oberstadtdirektor Lotz in Bernhard Mewes, Die Gemeindewahl 1948 in Braunschweig, Kommunalpolitische Schriften, Heft 5, Braunschweig 1949

Q.: 6.5. Nach Frauen und Männern getrennte Wahl 1948 (einige Ergebnisse)

Eine getrennte Betrachtung der Männer und Frauen unter den Wahlberechtigten ergibt für die letzten drei Wahlen folgendes Bild:

Wahl	Wahlberechtigte				in vH der Gesamtzahl		
	Männer	Frauen	zusammen				
			absolut	in vH der Bevölkerung	Männer	Frauen	zusammen
13. Okt. 1946	54.511	66.005	120.516	66,5	45,2	54,8	100,0
20. April 1947	57.398	73.764	131.153	68,6	43,8	56,2	100,0
28. Nov. 1948	68.197	81.722	149.919	71,5	45,5	54,5	100,0

Die starke **Zunahme** des Frauenanteils im Jahre 1947 ist darauf zurückzuführen, daß in der Zeit zwischen den beiden Wahlen sehr viele Flüchtlinge nach Braunschweig eingewiesen wurden und wohl auch viele während des Krieges **evakuierte Frauen** in die Heimatstadt zurückgekommen sind. Die in den letzten 1,5 Jahren zu beobachtende Zunahme des Männeranteils läßt die Rückkehr der **Kriegsgefangenen** und die Auswirkungen der **Entnazifizierung** erkennen, durch die in erster Linie die Männer betroffen wurden.

Das zahlenmäßige Übergewicht der Frauen weist auf die Bedeutung der Frau im politischen Leben hin. Es kommt bei der Wahl auch auf ihre politische Haltung an. Die Parteien müssen also bei ihrer Wahlpropaganda in immer stärkerem Maße auf die Frauen Rücksicht nehmen.

Aufschlußreich ist die getrennte Betrachtung der Männer und Frauen. Während die **Wahlbeteiligung** der Frauen am 13. Oktober 1946 größer als die der Männer war, war das Verhältnis am 20. April 1947 umgekehrt. Diese stärkere politische Aktivität der Männer hat sich bei der letzten Wahl fortgesetzt. Aus der Alterstabelle geht nun aber hervor, daß dies nicht für alle Altersstufen zutrifft. Die Frauen bis zu 50 Jahren haben mehr politisches Interesse für die Wahl gezeigt als die gleichaltrigen Männer. Im höheren Alter läßt bei den Frau die Wahlfreudigkeit nach, und die Männer treten politisch stärker in Erscheinung. Die Unterschiede in der Wahlbeteiligung der beiden Geschlechter sind dann jedoch so stark, daß dadurch der Gesamtdurchschnitt zu ungunsten der Frauen beeinflußt wird.

Die Männer haben mehr für die SPD, die KPD und die RSF gestimmt, während sich die Frauen mehr den bürgerlichen Parteien zugewandt haben. Da die Frauen trotz ihrer geringeren Wahlbeteiligung das zahlenmäßige Übergewicht hatten, haben sie das Wahlergebnis zugunsten der bürgerlichen Preise beeinflußt.

Q.: Bernhard Mewes, Die Gemeindewahl 1948 in Braunschweig, Kommunalpolitische Schriften, Heft 5, Braunschweig 1949, S. 8f.

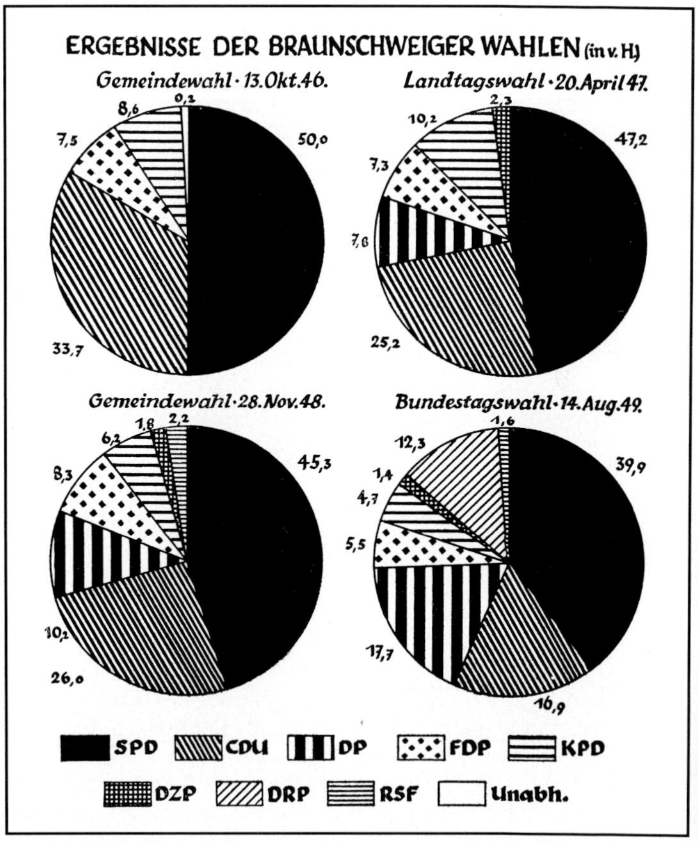

M 13. Wahlergebnisse in Braunschweig 1946-1949 / Q.: Braunschweig in der Statistik, zweite Folge, 1950, S. 117

M 14. Landesweit verbreitetes Wahlplakat der SPD zu den Gemeindewahlen 1948 in Niedersachsen / Q.: Landeszentrale für politische Bildung, Wege aus dem Chaos, Hannover 1985, S.120

Wahlwerbung zur Bundestagswahl 1953 in Salzgitter-Lebenstedt / Q.: Wohnungs-AG Salzgitter

Q.: 6.6. Wahlmüdigkeit 1948

Die niedersächsischen Städte haben danach eine verhältnismäßig niedrige Wahlbeteiligung unter den westdeutschen Ländern. Daher lohnt sich eine Einzelbetrachtung der Stadtkreise:

W.-Salzgitter	67,4
Hameln	66,5
Delmenhorst	64,2
Celle	64,0
Cuxhaven	61,6
Osnabrück	61,1
Emden	61,1
Hildesheim	60,3
Wilhelmshaven	60,1
Goslar	59,3
Braunschweig	58,8
Hannover	56,6
Göttingen	55,0
Lüneburg	54,8
Oldenburg	49,9

Die Stadt Braunschweig steht unter den genannten 15 niedersächsischen Städten an 11. Stelle, liegt also auch im Vergleich zu den anderen Städten verhältnismäßig **niedrig,** wenn sie auch noch nicht die geringste Wahlbeteiligung aufweist. Nun hat vielleicht in Braunschweig das Fußballoberligaspiel einige sportbegeisterte Wähler den Wahlurnen ferngehalten.

Die Gründe für diese Wahlmüdigkeit sind verschiedener Art... Es wäre nicht ausgeschlossen, daß örtliche Probleme vielleicht ein stärkeres politisches Interesse erregt hätten. Man darf aber wohl **Wahlmüdigkeit** und politische Interesselosigkeit nicht immer gleich setzen. Zu den zweifellos immer und bei allen Wahlen vorhandenen Verärgerten, Ressentiment-Beladenen, Lauen und politisch Indifferenten kommen jetzt solche, die den Standpunkt vertreten, daß nicht eine einfache Fortsetzung des früheren Parlamentarismus unser politisches Leben bestimmen kann, sondern neue politische Formen gefunden werden müssen. Neben diese, die grundsätzlich das herrschende politische System ablehnen, treten solche, die der Auffassung sind, daß das Wählen deutscher Vertretungskörperschaften keine Besserung unserer politischen und wirtschaftlichen Lage bringen kann, da letzten Endes die Regierungsgewalt bei der Militärregierung liegt.
Die meisten **Nichtwähler** sind unter den jüngeren Wahlberechtigten zu finden. Bei ihnen scheint die Skepsis gegenüber dem Wirken einer gewählten Körperschaft besonders groß zu sein. Mehr als 56 vH aller jüngeren Wahlberechtigten bis zu 30 Jahren waren Nichtwähler. Es ist die Generation, die nach dem ersten Weltkrieg geboren wurde und einen großen Teil ihres bewußten Lebens auf den Schlachtfeldern und in der Not der Nachkriegszeit verbracht hat. Die Zeit des Kampfes und der Entbehrung hat daher ihr Gesicht geprägt. Die Parteien haben es bisher nicht vermocht, diese Jugend für ihre politische Arbeit zu gewinnen.

Q.: Kommunalpolitische Schriften,
Heft 5, Braunschweig 1949, S. 16f.

Q.: 6.7. Der Haushaltsplan der Stadt Braunschweig
29 Millionen Fehlbetrag –
Alle Männer werden Trümmer räumen

Am Donnerstag wurde in einer fast sechsstündigen Sitzung der Stadtvertretung der Bericht des Finanzausschusses über den Haushaltsplan 1946/47 beraten und genehmigt. Der Plan sieht Einnahmen von rund 20 Millionen Mark und Ausgaben von rund 49 Millionen Mark vor.

Einzelne Etatposten, so insbesondere der Etat für die Stadtpolizei, wurden der Stadt von der Militärregierung vorgeschrieben. Hier können nur einige die Allgemeinheit interessierende Zahlen genannt werden. Für die Beseitigung von **Fliegerschäden** sind 3,3 Millionen Mark vorgesehen, darin enthalten sind über eine Millionen für die Instandsetzung solcher Gebäude, die bis zu 60 Prozent beschädigt sind. Für Wohnungsbauten sind 4,3 Millionen Mark angesetzt. Voraussetzung dafür ist, daß das Bauvolumen durch höhere Zuweisung von Arbeitskräften verdoppelt werden kann. Die **Trümmerräumung** soll in diesem Jahr in vier Abschnitten begonnen werden, dafür werden voraussichtlich 2 1/2 Millionen Mark benötigt.

Für das Schulwesen ist der Zuschuß von rund 3 Millionen erforderlich, für kulturelle Aufgaben über eine Million, vor allem eine halbe Million für das Theater. Etwa eine halbe Million wird benötigt, um unsere Schulen wieder ordentlich auszustatten. Die gesamten Steuereinnahmen sind mit 11,1 Millionen Mark veranschlagt, davon aus Grundsteuern allein 5 1/2 Millionen. Im Etat der öffentlichen Fürsorge stehen rund 1,3 Millionen Einnahmen 8,2 Millionen Ausgaben gegenüber. 715.000 Mark sind vorgesehen für die Instandsetzung der durch Fliegerangriffe beschädigten Straßendecken.

In der zeitweise sehr lebhaften Aussprache wurden u. a. betont, daß wir bei der jetzigen Gemeinschaftsschule bleiben müßten. Bei der Besprechung des Etats des Wohnungsamts wurde betont, es müsse ein scharfes Auge auf das Wohnungsamt geworfen werden, mit dessen Praxis man in vielen Fällen nicht einverstanden sein könne.

Bei der Aussprache über den Polizeietat wurde vorgeschlagen, zwei Drittel der Vorgesetzten abzubauen und stattdessen mehr Wachtmeister einzustellen. Überdies sei es mit dem demokratischen Geist bei der Polizei schlecht bestellt, es besteht der Verdacht, daß sich da allerlei reaktionäre Elemente verbergen. Scharf kritisiert wurde, daß das schwerbeschädigte Krematorium noch nicht wieder hergestellt sie. Ferner wurde angeregt, die zerstörten Badeanstalten schnellstens wieder instand zu setzten.

Die einstimmig angenommene Haushaltssatzung für das Rechnungsjahr 1946 sieht als Höchstsatz der Kassenkredite den Betrag von 1,5 Millionen Mark vor. (...)

Q.: BZ, Ostern 1946

Suche nach brauchbaren Ziegelsteinen im Trümmerschutt und ihre Bearbeitung zur Wiederverwendung in Heiningen (Kreis Wolfenbüttel). Datum unsicher (etwa 1947). / Q.: Städtischer Bilderdienst Braunschweig

Q.: 6. 8. Erste außerordentliche (öffentliche) Sitzung der Stadtvertretung vom 15. Januar 1947: Einziger Tagesordnungspunkt: Die Notlage der Bewohner in Braunschweig

Ungewöhnlich ernste Zustände, eine außergewöhnliche Notlage haben die Stadtvertretung der Stadt Braunschweig zu einer außerordentlichen Sitzung veranlaßt. Eine katastrophale Not ist über die Bevölkerung der Stadt Braunschweig hereingebrochen. Der Notzustand hat ein solches Ausmaß angenommen, daß er nicht länger zu ertragen ist, alle Kreise der Bevölkerung mit tiefster Beunruhigung erfüllt und auch Gutwillige, Mutige und Optimisten an den Rand der Verzweiflung bringt.

Die Ratsherren der Stadt Braunschweig halten es deshalb für ihre Pflicht, auf die Gefahren und das Elend hinzuweisen, wodurch jetzt neues Unheil nicht nur über die Stadt und über die britische Zone, sondern auch über das ganze deutsche Volk gebracht wird.

Es ist in Wahrheit eine Katastrophe über das deutsche Volk hereingebrochen, die sich besonders in der sehr zerstörten Stadt Braunschweig auswirkt.

Viele Haushaltungen sind ohne Kochgelegenheiten und ohne Öfen. Elend, Hunger und Not sind der gegebene Boden für Unruhe und Aufruhr. Solche Erschütterungen machen auch an den Grenzen nicht halt. Es wurde uns angekündigt, daß die deutsche Verwaltung am 1. Januar 1947 höhere Verantwortung und größere Selbständigkeit übernehmen sollte.

Auf Grund dieser Ankündigung erwartet die Braunschweiger Bevölkerung von uns Hilfe. Wir haben weder von der größeren Verantwortung, noch von den Möglichkeiten, Hilfe zu leisten, etwas bemerkt. Getragen von höchstem Pflichtgefühl, erfüllt von tiefster Sorge und beseelt von klarer Verantwortung wiesen wir die Alliierten auf einen Notzustand des deutschen Volkes hin, der in der Stadt Braunschweig das höchste Maß erreicht hat.

Das Leben vieler Menschen, die Gesundheit der gesamten Bevölkerung, die Zukunft der Jugend und der Frieden in Stadt und Land hängen davon ab, daß dieser furchtbare Elendszustand und dieses namenlose Unglück durch großzügige und gewaltige Hilfsmaßnahmen der Alliierten sofort gemildert werden.

Die Stadtverwaltung hat alles getan, um Krise und Katastrophe aufzuhalten. Sie sieht sich jetzt nicht mehr imstande, der Katastrophe weiter entgegenzutreten, weil ihr einfach die Möglichkeit fehlt. Im Namen der Menschlichkeit richten wir deshalb Bitte und Hilferuf an die Alliierten, sich der Erkenntnis der tiefsten Not des deutschen Volkes und der Katastrophe, die die Welt erfassen könnte, nicht zu versagen. Wird nicht sofort und unmittelbar geholfen, ist es zu spät.

gez. Telge — gez. Dr. Semler — gez. Jadau
Ratsherren

gez. Böhme
Oberbürgermeister

Q.: Verwaltungsbericht der Stadt Braunschweig 1946 - 1947, S. 5 - 7

Q.: 6.9. Zweite außerordentliche Sitzung der Stadtvertretung vom 1. April 1947. Der Anlaß war die „Hungerdemonstration“

„Die außerordentliche Sitzung der Ratsherren vom 1.4.1947 anerkennt den guten Sinn und die gute Ordnung der eigentlichen Demonstration von 1.4.1947, die von den Betrieben und Freien Gewerkschaften ausging.
Sie verurteilt aufs schärfste das verbrecherische Treiben unverantwortlicher Elemente, insbesondere Gruppen von Jugendlichen, die nicht zu den werktätigen Demonstranten gehörten.
Die Ratsherren und der Polizeiausschuß beauftragen den örtlichen Polizeichef, mit allem Nachdruck die Schuldigen ausfindig zu machen und sie den zuständigen Gerichten zuzuführen, damit die schärfste Strafe sie trifft.
Die Taten der verbrecherischen Elemente haben der Stadt Braunschweig und ihrer Bevölkerung einen üblen Dienst erwiesen. Die Bevölkerung wird zur Disziplin gemahnt und um tätige Mithilfe gebeten, die Verbrecher ausfindig zu machen.“

Einstimmiger Beschluß. Vom 7. Mai bis 18. Juni 1947 setzte der Rat seine Tätigkeit wegen unzureichender Zuteilung von Lebensmittelrationen aus. Der Regierungsrat Kruse (vom Präsidenten des Verwaltungsbezirks Braunschweig eingesetzt) übernahm die Verwaltung.

Q.: 6.10. Landtagsdebatte am 8.1.1947 zur wirtschaftlichen Lage:

Winterkrise 1946/47
. . . Nun zur Frage der **Stromversorgung**: Zum 21.12.1946 wurde erstmalig verfügt, daß für alle bedeutenden Teile der niedersächsischen Wirtschaft eine Weihnachtsruhe bis zum 1.1.1947 einschließlich einzutreten habe. Wir waren uns damals darüber klar, daß die Schwierigkeiten bis zu diesem Termin nicht überwunden sein würden. Das Wirtschaftsministerium hat sich rechtzeitig darum bemüht, die Betriebsruhe bis zum 12.1.1947 verlängern zu lassen. Wegen einer Kompetenzfrage in der Militärregierung ist offensichtlich die rechtzeitige Verkündung der Verlängerung dieser Betriebsruhe unterblieben. Sie wurde am 2. 1.1947 ausgesprochen. An diesem Tage standen die Arbeiter in den Betrieben und konnten nicht arbeiten, weil kein Strom da war. Am 2.1.1947 abends wurde verfügt, daß die Betriebsruhe zunächst bis zum 6.1.1947 einschließlich verlängert worden sei. Auch das geschah, obgleich alle Beteiligten sich darüber klar waren, daß dieser Termin viel zu kurz gestellt war.
Ich habe mich gefragt, wer eigentlich ein Interesse daran hatte, nur so zögernd zuzugestehen, in welche **Schwierigkeiten unsere Wirtschaft** hineinmanövriert worden ist. Es ist dann durch eine neuerliche Verfügung, die diesmal rechtzeitig herauskam, die Betriebsruhe bis zum 20.1. verlängert worden. Ich will mich nicht unnötig unbeliebt machen, aber es fällt mir schwer, zu glauben, daß, wenn nicht außergewöhnliche Maßnahmen ergriffen werden, die Industrie am 20. oder 21.1. wieder anlaufen kann.
Ich habe Ihnen völlige Offenheit zugesagt und ich möchte hier auch deutlich sagen, daß wir dieses für ausgeschlossen halten, und daß es schon rechnerischer Kunststücke und großer Härte bedarf, um überhaupt das Allernotwendigste für unsere Betriebe, namentlich im Ernährungsfaktor,

sicherzustellen. Das Wirtschaftsministerium hat solche Maßnahmen formuliert und an die Militärregierung weitergegeben. Ich weiß bis heute nicht, wieweit unseren Vorschlägen entsprochen werden wird. (Hört, hört!!) Ich meine aber sagen zu müssen, daß es auch hier kein fair play ist, die Schuld für die Stromknappheit auf den „General Winter" zu schieben, den man als anonyme Person nicht zur Verantwortung ziehen kann. (Sehr richtig!) Der deutsche Arbeiter ist es, der am meisten unter diesen Umständen zu leiden hat, und man sollte ihn und seine Vertreter nicht außerdem noch geringschätzig behandeln, indem man ihm solche Leichtgläubigkeit zutraut. (Bravo! Sehr richtig! Händeklatschen.)

Unsere Ansicht ist, daß wir in diese Situation gekommen sind, weil – wie ich zurückhaltend sagen kann – mangelnde Voraussicht bei der Planung geherrscht hat. Man muß eben damit rechnen, daß im Dezember die Kanäle zufrieren können. Man darf eben nicht in das Winterhalbjahr mit Kraftwerken hineingehen, die nur für wenige Tage mit Kohle versorgt sind und man darf solchen Werken, die allgemein nur eine bestimmte Kohlenart verarbeiten können, keine nasse Kohle schicken. (Sehr richtig!) Man muß annehmen, daß sie die Folgen einer solchen Unterlassungssünde voraussehen können, oder, wenn sie es nicht sind, die ihnen geradezu aufgedrängten Ratschläge hören und auch in unserem Gebiet, einen Kohlevorrat von rund 10 Tagen hatte. Man muß wissen, daß auch dieser nicht die qualitativ geeignete Kohle war und daß die trotz aller Mahnungen geliefert Naßkohle sich unter der Einwirkung des Frostes zusammenballt, die Schleudermühlen beschädigt und schließlich auch teilweise die Kesselanlagen zerstört. Das ist eingetreten. Wir können von Glück sagen, daß bei den infolgedessen aufgetretenen Verpuffungen nicht auch Menschenleben vernichtet worden sind...

(Wirtschaftsminister Kubel (SPD), Nieders. Landtag, Erste Ernennungsperiode, 4.Sitz. 8.Januar 1947, Sp. 8)

Q.: Thomas Berger/Karl-Heinz Müller, Lebenssituationen 1945-1948, Hannover 1983, S. 76

Der letzte Braunschweigische Ministerpräsident (vom 24. April 1945 bis zur Auflösung des Landes im April 1946) und erste Präsident des Niedersächsischen Verwaltungsbezirks Braunschweig (bis zu seinem Tode am 22. Oktober 1955) Hubert Schlebusch, bis 1933 Reichstagsabgeordneter für den Stimmbezirk Mönchen-Gladbach / Foto: Karl-Joachim Krause

Q.: 7. Die Währungsreform

Q.: 7.1. „Was halten Sie von der Währungsreform?"

Die zu erwartende Währungsreform ist das meistbesprochene Thema unserer Tage. Selbst die Sorge um das tägliche Brot scheint in den Unterhaltungen manchmal zurückzutreten. Wir immer, sind bei Problemen von solcher Bedeutung und einschneidenden Wirkung nicht nur die Ansichten verschieden, sondern auch die Vorstellungen, was eigentlich gemeint ist. Wir haben die Frage: Was halten Sie von der Währungsreform? einer Reihe von Menschen vorgelegt und bringen im folgenden die wesentlichen Punkte ihrer Stellungnahme:

Der Arbeiter meint: Soll die Währung nur kommen. So kann es ja auch nicht weitergehen. Die Arbeit wird einem ja direkt verleidet, wenn man sieht, daß man nur für ein paar Zigaretten schuftet. Aber wahrscheinlich geht der Schaden doch wieder auf Kosten der arbeitenden Bevölkerung und die anderen stoßen sich gesund. Ich seh' im Geist schon volle Schaufenster und wir drücken uns die Nase platt und können nichts kaufen...

Ein Fabrikant: Sie ahnen ja gar nicht, was an Waren alles gehortet wird. Man spricht immer davon, daß eine Reform ohne große Industrialisierung ein Unding sei. Gewiß muß eins mit dem anderen gehen. Aber für das erste Geld sind Waren genug da. Vielleicht halten die Leute noch ein bis zwei Monate mit den Beständen zurück und dann aber müssen sie verkaufen. Sie müssen einfach, weil sie sonst ihren laufenden Verpflichtungen nicht nachkommen können. Dieser erste Stoßverkauf wird den Anstoß geben, Vertrauen auszulösen und zusammen mit einer vernünftigen Kreditgebarung uns einen ganz allmählichen Aufschwung bringen...

Ein Schwarzhändler zieht die Stirn kraus: Fangen Sie bloß da nicht von an. Wem hilft das denn, wer hat etwas davon? Sie vielleicht oder ich? Sehen Sie, das (ein Päckchen Chesterfield) ist doch eine reelle Währung. Ich lasse sie Ihnen übrigens auch beim Stück für fünf Mark. Aber sagen Sie, kommt sie wirklich? Meinen Sie, ich sollte mich umstellen? Für immer oder vielleicht nur für kurze Zeit? Ist auch egal, so geht es ja auch nicht weiter...

Q.: BZ, 18.1.1948

Q.: 7.2. Der 20. Juni 1948 in Braunschweig

Sonntagmorgen des 20. Juni 1948 in Braunschweig um 5.30 Uhr: Unter starkem Polizeischutz rollten elf Lastwagen mit den neuen, in Amerika gedruckten Geldscheinen zu den 200 Zahlstellen im Stadtgebiet, in denen von 8 bis 18 Uhr das neue Geld mit der Bezeichnung „Deutsche Mark" ausgezahlt werden sollte.

Je Familienmitglied wurden jeweils dem „Haushaltungsvorstand" gegen Entrichtung von 60 Reichsmark 40 D-Mark **„Kopfgeld"** ausgehändigt, 20 D-Mark neues Geld sollte es später geben. Schon lange vor acht Uhr formierten sich vor den Umtauschstellen lange Schlangen von Menschen. Vor dem Gebäude der Allgemeinen Ortskrankenkasse beispielsweise standen sie in Sechserreihe bis zur Okerbrücke, vor der Schule Comeniusstraße war die Schlange der Wartenden mehr als hundert Meter lang. Etwa 2000 Angestellte und Beamte nicht nur der Banken und der Stadtverwaltung, sondern auch anderer Behörden taten Sonntagsdienst, um den Geldumtausch zu bewerkstelligen.

Jenem „Tag X" waren, seit Gerüchten am Freitagabend und amtlichen Meldungen von Sonnabend den für den Sonntag bevorstehenden **Geldumtausch** angekündigten, turbulente Stunden vorausgegangen. „Eine brodelnde, aufgeregte Menschenmenge wälzte sich durch die Innenstadt, stürmte die Straßenbahn, kaufte um jeden Preis", berichtete die BZ. „Der Schwarzmarktpreis überschlug sich, amerikanische Zigaretten kosteten 15, nein 20 und 30 Mark, das Pfund Butter 300 und 400 Mark."

Als die britische Militärregierung unter der Nummer 61 in der BZ vom 19. Juni das „Gesetz zur Neuordnung des Geldwesens" und damit auch die Bestimmung veröffentlicht hatte, daß „Münzen zu fünfzig, zehn, fünf und einem Reichs- oder Rentenpfennig" vorerst „zu einem Zehntel ihres bisherigen Nennwertes" als gesetzliche Zahlungsmittel weiter gelten, setzte ein allgemeiner Run nach Kleingeld ein. Die BZ berichtete: „Die Groschenhamsterer triumphierten, der schäbige Pfennig kam noch einmal zu Ehren." Auf der Masch des Schützenfestes, die gerade im Gange war, wurden Karussellfahrten nur noch mit abgegriffenen Markscheinen bezahlt."

Wer noch Rechnungen zu begleichen hatte, tat es flugs am Sonnabend noch in alter Währung. „Die Postbeamten arbeiteten schweißgebadet bis zur völligen Erschöpfung",

Reichsbanknote mit dem Braunschweiger Burgplatz aus der Zeit des 3.Reiches, gültig bis 1948. / Q.: Archiv der Neuen Oberschule

2. Rate K[illegible] ausgezahlt
mit DM 60.– am 3/9.48
Nr. der Liste .... Zeichen: [illegible]

1044

Vordruck—A
Natürliche Personen

3. Ausfertigung erhält der **Einreicher** **3**

Ablieferung von Bargeld und Anmeldung von Reichsmarkkonten bei Geldinstituten

Diesen Vordruck müssen alle natürlichen Personen ausfüllen, die eigenes Bargeld in Reichs- oder Rentenmark oder in Marknoten der Alliierten Militärbehörde besitzen oder die bei einem Geldinstitut ein Reichsmarkkonto für eigene Rechnung unterhalten. Sämtliche Bargeldbestände und Reichsmarkkonten der Mitglieder einer Familie oder einer alleinstehenden Person sind auf einem Vordruck aufzuführen. Familienmitglieder sind Ehemann, Ehefrau und Kinder, die beim Inkrafttreten der neuen Währung das 18. Lebensjahr nicht vollendet haben. Nur wer nicht Mitglied einer Familie in diesem Sinne ist, hat als alleinstehende Person für sich allein einen Vordruck auszufüllen. Auf die Haushaltungszugehörigkeit kommt es nicht an.

Kann infolge räumlicher Trennung der Familie ein gemeinsamer Vordruck nicht ausgefüllt werden, so sind die getrennt lebenden Familienmitglieder berechtigt und verpflichtet, einen eigenen Vordruck unter Beachtung der Ziffern 5 und 6 auszufüllen.

Alle Fragen sind zu beantworten, gegebenenfalls mit "ja", "nein" oder "entfällt".

Diesen Vordruck kann auch ein durch schriftliche Vollmacht ausgewiesener Vertreter des zur Ablieferung oder Anmeldung Verpflichteten ausfüllen und abgeben. In diesem Fall sind sämtliche Angaben nicht auf den Vertreter sondern auf den Vertretenen abzustellen.

1. Angaben über die Person, die Bargeld abliefert oder Reichsmarkkonten anmeldet, und über ihre Familienmitglieder. Familienmitglieder, für die infolge räumlicher Trennung die Angaben zu den Ziffern 2 und 3 nicht gemacht werden können, sind nicht hier, sondern unter Ziffer 6 aufzuführen.

Lfd. Nr.	Zuname	Vorname	Geburtsdatum	Verwandtschaftsverh.	Beruf
1		Fritz	25.3.04	Ehemann	Bankbeamter z. Zt. Wachmann
2		Anne-Liese	17.4.07	Ehefrau	
3		Peter	26.2.41	Sohn	

2. Sämtliche Reichsmarkkonten der unter Ziffer 1 genannten Personen

Auf welchen Namen lautet das Konto?	Geldinstitut Name	Geldinstitut Ort	Konto Nr.	Gesperrt nach Gesetz 52 ja/nein	Kontostand* RM
1/ Peter	Sparkasse des Landkreises Goslar Zwgst. Vienenburg	Vienenburg	6228	ja	1.876,22
2/ Peter	Sparkasse der Hauptstadt Hannover	Hannover	VIII/2214	ja	1.000,–
3/ Anne-Liese	"	"	VIII/59049	ja	555,–
4/ Anne-Liese	Postsparbuch	Nr. 13.859.877		ja	850,–
5/ Peter	Postsparbuch	Nr. 14.262.010		ja	1350,–

Summe aller Konten RM 5.631,22

3. Gesamtbetrag der abzuliefernden Bargeldbestände der unter Ziffer 1 genannten Personen RM –,–

4. **Gesamtsumme des Bargeldes und aller Konten** RM 5.631,22

*Ist der genaue Kontostand vom Tage des Inkrafttretens der neuen Währung nicht bekannt, so ist er so genau wie möglich anzugeben.

M 15. Umstellung von Reichsbankkonten durch die Währungsreform (Kreis Goslar) 1948 / Q.: privat

Bis 1948 gültige Reichsbanknote aus der Weimarer Republik (1929) / Q.: privat

Bis 1948 gültige Reichsbanknote aus dem 3. Reich (1939) / Q.: privat

schrieb der BZ-Chronist. „Sie stempelten und unterschrieben ohne Unterlaß Zahlkarten, die Einzahlungslisten türmten sich, die Geldsäcke schwollen an bis zum Platzen." Mit dem Geldumtausch am Sonntag war zwar die Voraussetzung für ein wieder normales Leben geschaffen, aber es brauchte noch Zeit, sich daran zu gewöhnen. „Schon am Sonntag suchte der Schwarzmarkt das neue Geld, die deutsche Zigarette kostete 20, die amerikanische 50 Pfennig" berichtete die BZ. Aber da keiner mehr als 40 DM besaß, sanken die Umsätze der Schwarzmarkt-Zigarettenhändler rapide, zumal der Geldumtausch anderes Erstaunliche bewirkte. **„Plötzlich ist alles wieder da!"**, heißt es in der BZ vom 24. Juni 1948. „Riesige Güterzüge müssen offenbar gleich nach der Währungsreform Gemüse und Obst, schneeweiße Nährmittel und Gebrauchsgüter aller Art nach Braunschweig gebracht haben. Naiv – bewundernd und grimmig – bitter geben die Braunschweiger ihren Gefühlen Ausdruck, wenn sie die Auslagen der Geschäfte betrachten." Im Anzeigenteil der BZ laß man: „Sekt eingetroffen, Flasche 7,50 DM und 9,50 DM", aber auch: „Brieftasche mit Kopfgeld und Ausweis verloren."

Q.: BZ, 13. 6. 1973

dem Nichts." – 20 Prozent aller Studierenden haben bereits vorzeitig das Semester beendet, 50 Prozent leben ohne Sicherheit in den Tag hinein, wissen nicht, was morgen sein wird. Viele können nicht mehr ihre Miete bezahlen, hungern sich durch, suchen Arbeit...
Wie können Studenten sich selbst helfen? – Ganztägige Arbeit ist mit der Ausübung des Studiums nicht zu vereinbaren, halbtägige Arbeit am Nachmittag – am Vormittag liegen die Großzahl der Vorlesungen – ist nur in Sonderfällen eine Möglichkeit der Fortführung des Studiums. Als Arbeiter mit einem 0,80-DM-Stundenlohn dürfte am Nachmittag mit 4,- DM (davon gehen die Abzüge ab) für den kärgsten Lebensunterhalt nicht ausreichen. Ein Teil der Studenten erwägt den Gedanken der Nachtarbeit, wobei der Gesundheit und dem Studium immer ein Abbruch getan werden wird, geschweige denn, daß die dabei erworbenen Geldmittel auch nicht ausreichen werden. Andere Studenten werden in den Semesterferien arbeiten, schuften, um sich mit in dieser Zeit Erspartem in den Semestern über Wasser zu halten, wieder andere werden ein Semester arbeiten, ein anderes studieren...

Q.: BZ, 22. 7. 1948

Banknote der Bank Deutscher Länder (1948). Sie wurde am Tag der Währungsreform ausgegeben. / Q.: privat

Q.: 7.3. Studium ohne Sicherheit

...Von den 1.390 Studenten der TH Braunschweig stammen 268 aus der Ostzone und können mit keiner Unterstützung rechnen, 168 sind mittellose Flüchtlinge. Nur 15% der Studierenden glauben ihr Studium bis zum Schluß durchhalten zu können, 35% nur noch ein Semester, 50% müssen ihr Studium abbrechen. Wollen wir von diesen 50% annehmen, daß sie durchschnittlich fünf Semester absolviert haben, das wäre mehr als die Hälfte, so bedeutet der Abbruch ihres Studiums, daß der Staat, also das deutsche Volk zweieinhalb Jahre lang Gelder aufbrachte, dessen Gewinn nutzlos verpufft. 700 Studenten Braunschweigs müssen aufhören; in der Westzone über 40.000 von insgesamt 96.000 Studenten.
Mit einem bitteren Gefühl lesen wir diese erschreckenden Zahlen und finden ihren erschütternden Beweis in den Schilderungen einiger Studenten: Meine Heimat liegt im Osten, Eltern sind tot. Bis zur **Währungsreform** habe ich mich mit einem Stipendium, mit Hilfe des Schwarzen Marktes durch Verkauf meiner Raucherkarte, meiner Buttermarken durchgeschlagen. Es war schwer genug, mit völlig unzureichender Verpflegung bis Mitternacht jeden Tag konzentriert zu arbeiten. Zweieinhalb Jahre habe ich zäh durchgehalten, jetzt ist es aus. Von dem Kopfgeld habe ich noch einmal meine Miete bezahlt, jetzt stehe ich vor

Q.: 7.4. Gegen überhöhte Preise

Braunschweig, 13.8. Trotz des regnerischen Wetters waren am Freitagnachmittag 5.000 Werktätige und Hausfrauen dem Ruf der Deutschen Gewerkschaft, Kreisgruppe Braunschweig-Wolfenbüttel, in die Stadthalle gefolgt, um aus dem Munde des Bezirksvorsitzenden des Landes Niedersachsen, Beermann, auf die Fragen **„Hohe Preise, niedrige Löhne, was tun wir?"** Antwort zu erhalten.
An Hand eines umfassenden Zahlenmaterials wies der Sprecher auf die untragbaren Verhältnisse zwischen den stark angestiegenen Preisen der wichtigen Nahrungsmittel und Gebrauchsgegenständen und den noch immer zu niedrigen Löhnen der Arbeiter hin. Die vom Frankfurter Wirtschaftsrat angekündigte Steuerermäßigung habe sich auf die Löhne der Werktätigen nur wenig ausgewirkt. So sei zum Beispiel nur sehr wenig bekannt, daß die Ermäßigung für einen verheirateten Verdiener mit einem Kind bei einem Einkommen von 200 Mark nur eine Mark beträgt,, während ein gleicher Haushaltsvorstand mit einem Einkommen von 700 Mark jetzt 88 D-Mark verdient.
Um gegen die zu Unrecht stark überhöhten Preise angehen zu können, sei jetzt eine Einigkeit aller Verbraucher dringend nötig: Die Gewerkschaft verlangt deshalb, daß die Bevölkerung ab heute in einen **Käuferstreik** tritt und nicht früher wieder die überteuerten Lebensmittel und Ge-

DEUTSCHER GEWERKSCHAFTSBUND

Kreisausschuß Braunschweig-Wolfenbüttel

143

Haushaltungsvorstände, Hausfrauen!

Der Deutsche Gewerkschaftsbund, Kreisausschuß Braunschweig-Wolfenbüttel, proklamiert für die **Stadt Braunschweig** den

Käufer-Streik!

Seit über zehn Jahren hat die Bevölkerung in geradezu erdrückender Weise alle Entbehrungen des Krieges und seiner Folgeerscheinungen über sich ergehen lassen müssen. Die Bevölkerung ist auch heute wiederum nicht in der Lage, auch nur in einigermaßen ausreichendem Umfange die notwendigsten Bedarfsgüter und Lebensmittel zum täglichen Leben einkaufen zu können. Immer wieder sind die verantwortlichen amtlichen Stellen vom Deutschen Gewerkschaftsbund eindringlichst darauf hingewiesen worden. In unzähligen Vorstellungen und Besprechungen beim Groß- und Kleinhandel ist darauf aufmerksam gemacht worden, daß diese unhaltbaren Zustände zu einem schlimmen Ende führen müssen.

Mit der Währungsreform verband sich mit Recht die Hoffnung, daß diese Notlage des Volkes ein Ende finden müsse.

Hatte sich bisher der Unwillen der Bevölkerung vorwiegend gegen die Landwirtschaft gerichtet, so muß nunmehr festgestellt werden, daß der Handel und Zwischenhandel mit stark überhöhten Preisen Geschäfte macht und darum zum Währungsgewinnler wird.

Wenn der Verwaltungsrat in Frankfurt/Main in Verkennung der wirklichen Lage der Preisgestaltung weiten Spielraum gelassen hatte, so durfte das unter keinen Umständen dahin führen, die Bevölkerung auszuplündern.

Der Deutsche Gewerkschaftsbund ruft im Interesse der Ruhe und Ordnung alle Bevölkerungsschichten auf, den

Käufer-Streik

nicht nur für Gemüse und Obst, sondern für alle anderen überteuerten Gebrauchsgegenstände auszuüben.

Zur Aufrechterhaltung einer geordneten Lebensführung hat nunmehr der Verwaltungsrat in Frankfurt/Main die Aufgabe, die Gesetze zu erlassen, die zu einer tragbaren Preispolitik führen.

Braunschweig, den 13. August 1948.

Deutscher Gewerkschaftsbund

Kreisausschuß

Braunschweig-Wolfenbüttel

M 17. Aufruf des Deutschen Gewerkschaftsbundes zum Käuferstreik im August 1948. / Q.: Archiv der sozialen Demokratie in Bonn brauchsgegenstände kauft, ehe die Gewerkschaft eine Preisherabsetzung erzwungen hat. In anderen Städten hätten diese Maßnahmen bereits gute Erfolge gehabt.

Q.: BZ, 14.8.1948

Q.: 7.5. „Käuferstreik ja oder nein?"

Der Käuferstreik ist ein ernstliches Warnzeichen, daß niemand übersehen sollte. Vor zwei Monaten noch war es so, daß nach dem Preise überhaupt nicht gefragt wurde, sondern jede Ware unbesehen für den vom Verkäufer bestimmten Preis wegging. Die **Währungsreform** brachte die völlige Umkehr. Der Preis ist jetzt für einen Käufer so wichtig geworden, wie das Geld für den Verkäufer, es ist nun wieder das **Barometer** der Wirtschaft.
Man hat früher viel den Überhang des Geldes beklagt. Heute müßte es umgekehrt sein. Die Schaufenster liegen voll und das Geld ist zumindest bei neun Zehntel der Bevölkerung nicht vorhanden. Und dennoch die hohen Preise? Mußten wir noch vor zwei Monaten hungern, weil keine Ware vorhanden war, so gibt es heute weite Volkskreise, die Nahrungsmittel nicht kaufen können, weil ihnen das Geld fehlt. Dagegen will der **Käuferstreik als Korrektiv** eingreifen. Die Gewerkschaft versucht zu erreichen, daß die Preise den Löhnen angeglichen werden.
Bei dem Käuferstreik verhielt sich die Bevölkerung so undiszipliniert wie irgend möglich. Wie an den Tagen zuvor, so bezahlten die Käufer auch am Sonnabend die etwas niedrigeren, aber immer noch **zu hohen Preise** für Obst und Gemüse. In fast allen Geschäften war am Sonnabend, dem ersten Tag des Käuferstreiks, ein lebhafterer Geschäftsverkehr als an den regnerischen Vortagen zu verzeichnen.
Besonders überlegen und schlau dachten am Sonnabend wohl jene Hausfrauen in der Markthalle zu handeln, die eine Frau mit ihren gekauften Pflaumen bewerfen. Wie wir erfuhren, waren diese Früchte für die im Krankenhaus liegende Mutter bestimmt. Eine ähnlich böse Erfahrung mit der „kochenden Volksseele" machte ein kleiner Junge, der für seine Mutter ein Pfund Tomaten erstanden hatte. Diese wurden ihm aus der Hand gerissen und am Boden zertreten. Als dann dicke Tränen über die Kinderwangen rollten, wurde in den eben noch wütenden Frauen die Mutterseele wach und sie spendeten dann Geld, für das sich der Kleine nicht nur ein Pfund Tomaten wieder kaufen konnte. Das tat er übrigens in der Markthalle nicht zum zweitenmal, hier war ihm das Pflaster zu heiß geworden und vielleicht wäre er sie bei der Unentschlossenheit der Frauen noch einmal los geworden.
Am Montag war bei den Obst- und Gemüseständen fast kein Betrieb. Eine starke Schlange fanden wir nur vor einer Verkaufsstelle, hier wurden gute Tomaten für 35 Pfennig das Pfund abgegeben. Und das Geschäft blühte...

Q.: BZ, 17. August 1948

Markt auf dem Altstadtmarkt am 21. 5. 1950 / Q.: Landesamt für Denkmalpflege Braunschweig

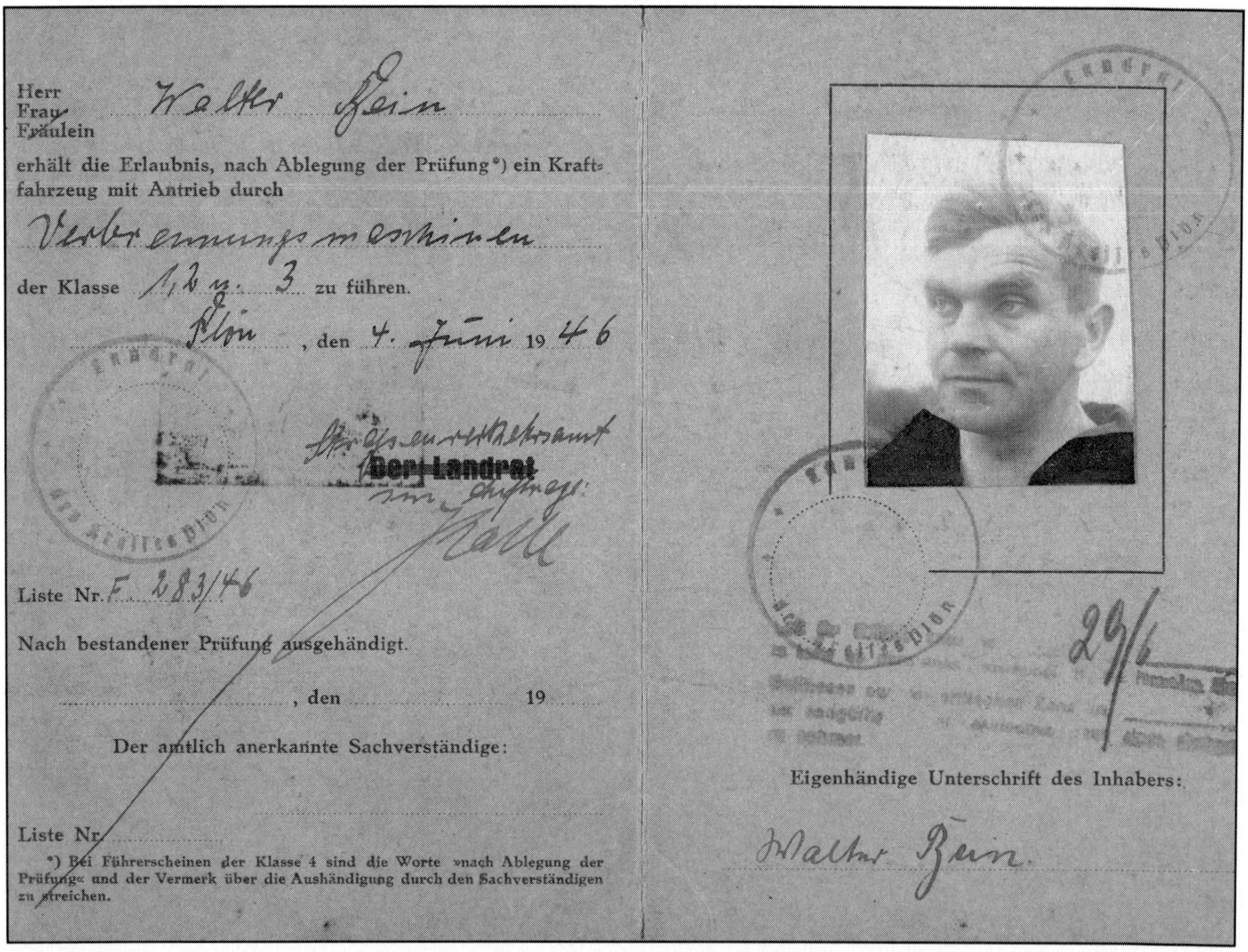

Herr Walter Bein
Frau
Fräulein
erhält die Erlaubnis, nach Ablegung der Prüfung*) ein Kraftfahrzeug mit Antrieb durch
Verbrennungsmaschinen
der Klasse 1, 2 u. 3 zu führen.
Plön, den 4. Juni 1946
Straßenverkehrsamt
Der Landrat
Im Auftrag:
Liste Nr. F 283/46
Nach bestandener Prüfung ausgehändigt.
..........., den .... 19....
Der amtlich anerkannte Sachverständige:
Liste Nr.
*) Bei Führerscheinen der Klasse 4 sind die Worte »nach Ablegung der Prüfung« und der Vermerk über die Aushändigung durch den Sachverständigen zu streichen.

29/6

Eigenhändige Unterschrift des Inhabers:
Walter Bein

M 1. *Die Militärregierung verbot die Verwendung von NS-Symbolen und das Tragen von Militärkleidung. Mein Vater mußte 1946, als er aus der Kriegsgefangenschaft entlassen wurde, seinen Militärführerschein in einen Zivilführerschein umschreiben lassen, da die Benutzung eines Militärführerscheins gegen die Entmilitarisierungsvorschriften verstieß. Da jedoch ein ziviles Paßfoto nicht zu bekommen war, durfte ein altes in Marineuniform verwendet werden. Die Uniform mußte allerdings als Uniform unkenntlich gemacht werden. Ebenso durfte kein amtlicher Stempel mit Reichsadler und Hakenkreuz verwendet werden. Da kein neuer Stempel zur Verfügung stand, wurde das Hoheitszeichen aus dem Stempel herausgeschnitten. / Q.: R. Bein*

4 Entnazifizierung

„Wenn Du Deutsche triffst, wirst Du wahrscheinlich denken, daß sie uns sehr ähnlich sind. Sie sehen in der Tat so aus wie wir, ausgenommen, daß sie weniger drahtig sind, dafür größer, fleischiger und blonder, besonders im Norden.

Sie haben aber weniger mit uns gemein, als man ihnen ansieht. Jahrhundertelang hat man sie daran gewöhnt, sich Autoritäten zu unterwerfen – nicht weil diese weise und gerecht sind, sondern mächtiger als sie selbst.

Die alte preußische Armee – und die Nazi-Wehrmacht auch – hatten es vornehmlich darauf abgesehen, den Willen der Rekruten zu brechen. Diese Methode produzierte hervorragende Kampfmaschinen, aber keine guten Menschen. Das ist der Grund, weshalb sie Hitler anerkannten. Er kommandierte sie herum, und die meisten mochten das. Es bewahrte sie vor der Mühe des Denkens. Die Deutschen verehren das Militär. In Deutschland hat jeder eine Uniform, sogar kleine Jungen und Mädchen. Uniformen machen dem Deutschen Eindruck. Dir sollten sie keinen machen. Über die deutsche Brutalität braucht man keine Worte zu verlieren, die Beweise liegen auf der Hand. Aber Du wirst es sonderbar finden, daß die Deutschen zur selben Zeit sentimental sind. Sie lieben melancholische Lieder, zerfließen in Selbstmitleid, sogar kinderlose Ehepaare müssen unbedingt einen Weihnachtsbaum haben. Diese Mischung von Brutalität und Sentimentalität ist das Zeichen eines unausgeglichenen Charakters. Die Deutschen sind selten Herr ihrer Gefühle, sie neigen zur Hysterie. Hitler hat sich diese Charakterschwächen zunutze zu machen gewußt. Sei also auf der Hut, wenn Du mit Deutschen zu tun hast. Sie haben uns reingelegt nach dem letzten Krieg: Viele von uns schluckten die Geschichte vom "grausamen" Versailler Friedensvertrag, viele von uns haben ihnen das Gerede von Abrüstung und Friedensliebe abgenommen. So haben sie uns den zweiten Krieg eingebrockt, der viel schlimmer ist als der erste, und es gibt Anzeichen, daß sie den dritten vorbereiten."

So beschrieb die Broschüre "Germany" die Deutschen 1945. Jeder kanadische Soldat, der in Deutschland Dienst zu tun hatte (als Teil der britischen Streitkräfte), bekam sie vor seinem Einsatz ausgehändigt.

Da die Deutschen, ließ man sie so sein, wie sie nach Meinung der Alliierten waren, über kurz oder lang einen dritten Weltbrand anzetteln würden, mußte die Welt vor ihnen geschützt werden. Zunächst einmal sollte der Nazismus und Militarismus ausgemerzt werden durch die **Bestrafung der Kriegsverbrecher und Naziaktivisten**, die das Leid der Völker zu verantworten hatten. Mittel- und langfristig mußte die Struktur der deutschen Wirtschaft verändert, das politische Leben auf demokratischer Grundlage erneuert und die Bevölkerung zur Demokratie und zu demokratischen Lebensprinzipien erzogen werden (**Q.: 1.1.**). Mit der Besetzung und der Bildung von Militärregierungen (das Land Braunschweig erhielt eine eigene, die jedoch der Militärregierung der preußischen Provinz Hannover unterstellt war) gingen Sofortmaßnahmen einher, um die Ziele der Besetzung zu verwirklichen. Die kommunale Verwaltung und bald auch eine provisorische Länderverwaltung wurde in die Hände demokratischer deutscher Politiker gelegt, die sich politsch in der Weimarer Republik bewährt hatten und vor Ort verfügbar waren. Alle NSDAP-Mitglieder wurden aus öffentlichen Ämtern entfernt, sogenannte Naziaktivisten (also Funktionäre der Partei in Parteieinrichtungen oder öffentlicher Funktion) und SS-Offiziere interniert (**M 3**). Diskriminierende Gesetze hob die Besatzungsmacht auf, verbot die NSDAP und ihre Unterorganisationen sowie ihre Symbole genauso wie das Tragen von Uniformen (**M 2, M 7, M 8, M 1**).

Die Problematik des Komplexes Entnazifizierung bekamen die verbündeten Siegermächte schon schnell zu spüren, als sie die Rechtsgrundsätze formulierten, nach denen sie Verbrechen der Naziaktivisten aburteilen wollten. War die Herstellung von Kanonen eine strafbare Handlung, wenn der Chef des Unternehmens NS-Wirtschaftsführer war? Da das Völkerrecht strafrechtlich relevante Begriffe für "Verbrechen gegen den Frieden" oder "Verbrechen gegen die Menschlichkeit" nicht kannte, mußten solche Verbrechen erst als Verbrechen definiert werden. Dies widersprach jedoch dem in allen demokratischen Ländern gültigen Grundsatz "nulla poena sine lege" (bestraft werden kann nur, was als Straftatbestand formuliert ist, ehe die Straftat begangen wurde). Außerdem, so kritisierten deutsche Strafrechtler, klagten die alliierten Militärrichter nur Deutsche wegen "Verbrechens gegen den Frieden" und "Verbrechens gegen die Menschlichkeit" an; Straftaten in Zusammenhang mit der Vertreibung der Deutschen hingegen blieben ungesühnt (vg. Kap. "Flüchtlinge").

Die Notwendigkeit der Bestrafung allerdings konnte angesichts der Ungeheuerlichkeit der Naziverbrechen, die gerade durch die Nürnberger Prozesse gegen die Hauptkriegsverbrecher der deutschen Öffentlichkeit vor Augen geführt wurde, niemand ernsthaft bestreiten, es sei denn, er war unbelehrbar und uneinsichtig wie Klagges, der frühere Ministerpräsident von Braunschweig. 1950 indes, als der Bundestag über den Abschluß der Entnazifizierung debattierte, bestritten die Mehrheitsfraktionen die Rechtswirksamkeit der Verurteilungen nach den oben genannten, erst 1945 geschaffenen Rechtsgrundsätzen und erlaubten den von solchen Urteilen Betroffenen Revisionsverfahren nach deutschen Rechtsgrundsätzen. Das bedeutete im Fall des Verfahrens gegen Klagges zum Beispiel, daß die lebenslange Haftstrafe auf 15 Jahre verkürzt und seine Verurteilung wegen seines hohen SS-Ranges in die Strafe einbezogen wurde (**Q.: 3.4.**).

Zwischen 1945 und 1949 führte das Alliierte Militärtribunal in Nürnberg, der Stadt der Reichsparteitage der NSDAP, insgesamt 13 Hauptprozesse gegen Politiker, Offiziere, Juristen, Ärzte, SS-Offiziere und Wirtschaftsführer durch, sprach 5.025 Personen schuldig, verurteilte 806 zum Tode und ließ 486 Todesurteile vollstrecken. Gleichzeitig führten die Militärregierungen der Länder in ihren Zonen Prozesse gegen regionale Parteigrößen durch. Der Wert all dieser Prozesse war, daß viele Deutsche durch das Bekanntwerden der Naziverbrechen die **Notwendigkeit der Umerziehung** begriffen. Nur die Gutwilligen aber verstanden dies so, die Böswilligen benutzten die zweifelhafte Rechtsgrundlage der Prozesse als Vorwand, um die eigene Schuld zu verdrängen. Das gleiche geschah, als man im Entnazifizierungsverfahren anfangs die Mitläufer durch Berufsverbote bestrafte, die Schreibtischtäter aber, weil ihr Verfahren kompliziert war, ließ, so daß diese dann bei

Industrie- und Handelskammer
Braunschweig

Braunschweig, den 12.11.45
Garküche 3

An alle
Industriebetriebe, Banken, Versicherungsgesellschaften
und größeren Handelsfirmen des Landes Braunschweig

Betr.: Entfernung von Nationalsozialisten und Militaristen aus der deutschen Wirtschaft.

Im Auftrage des Präsidenten des Braunschweigischen Staatsministeriums überreichen wir Ihnen beifolgend den unter dem 12.d.Mts. abgeänderten und ergänzten Befehl der Militärregierung vom 16.10.45 zur Entfernung von Nationalsozialisten aus der deutschen Wirtschaft nebst Richtlinien.

Danach sind die vorzunehmenden Entlassungen weitgehend in die eigene Verantwortung der Betriebe gelegt worden.

Gemäß den von der Militärregierung gegebenen mündlichen Erläuterungen umfaßt der Personenkreis, der zu entfernen ist, alle diejenigen, die als Vorgesetzte zu betrachten sind und damit das Recht hatten, Anordnungen zu treffen.

Unter einem Beamten in der NSDAP oder einer ihrer Organisationen ist nach Auslegung der Militärregierung jeder zu verstehen, der in der Partei berechtigt war, anderen Parteimitgliedern oder Angehörigen der Organisationen Vorschriften zu machen oder Anordnungen zu treffen.

Beispielsweise sind Block- und Zellenleiter nicht in allen Fällen zu entlassen, insbes ndere dann nicht, wenn sich ihre Tätigkeit nur auf das Kassieren von Beiträgen usw. erstreckte, ohne daß sie das Recht hatten, anderen Personen Vorschriften zu machen oder Anordnungen zu treffen. Haben Block- und Zellenleiter jedoch durch diese parteiliche Tätigkeit Vorteile genossen, wie z.B. Beförderungen, Gehaltsaufbesserungen usw., so sind sie, wie alle anderen, ebenfalls zu entlassen. In Zweifelsfällen hat der Betrieb, gegfs. in Zusammenarbeit mit dem Betriebsrat, selbstverantwortlich zu entscheiden, ob die betreffende Person unter die Bestimmungen fällt oder nicht.

Die Weiterbeschäftigung von Personen, die aufgrund der vorstehenden Bestimmungen entlassen worden sind, als technische Berater oder in sonst untergeordneter Stellung ist nicht zulässig und steht unter besonderer Strafandrohung der Militärregierung. Insbesondere ist eine Weiterbeschäftigung in untergeordneten Stellungen in demselben Betrieb von Personen, die unter diese Anordnung der Militärregierung fallen und bereits in der Zwischenzeit untergeordnete Stellungen erhalten haben, nicht zulässig.

Die Entlassungsschreiben für die betreffenden Personen sind von den Betrieben in folgenden Wortlaut zu fassen:

"Im Zuge der politischen Bereinigung der Wirtschaft werden Sie hiermit entlassen".

Besonders weisen wir auf Ziffer 11 des Befehls hin, nach der jede Nichtbefolgung dieser Anordnung bis zu dem festgesetzten Termin die Verfoglung der betreffenden Firmen bzw. Person durch die alliierten Militärgerichte zur Folge haben wird.

Wir bitten Sie daher, uns unbedingt bis zum 28.d.M. die Meldungen in deutscher und englischer Sprache in den erforderlichen Exemplar einzureichen.

Industrie- und Handelskammer

M 3. Anweisung der Militärregierung vom Nov. 1945 über die Industrie- und Handelskammer an Industriebetriebe, Versicherungsgesellschaften und Handelsfirmen im Lande Braunschweig zur Entlassung von Führungskräften, die der NSDAP angehörten. / Q.: IHK Braunschweig veränderter politischer Großwetterlage mildere Richter fanden.

Die regionalen und lokalen Prozesse gegen Naziverbrecher fanden reges Interesse, denn von ihren Schandtaten hatten viele gehört oder waren selbst Opfer dieser Schreibtischtäter oder Folterknechte gewesen. Für ihre Straftaten gab es zumeist Zeugen, so daß sie sich ihrer gerechten Strafe kaum entziehen konnten. Hier kann man auch nicht davon sprechen, daß man die Kleinen bestrafte und die Großen laufen ließ. Daß dennoch der eine oder andere unter mysteriösen Umständen verschwand, ist angesichts der Zeitumstände und der kriminellen Energie jugendlicher Naziaktivisten und ihrer internationalen Beziehungen nicht verwunderlich, wie der Fall des letzten Braunschweiger Kreisleiters Berthold Heilig deutlich macht (**Q.: 4.**). Bestrafen konnte man in der Regel die grausamen Nazirichter nicht, da sie im Rahmen der damals existierenden Gesetze geurteilt hatten, oft mit aller Schärfe, aber im gesetzlichen Rahmen (**vgl. Q.: 6.**).

Parallel zur strafrechtlichen Verfolgung der Naziverbrecher säuberten die Militärregierungen in der ersten Phase der **Entnazifizierung die Beamtenschaft**, die Handwerks-, Industrie- und Handelskammern und entließen in den westlichen Zonen ca. eine Viertelmillion Betroffene (**M 2**). Die aus dem Dienst Entfernten wurden zu Sühneleistungen (z.B.Trümmerräumung) herangezogen und mußten u.a. Sachgüter abgeben (**M 4**). Nazifunktionäre, höhere SA- und SS-Ränge wurden interniert (**M 3**), verhört und gegebenenfalls wegen ihres Dienstranges in einer für verbrecherisch erklärten Organisation bestraft. 50% der in der britischen Zone Internierten waren aber am 1.1.1947 bereits wieder auf freiem Fuß. Die Besatzungsmacht erreichte mit dieser Internierung vor allem die ungestörte Errichtung der Militärverwaltung und die Besetzung der Ämter mit unverdächtigen Deutschen.

Die 1945 in Behörden und Wirtschaftsorganisationen eingerichteten Entnazifizierungsausschüsse sollten bei den aus dem Dienst Entlassenen prüfen, ob sie mehr als nominell der Nazipartei angehört hatten. Auf eine einheitliche Entnazifizierung einigten sich die Alliierten dann mit der "Anordung Nr. 24" vom 12. Januar 1946 (**Q.: 5.2., M 10**). Zur Feststellung der vom Verfahren Betroffenen sollten **Fragebögen** ausgefüllt werden. Für die Durchführung dieser Verordnung benötigte man viel Personal, das letzlich von den Besatzungsmächten bezahlt werden mußte. Deshalb leisteten sich die Amerikaner ein umständliches, sehr aufwendiges Verfahren, die Briten ein einfaches Verfahren und die Sowjets gar keine Fragebogenaktion.

In jeder Stadt und allen Landkreisen sollten mit Deutschen besetzte **Entnazifizierungsausschüsse** eingerichtet werden, je nach Größe und Bevölkerungszahl mit 6-16 Antifaschisten besetzt. Diesem Hauptausschuß arbeiteten zahlreiche Unterausschüsse in Behörden, Verwaltungsstellen, Unternehmen und Gewerbebetrieben zu. Die Hauptausschüsse leiteten die Verfahren, die Entscheidung fällten die Militärregierungen. Die Aufgabe der Unterausschüsse war es anfangs, zusammenzustellen, wer schon erfaßt/überprüft bzw. entnazifiert war, und dafür zu sorgen, daß die noch nicht überprüften Personen einen Fragebogen ausfüllten (**M 10**). Dazu verpflichtet waren alle Beamten und die in einer leitenden Stellung arbeitenden Angestellten. In der Praxis jedoch war es jeder, der sich um eine Tätigkeit bemühte oder eine Lebensmittelkarte beantragte, denn ohne eine Bescheinigung über die Einleitung eines Entnazifizierungsverfahrens (**M 11**) oder eine Entnazifizierungsbescheinigung geriet man in Verdacht, ein Nazi zu sein, der sich dem Verfahren entziehen will. Wer aber meint, daß sich somit kein Naziaktivist dem Verfahren entziehen konnte, der irrt. Tatsächlich konnten viele, die fernab ihres früheren "Wirkungskreises" Unterschlupf bei Gesinnungsgenossen oder unverdächtigen Verwandten gefunden hatten und weder Arbeit suchten noch eine Lebensmittelkarte beanspruchten, sich dem Verfahren entziehen. Die Briten verfügten nicht über die finanziellen Möglichkeiten, um sich eine lückenlose Verwaltung leisten zu können.

Entsprechend der Direktive Nr. 24 (**Q.: 5.2.**) hatten die Entnazifizierungsausschüsse die Antragsteller nach Prüfung jedes Einzelfalles in **fünf Kategorien** einzuteilen:

I. Hauptschuldige
II. Belastete
III. Minderbelastete
IV. Mitläufer
V. Entlastete, d.h. ausdrücklich von jeder Schuld Freigesprochene.

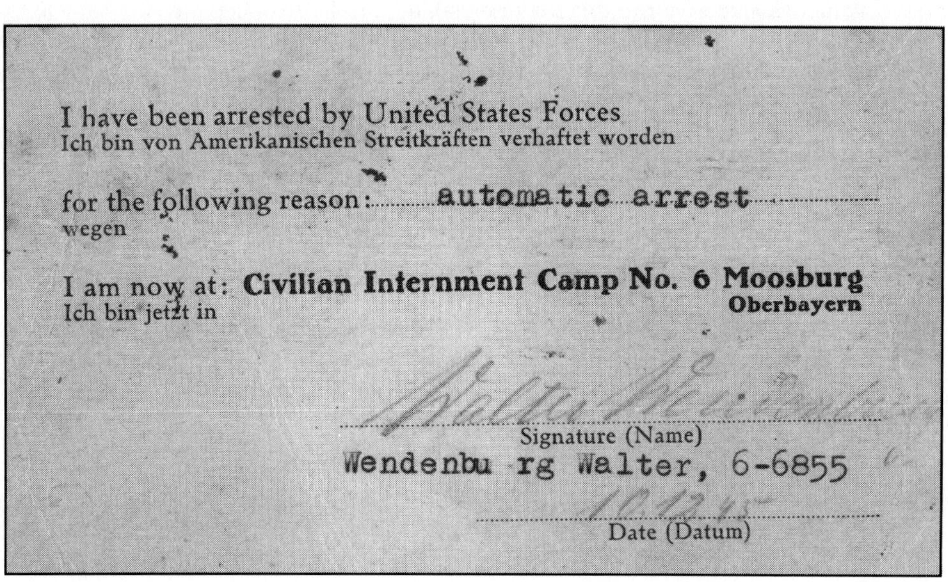
I have been arrested by United States Forces
Ich bin von Amerikanischen Streitkräften verhaftet worden

for the following reason: automatic arrest
wegen

I am now at: Civilian Internment Camp No. 6 Moosburg Oberbayern
Ich bin jetzt in

Signature (Name)
Wendenbu rg Walter, 6-6855

Date (Datum)

M 3.
Nachricht an die Verwandten über die Internierung eines Funktionärs der NSDAP oder eines SS-Offiziers. / Q.: privat

Braunschweig, März 1946: Vor dem britischen Militärtribunal beginnt im Gebäude des ehemaligen Luftflottenkommandos an der Grünewaldstraße ein Prozeß gegen acht Nazi-Aktivisten aus Braunschweig und Helmstedt. Zu sehen sind (rechts) der Stenograph, (dahinter) Richter und Sachverständige, (links, stehend) der Vertreter der Anklage. / Archiv Eckart Grote

Die Betroffenen mußten in Umkehr der nominalen Rechtsbestimmungen zu ihrer eigenen Entlastung Leumundszeugen finden (**M 13**). Auf der einen Seite erkaufte sich mit einem solchen "Persilschein" so mancher Belastete eine niedrigere Kategorie, auf der anderen Seite konnten mit ungerechtfertigten Anschuldigungen alte Rechnungen beglichen werden.

Die Strafen reichten von Bußgeld und Vermögenssperre (**M 14, M 15**) bis zu 10jähriger Haft oder Zwangsarbeit. Die Regel war jedoch die Entlastung (**Q.: 5.3.**).

Ab Mitte 1947 galten vereinfachte Bestimmungen. War jemand in die Kategorie V. eingestuft, erhielt er sofort einen Entlastungsschein vom Entnazifizierungshauptausschuß (**M 12**) und mußte nicht erst auf die Prüfung seines Falles durch die Militärregierung warten. Ab 1949 fiel die Kontrolle durch die Militärregierung weg.

Die Fülle der Verfahren stellte die Entnazifizierungsbehörden und die Militärregierung vor schier unlösbare Probleme. Im Interesse einer schnellen wirtschaftlichen Gesundung Deutschlands waren kurze Verfahren nötig, um die Verwaltungen, die Schulen, Gerichte und die Wirtschaft funktionsfähig zu machen. Wollte man jedes NSDAP-Mitglied überprüfen, blieben Hunderttausende bis zum Ende ihres Verfahrens in untergeordneten Tätigkeiten beschäftigt. Die Briten drängten deshalb ihre Entnazifizierungsausschüsse entgegen ihren ursprünglichen politischen Zielen (Aufbau einer stabilen Demokratie) zum schnellen **Abschluß der Verfahren** und zur großzügigen Handhabung. So wurden in der amerikanischen Zone lediglich 1,9% der zur mündlichen Verhandlung geladenen Personen für entlastet erklärt, in der britischen jedoch 58,4% (1947). 1948 waren in der britischen Zone bereits wieder 30% der Gerichtspräsidenten und 80/90% der Landgerichtsdirektoren/-räte ehemalige NSDAP-Mitglieder.

Damit korrigierten die Briten ihr Ziel der konsequenten Erneuerung, denn das hätte bedeutet, im Staatsdienst nur Personen zu dulden, die demokratiefähig waren. Die NSDAP-Mitgliedschaft wurde von der Besatzungsmacht nicht mehr als Sozialisationsfolge (vgl. die Auszüge aus der Broschüre "Germany" am Anfang des Kapitels), sondern lediglich als Irrtum bewertet. So sah es gern auch die deutsche Öffentlichkeit, einschließlich der Naziverfolgten: "Wir wollen es ohne Umschweife aussprechen: Es ist nicht Schuld, sich politisch geirrt zu haben. Verbrechen zu verüben oder an ihnen teilzunehmen, wäre es auch nur durch Duldung, ist Schuld." (Eugen Kogon: Das Recht auf politischen Irrtum, Frankfurter Hefte 2 / 1947, S. 654). Die Konsequenz war aber, daß Naziverbrecher wie Klagges bei ehemaligen Nazirichtern bzw. Verwaltungsjuristen nachsichtige Richter fanden (**Q.: 3.**), daß Nazilehrer umgehend die Vergangenheitsbewältigung beerdigten. Die Konsequenz war als Spätfolge die politische und gesellschaftliche Eruption von 1968, als Studenten, Schüler und Lehrlinge ihren Vätern den Gehorsam aufkündigten.

Nach der Gründung der Bundesrepublik wurde die Entnazifizierung vollends zur Farce. Die Richtlinien zum Abschluß der Entnazifizierung (**Q.: 5.4.**) vom 15.Dezember 1950 entlasteten Hauptschuldige und Belastete, verfügten Verfahrenseinstellungen und die Aufhebung von Freizügigkeits- und Vermögensbeschränkungen. Den Weg zur vollständigen Entlastung ebnete der Artikel 131 des Grundgesetzes, der allen bisher nicht wieder eingestellten Beamten die Rückkehr in ihren alten Beruf garantierte, sofern sie von den Spruchkammern nicht als Hauptschuldige eingestuft worden waren.

Ergebnis:
Die Entnazifizierung diente in den Westzonen u.a. zur Durchsetzung bzw. Wiederherstellung einer demokratischen Staatsordnung. Dies hat sie, darin sind sich die Historiker einig, weitgehend erreicht. Die Bestrafung der Hauptkriegsverbrecher und das Verbot der NSDAP förderten eine ungestörte, von rechtsradikalen Einflüssen weitgehend ungefährdete Installierung des demokratischen Systems in den deutschen Ländern. Die demokratischen Parteien erhielten in dieser Zeit die Chance, sich ungestört zu entfalten und die unbestrittene Führerschaft in den Gemeinden und Ländern zu erlangen.

Kritiker bestreiten, daß die Entnazifizierung die Demokratisierung förderte. Die Ungerechtigkeiten und Härten in der Verfahrenspraxis brachten viele Menschen dazu, der Politik den Rücken zu kehren und der jungen Demokratie die persönliche Benachteiligung anzulasten. Dabei ist natürlich zu fragen, ob dies nicht nur ein bequemer Vorwand war, um die bleibend antidemokratische Einstellung zu verbrämen. Die ausländischen Kritiker beklagten die Diskreditierung der Verfahren durch Korruption, Feigheit, Konkurrenzneid, Haß und persönliche Rivalitäten neben der langen Dauer der Verfahren und der Ungleichmäßigkeit der Handhabung, so daß im allgemeinen die Entnazifizierung als Fehlschlag angesehen wird. Sie führte nicht, wie beabsichtigt, zur persönlichen Selbstreinigung und Gewissensprüfung und schon gar nicht zur Demokratisierung der Erziehung, sondern spaltete das Volk.

Literatur:

1. Karl Dietrich Erdmann: Das Ende des Reiches und die Neubildung deutscher Staaten, Stuttgart 1976
2. Alfred Grosser, Geschichte Deutschlands seit 1945, München 1974
3. Manfred Overesch u. a., Die Gründung der Bundesrepublik Deutschland. Jahre der Entscheidung 1945-1949, Hannover 1989
4. Christoph Kleßmann, Die doppelte Staatsgründung. Deutsche Geschichte 1945-1955, Bonn 1984
5. Peter Ausmeier, Klagges – Verbrecher im Hintergrund, Braunschweig o. J. (1950)
6. Alfred Oehl, Der Massenmord von Rieseberg 1933, Braunschweig 1981
7. Rainer Voss, Wolfenbüttel in Ansichten und Zeugnissen 1945-1986, Wolfenbüttel 1988
8. Helmut Kramer (Hsg.); Braunschweig unterm Hakenkreuz, Bürgertum, Justiz und Kirche – Eine Vortragsreihe und ihr Echo, Braunschweig 1981

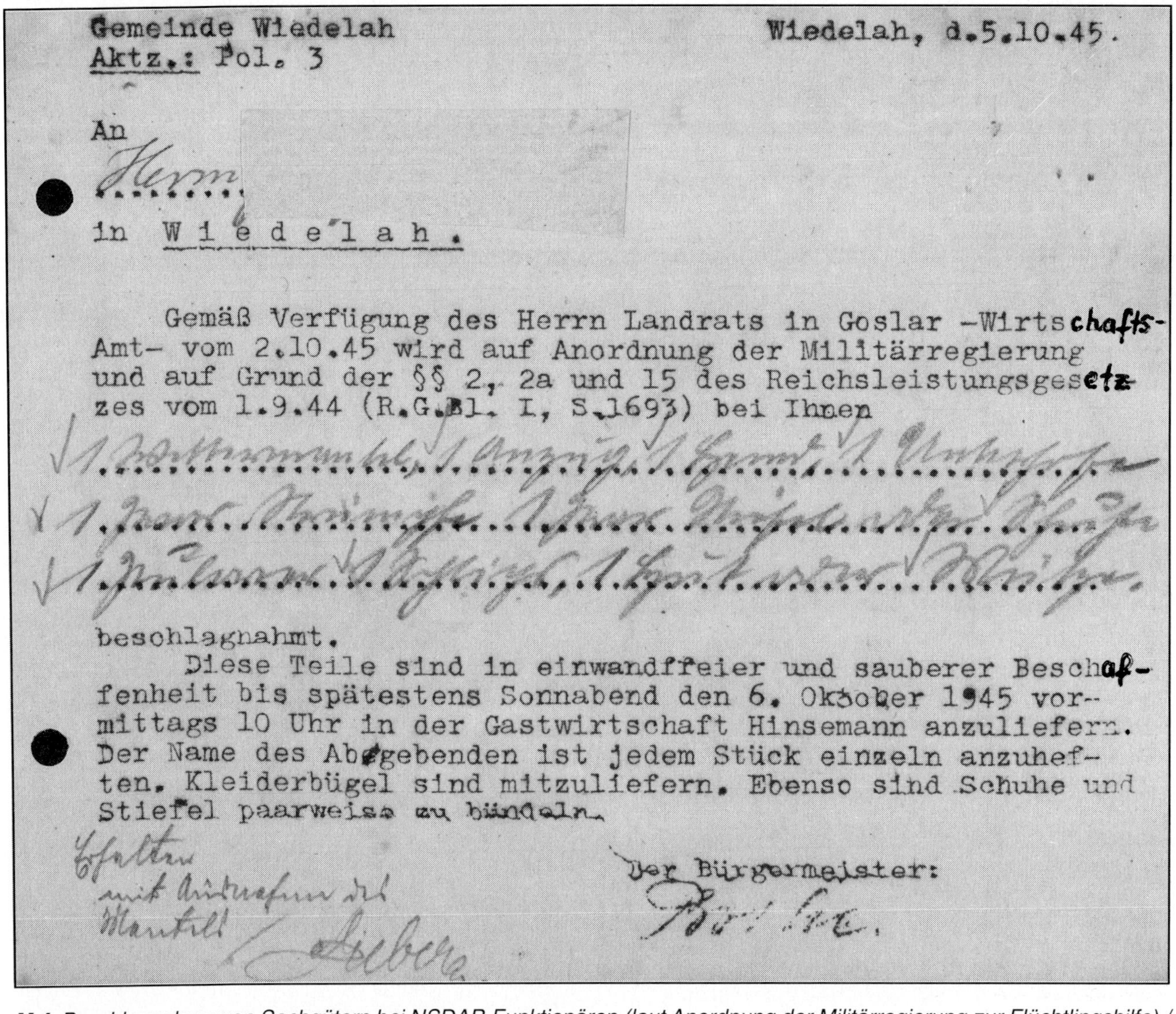

Gemeinde Wiedelah　　　　Wiedelah, d.5.10.45.
Aktz.: Pol. 3

An
Herrn ....
in Wiedelah.

Gemäß Verfügung des Herrn Landrats in Goslar -Wirtschafts-Amt- vom 2.10.45 wird auf Anordnung der Militärregierung und auf Grund der §§ 2, 2a und 15 des Reichsleistungsgesetzes vom 1.9.44 (R.G.Bl. I, S.1693) bei Ihnen

[illegible]

beschlagnahmt.

Diese Teile sind in einwandfreier und sauberer Beschaffenheit bis spätestens Sonnabend den 6. Oktober 1945 vormittags 10 Uhr in der Gastwirtschaft Hinsemann anzuliefern. Der Name des Abgebenden ist jedem Stück einzeln anzuheften. Kleiderbügel sind mitzuliefern. Ebenso sind Schuhe und Stiefel paarweise zu bündeln.

Erhalten mit Ausnahme des Mantels

Der Bürgermeister:

M 4. Beschlagnahme von Sachgütern bei NSDAP-Funktionären (laut Anordnung der Militärregierung zur Flüchtlingshilfe) / Q.: privat

Q.: 1. **Erste Maßnahmen zur Entnazifizierung**

Q.: 1.1. **Grundlegende Ziele der Militärregierung in Deutschland:**

a) Es muß den Deutschen klargemacht werden, daß Deutschlands rücksichtslose Kriegsführung und der fanatische Widerstand der Nazis die deutsche Wirtschaft zerstört und Chaos und Leiden unvermeindlich gemacht haben, und daß sie nicht der Verantwortung für das entgehen können, war sie selbst auf sich geladen haben.

b) Deutschland wird nicht besetzt zum Zwecke seiner Befreiung, sondern als ein besiegter Feindstaat. Ihr Ziel ist nicht die Unterdrückung, sondern die Besetzung Deutschlands, um gewissse wichtige alliierte Absichten zu verwirklichen. Bei der Durchführung der Besetzung und Verwaltung müssen Sie gerecht, aber fest und unnahbar sein. Die Verbrüderung mit deutschen Beamten und der Bevölkerung werden Sie streng unterbinden.

c) Das Hauptziel der Alliierten ist es, Deutschland daran zu hindern, je wieder eine Bedrohung des Weltfriedens zu werden. Wichtige Schritte zur Erreichung dieses Zieles sind die Ausschaltung des Nazismus und des Militarismus in jeder Form, die sofortige Verhaftung der Kriegsverbrecher zum Zwecke der Bestrafung, die industrielle Abrüstung und Entmilitarisierung Deutschlands mit langfristiger Kontrolle des deutschen Kriegspotentials und die Vorbereitungen zu einem späteren Wiederaufbau des deutschen politischen Lebens auf demokratischer Grundlage.

Q.: Staatsarchiv Wolfenbüttel

Q.: 1.2. **Beschlagnahme von Gebrauchsgütern von NSDAP-Mitgliedern zur Versorgung von Evakuierten, Opfern des Faschismus und Flüchtlingen**

Durch den Bescheid vom 14.7.1945 wurde Josef S. gezwungen, einen Mantel, einen Unterrock, einen Schlüpfer, ein Hemd, ein Nachthemd, eine Bluse, einen Rock, ein Paar Strümpfe und ein Paar Schuhe aus dem Familienbesitz dem Besatzungsamt zur Verfügung zu stellen.

Josef S. und sein Bruder Franz leiteten während der Kriegsjahre eine Kohlenhandlung. Um jedoch für Behörden- und Kasernenlieferungen zugelassen zu werden, war es nötig, daß einer der Brüder Parteimitglied der NSDAP wurde. Dieses wurde bei der Lieferung überprüft. Als Franz S. im Krieg fiel, war es Josef S., der der nationalsozialistischen Partei beitrat. So durfte er beispielsweise die Kasernen in Rautheim mit Koks beliefern.

Q.: Aus einer Schülerhausarbeit zum Thema Entnazifizierung; 1991

Q.: 1.3.1. **Entlassungen aus dem Schuldienst**

In einer Schulchronik von 1953 geben die unterrichtenden Lehrer eine Kurzbiographie über ihren beruflichen Werdegang. Wie stellen Sie die Entlassung aus dem Schuldienst auf Grund der Parteizugehörigkeit zur NSDAP dar? Wie gehen sie mit ihrer Vergangenheit um? Wie erklären sie den Schülern ihre Verstrickung in den Nationalsozialismus?

Studienrat Kurt B. (* 1906)
„1935 bis 1945 Städtische Oberschule für Mädchen in Blankenburg/Harz. An dieser Schule wurde ich 1939 zum Studienrat ernannt. – Seit dem 1. Mai 1949 bin ich an der Staatlichen Neuen Oberschule zu Braunschweig tätig."

Studienrat Werner D. (* 1907)
„Im Schuldienst seit dem 1. Oktober 1932, wurde ich nach Vertretungen in Wolfenbüttel und Braunschweig an der Raabeschule eingestellt. Während des 2. Weltkrieges war ich in den ersten und letzten Jahren Soldat bei der Flak. In der Zwischenzeit unterrichtete ich am Martino-Katharineum und am Lyzeum in Blankenburg. Nachdem ich im Herbst 1946 in den Schuldienst an die Raabeschule zurückgekehrt war, wurde ich Ostern 1949 an die Neue Oberschule versetzt."

Studienrat Gerhard F. (* 1913)
„Juni 1939 wurde ich Soldat, die Übung dauerte – abgesehen vom Examensurlaub 1940 – über sechs Jahre. Als Infantrist (MGK) hatte ich vom Schützen Pumpelmus im dritten Glied bis zum Hauptmann ausgiebig Gelegenheit, Bodenturnen und Spatenwissenschaft zu betreiben. Zu diesem Zwecke konnte ich fast alle Länder Europas bereisen mit Hauptstationen Kiew, Charkow, Stalingrad, Cassino, Plattensee usw. Da die Luft meist sehr eisenhaltig war, ergaben sich zwangsläufig einige Betriebsunfälle. Die Heimkehr erfolgte im September 1945, nunmehr nach Bodenstedt, da vom Heim in Braunschweig seit dem 15. Oktober 1944 nichts übriggeblieben war. Ende 1945 Wiedervereinigung mit Frau und Kind. Alsdann bis 1949 tätig als Speditionskaufmann und Fahrdienstleiter. Seit 1950 Assessor an der NO, dort am 1. Mai 1952 zum Rat ernannt und seit Juli wieder in Braunschweig wohnhaft."

Studienrat Theodor H. (* 1892)
„Die notvollen Unruhen zweier Kriegs- und Nachkriegszeiten warfen auch mich aus den Geleisen für unerschütterlich gehaltener Sicherheit. Nach dem ersten Weltkrieg ging es mir um das bedrohte Berufsziel; nach dem zweiten, amtsenthoben und ohne Mittel, im Wortsinne um das tägliche Brot meiner Familie (1945/49). Das war ein böser "Urlaub"; solcher Freiheit wird der Vogel, der immer im Käfig lebte, weiß Gott, nicht froh: – Doch Aufgaben erhalten uns stark und lebendig, und es mag in der Summe meines Lebens kein Minus bedeuten, daß ich als Soldat, als Hauslehrer und Korrespondent, als Heim-, Fabrik- und Waldarbeiter, Nachtwächter und Lohnbuchhalter, Dolmetscher und Übersetzer tätig, vielerlei Menschen über und unter mir sah und lernte, Unrecht zu leiden, in Fesseln stolz zu sein und trotz allem im Herzen nicht kalt und bitter zu werden."

Studienrat Dr. Hans K. (* 1897)
„Im September 1939 durch nächtliches Telegramm noch einmal zur Wehrmacht einberufen: Nach Abstechern in die Wälder Polens und die Bäder des Atlantik zurück zu meiner Frau und den beiden Söhnen. Anschließend das typische Schicksal dieser Jahre: Ausbombung und Evakuie-

rung. Wegen durchaus zu verantwortender kultureller Betätigung im Dritten Reich einige Jahre auf Eis gelegt. Dafür allmählicher Aufstieg vom landwirtschaftlichen Hilfsarbeiter und Trümmerräumer über Büroboten und Anwaltsbürovorsteher zum Korrektor im Schutzverband deutscher Autoren."

Bei Studienrat Wilhelm V., Oberschullehrer Kurt K., Studienrat Friedrich S. endet die Biographie 1945.

Q.: Bilder und Berichte aus dem Leben einer Braunschweiger Oberschule, Braunschweig 1953.

Q.: 1.3.2. An die Einwohnerschaft Braunschweigs

Getragen von dem Gedanken, als geborener Braunschweiger auf Grund meiner über 20jährigen Polizeipraxis für unsere Vaterstadt in diesen schwierigen Zeiten zum Wohle unserer Mitbürger gerecht, fürsorglich und nutzbringend wirken zu können, habe ich am 18.d.Mts. auf Ersuchen der Militär-Regierung das Amt des Polizeipräsidenten für die Stadt Braunschweig übernommen.

Ich werde bestrebt sein, mein Amt ohne Ansehen der Person in jeder Weise gerecht durchzuführen. Zur Erfüllung meiner vordringlichsten, schweren Pflicht, Recht und Ordnung wieder herzustellen sowie die von der Militär-Regierung erlassenen Gesetze, Verordnungen und Verfügungen durchzuführen, bitte ich die Bevölkerung, mir Vertrauen zu schenken und mich und alle Polizeibeamten ehrlich und tatkräftig zu unterstützen.

Da die meisten Führer der Polizei flüchtig geworden sind und fast alle Polizeieinrichtungen (Dienststellen, Akten, Meldeamt usw.) in unglaublicher, sinnloser und ebenso zweckloser Art zerstört wurden, fand ich nur ein Chaos vor. Alles muß von Grund auf neu aufgebaut und eingerichtet werden, ehe eine ordnungsgemäße Tätigkeit der Polizei wieder möglich ist. Ich muß deshalb um Rücksicht und Geduld bitten.

Alle im Polizeidienst tätigen Beamten, Angestellten und sonst sich in dankenswerter Weise zur Verfügung gestellten Mitbürger werden in gemeinsamer Arbeit mit mir mit aller Energie daran arbeiten, daß möglichst schnell die öffentliche Ruhe , Sicherheit und Ordnung in der Stadt Braunschweig wieder hergestellt wird. (...)
Buchterkirchen, Polizeipräsident

Q: Archiv der Gewerkschaft der Polizei, Braunschweig

Q.: 1.3.3. Die Entlassung der Polizisten und die Folgen

Das Ende des zweiten Weltkrieges und der Zusammenbruch des Deutschen Reiches brachten für die Organisation und den Aufbau der Polizei tiefgreifende Änderungen. Verrichtete bis dahin die Gendarmerie den Polizeidienst auf dem Lande, so waren es in den Städten die Beamten der Schutzpolizei und Kriminalpolizei, die für Sicherheit, Ordnung und Ruhe sorgten.

Nach englischem Muster wurden einige Monate nach der Kapitulation in der britisch besetzten Zone Deutschlands

Polizeimarken in Niedersachsen (1950) / Q.: Karl-Joachim Krause

die Säulen der staatlichen Sicherheit und Ordnung – Gendarmerie, Schutzpolizei, Kriminalpolizei – zur sogenannten Einheitspolizei verschmolzen und der Besatzungsmacht unterstellt.

Neben diesem organisatorischen Verschmelzungsprozeß setzte kurze Zeit danach im Rahmen der politischen Überprüfung des Beamtentums ein Personalabbau bei der Polizei ein, der besonders die aktiven Polizeibeamten traf. Fast alle im Kreise Helmstedt geschulten und diensterfahrenen Beamten mußten auf Anordnung der Militärregierung den Dienst quittieren. Polizei-Reservisten aus der Kriegszeit und junge Männer, entlassene Soldaten, die sich freiwillig zur Polizei meldeten, füllten die Reihen auf. In den Städten Helmstedt, Schöningen und Königslutter wurden zunächst von den Stadtverwaltungen Ordnungsdienste eingerichtet, deren Angehörige mit provisorischen polizeilichen Aufgaben betraut wurden.

Viel schwieriger war die Aufrechterhaltung von Sicherheit und Ordnung auf dem flachen Lande. Die Gendarmerieposten waren verwaist. Erst nach und nach konnten die jungen Polizeibeamten die Landdienststellen wieder besetzen. Ihre Aufgabe war nicht leicht.

Freiheit und Eigentum sollten sie schützen, doch die den Beamten in den ersten Nachkriegstagen zur Verfügung stehenden Mittel, diese Grundrechte der Bevölkerung zu garantieren, waren nicht nur als primitiv zu bezeichnen, sie waren praktisch gar nicht vorhanden. Vollkommen machtlos standen sie den turbulenten Verhältnissen der Juni- und Julitage des Jahres 1945 gegenüber.

So geschah es in mehreren Orten des Kreises, daß die jungen im Polizeidienst unerfahrenen Ordnungshüter einen Selbstschutz organisierten, der sich aus Einwohnern der Gemeinde zusammensetzte, und mit Knüppeln bewaffnet gingen sie den plündernden und raubenden Elementen zu Leibe.

Die fehlende Ausbildung ersetzten die jungen Beamten durch Unerschrockenheit, Einsatzbereitschaft und Fleiß. Viele Fälle sind registriert, wo der "Mann mit der weißen Armbinde" durch sicheres und bestimmtes Einschreiten im letzten Augenblick ein Verbrechen vereiteln konnten." Die weiße Armbinde mit der Aufschrift "M. G. Police – M. R. Polizei" über dem linken Ärmel des Zivilrockes getragen, war überhaupt das einzige äußere Kennzeichen des Polizeibeamten. Waffen standen der Polizei nicht zur Ver-

Polizeimarken in Niedersachsen (1950) / Q.: Karl-Joachim Krause

fügung, auch mußte die von der Militärregierung vorgeschriebene Ausgangssperrzeit von der Polizei eingehalten werden. So ist es verständlich, daß gerade während der Nachtzeit Morde, Raubüberfälle und sonstige Untaten verübt werden konnten. Besonders die hier im Landkreis Helmstedt in Lagern zusammengeführten ausländischen Zivilinternierten terrorisierten die Bevölkerung. Bewaffnete Banden dieser Ausländerlager durchstreiften nachts die Dörfer, und viele Bewohner abseits gelegener Häuser und Gehöfte wissen von Verbrechen zu berichten, die an dunkles Mittelaltertum erinnern.

Q.: Aus dem Polizei-Tagebuch im Grenzkreis Helmstedt; von Polizeihauptkommissar Gustav Ressel, Helmstedt; in: 1945-1955 Zonengrenzkreis Helmstedt, Helmstedt 1955, S. 43f.

Q.: 2. Der Prozeß gegen Klagges

Q.: 2.1. Das Vorspiel Das Spruchkammerverfahren in Bielefeld (1949)

„Wo es sich um Spatzen handelt, werde ich nicht mit Keulen dreinschlagen!" Mit diesem Satz glaubte der frühere braunschweigische Ministerpräsident Dietrich Klagges im Juli 1949 vor dem Bielefelder Spruchgericht die grausamen Bluttaten zynisch bagatellisieren zu können, die im Jahre 1933 von der SA- und SS-Hilfspolizei in vielen Orten des ehemaligen Landes Braunschweig verübt wurden. Politische Gegner der Nazis, Arbeiter, Beamte, Studenten, Abgeordnete, Bürgermeister und Minister wurden zu Tode gefoltert oder in ein KZ geschleppt.

Die in Bielefeld durch Zeugenaussagen und Aktenbeweise bekannt gewordenen Verbrechen lösten lähmendes Entsetzen aus. Dem damaligen "Landesvater" Klagges wurde vom Spruchgericht bestätigt, daß noch niemals ähnlich "zum Himmel schreiende Greultaten", vor diesem Tribunal festgestellt wurden. Und dennoch hatte Klagges die Stirn, so lange jede Kenntnis von den Verbrechen abzustreiten, bis ihn seine eigene Unterschrift überführte. (...)

Der von Heß und Bormann im Auftrage der Parteiführung zur Untersuchung der gemeldeten Greultaten nach Braunschweig entsandte Freiherr von Holzschuher konnte sich nur durch die Flucht vor der von Klagges befohlenen Verhaftung retten. Besonders energisch protestierte der Braunschweiger Standortälteste der Wehrmacht. Der einzige Erfolg war, daß er auf Betreiben Klagges sofort abgesetzt wurde. Selbst zwei Mitglieder der Nazi-Landtagsfraktion, Zörner und A. Schneider, trumpften gegen das barbarische Wüten der SA und SS heftig auf. Der Mann des Hasses nahm den "alten Parteigenossen" Amt und Würden und jagte sie aus dem Lande.

In Bielefeld wurde Klagges wegen Verbrechen gegen die Menschlichkiet zu sechs Jahren Zuchthaus verurteilt. Er gehörte zum Stabe Himmlers als SS-Obergruppenführer an. Auf Grund des Kontrollratsgesetzes Nr. 10 konnte Klagges vom Spruchgericht nur wegen Verbrechen bestraft werden, die während der Kriegszeit begangen wurden.

Q.: Braunschweiger Zeitung, 3. 12. 1950

Q.: 2.2. Die Anklage 250 Zeugen im Klagges-Prozeß

Gegen den früheren Ministerpräsidenten von Braunschweig und ehemaligen SS-Obergruppenführer Dietrich Klagges wurde am 9. Juli von der Staatsanwaltschaft Braunschweig Anklage wegen Verbrechens gegen die Menschlichkeit nach dem Kontrollratsgesetz Nr. 10 in Tateinheit mit Freiheitsberaubung und Körperverletzung im Amt, sowie Nötigung erhoben. Klagges verbüßt zur Zeit im Zuchthaus Celle die vom Spruchgericht Bielefeld gegen ihn verhängte Gefängnisstrafe von 6 Jahren. Nach Ansicht der Staatsanwaltschaft bestehen keine Hinderungsgründe, die Hauptverhandlung gegen Klagges noch in diesem Jahr zu beginnen. Als spätesten Termin nannte die Staatsanwaltschaft den 1. Dezember 1949. Man rechnet mit einer Verhandlungsdauer von zwei Monaten.

In der von Staatsanwalt Erdmann verfaßten, 175 engbeschriebenen Schreibmaschinenseiten starken Anklageschrift wird Klagges vorgeworfen, Mord, Folterung, Freiheitsberaubung an politischen Gegnern und Verfolgung aus politischen und rassischen Gründen befohlen, begünstigt und durch Zustimmung daran teilgenommen zu haben oder mit der Planung und Ausführung dieser Taten in Zusammenhang gestanden zu haben.

Für die Fertigstellung der Anklageschrift hat Staatsanwalt Erdmann zwei Monate benötigt. Etwa 3.000 Zeugen wurden im Ermittlungsverfahren vernommen. Die Beiakte zur Anklageschrift umfassen 41 dicke Aktenbände. Die Ermittlungen gestalteten sich außerordentlich schwierig, da ein großer Teil der Zeugen sich noch in Kriegsgefangenschaft oder Internierungshaft befand. Teilweise waren die Zeugen überhaupt nicht mehr aufzufinden. Ebenso große Schwierigkeiten bereitete die Herbeischaffung des umfangreichen Unterlagenmaterials, da Klagges den größten Teil der Akten bei seinem "Abgang" vernichtet. hat.

Q.: Braunschweiger Zeitung, 11.1.1950

Q.: 2.3. Kommentar: Zwischen Terror und Bürokratie

Die Ereignisse liegen, wie der Angeklagte ganz zutreffend bemerkt, nun über 16 Jahre zurück. Als das Dritte Reich ausbrach, hatte Braunschweig schon eine ganze Zeitlang eine Regierung, in der die Nationalsozialisten vertreten waren. Die Überleitung zu anderen Rechts- und Staatsformen hätte demnach hierzulande gelinder und reibungsloser verlaufen können als anderwärts. Indessen befestigten die Ereignisse lediglich das alte Gerücht, einer besonderen braunschweigischen Neigung zum Radikalismus. Abgeordnete des Landtags und der Stadtverordnetenversammlung wurden verhaftet und durch grausame Mißhandlungen zum Verzicht auf ihre Mandate gezwungen. Die SS, die sich einen mehr als fragwürdigen Ruhm in allen Kreisen der Bevölkerung durch Terrror aller Art erworben hatte, avancierte vom Fememord und Bombenwerfen zur hilfspolizeilichen Tätigkeit. Den körperlichen Mißhandlungen standen die moralischen zur Seite. Über die Stadt Braunschweig hinaus erstreckte sich der Schrecken auf das ganze Land. In einer Atmosphäre der Verschüchterung und der Verängstigung begann die Zeit, deren Fazit ein Gesinnungsgenosse des Angeklagten mit dem schönen Satz zog, die Gesichter der Menschen in Deutschland seien fröhlicher geworden. (...)

Bürokratische Maßnahmen und der Terror der Straße verbanden und überschnitten sich in einer heute oft gar nicht mehr zu entwirrenden Form. Wo der Verwaltungsakt zur Entmachtung des Gegners nicht ausreichte, setzte der Terror ein. Aber dieser Terror wurde alsbald wieder verwaltungstechnisch verarbeitet. (Ein sehr gutes Beispiel für dieses Durcheinander ist die Affäre des Mandatsverzichts der sozialdemokratischen Abgeordneten). In dieses Hell-Dunkel zwischen den Büros des Ministeriums und den Folterstätten der SS-Hilfspolizei soll Licht gebracht werden. (...)

Ganz offensichtlich verlegt Klagges seine Verteidigung darauf, in den Wettlauf von Bürokratismus und Terror, den diese Revolution darstellte, nur die eine Seite der Sache, nämlich die Büros gesehen zu haben. Vom Terror drang, wenn man ihm glauben will, nicht einmal gerüchteweise etwas zu ihm.

Q.: Braunschweiger Zeitung 11. 1. 1950

Q.: 2.4. Prozeßbeginn
Dietrich Klagges auf der Anklagebank

Von Polizeibeamten eskortiert, betrat Klagges kurz nach 9 Uhr in straffer Haltung den Schwurgerichtssaal. Er trug einen dunkelbraunen, einreihigen Anzug und ließ auf den ersten Blick keine Merkmale der Haft erkennen. Lächelnd grüßte er seine Angehörigen, die unter den Zuhörern Platz genommen hatten, während die Bildreporter ihre Aufnahmen machten. (...)

Ministerpräsident Klagges (NSDAP) als Landesherr: Zwischen 1933 und 1939 gaben sich die führenden Repräsentanten des NS-Regimes in Braunschweig ein Stelldichein. Das Foto zeigt die Staatsgäste beim Deutschen Handwerkertag (1934) vor dem Staatsdom: Hjalmar Schacht (Kom. Reichswirtschaftsminister; mit Hut), Dietrich Klagges (rechts daneben), Robert Ley (Führer der Deutschen Arbeitsfront; rechts daneben), Gauleiter-Stellvertreter Schmalz (hinter Ley), dessen Namen die Neue Oberschule erhalten sollte. / Q.: Städtisches Museum Braunschweig

Ein starkes Polizeiaufgebot außerhalb und innerhalb des Saales sicherte den ruhigen Verlauf der Verhandlung. Auf den Pressebänken hatten die Vertreter der einheimischen Zeitungen und Korrespondenten in- und ausländischer Presseagenturen Platz genommen.

Q.: Braunschweiger Zeitung vom 11. 1.1950

Q.: 2.5. Zur Person

Braunschweig, 10.1. (Eigenbericht). Zu Beginn des Klagges- Prozesses wurde der Lebensweg des jetzt 58 jährigen Angeklagen aufgezeigt.

Klagges war von Beruf Lehrer und später Mittelschuldirektor. Nach dem ersten Weltkrieg fand er den Weg zur Politik, und als "Alter Kämpfer" – er trat 1925 der NSDAP bei – gelangte er bald zu hohen und höchsten staatlichen Stellen, nachdem seine Partei frühzeitlich im Lande Braunschweig politischen Einfluß erlangt hatte. 1930, aus dem Schuldienst entlassen, kam er als Regierungsrat in die bürgerlich-nationalsozialistische Koalitionsregierung. 1931 war er Innen- und Volksbildungsminister und hatte damit Befehlsgewalt über die Polizei. Nach der "Machtergreifung" wurde Klagges vom Reichsstatthalter zum Ministerpräsidenten des Landes Braunschweig eingesetzt. Außerdem gehörte Klagges, den Baldur von Schirach einmal den "Lehrmeister der nationalsozialistischen Weltanschauung in Norddeutschland" nannte, ehrenhalber der SS als Gruppenführer an.

Q.: Braunschweiger Zeitung, 11. 1. 1950

Q.: 2.6. Zum Beispiel: Die Absetzung des Oberbürgermeisters Böhme

Braunschweig, 19.1. (Eigenbericht) Am sechsten Tag des Klagges-Prozesses gab der heute 57 jährige Rechtsanwalt und Notar Ernst Böhme, der von 1929 bis 1933 Oberbürgermeister der Stadt Braunschweig und seit 1930 Abgeordneter des Landtages war, eine erschütternde Darstellung der Vorgänge, von denen seine damals durch Klagges veranlaßte Amtsenthebung begleitet war.

Der ehemalige Oberbürgermeister schilderte, wie ihm am 13. März 1933 im Rathaus von einem SA-Führer eine Verfügung des Innenministers Klagges vorgelegt worden sei, daß er sein Oberbürgermeisteramt sofort niederzulegen habe. Unter Protest habe er schließlich unterschrieben. Dann sei er durch ein Spalier von SA-Leuten in ein bereitstehendes Lastauto gebracht und in das Rennelberg-Gefängnis überführt worden. Am Abend sei er wieder entlassen worden, doch habe er sich zunächst acht Tage lang außerhalb Braunschweigs aufgehalten. Nachdem Polizeipräsident Lieff auf seine Rückfrage keine Bedenken geäußert habe, sei er nach Braunschweig zurückgekehrt.

Im Anschluß an einen Besuch bei dem damaligen Oberlandesgerichtspräsidenten, der ihm beinahe verhängnisvoll geworden wäre, habe er flüchten wollen, doch sei die SS schneller gewesen. Zwei Trupps von SS-Männern seien in seine Wohnung eingedrungen und hätten ihn unter Anführung des Sturmführers Karl Meyer in das "Volksfreund-Haus" gebracht, ohne daß die von ihm herbeigerufene Polizei eingegriffen hätte. Als er im "Volksfreund" einige schwer mißhandelte Reichsbannerleute gesehen habe, sei ihm bereits zum Bewußtsein gekommen, was ihm bevorstand.

Zunächst habe ihn Alpers gezwungen, eine weitere Verzichtserklärung zu unterschreiben. Dann habe Meyer das Kommando übernommen und seinen Männern zugerufen: "Na, nun los!" Der Zeuge habe auf seine Kriegsverletzung hingewiesen, doch habe Meyer diesen Einwand lediglich mit der Anweisung quittiert: "Arm schonen!" Die SS-Männer hätten seinen Rücken entblößt, ihn über eine Truhe gelegt und mit Nilpferdpeitschen so lange bearbeitet, bis er bewußtlos geworden sei. Noch zweimal sei diese Prozedur wiederholt worden, nachdem man ihn vorübergehend mit Wasser wieder zur Besinnung gebracht habe. Zwischendurch habe Meyer mit seiner Pistole gespielt und ihm angedeutet, wie man sein Opfer übel um die Ecke bringen könne.

Im Anschluß an diese Folterungen sei der Zeuge, mit einer roten Schärpe bekleidet, in einem unwürdigen Aufzuge zum Rennelberg geführt worden.

Q.: Braunschweiger Zeitung vom 20. 1. 1950

Q.: 2.7. Zum Beispiel: Unmenschlichkeit und Amtsmißbrauch

Braunschweig, 3. 3. (Eigenbericht) "Machen Sie, daß Sie fortkommen! Mit Leuten Ihres Schlages verhandelt Herr Minister nicht." Mit diesen Worten, so sagte die als Zeugin im Klagges-Prozeß vernommene Ehefrau Anna Meyer, sei sie von einer Hausangestellten des Angeklagten abgewiesen worden, als sie Klagges im Frühjahr 1933 in seiner Wohnung aufsuchte, um die Freilassung ihres im "Volksfreund" festgehaltenen Mannes zu erwirken. Als die Hausgehilfin nach diesem Bescheid zurückgekommen sei, habe die Zeugin, wie sie ergänzend bemerkte, im Hause höhnisches Männerlachen gehört.

Nach der klaren und bestimmten Aussage der Zeugin Meyer, die sie unter Eid machte, war ihr Mann als Angehöriger der SPD und Leiter einer Konsumfiliale in jener Zeit ständigen Verfolgungen ausgesetzt. Während der Ehemann zunächst außerhalb Braunschweigs Zuflucht suchte, sei die Familie derartigen Nachstellungen ausgesetzt gewesen, daß ihre Mutter infolge der ständigen Aufregungen einem Herzschlag erlegen sei. Als sich schließlich ihr Mann im Bewußtsein seiner Unschuld freiwillig im "Volksfreund" gestellt habe, sei sie selbst Zeuge der unmenschlichen Mißhandlungen geworden, denen ihr Ehemann ausgesetzt war. In ihrer Verzweiflung habe sie sich nicht nur an Klagges, sondern sogar an die Reichswehr gewandt; aber "es gab nirgends eine Hilfe, nur Achselzucken". *)

Q.: Braunschweiger Zeitung 4. / 5. März 1950

---

*) Weitere Zeitungsberichte zu den Klagges vorgeworfenen Verbrechen in: Reinhard Bein: "Im deutschen Land marschieren wir. Freistaat Braunschweig 1930-1945" S.36-39, 43-45, 48, 49, 58-63, 124-125

Zum Beispiel: Gewalt gegen jüdische Geschäfte. Am 11. März 1933 verabredeten Klagges und der Leiter der SS-Hilfspolizei Alpers eine "Boykottaktion" gegen jüdische Geschäfte. SS-Männer mußten in Gruppen und in Zivil als "empörte Volksmenge" auf dem Kohlmarkt und den anliegenden Straßen in jüdischen Läden und Kaufhäusern (links Kaufhaus Frank, im Hintergrund das für jüdisch gehaltene Kaufhaus Karstadt mit zerstörten und vernagelten Schaufenstern) Scheiben und Auslagen zerstören. Der Leiter der Schutzpolizei Selle wurde von Klagges zu Beginn der Aktion angewiesen, die Polizeistreifen aus der Nähe des Kohlmarktes zurückzuziehen. Das Schwurgericht in Braunschweig wertete dies 1950 als Beihilfe zum Landfriedensbruch./ Foto: Hans Erdtel

Q.: 2.8. Vor den Plädoyers

Da ist zunächst zu sagen, daß alle Zeugen, die Opfer des Terrors, die Gegner des Angeklagten, seine kritischen Mitarbeiter von der bürgerlich-nationalen Seite, seine nationalsozialistischen Gesinnungsgenossen und die direkten Ausüber des Terrorismus in einem Punkte vollkommen übereingestimmt haben. Sie haben alle ausgesagt, daß Dietrich Klagges der Mann war, der in Braunschweig bestimmte, an dem kein Weg vorbeiführte und gegen dessen Willen zu handeln auch für Nationalsozialisten kaum möglich, auf alle Fälle aber sehr gefährlich war.

Q.: Braunschweiger Zeitung 4./5. März 1950

Q.: 2.9. Braunschweig fiel besonders auf

Braunschweig, 10. 3. (Eigenbericht.) "Rechtsgrundsätze allein sind nicht maßgebend, vielmehr die politische Einstellung. In gewissen Situationen ist es Pflicht ,gegen das Recht zu handeln." Diesen Grundsatz vertrat Klagges im November 1932 in einer stürmisch verlaufenen Unterredung mit dem damaligen Rektor der Technischen Hochschule Braunschweig, Professor Gaßner, wie sich aus seiner sofort nach jenem Zusammenstoß von dem Zeugen Gaßner angefertigten Aktennotiz ergab. (...)

Während der als Zeuge geladene Gestapo-Chef und spätere Regierungspräsident Dr. Diehls nicht erschienen war, erinnerte sich der Zeuge Dr. Gritzbach, der von 1932 bis 1945 im Preußischen Staatsministerium tätig und später sogar Staatssekretär war. daß Braunschweig in der Zeit nach der Machtübernahme besonders "aufgefallen" sei. Insbesondere sei Papen wegen der Verfolgung der Rechtskreise sehr erbittert gewesen, doch habe ihn Göring nicht genügend unterstützt. Später habe Göring bedauert, in Braunschweig nicht energischer durchgegriffen zu haben.

Q.: Braunschweiger Zeitung 11./12. März 1950

Q.: 2.10. Plädoyer des Staatsanwaltes

Braunschweig, 17. 3. (Eigenbericht.) In einem sechsstündigen Plädoyer klärte Staatsanwalt Gotthard Erdmann am Freitag im Klagges-Prozeß die Frage, inwieweit der Angeklagte strafrechtlich für die begangenen Verbrechen verantwortlich zu machen sei.

Staatsanwalt Erdmann charakterisierte dabei die vom Angeklagten während der Verhandlung geübte Taktik wie folgt: "Klagges hat – vielleicht mit Ausnahme dessen, daß er geboren ist – fast alles bestritten, was ihn belasten konnte. Er besann sich immer nur auf das, und meist sogar in allen Einzelheiten, was er zu seinen Gunsten zu verwerten vermochte. Aber schon das Spruchgericht hat ihm nicht geglaubt und ihn verurteilt."

Wenn Klagges sich immer wieder darauf berufen habe, daß er stets "legal" vorgegangen sei und die Terrormaßnahmen weder veranlaßt noch gebilligt habe, so sei festzustellen, daß er der maßgebene Repräsentant des nationalsozialistischen Regimes in Braunschweig war, auch wenn er offiziell kein Amt in der Partei hatte. Baldur von Schirach habe ihn sogar als den "Lehrmeister des Nationalsozialismus" in Norddeutschland bezeichnet. Nach dem Grundsatz "Der Zweck heiligt die Mittel" habe er selbst die Voraussetzungen für die Anwendung dieser Mittel geschaffen. "Was Klagges unter Legalität versteht, hat ja die Hauptverhandlung zur Genüge erwiesen", sagte Staatsanwalt Erdmann.

Die Einrichtung der Hilfspolizei im Frühjahr 1933, die das Werkzeug für die zahlreichen ungesetzlichen Maßnahmen gewesen sei, habe Klagges selbst veranlaßt. Alpers habe als Leiter der Hilfspolizei seine Befehle vom Angeklagten erhalten und sei sein "Sprachrohr" gewesen. Nach den Worten des Staatsanwalts "war die Hilfspolizei eine reine Parteiformation mit polizeilichen Befugnissen. An ihrer Spitze stand in Wirklichkeit Klagges." Die von ihm eingesetzten "politischen Beauftragten" seien sein "verlängerter Arm" gewesen. Sie hätten in seinem Auftrag und nach seinem Willen gehandelt. Damit habe sich der Angeklagte, indem er strafbare Handlungen seiner Untergebenen wissentlich geschehen ließ, nach § 357 des Strafgesetzbuches schuldig gemacht.

Die Besetzung des "Volksfreund"-Hauses, an die sich die bekannten Terrorakte anschlossen, sei im Einvernehmen mit Klagges erfolgt. Auch von den "Aktionen" gegen die jüdischen Geschäfte sei er unterrichtet gewesen. Ebenso wie die Amtsenthebung des Oberbürgermeisters Böhme lediglich aus politischen Gründen erfolgt sei, so seien auch die erzwungenen Mandatsverzichte der Abgeordneten eine vom Angeklagten planmäßig gelenkte Aktion gewesen, um im ganzen Lande rein nationalsozialistische Vertretungen zu schaffen.

Am 12. April 1933 seien 515 führende Persönlichkeiten der Linksparteien in Haft gewesen, so daß es ihnen praktisch unmöglich gewesen sei, sich für die bevorstehende Wahl aufstellen zu lassen. Während Klagges darüber berichtete: "Ich habe sie ganz legal aus ihren Ämtern entfernt", sei nunmehr einwandfrei festgestellt worden, daß die Verhaftungen vorsätzlich und widerrechtlich erfolgt seien.

Weiterhin sah der Staatsanwalt als erwiesen an, daß der Angeklagte für alle Terroraktionen im Lande Braunschweig im Jahre 1933 verantwortlich bzw. mitverantwortlich zu machen sei. Es handelte sich dabei um die "Überholungsaktionen" in den Kreisen Gandersheim und Blankenburg, insbesondere in Seesen, Lutter, Langelsheim, Zorge, Hasselfelde, ferner um die schweren Auseinandersetzungen in der Allgemeinen Ortskrankenkasse im Anschluß an die "Stahlhelm-Aktion" und die Gewaltmaßnahmen nach der Erschießung des SS-Mannes Landmann, die zu den Terrorakten in Braunschweig, Wolfenbüttel, Helmstedt und dem Massenmord in Rieseberg führte. Auch die letzte größere Aktion in Blankenburg im September 1933 sei Klagges zur Last zu legen.

Auf Grund des Ergebnisses der Beweisaufnahme sah Staatsanwalt Erdmann die Schuld des Angeklagten in allen Anklagepunkten als erwiesen an.

Q.: Braunschweiger Zeitung 18./19. März 1950

Q.: 2.11. Kommentar: Folgen einer "Weltanschauung"

Der Angeklagte Dietrich Klagges verzog keine Miene, als die Staatsanwaltschaft ihren Strafantrag dem Gericht bekanntgab und für die Verbrechen und Vergehen des Angeklagten die gesetzliche Höchststrafe, lebenslängliches Zuchthaus, forderte. Der Angeklagte wurde nur eine Spur blasser. Aber das dauerte nur einen kurzen Augenblick, und alsbald zeigte er wieder das ungerührte, eiseskühle Gesicht, das er in diesem Prozeß auch in jenen Augenblicken beibehalten hat, in denen von den schändlichsten Greueltaten seiner politischen Werkzeuge der Rede war, ja das ihn selbst nicht verließ, als erwachsene Männer in Erinnerung an die Schändlichkeiten, die man ihnen zufügte, zusammenbrachen.

Dieses Fehlen eines jeglichen Mitleids mit den Opfern des Nationalsozialismus, das Beharren auf den Prinzipien der "Weltanschauung" des Nazismus (oder doch das Fehlen jeglichen Abstandnehmens von diesen Grundsätzen), das Mißverhältnis eines in der nationalsozialistischen Ideologie offenbar nach immer befangenen Denkens zur Wirklichkeit unserer Zeit habe die Haltung des Angeklagten in seinem Prozeß bestimmt, wie sie auch sein Handeln als Minister und Ministerpräsident bestimmt hatten. Der nationalsozialistische Grundsatz, Recht sei, was dem Volke nützt, Recht sei, was der Herrschaft der nationalsozialistischen Partei diene, Verbrechen aber, was ihr aus welchen Motiven immer widerstrebe, hat das Handeln des Braunschweiger Ministerpräsidenten ganz offenbar während seiner Amtszeit bestimmt. Innerhalb dieser Weltanschauung war Klagges absolut konsequent. Für einen Nationalsozialisten der Führungsschicht wäre die Unterlassung all der verbrecherischen Handlungen, die die Anklage Klagges zur Last legt, geradezu eine Verfehlung gewesen. (...)

Q.: 2.12. Plädoyer des Verteidigers

In seinem Plädoyer wies Rechtsanwalt Grünkorn darauf hin, unter welchen Umständen sich die zur Anklage stehenden Straftaten ereignet hätten. Man dürfe die revolutionäre Zeit vom Frühjahr 1933 nicht mit gewöhnlichen Maßstäben messen. Bürgerkriege seien immer mit großer Härte geführt worden. Revolution sei zweifellos immer ein Rechtsbruch, aber wenn sie Erfolg habe, dann werde selbst Hochverrat zur Quelle eines neuen Rechts. Man könne sehr wohl von einer Revolution zu jener Zeit sprechen, zumal die Regierung noch nicht fest im Sattel gesessen habe. Auch auf der Gegenseite sei vor 1933 mit fanatischer Leidenschaft gekämpft worden. Die Persönlichkeit des Angeklagten sei danach zu bewerten, daß er nicht mit Redensarten, sondern aus voller Überzeugung und unter persönlichem Einsatz für den Nationalsozialismus eingetreten sei. Er habe sich auch nicht feige verkrochen, als 1945 die Niederlage des Dritten Reiches besiegelt war. *) (...)

*) Klagges wurde am Tag nach der Besetzung Braunschweigs in seinem Dienstzimmer Bohlweg 38 verhaftet.

Da keine rechtlichen Gründe vorliegen, um zu einer Verurteilung zu kommen, stelle ich den Antrag, den Angeklagten freizusprechen, sagte am Dienstag Rechtsanwalt Grünkorn als Verteidiger im Klagges-Prozeß.

Q.: Braunschweiger Zeitung 21. /22. März 1950

Q.: 2.13. Schlußwort des Angeklagten

Braunschweig, 24. 3. (Eigenbericht) "Die Anklage gegen mich ist erhoben worden nicht zur Wahrung der Majestät des Rechts, sondern aus politischer Rachsucht. Der Ministerpräsident Klagges mußte angeklagt werden, weil gewisse Kreise ehemaliger politischer Gegner dies gewollt haben. Darum mußten die Taten anderer als die meinigen hingestellt werden." Mit diesen Worten verteidigte sich der Angeklagte Dietrich Klagges in seinem Schlußwort gegen die erhobenen Anklagen.

Die Anklageschrift stelle, wie Klagges ausführte, nur scheinbar eine schwere Belastung dar. Für die Beantwortung der Frage, was er mit alledem zu tun habe, hätte die Verhandlung keine hieb- und stichfesten Beweise ergeben. Er sei daher der Ansicht, daß überhaupt kein Grund für die Anklage vorgelegen habe.

„Ich habe den Eindruck", so meinte Klagges, "es ist dies auch die innere Überzeugung der Staatsanwaltschaft von Anfang an gewesen." Ein hervorragender Vertreter der Anklagebehörde habe sogar einmal geäußert, es müsse zu einem Freispruch kommen, da man Klagges nichts anhaben könne. Statt dessen befindet er sich seit Jahren in einer Haft, die einem Begräbnis bei lebendigem Leibe gleichkomme. (...)

Klagges verlangte, nicht nur nach seinem Verhalten während eines halben Jahres, sondern nach seiner Gesamtpersönlichkeit und nach seiner Tätigkeit während seiner ganzen Amtszeit beurteilt zu werden. So habe für ihn das Wohlergehen des Volkes an erster Stelle gestanden. "Ich hatte nie die Absicht", so sagte Klagges weiter, "einen Polizeistaat in besonderem Sinne zu errichten."

Er sei weder im Staats- noch im Parteileben nur Parteimann gewesen. Ihm habe stets die Zukunft von Braunschweig am Herzen gelegen. (...)

Nachdem der Angeklagte seine "Verdienste" um Wirtschaft, Verkehr und Wohnungsbau im Lande Braunschweig während seiner Tätigkeit als Ministerpräsident geschildert hatte, beendete er seine Darlegungen zu diesen Punkten mit den Worten: "Diejenigen, die an solcher Aufbauarbeit mitgewirkt haben, werden mir Recht geben, wenn ich behaupte, daß solches Wirken, ungeachtet aller Verfolgungen, seinen Lohn in sich trägt. Ich habe meine Lebensarbeit stets in den Dienst meines Volkes gestellt. Wenn der Herr Oberstaatsanwalt", so schloß Klagges seine Ausführungen, "darin keine praktische Religiosität sieht, für mich ist es dies."

Q.: Braunschweiger Zeitung 25. / 26. 3. 1950

Braunschweig, März 1946: Im Theatersaal des Luftflottenkommandos beginnt der Prozeß gegen acht Nazi-Aktivisten. Die Angeklagten erwarten stehend ihr Urteil, die Verteidiger sitzen vor ihnen./Archiv Eckart Grote

Q.: 2.14. Das Urteil

Braunschweig, 5. 4. (Eigenbericht) Das Schwurgericht in Braunschweig verurteilte am Mittwochnachmittag den früheren nationalsozialistischen Ministerpräsidenten von Braunschweig Dietrich Klagges wegen Verbrechens gegen die Menschlichkeit zu lebenslänglichem Zuchthaus. Der Gerichtsvorsitzende, Landesgerichtsdirektor Paul Lüttig, erklärte, das Gericht habe die Frage nach der Verantwortlichkeit des Angeklagten trotz dessen Leugnens mit dem Satz beantwortet: Er hat sich schuldig gemacht.

Das Schwurgericht, daß dieses Urteil gefällt habe, sei kein Staatsgerichtshof, fügte der Vorsitzende hinzu. Es habe sich um keinen politischen Prozeß, sondern um die Aburteilung von Verbrechen gehandelt. Er sagte: "Das Urteil ist gesprochen worden nach dem Gesetz, lediglich um der Gerechtigkeit willen, ohne die es, um mit einem Wort von Kant zu sprechen, keinen Sinn mehr hätte zu leben."

Klagges hatte den überfüllten Schwurgerichtssaal lächelnd betreten und sein Gesicht verzog sich nur wenig, als der Urteilsspruch fiel.

Das Gericht erklärte den Angeklagten in achtzehn Punkten für schuldig, und zwar wegen Verbrechens gegen die Menschlichkeit in Tateinheit mit Beihilfe zum Landfriedensbruch in erschwerter Form, fahrlässiger Tötung, Mißbrauch der Amtsgewalt, Begünstigung und Nötigung im Amt, Freiheitsberaubung im Amt in Tateinheit mit schwerer oder gefährlicher Körperverletzung, teilweise mit Todesfolge. Diese Anklagepunkte umfassen insgesamt 125 Einzelfälle.

Q.: Braunschweiger Zeitung vom 5. 4. 1950

Q.: 2.15. Kommentar zum Urteil

Der Umfang des Unrechts, das damals geschah, ist kaum auszumessen. Mindestens 74 Personen sind auf das schwerste mißhandelt worden, 18 Menschen kamen im Zusammenhang mit diesen Ereignissen zu Tode. Der Sinn dieses Terrors war, die Macht- und Willkürherrschaft des Nationalsozialismus zu befestigen. Die Schwere der Leiden, die man den Opfern zufügte, hatte den Sinn, im Lande das Gefühl der Rechtlosigkeit zu verbreiten. Es war eine Rechtlosigkeit, die sogar alten Mitgliedern der NSDAP auf die Nerven fiel. Bei der Herstellung dieser rechtswidrigen Zustände ist Klagges führend tätig gewesen und hat sich dabei in hartherziger und brutaler Weise benommen. Über seine beamtenrechtliche Verantwortung besteht kein Zweifel. Das Gericht hat darum auch darauf hingewiesen, daß schon im Jahr 1932 der damalige deutschnationale Polizeipräsident Lieff einen schwerwiegenden Anlaß hatte, Klagges auf die diesbezüglichen Bestimmungen des Strafgesetzbuches hinzuweisen.

Der Mann, der alle warnenden Stimmen in den Wind schlug und der auch heute noch offensichtlich im Banne der Anschauungen steht, die zu den damaligen Verbrechen führten, wird sich wahrscheinlich in der utopischen Überheblichkeit sonnen, ein Wandel der politischen Verhältnisse könnte ihn der von seinen Richtern verhängten Strafe entziehen. Eine solche in nichts begründete Erwartung ist das einzig denkbare Motiv des Verhaltens, das Klagges in diesem Verfahren an den Tag gelegt hat.

In Braunschweig hat ein einziges Mal ein nationalsozialistischer Führer vor deutschen Richtern gestanden. Es ist kein politischer Prozeß geführt worden, sondern ein reiner Strafprozeß. Er ist um der Gerechtigkeit willen geführt worden. Der Vorsitzende hat den Satz des größten deutschen Denkers zitiert, daß es ohne die Gerechtigkeit keinen Sinn hätte, wenn Menschen auf Erden lebten. Und wirklich: Es wäre zum Verzweifeln, wären die Verbrechen des Jahres 1933, die Schändung der Menschenwürde und die kaltherzige Vernichtung von Menschenleben, ungesühnt geblieben oder mit einer scheinbaren Sühne verdeckt worden. Th. F.

Q.: Braunschweiger Zeitung vom 5. 4. 1950

Q.: 3. Revisionsverfahren

Q.: 3.1. Klagges erneut vor Gericht

Braunschweig, 20. 10. (Eigenbericht). Seit Montagvormittag steht Dietrich Klagges, der ehemalige nationalsozialistische Ministerpräsident von Braunschweig wieder vor dem Schwurgericht. (...)

Seine gegen das Urteil eingelegte Revision hatte soweit Erfolg, als der Strafsenat des Bundesgerichtshofes eine Überprüfung der Strafhöhe durch eine neue Verhandlung angeordnet hat. Maßgebend dafür war es, daß das Kontrollratsgesetz Nr. 10 der Militärregierung, das sich mit den Verbrechen gegen die Menschlichkeit befaßt, von deutschen Gerichten jetzt nicht mehr angewendet werden darf. Im Schuldspruch war jedoch das frühere Urteil für rechtskräftig erklärt worden. Es kommt in diesem Prozeß jetzt darauf an, unter Zugrundelegung der deutschrechtlichen Bestimmungen eine neue Strafe festzusetzen.

Q.: Braunschweiger Zeitung vom 21. 10. 1952

Q.: 3.2. Plädoyer des Staatsanwaltes

Braunschweig, 30.10. (Eigenbericht) Im Schwurgerichtsprozeß gegen den ehemaligen nationalsozialistischen Ministerpräsidenten von Braunschweig, Dietrich Klagges, beantragte Staatsanwalt Erdtmann eine Gesamtstrafe von 15 Jahren Zuchthaus.

Die Klagges durch Spruchkammerurteil zudiktierte Gefängnisstrafe von sechs Jahren, die er am 17. Juli 1951 verbüßt hatte, soll ihm auf die nunmehr zu erkennende Zuchthausstrafe nicht angerechnet werden. An Einsatzstrafen für die zahlreichen Delikte, deren Klagges bereits rechtskräftig für schuldig befunden worden ist, habe der Angeklagte nach Ansicht des Staatsanwalts 67 Jahre Zuchthaus verwirkt.

Leider sei es nicht möglich, sagte der Anklagevertreter, eine höhere Gesamtstrafe als 15 Jahre Zuchthaus zu verhängen, nachdem der Bundesgerichtshof das seinerzeit nach dem Kontrollratsgesetz Nr. 10 ausgesprochene, auf "lebenslänglich" lautende Urteil aufgehoben hat.

Dietrich Klagges auf der Anklagebank beim Revisionsprozeß im Oktober 1952 mit seinem Verteidiger Grünkorn / Foto: Otto Hoppe

Indessen müsse gegen den Angeklagten auf die nach deutschrechtlichen Bestimmungen höchstmögliche Strafe erkannt werden, da er der geistige Urheber der nazistischen Terrorakte des Jahres 1933 gewesen und sowohl moralisch als auch strafrechtlich dafür verantwortlich sei.

Q.: Braunschweiger Zeitung vom 31. 10. 1952

Q.: 3.3. Plädoyer des Verteidigers

Indem der Verteidiger auf die Klagges-Straftaten im einzelnen einging, wies er darauf hin, daß das erste Schwurgerichtsurteil dem Angeklagten eine ehrlose Gesinnung nicht unterstellt habe. Insbesondere habe er sich persönlich nie an Grausamkeiten beteiligt. "Klagges ist in seinen

Unterlassungen", sagte der Anwalt, "zum großen Teil ein Opfer der mangelnden Zivilcourage seiner Vertrauensleute geworden."
Er sei von Leuten wie Alpers nicht oder nur ungenügend über die Ausschreitungen der Hilfspolizei informiert worden. Auch habe er in der damaligen turbulenten Zeit keine Möglichkeit gehabt, gegen das selbstherrische Auftreten gewisser Führer der SA und SS einzuschreiten. Diese "besonderen Umstände" müsse man dem Angeklagten als mildernd zugute halten, auch wenn er nicht von jeder Schuld freizusprechen sei. Seine Schuld sei aber bei weitem nicht so groß, wie es der Staatsanwalt angenommen habe. Endlich beantragte der Verteidiger, dem Angeklagten die ihm durch die Spruchkammerurteile auferlegte Gefängnisstrafe von sechs Jahren auf die zu verhängende Gesamtstrafe anzurechnen.

Q.: Braunschweiger Zeitung vom 4. 11. 1952

Q.: 3.4. Das Urteil

Braunschweig, 4. 11. (Eigenbericht). Das Braunschweiger Schwurgericht hat am Dienstag das Strafmaß für den früheren nationalsozialistischen Ministerpräsidenten, Dietrich Klagges, auf 15 Jahre Zuchthaus festgesetzt. Die Untersuchungshaft wurde angerechnet. In seinem drei Stunden währenden Schlußwort verteidigte sich Klagges mit der Hartnäckigkeit eines Mannes, den auch eine noch so erdrückende Fülle von Belastungsmaterial nicht von seiner Schuld zu überzeugen vermag. Obwohl das Schwurgerichtsurteil vom 5. April 1950 im Schuldspruch durch den Entscheid des Bundesgerichtshofes bestätigt worden ist, versuchte Klagges immer wieder sich als das Opfer eines "unsittlichen Rechts" hinzustellen.

Q.: Braunschweiger Zeitung vom 5. 11. 1952

Q.: 3.5. Bitte um vorzeitige Entlassung

Q.: 3.5.1. Erster Versuch

Braunschweig, 26. 12. (Eigenbericht) Der Braunschweiger Generalstaatsanwalt, Dr. Fritz Bauer, hat am Sonnabend gegen den Beschluß der Dritten Strafkammer des Landgerichts Braunschweig Beschwerde eingelegt, nach dem der frühere NS-Ministerpräsident von Braunschweig, Klagges, vorzeitig aus der Strafhaft im Zuchthaus Lingen entlassen werden sollte. Die Beschwerde hat aufschiebende Wirkung. Der Strafsenat des Oberlandesgerichts Braunschweig wird über sie zu entscheiden haben. Die Dritte Strafkammer war in ihrem Beschluß, der das Datum vom 24 Dezember trägt, zu der Auffassung gelangt, daß eine bedingte Entlassung des wegen Aussageerpressung, Freiheitsberaubung, Nötigung und Körperverletzung im Amt, zum Teil mit Todesfolge, vom Schwurgericht Braunschweig am 4. November 1952 zu 15 Jahren Zuchthaus verurteilten Klagges dem öffentlichen Interesse nicht entgegenstehe. Klagges hatte am 2. Oktober 1955 zwei Drittel seiner Strafe verbüßt. Seine Frau beantragte daraufhin in Übereinstimmung mit den Vorschriften des Strafgesetzbuches, ihren Mann bedingt aus der Haft zu entlassen. Diesem Gesuch entsprach die Strafkammer, ohne Klagges irgendwelche Bewährungsauflagen zu machen. (...)

Q.: Braunschweiger Zeitung vom 27. 12. 1955

Q.: 3.5.2. Kommentar

Es ist die Frage, ob ein Mann wie Klagges überhaupt die Garantien dafür bieten kann, in Zukunft ein gesetzmäßiges Leben zu führen. Wenn man davon absieht, daß der Verurteilte im Schlüter-Verlag eine Broschüre veröffentlicht hat (oder hat veröffentlichen lassen), die ein Bekenntnis zu der Unrechtsgesinnung enthält, der seine Taten entsprangen, so muß berücksichtigt werden, daß der Vorstand der Strafanstalt Lingen erklärt hat, es sei dem Angeklagten bei seinem Alter nicht möglich, seine in langen Jahren gewonnene Einstellung umzubilden und die Fehler seiner Einstellung zu erkennen. Ihm fehle jede tiefere Einsicht in seine Straftaten.

Q.: Braunschweiger Zeitung vom 28. 12. 1955

Q.: 3.5.3. Ablehnung

Braunschweig, 21. 2. (Eigenbericht) Der Strafsenat des Oberlandesgerichts Braunschweig hat am Dienstag eine vorzeitige Haftentlassung des früheren braunschweigischen NS-Ministerpräsidenten Dietrich Klagges abgelehnt. Damit ist ein Beschluß der Dritten Großen Strafkammer des Landgerichts Braunschweig vom 24. Dezember 1955 aufgehoben, nach dem Klagges schon jetzt aus dem Zuchthaus entlassen werden sollte. (...)
Der Strafsenat begründete seinen ablehnenden Gegenbeschluß damit, daß "eine vorzeitige Entlassung mit Rücksicht auf das Sühnebedürfnis zur Zeit noch nicht vertretbar" sei, obwohl man nicht daran zweifeln könne, daß Klagges tatsächlich künftig ein gesetzmäßiges Leben zu führen beabsichtige.
In dem 45 Seiten langen Beschluß des Strafsenates heißt es weiter, die erneute Prüfung eine vorzeitigen bedingten Haftentlassung könne nicht erfolgen, bevor drei Viertel der Strafe verbüßt seien. Das ist am 5. Januar 1957 der Fall. Jedoch wird ausdrücklich gesagt, daß die Entlassung von Klagges zu diesem Zeitpunkt nicht automatisch erfolgen könne, vielmehr werde dann die Frage erst von neuem aufgerollt werden können.

Q.: Braunschweiger Zeitung vom 22. 2. 1956

Q.: 3.5.4. Ein Mann wie Klagges ist nicht mehr zu erziehen

„Da ein Mann wie Klagges nicht mehr zu erziehen oder zu bessern ist, muß die ausreichende Sühne seiner Verfehlungen als einziger Zweck der Strafe angesehen werden. Da Klagges bisher keinen erkennbaren Sühnebeitrag geleistet hat und auch heute noch seine kriminellen Verbrechen nicht als Unrecht ansieht, sollte er seine 15 Jahre Zuchthaus auch voll verbüßen müssen."
Mit diesen Worten begründete der Braunschweiger Generalstaatsanwalt Gerhard Münzelburg am Donnerstag die Beschwerde der Staatsanwaltschaft gegen den Beschluß des Landgerichts Braunschweig, den ehemaligen NS-Ministerpräsidenten am 2. Dezember vorzeitig aus der Haft zu entlassen. (...)
„Denn Klagges sind bereits bei Bemessung seiner Strafe eine Reihe von Vorteilen gewährt worden, in deren Genuß andere Verurteilte, deren Verbrechen nicht so schwerwiegend waren, gar nicht gekommen sind."

Der Generalstaatsanwalt erinnerte daran, daß im Verfahren gegen Klagges Einzelstrafen von im ganzen 54 Jahren zusammengekommen seien. Diese Einzelstrafen seien dann zu einer Gesamtstrafe von 15 Jahren Zuchthaus zusammengezogen worden, weil dies das nach dem Gesetz zulässige höchste Strafmaß sei, sofern das Gericht nicht auf "lebenslänglich" erkennt.
Klagges verbüßt also im Zuchthaus weniger als ein Drittel der Strafzeit, zu der sich seine Einzelstrafen summieren, während andere Verbrecher auch bei einem aus Einzelstrafen zusammengezogenen Strafmaß häufig mehr als die Hälfte der Summe der Einzelstrafen zu verbüßen hätten. Darüber hinaus habe das Urteil Klagges jeglichen Freiheitsentzug nach 1945, seine Internierungshaft, seine bequeme Untersuchungshaft und eine im Gefängnis verbrachte Strafhaft aus dem Spruchkammerurteil voll auf die Zuchthausstrafe angerechnet. Selbst bei voller Verbüßung der 15 Jahre Zuchthaus hätte er also in Wirklichkeit nur acht Jahre im Zuchthaus zu sitzen, denn das Schwurgericht hatte das Ende der Haftzeit auf den 2. Oktober 1960 festgesetzt. (...) Am Rande bemerkte Generalstaatsanwalt Mützelburg, daß Klagges, sollte er wider Erwarten doch vorzeitig entlassen werden, keinerlei Aussicht hat, etwa aus seiner früheren Beamtentätigkeit als Lehrer oder gar als "Ministerpräsident" Versorgungsansprüche durchzusetzen zu können, weil nach dem geltenden Beamtenrecht jeder Beamte, der zu einer Zuchthausstrafe verurteilt wird, damit automatisch alle Rechte aus seinem Beamtenverhältnis verliert.

Q.: Braunschweiger Zeitung vom 12. 10. 1956

Q.: 3.6. Klagges klagt Rente ein

Die Arbeitsgemeinschaft verfolgter Sozialdemokraten im Bezirk Braunschweig protestiert scharf gegen den Versuch des ehemaligen braunschweigischen NS-Ministerpräsidenten Dietrich Klagges, als "131er" anerkannt zu werden und eine aus Steuergeldern finanzierte Altersrente zu beanspruchen. Wie der Vorsitzende der Arbeitsgemeinschaft, der frühere Braunschweiger Oberbürgermeister und Notar Ernst Böhme, am Freitag erklärte, wird er an Innenminister Bennemann appellieren, das Braunschweiger Verwaltungspräsidium zur Berufung gegen ein zugunsten von Klagges ergangenes Urteil des Verwaltungsgerichts Braunschweig zu veranlassen. (...)
„Auf diese Weise will sich Klagges geschickt in den Kreis der 131er schmuggeln, in den er gar nicht gehört", sagte Böhme. Der Gesetzgeber wollte darunter Heimatvertriebene und ehemalige Soldaten verstanden wissen, aber keine Nazi-Verbrecher." (...)
Würde Klagges als "131er" anerkannt, so mußte das Land Niedersachsen ihn für seine 34jährige Dienstzeit im öffentlichen Dienst, die – wie Böhme sagte – den "Schrittmacher der Nazi-Verbrechen" vom Lehrerpult bis auf den Stuhl des Braunschweigischen Ministerpräsidenten führte, bei der Bundesversicherungsanstalt für Angestellte nachversichern.

Q.: Braunschweiger Zeitung vom 21. 3. 1964

Q.: 3.6.1. Früherer Ministerpräsident Klagges will Altersrente

Der wegen seiner schweren Verbrechen zu 15 Jahren Zuchthaus verurteilte ehemalige braunschweigische Nazi-Ministerpräsident Dietrich Klagges will eine Altersrente aus der gesetzlichen Rentenversicherung beanspruchen. Dies ging aus einem Verfahren vor dem Braunschweiger Verwaltungsgericht hervor, das Klagges gegen den Präsidenten des Verwaltungsbezirks angestrengt hatte.
Das Verwaltungspräsidium hatte sich bisher geweigert, Klagges eine Bescheinigung darüber auszustellen, daß er zu den vom Artikel 131 des Grundgesetzes betroffenen Personen gehört, die keinen Anspruch auf Altersversorgung als Beamte besitzen. Eine solche Bescheinigung muß Klagges aber der Bundesversicherungsanstalt für Angestellte vorlegen, soll sein Rentenantrag überhaupt bearbeitet werden.
Auf eine sogenannte "Untätigkeitsklage" Klagges' hin hat das Braunschweiger Verwaltungsgericht jetzt "für Recht erkannt, daß der Beklagte (Präsident des Verwaltungsbezirkes) zur Erteilung dieser Bescheinigung verpflichtet ist. Der Vorsitzende der Kammer, Verwaltungsgerichtsdirektor Abendroth, erläuterte dazu, daß Gericht habe unabhängig von den Folgen oder finanziellen Auswirkungen allein die rechtlichen Vorschriften anzuwenden gehabt.
Diese Vorschriften besagen: "Unter Artikel 131 des Grundgesetzes fallende Personen, die nach der in diesem Gesetz getroffenen Regelung keinen Anspruch oder keine Anwartschaft auf Alters- und Hinterbliebenenversorgung haben, gelten für sämtliche Zeiten als nachversichert, in denen sie vor Ablauf des 8. Mai 1945 wegen ihrer Beschäftigung im öffentlichen Dienst ... in den gesetzlichen Rentenversicherungen versicherungsfrei waren oder der Versicherungspflicht nicht unterlagen." Die Kosten für die Nachversicherung des NS-Ministerpräsidenten müssen vermutlich zum Teil vom Land getragen werden.

Q.: Braunschweiger Zeitung vom 17. 3. 1964

Q.: 3.6.2. Hannover lehnt Rente für Klagges ab

Dem früheren NS-Ministerpräsidenten von Braunschweig, dem 73 Jahre alten Dietrich Klagges, will die niedersächsische Regierung nicht zu einer Rente verhelfen. Das teilte am Mittwoch in Hannover vor dem Landtag Innenminister **Bennemann** (SPD) auf eine Anfrage des Braunschweiger SPD-Abgeordneten Ewald Gerrich mit. Klagges war 1957 vorzeitig aus dem Zuchthaus entlassen worden. Er bemüht sich zur Zeit um Versorgungsansprüche nach dem 131er Gesetz.
Da Klagges durch das Gerichtsurteil seine Pensionsansprüche verloren hat, stehen ihm nach den Bundesgesetzen Versorgungsrenten zu. Vorausetzung dabei sind entsprechende Bescheinigungen des Braunschweiger Verwaltungspräsidenten und eine Nachversicherung des Innenministeriums.
Beides hat Bennemann jedoch mit der Begründung abgelehnt, NS-Verbrecher hätten aus moralischen Gründen jeden Versorgungsanspruch verwirkt. Der Innenminister erklärte den Parlamentariern, wenn die Bundesgesetze "konsequent" angewendet würden, seien selbst Hitler, Himmler und Eichmann, wenn sie noch lebten, versorgungsberechtigt.
„Die Landesverwaltung will nicht ohne Zwang bei der Gewährung einer Rente an Personen mitwirken", erklärte Bennemann wörtlich, "die wegen unter dem Nationalsozialismus begangenen Verbrechen gegen die Menschlichkeit zu vieljährigen Zuchthausstrafen verurteilt worden sind."

Gegenwärtig ist das Oberverwaltungsgericht Lüneburg mit dem Fall Klagges beschäftigt. Auf Anordnung Bennemanns soll die Vertretung Niedersachsens von Lüneburg aus ein Normenkontrollverfahren einleiten und das Bundesverfassungsgericht in Karlsruhe zu einem Grundsatzurteil veranlassen. Karlsruhe soll entscheiden, ob Personen wie Klagges nachzuversichern sind.

Q.: Braunschweiger Zeitung vom 25. 6. 1964

Q. 3.6.3. Rente für Klagges

Entgegen anders lautenden Meldungen wird der ehemalige Braunschweiger Ministerpräsident Dietrich Klagges keine Pension erhalten.
In dem Rechtsstreit zwischen Klagges und dem Niedersächsischen Landesverwaltungsamt ging es vielmehr um die grundsätzliche Rechtsfrage, ob und inwieweit Personen, die durch ihr Verhalten während der Herrschaft des Nationalsozialismus gegen die Grundsätze der Menschlichkeit oder Rechtsstaatlichkeit verstoßen haben, an der Nachversicherung in der gesetzlichen Rentenversicherung teilnehmen, wie alle Beamten, die mit oder ohne eigenes Verschulden aus dem Beamtenverhältnis ausscheiden. Das Bundesverwaltungsgericht hat nunmehr entschieden, daß solche Personen von der Nachversicherung nicht ausgeschlossen werden können. Es hat demzufolge auch dem jetzt 79jährigen Klagges einen Anspruch auf Nachversicherung in der gesetzlichen Rentenversicherung zuerkannt. Das hat zur Folge, daß er künftig eine Rente aus der Angestelltenversicherung beziehen kann.

Q.: Braunschweiger Zeitung vom 4. 8. 1970

Q.: 3.6.4. Proteste gegen Klagges-Rente – NS-Verfolgte demonstrieren auf dem Kattreppeln

Mit Plakaten und einem Informationsstand an der Ecke Kattreppeln/Hutfiltern protestierten am Freitagnachmittag Mitglieder der Vereinigung der Verfolgten des Naziregimes gegen das Urteil des Bundesverwaltungsgerichts, mit dem das Land Niedersachsen verurteilt worden ist, den früheren NS-Ministerpräsidenten Braunschweigs, den wegen Körperverletzung im Amt mit Todesfolge und weiterer Verbrechen zu 15 Jahren Zuchthaus verurteilten Dietrich Klagges, in der Rentenversicherung nachzuversichern.
Klagges führte diesen Prozeß gegen das Land seit 1964, nachdem ihm 1961 das letzte Fünftel seiner Freiheitsstrafe vom Landgericht Braunschweig erlassen worden war. Da er aus seinem Beamtenverhältnis keine Pension bezieht, hat das Bundesverwaltungsgericht seine Nachversicherung für rechtens erklärt. Braunschweiger, die unter dem Klagges-Regime gelitten haben, protestierten nun am Freitag gegen das Urteil unter dem Motto "Keine Steuergelder als Pension für Nazi-Klagges" und sammelten für ihren Protest Unterschriften von Passanten.
Ein Schild mit der Aufschrift "Sechs Jahre Zuchthaus und KZ durch Nazi-Klagges – ich erhalte dafür keine Pension" trug Hermann Vetter, nach seiner Auskunft am 1. August 1933 als Mitglied der Kommunistischen Partei für 3 Jahre nach Wolfenbüttel und für weitere drei Jahre nach Dachau verbracht. "In der AOK und in Schutzhaft von Klagges-SA mißhandelt.", stand auf dem Schild von Heinrich Dörges, der nach seinen Worten ebenfalls im August 1933 als Kommunist ein Jahr lang im Rennelberg-Gefängnis und in Wolfenbüttel inhaftiert gewesen ist. Ein dritter Demonstrant trug das Plakat: "Dr. Heinrich Jasper – von Klagges ins KZ verschleppt – dort umgekommen. Für ihn stehe ich hier."

Q.: Braunschweiger Zeitung vom 30. 8. 1970

Q.: 3.7. SPD-Entschließung: Klagges Urteil zutiefst bedauert

In einer einstimmig verabschiedeten Entschließung hat der Stadtkreis Braunschweig der SPD "zutiefst bedauert, daß es nach der Meinung des Bundesverwaltungsgerichts keine Möglichkeit gibt, einen Rechtsanspruch wie im Fall Klagges auszuweichen, der eine erhebliche Unruhe im In- und Ausland verursacht".
Der SPD-Stadtkreis äußert seine Bestürzung über die Entscheidung des Bundesverwaltungsgerichts, die dem Hauptverantwortlichen der NS-Führung im Lande Braunschweig eine Rentennachzahlung von, wie die SPD erklärt, etwa 100.000 DM zuspricht. Die Sozialdemokraten erinnern in ihrer Entschließung an die Opfer, die sie unter der nationalsozialistischen Gewaltherrschaft bringen mußten, und unter denen ein Mann wie der braunschweigische Ministerpräsident Dr. Heinrich Jasper gewesen ist. *)

Q.: Braunschweiger Zeitung 7. 10. 1970

Q.: 4. Prozeß gegen Heilig

Q.: 4.1. Mordprozeß gegen ehemaligen Kreisleiter Heilig

Am Freitag begann vor der Dritten Strafkammer, die jetzt neu besetzt worden ist, der Prozeß gegen den früheren Kreisleiter von Braunschweig, den 32jährigen Berthold Heilig und die Arbeiter Paul Wollmann, Karl Scheil und Alwin Glindemann wegen des Mordes an dem damaligen Landrat Dr. Bergmann. Dr. Bergmann hatte kurz vor dem Einmarsch der Amerikaner am 11. April 1945 einen Selbstmordversuch unternommen und sich die Pulsadern aufgeschnitten. Als Heilig davon erfuhr, beauftragte er den Angeklagten Wollmann, den Schwerverletzten fortzufahren und ihn zu erschießen. Nach der Tat sollte ihm der Mörder dann einen Zettel mit der Aufschrift "Der Werwolf" auf die Brust legen. Wollmann führte gemeinsam mit Scheil und Glindemann diese Tat aus.
Heilig übernahm bei seiner Vernehmung die Verantwortung für den Mordbefehl und bekannte sich zu der Tat. Reue oder Gewissenskonflikte empfinde er auch heute noch nicht. Er sagte aus, daß er in der Nacht zum 11. April von der Verteidigungsstellung im Harze nach Braunschweig zurückgekommen sei, um hier die Maßnahmen zu treffen, die durch das Einrücken der Amerikaner notwendig geworden seien. Am Morgen hielt Heilig eine Drahtfunkrede, in der er die Bevölkerung zum Widerstand aufforderte. Braunschweig sei als Festung erklärt worden und würde deshalb bis zum letzten Mann verteidigt werden. Alle Defätisten würde in dieser schicksalsschweren Stunde die gerechte Strafe treffen, wenn sie diesen Befehlen zur Stadtverteidigung nicht nachkämen. Am Mittag erfuhr er in der

*) Klagges starb am 12. November 1971 in Bremen

Kreisleitung, daß der Bürgermeister Dr. Mertens Selbstmord begangen hatte. Um die Stimmung in der Bevölkerung nicht zu trüben, verbreitete er, Dr. Mertens sei von einem Granatsplitter getötet worden. *) Nachmittags hörte er dann von dem Fahrer Dr. Bergmanns, daß dieser mit geöffneten Pulsadern in seinem Zimmer bewußtlos aufgefunden worden war. Er hatte sehr viel Blut verloren und lag röchelnd in einer Ecke des Dienstzimmers.

Der ehemalige Braunschweiger Kreisleiter der NSDAP Berthold Heilig vor Gericht (1948) / Q.: Braunschweiger Zeitung

Braunschweig, 1943: Gauleiter und Reichsverteidigungskommissar Hartmann Lauterbacher (links) und der letzte Braunschweiger Kreisleiter der NSDAP, Berthold Heilig / Q: Stadtarchiv Braunschweig

Heilig gab daraufhin jenen Mordbefehl. Er sagte zu Wollmann, daß er sich keine Gewissensbisse zu machen brauche, der Mann werde erschossen. Als Grund für den Mordbefehl gab Heilig an, daß die Einlieferung Bergmanns in ein Krankenhaus deprimierend auf die Bevölkerung gewirkt hätte und daß Selbstmorde die Folge gewesen wären, wenn man den Gerüchten freien Lauf gelassen hätte. Darum habe er eingreifen müssen.
Glindemann fuhr den Schwerverletzten zusammen mit Wollmann in die Teichdämme bei Riddagshausen. Scheil fuhr mit, obwohl er keinen Auftrag hatte. Er erklärte, der Kreisleiter habe eine Handbewegung zu ihm gemacht, und deshalb habe er angenommen, er sollte mitfahren. In der Nähe des Kreuzteiches legten Wollmann und Scheil den Landrat zu Boden, und Wollmann erschoß den Bewußtlosen aus nächster Nähe durch einen Schuß in den Hinterkopf. Glindemann blieb bei dieser Tat im Wagen, während Scheil wenige Schritte hinter dem Mörder stand und nach der Tat den Zettel mit der Aufschrift "Der Werwolf" in den Stiefelschaft des Toten steckte.

Q.: Braunschweiger Zeitung vom 10. Juni 1947

Q.: 4.2. Der ehemalige Kreisleiter Heilig ist entflohen

Der frühere Kreisleiter der NSDAP von Braunschweig, Berthold Heilig, der am 12. Juni 1947 von der Strafkammer des Landgerichts Braunschweig wegen Mordes an dem Landrat Dr. Bergmann zum Tode verurteilt worden war und dessen Revision gegen dieses Urteil am 25. September 1948 vom Obersten Gerichtshof in Köln verworfen wurde, ist am 9. Dezember, morgens zwischen 7 und 7.30 Uhr, aus der Strafanstalt Wolfenbüttel entwichen. Die Flucht haben Helfer außerhalb des Gefängnisses vorbereitet und unterstützt. Weitere Einzelheiten über die Flucht müssen die sofort eingeleiteten Ermittlungen noch ergeben. Heilig erwartete in der Strafanstalt Wolfenbüttel die Entscheidung der Gnadeninstanz.
Entgegen den Bestimmungen für zum Tode verurteilte Mörder wurde Heilig zu Außenarbeiten in der Gärtnerei herangezogen. Dieser landwirtschaftliche Betrieb liegt ebenfalls innerhalb des Gefängnisgeländes und ist nach außen hin durch eine fünf Meter hohe Mauer abgeschlossen. Hier arbeitete Heilig zusammen mit einer Gruppe von 10 bis 12 anderen Mitgefangenen unter Aufsicht von zwei Beamten. Am Donnerstag, wenige Minuten nach 7 Uhr, brannten noch auf dem Gelände die hohen Bogenlampen und erleuchteten die einzelnen Abteilungen des weitausgedehnten Gefängnisses. Die Morgendämmerung kroch gerade herauf. Aus den Zellen wurden die Strafgefangenen herausgeholt und zu den Arbeitsplätzen begleitet. Hier und dort gingen einige Wachbeamte zurück zu den Gebäuden, um die restlichen Gefangenen zu holen. Heilig ging in das Gewächshaus. Kurz darauf entwich er über die Mauer. Einer der beiden ständigen Posten, die an der Mauer entlang patrouillierten, sah ihn gerade noch beim Überklettern der Mauer mit Hilfe einer Strickleiter. Bevor die beiden Beamten noch zur Schußwaffe greifen konnten, war Heilig bereits verschwunden. Der Sprung an die Mauer und der Griff nach der Strickleiter kamen ebenfalls zu spät, denn im gleichen Augenblick wurde auch die Strickleiter nach außen hinübergezogen. Heilig wurde von einem Motorrad mit Beiwagen abgeholt.
Wenige Minuten später glich das gesamte Anstaltsgebäude einem aufgescheuchten Bienenschwarm. Auf der Straße, die neben dem Wall an der Mauer entlangführte, herrschte die übliche morgendliche Ruhe. Heilig war verschwunden. Die Polizei wurde sofort verständigt. Sämtliche Stationen und Posten erhielten durch den Draht Fahndungsalarm. Jeder Grenzpolizist wurde verständigt.

Q.: Braunschweiger Zeitung vom 11. Dezember 1948

*) vgl. R. Bein, Im deutschen Land maschieren wir. Freistaat Braunschweig 1930 bis 1945, S.250 ff.

Q.: 4.3. Geheimnisse um Heiligs Flucht

Für die Ergreifung des aus der Haftanstalt Wolfenbüttel entflohenen ehemaligen Kreisleiters Berthold Heilig ist eine Belohnung von 1500 D-Mark ausgesetzt worden.

Inzwischen werden die Ermittlungen mit aller Energie fortgesetzt, sie erstrecken sich nicht nur auf ehemalige Mithäftlinge Heiligs, sondern auch auf Beamte der Strafanstalt. Die Nachforschungen müssen ergeben, ob außer Fahrlässigkeit auch Begünstigung vorliegt.

Daß die Flucht Heiligs von langer Hand vorbereitet wurde, beweist eine Zusammenkunft der Ehefrau Heiligs Anfang Oktober in der Hohestieg-Schule. Frau Heilig war zu dieser Zusammenkunft aufgefordert worden, und zwar sollte sie ein bestimmtes Zimmer aufsuchen und nach einem Otto Meyer fragen. Tatsächlich wurde sie dann in der Schule von einem Mann mit Namen Otto Meyer angesprochen. Er erklärte ihr, daß sie sich um das Schicksal ihres Mannes nicht zu sorgen brauche, er werde rechtzeitig befreit werden.

Der Gruppe, der er – Otto Meyer – angehöre, verfüge über große Mittel. Sie habe bereits Otto Skorzeny *) und andere Häftlinge aus Internierungslagern befreit. Heilig werde nach seiner Befreiung mit einem Flugzeug nach Spanien gebracht werden.

Nach allen Umständen, die bereits nach der Flucht Heiligs aufgedeckt worden sind, muß man annehmen, daß tatsächlich dieser geheimnisvolle Otto Meyer mit den Vorbereitungen in Ver-bindung stand. Da aber jetzt so viele Faktoren bekannt sind, sollte es auch möglich sein, weitere wesentliche Einzelheiten mitzuteilen.

Q.: Braunschweiger Zeitung vom 14. Dezember 1948

Q.: 4.4. Der „Spezialakt eines Artisten“ Erklärung des Justizministeriums zur Flucht Heiligs

Ein Vertreter des Niedersächsischen Justizministeriums gab am Mittwoch in Hannover eine Erklärung darüber ab, wie dem zum Tode verurteilten früheren braunschweigischen NSDAP-Kreisleiter Heilig am vergangenen Donnerstag die Flucht aus dem Strafgefängnis Wolfenbüttel gelang.

Danach wurde Heilig nach der Urteilsverkündigung entgegen einer Verfügung des Justizministers auf Antrag seines Verteidigers nicht in das Strafgefängnis Celle überführt. Hiervon wurde der Justizminister nicht unterrichtet. Auf Grund des ausgezeichneten Eindrucks, den Heilig auf alle verantwortlichen Stellen machte, wurde er bald mit den Arbeiten in der Gefängnisgärtnerei betraut. Hier hatte er sehr viel Bewegungsfreiheit. Als Heilig am Morgen des Fluchttages die Asche des Heizofens in der Gärtnerei an der Gefängnismauer ausschüttete, wurde von außen eine Strickleiter über die Mauer geworfen, die er erkletterte. Jenseits der Mauer war eine feste Leiter angestellt worden. Mit einem Begleiter, der dort wartete, flüchtete Heilig auf einem Motorrad. Von zwei Posten mit Gewehr, die fünf Meter von Heilig entfernt waren, schoß keiner, es wurde auch kein Alarm gegeben. Die Strickleiter war schon im Oktober in Braunschweig angeblich für einen "Spezialakt eines Artisten“ gearbeitet worden.

Der Vertreter des Justizministeriums vertrat die Ansicht, daß offensichtlich zwischen Heilig und der Außenwelt eine Verbindung bestanden hat, wahrscheinlich aber nicht durch Gefängnisbeamte, sondern durch private Besuche, die Heilig empfing. *)

Q.: Braunschweiger Zeitung vom 16. Dezember 1948

*) Skorzeny befreite in einer spektakulären Aktion am 12.9.1943 mit deutschen Fallschirmjägern den auf dem Gran Sasso d'Italia gefangengehaltenen Benito Mussolini.

*) Heilig wurde nie gefaßt!

Q.: 5. Entnazifizierung

Q.: 5.1. Entnazifizierung und Entmilitarisierung von Straßennamen in Braunschweig

Die Umbenennungen 1945/46 richteten sich nach den Bestimmungen des Potsdamer Abkommens, das die Entmilitarisierung und Entnazifizierung in vollem Umfang verlangte. Die Umbenennung erfolgte zugunsten verfolgter Demokraten bzw. Antifaschisten, bekannter Sozialdemokraten, berühmter Maler oder Naturwissenschaftler.

1. Schuntersiedlung

Die NS-Siedlung wurde für Arbeiter benachbarter Industriebetriebe errichtet, die Straßen nach Schlachten bzw. Offizieren des Seekriegs 1914/18 benannt. Nach 1945 erhielten sie Namen ermordeter Antifaschisten oder von Gewerkschaftlern (zumeist aus dem Land Braunschweig). Die Thälmannstraße wurde im Zuge des Kalten Krieges noch einmal in Lübeckstraße umbenannt.

Admiral-Hipper-Straße (Admiral)	= Simonstraße
Admiral-Scheer-Straße (Admiral)	= Mergesstraße
Coronelstr. (Chile-Seeschlacht 1914)	= Stegmannstraße
Falklandstraße (Seeschlacht 1914)	= Thälmannstraße
Graf-Spee-Straße (Vizeadmiral)	= Riekestraße
Skagerakplatz (Seeschlacht 1916)	= Tostmannplatz
Weddigenstraße (Kapitänleutnant)	= Theisenstraße
Wiesbadenstraße (Schlachtschiff)	= Bassestraße

2. Lindenbergsiedlung

Für Heeresoffiziere der benachbarten Rautheimer Kasernen gebauter Teil der nach 1945 erweiterten Lindenbergsiedlung; die Staßen sind nach Heeresoffizieren des 1. Weltkrieges benannt. Sie erhielten 1945 Namen von berühmten deutschen Wissenschaftlern.

Erichsenstraße	= Bölschestraße
Haeselerstraße	= Dedekindstraße
Karl-Dürr-Straße	= Bunsenstraße
Kuckstraße	= Röntgenstraße
Von-der-Golz-Straße	= Kopernikusstraße
Klinkestraße	= Brehmstraße

Der Präsident
der Reichspostdirektion
IV A 1 2040

Braunschweig, den 24. Mai 1945

Die noch vorhandenen Bestände an Postwertzeichen und Postkarten mit dem Hitlerbilde, an Dienstmarken sowie an Sondermarken sind bei den Ämtern restlos zu vernichten. Hierzu wird bemerkt, daß auch die bei den Amtsstellen befindlichen Marken zu erfassen sind.

In Vertretung
M ü l l e r

M 5. Anweisung des Präsidenten der Reichspostdirektion Braunschweig zur Vernichtung von Briefmarken aus der NS-Zeit. / Q.: Oberpostdirektion Hannover-Braunschweig

Bekanntmachung

Alle

Nationalsozialistische und militärische Literatur

ist am oder vor dem

15. November 1945

den örtlichen Polizeistationen auszuhändigen.

Als nationalsozialistische und militärische Literatur gemäß dieser Anordnung sind alle Bücher, Flugschriften und Zeitschriften folgender Typen anzusehen:

a) Parteipolitische Arbeiten, betreff. nationalsozialistisches Gedankengut;
b) Kriegsgeschichten oder irgendwelche Beschreibungen;
c) Historische Arbeiten, veröffentlicht seit 1933;
d) Arbeiten hinsichtlich Rassetheorien;
e) Propagandamaterial nationalsozialistischer Herkunft.

Die Vernichtung obenerwähnten Materials wird streng bestraft.

Braunschweig, den 25. Oktober 1945.

Der Braunschweigische Staatsminister für Inneres.
Im Auftrage: gez. Bliesener

Druck: Heckner, Wolfenbüttel.

M 6. Aufforderung zur Ablieferung nationalsozialistischer und militärischer Literatur vom 15.11.1945 / Q.: Niedersächsisches Staatsarchiv Wolfenbüttel 42 Slg 2

Bekanntmachung

Auf Anordnung der Militär-Regierung ist das Tragen von ehemaligen feldgrauen

Wehrmachtuniformen

ab 1. März 1946 restlos verboten.

Das Straßenbild hat ab 1. März 1946 von ehemaligen feldgrauen, nicht eingefärbten Uniformen sauber zu sein. Alle Personen, die gegen das Trageverbot verstoßen, haben Bestrafungen durch die Militär-Gerichte zu erwarten. Auch die verbotenen Ski- und Schirmmützen dürfen nicht mehr getragen werden.

Zur Zeit läßt sich noch nicht übersehen, ob die Anlieferung der Farbe und die Leistungsfähigkeit der Färbereien die Bearbeitung aller umzufärbenden Bekleidungsstücke zuläßt. Es sind daher zunächst diejenigen Personen zu berücksichtigen, die keine Zivilkleidungsstücke haben. Diese erhalten daher weiterhin von der Wirtschaftsstelle auf Antrag Dringlichkeitsbescheinigungen.

Wolfenbüttel, den 12. Februar 1946.

Der Bürgermeister
der Stadt Wolfenbüttel
Mull

M 7. Amtliches Verbot des Tragens von Wehrmachtskleidung / Q.: Niedersächsisches Staatsarchiv Wolfenbüttel 42 Slg 2

Empfangsbescheinigung
- - - - - - - - - - - - - - -

Frau Meyerding, Astfeld
hat heute eine Skimütze abgegeben.

Astfeld, den 6. November 1945.
Der Bürgermeister:
I.A. [signature]

Gemeinde Astfeld Kreis Gandersheim

M 8. Bescheinigung über die Ablieferung einer Skimütze. Die Skimütze wurde auf Grund der Verordnung über das Verbot des Tragens militärischer Kleidung von der Militärregierung eingezogen. / Q.: K. Timmermann

3. Malerviertel (früher Fliegerviertel)

Für Luftwaffenoffiziere des benachbarten Luftflottenkommandos errichtet und nach Kampffliegern und Offizieren aus dem 1. Weltkrieg benannt. 1945 nach berühmten deutschen Malern umbenannt.

Bertholdstraße	= Liebermannstraße
Boelkestraße	= Grünewaldstraße
Gunther-Plüschow-Straße	= Spitzwegstraße
Hans-Berr-Straße	= Holbeinstraße
Immelmannstraße	= Kollwitzstraße
Kapitän-Lehmann-Straße	= Richterstraße
Richthofenstraße	= Dürerstraße
Tuschekstraße	= Feuerbachstraße

4. Wabenkampsiedlung

Teilbebauung bis Kriegsausbruch. Die Straßennamen sollten an den Kolonialgedanken erinnern (Ortsnamen, Kolonialpioniere, Kolonialoffiziere). 1945 umbenannt nach Orten im Ruhrgebiet.

Kamerunstraße	= Wuppertaler Straße
Lettow-Vorbeck-Straße	= Dortmunder Straße
Swakopmunder Straße	= Ruhrstraße
Togoweg	= Bottroper Straße
Karl-Peters-Straße	= Essener Straße
Windhuker Straße	= Bochumer Straße
Wißmannstraße	= Duisburger Straße

5. Südstadt (früher Siedlung der Deutschen Arbeitsfront Mascheroder Holz)

In dieser NS-Mustersiedlung waren die Straßen entweder nach Gewerken (Glaser, Schlosser, Klempner), nach Nationalsozialisten oder Parteischulen benannt. In den sogenannten Ordensburgen (benannt nach der Hauptburg des Deutschen Ritterordens) wurde der Führernachwuchs der NSDAP herangezogen. Es gab drei: in Crössinsee (Pommern), Vogelsang (Eifel) und Sonthofen (Allgäu). Außerdem: Bückeberg (Höhenzug an der Weser), wo zwischen 1933 und 1939 der nationalsozialistische Erntedanktag als Staatsfeier abgehalten wurde.

Bückebergstraße	= Jüdelstraße (Br. Großindustrieller; Mäzen)
Crössinseestraße	= Rathenaustraße
Heinrich-Lersch-Straße (völkischer Schriftsteller, "Deutschland muß leben, und wenn wir sterben müssen", feierte das Weltkriegserlebnis)	= Engelsstraße
Ludwig-Troost-Straße (Architekt; Schöpfer des NS- Baustils)	= Nietzschestraße
Marienburgstraße	= Wesemeierstraße (Br. Landtagspräsident)
Reinhold-Muchow-Straße	= Rethemeyerstraße (Br. Oberbürgermeister)
Robert-Ley-Platz (DAF-Leiter)	= Welfenplatz
Robert-Ley-Straße	= Griegstraße
Vogelsangstraße	= Wittelsbacher Straße
Sonthofenstraße	= Hohenstaufenstraße

6. Lincolnsiedlung (früher SA-Siedlung)

Teilbebauung bis Kriegsausbruch. Die Straßen wurden nach SA-Männern benannt, die vor 1933 bei politischen Aktionen umkamen. Umbenannt wurden sie vorwiegend nach Führern der Sozialdemokratie.

August-Sievert-Staße	= Löhrstraße (SPD-Ortsvorsitzender; im KZ umgekommen)
Braunauer Straße (Hitler wurde in Braunau geboren)	= Riesebergstraße (hier ermordete die SS 11 Antifaschisten)
Friedrich-Adolf-Kuls-Straße	= Auerstraße (bayerischer Innenminister, SPD)
Gustav-Schulze-Straße	= Lassallestraße
Helmut-Bock-Straße	= Brackestraße (Braunschweiger SPD-Führer)
Kurt-Wietfeld-Straße	= Liebknechtstraße
Ludwig-Decker-Straße	= Kantstraße

7. Wabesiedlung

(früher Fritz-Alpers-Siedlung, benannt nach dem SS-Führer und br. Justizminister Alpers, vielfacher Mörder bzw. Totschläger).Kleine Mustersiedlung in Holzbauweise, benannt nach NSDAP-Protagonisten.

Fritz-Alpers-Allee	= Friedensallee
Horst-Wessel-Weg	= Schopenhauerweg
Max-Schrader-Weg	= Dernburgstraße (Staatsrechtslehrer)

8. Östliches Ringgebiet und Innenstadt

Einige Straßen waren und sind hier in Erinnerung an den Krieg von 1870/71 und die Hohenzollerndynastie benannt. Nach nicht ganz einsichtigen Kriterien wurden einige der Straßen 1945 umbenannt, andere (Roonstraße, Moltkestraße) nicht. Vielfach wurden Straßen rückbenannt auf ihre Bezeichnung vor 1933 (*).

Adolf-Hitler-Platz	= Friedr.-Wilhelm-Platz (*)
Adolf-Hitler-Wall	= Kalen- / Bruchtorwall (*)
Axel-Schaffeld-Straße (NS-Studentenführer in Braunschweig; 1932 vermutlich von Kommunisten erschossen)	= Schulweg (*)
Siegesplatz	= Lessingplatz (*)
Vendómestraße	= Thielemannstraße (1938 ermordeter Redakteur des "Volksfreund")
Voigts-Rhetz-Straße (br. General)	= Karl-Marx-Straße
Wörthstraße (Schlachtort 1870/71)	= Campestraße
Hindenburgplatz	= Kirchplatz (*) (Melverode)
Hagenstraße	= Steinbrecherstraße (1940 ermordeter br. Politiker)
Friedrich-Wilhelm-Löper-Straße (NS-Reichsstatthalter von Braunschweig und Anhalt in Dessau, + 1935)	= Adolfstraße (*)

9. außerdem

Dietrich-Eckart-Straße (NSDAP-Parteidichter)	= Heinrich-Heine-Straße
Hermann-Göring-Allee	= Ebertallee
Platz der Legion Condor (dt. Fliegerstaffel, die im Bürgerkrieg in Spanien den Faschisten zum Sieg verhalf)	= Lilienthalplatz

Q.: "Braunschweig-Wegweiser für jedermann", Braunschweig 1945, Brockhaus 1938/39

To: Mr.
Walter HÜBNER
Chairman of
S/K Brunswick
Denazification Committee
BRUNSWICK
Fr.Wilhelmstr. 6.

MG/103/165/

Subject: Denazification

You are hereby ordered by Mil.Government to be Chairman of a Committee of five persons, named hereunder, and you will carry out the orders given to you for the investigation of all Nazi Party adherents in S/K Brunswick.

For the purposes of this duty you are authorised to make any investigations, or ask any questions which you consider necessary, provided that it is always done in a correct legal manner, and any person who, by his attitude or actions, prevents you from accomplishing your duties will be reported to Mil.Gov.

NAMES OF MEMBERS

Herr HÜBNER Chairman
" PINNOW Secretary
" ROSENBRUCH
" WALTER
" BRINKMANN

BAOR
DBDK/BS

4/12 45
Vorzimmer

Major EXEC
103 (K) Mil Gov Det

30 Nov 45

Copy to: A.S.O.
S.I.B. 103 Det
President of Police

Transl.overleaf

M 9. Übersetzung auf der Rückseite der Anweisung: Die Militärregierung bestimmt Sie hiermit zum Vorsitzenden des oben genannten Committees, bestehend aus den unten genannten 5 Personen. Sie werden alle Ihnen gegebenen Aufträge, Anhänger der Nazi-Partei im Stadtkreis Braunschweig zu verhören und zu examinieren, ausführen. Um diese Pflicht zu erfüllen, sind Sie berechtigt, irgendwelche Untersuchungen vorzunehmen oder Fragen zu stellen, welche Sie für notwendig erachten, unter der Voraussetzung, daß dies immer in korrekter, gesetzlicher Weise geschieht. Personen, die durch ihre Haltung und Handlungen Sie bei der Erfüllung Ihrer Pflicht hindern wollen, sind der Militärregierung zu melden. / Q.: Archiv der Gewerkschaft der Polizei Braunschweig

Q.: 5.2. Direktive Nr. 24 des Alliierten Kontrollrats: Entfernung von Nationalsozialisten aus Ämtern und verantwortlichen Stellungen.

1. Zweck und Ziel

Die Dreimächte-Konferenz in Berlin stellte als Ziel der Besetzung Deutschlands unter anderm fest: Die Entfernung aller Mitglieder der Nationalsozialistischen Partei, die ihr aktiv und nicht nur nominell angehört haben, und aller derjenigen Personen, die den Bestrebungen der Alliierten feindlich gegenüberstehen, aus öffentlichen und halböffentlichen Ämtern und aus verantwortlichen Stellungen in bedeutenden privaten Unternehmen. Diese sind durch Personen zu ersetzen, die nach ihrer politischen und moralischen Einstellung für fähig erachtet werden, die Entwicklung wahrer demokratischer Einrichtungen in Deutschland zu fördern.

Q.: Christof Kleßmann, Die doppelte Staatsgründung, Deutsche Geschichte 1945-1955, Göttingen 1984

Q.: 5.3.1. Unbelastet

Für meinen Opa stellte sich das Entnazifizierungsproblem recht einfach dar. Er mußte lediglich wie alle einen Fragebogen ausfüllen, den er auf dem Gemeindeamt in Klein Schöppenstedt bekam, als er sich und seine Familie als zugezogen anmelden wollte. Dieser ausgefüllte Fragebogen wurde dann an den Entnazifizierungsausschuß geschickt, und dort wurde auf Grund der persönlichen Angaben meines Opas entschieden, ob er als "entnazifiziert" gelten konnte oder nicht. Da mein Opa in keiner Partei gewesen war, trug das vermutlich zu seiner schnellen Entnazifizierung bei, und so erhielt er zwei Wochen später seinen "Entnazifizierungsbescheid".

Q.: Schülerarbeit zum Thema Entnazifizierung, 1991

Q.: 5.3.2. Aus einem Urteil des „Entnazifizierungshauptausschusses der Stadt Braunschweig" vom 10. 6. 1949 gegen einen früheren Legationsrat

„Die Vernehmung des Betroffenen und die Beweisaufnahme haben ergeben, daß es sich bei N. um einen hochbegabten Mann handelt, der im jugendlichen Alter aus Überzeugung zur NSDAP seinen Beitritt erklärt hat, sich bei der Ausübung seiner politischen und amtlichen Tätigkeit jeglicher Übergriffe enthalten hat. Aus den überreichen Zeugnissen geht hervor, daß der Betroffene bewußt für sein Deutschtum im Ausland eingetreten ist, daß er aber ein rücksichtsloser und fanatischer Vertreter des Parteiprogramms nicht gewesen ist. Er ist im Gegenteil im Ausland für aus Rassegründen verfolgte Deutsche eingetreten und hat sich im bewußten Gegensatz zu dem die evangelische und katholische Kirche ablehnenden Parteiprogramm der NSDAP für Förderung der kirchlichen Belange beider Konfessionen eingesetzt. Seine spätere Einziehung zur Waffen-SS beruhte nicht auf Überzeugungsgründen, sondern darauf, daß ihm die Einberufung zu einer SS-Einheit seine Anwesenheit in Italien gestattete, die von dem auswärtigen Amt dringend erwünscht wurde.

Nicht nur frühere Mitarbeiter aus dem Auswärtigen Amt schildern den Betroffenen als einen ehrenhaften und charaktervollen Mann, sondern auch weite Kreise seines Heimatdorfes, die ihn von Jugend an kennen, bringen ihm uneingeschränkte Sympathie entgegen.

Obwohl N. durch Urteil des Spruchgerichts wegen Zugehörigkeit zu einer verbrecherischen Organisation zu einer Strafe verurteilt ist, hält der Spruchausschuß seine Einstufung in die Gruppe V. als entlastet für gerechtfertigt. Es sind außergewöhnliche Umstände nachgewiesen, die diese Einstufung begründen. Sein mannhaftes Eintreten für rassisch Verfolgte, die Förderung der kirchlichen Interessen in den deutschen Schulen im Ausland beweisen, daß er nicht nur im Innern eine Wandlung und Abwendung von dem nationalsozialistischen Parteiprogramm vollzogen hat, sondern daß er in der Tat, soweit es in seinen Kräften stand, Widerstand geleistet hat. Er hat daher zwar teilweise den Nationalsozialismus gefördert und unterstützt, hat sich aber nachweisbar später, und zwar nicht erst in der letzten Zeit vor dem Zusammenbruch, als Gegner des Nationalsozialismus bestätigt."

Q.: Schülerarbeit zum Thema Entnazifizierung; 1991

Q.: 5.4. Richtlinien des Bundestages zum Abschluß der Entnazifizierung
(beschlossen am 15. Dezember 1950)

I. Die Bundesregierung wird ersucht, auf die Länder dahingehend einzuwirken, daß diese alsbald durch übereinstimmende landesrechtliche Regelung die Entnazifizierung unter Berücksichtigung folgender Gesichtspunkte zum Abschluß bringen:

1. Entnazifizierungsverfahren mit dem Ziel der Einstufung in die Gruppen (Kategorien) III, IV und V sind nach dem 1. Januar 1951 nicht mehr zulässig. Anhängige Verfahren sind einzustellen. Soweit für die Einstufung in die Gruppe (Kategorie) I oder II seither ohne Zuständigkeit der Besatzungsbehörden gegeben war , ist die Übertragung der Zuständigkeit auf deutsche Stellen anzustreben.
2. Betroffene, die in die Gruppe (Kategorie) I oder II eingestuft worden sind, können bis zum 31. März 1951 beantragen, in eine für sie günstigere Gruppe (Kategorie) eingestuft zu werden, wenn die bisherige Einstufung lediglich auf Grund einer gesetzlichen Vermutung erfolgt ist.
3. Personen, gegen die danach ein Verfahren nicht mehr durchzuführen ist, erhalten darüber auf Antrag eine Bescheinigung. Der Antrag kann nur bis zum 31. März 1951 gestellt werden. Wer nach dem 1. Februar 1951 aus der Kriegsgefangenschaft oder der Internierung durch eine ausländische Macht zurückkehrt, kann diesen Antrag noch binnen einer Frist von drei Monaten nach Rückkehr stellen. Die Meldebehörden haben ihn auf diese Möglichkeit hinzuweisen.
4. Spätestens mit Wirkung vom 1. April 1951 entfallen die Freizügigkeitsbeschränkungen für alle Gruppen (Kategorien). (...)

Q.: Verhandlungen des Deutschen Bundestages, Erste Wahlperiode 1949, Anlagen Bd. 8, Drucksache Nr. 1658 in: Christoph Klessmann, Die doppelte Staatsgründung, Deutsche Geschichte 1945-1955, Göttingen, 1984, S. 388 f.

M 10. *Fragebogen der britischen Militärregierung zur Feststellung der individuellen Verstrickung in das NS-Regime (mehrseitig). Der Fragebogen wurde beim zuständigen Entnazifizierungshauptausschuß eingereicht. / Q.: privat*

MILITARY GOVERNMENT OF GERMANY

MG/PS/G 9

FRAGEBOGEN
PERSONNEL QUESTIONNAIRE

WARNUNG. Im Interesse von Klarheit ist dieser Fragebogen in deutsch und englisch verfasst. In Zweifelsfällen ist der englische Text maßgeblich. Jede Frage muß so beantwortet werden, wie sie gestellt ist. Unterlassung der Beantwortung, unrichtige oder unvollständige Angaben werden wegen Zuwiderhandlung gegen militärische Verordnungen gerichtlich verfolgt. Falls mehr Raum benötigt ist sind weitere Bogen anzuheften.

WARNING. In the interests of clarity this questionnaire has been written in both German and English. If discrepancies exist, the English will prevail. Every question must be answered as indicated. Omissions or false or incomplete statements will result in prosecution as violations of military ordinances. Add supplementary sheets if there is not enough space in the questionnaire.

A. PERSONAL
PERSONNEL

Name Name Zuname Surname: L — Middle Name: Max — Vornamen Christian Name: Paul

Ausweiskarte Nr. Identity Card No.: AH 491626

Geburtsdatum Date of birth: 5. Nov. 1910

Geburtsort Place of birth: Geising, Bez. Dresden

Staatsangehörigkeit Citizenship: deutsch

Gegenwärtige Anschrift Present address: (23) Kettenburg üb Visselhövede

Ständiger Wohnsitz Permanent residence: Ruda / OS.

Beruf Occupation: Gemeindebeamter

Gegenwärtige Stellung Present position: Buchhalter

Stellung, für die Bewerbung eingereicht Position applied for:

Stellung vor dem Jahre 1933 Position before 1933: Gemeindebeamter

B. MITGLIEDSCHAFT IN DER NSDAP.

1. Waren Sie jemals ein Mitglied der NSDAP.? Ja ja Nein
2. Daten seit 1. Mai 1937
3. Haben Sie jemals eine der folgenden Stellungen in der NSDAP. bekleidet?

(a) REICHSLEITER oder Beamter in einer Stelle, die einem Reichsleiter unterstand? Ja Nein nein
Titel der Stellung Daten

(b) GAULEITER oder Parteibeamter innerhalb eines Gaues? Ja Nein nein
Daten Amtsort

(c) KREISLEITER oder Parteibeamter innerhalb eines Kreises? Ja Nein nein
Titel der Stellung Daten Amtsort

(d) ORTSGRUPPENLEITER oder Parteibeamter innerhalb einer Ortsgruppe?
Ja Nein nein Titel der Stellung
Daten Amtsort

(e) Ein Beamter in der Parteikanzlei? Ja Nein nein
Daten Titel der Stellung

(f) Ein Beamter in der REICHSLEITUNG der NSDAP.? Ja Nein nein
Daten Titel der Stellung

(g) Ein Beamter im Hauptamte für Erzieher? Im Amte des Beauftragten des Führers für die Ueberwachung der gesamten geistigen und weltanschaulichen Schulung und Erziehung der NSDAP.? Ein Direktor oder Lehrer in irgend einer Parteiausbildungsschule? Ja Nein nein
Daten Titel der Stellung
Name der Einheit oder Schule

(h) Waren Sie Mitglied des KORPS DER POLITISCHEN LEITER?
Ja Nein nein
Daten der Mitgliedschaft

(i) Waren Sie ein Leiter oder Funktionär in irgend einem anderen Amte, Einheit oder Stelle (ausgenommen sind die unter C unten angeführten Gliederungen, angeschlossenen Verbände und betreuten Organisationen der NSDAP.)?
Ja Nein nein
Daten Titel der Stellung

(j) Haben Sie irgendwelche nahe Verwandte, die irgend eine der oben angeführten Stellungen bekleidet haben?
Ja Nein nein
Wenn ja, geben Sie deren Namen und Anschriften und eine Bezeichnung deren Stellung

B. NAZI PARTY AFFILIATIONS

Have you ever been a member of the NSDAP.? yes, no. Dates.

Have you ever held any of the following positions; in the NSDAP?

REICHSLEITER or an official in an office headed by any Reichsleiter? yes, no; title of position dates.

GAULEITER or a Party official within the jurisdiction of any Gau? yes, no; dates; location of office.

KREISLEITER or a Party official within the jurisdiction of any Kreis? yes, no; title of position; dates; location of office.

ORTSGRUPPENLEITER or a Party official within the jurisdiction of an Ortsgruppe? yes no; title of position; dates; location of office.

An official in the Party Chancellery? yes, no; dates, title of position.

An official within the Central NSDAP. headquarters? yes, no; dates; title of positions.

An official within the NSDAP's Chief Education Office? In the office of the Führers Representative for the Supervision of the Entire Intellectual and Politico-philosophical Education of the NSDAP? Or a director or instructor in any Party training school? yes, no; dates; title of position; ame of unit or school.

Were you a member of the CORPS OF POLITISCHE LEITER? yes, no; dates of membership.

Were you a leader or functionary of any other NSDAP offices or units or agencies (except Formations, Affiliated Organizations which are covered by questions under C below)? yes, no; title of position.

Have you any close relatives who have occupied any of the positions named above? yes, no; if yes give the Name and address and a description of he position.

C. TÄTIGKEITEN IN DER NSDAP. HILFSORGANISATIONEN

Geben Sie hier an, ob Sie ein Mitglied waren und in welchem Ausmaße Sie an den Tätigkeiten der folgenden Gliederungen, angeschlossenen Verbände und betreuten Organisationen teilgenommen haben:

C. NAZI "AUXILIARY" ORGANIZATION ACTVITIES

Indicate whether you were a member and the extent to which you participated in the activiteis of the following Formations, Affiliated Organizations or Supervised Organizations:

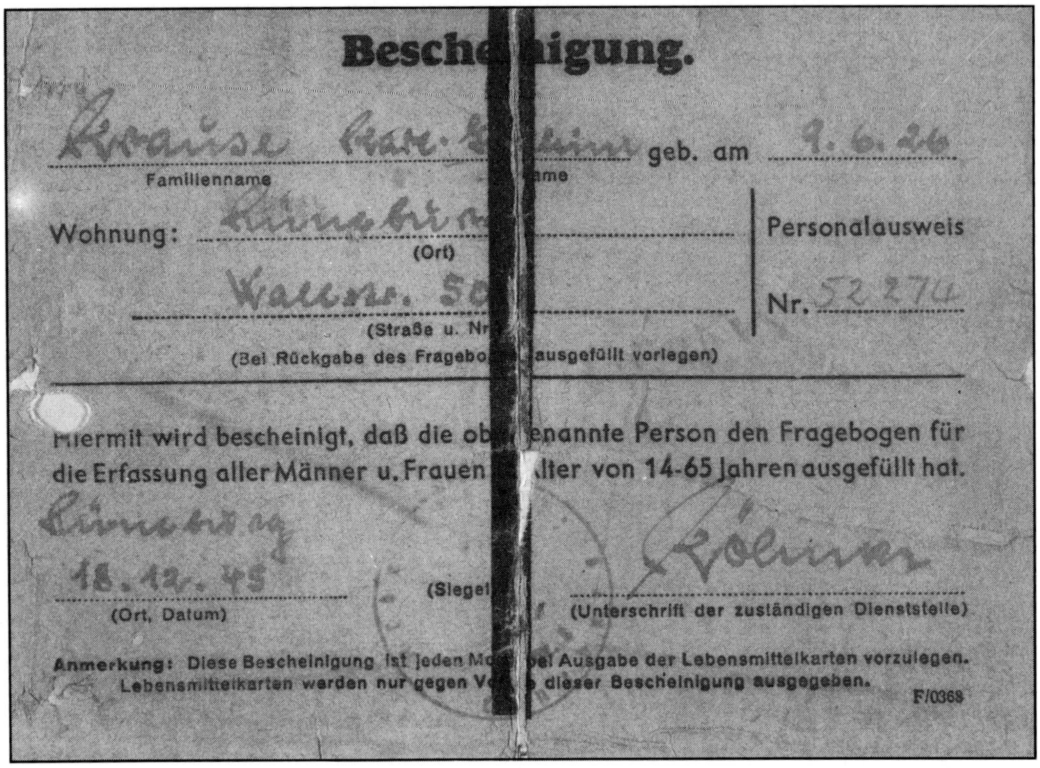

Besche igung.

Krause Karl-J ... geb. am 9. 6. 26

Familienname ... ame

Wohnung: Lüneburg ... Personalausweis

(Ort)

Wallstr. 50 ... Nr. 52274

(Straße u. Nr ...)

(Bei Rückgabe des Fragebo... ausgefüllt vorlegen)

Hiermit wird bescheinigt, daß die ob... enannte Person den Fragebogen für die Erfassung aller Männer u. Frauen ... lter von 14-65 Jahren ausgefüllt hat.

Lüneburg

18. 12. 45

(Ort, Datum) (Siegel) (Unterschrift der zuständigen Dienststelle)

Anmerkung: Diese Bescheinigung ist jeden Mo... bei Ausgabe der Lebensmittelkarten vorzulegen. Lebensmittelkarten werden nur gegen Vo... e dieser Bescheinigung ausgegeben.

F/0368

***M 11.** Bescheinigung, daß der Fragebogen zur Entnazifizierung eingereicht worden ist. Diese Bescheinigung war notwendig, um eine Lebensmittelkarte, bzw. einen qualifizierten Arbeitsplatz zu erhalten. Die Bescheinigung bedeutete aber nicht, daß man im Entnazifizierungsverfahren entlastet war./ Q.: Karl-Joachim Krause*

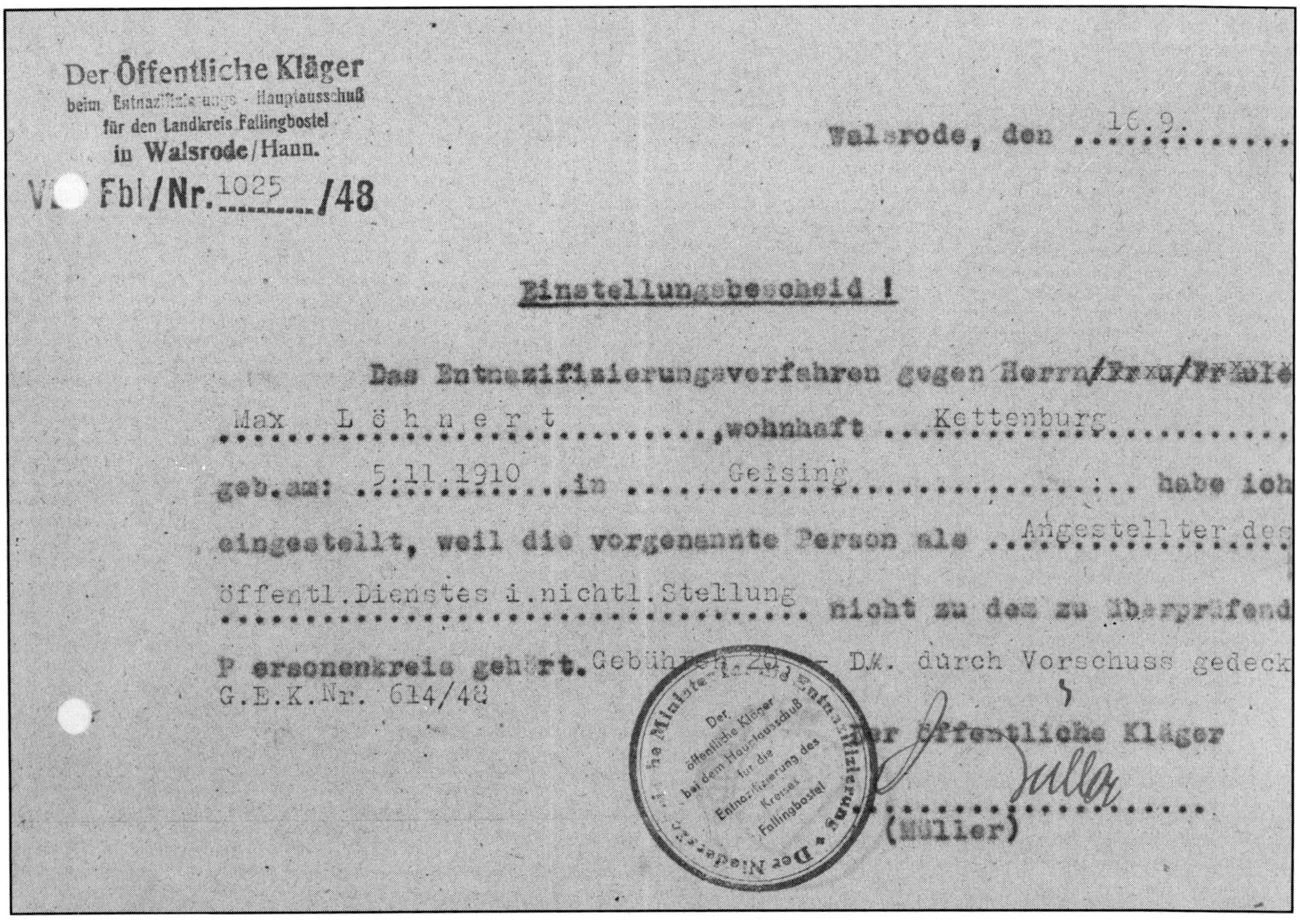

Der Öffentliche Kläger
beim Entnazifizierungs - Hauptausschuß
für den Landkreis Fallingbostel
in Walsrode/Hann.

Walsrode, den 16.9.

V. Fbl/Nr. 1025 /48

Einstellungsbescheid !

Das Entnazifizierungsverfahren gegen Herrn/Frau/Frl. Max Löhnert, wohnhaft Kettenburg geb. am: 5.11.1910 in Geising habe ich eingestellt, weil die vorgenannte Person als Angestellter des öffentl. Dienstes i. nichtl. Stellung nicht zu dem zu überprüfend. Personenkreis gehört. Gebühr ... 20 ... DM. durch Vorschuss gedeck
G.E.K.Nr. 614/48

Der Öffentliche Kläger
(Müller)

***M 12.** Vereinfachter Bescheid ohne Verfahren. Personen, die als nicht betroffen galten, also etwa Jugendliche, erhielten ohne Verfahren und ohne Kosten einen Einstellungsbescheid. / Q.: privat*

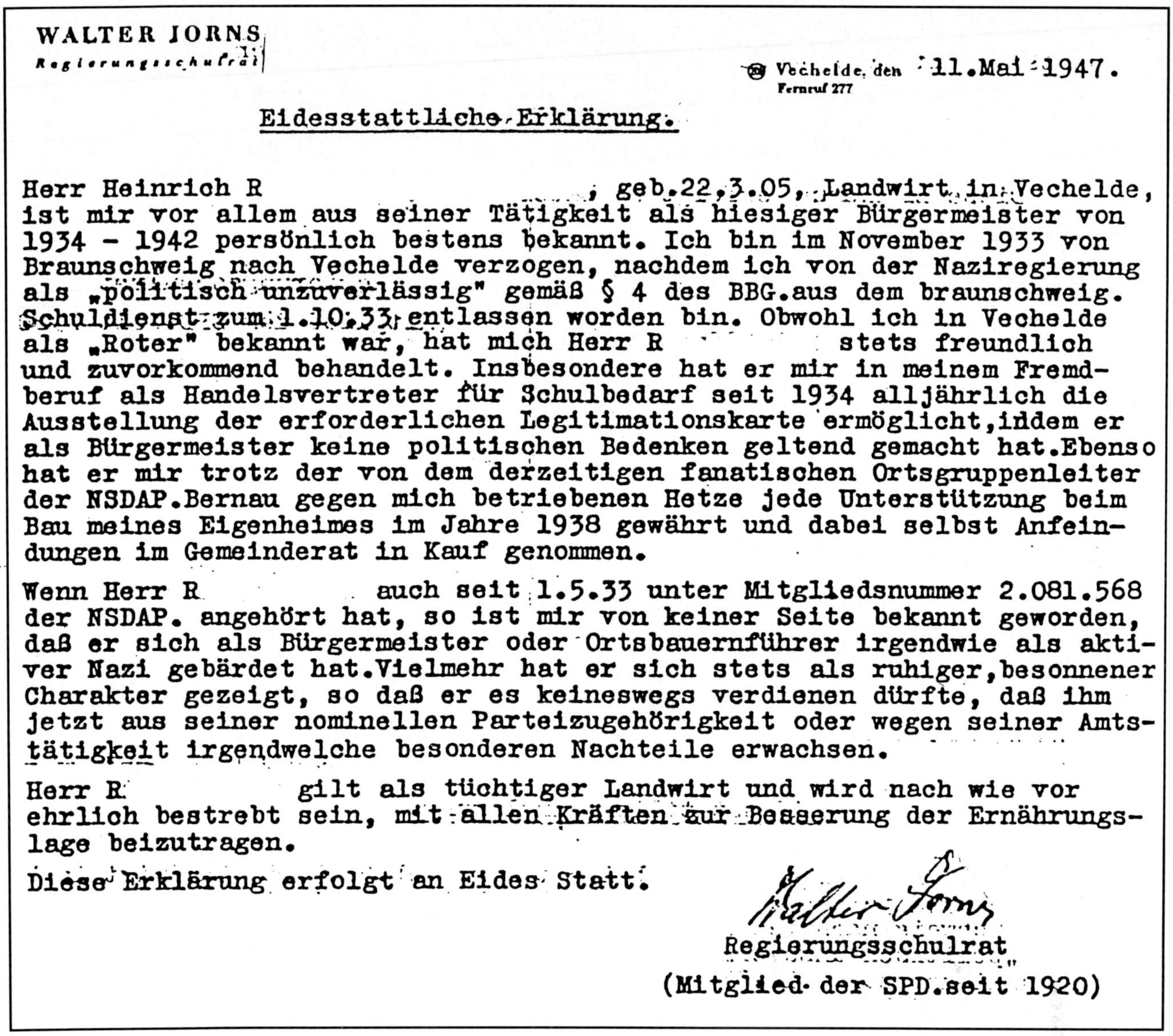

WALTER JORNS
Regierungsschulrat

Vechelde, den 11.Mai 1947.
Fernruf 277

Eidesstattliche Erklärung.

Herr Heinrich R , geb.22.3.05, Landwirt in Vechelde, ist mir vor allem aus seiner Tätigkeit als hiesiger Bürgermeister von 1934 - 1942 persönlich bestens bekannt. Ich bin im November 1933 von Braunschweig nach Vechelde verzogen, nachdem ich von der Naziregierung als „politisch unzuverlässig" gemäß § 4 des BBG.aus dem braunschweig. Schuldienst zum 1.10.33 entlassen worden bin. Obwohl ich in Vechelde als „Roter" bekannt war, hat mich Herr R stets freundlich und zuvorkommend behandelt. Insbesondere hat er mir in meinem Fremdberuf als Handelsvertreter für Schulbedarf seit 1934 alljährlich die Ausstellung der erforderlichen Legitimationskarte ermöglicht,indem er als Bürgermeister keine politischen Bedenken geltend gemacht hat.Ebenso hat er mir trotz der von dem derzeitigen fanatischen Ortsgruppenleiter der NSDAP.Bernau gegen mich betriebenen Hetze jede Unterstützung beim Bau meines Eigenheimes im Jahre 1938 gewährt und dabei selbst Anfeindungen im Gemeinderat in Kauf genommen.

Wenn Herr R auch seit 1.5.33 unter Mitgliedsnummer 2.081.568 der NSDAP. angehört hat, so ist mir von keiner Seite bekannt geworden, daß er sich als Bürgermeister oder Ortsbauernführer irgendwie als aktiver Nazi gebärdet hat.Vielmehr hat er sich stets als ruhiger,besonnener Charakter gezeigt, so daß er es keineswegs verdienen dürfte, daß ihm jetzt aus seiner nominellen Parteizugehörigkeit oder wegen seiner Amtstätigkeit irgendwelche besonderen Nachteile erwachsen.

Herr R gilt als tüchtiger Landwirt und wird nach wie vor ehrlich bestrebt sein, mit allen Kräften zur Besserung der Ernährungslage beizutragen.

Diese Erklärung erfolgt an Eides Statt.

Walter Jorns
Regierungsschulrat
(Mitglied der SPD.seit 1920)

M 13. *Leumundszeugnis zur Entlastung eines NSDAP-Mitglieds, sogenannter „Persilschein". / Q.: privat*

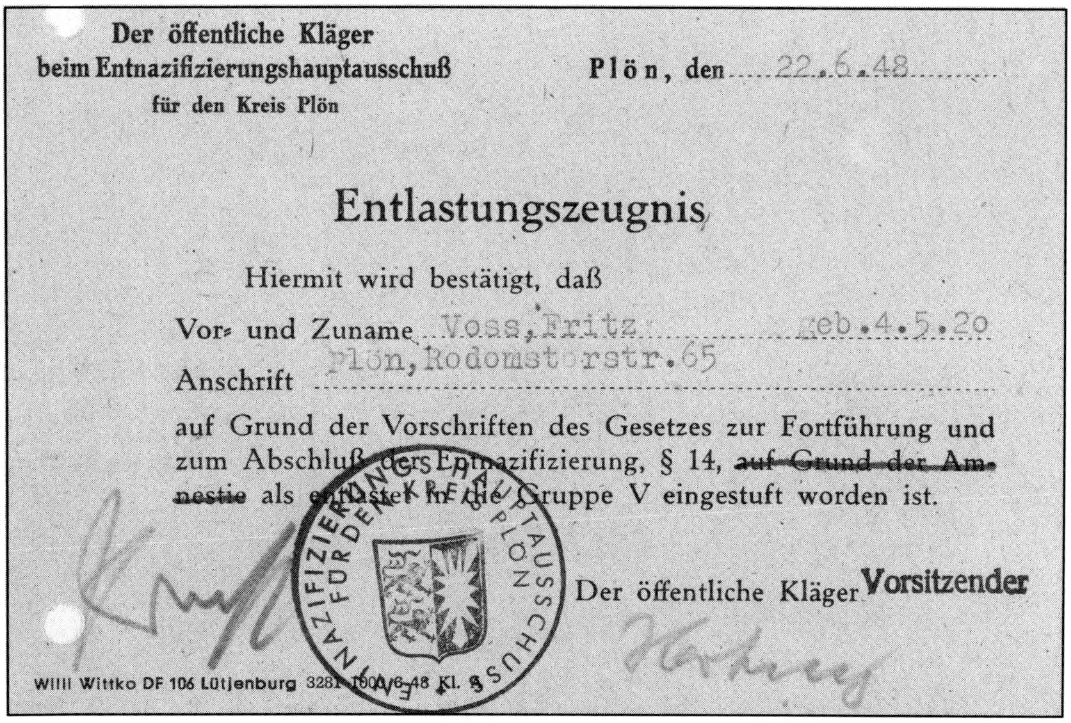

Der öffentliche Kläger
beim Entnazifizierungshauptausschuß
für den Kreis Plön

Plön, den 22.6.48

Entlastungszeugnis

Hiermit wird bestätigt, daß

Vor- und Zuname Voss,Fritz geb.4.5.20

Anschrift Plön,Rodomstorstr.65

auf Grund der Vorschriften des Gesetzes zur Fortführung und zum Abschluß der Entnazifizierung, § 14, ~~auf Grund der Amnestie~~ als entlastet in die Gruppe V eingestuft worden ist.

Der öffentliche Kläger Vorsitzender

Entnazifizierungs-Hauptausschuss für den Kreis Plön

Willi Wittko DF 106 Lütjenburg 3281 1000/6.48 Kl. 8

M 14. *Entlastungsschein zur Vorlage bei Behörden, zur Einstellung usw. / Q.: privat*

Rechtskräftig am 8.11.48
Braunschweig, den 8.11.48
Unterschrift

Entnazifizierungs-Hauptausschuss
des Landkreises Braunschweig
AZ: VE/B-La. 456 /48
Sp.E.: 126 /48

Der Öffentliche Kläger beim Entnazifizierungs-Hauptausschuß des Landkreises Braunschweig

Entnazifizierungs-Entscheidung im schriftlichen Verfahren.

In dem Entnazifizierungsverfahren gegen

, Heinrich

wohnhaft in: Vechelde Nr.

geboren am: 22. März 1905 in Vechelde

Beruf: Landwirt

ergeht auf Antrag des öffentlichen Klägers vom 6.11.48 auf Grund der Verordnung über Rechtsgrundsätze der Entnazifizierung im Lande Niedersachsen vom 3.7.1948 und § 19 der Verordnung über das Verfahren zur Fortführung und zum Abschluss der Entnazifizierungsverfahrens im Lande Niedersachsen vom 30.3.1948 im schriftlichen Verfahren folgende Entscheidung:

1.) Der Betroffene wird gem. § 8 Abs. der Verordnung über Rechtsgrundsätze der Entnazifizierung im Lande Niedersachsen vom 3.7.1948 in die ~~erklärt~~ **Kategorie IV** eingestuft.

2.) Die Kosten des Verfahrens werden auf festgesetzt. — DM 300,--
Unter Anrechnung des Gebührenvorschusses in Höhe von — DM -,--
hat der Betroffene zu zahlen. — DM 300,--

Die Gebühren des Verfahrens wurden gem. § 2 Abs. 1 - 3 der Verordnung betr. Gebühren für das E-Verfahren vom 26.6.48 festgesetzt.

Rechtsmittelbelehrung:

Gegen diese Entscheidung kann der Betroffene innerhalb einer Frist von 2 Wochen nach Zustellung Antrag auf mündliche Verhandlung stellen. Der Antrag ist schriftlich beim Entnazifizierungs-Hauptausschuss einzureichen. Wegen der Gebührenfestsetzung steht ihm das Recht der Beschwerde zu.

Entnazifizierungs-Hauptausschuß des Landkreises Braunschweig

Braunschweig, den 8.11.48

Vorsitzender

M 15. Entnazifizierungs-Entscheid im schriftlichen Verfahren für eine als Mitläufer (Kategorie IV) eingestufte Person. / Q.:privat

Niedersächsisches Landesamt
für die
Beaufsichtigung gesperrten Vermögens

Außenstelle Goslar

(20b) Goslar, den 1. Juni 1949
Gildehaus, Marktstr. 45
Telephon 3048

Allge... ...
...kontrolle
...Mil. Reg. Ges. 52

Bescheid

über die Aufhebung der Vermögenssperre und Widerruf der Bestallung des überwachenden Treuhänders

An

Herrn Fritz und Frau Anneliese

Kontrollnummer MC/120/1928 E in W i e d e l a h, An der Ecke

Die für das Vermögen des/der Herrn Fritz und Frau in Wiedelah angeordnete Vermögenskontrolle wird hiermit aufgehoben. Damit erlischt die Bestallung des Herrn Wilhelm Veith, Goslar als Treuhänder. Gleichzeitig wird hiermit die Bestallungsurkunde vom 20.12.48 außer Kraft gesetzt. Sie ist unverzüglich bei der Außenstelle in Goslar abzuliefern.

Als Termin für die Ablieferung des Schlußberichtes des Treuhänders wird der 30. Juni 1949 festgesetzt.

Auf Grund dieses Bescheides ist der Treuhänder berechtigt, Geschäftsräume und Anlagen, die zu dem gesperrten Vermögen gehörten, zu betreten und Einsichtnahme in die Bücher, Geschäftspapiere und sonstigen Bestände zu nehmen. Er ist ferner berechtigt, von dem Vermögensinhaber und dessen Angestellten jede von ihm für notwendig erachtete Auskunft zu verlangen, um die vorgeschriebene Berichterstattung sachgemäß ausführen zu können.

Bis zu dem obengenannten Termin steht dem Treuhänder die festgesetzte Gebühr von monatlich DM 6,-- zu (§ 14 Geb. O. f. Treuhänder).

Nieders. Landesamt f. d. Beaufsichtig. gesperrten Vermögens Außenstelle Goslar

(Siegel)

Außenstelle Goslar
[signature]

CGA 106 Goslarsche Zeitung Kl. A 4. 49 313 300

M 16. Einstellung von Sühnemaßnahmen für Personen, die bei der Entnazifizierung in die Kategorien I-IV eingestuft worden waren. Die Sühnemaßnahmen konnten in der zeitweisen Aberkennung bürgerlicher Ehrenrechte, Vermögenssperrungen, Geldbußen oder Haft bzw. Zwangsarbeit bestehen. Sie waren häufig auch mit Berufsverboten verbunden. / Q.: privat

Schulfest der Volksschule Lehndorf im Ölper-Waldhaus am 21. September 1950. Für jeden gibt es eine Tasse Kakao und ein Stück Zuckerkuchen. Markenfrei ? / Q.: Volksschule Lehndorf

5 Schule

Was lag bei den Schulkindern Weihnachten 1945 auf dem Gabentisch ? Ein kostbares Schreibheft, erworben für die Rauchermarken einer Woche, denn das Zauberwort jener Tage hieß Reeducation.

Nach der Überzeugung der britischen und amerikanischen Planungsstäbe, die sich mit Fragen der Politik im besiegten Deutschland zu befassen hatten, mußten die Deutschen im Interesse der Welt gründlich umerzogen werden, denn ihr "aggressiver Volkscharakter" habe zu zwei Weltkriegen geführt. Dabei waren etliche der Meinung, es handele sich um eine irreparable Fehlprägung. Andere hatten aber die autoritäre Erziehungspraxis im Sinn und die menschenverachtende (vor allem bei der jüngeren Generation ausgeprägte) rassistische Überheblichkeit. Dies stand dem eigenen Ideal von Demokratie als Lebensform diametral entgegen.

Ziel einer umfassenden Reeducation mußte folglich die **Entwicklung von Selbstverwaltung und Mitbestimmung in allen gesellschaftlichen und politischen Bereichen** und die **Erziehung zu demokratischen Wertvorstellungen** sein. Auf das Bildungswesen bezogen, bedeutete dies idealtypisch die **Auflösung hierarchischer Strukturen in der Schulverwaltung und Schulleitung, die Mitbestimmung der Lehrer, Eltern und Schüler, die Ablösung des gegliederten Schulsystems** durch die Einführung einer gemeinsamen Sekundarstufe (Gesamtschule), die Entnazifizierung, d.h. die **Entlassung ungeeigneter Lehrkräfte** und Ausbildung geeigneten Lehrernachwuchses, die **Herausgabe neuer Schulbücher** und schließlich inhaltlich die **Vermittlung demokratisch-humanistischer Wertvorstellungen** wie Offenheit, Selbstkritik, Selbstbewußtsein, Toleranz und Zivilcourage.

In der Praxis der Planung waren sich Briten und Amerikaner uneins, wie sie diese Vorstellungen umsetzen sollten. Welche Methoden sollte man anwenden? Ging man von der Kollektivschuld aller Deutschen aus wie Vansittart (GB) oder Morgenthau (USA), dann hieß das Bestrafung, Überwachung und Kontrolle. Legte man liberale Konzente zugrunde, mußte man auf die aktive deutsche Beteiligung und eigenverantwortliche Durchführung der geplanten Maßnahmen setzen. Setzte man auf deutsche Beteiligung und Mitverantwortung, würde man eventuell auf die Durchsetzung eigener Demokratisierungsvorstellungen verzichten müssen, wenn die Deutschen andere, vielleicht auch alte Wege gehen wollten.

Bei den Besprechungen der Erziehungsabteilung im Hauptquartier der vereinigten Streitkräfte in London (SHAEF) seit März 1944 zeigte sich, daß die Amerikaner noch die harte Linie vertraten, während die Briten bereits von der notwendigen Kooperation mit den antifaschistischen Kräften in Deutschland ausgingen. Weil man sich nicht einigen konnte, beschränkten sich die SHAEF-Handbücher vom Dezember 1944 und März 1945 auf rein pragmatische Ziele wie die Schließung aller Schulen, Entlassung aller Naziaktivisten aus Schule und Schulverwaltung, das Verbot von Schulbüchern, die den Militarismus verherrlichten und das Verbot nationalsozialistischer Lehrer- und Jugendvereinigungen. Erst nach Abschluß dieser Maßnahmen sollte ein gemeinsames inhaltliches Konzept der Reeducation entwickelt werden (**Q.: 5.1.**).

In den alliierten Vereinbarungen von Potsdam heißt es zum Erziehungswesen lapidar: "Das Erziehungswesen in Deutschland muß so überwacht werden, daß die nazistischen und militaristischen Lehrsätze völlig entfernt werden und eine erfolgreiche Entwicklung der demokratischen Ideen möglich gemacht wird." Darunter konnte jede Besatzungsmacht verstehen, was sie wollte. In der Praxis bedeutete dies, daß sich die drei Siegermächte und Frankreich bei ihren Vorstellungen von Reeducation vom eigenen Schulsystem leiten ließen. Zwar haben Großbritannien und die USA immer wieder Entscheidungen über das Schulsystem in ihrer Zone offen gelassen, um auf gemeinsame Vereinbarungen zu warten, gedankt haben ihnen dies aber weder die beiden übrigen Mächte noch die deutschen Schulverwaltungen, die die abwartende Haltung dazu ausnutzten, um eigene Vorstellungen umzusetzen.

Für Großbritannien bedeutete Reeducation vor allem den Abbau hierarchischer Schulstrukturen, von Chancengleichheit und die Einführung einer "comprehensive school" nach britischem Vorbild. Die Amerikaner legten sich schon am 7. Juli 1945 vorläufig auf die Beibehaltung des gegliederten deutschen Schulsystems fest (Direktive für die kommandierenden Generäle der US-Armee). Die Russen bevorzugten die Einheitsschule. Später, als die vorläufigen Festlegungen in den verschiedenen Zonen bereits entwikkelte Strukturen gesetzt hatten, einigte man sich noch einmal deklamatorisch auf gemeinsame "**Richtlinien für die Demokratisierung des Bildungswesens in Deutschland**" (Direktive Nr. 54 des Alliierten Kontrollrates vom 25. Juni 1947).

Grundsätze:
1. Gleiche Bildungsmöglichkeiten für alle.
2. Schulgeldfreiheit für alle. Ausbildungshilfen für Bedürftige.
3. Schulpflicht zwischen dem 6. und 15. Lebensjahr.
4. "Die Pflichtschulen sollen ein zusammenhängendes (comprehensive) Schulsystem bilden. Die Begriffe "Grundschule" (elementary education) und "Höhere Schule" (secondary education) sollen zwei aufeinanderfolgende Stufen der Ausbildung darstellen, nicht zwei sich überschneidende Ebenen verschiedenen Typs oder Qualität."
5. Erziehung zu staatsbürgerlicher Verantwortung, demokratischer Lebensweise und Völkerfreundschaft.
6. Mitwirkung der Bevölkerung am Aufbau und der Verwaltung des Schulwesens.

Vergleicht man diese Zielvorgaben mit den britischen Planungen, wird man kaum wesentliche Unterschiede feststellen können. Vergleicht man sie jedoch mit der **Wirklichkeit des Jahres 1948** in ihrer Besatzungszone, so kann man für Niedersachsen feststellen: Von gleichen Bildungschancen kann keine Rede sein, denn lediglich die Volksschule kostete kein Schulgeld. Bei den weiterführenden Schulen kehrte die Gliederung in Hauptschule, Mittelschule und Gymnasium zurück. Auch die von der Besatzungsmacht entlassenen Lehrer kamen wieder. Nur wenige von ihnen machten sich die Mühe, zu staatsbürgerlicher Verantwortung und demokratischer Lebensweise zu erziehen. (**Q.: 6.8.**) Die Mitwirkung der Bevölkerung hatte zur Beibehaltung alter Strukturen geführt, und die Schulverwaltung war wie in der Vergangenheit hierarchisch gegliedert. Wie konnte es dazu kommen, und weshalb duldete dies die englische Besatzungsmacht?

Die Briten hatten zwar ein Konzept, waren jedoch nicht sicher, wie weit sie es möglicherweise gegen die Deutschen selbst durchsetzen sollten, denn sie fürchteten die innere Ablehnung eines von außen aufgezwungenen Systems. Sollten sie demokratisieren, indem sie zu obrigkeitsstaatlichen, autoritären Mitteln griffen? Ein Dilemma für echte Demokraten. So neigten sie eher dazu, den Deutschen Vorschläge zu machen, bzw. eigenen Vorstellungen entsprechende Pläne der deutschen Kulturbehörden tatkräftig zu fördern (**B 3**). Hinzu kam, daß eine offensive Reformpolitik die sofortige Bereitstellung umfangreicher finanzieller Mittel bedeutet hätte (Forcierung der Lehrerbildung, Ausstattung mit Lehr- und Lernmitteln, Wiederaufbau von Schulen usw.), die Großbritannien angesichts der eigenen Wiederaufbauprobleme nicht besaß. Seit 1946 machte sich zudem die Abkühlung der Beziehungen zur Sowjetunion bemerkbar. Um die eigenen Deutschen auf die Seite des Westens zu ziehen, kamen die Briten den westdeutschen Vorstellungen zum Schulaufbau entgegen und tolerierten Entwicklungen, die ihren Reeducations-Zielen widersprachen.

Zuständig für das Bildungswesen in der Britischen Zone war der **Education Branch** bei der Stabsabteilung Internal Affairs and Communication Division der britischen Kontrollkommission. Die Direktion war in Berlin, die Stäbe im Zonal Executive Office in Bünde/Westfalen. Während also in Berlin die Richtlinien für das Erziehungswesen in der Britischen Zone herausgegeben wurden (theoretisch in Absprache mit den drei übrigen Alliierten), war in Bünde die Zentrale für die Umsetzung. Regional weitergeleitet wurden diese Richtlinien zur Education Branch in den jeweiligen Hauptquartieren (z.B. Braunschweig). Vor Ort sorgten Erziehungsoffiziere, zumeist Lehrer, für die Zusammenarbeit mit den deutschen Schulen.

Der Education Branch wurde 1945 zunächst mit der Schließung der Schulen, der Eliminierung der nationalsozialistischen Lehrer, der Durchsicht der Lehrbücher und der Liste der verbotenen Unterrichtsinhalte beschäftigt. Nur diese ersten Maßnahmen wurden tatsächlich von den Briten verordnet. Die Engländer bemühten sich um die schnelle **Wiedereröffnung der Schulen**, um das Weiterwirken nazistischer Einflüsse auf die Jugend abzubremsen. Ausreichend Schulen standen in den Städten in der Regel nicht bereit. Wenn sie nicht zerstört waren, dienten sie der Besatzungsmacht als Dienststellen, den ehemaligen Zwangsarbeitern als Unterkunft, den neuen deutschen Behörden als Amtsstuben, weiterhin als Lazarette und Notunterkünfte für Flüchtlinge. Erst die Repatriierung der Zwangsarbeiter (DPs), die Räumung der Schulen von Soldaten, die Umquartierung von Flüchtlingen in Bunker usw. beseitigte die ärgste Schulraumnot (**Q.: 1.1. bis Q.: 1.5.**).

Bis Mitte November 1945 (in Braunschweig am 1. Oktober) waren die meisten der Grundschulen im zukünftigen Niedersachsen, bis zum Frühjahr 1946 auch die weiterführenden Schulen wieder geöffnet. Um die zeitige Wiederinbetriebnahme der Schulen zu ermöglichen, verzichteten Briten und Amerikaner auf eine sofortige Strukturreform des Schulwesens und konservierten damit schon (wenn auch natürlich nicht unumkehrbar) die alte Dreigliederung im Sekundarbereich (5.-10. Schuljahr).
Die Schulraumnot war jedoch mit diesen ersten Maßnahmen nicht zu beseitigen, und der massenhafte Zuzug von Flüchtlingen aus dem Osten und der Sowjetischen Zone verschärfte die prekäre Situation noch erheblich (**Q.: 4.1.**). Nachdem der Education Branch festgestellt hatte, daß ausnehmend alle Schulbücher für eine demokratische Erziehung ungeeignet waren, selbst Physikbücher hatten sich als faschistisch verseucht herausgestellt, errichtete er einen mit deutschen Lehrern aller Schulformen besetzten zonalen **Lehrbuchausschuß** (Central Textbook Committee), der neue Schulbücher prüfen sollte, ehe sie von der Textbook Section der Education Branch genehmigt würden. Da Schulbuchmanuskripte in den folgenden Monaten aber nur zögernd einkamen und häufig nicht den Richtlinien entsprachen, wurden die deutschen Schulverwaltungsstellen aufgefordert, die für unbrauchbar erklärten Lehrbücher erneut zu überprüfen und gegebenenfalls zu benutzen. Auch der Nachdruck derart überprüfter Lehrbücher wurde erlaubt. So fanden viele Bücher wieder Eingang in deutsche Schulen, die die Briten zunächst für unbrauchbar befunden hatten, um damit demokratisch zu erziehen. (**M 6, B 1**).

Den Massen von Schülern ohne ausreichende Lehr- und Lernmittel stand die kleine Schar der unbelasteten und reaktivierten (1933 von den Nazis entlassenen) Lehrkräfte gegenüber. Zwar begann schon im Sommer 1945 die **Kurzausbildung von Neulehrern** (2 Semester) für die Grundschulen, aber der Lehrermangel an den weiterführenden Schulen konnte mit dieser Maßnahme nicht beseitigt werden (**B 2, B 4, Q.: 6.3.**). Die Mehrzahl der Lehrer war wie in den anderen Zonen wegen ihrer Zugehörigkeit zur NSDAP (Eintritt bis 1. 5. 1937) 1945/46 aus dem Dienst entlassen worden. Sie mußten sich eine neue Tätigkeit suchen und auf ihr Entnazifizierungsverfahren warten. Gelang es ihnen, als Minderbelastete oder Mitläufer anerkannt zu werden, konnten sie in ihren Beruf zurückkehren. Das war bei den meisten bis 1948 der Fall. 1949 schließlich regelten der Artikel 131 des Grundgesetzes und nachfolgende Gesetze die Frage, wie mit den übrigen Nazi-Lehrern umgegangen werden sollte. Nach diesen Gesetzen konnten alle entlassenen Lehrer wieder eingestellt werden, wenn sie nicht durch einen rechtskräftigen Spruchkammerbescheid verurteilt worden waren (vgl. Kapitel Entnazifizierung). Ob sich die junge Bundesrepublik einen Gefallen getan hat, auf diese Weise den akuten Lehrermangel einzudämmen?

Im Jahr 1947 begann ein neuer Abschnitt der Besatzungspolitik mit der Übertragung der Gesetzesgewalt an die deutschen Länder. Auf die Bildungspolitik bezogen, bedeutete dies den Rückzug der Briten auf die Beratung bei inhaltlichen Grundsätzen der Schulpolitik. Dabei stützte man sich auf die Empfehlungen, die der Education Branch im Herbst 1946 erarbeitet hatte und deren Grundsätze in die schon oben genannten "Richtlinien für die Demokratisierung des Bildungswesens in Deutschland" vom 25. Juni 1947 einflossen. Die Interpreten der Militärregierung beschränkten sich auf die Formel, Reformziele auf das, was ohne Widerstand realisierbar war, zu reduzieren.

Da die Landesregierungen aber eigene Wege gingen, verlegten die Briten sich musterhaft demokratisch auf die Verstärkung von **Öffentlichkeitsarbeit**, z.B. durch die Errichtung von "Quellenbibliotheken" für die Bereiche Erziehungswissenschaften, Wirtschaftswissenschaften, Soziologie, Psychologie und Jugendliteratur. Sie organisierten Ausstellungen, Tagungen und Lehreraustausche zwischen Großbritannien und der Britischen Zone, um die Demokratisierung zu fördern. (**Q.: 4.5.**) Den Briten vorzuwerfen, sie hätten ihre Reeducation nur halbherzig betrieben, wäre ungerecht. Sie taten das in ihren Kräften Stehende auf demokratische Weise. Sie entwickelten reformpolitische Konzepte, die richtungsweisend waren, jedoch von den deutschen Politikern nicht gewünscht wurden. "Es ist nicht auszudenken", schrieb die Kulturpolitikerin Hildegard Hamm-Brücher 1970, "wie viele Umwege, Irrtümer, ideologiebefrachtete Schulkämpfe und Fehlinvestitionen wir uns hätten ersparen können, wenn sich die Schul- und Reformvorschläge der Alliierten, die ja im wesentlichen den Reformprogrammen der fortschrittlichen Parteien entsprachen, bereits in den ersten Nachkriegsjahren durchgesetzt hätten." (K. D. Bracher: "Nach 25 Jahren", München 1970)

Weshalb lehnte der niedersächsiche Landtag die Reformpläne der britischen Besatzungsmacht in wesentlichen Bereichen ab?

Die Kulturbürokratie bestand in den Nachkriegsjahren zum großen Teil aus versierten preußischen Verwaltungsbeamten aus der Weimarer Republik und Lehrern aus der Reformbewegung. Adolf Grimme, den ehemaligen preußischen Kultusminister, von den Briten mit dem Aufbau des Kultusministeriums beauftragt, hatten sie nach Hannover geholt. Auch das 1947 gebildete Beratergremium des Ministers setzte sich zur Hälfte aus Personen zusammen, die mit Grimme in der Bildungspolitik vor 1933 zusammengearbeitet hatten. An der Verwaltungsbürokratie kann es deshalb kaum gelegen haben.

Die beiden großen Parteien im Landtag, die CDU und die SPD, betrachteten die **Schulpolitik als Instrument zur Schaffung einer neuen Gesellschaft.** Während die CDU darunter eine geistige Erneuerung ohne strukturelle Veränderung der Schulformen verstand, setzte die SPD auf Gesellschaftsveränderung durch inhaltliche und strukturelle Reform. Sie bevorzugte die Einheitsschule zur Verwirklichung von Chancengleichheit und Demokratisierung. Bei Grimme, der einem religiös motivierten Sozialismus anhing, hört sich das so an: "Demokratie kann nur heißen: Jedem eine Chance geben, daß er sein Menschsein entfaltet, was nichts anderes bedeutet, als daß Demokratie im Grunde nichts anderes bedeutet als die Chance für das Werden einer echten Aristokratie. " Grimme ging bei seinen Schulreformplänen nicht so weit wie seine Partei, er wollte das gegliederte Schulsystem beibehalten, allerdings die verschiedenen Typen von Gymnasien beseitigen (vier hatte es zuletzt gegeben), den Kernunterricht in den Klassen 5 bis 7 in allen Schulformen zur Erleichterung eines Wechsels gleichordnen und Englisch überall in Klasse 5 als erste Fremdsprache einführen. (**Vgl. B 3**) Darüber hinaus verlangte er eine Fächerreduzierung und die Einführung von Wahlfächern in der gymnasialen Oberstufe. Seine Partei, der diese Reform nicht weit genug ging, ver-

Schulfest der Volksschule Lehndorf 1952. Die Jungen aus der ehemaligen NS-Mustersiedlung geben sich schon modebewußt. Die Renner der 50er: kurze Lederhose, Trachtenjacke, Kniestrümpfe und Turnschuhe. / Q.: Volksschule Lehndorf

langte zumindest die Zusammenlegung von Haupt- und Mittelschule. Auf den Weg dieser Reformen folgten allenfalls die Kommunisten. Die übrigen Parteien lehnten strukturelle Reformen grundsätzlich ab. Eine Mehrheit war nicht zu erzielen, so daß Entscheidungen in der Schulpolitik vermieden wurden. Der Kultusminister führte deshalb 1947 eine landesweite Anhörung durch. Deren Ergebnis: die Reduzierung der Fächer und die Oberstufenreform fielen durch und auch die Angleichung der Unterrichtsinhalte in den Klassen 5 bis 7. Lediglich der Einführung von Englisch als erster Fremdsprache stimmte man zu.

Wie den Plänen zur Strukturreform erging es auch den Vorschlägen zur Einführung von **Schulgeld- und Lehrmittelfreiheit.** Angesichts der finanziellen Misere der Nachkriegszeit wurden sie gar nicht erst in den Landtag eingebracht. Selbst diese gegenüber der Direktive Nr. 54 zurückbleibenden Reformvorschläge Grimmes blieben im Ansatz stecken. Sogar die Einführung von Englisch als ausschließlich erste Fremdsprache mußte Niedersachsen 1950 korrigieren, weil die Ständige Konferenz der Kultusminister dem humanistischen Gymnasium das grundständige Latein zubilligte.

Literatur:

1. Maria Halbritter, Schulreformpolitik in der Britischen Zone 1945-1949, Frankfurt a. Main 1979
2. Günter Pakschies, Umerziehung in der Britischen Zone 1945-1949, Frankfurt a. Main 1979
3. Albrecht Materne, Die städtische Oberschule in Lebenstedt 1943-1954, in: Lesebuch Kranich-Gymnasium 1943-1993, Salzgitter 1993
4. Christof Kleßmann, Die doppelte Staatsgündung. Deutsche Geschichte 1945-1955, 3. Auflage, Bonn 1984
5. Oskar Anweiler u. a. (Hrsg.), Bildungspolitik in Deutschland 1945-1190, Bonn 1992
6. Detlef Endewald u. a., Wolfenbüttel nach '45. Eine Stadt erzählt ihre Nachkriegsgeschichte, Hannover 1986

Zur antifaschistischen-demokratischen Erziehung in den Nachkriegsjahren gehörte das Gedenken an die Opfer des Nationalsozialismus und der Besuch von Gedenkstätten. Mit der Ende der 40er Jahre einsetzenden Verdrängung der Vergangenheit und der Rückkehr der belasteten Lehrer in die Schulen verloren die Gedenkstätten ihren Sinn als Orte der Besinnung. Das Foto zeigt die br. Ministerin Martha Fuchs bei der Enthüllung eines Gedenksteins am Ort der zerstörten Synagoge in Seesen 1946. / Q.: Nora Kuntzsch

Ausflug einer 5. Klasse zum Steinhuder Meer 1950. Nach den Jahren der Not eine Ahnung des beginnenden Wirtschaftswunders. / Q.: Volksschule Lehndorf

Q.: 1. Wiederbeginn des Schulunterrichts

(Beispiele einzelner Schulen)

Q.: 1.1. Instandsetzung der Schulen

Die Instandsetzung der Schulgebäude wurde in Angriff genommen. Die Ausführung der Reparaturarbeiten war jedoch von der Zuteilung an Baumaterial abhängig und ging nur sehr langsam vorwärts. Die Schwierigkeiten waren sehr groß. Gründliche Reinigung und Desinfizierung mehrerer Schulgebäude waren dringend notwendig, da sie nach dem Umsturz den Angehörigen verschiedener Nationen als vorübergehender Sammel- bzw. Aufenthaltsort dienten und in stark verschmutztem Zustand zurückgelassen wurden.

Q.: Verwaltungsbericht der Stadt Braunschweig 1945-46, Braunschweig 1948

Q.: 1.2. Volksschulen

Die **Volksschule Bültenweg** war vom 1. April 1945 bis August 1945 mit Ausländern belegt. Der Schulunterricht wurde Ende September aufgenommen. Im Oktober wurden 10 Klassenräume von 6 männlichen und 3 weiblichen Lehrkräften und am Ende der Berichtszeit in 14 Klassenräumen von 8 männlichen und 5 weiblichen Lehrkräften unterrichtet. Die Schule hat unter dem Bombenkrieg wenig gelitten.

Q.: Verwaltungsbericht der Stadt Braunschweig 1945-46, Braunschweig 1948

Q.: 1.3. Mittelschulen

Knabenmittelschule Augustplatz. Das Schulgebäude wurde nach dem Einmarsch der Amerikaner zunächst von diesen, später von englischen Truppen besetzt. Die hinterlassenen Schäden waren erheblich. Im Sommer 1945 wurden Aufräumungsarbeiten durch die Lehrkräfte der Schule ausgeführt und durch Brandbomben entstandene Dachschäden nach Möglichkeit beseitigt. Am 29. Oktober 1945 wurde mit dem Unterricht wieder begonnen, und zwar zunächst in den beiden untersten Klassen. Im Januar 1946 wurde ein Sonderkursus eingerichtet, um den Schülern und Schülerinnen einer 6. Klasse Gelegenheit zu geben, das Schulzeugnis der Mittelschule zu erwerben. Sämtliche 14 Schüler erhielten das Schlußzeugnis. Bei Wiederaufnahme des Unterrichts wurde von 3 Lehrern in 4 Klassenräumen und am Ende der Berichtszeit von 10 Lehrkräften in 12 Klassenräumen unterrichtet.

Mädchenmittelschule Heydenstraße. Den Bombenangriffen sind die Turnhalle und das Hintergebäude mit Singsaal und Haushaltungsküche zum Opfer gefallen. Nach dem Zusammenbruch wurde das Schulgebäude zunächst von der Stadtverwaltung zu Unterbringung von Dienststellen (Kriegsschäden- und Besatzungsamt) verwendet. Im Sommer 1945 wurden von den Lehrkräften Vorbereitungen zur Wiedereröffnung der Schule getroffen. Am 1. November 1945 wurde der Schulbetrieb zunächst mit 6 Klassen und 3 Lehrkräften wiederaufgenommen und später erweitert, so daß am Schlusse der Berichtszeit in 10 Klassenräumen von 14 Lehrkräften Unterricht erteilt werden konnte.

Q.: Verwaltungsbericht der Stadt Braunschweig1945-46, Braunschweig 1948

Q.: 1.4. Höhere Schulen

Gaußschule, Städtische Oberschule für Jungen. Zu Beginn der Berichtszeit (1. April 1945) war das Schulgebäude von Italienern belegt, die vordem ein Baubataillon bildeten und die bis Mitte September 1945 in der Schule verblieben. Sie haben die von Bomben verhältnismäßig wenig beschädigte Schule in unbeschreiblicher Weise ausgeplündert. Das Inventar wurde als Heizmaterial verbraucht, die Bücherei durcheinandergeworfen, zum Teil zerrissen und verbrannt, die Sammlungen zerstört und vernichtet. Der wertvolle Flügel wurde zerschlagen. Chemiesaal und Laboratorium wurden beim Brande der Meisterschule zerstört, der Zeichensaal war daraufhin nicht mehr zu benutzen. Die Lehrkräfte wurden im Sommer 1945 im Dienste der Stadtverwaltung im Rathause beschäftigt und räumten nach Abzug der Italiener die Schule auf, ordneten die Bücherei und die Sammlungen. Am 5. Dezember 1945 wurde mit Erlaubnis der Militärregierung der Unterricht mit 270 Schülern in 9 Klassen wiederaufgenommen. Eine Klasse mit 17 Kriegsteilnehmern und 3 Kurse für Reifevermerkinhaber wurden eingerichtet. 7 der Kriegsteilnehmer erwarben das Reifezeugnis. Das Lehrerkollegium bestand aus 1 Oberstudiendirektor, 1 Oberstudienrat und 5 Studienräten.

Städtische Oberschule für Mädchen, Kleine Burg. Zu Beginn der Berichtszeit wurden die durch Kriegswirkung nicht zerstörten Gebäudeteile zunächst mit Flüchtlingen, entlassenen Soldaten und polnischem Militär belegt. Nach Abzug der Polen nahm die Stadtverwaltung diese Räume für Bürozwecke in Benutzung. Im Sommer 1945 ordneten die Lehrkräfte die Räume, holten Einrichtungsgegenstände, Lehrmaterialien und Bücher zusammen und arbeiteten Sammlungen auf. Wöchentlich fanden zweimal Konferenzen statt. Die Unterrichtstätigkeit begann am 10. Dezember 1945 in 2 Sonderkursen bei 46 Teilnehmernn, welche den sogenannten Reifevermerk hatten. Ihre Reifeprüfung fand am 17. April 1946 statt. Der regelmäßige Unterricht begann am 13. Dezember 1945 mit 26 Klassen bei etwa 850 Schülerinnen und 25 Lehrkräften. Zunächst auf 3 Tage in der Woche beschränkt, wurde nur Deutsch, Englisch, Französisch, Latein und Mathematik an Vor- und Nachmittagen gegeben. Zeitweise wurden in 10 Klassenräumen 51 Klassen unterrichtet. Nach Freigabe der von den Knabenschulen benutzten Räume am 31. Januar 1946 konnte der Unterricht in verstärkter Form fortgesetzt werden.

Q.: Verwaltungsbericht der Stadt Braunschweig 1945 -46, Braunschweig 1948

Q.: 1.5. Berufsschulen

Das Gebäude der **Gewerblichen Berufsschule** am Inselwall war zu Beginn der Berichtszeit Militärlazarett und wurde später zum Hilfskrankenhaus erklärt. Die Freigabe für seine urprüngliche Bestimmung ließ sich leider nicht erreichen. Der Unterricht mußte wegen Mangel an geeigneten Räumen zunächst in ehemaligen, zum Teil noch halbzerstörten Fabrik- und Werkräumen begonnen werden. Im November 1945 wurden zunächst vier, später neun Räume der Volksschule Friesenstraße der Gewerblichen Berufsschule für Unterrichtszwecke freigegeben.

Der Ausbau des Unterrichts litt sehr unter dem Raummangel. Die Raumnot brachte Behinderung und Zerreißung des Schulkörpers, führte zu verwaltungsmäßigen Schwierigkeiten und organisatorischen Hemmungen. Lehr- und Lernmittel konnte nicht sachgemäß verteilt und verwendet werden. Das machte sich in einer Zeit besonders bemerkbar, in der Industrie und Handwerk mit immer größerem Nachdruck die Bildungsmöglichkeiten durch die Berufsschulen forderten und die schlechten Ergebnisse der Gesellen- und Facharbeiterprüfungen, zurückzuführen auf die Lücken der Allgemeinbildung, von den verantwortlichen Kreisen bestätigt werden.

Als erfreulich kann lediglich angesehen werden, daß das große Interesse aller Wirtschaftskreise und die tatkräftige Unterstützung der Kammern zu einer engen positiven Zusammenarbeit geführt hat. Der Schule wurde das vorzügliche Lehrmaterial der Werkberufsschule des Volkswagenwerkes auf Veranlassung des Braunschweiger Staatsministeriums mit Zustimmung der Militärregierung überwiesen. Die schwierige Raumfrage behinderte leider die sachgemäße und sichere Unterbringung.

Q.: Verwaltungsbericht der Stadt Braunschweig 1945-46, Braunschweig 1948

Q.: 1.6. Schichtunterricht

Martino-Katharineum
Staatl. Neue Oberschule f. Jg.
und Raabeschule Braunschweig
Braunschweig, den 14. 5. 1946

Betr. Regelung des Unterrichts usw.

Die Raabeschule hat Unterricht von 8.00-10.30 Uhr. Die Staatl. Neue Oberschule hat Unterricht von 10.40-13.05 Uhr. Das Martino-Katharineum hat Unterricht von 13.10-15.25 Uhr bzw. 16.10 Uhr.

Zur Verfügung stehen 8 Klassenräume und der Zeichensaal als Fahrschülerraum und Raum zur Essensausgabe. Die Schule wird im Erdgeschoß des gleichen Flügels und im anderen Flügel noch von mehreren Volksschulen benutzt. Schuleigene Bänke sind 44 vorhanden, 90 Bänke sind von der Volksschule und vom Wilhelm-Gymnasium geliehen. Der Zustand der eigenen Bänke ist teilweise schlecht.

Die teilzerstörte Oberschule für Mädchen, Kleine Burg (1950) / Q.: Städtischer Bilderdienst Braunschweig

25 Tische sind von der Schule Bürgerstraße geliehen, desgleichen die Tafeln. 10 eigene Stühle, 10 geliehene Stühle, 4 geliehene Schränke.

Die physikalischen Sammlungen sind durch Bombenangriff zerstört, nur ganz wenig Stativmaterial ist gerettet, das z.T. wieder in brauchbaren Zustand versetzt wurde. Die chemische Sammlung der Neuen Oberschule ist teilweise gerettet, die biologische Sammlung ist so gut wie zerstört.

Q.: Archiv Martino-Katharineum

Q.: 1.7. Bänke

Neu beschafft worden sind 278 Doppelbänke, 580 Hokker, 25 Klassenschränke und 8 Lehrerstühle. Ein wesentlicher Teil des noch instandsetzungsfähigen Schulinventars wurde in der Tischlerwerkstatt des städtischen Hochbauamtes repariert. Es besteht noch ein Bedarf an rund 6850 Sitzplätzen für Kinder. Die Zahl der Rundfunkempfangsgeräte konnte von 23 auf 29 erhöht werden, so daß nur noch wenige Schulen ohne Rundfunkgerät sind. Mit Fernsprechanschlüssen waren 31 Schulen versehen. Einige Turnhallen sind wieder instandgesetzt worden.

Ab 1. Dezember 1946 ist eine vom Schulvorstand der Volks- und Mittelschulen ins Leben gerufene Schulschuhmacherwerkstatt im Keller des Gebäudes der Schule Friesenstraße in Betrieb genommen worden, um dem damaligen dringenden Bedürfnis, den Schulkindern schnellstens zu gebrauchsfähigem Schuhzeug zu verhelfen, zu genügen. In dieser Werkstatt sind nach Meldung des Schuhmachermeisters 5359 Paar Kinderschuhe repariert worden.

Q.: Verwaltungsbericht der Stadt Braunschweig 1946-47, Braunschweig 1949

Q.: 1.8. Gesundheitsförderung

Der Oberbürgermeister
- Der Amtsarzt und Leiter des Gesundheitsamtes -

Zur Unterstützung für die schulärztliche Betreuung der Schulkinder ist die Mithilfe der Lehrerschaft erforderlich.

Auf Grund von Erfahrungen, die bereits gemacht worden sind, können zunächst folgende Erfordernisse für die Zusammenarbeit zwischen Schule und Schularzt als notwendig und förderlich herausgestellt werden:

1. Sehr wünschenswert ist es, wenn seitens der Lehrkräfte ausführliche Auskünfte über die häuslichen und sozialen Verhältnisse der Kinder erteilt werden können.
2. Trotz des Mangels an geeigneten Schulbänken muß angestrebt werden, daß die Kinder die möglichst beste Bankgröße durch Ausgleich innerhalb der einzelnen Schulen bekommen, was zur Vorbeugung gegen Rückgratverkrümmungen unbedingt erforderlich ist.
3. Zur Gesundheitsförderung der Jugend sind Freiübungen bei geöffneten Fenstern oder auf dem Schulhofe notwendig.
4. Die gegenwärtigen Unterkunftsverhältnisse fordern dringend, daß zum Erhalt der Gesundheit der Schulkinder das Baden in den Schulbrausebädern in den einzelnen Schulen wieder eingeführt wird, bzw. die Kinder alle 8 oder wenigstens alle 14 Tage in das Stadtbad geführt werden.
5. Auffallend stark macht sich die Kurzsichtigkeit bemerkbar. Solange diese nicht durch Brillen behoben werden kann, müssen die betreffenden Kinder in die erste Bankreihe gesetzt werden.
6. Insbesondere wird die Lehrerschaft gebeten, während der Schulzeit auf die Haltung der Kinder einzuwirken.

Q.: Archiv Martino-Katharineum

Q.: 1.9. Kohlenmangel

Der Präsident des Niedersächsischen Verwaltungsbezirks Braunschweig
Abt. für Wissenschaft und Volksbildung (1947)
Betr.: Brennstoffversorgung und Schulschließungen

1. Wie bereits in Zeitungsmeldungen und Mitteilungen der Herren Schulräte berichtet worden ist, mußten die braunschweigischen Schulen mit wenigen Ausnahmen im Anschluß an die Weihnachtsferien geschlossen bleiben. Nur in Ausnahmefällen konnte die Fortführung oder Wiederaufnahme des Schulunterrichts nach den örtlichen Verhältnissen unter Berücksichtigung der Brennstoffversorgung geregelt werden. In der Regel sind die Kohlenferien bis auf weiteres verlängert worden.

2.) Mit einer Besserung der Brennstoffversorgung für die Braunschweiger Schulen kann vorerst nicht gerechnet werden, da die Wirtschaftsverwaltung Niedersachsen mit Rundschreiben Nr. 249/46 vom 17.12.46 angeordnet hat, an erster Stelle die Versorgung der Ernährungsbetriebe und Krankenhäuser sicherzustellen und hierbei nötigenfalls auf die übrigen Kontingente zurückzugreifen. Hierfür muß auch von allen Schulbehörden volles Verständnis gezeigt werden, obwohl die Militärregierung und die Wirtschaftsverwaltung Niedersachsen nachdrücklicher darauf hingewiesen worden sind, daß bei Schulschließungen nicht nur eine weitgehende Beeinträchtigung des Unterrichtsbetriebes zu bedauern ist, sondern vielmehr weitere ernstliche Schädigungen der Gesundheit unserer Schuljugend eintreten werden.

4.) Soweit es die Brennstofflage nach den örtlichen Verhältnissen irgendwie zuläßt, muß versucht werden, unter größter Einschränkung der Heizung eine Notbeschulung durchzuführen, die möglichst 10-12 Unterrichtsstunden wöchentlich für alle Schulkinder zuläßt. Abschluß- und Übergangsklassen sind vordringlich zu berücksichtigen und sollen mindestens 20 Unterrichtsstunden wöchentlich haben.

5.) Die beheizten Klassenräume müssen in gerechter Weise für eigene und fremde Schulklassen völlig ausgenutzt werden, und zwar an allen Unterrichtstagen von 8-17 Uhr durch mehrschichtigen Unterricht. Hierbei dürfen die eigenen Schulklassen keineswegs mehr Unterrichtsstunden haben, als in Ziff. 4 durchschnittlich vorgesehen ist, solange im gleichen Schulort noch Schulklassen untergebracht werden müssen, deren Unterrichtsstunden unter dem Durchschnitt liegen.

Q.: Archiv Martino-Katharineum

Q.: 1.10. Schreibhefte

Braunschweig, den 25. Januar 1946
Hoffmann-von-Fallersleben-Schule,
städt. Oberschule für Jungen
Betr.: Schreibhefte für Schüler.

Das Braunschweigische Staatsministerium gibt über die Kreisverteilungsstelle (Lehrer E. Peters, Schule "Am Schulweg") je Schüler der höheren Schulen der Stadt ein Schreibheft zum Preise von RM -,10 aus. Es erhalten:

Wilhelm-Gymnasium .... 210 Stück
Martino Katharineum .... 270 Stück
Staatl. Neue Oberschule .... 300 Stück
Raabe-Schule .... 250 Stück

Den Abholern ist ein Ausweis mitzugeben! Die Hefte sind unverpackt und ungebündelt. Daher müssen Rucksäcke, Koffer oder Kartons mitgebracht werden. Rd. 300 Hefte bilden eine Rucksacktraglast.

Q.: Archiv Martino-Katharineum

Q.: 1.11. Papiermangel

Der Niedersächsische Kultusminister
Hannover, den 9. April 1947
Im Einvernehmen mit der Staatskanzlei weise ich darauf hin, daß die Schwierigkeiten bei der Papierversorgung sich in einem Ausmaß verstärkt haben, das ein ordnungsgemäßes Weiterarbeiten von den Betrieben der Wirtschaft, wie auch der Dienststellen in Frage stellt. Diese Schwierigkeiten werden wegen der Holzknappheit und wegen der bisher fehlenden Möglichkeit, die entsprechenden Rohstoffe einzuführen, auch weiterhin bestehen bleiben und sich voraussichtlich sogar noch verstärken.

Ich bitte daher, in Ihren Verwaltungen darauf hinzuweisen, daß mit Papier jeder Art sparsamst umgegangen wird. Es dürfte sich der Hinweis empfehlen, daß unbedingt keine größeren Bogen (selbstverständlich unter Anwendung engzeiliger Schrift) verwendet werden dürfen, als es erforderlich ist. Für kurze Rückfragen und internen Schriftverkehr muß notfalls auf 1/8 Bogen zurückgegriffen werden.

Q.: 1.12. Reinigungsmaterial

Martino-Katharineum,
Staatl. Neue Oberschule f. Jg.
und Raabeschule-Braunschweig.
Braunschweig, d. 23.8.46
Betr.: Reinigungsmaterial für die Staatl. Schulen
In letzter Zeit stößt die Beschaffung auch des allernotwendigsten Reinigungsmaterials (Besen, Scheuertücher usw.) auf unüberwindliche Schwierigkeiten. Dieser Zustand ist besonders auch in Rücksicht auf die geplante Verlegung der Anstalten in andere Gebäude, die unbedingt vor ihrer Inanspruchnahme gründlich gereinigt werden müssen, unhaltbar.

Q.: Archiv Martino-Katharineum

Eine der ersten Anschaffungen für die wieder nutzbar gemachte Schule: neue Bänke und Stühle. Schule Wolfenbütteler Straße, Oktober 1950 / Q.: Städtischer Bilderdienst Braunschweig, Foto: Charlotte Pilz

Q.: 1.13. Anschaffung einer Transportkarre

Staatl. Neue Oberschule für Jungen Braunschweig.
Braunschweig, den 3. Februar 1947.
Betr.: Anschaffung einer Transportkarre.
Ich bitte die Beschaffung einer Wika-Transportkarre zum Preise von RM 220,— zu genehmigen. Die Anschaffung eines derartigen Karrens ist gerade jetzt dringend erforderlich, weil ständig Schulinventar, z. B. Bücher, Bänke, Schränke, Karten, physikalische Geräte und dergl., von einer Dienststelle zur anderen gebracht werden müssen, auch das für das Schulgebäude Leonhardstraße angelieferte Feuerungsmaterial meist auf der Straße oder auf dem Schulhofe abgeladen wird und an seinen Bestimmungsort gebracht werden muß. Der Karren kann gleichzeitig auch für die gleichen Zwecke des Martino-Katharineums mitgenutzt werden.

Q.: Archiv Martino-Katharineum

Q.: 1.14 Keine Kohlen, keine Schule

Am schlimmsten waren für die Schule die Wintermonate in den Jahren nach dem Umbruch. Trotz aller Vorsorge seitens der braunschweigischen Regierung bleiben vor allem im Winter 1946/47 die Schulen ohne genügende Kohlenvorräte. Mitte Dezember waren unsere Kohlenkeller zum erstenmal leer. Kleine Zuteilungen halten immer nur für wenige Tage, und zwischen Weihnachten und Ostern fehlten die Kohlen ganz. Lediglich das Rektorzimmer wurde schwach geheizt, damit sich die Lehrkräfte der Schulen Heinrich- und Comeniusstraße durchwärmen konnten, wenn sie nach kurzer Pause ihre zweite Klasse zur Kurzstunde erwarteten. Als im März 12 Zentner Kohlen für das Rektorzimmer erbeten wurden, kam vom Schulamt die Antwort: "Es tut mir leid, daß ich für diese Heizperiode nicht mehr helfen kann." Genau so wie wir litt die Bevölkerung unter dem Kohlenmangel. Da ging der "Kohlenklau" um, und niemand empfand das als Unrecht, auf die Kohlenzüge zu klettern und Kohlen hinunterzuwerfen. Mancher Junge soll es dabei zu Wagemut und großer Geschicklichkeit gebracht haben. Wir Lehrer fürchteten, daß hierdurch in den Kindern das Gefühl für Recht und Unrecht verlorenginge. Wir glauben heute feststellen zu können, daß nach Überwindung dieser Notzeit unsere Kinder nicht unredlicher sind als die früherer Jahrzehnte.
Als letztes Hindernis für einen erfolgreichen Unterricht in den Jahren nach dem Kriege seien Hunger und soziales Elend genannt. Damit soll kein sysstematischer soziologischer Aufriß der hinter uns liegenden Jahre gegeben sein, es geht hier nur darum, durch Hervorhebung einzelner Nöte die schwierige unterrichtliche und erziehliche Lage von damals zu kennzeichnen. Die meisten Familien unseres Schulbezirks wohnten in stark beschädigten Wohnungen, viele in einem Raum, manche in feuchten Kellern, andere unter dem Dach, wo es im Sommer oft glutheiß und im Winter eisig kalt war. Da war oft kein helles und ruhiges Plätzchen, um die Schularbeiten sauber und gut anzufertigen, und wenn es doch geschah – wer von uns hätte das nicht verlangt! – ist wohl vielfach mehr Konzentration und Bereitschaft aufgebracht worden, als wir Lehrer ahnten. Daß viele unserer Kinder den trostlosen häuslichen Verhältnissen erlagen – es ging ja nicht allein um die Wohnungsfrage, wir haben nie in unseren Klassen so viele zerbrochene Ehen gekannt wie nach diesem Kriege -, daß viele ihr Soll an schulischen Leistungen nicht erfüllten und damit die Klassenarbeit hemmten, sollte uns nicht wundernehmen. Die Schule half, soweit sie konnte. Wir setzten uns mit dem Wirtschaftsamt in Verbindung, damit an die Bedürftigen Bezugsscheine für Schuhe ausgegeben wurden. Nun konnten die Schüler auch bei nassem Wetter nach der Schule kommen.

Q.: Ernst Wedler "50 Jahre Volksschule Comeniusstraße Braunschweig", Braunschweig o. J. (1953)

Q.: 2. Sammelaktionen

Der Rohstoff- und Arbeitskräftemangel sowie finanzielle Gründe bewogen die Verwaltung dazu, Schüler für verschiedene Sammlungen einzusetzen.

Q.: 2.1. Ersatz für Unterricht

Braunschweig, den 19. Juni 1945
Der Braunschweiger Staatsminister für Volksbildung
Betr.: Heranziehung der Schüler(innen) zu allgemeinen Arbeiten
Soweit die Schüler und Schülerinnen nicht durch die Arbeitsämter eingesetzt oder privat dringend in Anspruch genommen sind, bitte ich, dafür Sorge tragen zu wollen, daß sie, soweit wie irgend möglich, unter die Aufsicht der Schule kommen. Es empfiehlt sich z. B., Schüler und Schülerinnen unter Aufsicht einer Lehrkraft geschlossen für die Heilkräutersammlung einzusetzen oder sie, in Einvernehmen mit dem Hochbaubauamte oder anderen Stellen, zu Aufräumungsarbeiten auf dem Schulgrundstück, wie Herrichtung der Klassenräume usw. heranzuziehen. Auch von anderen Gesichtspunkten aus ist es dringend wünschenswert, daß die Schule die Schüler und Schülerinnen ständig beisammen hält und sie nicht ganz aus den Augen verliert.

Q.: Archiv Martino-Katharineum

Q.: 2.2. Wildfruchtsammlung

Braunschweig, den 13. Juli 1945
Der Braunschweiger Staatsminister für Volksbildung
Betr. Wildfruchtsammlung
Es hat sich als dringend notwenig herausgestellt, daß die Schule neben den Heilkräutern auch Wildfrüchte sammeln.
Es kommen in Betracht:
Halb- und vollreife Vogelbeeren, (Sammlung kann etwa im letzten Monatsdrittel beginnen),
reife Holunderbeeren, (Sammlung demnächst),
halb- und vollreife Weißdornfrüchte (Mehlbeeren),
unreife Schlehen und kurz vor der Reife stehende Hagebutten

Q.: Archiv Martino-Katharineum

Q.: 2.3. Altstoffsammlung

Braunschweig, den 1. Juni 1946.
Das Braunschweiger Staatsministerium Abteilung für Wissenschaft und Volksbildung
Betrifft: Sammlung von Altstoffen

Die Beschaffung von Kleidungsstoffen, insbesondere von Wollstoffen für den zivilen Bedarf, ist unter den gegenwärtigen Verhältnissen äußerst beschränkt. Doch kann die Stoffzuteilung für diesen Bedarf durch Altmaterialsammlungen wesentlich gefördert werden. Die Sammlungen sind in Verbindung zwischen der Schule und dem Landrat durchzuführen, welcher auf Anfrage die Sammelstellen bei den zuständigen Altmaterialsammlern angibt. Die gesammelte Menge wird vom Landrat an die Reichswollverwertung gemeldet, die den Altmaterialsammlern mitteilt, wohin das Altmaterial gesandt werden soll. Auf Grund der der Reichswollverwaltung gemeldeten Mengenangaben ist diese in der Lage, von sich aus Schaf- und Kunstwolle für diese Posten freizugeben, so daß dann für jeden Kreis Fertigstoffe geliefert werden können.
Ich ersuche, die Schüler auf die Bedeutung der Sammlung von Altstoffen hinzuweisen und sie zur freiwilligen Mitwirkung zu veranlassen. Die Reichswollverwertung hat für die Sammlungen folgende Prämien zur Verfügung gestellt:

- für 100 kg Lumpen oder Wollreste: 1/2 kg Strickwolle
- für den Sieger der gesamten Aktion 1 Kleid bzw. 1 Anzug.

Q.: Archiv Martino-Katharineum

Q.: 2.4. Kartoffelkäfersammlung

Braunschweig, den 12. Juli 1947.
Der Präsident des Niedersächsischen Verwaltungsbezirks Braunschweig
Abteilung für Wissenschaft und Volksbildung
Betr.: Kartoffelkäfer-Suchdienst

Aus gegebener Veranlassung bitte ich die Gemeinden darauf hinzuweisen, daß die Durchführung des Kartoffelkäfersuchdienstes gemäß Erlaß des Herrn Oberpräsidenten vom 29.6.1946 (veröffentlicht im Amtsblatt für Niedersachsen Nr.4 vom 15.6.1946) in erster Linie Sache der Nutzungsberechtigten, d.h. der Kartoffelanbauer, ist. Neben den Kartoffelbauern können zwar noch andere Personen herangezogen werden, es ist aber mit den Bestimmungen nicht vereinbar, wenn diese Aufgabe auf die Schule völlig abgewälzt wird, wie es nach den mir vorliegenden Berichten geschehen ist. So sehr ich die Notwendigkeit des Kartoffelkäfersuchdienstes anerkenne, muß ich doch einer solchen Verlagerung der Pflichten mit Entschiedenheit entgegentreten. Infolge des HJ-Dienstes und der Kriegs- und Nachkriegsverhältnisse ist der Bildungsstand der Schuljugend erheblich gesunken. Ich kann es daher nicht länger verantworten, daß die Schuljugend dem Unterricht und der Schularbeit durch schulfremde Hilfsdienste entzogen wird. Die Heranziehung der Schuljugend zum Kartoffelkäfersuchdienst während der Unterrichtszeit muß daher unterbleiben. Während der unterrichtsfreien Zeit kann ich ihre Heranziehung nur bei Vorliegen eines dringenden Bedürfnisses billigen. In diesem Sinne bitte ich zu veranlassen, daß die zuständigen Stellen sich bei der Heranziehung zum Kartoffelkäfersuchdienst gegenüber den Schulen die gebotene Zurückhaltung auferlegen. Die Schulen sind von mir verständigt.

Q.: Archiv Martino-Katharineum

Q.: 3. Schulspeisung

Q.: 3.1. Ernährung der Schulkinder

Aus der Anweisung Nr. 37 der britischen Militärregierung Abteilung für Ernährung und Landwirtschaft, vom 17. Januar 1946 betreffend Ernährung von Schulkindern.

1. Um einer Unterernährung bei Schulkindern in den dichter bevölkerten Gebieten der britischen Zone vorzubeugen, wurde die Einführung einer markenfreien Mahlzeit je Tag mit Wirkung vom 1. Februar 1946 beschlossen.
3. Das markenfreie Essen hat aus einer Suppe zu bestehen mit einem Gehalt von ungefähr 300 Kalorien je Tag. Um eine Abwechslung zu bieten, sollen Arten von Suppen gereicht werden, und zwar nach folgender Zusammenstellung:

a) Fünfmal in der Woche		
Bruchzwieback oder Mehl	30g =	104 Kal.
Hülsenfrüchte	40g =	122 Kal.
Fett	10g =	74 Kal.
Fleischextrakt oder Würze	10g =	
Salz	5g =	
	Gesamt =	**300 Kal.**

b) Zweimal in der Woche		
Bruchzwieback oder Hafermehl		
Weizengrieß usw.	50g =	175 Kal.
Zucker	15g =	60 Kal.
Trocken-Magermilch	20g =	72 Kal.
	Gesamt =	**307 Kal.**

c) Schulkinder zwischen 12 und 14 Jahren erhalten je Tag zusätzlich 80g Brot oder Kekse ohne Marken, um den Kaloriengehalt auf ca. 490 zu bringen.

Q.: Archiv Martino-Katharineum

Warten auf die Kinderspeisung. Außer der Schulspeisung erhielten die Kinder durch gelegentliche Sonderaktionen der Kirchen Westeuropas und Nordamerikas kostenlos Nahrungsmittel. Hier warten Kinder und ihre Mütter auf eine Spende des evangelischen Hilfswerks, zur Verfügung gestellt durch die evangelisch-lutherischen Kirchen der USA und Kanadas (1947). Q.: Städtischer Bilderdienst Braunschweig, Foto: Gertrud Bingel

Q.: 3.2. Schulspeisung

Braunschweig, den 21. Juni 1947
Der Präsident des Niedersächsischen Verwaltungsbezirks Braunschweig
– Abt. für Wissenschaft und Volksbildung
Betr.: Verhandlungen und Beschlüsse auf der Dir.-Konf. am 17.7.47

1. Schulspeisung
Der Übergang zur Hoover-Speisung ist noch ungeklärt. Durchführung und Ergebnisse der Untersuchung zeigen auffällige Verschiedenheiten. Von mehreren Seiten wird angeregt, aus pädagogischen Gründen nach dem Beispiele Hamburgs alle Kinder mit Ausnahme der Selbstversorger teilnehmen zu lassen und die Speisung bei unzureichender Belieferung vorübergehend auszusetzen. Zeitweiliges Absinken der Güte wird festgestellt. Deshalb haben die Lehrer in Wolfenbüttel mit sofort sichtbarer Wirkung eine Aufsicht bei der Zubereitung eingerichtet. Schärfere Überwachungsmaßnahmen, etwa durch die Gesundheitsämter, werden für nötig gehalten.

2. Schulfreier Sonnabend ?
Infolge der Ernährungskrise beginnt die Arbeitskraft der Lehrer, besonders der älteren Generation, bedrohlich nachzulassen. Das macht sich durch immer häufigere Erkrankungen und längere Beurlaubungen bemerkbar. Im Zusammenhange hiermit wird berichtet, daß an verschiedenen Schulen die Hausmeister Zulagekarten bekommen. Wenn die Schulspeisung fortfiele, müßten für die Lehrkräfte auch Zusatzkarten beantragt werden; denn ähnlich wie es die Ärzte mit Erfolg getan haben, können sie die erhöhte Ansteckungsgefahr zur Begründung anführen. Außerdem wird über einer außerordentlich starke Zunahme zeitraubender statistischer Arbeit geklagt. Mit der nachlassenden Arbeitskraft begründet Seesen den Vorschlag, die Pflichtstundenzahl der Lehrer herabzusetzen. Von anderer Seite wird angeregt, entsprechend dem Vorgehen im Handwerk und bei anderen Behörden und mit Rücksicht auf die Fahrschüler statt dessen bis zur Besserung der allgemeinen Lage den Sonnabend zum schulfreien Tag zu erklären.
Abhilfe- und Entlastungsmöglichkeiten müssen noch vom Standpunkt der Schulverwaltung geprüft werden., da entsprechende Anordnungen über den Kreis der höheren Schulen hinausgreifen würden.

Q.: Archiv Martino-Katharineum

Q.: 3.4. Durchführung der Schulspeisung

Hannover, den 22. August 1947
Der Niedersächsische Kultusminister

Für die Durchführung der Schulspeisung nach dem Hoover-Plan gebe ich als Ergebnis der ersten Sitzung des Niedersächsischen Ausschusses für die Durchführung der Hoover-Schulspeisung vom 16. 8. 47. bekannt:

1. Nach dem Ergebnis der ärztlichen Untersuchung können nur Schüler und Schülerinnen an der Speisung teilnehmen, die der Gruppe C zugeordnet werden. Den 330.000 Portionen, die bisher zur Verfügung gestellt worden sind, stehen nach dem bisherigen Ergebnis der ärztlichen Untersuchungen rd. 505.000 Kinder der Gruppe C gegenüber. Das würde bedeuten, daß von den C-Kindern etwa 3/5 an den Mahlzeiten teilnehmen können.
Um alle Kinder der Gruppe C an der Speisung beteiligen zu können, wird dem Ernährungs- und Landwirtschaftsrat des amerikanischen und britischen Besatzungsgebietes in Stuttgart der Vorschlag gemacht werden, unter Verzicht auf den Sonnabend als Speisungstag und unter Wegfall der Ferienspeisung alle Kinder der Gruppe C in die Verpflegung einzubeziehen. Die Durchführung dieses Planes ist von der Genehmigung der genannten Stuttgarter Behörde abhängig.
5. Lehrkräfte können leider an der Schulspeisung nicht mehr teilnehmen, da die Zahl der vorhandenen Portionen z. Zt. nicht ausreicht, um die Bedürfnisse der Kinderspeisung für Gruppe C zu befriedigen. Das ist Beschluß des Ernährungs- und Landwirtschaftsrates der amerikanischen und britischen Besatzungszone. Da mir bekannt ist, daß der Gesundheitszustand der Lehrerschaft zu Bedenken Anlaß gibt, werde ich auch weiterhein versuchen, die Teilnahme der Lehrerschaft an der Schulspeisung zu erreichen. Ich bin aber überzeugt, daß alle meiner Auffassung sein werden, daß Erwachsene zugunsten von notleidenden Kindern zurückstehen müssen...
Ich erinnere noch einmal daran, daß die Spender eine Schulspeisung wünschen und daß es verboten ist, Essen mit nach Hause zu nehmen.

Q.: Archiv Martino-Katharineum

Q.: 3.4. Kritik

Braunschweig, den 8. September 1948
Martino-Katharineum
und Staatl. Neue Oberschule für Jungen
Braunschweig, Leonhardstr. 29
An den Bevollmächtigten für die wirtschaftliche Versorgung
Betr.: Schulspeisung

Der heute gelieferte Trinkkakao bestand aus einer ganz dünnen, fast völlig geschmacklosen und gänzlich ungesüßten, augenscheinlich sehr stark mit Wasser durchsetzten Pladdersuppe.
Lieferant: Konsumverein.
Außderdem waren in einem der Kästen 25 stark verbrannte Brötchen.

Q.: Archiv Martino-Katharineum

Ausgabe von Schulspeisung 1947 / Q.: Städtischer Bilderdienst Braunschweig, Foto: Gertrud Bingel

Q.: 3.5. Mangelkrankheiten

Aus dem Bericht des Niedersächsischen Kultusministeriums über den gegenwärtigen Stand der Erziehung in Deutschland vom 5.7.1947.

Die Folgen des gegenwärtigen wirtschaftlichen Notstandes in Deutschland treten schon in der körperlichen Erscheinung des Volkes, das wir zu erziehen versuchen, deutlich genug hervor. Die normale Tagesmenge an Nahrungsmitteln für Kinder von 6-10 Jahren wird auf 2.000 Kalorien geschätzt. In einer von den amerikanischen Gesundheitsbehörden durchgeführten Untersuchung in Großhessen und Bayern im August dieses Jahres ergab sich ein Durchschnitt von 1263 Kalorien. Im Juli war bereits ersichtlich, das das Durchschnittsgewicht der 10jährigen Knaben beinahe 10% unter der Altersnorm lag. Immer und immer wieder berichten die Rektoren der Universitäten den Mitgliedern der Kommission, daß die Studenten gegen Ende des Semesters völlig erschöpft seien. Das erschreckende Ansteigen der Tuberkulose, die bezeichnenderweise Kinder und junge Menschen ergreift, beleuchtet die Ernährungskrise sehr eindringlich, während das Auftreten der Krätze die Aufmerksamkeit auf die Folgen des Mangels an Seife und warmen Wasser lenkt... .

Q.: Archiv Martino-Katharineum

Ausgabe von Schulspeisung 1947 / Q.: Städtischer Bilderdienst Braunschweig, Foto: Gertrud Bingel

Q.: 3.6. Lob der Schulspeisung

Die größte Hilfe jedoch kam von außen: die Schulspeisung, für deren Einführung sich die englische Militärregierung eingesetzt hatte. Vom 1. Februar 1946 ab erhielten sämtliche Schüler und Schülerinnen der Volks-, Mittel-, Berufs-, und höheren Schulen im Alter von 6 bis 18 Jahren täglich eine warme Zusatzmahlzeit, und zwar vom 12. Lebensjahr ab 3/4 Liter, die Jüngeren 1/2 Liter. Der Preis betrug je Liter 0,60 RM, wovon 0,50 RM an die Stadt abgeführt wurden, der Rest wurde für die Minderbemittelten eingesetzt, die von der Bezahlung befreit waren. Auch während der Ferien wurde das Essen ausgegeben. Wir hatten dann nicht nur unsere Kinder zu versorgen, sondern auch eine große Anzahl von Gästen, Schülern und Schülerinnen weiterführender Schulen, die in unserer Nähe wohnten.

Ausgabe von Schulspeisung 1947 / Q.: Städtischer Bilderdienst Braunschweig, Foto: Gertrud Bingel

Das Essen, Erbsen-, Nudel-, Graupen- Schokoladen-, Kekssuppe u. ä., wurde in Thermokübeln von zunächst 50 Liter, später von 25 Liter Inhalt von der Großküche Struck & Witte geliefert. Dabei gab es einen beständigen Kampf mit den Fahrern. Da wir wegen Platzmangels keine Eßräume im Keller einrichten konnten, mußte das Essen in den Klassen eingenommen werden; die Kübel mußten deshalb auf die einzelnen Flure verteilt werden. Wegen ihrer Schwere wollte sie niemand gern in den zweiten Stock tragen, so daß sie – wenn nicht besonders Obacht gegeben wurde – leicht unten stehen blieben. Die Klassen boten oft ein hübsches Bild: Wo die Kinder zum netten Essen erzogen wurden, lagen auf den Bänken weiße Servietten, die Lehrerin saß wohl plaudernd unter ihrer Kinderschar. Weihnachten war die große Zeit auch in der Schulspeisung: Sonderzuteilungen von Keks, Dinnerpackungen, Fruitdessert und Schokolade erfreuten unsere Kleinen und Großen.

Mütter halfen uns bei der Ausgabe des Schulessens, und das Angebot an Helferinnen war groß, was bei der allgemeinen Notlage verständlich war. Den Helferinnen war gestattet, in der Schule mitzuessen; es war jedoch untersagt, Essen mit nach Hause zu nehmen, ein Verbot, daß übrigens auch für Kinder galt. Am 22. April 1947 erschien in der "Hannoverschen Volksstimme", dem Organ der KPD, ein Artikel, der sich mit angeblichen Mißständen bei der Ausgabe der Schulspeisung an unserer Schule beschäftigte. Es wurde behauptet, daß Helferinnen das Essen in

Wie es bei unserer Schulspeisung zugeht.

Früher hatten wir zwei Essenpausen; eine war um 9^{40} die andere um 11^{45} Uhr. Wir mußten immer unten im Keller essen. Dort standen viele Tische, an denen wir essen konnten. Herr Söchtig sagte uns, daß wir selber ausgeben durften. Jede Woche kamen zwei Mädchen an die Reihe zum Ausgeben. Die Mädchen, die ausgegeben haben, mußten auch immer die Tische abwischen, denn diese waren immer sehr beschmutzt. Aber nach den Herbstferien wurde alles umgeändert. Denn es war immer so sehr laut im Keller, daß man es garnicht aushalten konnte. Wir mußten jetzt immer mitten in der Stunde zu drei Klassen essen. Das war denn immer etwas leiser. Mittwochs gab es immer Kakao mit Brötchen. Wir waren dann immer die Letzten beim Kakao. Natürlich bekamen manche ihren Kakao nicht mehr, weil die anderen Klassen immer zu viel ausgaben. Diesmal wurden wir schon zum zweiten Mal beschummelt. Darum sagte Herr Söchtig, daß wir ab jetzt in der Klasse essen. Heute essen wir zum zweiten Mal in der Klasse. Dieses ist viel schöner, denn in der Klasse ist es garnicht so laut, und wir können beim Essen sitzen.

Lehndorf, den 31. Oktober 1948

M 1. Q.: Rosemarie Vogt

Eimern und Kübeln fortgeschafft hätten und daß dunkle Geschäfte mit dem Essen gemacht würden. Die Untersuchung ergab lediglich die Tatsache, daß helfende Mütter, statt in der Schule zu essen, in einem Henkel- oder Kochtopf Essen mit nach Hause genommen hatten. Die geforderte Berichtigung ist niemals in der Zeitung erschienen. Als sich nach der Währungsreform im Juni 1948 der freie Markt immer mehr kräftigte und das Markensystem schließlich ganz verschwand, verlor die Schulspeisung ihre Bedeutung, und Ende Juni 1950 wurde sie aufgehoben. Mit dem letzten Tag verließ die Getreueste der Helferinnen, Frau Elisabeth Bockfeld, die über 4 Jahre lang täglich sich um unsere Kinder bemüht und unseren Lehrkräften viel Arbeit erspart hatte, ihren Posten. Der Dank, der ihr von der Elternschaft und den Lehrern zuteil wurde, war ehrlich verdient.

Dank aber muß auch den Spendern der Schulspeisung gesagt werden, die in schwerer Zeit unsern Kindern halfen, als die Not umging und der Hunger das Volk plagte und wir anfällig gegen Krankheit und Seuchen wurden. Die Amerikaner lieferten die Nährmittel für die Hooverspeisung frei bis in die deutschen Häfen hinein, so daß von uns lediglich die Transportkosten von der Küste ab zu begleichen waren. Heute ist an die Stelle der Schulspeisung das Milchtrinken getreten. Von den 1.250 Kindern der Schule erhalten nach Auswahl durch die Schulärztin außer am Sonnabend täglich 360 Kinder 1/4 Liter Milch ohne Bezahlung. Die Stadt und die Milchwirtschaftliche Arbeitsgemeinschaft tragen gemeinsam die Kosten, die Stadt für 5.000, die Arbeitsgemeinschaft für 3.000 tägliche Portionen.

Q.: Ernst Wedler: "50 Jahre Volksschule Comeniusstraße Braunschweig", Braunschweig o. J. (1953)

Q.: 4. Die Situation in den Jahren 1946-1950

Q.: 4.1.1. Entwicklung der Schülerzahlen in Braunschweig

Schuljahr	Volksschule	Mittelschule	höhere Schule	alle	Volksschule %
1935/36	13.651	1.677	2.950 *	18.278	72,6%
1940/41	13.463	1.675	2.960	18.098	74,4%
1945/46	11.212	1.076	**	12.288 **	**
1946/47	15.792	1.601	3.315	20.708	76,3%
1947/48	18.911	1.793	3.590	24.294	77,8%
1948/49	21.628	1.932	3.856	27.416	78,9%
1949/50	24.006	2.208	4.036	30.250	79,4%

* = geschätzte Zahl ** = Wiederbeginn erst Ostern 1946 / ohne höhere Schule

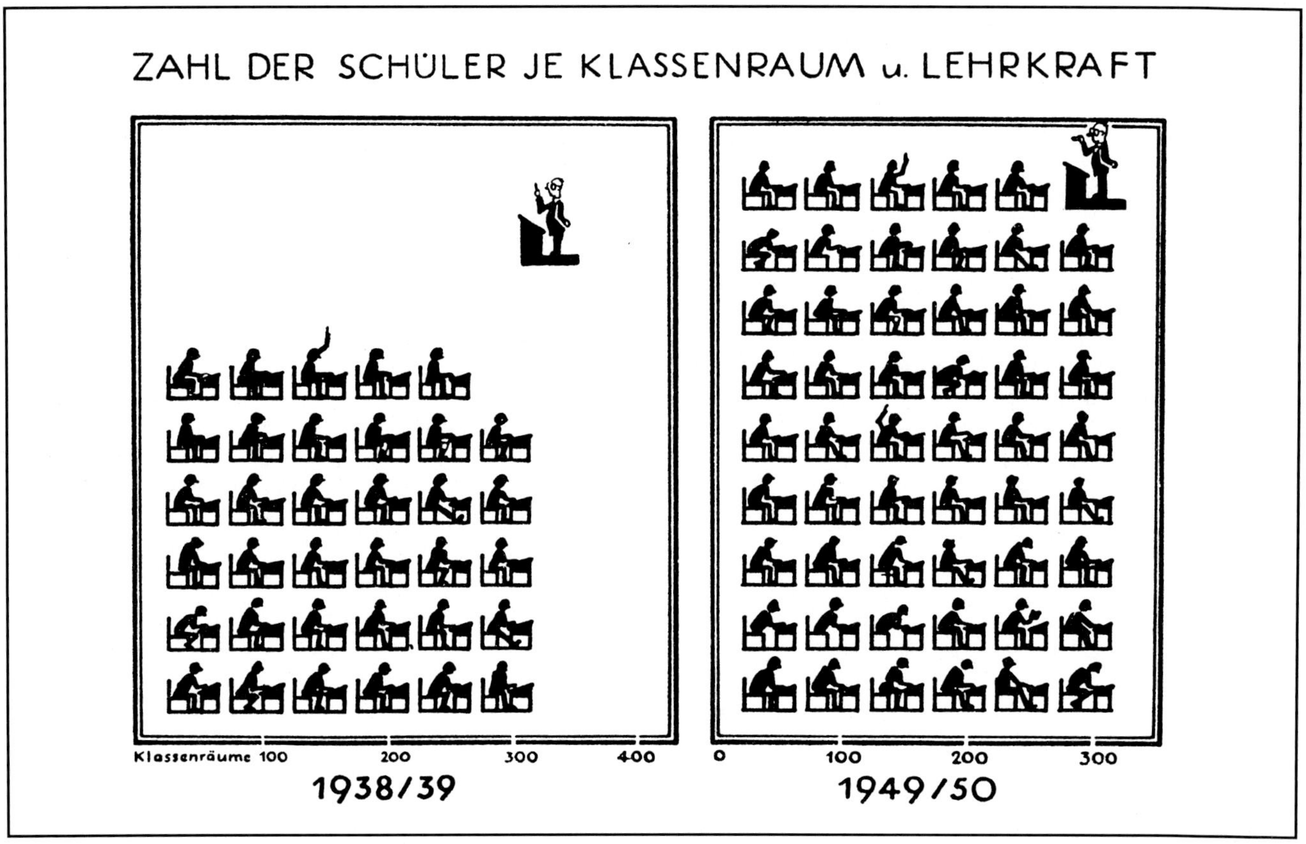

Q.: Braunschweig in der Statistik, Braunschweig 1950

Q.: 4.1.2. Zustand der Schulen in Braunschweig 1945

1. Geringfügige Schäden
oder unbeschädigt (Volksschulen):
VS Bültenweg, Bürgerstraße, Comeniusstraße, Diesterwegstraße, Heinrichstraße, Leonhardstraße, Ottmerstraße, Pestalozzischule, Friesenstraße, Goslarsche Straße, Hinter der Masch, Lehndorf Ort und Siedlung, Gliesmarode, Ölper, Querum, Riddagshausen, Veltenhof. Trotzdem war Unterricht nur eingeschränkt möglich, da die Gebäude zunächst noch als Behörden, Lazarette o. ä. verwendet wurden.

2. Weitgehend oder vollständig zerstört (Volksschulen):
VS Echternstraße, Nibelungenschule, Schulweg, Wolfenbütteler Straße, Kielhornschule, Sophienstraße, Mascheroder Holz.

3. Geringfügige Schäden oder unbeschädigt (Mittel- und höhere Schulen):
Wilhelmgymnasium, Gaußschule, Mittelschule Auguststraße, Mittelschule Heydenstraße, Oberschule für Mädchen Kleine Burg.

4. Weitgehend oder vollständig zerstört (höhere Schulen):
Hoffmann-von-Fallersleben-Schule, Staatliche Neue Oberschule, Martino-Katharineum, Raabeschule.

Q.: 4.2. Stand der Erziehung 1947

Aus dem Bericht des Niedersächsischen Kultusministeriums über den gegenwärtigen Stand der Erziehung in Deutschland v. 5.7.1947

Zu diesen überfüllten und an der Zahl verringerten Schuleinrichtungen drängt ein Heer von Schülern und Studenten, wie es die Vorkriegseinrichtungen mit all der Fülle ihrer Hilfsmittel nie gekannt haben. Die aufgestaute Menge der Kriegsteilnehmer, die nach sechsjähriger Unterbrechung ihre Studien wieder aufnehmen wollen, wird verstärkt durch die verschleppten Studenten, durch Flüchtlinge und Ausgewiesene. Selbst die kleinste einklassige Schule im tiefsten ländlichen Bayern mag sich plötzlich überfüllt finden durch bis zu 25% neuer Schüler, die ihre frühere Heimat verlassen mußten. Daß manche von ihnen nicht einmal deutsch sprechen, erhöht nur die allgemeine Verwirrung einer an sich schon schwierigen Lage. Die Folgen dieses Raummangels, zu dem sich der aus der politischen Säuberung entstandene Lehrermangel gesellt, treten überall in überfüllten Schulräumen zutage. Die Durchschnittsschülerzahl pro Lehrer in den bayerischen Volksschulen war am 1. September noch 83. Das Ergebnis ist ein fast allgemeiner Übergang zum Abteilungsunterricht. Selbst in der Volksschule haben manche Kinder nur zwei Stunden Unterricht am Tage. Es muß den Lehrern aller Arten von Schulen hoch angerechnet werden, daß sie oft ihre eigene Stundenzahl erhöht haben, zuweilen bis zu 50%, um den Schülern wenigstens in den Hauptfächern mehr Aufmerksamkeit schenken zu können. . .

All dies macht die Aufgabe des Lehrers doppelt schwer, zu einer Zeit, in der er vielleicht am wenigsten imstande ist, zusätzliche Lasten zu tragen. Ernstlich ist er selbst oft über die Blüte seiner jugendlichen Kraft und Hoffnung hinaus. Die einfache Tatsache, daß bei der Wiedereröffnung der Schulen in Großhessen das Durchschnittsalter aller zum Unterricht zugelassenen Lehrer 52 Jahre betrug, wirft ein Schlaglicht auf die vielleicht trübste Erscheinung im heutigen deutschen Lehrerstande, den Mangel an Jugend in seinen Reihen. In einer Zeit, in der die Bildungslage außerordentliche Anforderungen an die seelische und körperliche Kraft stellt, in der die gesamte Zukunft des Volkes gerade von den führenden Erziehern eine ungewöhnliche Aufgeschlossenheit und geistige Biegsamkeit fordert, ist dies außerordentlich wichtig.

Q.: 4.3. Mittelschulen

Knabenmittelschule Augustplatz. In der Berichtszeit herrschte voller Unterrichtsbetrieb. Am 1. April 1947 wurde wieder Unterricht in Französisch und Geschichte erteilt. Die Unterbringung der staatlichen Raabeschule und der Knabenklassen der Mittelschule Sidonienstraße erforderte die Ausdehnung der Unterrichtszeit von 8-17 Uhr täglich. Starke Verminderung der Unterrichtsstunden war trotzdem die Folge. Der große Andrang zu den Aufnahmeprüfungen 1947/48 führte zur Festsetzung der Klassenanzahl auf13; die Klassenfrequenz überschritt trotzdem die Richtzahl 35.
Mädchenmittelschule Heydenstraße. Die räumlichen Verhältnisse bleiben unverändert. Das Fehlen der bombenzerstörten Turnhalle und des Singsaales, die noch nicht wieder hergestellt sind, und die Inanspruchnahme von 6 Klassenräumen durch Dienststellen der Kriegsschädenfeststellungsbehörde und zeitweise des Trümmerräumungsamtes wirkt sich bei dem bestehenden Raummangel sehr ungünstig auf die Durchführung des Unterrichts aus.

Q.: Verwaltungsbericht der Stadt Braunschweig 1946-47, Braunschweig 1949

Q.: 4.4. Berufsschulen

Gewerbliche Berufsschule. Die Raumnot konnte nicht behoben werden. Neben dem Gebäude Schulweg wurden Werkräume der Niemo, der Firma Voigtländer und Schmalbach und im Telegraphenbauamt benutzt. Außerdem private Räume Friedensallee 47. Im Laufe der Zeit kamen 3 vom Hilfskrankenhaus Inselwall freigegebene Werkräume und 1 Klassenraum der Schule Lehndorf Siedlung hinzu. Die Zahl der Schüler stieg von 3.842 zu Beginn auf 5.382 am Ende der Berichtszeit. 500 Jugendliche verschiedener Berufe, insbesondere Bauumschüler, konnten nicht eingeschult werden. Anstatt eines gesetzlichen 8-Stunden-Solls für jede Klasse konnten nur 5-6 Stunden gegeben werden. Das starke Ansteigen der Schülerzahlen machte auch eine Vergrößerung des Lehrkörpers notwendig. Am Ende der Berichtszeit waren 32 hauptamtliche und 25 nebenamtliche Lehrkräfte beschäftigt. Trotz ungenügender Raumbedingungen und Lehrerzahlen und der Heizungsschwierigkeiten in den Winterhalbjahren konnte die Schule den 2. Platz hinsichtlich des Leistungsdurchschnitts innerhalb des Kammerbereichs halten.

Q.: Verwaltungsbericht 1946/47 der Stadt Braunschweig, Braunschweig 1949

Q.: 4.5. Oberschulen

Städtische Oberschule für Mädchen und Ricarda-Huch-Schule:

1.415 Schülerinnen waren zu Beginn der Berichtszeit in 36 Klassen zusammengefaßt. Der Unterricht wurde erteilt in 16 Klassenräumen des eigenen Schulgebäudes und in 6 Klassenräumen des Gebäudes der Volksschule Echternstraße.
Von den zahlreichen Veranstaltungen der Schule sind besonders erwähnenswert zwei Vorträge der Polizei über Verkehrserziehung, die Gründung eines Elternrates, die Aufführung eines Märchenspieles "Der Froschkönig", die Durchführung einer Kartoffelkäfersuchaktion und das Schulsportfest. Der Chor der Anstalt sang siebenmal im Krankenhaus an der Gliesmaroder Straße und im Altersheim für Männer.
Das Schullandheim der Schule in Altenau/Harz wurde während des ganzen Jahres von Klassen der Schule jeweils für 8 Tage belegt. (...)

Schüler der Berufsschule Inselwall in Braunschweig 1947 / Q.: privat

Hervorzuheben ist, daß der Schülerbriefwechsel mit dem Auslande von den Schülerinnen und Lehrkräften der Schule wesentlich erweitert wurde, und zwar hauptsächlich mit der Garfield High School in Seattle im Staate Washington (USA). Die ausländischen Freundinnen und Freunde unterstützten unsere Schülerinnen in ihrer materiellen Not durch großzügige Bekleidungs- und Lebensmittelspenden. Eine Klasse unterhielt einen Schriftwechsel mit Schweden. Frau Ross aus Dänemark, welche 14 Tage lang in den Oberklassen hospitierte, war es zu verdanken, daß 3 Damen des Lehrerkollegiums einen dreiwöchigen Aufenthalt in Kopenhagen auf Einladung des Dänischen Roten Kreuzes erhielten und daß die Schule eine Sendung Bücher aus Dänemark in deutscher, englischer und französischer Sprache erhielt.

Q.: Verwaltungsbericht der Stadt Braunschweig 1948, Braunschweig 1950

Q.: 4.6. Schulamt

Die zunehmende Gesundung des Volkes in wirtschaftlicher Hinsicht verfehlte ihren Einfluß auch nicht auf die Entwicklung des Schulwesens. Infolge Wiederbelebung der Industrie und des Bauwesens, des Abbaues der Zwangsbewirtschaftung und der Neugestaltung des Kreditwesens konnten die bisherigen Widerstände wie Baustoffmangel, fehlende Arbeitskräfte und Geldmangel, die einen planmäßigen Auf- und Ausbau stark drosselten und zum Teil sogar unmöglich machten, zum großen Teil überwunden werden. Diese Veränderung des gesamten Wirtschaftslebens blieb auch auf die Stadt nicht ohne Einfluß und schuf im Rahmen der zur Verfügung stehenden Mittel die Möglichkeit, den Wiederaufbau für schulische Belange verstärkt durchzuführen. Wenn auch äußerste Sparsamkeit nicht alle Wünsche befriedigen ließ, war es dennoch möglich, auf dem Gebiete des Schulwesens, soweit es die Verwaltung, die Zahl der Lehrkräfte und das Bauwesen betraf, erhebliche Verbesserungen zu erreichen, die uns die Wiederherstellung eines friedensmäßigen Schulbetriebs ein großes Stück näher gebracht haben.

Im ganzen gesehen wurde der im Vorjahr begonnene Ausbau der Klassenräume fortgesetzt, konnte aber die Raumnot noch nicht annähernd beseitigen und bleibt durch das Anwachsen der Schülerzahl und der noch vorhandenen Bombenschäden eine der dringendsten Aufgaben.

Q.: Verwaltungsbericht der Stadt Braunschweig 1949, Braunschweig 1951.

Q.: 4.7. Aufbauleistungen 1951

Von den im Jahre 1939 in Braunschweig verfügbaren 492 Klassenräumen für 14.000 Schulkinder (also durchschnittlich 29 Kinder je Klasse) verblieben nach dem Kriege nur 224 benutzbare Klassenräume. Für die Neubauten, die diese Lücken schließen sollten, wurden 10 Mill. DM für Gebäude und 1,7 Mill. DM für Inventar, Lern- und Unterrichtsmittel u. dgl. veranschlagt. Bei dem mit aller Energie begonnenen Wiederaufbau wurde davon ausgegangen, daß der kulturelle Wiederaufbau eine entscheidende Grundlage der geistigen Entwicklung, nicht nur Braunschweigs, sondern ganz Deutschlands bildet.

Bis 1948 erhöhte sich die Zahl der wieder verwendbaren Klassenräume von 224 auf 265; sie stieg bis zum 31. März 1951 auf 444. Der Vorkriegsstand war also nahezu erreicht. Inzwischen hatte sich jedoch die Zahl der Schulkinder erheblich vergrößert. Gab es 1939 etwa 14.000 Schulkinder, so waren es 1946 schon wieder 14.900, 1948 sogar 23.000 und schließlich 25.800 im Jahr 1950. Die Gesamtzahl der Schulkinder war also fast auf das Doppelte angestiegen; das bedeutet ein durchschnittliches Wachstum der Klassenstärke von 29 Kindern im Jahr 1939, über 67 (1946) auf 90 für 1948. Diese Zahl ist bis zum Jahr 1950 erfreulicherweise wieder gesunken, in den Volksschulen entfallen auf eine Klasse aber immer noch 65 Schüler. Praktisch stehen wir also noch vor den gleichen Schwierigkeiten wie 1946. Sie sind in den unzerstörten Randgebieten der Stadt besonders groß, da sich die starke Zuwanderung nach Braunschweig hauptsächlich in diese Gebiete richtete. Die Schulen am Rande der Stadt, die 1939 ohnehin kleiner waren als die in der engbewohnten Innenstadt, werden gegenwärtig in weit stärkerem Maße benutzt und bedürfen einer Vergrößerung um das Drei- bis Zehnfache, um ihren Aufgaben gerecht werden zu können. Die Nibelungenschule am Nordrande der Stadt hat zur Zeit 13 Klassen. Um den Aufgaben zu genügen, die durch das starke Anwachsen der Bevölkerung in diesem Stadtteil entstanden sind, müssen sie auf 90 Klassen erweitert werden.

Alle Schulgebäude werden noch immer zweischichtig, d. h. morgens bis abends benutzt, vier sogar in dreifachem Wechsel.

Q.: Verwaltungsbericht der Stadt Braunschweig 1950, Braunschweig 1952.

Q.: 5. Inhalte und Ziele der künftigen Unterrichtsarbeit

Q.: 5.1. Neubeginn in der britischen Zone

Aus der Botschaft des Oberbefehlshabers Montgomery an die Bevölkerung der britischen Zone (28. 8. 1945):
(...)

5. Drei Dinge sind nötig, um Schulen wieder aufzumachen: Gebäude, Lehrmaterial und zuverlässige Lehrkräfte.
6. Schulgebäude, die instandgesetzt werden können, werden instandgesetzt. Schulen, in denen meine Truppen oder Fremdarbeiter oder Obdachlose oder wichtige Verwaltungsstellen untergebracht werden mußten, werden geräumt werden, sobald es die Umstände erlauben.
7. Die Schulbücher, mit denen die Nationalsozialisten die Kindergemüter vergifteten, werden nicht mehr im Schulunterricht verwendet werden. ... Neue Schulbücher, von Deutschen in Deutschland geschrieben, Bücher, aus denen ein gesunder Geist spricht, sind in Vorbereitung. ...

1952 begann vielerorts der dringend benötigte Neubau von Schulen. Eines der ersten neuen Gebäude in Braunschweig war die Volksschule Gartenstadt (3. 6.1953). / Q.: Städtischer Bilderdienst Braunschweig / Foto: Rudert

8. Der Mangel an Lehrkräften wird ernst sein. Ich werde keinen Lehrer in der Schule dulden, dessen Vergangenheit nicht den eingehendsten Nachforschungen standhält. ... Ich werde alle kriegsgefangenen Lehrer freilassen, die würdig sind, bei der Neuerziehung Ihrer Söhne und Töchter mitzuarbeiten. ...

Q.: Göttingen 1945. Kriegsende und Neubeginn. Göttingen 1985, S. 55.

Q.: 5.2. Erziehungspläne 1945

Braunschweig, den 2. Juni 1945
Der Braunschweiger Staatsminister für Volksbildung
Betr.: Künftige Erziehungsarbeit

Ich bitte, zunächst noch davon Abstand nehmen zu wollen, mir Material zur künftigen Unterrichtsgestaltung einzureichen, so dankenswert und erfreulich es auch an sich ist, wenn sich Herren mit dahingehenden Fragen beschäftigen. Sobald die Zeit hierfür gekommen ist, werden entsprechende Aufforderungen von hier aus ergehen.
Dagegen bitte ich die Herren Direktoren, sich schon jetzt mit Nachdruck den Fragen der künftigen Erziehungsarbeit zu widmen. Es muß die vorzüglichste Aufgabe einer deutschen Erziehung sein, die Jugend wieder in strenge deutsche Zucht zu nehmen, und sie, um nur einiges zu nennen, wieder zur Ehrfurcht in jeder Hinsicht, zur äußeren und inneren Wahrhaftigkeit, zur Bescheidenheit, zur Achtung der Mitmenschen, zu Anstand und gesittetem Verhalten, zur Gewissenhaftigkeit und Redlichkeit, zur Anerkennung der tatsächlichen Gegebenheiten, weiterhin zur allergrößten Sparsamkeit, zur Schonung des Schuleigentums und des Eigentums der Mitmenschen, nicht zuletzt auch zu treuer hingebender Arbeit zu erziehen, dies selbst auf die Gefahr hin, daß man der Schule den Vorwurf des Rückfalls in eine "Lernschule" oder in einen "Historismus" macht. Alle Großsprecherei und Überheblichkeit, jedes dünkelhafte Gebaren, jedwede Unredlichkeit und Unaufrichtigkeit muß verschwinden. Lernen muß die Jugend aber auch ebenso, daß sich auf Hader und Zwiespalt keine Gemeinschaft aufzubauen vermag.

Q.: Archiv Martino-Katharineum

Q.: 5.3. Sport 1945

Braunschweig, den 30. August 1945
Der Braunschweiger Staatsminister für Volksbildung
Betr.: Leibesübungen
Die Militärregierung hat folgende Anweisung erlassen:
(Anweisung Nr. 2 der "21 Army Group Education Control")

„Leibesübungen dürfen sich nicht auf ein Gebiet erstrekken, auf dem sie der vormilitärischen Ausbildung gleichkommen. Die folgenden Merkmale sind in allen Richtlinien für den Turn- und Sportunterricht als militärisch anzusehen:

a) Schießen, oder Ausbildung mit Waffen jeder Art (einschließlich Üben mit Scheinwaffen), aber ausschließlich der allgemein anerkannten Sportarten wie Speerwerfen, Diskus- und Hammerwerfen sowie Gewichtheben und Kugelstoßen.
b) Alle Leistungsprüfungen oder Reihenprüfungen, deren Durchführung für den Prüfling nach menschlichem Ermessen körperliche Schäden zur Folge haben könnten
c) Aufmärsche, Exerzieren, Kampfspiele ohne Waffen.
d) Manöver und Geländespiele scheinbar nicht militärischer Art, die den Zweck haben, für militärische Aufgaben zu schulen."

Diese Anweisung ist strengstens zu beachten.
Sie ist sämtlichen Lehrkräften vor der Aufnahme des Unterrichts, bei der Abgabe der Verpflichtungserklärung durch die Direktoren oder Schulräte bekanntzugeben.

Q.: Archiv Martino-Katharineum

Q.: 5.4. Eingeschränkter Unterricht 1945

Braunschweig, den 7. November 1945.
Der Braunschweiger Staatsminister für Volksbildung

Die beigefügten vorläufigen Lehrpläne sind bekannt zu geben, ihre Kenntnisnahme ist von den Lehrkräften schriftlich bestätigen zu lassen, und auf die bei der Vereidigung unterschriebene Verpflichtung über die Unterrichtsführung ist nachdrücklich hinzuweisen. Besondere Sorgfalt und politische Einsicht ist bei der Auswahl von Übungsstoffen erforderlich. Die Pläne sollen weniger Zielforderungen darstellen, als vielmehr Richtlinie für die Wiederaufnahme der Arbeit abgeben.

Solange kein Vollunterricht erteilt wird, ist in erster Linie Deutsch-, Fremdsprachen- und Mathematikunterricht durchzuführen und durch reichliche Hausaufgaben wirksam zu machen. Die anderen Fächer können daneben zurücktreten oder ausfallen. Bei Heizungsschwierigkeiten bleibt es den Direktoren überlassen, durch geeignete Maßnahmen – etwa Unterricht kleiner Gruppen in heizbaren Behelfsräumen – oder Förderung unserer Schuljugend im Rahmen der bestehenden Möglichkeiten anzustreben.

Zusatzinformationen:

- Die zuerst zugelassenen Unterrichtsfächer waren Chemie, Deutsch, Englisch, Griechisch, Latein, Mathematik, Naturkunde (im Winterhalbjahr: Tierkunde), Religion, Sport und Spiele.
- Der vorläufige Lehrplan für Naturkunde wurde durch folgende Feststellung eingeleitet: "Der Unterricht erfolgt ohne Lehrbuch, nur anhand von Tafeln, Modellen und ausgestopften Tieren".
- Die vorläufige Lehrplan für Deutsch (Oberschule) bestimmte u. a. für die Klassen 4-9: "Geeignete Gedichte und Lesestücke sind vom Lehrer vorzulesen. Bei der Auswahl sind Stoffe aus den zwischen 1933 und 1945 benutzten Lesebüchern grundsätzlich zu vermeiden, aus der Zeit vor 1933 nur solche Stücke auszuwählen, die den von der Militärregierung erlassenen Vorschriften genauestens entsprechen... Der Unterricht erfolgt ohne Schüler-Lehrbuch und Lesebuch, nur Wandtafeln und Hefte werden benutzt."

Q.: Archiv Martino-Katharineum

Schulspeisung gehört der Vergangenheit an. 1951 gibt es an den Volksschulen bereits Kochkurse, in denen keine Notrezepte mehr gelehrt werden. / Q.: Volksschule Lehndorf

Q.: 5.5. Erdkunde und Musik 1946

Braunschweig, den 13. Mai 1946
Das Braunschweiger Staatsministerium
Abteilung für Wissenschaft und Volksbildung
Betr.: Lehrpläne für Erdkunde und Musik.

Hierneben erhalten Sie jetzt von der Militärregierung genehmigte vorläufige Lehrpläne für Erdkunde und Musik. An Lehrbüchern (Atlanten) dürfen die Schüler im Klassenunterricht nur solche benutzen, die von der Militärregierung zugelassen sind und deren Beschaffung den Schulen vorerst freigestellt wird. Der Schulatlas von Diercke ist noch nicht zugelassen. Im Erdkundeunterricht ist weniger auf eine systematische Durcharbeitung der in den Lehrplänen bezeichneten Stoffgebiete als vielmehr auf Festigung und Auffrischung allgemeiner erdkundlicher Kenntnisse Wert zu legen.
Die Militärregierung gab die Anregung, den Stoff der Klassen 1 und 2 zusammenzufassen, da eine in der Grundschule geleistete Vorarbeit dies gestatte. Dazu bestehen keine Bedenken, wenn die Voraussetzungen sich als gegeben erweisen. Auch ist ein Vorgriff in das Stoffgebiet der nächsthöheren Klasse statthaft, wenn besondere Umstände dafür sprechen. Bei Lehrerwechsel und Ostern 1947 ist für Information des nachfolgenden Lehrers Sorge zu tragen. Politische Karten von Deutschland, Europa oder auch Karten von Afrika mit früheren deutschen Kolonien, die von der Militärregierung aus irgendeinem Grund beanstandet werden könnten, sind im Unterricht nicht zu benutzen. Es muß jederzeit wieder mit dem Besuch englischer Kontrolloffiziere gerechnet werden. In erster Linie haben daher physikalische Karten Verwendung zu finden. Die Direktoren haben der Benutzung von Karten und Anschauungsmaterial ihre besondere Aufmerksamkeit zu widmen, damit Weiterungen vermieden werden.

Q.: Archiv Martino-Katharineum

Q.: 5.6. Geschichte 1948

Braunschweig, den 13. November 1947,
Der Präsident des Niedersächsischen Verwaltungsbezirks Braunschweig
Abteilung für Wissenschaft und Volksbildung
Betr.: Erteilung vom Geschichtsunterricht ab Ostern 1948

Auf mündliche Rückfrage nach Geschichtsplänen teilt das Kultusministerium folgendes mit:
„Geschichtsunterricht ist für die Schuljugend notwendig und dringend erwünscht, sofern Lehrkräfte zur Verfügung stehen, die den Unterricht freiwillig und aus echter Wiederaufbaugesinnung heraus erteilten. Da nicht damit zu rechnen ist, daß an allen Anstalten die Zahl solcher Lehrkräfte ausreicht, um planmäßigen Geschichtsunterricht durch alle Stufen hindurchzuführen, habe ich durch meine Erlasse vom 28.2.46 und 12.2.47 die Einrichtung freiwilliger Geschichtsarbeitsgemeinschaften empfohlen. Es heißt in diesen Erlassen: (O.P.IV.87a vom 28.2.47): "...Stunden für Fachunterricht in Geschichte fallen einstweilen fort. Bei dem Mangel an einem genehmigten Lehrbuch könnte der Geschichtsunterricht in der bisherigen Art zu erheblichen Schwierigkeiten führen; er würde manche Lehrer zu einer Arbeit nötigen, die sie in Anbetracht der durchlebten schweren Erschütterungen tatsächlich erst nach einer längeren Zeit des Besinnens und des Überprüfens ihrer geschichtlichen Erkenntnisse werden leisten können.

Q.: Archiv Martino-Katharineum

Q.: 5.7. Schwarzmarkt 1948

Hannover, den 17. 2. 1948
Der Niedersächsische Kultusminister
Betr.: Schwarzer Markt in den Schulen

Die Zerrüttung des wirtschaftlichen und des gesellschaftlichen Gefüges hat in Deutschland, ebenso wie in allen anderen kriegsgeschädigten Ländern, das gesamte Schulwesen so schwer getroffen, daß die Frage nach dem Wert der Erziehungsarbeit nur zu berechtigt ist. Die Antwort hängt auch davon ab, wieweit die Leiter und Lehrer der mir unterstellten Schulen bereit sind, die Gefahren, die unsere Jugend gegenwärtig bedrohen, zu erkennen und ihnen zu begegnen.
Eine dieser Gefahren ist der sogenannte schwarze Markt. Er durchsetzt alle Schichten und Bezirke des gesellschaftlichen Lebens, also auch die Schulen. Alle Klassenstufen sind erfaßt, und neben den schon auf der Grundstufe weitverbreiteten kleinen Tauschgeschäften, über deren Zugehörigkeit zum schwarzen Markt man vielfach in Zweifel sein kann, kommen vereinzelt in den älteren Jahrgängen Schiebungen größeren Ausmaßes vor, wie sie ähnlich aus der Inflationszeit noch in Erinnerung sind. Zwischen diesen Extremen finden sich Geschäftsformen, die nach Umfang, Beweggründen und Zwecken sehr verschieden sind. Solches Handeln im Bausch und Bogen als unsittlich zu verurteilen, ist nicht möglich, wenn auch die Lehrer so wie alle anderen Erwachsenen durch Not und Sorge gezwungen werden, Waren zu kaufen, die vom schwarzen Markt stammen und ihm dadurch ungewollt Vorschub leisten; und manchmal hätte selbst die Unterrichtsarbeit ohne "schwarze" Ware nicht durchgeführt werden können.
Wenn ich trotzdem im Vertrauen auf die sittliche Haltung, die der Lehrerstand sich auch in dieser gefahrvollen Lage bewahrt hat, zum Kampf gegen den schwarzen Markt aufrufe, tue ich das in der Überzeugung, daß die Kräfte der Lehrerschaft ausreichen, ihn in der Schule zu begrenzen. Schulgebäude und -grundstücke können von Tausch- und Geldgeschäften der Schüler freigehalten oder freigemacht werden. Das läßt sich allerdings nicht durch Polizeimaßnahmen erreichen. So warne ich besonders vor Taschen- und Leibesvisitationen. Wichtig ist die Aussprache mit den Eltern (Klassenelternversammlungen), besonders dann, wenn sie selbst ihre Kinder zu schwarzen Geschäften in der Schule verleiten. Sie müssen auch gewarnt werden, wenn den Lehrern bekannt wird, daß sich die Schüler am schwarzen Markt außerhalb der Schule beteiligen. Wenn allerdings Eltern und Erziehungsberechtigte trotz wiederholter Bitten des Schulleiters oder des Klassenlehrers fortfahren, ihre Kinder zu Schwarzmarktgeschäften in der Schule anzuhalten, wird nur die Verweisung von der Schule übrigbleiben.

Q.: Archiv Martino-Katharineum

Q.: 6. Entnazifizierung und Erziehung zur Demokratie

Q.: 6.1. Vereidigung und Verpflichtung

Die Lehrkräfte verpflichten sich, nichts zu lehren, was geeignet wäre:

1. den Militarismus zu verherrlichen;
2. die nationalsozialistische Weltanschauung zu rechtfertigen oder neu zu beleben und die nationalsozialistischen Führer reinzuwaschen;
3. eine Politik ungleicher Behandlung verschiedener Rassen und Religionsbekenntnisse zu fördern;
4. eine feindselige Haltung gegenüber den "Vereinten Nationen" hervorzurufen oder die Beziehungen zwischen den "Vereinten Nationen" zu stören;
5. der Kriegsvorbereitung zu dienen, sei es auf den Gebieten der Wissenschaft, Wirtschaft oder Industrieproduktion oder durch die Förderung des Studiums militärischer Geographie;
6. Leibesübungen und Turnunterricht jederzeit so zu gestalten, daß sie nicht in halbmilitärische Ausbildung ausarten.

Datum: 22 Oktober 1945
Dienstort: Braunschweig

Q.: Archiv Martino-Katharineum

Q.: 6.2. Besetzung freier Stellen

Braunschweig, den 2. November 1945
Der Präsident des Braunschweiger Staatsministeriums
Betr.: Besetzung freier Stellen.

Durch die Entlassung von Nationalsozialisten sind in der Staatsverwaltung viele Beamten- und Angestelltenstellen frei geworden. Zum Teil sind die Entlassungen so zahlreich, daß das ordnungs- und termingemäße Funktionieren der Behörden gefährdet ist. Andererseits liegen dem Braunschweigischen Staatsministerium z. Zt. etwa 1000 Bewerbungen vor, unter denen sich viele befinden, die verdienen, berücksichtigt zu werden.

Q.: Archiv Martino-Katharineum

Q.: 6.3. Lehrermangel 1948

Abg. Martha Fuchs (SPD)
(...)
Ich muß, bevor ich Ihnen den Beschluß des Ausschusses zur Kenntnis gebe, einiges dazu sagen, wie wir zu diesem Beschluß gekommen sind. Insgesamt sind für das Rechnungsjahr 1948 16.600 Lehrerstellen veranschlagt, also 1.449 Stellen mehr als 1947. Diese 16.600 Stellen, denen nach dem Stande vom 1. November 1947 914.546 Volksschüler zugrunde gelegt wurden, entsprechen der Meßzahl 55, d.h. auf eine Schulstelle entfallen 55 Schüler. (...) Im Hinblick auf die neue Regelung möchte ich Ihnen zur Illustration ebenfalls einige Zahlen nennen. Im Jahre 1947 hatte der Verwaltungsbezirk Braunschweig auf 106.000 Kinder 2.280 Lehrer, das entsprach einer Klassenfrequenz von 46 Kindern. Im Jahre 1948 waren im Verwaltungsbe-

VEREIDIGUNG UND VERPFLICHTUNG

Ich schwöre: Ich werde meine Kraft für das Wohl des deutschen Volkes, dem ich treu und gehorsam sein werde, einsetzen, die Gesetze in Übereinstimmung mit der Militärregierung wahren, die mir obliegenden Pflichten gewissenhaft erfüllen und meine Geschäfte unparteiisch und gerecht gegen jedermann führen. So wahr mir Gott helfe.*)

Insbesondere verpflichte ich mich, nichts zu lehren, was geeignet wäre:

1. den Militarismus zu verherrlichen;
2. die nationalsozialistische Weltanschauung zu rechtfertigen oder neu zu beleben und die nationalsozialistischen Führer reinzuwaschen;
3. eine Politik ungleicher Behandlung verschiedener Rassen und Religionsbekenntnisse zu fördern;
4. eine feindselige Haltung gegenüber den „Vereinten Nationen" hervorzurufen oder die Beziehung zwischen den „Vereinten Nationen" zu stören;
5. der Kriegsvorbereitung zu dienen, sei es auf den Gebieten der Wissenschaft, Wirtschaft oder Industrieproduktion oder durch die Förderung des Studiums militärischer Geographie.

Ferner verpflichte ich mich, Leibesübungen und Turnunterricht jederzeit so zu gestalten, daß sie nicht in halbmilitärische Ausbildung ausarten.

Datum: 27.8.47 Unterschrift: [illegible]

Dienstort: Lebenstedt Dienstbezeichnung: Studienrat

BESTÄTIGUNG

Die Vereidigung und Verpflichtung habe ich heute vorgenommen.

Datum: 27. 8. 47 Unterschrift: [illegible]

Dienstort: [illegible] Dienstbezeichnung: [illegible]

*) Die Beifügung der religiösen Beteuerung ist zulässig.

M 2. *Q.: Albrecht Materne*

zirk Braunschweig auf 118.000 Kinder 2.286 Lehrer vorhanden, also eine Klassenfrequenz von 51 Kindern. Die Zunahme im letzten Jahr betrug also 12.000 Kinder und nur 6 Lehrer. (...)

Ich habe mit Freude gelesen, daß die Kultus- und Finanzminister in Holzminden sich in gemeinsamen Beratungen darüber klar geworden sind, daß am Kultusetat auf keinen Fall die schärfsten Abstriche vorgenommen werden dürfen. (...)

Sehen Sie meine Herren und Damen, es ist hier schon einige Male davon gesprochen worden, und der Herr Kultusminister hat es sogar verschiedentlich besonders schön herausgestellt, daß die Schule die große Aufgabe hat, die Kinder zu künftigen Trägern eines demokratischen Staatslebens zu erziehen.

Sie wissen, wie schnell die Dinge heranreifen. Es darf uns keinesfalls gleichgültig sein, wie einmal diese Staatsbürger aussehen werden. Wir müssen alle das Bestreben haben, aus diesen Kindern einmal Männer und Frauen heranzubilden, die sich aus voller bewußter Selbstverständlichkeit zu dem Gedanken der Freiheit, der Gerechtigkeit und der Völkerverständigung bekennen. Wir brauchen eben einmal Staatsbürger, denen der Gedanke der Demokratie nicht nur ein Lippenbekenntnis, sondern wirklich Herzenssache sein möge.

Aus diesem Grunde möchte ich Sie bitten, dem Beschluß des Kulturausschusses Ihre Zustimmung zu geben.

Der Beschluß lautet folgendermaßen:

„Der Ausschuß hält eine weitere Heraufsetzung der Klassenfrequenzen in den Volksschulen für gefährlich und erachtet aus diesem Grunde eine Vermehrung der Volksschullehrerstellen für notwendig."

(Bravo! und Händeklatschen) (...)

Q.: Niedersächsischer Landtag. 1.WP, 46.Sitzung, 26.8.1948, Sp. 2394 ff

Hans Hopp

Braunschweig, den 26. Mai 1948
Pestalozzistr. 5

An
den Herrn Präsidenten
des Niedersächsischen Verwaltungsbezirks

Braunschweig
Bohlweg 38

Hierdurch teile ich dem Herrn Präsidenten des Niedersächsischen Verwaltungsbezirks mit, daß ich am 16. April 1948 nach über fünfjähriger russischer Kriegsgefangenschaft nach Braunschweig zurückgekehrt bin.

Vor 1933 habe ich keiner politischen Partei angehört. Vom 1. Mai 1933 an war ich Mitglied der NSDAP. Im NS.-Lehrerbund war ich bis zu meiner Einberufung zur Wehrmacht am 25. August 1939 als Pressewart und Sachbearbeiter für Kurzschrift und Maschinenschreiben tätig.

Schon während meiner Militärzeit kam ich mit politisch Andersdenkenden zusammen und erkannte immer mehr, daß der Nationalsozialismus zum Untergang Deutschlands führen mußte. Das Erleben in Stalingrad, wo ich am 31. Januar 1943 als Oberzahlmeister in Gefangenschaft geriet, hat mir endgültig die ganze Verlogenheit des Nazisystems gezeigt. Seit dieser Zeit wurde ich ein entschiedener Gegner Hitlers und des nationalsozialistischen Staates. Ich schloß mich im Juli 1943 der Bewegung "Freies Deutschland" an und trat in Wort und Schrift für die Schaffung eines demokratischen Deutschland ein. Heute habe ich restlos mit der Nazi-Ideologie gebrochen; wie ich auch alle diktatorischen Bestrebungen - gleich welcher Richtung- aus innerer Überzeugung ablehne.

Ich bitte den Herrn Präsidenten des Niedersächsischen Verwaltungsbezirks, mich wieder im Schuldienst der Stadt Braunschweig einzustellen.

M 3. *Q.: Rosemarie Vogt*

Der Präsident
des Niedersächsischen Verwaltungsbezirks
Braunschweig
Abteilung für Wissenschaft und Volksbildung
V III Pers. H 51

(20b) Braunschweig, den 1.6.48.
Bohlweg 38 Te/Ho.
Postschließfach 523
Fernsprecher 1260–1268

Betr.: Rückmeldung aus der russischen Kriegsgefangenschaft.
Bezug: Antrag auf Wiederbeschäftigung im Schuldienst des Niedersächs. Verw. Bezirks Braunschweig v. 26.5.48.

Herrn
Lehrer Hans H o p p
Braunschweig.
Pestalozzistr. 5.

Die Voraussetzungen für eine Wiederbeschäftigung im Schuldienst des Niedersächsischen Verwaltungsbezirks Braunschweig sind erst gegeben, nach erfolgter Entnazifizierung und Kategorisierung. Um die erforderliche Entnazifizierung bei der zuständigen neuen deutschen Instanz beantragen zu können, werden Sie um Einreichung zweier politischer Fragebogen gebeten.

Der Vorrat von Fragebogen ist zur Zeit hier restlos vergriffen. Es ist hier nicht bekannt, zu welchem Zeitpunkt neue Fragebogen hier zur Verfügung stehen werden.
Es wird Ihnen daher anheimgegeben, um die Beschaffung von Fragebogen selbst bemüht zu bleiben.

Im Auftrage
Telle
Hilfsreferent

***M 4.** Q.: Rosemarie Vogt*

Q.: 6.4. Flüchtlingslehrer

Braunschweig, den 10. März 1946
Das Braunschweigische Staatsministerium
Abteilung f. Wissenschaft und Volksbildung
Vertraulich!
Betr.: Flüchtlingslehrer

Sofern Flüchtlingslehrer eingestellt sind, ist für jeden Fall gesondert auf Grund eingehender Unterrichtsbesuche und sonstiger Feststellung bis zum 1. April 1946 ein kurzer Bericht mit einer Beurteilung nach hier einzureichen. Es wird schon jetzt darauf hingewiesen, daß voraussichtlich auch nach Ostern ein Fortbestehen des Lehrermangels starke Unterrichtseinschränkungen bedingen wird, wenn nicht ein größerer Teil der von der Militärregierung entlassenen bzw. suspendierten Lehrkräfte durch Eingaben bei den "E-Ausschüssen" eine Wiederzulassung zum Schuldienst erreicht. Dieser Hinweis ist nicht bekannt zu geben und vertraulich zu behandeln.

Q.: Archiv Martino-Katharineum

Q.: 6.5. Lehrbuchrevision 1945

Notiz vom 11. November 1945
Der Präsident des Braunschweigischen Staatsministeriums

Alle nationalsozialistische und militärische Literatur ist am oder vor dem 15. November 1945 den örtlichen Polizeistationen auszuhändigen.

Als nationalsozialistische und militärische Literatur gemäß dieser Anordnung sind alle Bücher, Flugschriften und Zeitschriften folgender Typen anzusehen:
a) Parteipolitische Arbeiten betreffend nationalsozialistisches Gedankengut;
b) Kriegsgeschichten oder irgendwelche Beschreibungen;
c) Historische Arbeiten veröffentlicht seit 1933
d) Arbeiten hinsichtlich Rassetheorien
e) Propagandamaterial nationalsozialistischer Herkunft

Die Vernichtung obenerwähnten Materials wird streng bestraft.
Vorstehende Abschrift einer Notiz betr. die Sammlung von nationalsozialistischer und militärischer Literatur, die mir mit Schreiben der Militärregierung vom 18. Oktober 1945 – Ref.120/Denazi/3 – zugegangen ist, bitte ich allen Beamten usw. bekanntzugeben.

Q.: Archiv Martino-Katharineum

Der Präsident
des Niedersächsischen Verwaltungsbezirks
Braunschweig
Abteilung für Wissenschaft und Volksbildung

V III Pers. H 51

(20b) Braunschweig, den 9.Okt.1948
Bohlweg 38
Postschließfach 523
Fernsprecher 1260—1268

An

Herrn Mittelschullehrer Hans Hopp,

B r a u n s c h w e i g

Pestalozzistr. 5

Nachdem Sie durch die Entnazifizierungs-Entscheidung des Entnazifizierungs-Hauptausschusses vom 1.Oktober 1948 in Kategorie V eingereiht worden sind, werden Sie mit Wirkung vom 1.Oktober 1948 im Schuldienst des Niedersächsischen Verwaltungsbezirks Braunschweig als Mittelschullehrer der Besoldungsgruppe A 4 a 2 wieder beschäftigt und in eine freie Planstelle der Besoldungsgruppe A 4 a 2 an der Mittelschule Heydenstrasse eingewiesen.

Ihr Besoldungsdienstalter ist auf den 1.4.1926 festgesetzt worden.

Die Landeshauptkasse ist angewiesen worden, Ihnen mit Wirkung vom 1.Oktober 1948 die entsprechenden Dienstbezüge zu zahlen.

Der Empfang dieser Verfügung ist durch sofortige Rückgabe
./. der beigefügten Empfangsbescheinigung auf dem Dienstwege zu bestätigen.

Im Auftrage
Wolf
Regierungsdirektor.

Niedersächsischer Verwaltungsbezirk - Braunschweig

M 5. Q.: Rosemarie Vogt

Q.: 6.6. Verharmlosung der Nazizeit

Hannover, den 16. Mai 1947
Der Niedersächsiche Kultusminister

Die Lösung von der Vorstellungs- und Erlebniswelt des Nationalsozialismus vollzieht sich bei vielen Lehrern und Schülern nur sehr langsam. Das ergibt sich aus vielen Einzelbeobachtungen bei den Besuchen deutscher und englischer Schulaufsichtsbeamten in allen Arten von Schulen. Die Militärregierung wies kürzlich auf drei solcher Einzelfälle hin.

1. In einem Arbeitsplan für Bürgerkunde wird u. a. ausgeführt, daß das Verbrechen der nationalsozialistischen Regierung gegenüber dem deutschen Volk darin bestanden habe, daß Deutschland in den Krieg eingetreten sei, ohne daß ausreichend für einen Erfolg vorgesorgt worden sei. Aus dieser Erstellung gehe hervor, daß nicht der Krieg als solcher in Acht und Bann getan werden soll, sondern daß entsprechend der nationalsozialistischen Ethik der Erfolg allein über den Wert einer Handlung entscheidet.
2. Die Terminologie, wenn nicht sogar die Ziele der nationalsozialistischen Geopolitik sind noch weit verbreitet. Es ist kein Zweifel, daß das enge Gebiet, auf dem das deutsche Volk gegenwärtig zusammengedrängt ist, mit seinen geringen wirtschaftlichen Möglichkeiten keine Existenzgrundlage darstellt. Trotzdem sollte man durch die Anwendung festgelegter geopolitischer Schlagworte, z.B. "Lebensraum" nicht an die verhängnisvollen Anschauungen der deutschen Außenpolitik erinnern, die auch durch die Titel mancher in großen Massen aufgelegter Bücher wie "Volk ohne Raum" popularisiert worden sind.
3. Es kommt vor, daß nationalsozialistische Lieder heute noch gedankenlos von 15 oder 17jährigen aus der Erinnerung an die HJ- und BDM-Zeit gesungen werden. Das zu vermeiden, wird ein verständnisvoller Hinweis des Lehrers genügen. Wo aber 15-18jährige Schüler und Schülerinnen trotzdem beharrlich und herausfordernd solche Lieder singen, wird – wie es in einem Falle notwendig war – die Verweisung von der Schule ausgesprochen werden müssen.

Schulfest der Volksschule Lehndorf 1945 / Q.: Volksschule Lehndorf

Schulfest der Volksschule Lehndorf 1945 / Q.: Volksschule Lehndorf

In den Konferenzen und in den Arbeitsgemeinschaften der Leiter und Lehrer sollen diese Beispiele für die immer noch festen, wenn auch vielfach unbewußten Bindungen an den Nationalsozialismus besprochen und ihren Folgen deutlich gemacht werden.

Q.: Archiv Martino-Katharineum

Q.: 6.7. Lehrbuchmangel

Aus dem Bericht des Niedersächsischen Kultusministeriums über den gegenwärtigen Stand der Erziehung in Deutschland vom 5.7.1947

In einer Zeit, in der die deutsche Jugend aller Stufen an die Fülle der Erfahrungen und die Verläßlichkeit seiner Einsicht ungewöhnlich hohe Anforderungen stellt, weiß sich der deutsche Lehrer von der geistigen Welt draußen völlig abgeschnitten. Auf manchen Gebieten waren natürlich Fachbücher und Zeitschriften noch bis 1938 verfügbar; auf anderen jedoch hat die Nazilehre mit der Unterbindung aller von außen kommenden Mitteilungen bereits 1933 begonnen, und für alle Gebiete wurde die Einfuhr von Büchern aus anderen Ländern durch die Devisenkontrolle der Nazis eingeengt. Die Kriegsjahre brachten natürlich eine beinahe völlige Absperrung von allen auswärtigen Informationsquellen auf den meisten Gebieten und unterbanden auch die persönlichen Beziehungen mit Fachgenossen in anderen Ländern. Das Ergebnis ist, daß sich der deutsche Lehrer gerade in einer Zeit, in der seine Schüler besonders begierig sind, etwas über die Welt draußen zu erfahren, sehr schlecht dafür ausgerüstet fühlt, diese wertvolle Wißbegier zu befriedigen, und sehr geringe Aussicht hat, an die notwendigen Bücher, Zeitschriften und Materialien heranzukommen, wenn ihm die verbündeten Länder nicht zu Hilfe kommen...

Q.: Archiv Martino-Katharineum

Deutsche Lyrik

Herausgegeben von einem
Ausschuß des Lehrerverbandes Berlin

Behelfsausgabe

Comenius-Ver

In gekürzter Form ohne Änderung des
Auftrage des Obersten Befehlshaber

M 6. Q.: Isabell Rohloff

PREFACE

1. This textbook is one of a series which is being published by order of the British Commander-in-Chief for emergency use in German schools in the area occupied by his Forces.
2. It has been selected after a thorough examination of many of the books in use in Germany before the Nazi accession to power. It is a textbook of German authorship and has been reprinted without textual alteration.
3. Its issue does not imply that it is entirely suitable from an educational point of view or otherwise. It is merely the best book which could be found in the circumstances and must serve until Germany produces better textbooks of its own.

VORWORT

1. Das vorliegende Buch gehört zu einer Reihe von Schulbüchern, die auf Anordnung des britischen Oberbefehlshabers veröffentlicht werden. Es dient zum Behelfsgebrauch in den deutschen Schulen, die sich in dem von seinen Truppen besetzten Gebiet befinden.
2. Dieses Buch wurde gewählt nach gründlicher Untersuchung vieler Schulbücher, die in Deutschland vor der Machtübernahme durch den Nationalsozialismus in Gebrauch waren. Es ist von Deutschen geschrieben und wird hiermit ohne jedwede Textänderung neugedruckt.
3. Die Tatsache des Neudrucks bedeutet nicht, daß dieses Buch vom erzieherischen oder anderen Gesichtspunkt aus völlig einwandfrei ist. Aber unter den gegebenen Umständen ist es das geeignetste Buch, und es ist zu benutzen, bis Deutschland selbst bessere Schulbücher hervorbringt.

Zeitzeugenberichte

B 1 Hans Kaufmann

Kriegsende und Neubeginn an der Neuen Oberschule in Braunschweig

Bis zum **14. Oktober 1944** hatte das Gebäude der Schule an der Breiten Straße nur geringen Schaden erlitten, aber während mancher Nacht, in denen ich allein Luftschutzdienst in dem riesigen Hause hatte, überkamen mich düstere Ahnungen, und Direktor Bergwitz atmete nach jeder Entwarnung auf. In jener Nacht aber wurde das Schreckliche wahr. Von zahllosen Brandbomben getroffen, brannte das Gebäude vollkommen aus. Wo tags zuvor noch die Schüler der mittleren Klassen ein- und ausgegangen waren, da gähnte öde Leere, da verbreitete sich düsterer Brandgeruch. Als ich in jener Nacht hatte aufgeben müssen, meine eigene Wohnung zu retten, versuchte ich vergeblich, durch die brennende Altstadt zur Schule zu gelangen. Am anderen Tage traf ich Direktor Bergwitz auf dem Schulhofe mit Tränen in den Augen. Er sah und erlebte in diesem Augenblick mehr als Trümmer eines Schulgebäudes. Unendliche Werte, insbesondere die unersetzliche Lehrerbibliothek, waren ein Raub der Flammen geworden, nur der Raum mit der Schülerbücherei war wie durch ein Wunder verschont geblieben.

Es dauerte zwei Monate, bis kurz vor Weihnachten der Unterricht in der Lessingschule behelfsmäßig wiederaufgenommen werden konnte, in einer der wenigen Schulen, die die zahlreichen Angriffe überstanden hatten. Aber das erste Quartal des Jahres 1945 gab zu unterrichtlicher Betätigung nur noch wenig Gelegenheit. Mitunter gab es allein vormittags bis zu viermal Alarm, so daß überhaupt **kaum noch Unterricht** abgehalten werden konnte, denn schon beim ersten Voralarm mußten die Kinder wegen der unzureichenden Luftschutzkeller in der Lessingschule entlassen werden.

Um Ostern waren vom 28. März bis 5. April schulfreie Tage. Wegen der immer drohender werdenden Gefahr der Annäherung der alliierten Truppen wurden die KLV-Lager aufgehoben, und das Ministerium bestimmte, daß mit allen Klassen der Unterricht am 6. April wiederaufgenommen werden sollte. Hierfür reichten die Räume der Lessingschule keineswegs aus – im übrigen war es eine törichte Anordnung, denn die Amerikaner hatten bereits die Weser überschritten –, es wurde daher unserer Schule ein Flügel im zweiten Stock der Volksschule Comeniusstraße zugeteilt. Zwar versammelten sich dort die Schüler zu Unterrichtsbeginn, aber es lag bereits für alle eine Aufforderung vom Bannführer vor, der im Auftrage des Gauleiters und Reichsverteidigungskommissars alle Schüler zum Einsatz nach der Schule Querumer Wald berief. Nichterscheinen galt als Sabotage der Reichsverteidigung und sollte dementsprechend geahndet werden. Zu diesem Einsatz, der ganz unnütze Blutopfer von Fünfzehn- und Sechszehnjährigen gefordert hätte, kam es glücklicherweise nicht mehr, da die Stadt am 11. April den einrückenden Truppen übergeben wurde. Unsere **Flakhelfer** waren noch einmal im Elm in Stellung gegangen, aber auch hier kam es zu keinen Kämpfen mehr, ein Teil geriet in Gefangenschaft, andere fanden bei Bauern Unterschlupf und stellten sich bald als Zivilisten wieder im Elternhaus ein.

Das war das bittere Ende. Der Schulbetrieb war damit völlig unterbrochen, aber niemand ahnte, daß diese Interimszeit sich über Monate erstrecken sollte. Was in diesen Wochen und Monaten bis zum Herbst 1945 sich schlagartig ereignete, war Schicksal des ganzen Volkes und gehört nicht in den Rahmen einer Schulchronik.

Zentrum der schulischen **„Sammlungsbewegung“** wurde im Mai 1945 der einzige einigermaßen erhalten gebliebene Raum im alten Schulgebäude, der zuletzt als Schülerbücherei gedient hattte. Hier war zunächst der Treffpunkt der Lehrer, die sich allmählich wieder einfanden – aus der Evakuierung, aus den Kleinstädten des Landes, aus der Wehrmacht und aus Gefangenenlagern. Hier wurde politisiert, hier kursierten Gerüchte, hier sah man freudige Gesichter, wenn man alte Bekannte wiedertraf, hier herrschte gedrückte Stimmung, wenn wieder einer der alten Kollegen von der Militärregierung entlassen war. Hier aber waltete vor allem Oberstudienrat Hecke umsichtig seines Amtes, um gerüstet zu sein, wenn eines Tages die Schule wieder die Pforten öffnen durfte. Hier meldeten sich Schüler zurück, die schon für tot gehalten waren, hier wurden Neuaufnahmen getätigt. Hier wurden die alten Lehrbücher abgeliefert, hier suchten besorgte Eltern Rat. Hierhin fühlte sich jeder gezogen, der einmal etwas von seiner Schule hören wollte. Ich werde die Stunden in diesem Raume nicht vergessen, in dem wir sogar in den Pfingsttagen arbeiteten, wo wir die letzte Zigarette teilten und von wo wir sogar Brennholz für unsere Kochhexen daheim mitnahmen....

In diesem Raume, wo das Regenwasser durch die Decke troff und der Putz herunterbröckelte, verabschiedete sich aber auch Anfang Oktober Oberstudiendirektor Professor Dr. Karl Bergwitz von den Resten seines einstigen Kollegiums. Er war mit Wirkung vom 1. Oktober 1945 in den Ruhestand versetzt worden.

Die stellvertretende Leitung der Schule übernahm verdientermaßen Oberstudienrat Hecke in diesen trostlosen Tagen, in denen noch niemand wußte, ob überhaupt und wann die höheren Schulen des Landes Braunschweig den Unterrichtsbetrieb wiederaufnehmen würden.

Nach Überwindung heute kaum vorstellbarer Schwierigkeiten – von Oberstudienrat Hecke auf Kosten seiner Gesundheit immer wieder gemeistert – wurde der **Unterricht am 22. Oktober 1945 für die unteren vier Klassen** in den Räumen des auch teilweise zerstörten Lyzeums Kleine Burg zusammen mit anderen höheren Schulen nach halbjähriger Unterbrechung zur Freude der Eltern, denen die Kinder in diesen turbulenten Monaten zu entgleiten drohten, endlich wiederaufgenommen. Im November konnte er auf die Mittelstufe ausgedehnt werden. Als Unterrichtsfächer waren von der Militärregierung nur die Fächer Deutsch, Englisch, Latein, Rechnen und Mathematik zugelassen. Der Einsatz der Lehrkräfte erfolgte von Fall zu Fall nach Bedarf und oft ohne Rücksicht auf die bisherige Anstaltszugehörigkeit, zumal eine Anzahl von Lehrern aus politischen Gründen überhaupt nicht zugelassen war – die Überprüfung im **Entnazifizierungsverfahren** erstreckte sich in vielen Fällen über mehrere Jahre hin – und einige in anderen Dienststellen als Dolmetscher, Übersetzer oder auch als Hilfskräfte im Ministerium tätig waren.

Das ausgebrannte Hauptgebäude des Martino-Katharineums und der Neuen Oberschule in der Breiten Straße im Winter 1944/45 / Q.: Archiv der Neuen Oberschule

Zur Verfügung standen zunächst nur die Studienräte Lüddecke, Meyer, Sievers, Voshage und Dr. Zepernick. Bis Dezember wurden täglich in jeder Klasse drei Unterrichtsstunden gegeben, mit zunehmender **Kohlennot** standen dann aber für die NO nur noch drei Wochentage zur Verfügung, da fast alle höheren Schulen der Stadt im Lyzeum ein Asyl gefunden hatten. Dazu kamen noch verschiedene Reifeprüfungslehrgänge für zahlreiche aus dem Felde und den Lagern zurückkehrende ehemalige Schüler, deren **Reifevermerke** für null und nichtig erklärt waren.

Nach ganz kurzer interimistischer Übersiedlung in der Schule Comeniusstraße ging es am 29. Januar 1946 in acht Räume der Schule an der Bürgerstraße, die aber noch mit zwei anderen höheren Schulen der Stadt geteilt werden mußten. Unter solchen Umständen war das Aufstellen von Stundenplänen eine Wissenschaft für sich. Auch hier erzwang die Kohlennot manche Unterbrechung. "Not" stand überhaupt über allem. Neue Lehrbücher gab es nicht, die alten blieben verboten. Den Schülern stand **kaum Schreibpapier** zur Verfügung; auf die Ränder des an und für sich auch knappen Zeitungspapiers machten ganz Findige ihre Aufzeichnungen. Die Eltern kauften für hundert und noch mehr Reichsmark wertlose Broschüren und Zeitschriften, um sie sofort wieder als Altpapier beim Kauf eines einzigen minderwertigen Schreibheftes abzugeben.

Die großen Schüler – inzwischen war auch der Oberstufenunterricht wiederaufgenommen – fanden bald andere Mittel und Wege, um in den Besitz der für sie notwendigen Utensilien zu kommen. Sie hatten bald die nötige **"Schwarzmarkterfahrung"**, und niemand konnte ihnen das in diesen Jahren vor der Währungsreform verübeln. Es ging nur mitunter doch etwas über das erlaubte Maß hinaus, denn in manchen Oberstufenklassen gab es auf dem Umwege über die sich immer mehr durchsetzende Zigarettenwährung alles zu kaufen, was das Herz begehrte und in keinem Laden zu sehen war. Daß dadurch die allgemeine Moral nicht gerade gehoben wurde, versteht sich von selbst. Aber großen Schaden fügte es auch den Jugendlichen, wenigstens der höheren Schule, nicht zu. Nach der Währungsreform war dieser Spuk recht schnell verflogen, und die Jugend kam schneller als erwartet wieder in normale Gleise.

Es ließe sich noch viel über diese Notjahre sagen, ich denke da an den furchtbaren **Mangel an Kleidung**, vor allem an **Schuhwerk**, für unsere Kinder; ich denke an die trockene Scheibe Maisbrot, die manche zum Frühstück mitbrachten; ich denke daran, wie die vielen Fahrschüler gegen die Müdigkeit ankämpften, denn sie hatten vor Unterrichtsbeginn schon lange in ungeheizten und dunklen Zügen mit hohlem Magen gesessen. Sie warteten sehnsüchtig auf die nahrhafte und wohlschmeckende **Schulspeisung**, oft die einzige warme Mahlzeit überhaupt am Tage. Es sei nicht vergessen, daß sich für diese Schulspeisung Amerikaner und kirchliche Kreise des Auslandes, vor allem Schwedens, mit großer Hingabe einsetzten.

Vor Weihnachren 1946 war infolge Fehlens jeglicher Kohlen an keinen geregelten Unterricht mehr zu denken. Kleine Schüler kamen den ganzen Winter über nur gelegentlich zum Befehlsempfang, für die großen konnte jedoch in der Lessingschule ein geregelter Unterricht ab Januar 1947 durchgeführt werden. In all diesen Monaten war Oberstudienrat Hecke auf der Suche nach eigenen und geeigneten Unterrichtsräumen. Nach den Osterferien 1947 war es endlich soweit, es konnte das Gebäude der früheren Oberschule für Mädchen II an der Leonhardstraße – bis zu diesem Zeitpunkt Lazarett für Ausländer, dessen Spuren zum Teil heute noch nicht verwischt sind – zusammen mit dem Martino bezogen werden.

Das war also die nächste Etappe der Odyssee in diesen Nachkriegsjahren. Aber der Fortschritt war unverkennbar, und Lehrer und Schüler fühlten sich in diesen – man kann beinahe sagen "eigenen" – Räume zu Hause. Man konnte sich einigermaßen ausdehnen, wenn auch einige Räume viel zu klein waren. Man konnte auch wieder an den **Aufbau der Sammlungen** denken, wenn auch vor der Währungsreform aus bekannten Gründen nur in bescheidenem Umfange. Aber nur zu bald zeigten sich auch die Schattenseiten dieses kleinen Schulgebäudes. Die Schülerzahl wuchs bald wieder auf über 400, so daß die zur Verfügung stehenden Räume nicht mehr ausreichten. Ebenso war der Wechsel von Vor- und Nachmittagsunterricht gerade für unsere Schule sehr unangenehm, da die Zahl der **Fahrschüler** anfangs fast 80 Prozent betrug. Man hatte nämlich seit 1945 die NO gewissermaßen als Fahrschülerschule gestempelt und bei den Unterrichtszeiten darauf Rücksicht genommen. Dadurch hatte die Schule ein ganz anderes Gesicht bekommen, zumal der Nachwuchs der bodenständigen Schüler aus der Stadt selbst dementsprechend nachließ.

Um nun in der Frage der Raumschwierigkeit eine etwas günstigere Lösung zu erreichen und auch das Martino etwas vom **Nachmittagsunterricht** zu entlasten, siedelte unsere Anstalt für zwei Wochentage in das benachbarte und inzwischen wiederausgebaute Wilhelm-Gymnasium – ab Ostern 1949 – über, von diesem verständlicherweise nicht einmal mit gedämpfter Freude empfangen. Ein Jahr später mußten einige Klassen ganz ins Wilhelm-Gymnasium verlegt werden. Das war die vorläufig letzte Etappe in der Odyssee der Neuen Oberschule.

Wie jede dieser Etappen doch geringe Vorteile mit sich brachte – Beseitigung aller Nachteile kann nur durch einen Neubau erreicht werden –, so konnte auch auf dem Wege des inneren Wiederaufbaus der Schule mit der Zeit mancher Fortschritt erzielt werden; wie der große Patient, unsere westdeutsche Bundesrepublik, allmählich zu Kräften kam, so auch unsere Schule im Rahmen der gesamtschulischen Entwicklung dieser Jahre. Nach so schwerer Krankheit konnte man natürlich keine Genesung von heute auf morgen erhoffen.

Die **steigende Schülerzahl** war schon ein äußeres Anzeichen dieses Gesundungsprozesses, ebenso die Tatsache, daß 1947 bereits wieder eine Reifeprüfung mit eigenen Schülern abgehalten werden konnte. Der Andrang zur 5. Klasse war bei der Raumnot gar zu beängstigend. Ostern 1947 wurde in neues, sechstägiges Ausleseverfahren bei der Aufnahmeprüfung eingeführt, das ein Jahr später auf zehn Tage Probeunterricht erhöht wurde. Das "Für und Wider" dieses Verfahrens ist bis auf den heutigen Tag umstritten. Es scheint so, als habe man doch die endgültige Form des Ausleseverfahrens noch nicht gefunden.

Die Lehrplangestaltung – durchgeführt nach Anordnungen und Übergangsstundentafeln des Kultusministeriums – bereitete zunächst weiterhin Schwierigkeiten. Abweichend von den Stundentafeln konnte in den musischen Fächern – Zeichnen erst ab Ostern 1950, Musik ab Herbst 1950 – zunächst leider kein Unterricht erteilt werden, ebenso kein Religionsunterricht, Geschichtsunterricht wurde von der Besatzungsmacht erst wieder ab Ostern 1948 mit gewissen Einschränkungen erlaubt, damit waren aber dann auch wieder alle Unterrichtsfächer zugelassen.

Auch im Deutschen und Englischen konnte in den ersten Jahren in den unteren Klassen nicht die volle Stundenzahl erteilt werden, und bis auf den heutigen Tag haben Schüler der Unterklassen nur an fünf Wochentagen Unterricht. Aber trotzdem wurde doch wieder energischer gearbeitet, die ersten Schulbücher kamen heraus, und nach der Währungsreform fielen weitere Hemmnisse. Auch die alten Lehrkräfte stellten sich nach Entnazifizierung und Abkommandierung mit der Zeit wieder ein.

Q.: Gerhard Linne / Hans Kaufmann / Hans Lindemann (Hrsg.): "Bilder und Berichte aus dem Leben einer Braunschweiger Oberschule, Staatliches Reform-Realgymnasium 1828-1953", Braunschweig 1953

B 2 **Isabell Rohloff**

Es fehlte ein Mikroskop

Auszüge aus einer Facharbeit Geschichte (1992)

Da ich aus einer Lehrerfamilie stamme, mein Urgroßvater, Großvater und mein Großonkel waren Lehrer, liegt es nahe, daß ich über die Situation an den Schulen in den Nachkriegsjahren berichten möchte.

Meine Großmutter lebte während des Krieges mit ihren 2 Kindern im Haus ihres Vaters in Beendorf, einem ehemaligen Industriedorf ca. 7 km östlich von Helmstedt. Mein Großvater kam wenige Tage vor dem offiziellen Kriegsende nach Beendorf zurück.

Er hatte 1932 in Braunschweig die Ausbildung zum Lehrer abgeschlossen, da in Braunschweig aber schon die NSDAP mitregierte und er, weil er im sozialistischen Studentenbund engagiert war, keine Stelle in Braunschweig bekam, ging er nach Berlin. Dort unterrichtete er für kurze Zeit an einer Privatschule. Diese Privatschule war eine mit reformpädagogischer Prägung, was in der Weimarer Republik durchaus nichts Ungewöhnliches war.

Bereits im Juni 1945 wurde mein Großvater als Lehrer nach Rieseberg bei Königslutter gerufen. Dies allerdings nur pro forma, denn es durfte noch nicht wieder unterrichtet werden. Meine Mutter erinnerte sich, daß er mit seinen Schülern deshalb in den Wald ging, um Brennesseln für Tee, Laub als Stroh-Ersatz für die Lager der Flüchtlinge und natürlich auch Brennmaterial zu sammeln.

In dem Dorf Rieseberg blieben meine Großeltern bis zum Oktober 1945. Da sollte der Schulbetrieb wieder aufgenommen werden, und mein Großvater bekam für den Beginn des Winterhalbjahres eine Stelle in dem Dorf Bartshausen bei Einbeck. Der Ort Bartshausen war, bevor die Flüchtlinge kamen, ein kleines, verschlafenes Nest. Als die Schule im November wieder begann, waren 11 einheimische Kinder schulpflichtig, zu denen aber noch 20 bis 50 Flüchtlingskinder kamen. Die Zahl der Schüler schwankte also zwischen 30 und 60 Schülern, die in der einklassigen Schule unterrichtet wurden. Die **Schülerzahl** pendelte sich später bei ca. 40 Schülern ein, das hieß, daß der Unterricht jahrgangsübergreifend stattfand.

Alle Schulen wurden maßlos überfüllt. Mein Großonkel unterrichtete zum Beispiel ab Herbst 1946 die Schüler der einklassigen Schule in Ampleben bei Schöppenstedt. Dort waren 1946 im Herbst 86 Schüler, die in einem 39m² großen Klassenraum gemeinsam unterrichtet werden mußten.

Im Jahre 1945 wurden auf Grund des **Lehrermangels** Kurzausbildungen für Lehrer eingeführt. Diese Ausbildung dauerte 2 Semester, wobei laut Aussage meines Großonkels, der an der Kanthochschule studierte, die Hälfte der Zeit zur Organisation von Brennmaterial, Lebensmitteln und anderen lebenswichtigen Sachen verwandt wurde. Mein Großonkel besuchte in der Zeit von Oktober 1945 bis September 1946 die Kanthochschule Braunschweig. An dieser Ausbildung nahmen Leute teil, die kurz davor eingezogen worden waren, das Abitur gemacht hatten, und solche, die schon einige Semester studiert hatten.

Relativ regelmäßig fand einige Dörfer von Bartshausen entfernt eine Konferenz statt, an der alle Lehrer des Kreises teilnehmen sollten. Allerdings war diese Konferenz wohl nie vollständig. Das lag vor allem an dem noch nicht wieder vorhandenen öffentlichen Nahverkehr. Die Lehrkräfte aus den umliegenden Ortschaften kamen, je nach Wegstrecke, zu Fuß oder mit dem Fahrrad, falls vorhanden. Mein Großvater besaß ein Fahrrad, mit dem er sich jedesmal auf den Weg machte. Meine Mutter erzählte, daß er, immer wenn eine Konferenz angesetzt war, sein Fahrrad notdürftig flickte. Da aber kaum Flickmaterial vorhanden war, und wenn, dann befand es sich in sehr schlechtem Zustand, wird schnell klar, daß mein Großvater mit dem Fahrrad nie weit gekommen ist. Wenn er Glück hatte, kam er bis zum Ortsausgang des vorletzten Ortes, wenn er Pech hatte, nur bis zum Ortsausgang von Bartshausen, dann hieß es umkehren.

Das **Schulgebäude** in Bartshausen besteht im Erdgeschoß aus zwei Räumen, dem Klassenzimmer und der Turnhalle, darüber befindet sich die Dienstwohnung für den Lehrer. Diese Wohnung besteht aus 5 Zimmern, Küche und Bad. Hinter dem Schulhaus befindet sich noch heute ein Rasenplatz mit Sprunggrube. Da das Gebäude erst in den 30er Jahren erbaut worden ist, war es also sehr modern eingerichtet. Das ganze Gebäude verfügte zum Beispiel über Zentralheizung. Das Problem war nur, mit welchem Material geheizt werden sollte, da es so gut wie kein Brennmaterial gab.

Viele Schüler, die mein Großvater an dieser Schule unterrichtete, hätten zur **weiterführenden Schule** nach Einbeck gehen können, da es aber keine Busverbindung nach Einbeck gab, hätten die Schüler den 5 km langen Weg zu Fuß oder mit dem Fahrrad zurücklegen müssen. Auf Grund der schlechten Ernährungslage und der zum Teil nur mangelhaften Versorgung mit Bekleidung war ein Besuch der weiterführenden Schule in Einbeck für keinen der Schüler möglich.

Da auch die Schüler im Dorf zumeist nicht über ausreichend **Bekleidung** verfügten, war es für viele, besonders im Winter, schwierig, regelmäßig am Unterricht teilzunehmen. So kam es, daß mein Großvater einmal eine Entschuldigung erhielt, in der folgendes stand: "Meine Tochter konnte leider nicht zur Schule kommen, da sie keine Schuhe hat." Zwei andere Schüler kamen zum Beispiel immer abwechselnd zur Schule, da sie zu zweit nur über ein Paar Schuhe verfügten.

Wegen der schlechten **Ernährungssituation** waren alle Kinder unterernährt, daher waren sie sehr anfällig für Krankheiten. Fast alle Kinder im Ort hatten zu der Zeit Tuberkulose oder hatten Tuberkulose gerade überstanden. Auch grassierten in der Zeit verstärkt die sogenannten Kinderkrankheiten wie Masern, Röteln, Scharlach, die auf Grund der Unterernährung sehr heftig waren und lange dauerten. Der Unterricht fiel daher zeitweise wegen Mangel an Beteiligung aus.

Auch gab es des öfteren kältefrei im Winter, da zwar eine Heizung, sogar eine Zentralheizung, vorhanden war, die aber wegen Mangel an **Brennmaterial** oft kalt blieb.

Wenn der Unterricht stattfand, dann war es ein Unterricht, der auf die **Improvisationskunst** des Lehrers angewiesen war, denn es gab so gut wie kein Unterrichtsmaterial.

Es wurde zum Beispiel in der Anfangsphase mit Bleistiftstummeln, die überwiegend aus "Care-Paketen" stammten, auf Zeitungsrändern, soweit diese vorhanden waren, geschrieben. Mein Vater berichtet, daß in der unmittelbaren Nachkriegszeit Schiefertafeln als heiß begehrte Tauschware gehandelt wurden. Die Schüler, die Ostern 1946 bei meinem Großonkel eingeschult wurden, bekamen von der Militärverwaltung je ein Heft gestellt.

Da keine neuen **Schulbücher** gedruckt werden konnten, wurden also kurzerhand die Hakenkreuze aus den vorhandenen Schulbüchern herausgeschnitten. Mein Urgroßvater schnitt zum Beispiel aus einer Fibel, in der vorwiegend Geschichten über den BDM und die HJ standen, alles was mit der Nazizeit zu tun hatte, raus. So zum Beispiel alle Bilder, auf denen BDM- Mädchen und HJ-ler abgebildet waren, der Name von Hitler natürlich und die Hakenkreuze. Die Fibel befand sich also in einem sehr durchlöcherten Zustand. Auch benutzten mein Großvater, mein Urgroßvater und auch mein Großonkel sogenannte Unterrichtsstreifen.

Alte Plakate (meist Propaganda-Plakate der Nationalsozialisten) wurden in Streifen geschnitten und rückseitig beschrieben. Es gab sogenannte Lese- und Schreibstreifen, wie zum Beispiel für Schulanfänger, auf denen stand:

Apfel = A
Baum = B
und so weiter.

Diese Lese- und Schreibstreifen mußten abgeschrieben, auswendig gelernt und nach Diktat fehlerfrei geschrieben werden. Auf den Rechenstreifen waren halbfertige Aufgaben notiert, wie zum Beispiel:

14 + = 18
13 – = 5
und so weiter.

Diese Streifen waren numeriert, so daß dadurch eine Aufteilung der Schüler in Leistungsgruppen und nicht nach Jahrgängen möglich wurde.

Da die Schule, in der mein Großvater unterrichtete, ja relativ neu war und in der ländlichen Gegend kaum Bomben gefallen waren, war die moderne Ausstattung noch vorhanden. Zu dieser Ausstattung gehörten unter anderem auch ein Filmprojektor, eine Leinwand und einige Unterrichtsfilme, die von meinem Großvater, soweit es Strom gab, im Unterricht eingesetzt wurden.

Der Schule fehlte aber zum Beispiel ein Mikroskop.

Und damit wären wir bei dem Gegenstand, von dem ich berichten möchte. Es handelt sich hierbei um ein Mikroskop, das mein Großvater nach einer Anleitung aus einem Kosmos-Heft für den Unterricht baute. Er baute dieses Mikroskop vorwiegend aus Sperrholz, Pappe und Haarnadeln, ein paar Schrauben halten das Gerüst immer noch zusammen.

Das Mikroskop hat eine Größe von etwa 30 cm und ist mit schwarzer Farbe bemalt. Der Fuß, der Hals und der Tisch bestehen aus Holz, und man kann deutlich sehen, daß dafür mehrere dünne Holzscheiben (Sperrholz) verwandt wurden. Die mehrschichtig geklebten Sperrholzplättchen geben dem Mikroskop eine gewisse Stabilität. In der Mitte des Tisches befindet sich ein Loch, darunter ist ein kleiner,

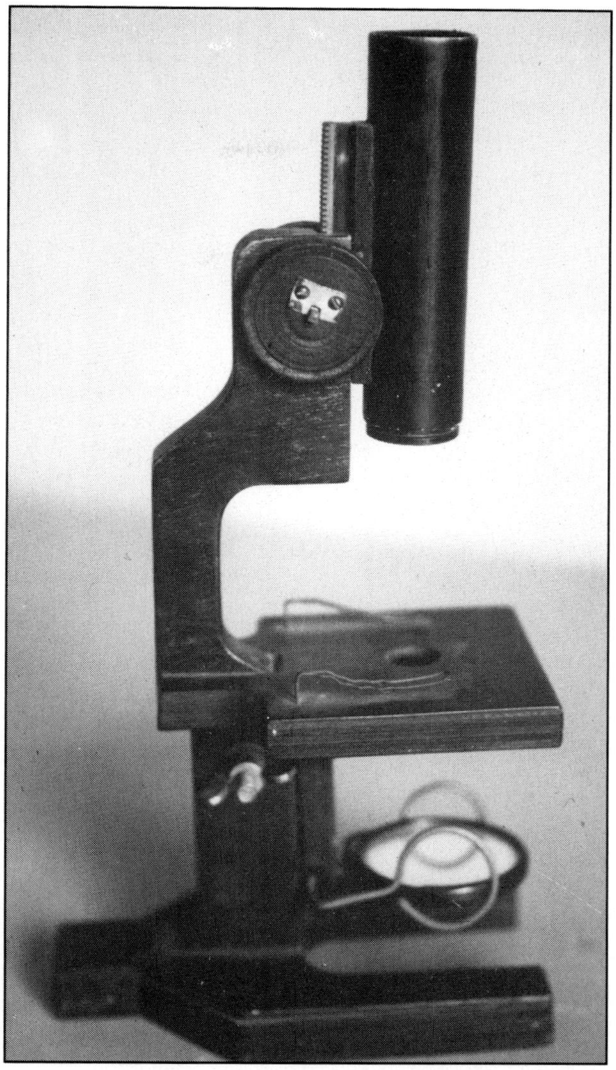

Selbstgebautes Mikroskop für den Unterricht / Q.: Isabell Rohloff

leichter, runder Spiegel so an einem Draht befestigt, daß sich der Spiegel beliebig drehen und wenden läßt. Dreht man an einer Flügelschraube, die direkt unterhalb des Tisches befestigt ist, so kann damit der obere Teil des Mikroskopes dem Betrachter so zugewandt werden, daß dieser bequem, also auch im Sitzen, durch das Gerät sehen kann.

Am oberen Ende des Halses befinden sich zwei Rädchen, die ebenfalls aus mehrschichtigem Sperrholz gefertigt sind und die Feineinstellung regeln. Wenn man also an den Rädchen dreht, so bewegt sich je nach Drehrichtung ein ebenfalls schwarz bemaltes Pappröllchen nach oben oder nach unten. Dieses Pappröllchen ist innen mit schwarzem Filz ausgeklebt. Am unteren Ende des Pappröllchens ist ein Okular für eine 14-fache Vergrößerung befestigt. Zieht man am Okular, so läßt sich die Papprolle noch verlängern, da das Okular, wie man nun erkennen kann, an einem anderen ebenfalls schwarzen Pappröhrchen befestigt ist, das aus dem ersten Pappröllchen herausgezogen werden kann. Am oberen Ende dieser Vorrichtung war sicher auch einmal ein Okular befestigt, das ist aber im Laufe der Zeit verlorengegangen.

Da mein Großvater fast alles, was für den Haushalt benötigt wurde, selber herstellte oder reparierte, so zum Beispiel auch Uhren und Radios, und der eigentlich nie etwas wegwarf, da man es immer noch einmal gebrauchen könnte, hatten sich also im Laufe der Zeit verschiedene Materialreste angesammelt, die er unter anderem auch für das Erstellen des Mikroskops verwandt hat.

Wie lange es trotzdem dauerte, das Mikroskop zu bauen, und wann genau er das Mikroskop gebaut hat, das wußte meine Mutter leider nicht mehr so genau, und da mein Großvater schon vor 10 Jahren starb, kann ich ihn leider nicht mehr befragen.

Da mein Großvater dieses Mikroskop ja für den Gebrauch im Unterricht gebaut hatte, setzte er es natürlich auch im Unterricht ein. Da es in der Umgebung von Bartshausen keinen Teich oder dergleichen gab, in denen sich ja bekanntlich genügend Tiere und Pflanzen befinden, die sich hervorragend zum Mikroskopieren eignen, wurden also Pantoffeltierchen und andere Kleinstlebewesen in einem Wasserglas gezüchtet.

Auch wurde alles mögliche aus dem Garten, der sich neben dem Schulgebäude befand und zur Dienstwohnung gehörte, von den Schülern begeistert mikroskopiert.

B 3 Wilhelm Pieper

Was nicht vergessen wird, kann weiterwirken

Die Gründung der Niedersächsischen Erziehungsstätte Braunschweig 1948 im ehemaligen Luftflottenkommando am Franzschen Feld

1. Das Luftflottenkommando gegen Kriegsende

Zu den in Braunschweig okkupierten Gebäuden gehörte auch der umfassende Komplex des unzerstört gebliebenen Luftflottenkommandos am Franzschen Feld mit einem Bestand von über 300 Verwaltungsräumen sowie erhebliche Teile des angrenzenden Wohnviertels, des heute als Wohnquartier beliebten Malerviertels, das damals noch Fliegerviertel hieß. Die Straßen waren noch kurze Zeit nach entsprechenden Heroen statt nach Malern benannt. Die angenehmen Wohnungen waren durchweg mit hohen Offizieren bzw. Offiziersfamilien belegt. Es gab Wohnhäuser, in denen sich der niedrigste Dienstgrad mit dem Titel eines Oberstleutnants schmückte.

Diese Wohnhäuser gehörten im übrigen nicht dem ehemaligen Deutschen Reich bzw. der Luftwaffe, sondern Braunschweiger Wohnungsbaugesellschaften oder privaten Besitzern, die jedoch beim Bau Ende der 30er Jahre staatliche Zuschüssse erhalten hatten und deshalb 1945 verpflichtet waren, Mietverträge mit aktiven Bediensteten des Luftflottenkommandos abzuschließen. In etwa 20 dieser Wohnhäuser hatten nun die bisherigen Bewohner in wenigen Stunden ihre Sache zu packen, um sie englischen Soldaten und Verwaltungspersonal zur Verfügung zu stellen.

Im Luftflottenkommando selbst wurden verschiedene Dienststellen einquartiert, u.a. ein Militärkrankenhaus, ein Verbindungskommando zu den norwegischen Truppen und Teile des Hauptquartiers (HQ) 120 der British Army of the Rhine (BAOR), das für das Gebiet des ehemaligen Landes Braunschweig zuständig war und eine Bezirksmilitärregierung ausbildete. Es hat jedoch den Anschein, daß der gesamte Komplex von Anfang an nicht sehr intensiv genutzt worden ist, wenn man vielleicht davon absieht, daß Richtung Nußberg ein Kricketfeld und ein recht umfangreicher Gemüsegarten angelegt wurde. Wie bereits erwähnt, wurde der Komplex in Yorkshire Barracks umbenannt und als militärischer Sicherheitsbereich gegenüber der deutschen Bevölkerung abgeschirmt.

In Braunschweig gab es von Ende April bis Dezember 1945 eine provisorische exekutive deutsche Spitze unter der Leitung von Hubert Schlebusch, der später bis zu seinem Tod im Jahre 1955 als Präsident des Verwaltungsbezirks (heute Regierungsbezirks) Braunschweig wirkte. Vom Januar – Dezember 1946 gab es dann eine von den Engländern ernannte Braunschweiger Landesregierung, der Alfred Kubel als Ministerpräsident vorstand. Sie wurde am 9.12.46 durch das erste Hannoveraner Kabinett Kopf abgelöst, das für das am 1.11.46 durch Verfügung der Militärregierung geschaffene Land Niedersachsen insgesamt zuständig wurde.

Hinrich Wilhelm Kopf (SPD) stand in Hannover einer großen Koalitionsregierung vor, der SPD, CDU, FDP, NLP (Niedersächsische Landespartei) und KPD angehörten. Diese Regierung hatte die zuständige englische Militärregierung ebenso gebildet wie das erste niedersächsische Landesparlament. Die Hannoveraner Militärregierung hat die 85 Mandate auf die von ihr genehmigten Parteien verteilt. Das geschah allerdings nicht ganz willkürlich, sondern beachtet wurde das Ergebnis der ersten kommunalen Wahlen, die zwei Monate vorher, am 13.10.1946, in den Land- und Stadtkreisen stattgefunden hatten.

Die Sitzverteilung im ernannten Landtag sah entsprechend aus: SPD 38 Mandate, CDU 20 Mandate, NLP 17 Mandate, FDP/DVP 6 Mandate, KPD 4 Mandate, Zentrum 1 Mandat.

2. Adolf Grimme – erster niedersächsischer Kultusminister

Zwei kurze und überaus schwierige Jahre lang, vom Dezember 1946 bis Dezember 1948, hat Adolf Grimme das niedersächsische Kultusministerium aufgebaut und geleitet. Er war von Freunden im Mai 1945 aus dem Hamburger Gefängnis befreit worden, in dem er eine dreijährige Zuchhausstrafe wegen "Nichtanzeigen eines Vorhabens des Hochverrats" absaß. Im Herbst 1942 war während einer Hausdurchsuchung ein illegales Flugblatt bei ihm gefunden worden, das dem ehemaligen preußischen Kultusminister, der während der 30er Jahre unter Gestapo-Beobachtung stand, zum Verhängnis wurde.

Grimme hat das damals noch wenig gegliederte Schulwesen (90% der Kinder und Jugendlichen besuchten die Volksschule, 6% die Gymnasien, 4% die Mittelschulen) zu einem differenzierten, reformpädagogisch geprägten Gefüge miteinander eng kooperierender Schulen zusammenführen wollen. Doch auf diesem Wege folgte ihm nicht seine eigene Partei, die wortradikal die Einheitsschule forderte, während er von der CDU, der Niedersächsischen Landespartei / Deutsche Partei und dem Zentrum in eine unerhört schwierige Debatte über die Rekonfessionalisierung des

Schulwesens verstrickt wurde. Eine solche Diskussion erscheint uns heute eher gespenstisch, sie war damals ebenso real wie die äußeren Verhältnisse schier unglaublich schwierig waren. Für eine entschiedene Verbindung von äußerer und innerer Schulreform sind die Zeiten natürlich immer schwierig. Damals waren sie jedoch besonders hart. Der Lehrerstand war wie kaum eine andere Berufsgruppe von nationalsozialistischer Ideologie verseucht. Die Schule des 3. Reiches war geprägt von Kasernenpädagogik und unmenschlichem Gedankengut. Der Mangel an guten, d.h. den Kindern zugewandten, fachlich versierten, freundlichen und beharrlichen Lehrerinnen und Lehrern war langfristig nur über einen Generationswechsel und eine Neugestaltung der Lehrerausbildung zu beheben. Und diese entscheidende Problematik wurde noch verschärft durch unglaubliche finanzielle Probleme. Es gab für die meisten Menschen nach 1945 wichtigere Fragen als Schulneubauten und zusätzliche Lehrstellen. Adolf Grimme hatte entsprechend zu überlegen, wie er ungeachtet großer Widerstände mittelfristig die durchschnittliche Schülerzahl je Lehrerstelle von 60 auf 50 Schülerinnen und Schüler senken, wie er die schlimmsten Raumausstattungsmängel lindern könnte. In seine Amtszeit fällt zudem die Vorbereitung und Durchführung der Währungsreform, deren wirtschaftlich stimulierende Wirkung er jedoch nicht mehr als Minister erlebte.

Seine potentielle Qualität als Bildungspolitiker zeigt sich darin, daß er versuchte, in dieser Situation nicht nur den Mangel sachgerecht zu verwalten, sondern sich bemühte, die bescheidenen Mittel zu konzentrieren, um die bildungspolitischen Schlüsselprobleme wenigstens in einem Modellprojekt anzugehen:

- die Veränderung des täglichen Schullebens, des Umgangs und Lernens miteinander, die Gestaltung der Schule zu einer Stätte humaner, demokratischer Erziehung,
- die Zusammenführung des undemokratischen, selektierenden Schulsystems zu einem differenzierten, miteinander kooperierenden Gefüge verschiedener Schulformen und Schulstufen. Mittelfristig strebte Grimme eine enge Verzahnung der Klassen 5 und 6 an, langfristig eine gemeinsame differenzierte Mittelstufe als Gesamtschule und eine veränderte Oberstufe,
- die Aufhebung der strikten Trennung von Theorie und Praxis, von beruflicher und allgemeiner Bildung,
- die Öffnung der Bildungsgänge, insbesondere des Hochschulzuganges für unterschiedliche Altersstufen (Kriegsheimkehrer) und benachteiligte soziale Schichten,
- die Neuorientierung der Lehrerausbildung für alle Schulformen mit dem Ziel, mehr Gemeinsamkeiten und eine größere Praxisnähe in beiden Ausbildungsphasen zu verwirklichen.

Dieses Problem sollte zumindest modellhaft in der Niedersächsischen Erziehungsstätte Braunschweig gelöst werden.

Eine Rückbesinnung auf die reformpädagogischen Ansätze in der Weimarer Republik erfährt auch die Volksschule in den Nachkriegsjahren / Q.: Volksschule Lehndorf (1949)

3. Die Gründung der Niedersächsischen Erziehungsstätte Braunschweig

Im März 1948 wandte sich Adolf Grimme zum wiederholten Male mit der Bitte an die englische Militärregierung, dem Kultusministerium einen größeren, intakten Gebäudekomplex für schulreformerische Zwecke zur Verfügung zu stellen. Das bereits von der Militärregierung grundsätzlich freigegebene Gebäude der Reichsjugendführerakademie an der Wolfenbütteler Straße war von der örtlichen Truppe erneut beschlagnahmt worden.

Nun jedoch zeigte sich der für das Land Niedersachsen zuständige Regional Commissioner, Brigadegeneral John Lingham, der in Hannover-Kirchrode residierte, ausgesprochen interessiert und engagiert. Lingham, ein Sandhurst-Absolvent, der bis 1944 als Brigadekommandeur gedient hatte, war vom August 1945 bis 1951 als Commissioner für Niedersachsen zuständig. Er war für die niedersächsische Landesregierung der ranghöchste Gesprächspartner, es war seine Entscheidung gewesen, H. Kopf zum Ministerpräsidenten zu berufen.

Lingham entschied, daß für ein wegweisendes Schulreformprojekt eine großzügige Lösung gefunden werden sollte, und überließ dem Niedersächsischen Kultusministerium den Komplex des ehemaligen Luftflottenkommandos in Braunschweig sowie 14 okkupierte Wohnhäuser im ehemaligen Fliegerviertel, heute Malerviertel. Er verband diese Freigabe mit der klaren Weisung, daß sämtliche Räumlichkeiten der deutschen Seite mit einer eindeutigen Zweckbindung zugewiesen würden. Innerhalb einer Frist von Wochen, längstens Monaten sei in den Gebäuden in Braunschweig ein schulisches Reformprojekt zu etablieren, nichts anderes.

Anfang Mai war das ehemalige Lutflottenkommando zum größten Teil freigegeben. Wegen der direkten Unterstellung des Vorhabens Niedersächsische Erziehungsstätte unter das Ministerium wurde es jetzt geführt als Zweigstelle des Niedersächsischen Kultusministeriums, Grünewaldstraße 12, Braunschweig.

Bis Mitte Mai hatte der vom Kultusminister eingesetzte Leiter der Niedersächsischen Erziehungsstätte, Verwaltungsdirektor Papenfuß, einen Belegungsplan erstellt, das Gebäude für die verschiedenen pädagogischen Einrichtungen aufgeteilt. Es war offenbar geplant, sehr unterschiedliche Schulen und Ausbildungsstätten im Gebäudekomplex unterzubringen, aufeinander zu beziehen und allmählich zusammenwachsen zu lassen.

Im einzelnen sahen Planung und spätere Realisierung wie folgt aus:

Im Westflügel, den die IGS in diesem Jahr von der Bundeswehrfachschule übernommen hat, wurden im Erdgeschoß eine Kochküche, Eßräume, eine Wäscherei und Wohnräume für das Personal untergebracht. Im 1. und 2. Stockwerk dieses Flügels wohnten sehr bald 200 Kinder aus dem großen Waisenhaus Braunschweig, das im Krieg völlig zerstört worden war. Die Kinder waren auf verschiedene Standorte im Bezirk Braunschweig verteilt gewesen, sie wurden hier wieder zusammengeführt. Die meisten der Kinder, die hier einzogen, waren noch nicht im schulpflichtigen Alter. Für sie wurde auch ein Kindergarten und eine Krankenstation eingerichtet.

Im Mittelbau, in dem sich jetzt ebenfalls die IGS befindet, wurde das Erdgeschoß und in Teilen das 1.Stockwerk einer zweizügigen Volksschule (Jahrgänge 1-8) zugewiesen. Im 1.Stockwerk befand sich darüber hinaus eine Bibliothek für alle Nutzer des Gebäudes, ein Sitzungszimmer für Konferenzen mit größerer Teilnehmerzahl (unsere Mensa) sowie ein Lesezimmer für Lehrer, Erzieher und Ausbilder. Im 2.Stockwerk wurden 6 Jahrgänge einer höheren Schule in Aufbauform (Raabeschule, Jahrgänge 8-13) untergebracht. Im 3. und 4. Stockwerk wohnten weitere 160 Kinder und Jugendliche im schulpflichtigen Alter, die zum Waisenhaus gehörten.

Dort, wo jetzt noch die Studiobühne des Staatstheaters arbeitet, wurde darüber hinaus die Aula für alle Nutzer des Gebäudes eingerichtet, die in den kommenden Jahren abendlich wiederholt die Funktion eines Lichtspieltheaters für das Stadtviertel übernahm.

Im langen Ostflügel, in dem sich gegenwärtig noch das Kreiswehrersatzamt sowie die Standortverwaltung befinden, arbeitete später im Erdgeschoß die Fachschule für Kindergärtnerinnen, deren praktische Ausbildung im Rahmen des Waisenhauses stattfand, und im 1. und 2.Stockwerk die Landeswohlfahrtschule, die aus Hannover nach Braunschweig zuzog, weil sie dort ebenfalls ausgebombt worden war. In dieser Schule wurden Wohlfahrtspfleger ausgebildet, heute würden wir wohl von Sozialarbeitern sprechen. Hier sollte mittelfristig eine zweijährige Vollzeitberufsschule samt Lehrwerkstätten eingerichtet werden, um eine Alternative zum dualen Ausbildungssystem zu erproben.

Im sogenannten Verwaltungsgebäude, heute befinden sich hier u. a. die Stadtteilbibliothek, die Musterungsgruppe des KWEA sowie Wohnungen, wurden im Erdgeschoß die Hausverwaltung, das Wirtschaftsbüro sowie Werkstätten für alle Schulen untergebracht. Im 1. Stockwerk wurde die Studienleitung, die Schulverwaltung sowie die Verwaltung des Großen Waisenhauses eingerichtet. Zum Projekt gehörte weiterhin eine Ausbildungsstätte für Jugendgruppenleiter und Kreisjugendpfleger, die in der Dürerstraße 28 Platz finden sollte.

Sodann wurde in diesem Zusammenhang das Braunschweig-Kolleg gegründet, das in einem Gebäude der Stiftung Thomaehof an der Feuerbachstraße einzog, das früher als Altenheim genutzt wurde. Im damaligen Sprachgebrauch heißt diese Neugründung: "Anstalt zur Vorbereitung von Begabten ohne Absolvierung höherer Schulen zur Aufnahme an Hochschulen in Verbindung mit den beiden Braunschweiger Hochschulen (Vorstudienanstalt)".

Und schließlich gab es da noch 14 Wohnhäuser mit Gärten im heutigen Malerviertel, die dem Kultusministerium von der Besatzungsmacht ebenfalls mit der Weisung übergeben wurden, sie für Zwecke des Schulreformprojekts zu nutzen. Hier sollten Lehrer, Erzieher und andere Mitarbeiter wohnen.

4. Die pädagogische und organisatorische Konzeption der „Niedersächsischen Erziehungsstätte Braunschweig“

Im folgenden möchte ich ein Dokument vorstellen und weitgehend für sich selbst sprechen lassen.

Hans Alfken, persönlicher Referent Adolf Grimmes im Kultusministerium, ist sich sicher, dieses Konzept 1948 entwickelt zu haben. Unter dem Eindruck einer erneuten Wilhelm-Meister-Lektüre habe er den Begriff der Pädagogischen Provinz als Leitmotiv gewählt und darüber hinaus versucht, seine Erfahrungen aus der Reformarbeit der Weimarer Republik zusammenzutragen. Als entscheidend für die Realisierung seines Planes habe er die Besetzung der Leitungsfunktion angesehen. Grimme griff auf den Kreis der Braunschweiger Schulreformer zurück, der im Winter 1948 auch seinen Nachfolger Voigt stellte und über den und seinen Beraterkreis später im Kultusministerium geflüstert wurde, daß alle Macht von Braunschweig ausgehe.

Beauftragt mit der verantwortlichen Leitung des Projekts wurde Schulrat Turn, der hauptamtlich in der Schulaufsicht des Verwaltungsbezirks arbeitete. Über sein Wirken in den folgenden Monaten geht aus den Akten des Kultusministeriums wenig hervor. Bernhard Winschewski, auch ein Braunschweiger Schulreformer, war als sein Stellvertreter vorgesehen, er folgte Anfang 1949 Turn im Amt des Erziehungsstättenleiters nach, als dieser dem neuen Kultusminister Voigt nach Hannover folgte. Winschewski leitete bis Mitte der 50er Jahre die Volksschule in der Erziehungsstätte und fungierte gleichzeitig als Leiter der gesamten Einrichtung.

Als Leiter der höheren Aufbauschule, der Raabe-Schule, wirkte in dieser Zeit und noch darüber hinaus Oberstudiendirektor Langner. Langner war eine ausgesprochen starke Persönlichkeit, die vielleicht als einzige aus dem Kreis der Braunschweiger in der Lage gewesen wäre, eine den hohen Ansprüchen der Konzeption entsprechende Wirklichkeit zu gestalten. In das zweite Glied hat er sich in den kommenden Jahren nicht immer fügen wollen. Zwischen ihm und Turn bzw. Winschewski ist es wiederholt zu Konflikten gekommen, die das gewünschte Zusammenwachsen der einzelnen Schulen zu einer differenzierten Gesamtschule erschwert, wenn nicht gar verhindert haben.

Erziehungsgrundsätze

1. Die “Pädagogische Provinz“ soll ein Beispiel künftigen Erziehungswesens sein und der pädagogischen Forschung dienen.
2. Die in ihr zusammengefaßten Institutionen bilden eine pädagogische Einheit:
   a) Schulzüge der allgemeinbildenden Schularten einschließlich Berufsschule
   b) Kindergärtnerinnenausbildung
   c) Praktische Lehrerausbildung
   d) Jugendleiter- und Jugendleiterinnenausbildung
   e) Jugendpflegeausbildung für Fürsorgeerziehung usw.
3. Der Erfolg des Versuchs ist abhängig von den Erzieherpersönlichkeiten, von ihrer Zusammenarbeit und von den materiellen Bedingungen.
4. Die “Pädagogische Provinz“ wird als umfassende, organische und elastische Einheitsschule aufgefaßt.
5. Alle in ihr vereinigten Erziehungsgruppen sind Lebensgemeinschaften, in denen der einzelne ganztägig lebt und arbeitet.
6. Die Gemeinschaftsgruppen versuchen, im Verhältnis der Erzieher zu den Schülern und der Schüler untereinander die Familiensituation als beste Grundlage aller Erziehung herzustellen.
7. Deshalb kann gemeinsames Erleben und gemeinsame Arbeit nicht an Jahrgänge gebunden sein, deshalb wird – soweit die Vorhaben es gestatten – Koedukation – nicht nur Koinstruktion – für beide Geschlechter gemeinsam von beiden Geschlechtern gemeinsam betrieben.
8. Die von der neueren Psychologie als wirksam erkannten Gesetze der seelischen und geistigen Entwicklung des Kindes sind bestimmend für die gesamte Erziehungsarbeit, auch für die Organisation des Schullebens im einzelnen.
9. Die Anlagen der Schüler zu erkennen, die Bildungsarbeit nach Begabungsrichtung und -höhe zu differenzieren, die Verzahnung der verschiedenen Bildungsmöglichkeiten in einem einheitlichen Schulsystem zu sichern und die schöpferischen Kräfte in freiem Schaffen zu entwickeln, sind die vornehmsten Aufgaben der Erzieher und stellen den besonderen Sinn des Versuchs dar.
10. Form und Inhalt der Erziehungs- und Unterrichtsarbeit bestimmen sich aus dem realen Leben der Gemeinschaft und den Bedürfnissen und Möglichkeiten des kulturellen, gesellschaftlichen und wirtschaftlichen Lebens. Die echte Arbeitsgemeinschaft (Gruppe), die sich auf gemeinsamen Interessen oder gemeinsamen Notwendigkeiten aufbaut, soll Grundform der Arbeit sein.
11. Die Aufteilung nach Jahresklassen darf nicht starr aufrecht erhalten werden.
12. Für die Entwicklung der Begabungen ist eine weitgehende Differenzierung notwendig. Ein gemeinsamer Kernunterricht wird ergänzt durch die Differenzierung in je einem
    - gewerblichen
    - technischen (Handel- und Verkehr)
    - haus- und landwirtschaftlichen
    - musischen
    - wissenschaftlichen Zug.

    Die Differenzierung ist Gegenstand besonderer Forschung. Der Zeitpunkt ihres Beginns und ihre Vielfältigkeit ergeben sich aus dem Versuch und können geändert werden. Alle Begabungszüge sind gleichwertig.
13. In allen Begabungszügen können grundsätzlich Lehrer aller Schularten tätig sein.
14. Die Selbstverwaltung als Prinzip wird im ganzen und im einzelnen durchgeführt.
15. Die “Pädagogische Provinz“ trägt in allen schulischen Institutionen den Charakter der Gemeinschaftsschule mit Religionsunterricht als ordentlichem Lehrfach.
16. Engste Zusammenarbeit zwischen Erziehern, Eltern und Schülern – auch schon vor der Schulzeit (Kindergarten) – wird betont gepflegt. Die wechselseitige Beziehung in Beratung und gegenseitiger Hilfe bestimmt die pädagogische Atmosphäre der Schulgemeinde.

5. Widerstände gegen das Projekt der Niedersächsischen Erziehungsstätte – Über das teilweise Scheitern des Reformprojekts

Als erstes entstand in Braunschweig eine heftige Kontroverse wegen der dem Kultusministerium übergebenen Wohnhäuser. 5 gehörten der Nibelungen- Wohnungsbaugesellschaft und 9 privaten Eigentümern. Die Wohnungsbaugesellschaft hatte mit dem Nutzerwechsel keine Probleme, weil sie keinen Grund sah, sich für ihre früheren Mieter zu verwenden, die 1945 von den Engländern ohne jeden Umschweif vor die Tür gesetzt worden waren. Sie teilte dem Kultusministerium mit, daß die Altmieter wegen ihrer herausgehobenen Verantwortung für Krieg und Kriegsverbrechen " u. E. auch jedes moralische Anrecht auf die Wohnungen verwirkt" hätten. Wenn diese Häuser für das Schulprojekt nicht benötigt würden, sollten sie lieber "mit solchen Personen besetzt werden, die dem Naziregime Widerstand entgegengesetzt haben oder durch seine Maßnahmen benachteiligt sind".

Ganz anders dagegen klingt dies bei den privaten Hauseigentümern, die einer Zeitungsmeldung mit Empörung entnehmen, daß die Siegermächte ihre Häuser nun verlassen, sie aber in die Nutzung des Kultusministeriums übergehen sollen. Es hagelte Protestschreiben, Klagedrohungen von Rechtsanwälten und Betroffenen. Angesichts der rechtlichen Schwierigkeiten begibt sich das Kultusministerium hier recht bald auf den Rückzug. Nach Beratung mit anderen Ministerien wird Zug um Zug den protestierenden Eigentümern nachgegeben und auf die meisten Häuser verzichtet.

Darüber ist im übrigen die Militärregierung ausgesprochen verärgert. Brigadier Lingham läßt mitteilen, daß er erwäge, die betreffenden Häuser wieder in die Nutzung der Besatzungsmacht zu nehmen, weil das Kultusministerium nicht in der Lage sei, sie wie abgesprochen zu verwenden.

Diese Verärgerung der englischen Seite bezieht sich im Verlaufe der Monate Juni und Juli auch auf das Luftflottenkommando selbst, weil das Projekt nicht die Fortschritte macht, die sie erwartet. Zwar sind sehr bald nach der Übergabe des Gebäudes die ersten Kinder des Waisenhauses eingezogen, die Einrichtung der einzelnen Schulen sowie der gesamten Einrichtung kommt jedoch nicht voran, weil ... die politische und etatmäßige Absicherung fehlt. (...)

Am 17. August tagte der Kultusausschuß des Niedersächsischen Landtages anläßlich seiner 7.Sitzung im Gästehaus der Stadt Braunschweig, nachdem er von 11.00-13.00 das Luftflottenkommando besichtigt hatte. Neben den 11 Mitgliedern des Ausschusses nimmt Oberbürgermeister Böhme als Gast an der Sitzung teil. Er wird vom Schulderzernenten Stadtrat Staats begleitet. Das Kultusministerium vertreten Oberregierungsrat Alfken, Frau Prof. Petersen, Amtmann Papenfuß. Weiterhin sind unter anderen der Leiter der Raabeschule, Oberstudiendirektor Langner und der Direktor des Großen Waisenhauses Dehling anwesend. Als Berichterstatter erhält Alfken das Wort, er erläutert das Projekt und stellt es als "Versuch einer Gesamt-Einheits-Schule" vor.

Danach greift der Direktor des Waisenhauses die Konzeption scharf an, er lehne es ab, Schule und Waisenhaus miteinander zu verbinden, spricht von einer "Kinderkaserne" und Massenbetrieb. Der Ausschußvorsitzende, der Abgeordnete Cillien (CDU), unterstützt Dehling, während der Oberstudiendirektor Langner die pädagogische Kon-

Vorlesesaal im Braunschweig-Kolleg nach dem Umzug in die ehemalige Reichsakademie für deutsche Jugendführung an der Wolfenbütteler Straße (1952) / Q.: Städtischer Bilderdienst Braunschweig, Foto: Rudert

zeption verteidigt und erläutert: "Die Schule sei gedacht als differenzierte Lebensschule im Sinne der goethischen "pädagogischen Provinz" und im Sinne Fichtes. Die geplante doppelzügige Aufbauschule und die Berufsschule sollten schulisch verwachsen. Die Einrichtungen wie Werkstätten und Fachunterrichtsräume seien zur Nutzung durch alle Schulzweige vorgesehen. Auch diejenigen Kinder, die infolge ihrer Begabung dem Oberschulzug folgen würden, würden mit Nutzen am Werkunterricht teilnehmen. Er glaube nicht, daß sehr viele Waisenkinder das Bedürfnis haben würden, Schulen in der Stadt zu besuchen. Man wolle das Leben in die Schule hereinbringen." (...)
(Protokoll KA NLT 7. Sitzung 17. 8. 1949)

In der folgenden Diskussion werden die Fronten deutlich. Die Abgeordneten der SPD signalisieren Unterstützung, wünschen aber, so Martha Fuchs, noch weitere schriftliche Informationen über Strukturen, Ziele und Kosten, während die Abgeordneten der CDU, der FDP, der DP und der Zentrumspartei Bedenken äußern, eine Stellungnahme des Ausschusses verschieben.

In der übernächsten Sitzung des Kultusausschusses, am 2. 9. 1948, steht das Projekt "Luftflottenkommando Braunschweig" erneut auf der Tagesordnung. Um eine prositive Entscheidung herbeizuführen, vertritt Minister Grimme das Kultusministerium selbst. Es begleitet ihn wieder Hans Alfken. Grimme erläutert das Vorhaben ausführlich und führt unter anderem aus:

Es handele sich . . . um einen wohldurchdachten und gut vorbereiteten Erziehungsplan, zu dessen Verwirklichung er und seine Mitarbeiter sich mit ganzer Kraft für die Zuweisung von Räumlichkeiten bei der Militärregierung eingesetzt hätten. Die Niedersächsische Erziehungsstätte in Braunschweig solle ein Quellpunkt pädagogischen Lebens in Niedersachsen sein.
Der Notwendigkeit, hier trotz allgemeinen Mangels Lehrerstellen zu konzentrieren stehe die Möglichkeit gegenüber, einen Großteil der Lehrerschaft Niedersachsens nach und nach durch die Braunschweiger Erziehungsstätte zu schleusen. So werde von dieser Stätte eine ungeheure Breitenwirkung ausgehen können.

Dem Minister wird im Ausschuß kein offener Widerstand entgegengebracht, allerdings wird am Ende des Tagesordnungspunktes ein etwas eigenartiges Votum abgegeben. Der Kultusausschuß beauftragt den Kultusminister lediglich, die notwendigen Finanzmittel für die Erziehungsstätte im Ausschuß für Haushalt und Finanzen zu beantragen.

Und prompt tritt der Vorsitzende des Kultusausschusses, der Abgeordnete Cillien (CDU), in der entsprechenden Sitzung des Haushaltsausschußes am 14. Oktober auf und behauptet, daß sich der Kultusausschuß in seiner letzten Sitzung eben nicht in der Lage gesehen habe, dem Projekt der Erziehungsstätte in Braunschweig vom kulturpolitischen Standpunkt aus unbedingt zuzustimmen.

Herr Alfken, der in dieser Sitzung Staatssekretär Wende (CDU) begleitet, widerspricht heftig, er gehe angesichts des Protokolls der Kultusausschußsitzung von einer einmütigen Zustimmung aus. Nun werden die Gegensätze klarer. Die CDU lehnt das Projekt ohne Umschweife ab, will allerdings die sogenannte Vorstudienanstalt, das spätere Braunschweig-Kolleg, unterstützen. Ein vorsichtig wohlwollendes Votum ohne formelle Beschlußfassung mit Blick auf den Haushalt ergibt sich letztlich erst durch das wiederholt vorgetragene Argument der SPD-Abgeordneten, entweder man stimme dem Reformprojekt im Luftflottenkommando heute wenigstens im Prinzip zu oder man sei das Gebäude wieder los.

So ergibt sich schließlich die Notwendigkeit, das Gesamtprojekt noch einmal, nämlich am 3. 11. 48, im Kultusausschuß zu beraten. Wieder begibt sich Minister Grimme selbst in den Ausschuß, überläßt die Argumentation diesmal jedoch weitgehend seinem Staatssekretär und seinem Referenten Hans Alfken. Jetzt endlich erhält er einen zustimmenden Beschluß. Der Ausschuß erklärt sich mit "der geplanten Belegung" des ehemaligen Luftflottenkommandos in Braunschweig einverstanden.

Es gibt also keinen positiven Beschluß zu einem umfassenden Schulreformversuch. Dafür gibt es in der gleichen Sitzung die Verabschiedung und Dankesworte für den Kultusminister. Grimme geht bereits im kommenden Monat als Generaldirektor des NWDR nach Hamburg. Er hinterläßt dieses Projekt in ähnlichem Zustand wie die gesamte niedersächsische Bildungspolitik der ersten Nachkriegsjahre: Mühsam erkämpfte Veränderungsansätze drohen schon bald zu verdorren.

Zur Verwirklichung der guten Ideen und Absichten fehlte es sicherlich auch an finanziellen Mitteln, schlimmer noch wirkte sich die fehlende wirkungsvolle politische Unterstützung einer handlungsfähigen politischen Mehrheit aus. In solchen großen Koalitionen wie in den ersten Kabinetten Kopf wird jeder Bewegungsspielraum immer vom Minimalkonsens bestimmt. Für wirkliche und seien es auch nur exemplarische Schulreformen reicht das niemals aus. Und schließlich fehlte es vielleicht am meisten an Menschen, die willens und fähig waren, die Anregungen der wenigen übrig gebliebenen Reformer auch in schulische Wirklichkeit umzusetzen.

Grimmes Nachfolger im Amt des Kultusministers, der Braunschweiger Voigt (SPD), zeigte erstaunlich wenig Interesse an der weiteren Errichtung und Fortsetzung des zentralen Schulversuchs Niedersächsische Erziehungsstätte Braunschweig. Die Erziehungsstätte wird nicht kassiert, es fehlt ihr jedoch in den kommenden Jahren die besondere Unterstützung, der weitabgesteckte pädagogische und auch materielle Freiraum, ohne den eine intensive und ausstrahlende Wirksamkeit nun einmal nicht möglich ist.

Im ehemaligen Luftflottenkommando Braunschweig beginnt der Alltag pädagogischer Arbeit, insbesondere eine ungewöhnliche und teilweise intensive Zusammenarbeit zwischen den einzelnen Schulen. Es entsteht keine Gesamtschule, über Jahre hinweg gelingt jedoch eine enge Kooperation zwischen sonst oft isoliert arbeitenden, manchmal sogar gegensätzlichen Schulformen. Es gibt bis Mitte der 50er Jahre gemeinsame Konferenzen. Fachräume und Werkstätten werden gemeinsam genutzt. Es entwickelt sich ein so reges Schulleben, daß manche Veranstaltungen wie die jährlichen Treppenfeste bis in die 70er Jahre zur Institution werden und noch heute als moderne Sagen weiterleben.

Im Schuljahr 1949/1950 beginnt im Gebäude der wegweisende Schulversuch "Differenzierter Mittelbau", in dem mit großem Erfolg die Durchlässigkeit schulischer Laufbahnen erprobt und langfristig beobachtet wurde. Bis 1953 hatte sich so eine Art Stufenschule entwickelt, eine Grundschule mit ca. 400 Schülerinnen und Schülern, der differenzierte Mittelbau mit ca. 600 Schülerinnen und Schülern. Daneben existierten die anderen schulischen Einrichtungen (Fachschule für Kindergärtnerinnen etc.) bis zu ihrem schrittweisen Auszug nach der Gründung der Bundeswehr.

Dieses ominöse Jahr 1956 markiert schließlich auch das formale Ende des Projekts Niedersächsische Erziehungsstätte Braunschweig, die von nun an nicht mehr dem Kultusministerium direkt untersteht, sondern der normalen Schulaufsicht des Verwaltungsbezirks Braunschweig zugewiesen wird.

Nach den Landtagswahlen von 1955 hatte Ministerpräsident Hellwege (DP) eine Regierung aus DP, CDU, FDP, GP-BHE gebildet, und sie strich im Rahmen der Haushaltsberatungen die gesonderte Stelle des Leiters der Erziehungsstätte Braunschweig. Sie sei unnötig, weil ja jede Schule im Haus bereits über einen Schulleiter verfüge. Winschewski wurde zur Bezirksregierung Lüneburg versetzt, in der er bis 1970 als Schulverwaltungsbeamter arbeitete. Das war das etwas glanzlose Ende eines mit großen Zielen begonnenes Schulreformprojektes.

Literaturverzeichnis:

1. An ungedruckten Quellen wurden die entsprechenden Akten des Niedersächsischen Hauptstaatsarchivs in Hannover ausgewertet und zitiert, insbesondere Nds 400 Acc 122 (Niedersächsische Erziehungsstätte Braunschweig) sowie die Protokolle der zitierten Sitzungen des Kultusausschusses des Niedersächsischen Landtages.
2. Mit Herrn Alfken habe ich mehrere Gespräche geführt, ebenso mit Herrn Krull, der seit 1948 im Gebäude des ehemaligen Luftflottenkommandos arbeitet, zunächst als Schlosser bei den Besatzungstruppen, heute als technischer Mitarbeiter der Studiobühne des Staatstheaters Braunschweig, die sich gewissermaßen als Nachfolgerin des Lichtbildtheaters der Niedersächsischen Erziehungsstätte noch heute im IV. OG des Schultraktes befindet.

An gedruckter Literatur wurde verwandt:

1. K. D. Bracher, Th. Eschenburg u. a., Geschichte der Bundesrepublik Deutschland Band 1, Th. Eschenburg, Jahre der Besetzung 45-49, Wiesbaden 1983
2. H. Leski, Schulreform und Administration, Oldenburg 1990
3. B. Pollmann, Reformansätze in Niedersachsen 1945-49, Hannover 1977
4. U. Schneider, Niedersachsen 1945/46, Hannover 1984
5. J. Seiters, Adolf Grimme, Hannover 1990 Gekürzter Bericht von 1991, – mit freundlicher Genehmigung des Autors

Lehrer des Braunschweig-Kollegs in der Bibliothek / Q.: Städtischer Bilderdienst Braunschweig, Foto: Rudert (29. 4. 1952)

B 4 **Rosemarie Vogt**

Abitur 1948

In den Nachkriegsjahren fanden Einschulungen und Schulabschluß zu Ostern statt. Die Abiturprüfungen wurden meistens Jan./Febr. durchgeführt, damit die Schülerinnen und Schüler die Schule zu Ostern verlassen konnten.

Der Winter 1947/48 zeigte sich, wie die Kriegswinter, mit all seiner Härte – eisigen Temperaturen und hohem Schnee. Wir hungerten und froren. Die Schulspeisung konnte nicht die nötigen Kalorien bringen, und die Schule war nur mäßig warm.

Endlich, im Februar, die Woche der Abiturprüfungen. Insgesamt mußten wir 4 schriftliche Arbeiten bewältigen: Deutsch (Aufsatz), Englisch, Mathematik, Latein bzw. Französisch. In diesem Jahr war der Aufsatz unsere erste schriftliche Arbeit. Doch als wir morgens vor der Schultür standen, hörten wir von dem großen Problem: Die Schule war nicht geheizt! Am Montag waren alle Räume bereits eiskalt. Entweder gab es für die Fernheizung keine Kohlen mehr, oder sie war kaputt. Was tun? Unsere Deutschlehrerin, Frl. Schreyer, gab sich optimistisch, daß am folgenden Tag gewiß wieder geheizt würde. Vorbeugend jedoch sollten wir uns warm anziehen, damit die Arbeit notfalls auch bei kalten Temperaturen geschrieben werden konnte.

Am nächsten Morgen rückten wir um 8 Uhr in Trainingsanzügen, Mänteln und Decken in der Schule an. Die Räume waren natürlich ungeheizt. Wir stimmten dafür, den Aufsatz dennoch zu schreiben. Wir waren durch das häufige Frieren in der Kriegs- und Nachkriegszeit abgehärtet und nicht so zimperlich.

Unsere Klasse wurde in den damaligen großen Zeichensaal mit Glasdach geführt. Dort war genug Platz für 21 Schülerinnen. Wir sollten möglichst weit auseinander sitzen. Unsere Themen waren "Die Kunst dem Volke“ und Shakespeares "King Lear“. Mit klammen Fingern schrieben wir unsere Gedanken nieder. Alle halbe Stunde legten wir die Füller hin, standen auf und machten auf das Kommando von Frl. Schreyer gymnastische Übungen, um unseren steifen Körper durch die Bewegung in Schwung zu bringen. Eine Teeküche, um heiße Getränke zu bereiten, gab es nicht. Wir hielten die 5 Stunden bei den eisigen Temperaturen durch.

Eigentlich war nach einer schriftlichen Prüfung jeweils ein Tag Pause. Weil aber der Aufsatz bereits um einen Tag verschoben worden war, wurde gleich am folgenden Tag die Lateinarbeit geschrieben. Die Schule war immer noch kalt. Da man uns aber nicht zumuten wollte, noch einmal drei Stunden (so lange sollte die Lateinarbeit dauern) in kalten Räumen zu schreiben, gab es eine andere Lösung. In der Lessing-Schule hinter Ägidien waren die Klassenräume geheizt. Also zogen alle Latein-Prüflinge von der Kleinen Burg zur Lessing-Schule; aber auch Schüler anderer Gymnasien, die alle im gleichen Gebäude schreiben sollten. Ein Aufschub der Lateinarbeit war nämlich deshalb nicht möglich, weil die Aufgaben vom damaligen Ministerium zentral für alle Schulen gestellt wurden.

Endlich liefen in der Kleinen Burg wieder alle Heizungen, und die Englisch- und Mathematikarbeiten konnten ohne Hindernisse geschrieben werden.

Natürlich hatten wir auch an **einem** Tag mündliche Prüfungen, die bis zum Abend um ca. 20 Uhr dauerten. Wir mußten uns übrigens auf **alle** Fächer vorbereiten, weil wir nicht wußten, in welchem Fach wir geprüft wurden. Aber alle haben wir das Abitur geschafft. Eine Abschlußfeier allerdings bekamen wir von der Schule nicht. Nach den Prüfungen wurden wir mit folgenden Worten des Oberstudiendirektors Dr. Bock entlassen: “Wenn Sie Ihr letztes Schulgeld bezahlt haben, können Sie Ihr Zeugnis abholen.“

Ein paar Worte muß ich noch ergänzen zu dem Thema, unter welchen Bedingungen wir uns auf das Abitur vorbereiten konnten. Lehrbücher hatten wir nur in den Fremdsprachen, meistens veraltete und gebrauchte. In den anderen Fächern schrieben wir im Unterricht den Stoff, so gut es eben ging, mit. (Matrizen und Fotokopien gab es natürlich nicht.) Hefte gab es nicht zu kaufen. Aus alten Zetteln klammerten wir uns Blöcke und Hefte zusammen. Wir hatten schon unsere liebe Mühe und Arbeit.

Und unter welchen äußeren Bedingungen haben wir zu Hause lernen und schreiben können? Jeden Tag gab es mehrere Stunden Stromsperre. Wir saßen also im Winter nicht nur kalt, sondern auch dunkel. Kerzen gab es nicht. Wir zündeten **Hindenburglichter** an, sie sahen ähnlich wie Teelichter aus, gaben aber nur ganz spärliches Licht. Man brauchte wenigstens drei Stück, um ein Papier notdürftig zu beleuchten. Aber auch die Hindenburglichter wurden zugeteilt.

Zum Abitur mußten wir uns DIN A4-Bogen besorgen. Durch Bekanntschaft und Bestechung bekam ich heimlich unter dem Ladentisch ein paar Bogen zugesteckt: Papier in Vorkriegsqualität!

Nach dem Abitur trafen sich die ehemaligen Schülerinnen der Kleinen Burg im Landschulheim in Altenau/Harz. Nahrung mußte mitgebracht werden. Holz war vorhanden, aber es mußte erst gesägt und zerkleinert werden (1947). / Q.: Rosemarie Vogt

СОЮЗ ОБЩЕСТВ КРАСНОГО КРЕСТА и КРАСНОГО ПОЛУМЕСЯЦА
СССР

Почтовая карточка военнопленного
Carte postale du prisonnier de guerre

Кому (Destinataire) Kpt. Hopp, Hans Malte

Ud SSR.

Куда (Adresse) (страна, город, улица, № дома, округ, село, деревня)

Lager 2041

Отправитель (Expéditeur)
Фамилия и имя военнопленного
Nom du prisonnier de guerre
Rosemarie Hopp

(20b) Braunschweig, Pestalozzistr. 5

Почтовый адрес военнопленного
Adresse du prisonnier de guerre
(Deutschland, Britische Zone)

Бесплатно
Franc de port

BRAUNSCHWEIG 1
18.2.48.-19

16-я тип. Зак. 895

M 7. *Vorgeschriebene Karte für den Postverkehr mit Kriegsgefangenen in der Sowjetunion. Rosemarie Vogt informierte ihren Vater über das bestandene Abitur . . .*

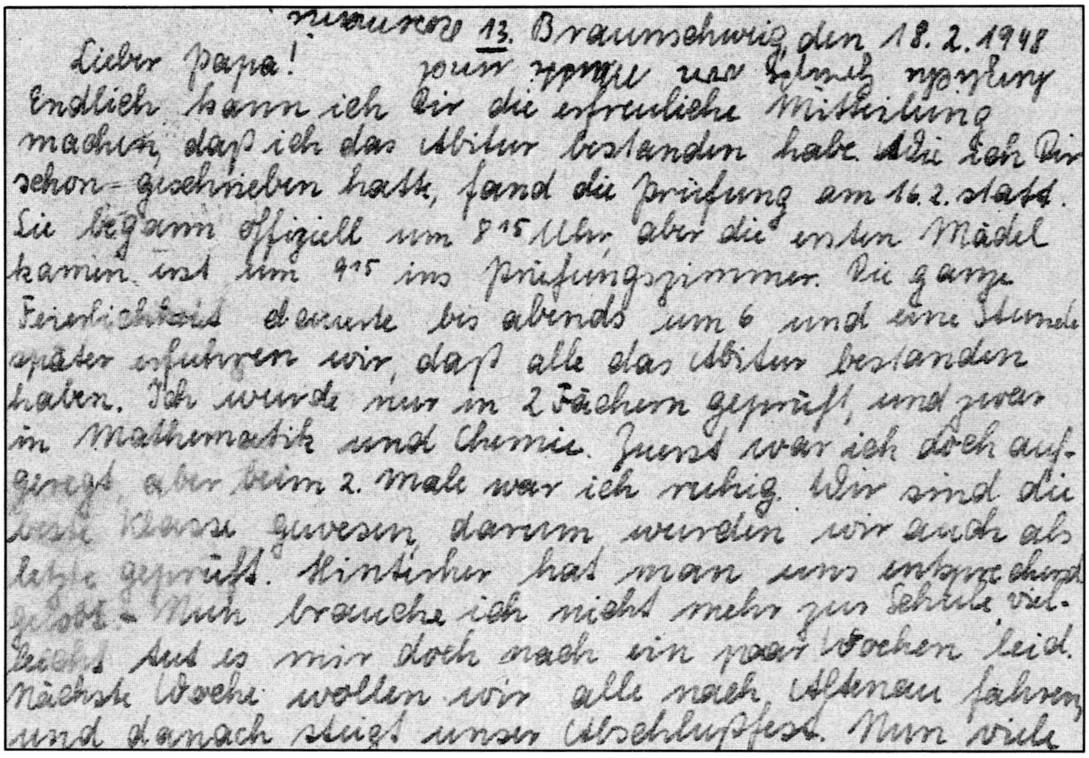

13. Braunschweig, den 18. 2. 1948

Lieber Papa!

Endlich kann ich Dir die erfreuliche Mitteilung machen, daß ich das Abitur bestanden habe. Wie ich Dir schon geschrieben hatte, fand die Prüfung am 16. 2. statt. Sie begann offiziell um 8^{15} Uhr, aber die ersten Mädel kamen erst um 9^{15} ins Prüfungszimmer. Die ganze Feierlichkeit dauerte bis abends um 6 und eine Stunde später erfuhren wir, daß alle das Abitur bestanden hatten. Ich wurde nur in 2 Fächern geprüft, und zwar in Mathematik und Chemie. Zuerst war ich doch aufgeregt, aber beim 2. male war ich ruhig. Wir sind die beste Klasse gewesen, darum wurden wir auch als letzte geprüft. Hinterher hat man uns entsprechend gelobt. Nun brauche ich nicht mehr zur Schule. Vielleicht tut es mir doch nach ein paar Wochen leid. Nächste Woche wollen wir alle nach Altenau fahren und danach steigt unser Abschlußfest. Nun viele

Deutschland.

СОЮЗ ОБЩЕСТВ КРАСНОГО КРЕСТА и КРАСНОГО ПОЛУМЕСЯЦА
СССР

Почтовая карточка военнопленного
Carte postale du prisonnier de guerre

Бесплатно
Franc de port

Кому (Destinataire) Fräulein Rosemarie Hopp (20b)
Braunschweig
Куда (Adresse)
(страна, город, улица, № дома, округ, село, деревня)

Отправитель (Expéditeur)
Фамилия и имя военнопленного
Nom du prisonnier de guerre
UdSSR
Почтовый адрес военнопленного
Adresse du prisonnier de guerre
Lager 2041.

Зак. 395

M 8. *. . . und erhielt gemalte Glückwünsche: Die betagten Kriegsgefangenen werden von dem (künftigen) Fräulein Lehrerin durch knifflige Fragen in Verlegenheit gebracht. / Q.: Rosemarie Vogt*

B 5 Kerstin Wenzel

Studium an der Kanthochschule

Ich bin Jahrgang 1928 und habe 1948 Abitur gemacht. (vgl. **B 4**) In unserer Klasse waren 21 Schülerinnen. Das waren damals verhältnismäßig viele. In den Parallelklassen waren nicht ganz so viele Schülerinnen. Man hatte zwar das Abitur in der Tasche, aber was nun tun? Es war noch keine Währungsreform gewesen, und mein Vater war noch in russischer Kriegsgefangenschaft. Meine Mutter bekam keine Unterstützung, weil mein Vater als vermißt galt. Wir hatten zwar die Postverbindung, so daß wir wußten, daß er lebte, doch für die Behörden galt er einfach als vermißt. Wir lebten von den Ersparnissen.

An der Technischen Hochschule war es aussichtslos anzukommen. Es hatten nur einige Professorentöchter Verbindung dorthin. Alle anderen Mitschülerinnen saßen auf der Straße. Ein Bekannter riet mir, ich sollte mich an der Kanthochschule bewerben und versuchen, Lehrerin zu werden. Eigentlich hatte ich vor, Biologie zu studieren oder Apothekerin zu werden, aber das konnte ich gleich abschreiben. Daraufhin habe ich mich an der Kanthochschule gemeldet. Es waren 750 Bewerber, und davon sollten 90 angenommen werden. Es waren unheimlich viele Spätheimkehrer darunter, Soldaten, die aus der Gefangenschaft kamen. Die waren älter, und daher waren die Aussichten für uns Jüngere schlecht. Wir hatten eine Aufnahmeprüfung am Vormittag, in der wir ein Instrument spielen, etwas vorsingen, vorturnen und ein Diktat schreiben mußten. Außerdem mußten wir eine kleine Unterrichtsstunde von etwa 10 Minuten halten und eine Diskussion leiten. Ich wurde nicht angenommen.

Daraufhin bin ich zur Handelsschule an der Alten Waage gegangen, wo ich angenommen wurde. Dort habe ich ein halbes Jahr Stenographie, Schreibmaschine, Buchführung, Betriebswirtschaft, natürlich Deutsch und ein bißchen kaufmännisches Rechnen gelernt. Dieser Kursus lief bis September/Oktober. Inzwischen war am 20. Juni die **Währungsreform**, d.h. die Geldumstellung. Das bedeutete, daß wir keinen Pfennig Geld hatten. Mein Vater war im April 1948 aus der Gefangenschaft zurückgekehrt, aber er mußte erst entnazifiziert werden. Unsere Ersparnisse waren nach dem Krieg aufgebraucht. Ich habe zusätzlich Nachhilfestunden gegeben wie auch mein Vater. Wir haben alte Kinderbücher, Stapel von Noten und pädagogische Bücher verkauft. Alles andere haben wir stunden lassen: die Miete, das Schulgeld in der Handelsschule (in der Kleinen Burg wurde mir das Schulgeld erlassen, weil wir ja nachweisen konnten, daß wir kein Geld bekamen) und sämtliche Krankenkassenbeiträge.

Am 1. Oktober bekam ich eine Stelle als Büroschreibkraft in einem Eisenwarenlager, was furchtbar langweilig war. Ich mußte dort nämlich nur Nägel und Drähte zählen. Aber ich habe verdient, und mein Vater wurde wieder als Mittelschullehrer eingestellt. Wir mußten erst einmal sehen, daß wir das Geld, was gestundet war, nach und nach abstotterten.

Ich wechselte von diesem Eisenwarenhändler zum Institut für Holzforschung in der Kralenriede, wo ich auch wieder als Schreibkraft tätig war. Im Februar oder März bekam ich von der Kanthochschule die Aufforderung, ich könnte mich noch einmal zur Prüfung einfinden. Da mein Vater jetzt zu Hause war und es finanziell wieder lief, riet er mir, mich doch noch mal zu melden. Im Büro konnte ich ja notfalls immer noch bleiben. Diesmal waren es nur 450 Bewerber, und 90 wurden angenommen. Die Aufnahmeprüfung war die gleiche wie im Vorjahr. Etwas später bekam ich die Nachricht, daß ich angenommen worden war, und da habe ich meine Bürotätigkeit aufgegeben.

Ich fing im April 1949 mit dem Studium an. Das 1. Semester war ein sogenanntes Aufräumsemester. Es nannte sich auch **Trümmersemester,** aber damit es nicht ganz so verloren war, hatten wir schon einige Vorlesungen in Pädagogik und Methodik. Außerdem hatten wir einige Hobbyfächer wie Sport und Musik. Wir haben auch schon in den Schulen hospitiert. Auch jeder Student an der Technischen Hochschule mußte rund um den Hochschulbereich Aufräumarbeiten leisten. Wir waren im Garten der Kanthochschule beschäftigt und haben dort die Trümmer weggeräumt, Unkraut beseitigt und die Beete in Ordnung gebracht. Im darauffolgenden Jahr war das Aufräumsemester meiner Meinung nach schon abgeschafft.

Während der ersten Semesterferien mußten wir ein 3-4 wöchiges Sozialpraktikum leisten. Ich wurde im Waisenhaus eingesetzt, das damals in der Niedersächsischen Erziehungsstätte am Franzschen Feld untergebracht war

Wohnheim für Studenten der Technischen Hochschule in einem Wohnhaus in der Gaußstraße (1950) / Q.: Rosemarie Vogt

Lehrerstudenten mußten ein Sozialpraktikum ableisten. Etliche wurden den Bunkerkindern zur Betreuung zugewiesen. / Q.: Städtischer Bilderdienst Braunschweig, Foto: Bingel

(vgl. **B 3**) Morgens betreute ich die nichtschulpflichtigen Kinder, und am Nachmittag beaufsichtigte ich die Hausarbeiten der Schulkinder.

Dann habe ich 4 Semester studiert. Bei den männlichen Studenten waren Geschichte und Politik favorisierte Studienfächer, weil wir ausgezeichnete Professoren hatten. Politik war auch als eine Vorlesungsreihe verbindlich für alle. Weitere Fächer, die sehr gerne genommen wurden, waren Geographie und Biologie. Wir mußten ein wissenschaftliches und ein musisches Fach belegen. Zu den musischen Fächern gehörten: Sport, Zeichnen, Handarbeit, Werken und Musik. Zusätzlich konnten wir als Prüfungsfach Religion nehmen. Außerdem gab es Hobbyfächer wie Stenographie und Schreibmaschine. Ich hatte Biologie und Handarbeit. Einige Fächer waren verbindlich: Methodik, Pädagogik, Psychologie, Sport und Politik.

Für Politik war Professor Rodenstein zuständig, der unter den Nazis sehr gelitten hatte. Er war während der Nazizeit entlassen worden und wurde nach dem Krieg an die Kanthochschule berufen. Er hat sich immer wieder dafür eingesetzt, daß ehemalige Offiziere, die teilweise schon über 30 Jahre alt waren, angenommen wurden. Denn letztlich konnten die jungen Menschen nichts dafür, daß sie eingezogen worden waren und im Krieg den Kopf hinhalten mußten.

Wir hatten semesterübergreifende Hochschulfeste, übergreifende Vorlesungen, und man traf sich unter den Jahrgängen. Auch der Kontakt zu den Professoren war überaus persönlich. Wir haben mit ihnen Fahrten gemacht, was

Arbeitsdienst für die Studenten der TH Braunschweig in den Semesterferien: Ausbau von Baracken für eine Jugendhilfseinrichtung in Wolfenbüttel (1947) / Q.: Rosemarie Vogt

Studentenspeisung an der TH Braunschweig (1946-47): Brot und Schmalz/ Q.: Städtischer Bilderdienst Braunschweig, Fotos: Gertrud Bingel

Prof. Dr. Beatus, Biologe von der Kanthochschule Braunschweig mit seinen Studenten bei einer Exkursion (1950) / Q.: Rosemarie Vogt

damals eine Sensation war, weil wir jetzt in neue Gegenden kamen. Wir sind vorher nie verreist, da wir ja im Krieg nicht verreisen konnten. Es herrschte ein ausgeprochener Zusammenhalt zwischen Studenten und Professoren.

In den Nachkriegsjahren waren wir jungen Menschen allem Neuen gegenüber sehr aufgeschlossen, denn bis dahin waren wir abgeschlossen von aller Welt. Wir kannten viele Autoren, Maler und Komponisten nicht, die in der Nazizeit nicht gespielt oder gelesen werden durften. Das brach jetzt alles über uns herein. Wir waren für alles dankbar, was uns geboten wurde. Wir standen Schlange nach Theaterkarten, wir gingen in Konzerte, in jede Ausstellung, und wir trafen uns in kleinen Kreisen, um über die Ausstellungen, moderne Kunst, Bücher usw. zu diskutieren. Wir hatten einen unheimlichen Nachholbedarf an Kultur. Die neue und die alte Kultur wurden von uns auch sehr aufgearbeitet. Es existierte eine enorme Motivation unter den Studenten, sich zu engagieren.

Der Abschluß am Ende des Studiums bedeutete Volksschullehrerin. Wir wurden außerplanmäßige Lehrerinnen (d.h. man mußte regelmäßig die AGs zur Weiterbildung besuchen, um die 2. Prüfung zu machen. Diese erfolgte nach 3 Schuljahren.) Wir konnten uns zwar nach dem Abschluß bewerben, in welchen Regierungsbezirk wir kamen, darauf hatten wir aber keinerlei Einfluß. Wir wurden im Interesse des Dienstes dorthin versetzt, wo Lehrkräfte gebraucht wurden. Es war allerdings ein sehr großer Bedarf an Lehrkräften vorhanden.

Für eine Einstellung in der Stadt Braunschweig war ein Abschluß von "sehr gut" oder "gut" erforderlich. Es wurde wegen der Wohnungsnot zusätzlich berücksichtigt, wer im Stadtgebiet wohnte. Da ich in Braunschweig bei meinen Eltern wohnte, bekam ich eine Anstellung an der Eichendorffschule in Braunschweig. Das waren ehemalige Kasernengebäude, und etliche Gebäude waren noch von Jugoslawen besetzt. Es war eine Volksschule, die durchgegliedert war von Klasse 1 bis 8. Ich mußte gleich alles unterrichten. Ich bekam eine 4. Klasse als Klassenlehrerin mit 37 Kindern, zusätzlich Unterricht in einem 1. Schuljahr und Handarbeit in den oberen Jahrgängen. Ich habe 30 Wochenstunden gegeben, männliche Lehrkräfte gaben 32. Wir hatten in 3 Schichten Unterricht: 2 Tage vormittags, 2 Tage etwas später über Mittag und 2 Tage am Nachmittag. Der Sonnabendunterricht lag von 11.30-16.30 Uhr.

Zeitzeugeninterview mit Rosemarie Vogt am 16. 5. 1994

unbezeichnet / Q.: Volksschule Lehndorf

Flüchtlinge aus dem Bunker Steinstraße (Braunschweig 1952) / Q.: Städtischer Bilderdienst / Rudert

6 Flüchtlinge

Am 15. September 1945 kommentierte die Londoner Zeitung „The Economist": „Im Widerspruch zur Potsdamer Deklaration, die der ungeordneten und unmenschlichen Massenvertreibung von Deutschen Einhalt gebot, geht die Zwangsausweisung aus den Provinzen Ostpreußens, Pommerns, Schlesiens und Teilen von Brandenburg unverändert weiter. Ebenso die Vertreibung der 3,5 Millionen Sudetendeutschen. Der Rat der Außenminister muß dieser entsetzlichen Tragödie ein Ende machen. Die vertriebenen Menschen sind praktisch ohne Nahrung und obdachlos.

Die bewohnbaren Teile der großen (deutschen) Städte waren schon überfüllt, ehe sie kamen, und auf dem Lande gibt es nur sehr begrenzte Möglichkeiten, sie unterzubringen. Die unausweichliche Folge wird sein, daß Millionen an Hunger und Erschöpfung sterben werden. Die Deutschen haben zweifellos Strafe verdient – aber keine Tortur von dieser Art. Wenn die Polen und Tschechen als zivilisierter gelten wollen als die Nazis, dann müssen sie sofort mit der Vertreibung aufhören."

Die britische Zeitung sagt zwar nur indirekt, was ihre eigentliche Sorge ist, aber es wird verständlich, wenn man die wirtschaftliche Situation Großbritanniens gegen Ende des Krieges kennt: Jeder zusätzliche Flüchtling in der britischen Zone war ein Flüchtling zuviel, denn man würde ihn versorgen müssen, das heißt die eigene Bevölkerung bestehlen. Polen und Tschechen kümmerten die zaghaften Proteste aus dem Westen anfangs wenig, handelten sie doch im Bewußtsein, daß die Sowjets, die ihre Länder kontrollierten, keine Einwände haben würden gegen die rücksichtslose und brutale Deportation. Denn sowohl die Russen als auch die Polen und Tschechen hatten in den zurückliegenden Jahren als „Untermenschen" einschlägige Erfahrungen mit den Deutschen gemacht als Gequälte, Gefolterte, von Haus und Hof Verjagte, zu Kuliarbeit Verschleppte, als Erniedrigte und Beleidigte. Sie kehrten den Spieß um, und ihre Regierungen spornten sie an.

Rechtfertigung der Vertreibung waren aber nicht die erlittenen Qualen, sondern die **Absprachen der Verbündeten in Jalta und Potsdam**, wo Stalin Entschädigung für den heimtückischen Überfall seines ehemaligen Verbündeten Hitler erwartete wegen der Hinterlassenschaft von verwüstetem Land. Da die Sowjetunion und Deutschland aber keine gemeinsamen Grenzen hatten, annektierte Stalin mit Billigung der westlichen Verbündeten Gebiete Polens, der Tschechoslowakei und Rumäniens, die ihm durch den Hitler-Stalin-Pakt zugesprochen worden waren. Polen wurde einfach nach Westen verschoben, die verkleinerte Tschechoslowakei konnte sich der sudetendeutschen Gebiete bemächtigen. Da die westlichen Alliierten die Sowjets für eine Nachkriegsfriedensordnung benötigen, ließen sie Stalin im Osten freie Hand zur Schaffung vollendeter Tatsachen. Und Stalin handelte nach dem Motto: Wenn keine Deutschen mehr in den Ostprovinzen sind, ist das Territorium herrenlos. In Potsdam erklärte er seinen Verbündeten, daß die Vertreibung notwendig gewesen wäre, um den sowjetischen Vormarsch nicht zu gefährden. Unterstützt durch seinen Verbündeten, den polnischen Kommunisten Bierut, erklärte er, höchstens eine Million Deutsche befänden sich noch in den östlichen Provinzen und die säßen auf gepackten Koffern und warteten nur auf ihren Abtransport. Tatsächlich lebten aber noch über sieben Millionen Deutsche in den von der Sowjetunion, Polen (und der Tschechoslowakei) beanspruchten Gebieten. In Potsdam glaubten England und die USA der Deportation dieser einen Million aus den östlichen Provinzen und der 3,5 Millionen aus der Tschechoslowakei zustimmen zu können, obwohl sie wußten, daß dies die Lebensfähigkeit ihrer Zonen gefährden könnte. Es kamen aber noch drei Millionen mehr, um die sie Stalin und Bierut belogen hatte. Diese Masse von Flüchtlingen zu versorgen, war eine schier unlösbare Aufgabe. So ist die Betroffenheit der westlichen Beobachter über die Flüchtlingslawine, die sich auf Deutschland zuwälzte, zu verstehen. Der britische Philosoph Bertrand Russel empörte sich am 19. Oktober 1945 in der „Times": *„In Osteuropa werden von unseren Alliierten Massendeportationen in einem nie dagewesenen Umfang durchgeführt, und anscheinend wird dort mit voller Absicht versucht, einige Millionen Deutsche auszurotten, nicht durch Gas, sondern indem man sie ohne Obdach und Nahrung einem langsamen, qualvollen Hungertod überläßt."*

In den von den Nazis erbauten Lagern warteten sie, Schuldige und Unschuldige, Täter und Opfer, auf ihre Abschiebung nach Deutschland. H. G. Adler, ein Jude, der das Lager Theresienstadt überlebt hatte, schrieb in seinem Buch „Theresienstadt" über diese neuen Todeslager: *„Die Fetzen, in die man die Deutschen hüllte, waren mit Hakenkreuzen beschmiert. Die Menschen wurden elend ernährt, mißhandelt, und es ist ihnen um nichts besser ergangen, als man es von deutschen Konzentrationslagern gewohnt war."*

Menschlichen Abschaum gibt es in jedem zivilisierten Land, und wenn die staatliche Kontrolle versagt bzw. der Staat aus politischem Kalkül die Verfolgung von Menschen sanktioniert, dann feiert der Mob seine sadistischen Orgien. Das historische Unrecht dieser menschlichen Tragödien besteht darin, daß Sieger so etwas ungestraft tun dürfen. Es besteht aber nicht darin, daß die Verlierer wegen solcher "Verbrechen gegen die Menschlichkeit" bestraft werden. Das muß man jenen sagen, die Völkermord gegen Völkermord aufrechnen, um sich reinzuwaschen.

Nicht alle warteten unter elenden Bedingungen in Lagern auf ihren Abtransport, viele arbeiteten bis zu ihrer Vertreibung als Sklaven in ihrem früheren Betrieb, wurden zu Zwangsarbeit herangezogen oder sollten, wie dies auch die Nazis betrieben hatten, durch Arbeit vernichtet werden. Eines Tages aber war es dann soweit, wie Russel am 8. Dezember 1945 in „New Leader" berichtet: *„Ohne Vorankündigung werden Frauen und Kinder zu den Zügen getrieben, jeder nur mit einem Koffer, der ihnen meistens noch geraubt wird* (**B 3**)*. Die Bahnfahrt nach Berlin dauert Tage, Verpflegung gibt es keine. Viele sind tot, wenn sie in Berlin ankommen. Kinder, die unterwegs sterben, werden (von der Begleitmannschaft) aus dem Fenster geworfen. Ein Mitglied der „Friends Ambulance Unit" beschreibt den Berliner Bahnhof, auf dem die Transporte eintreffen, mit den Worten: „Bergen-Belsen noch einmal – Tote werden auf rohen Pritschenwagen weggekarrt."*

Die Westmächte protestierten schon in Potsdam und später immer wieder gegen diese **Verbrechen gegen die Menschlichkeit an den deutschen Flüchtlingen,** erreichten jedoch erst allmählich, daß die Deportationen, wie es im Potsdamer Abkommen hieß, "in ordungsgemäßer und humaner Weise" geschahen. Dies mag einigen hunderttausend Flüchtlingen das Leben gerettet haben.

1. Displaced Persons (DPs)

Als die Amerikaner am 12. April 1945 in Braunschweig einmarschierten, wurden sie von Zehntausenden von Menschen mit Jubel empfangen. Deutsche waren dies zumeist nicht, sondern ausländische Zivil- und Zwangsarbeiter, Kriegsgefangene und KZ-Insassen (die Alliierten nannten sie Displaced Persons), die im Krieg in Deutschland und zum Teil in den von Deutschen besetzten Ländern die Masse der einheimischen Arbeiter ersetzt hatten. Im Industriegebiet Salzgitter-Braunschweig-Wolfsburg waren es besonders viele, im Kreis Watenstedt-Salzgitter allein über 60.000, im gesamten Deutschen Reich nach den Berechnungen der Alliierten 7.775.000. Nach ihren Plänen sollten sie in Sammellager zusammengeführt (in der Stadt Braunschweig in verschiedenen Kasernen, aber auch in vorhandenen Lagern und Schulen – vgl. Kap. **Schule Q.: 1.4.**) von den Deutschen bevorzugt versorgt und von der jeweiligen Besatzungsmacht im Laufe der Jahre 1945/46 repatriiert werden. Die Menschen aus den westeuropäischen Ländern kamen zuerst dran, es folgten die Russen, und in der dritten Phase sollten die polnischen, ruthenischen und baltischen DPs abreisen. Aus einem zweiten Grund mußte die Rückführung schnell geschehen: Nach den Absprachen zwischen den Alliierten mußten die westlichen Gebiete Deutschlands Millionen von Flüchtlingen aus den östlichen Provinzen aufnehmen, d. h., die DPs mußten den Flüchtlingen Platz machen, auch die Lager wurden zumindest als Notquartiere und Durchgangslager benötigt.

Im November 1945 leben in Braunschweig noch rund 28.000 (davon 11.000 in Lagern), in Salzgitter rund 24.000 DPs, und diese Zahlen sanken in den folgenden Jahren kaum. Von den polnischen Arbeitern wollten aus politischen Gründen rund 80% in Deutschland bleiben, bei den Ruthenen und Balten lag der Prozentsatz noch höher, denn zum einen waren ihre Länder von der Sowjetunion okkupiert worden, und zum anderen hatten viele von Ihnen als Freiwillige in der Waffen-SS gedient und mußten bei der Rückkehr mit Tod oder Zwangsarbeit rechnen. Die UNRRA (United Nations Relief an Rehabilitation Administration) verzichtete aus humanitären Gründen auf die zwangsweise Rückführung dieser DPs, so daß sie zu Flüchtlingen in Deutschland wurden.

Ihre Lage war trostlos, auch wenn sie bis 1947 in der Verpflegung und Unterbringung besser gestellt waren als die deutschen Flüchtlinge und die Einheimischen. In den Städten wurden sie als Arbeitskräfte nicht mehr benötigt, also auch nicht mehr beschäftigt. Deutsche Flüchtlinge wurden ihnen vorgezogen. Ein Teil von ihnen wollte auch gar nicht arbeiten, sie nährten sich von Diebstahl und Raub (vgl. auch Kap. **„Entnazifizierung" Q.: 1.3.2.**). Um sie doch noch loszuwerden, schafften die Briten 1947 ihre bevorzugte Versorgung ab und ermöglichte ihnen, als auch dies nichts fruchtete, die Auswanderung nach Großbritannien oder in überseeische Gebiete (Operation Westward HO). Diese großherzige Aktion hatte schließlich den gewünschten Erfolg: Nur rund 5% der bei Kriegsende im Land Braunschweig lebenden DPs wohnten 1951 noch hier. Die meisten von ihnen waren sogenannte "volksdeutsche Umsiedler", d.h. Menschen, die bei den Volksabstimmungen in Oberschlesien 1922/23 für Deutschland optiert hatten, aber von ihrer Herkunft zumeist polnisch waren.

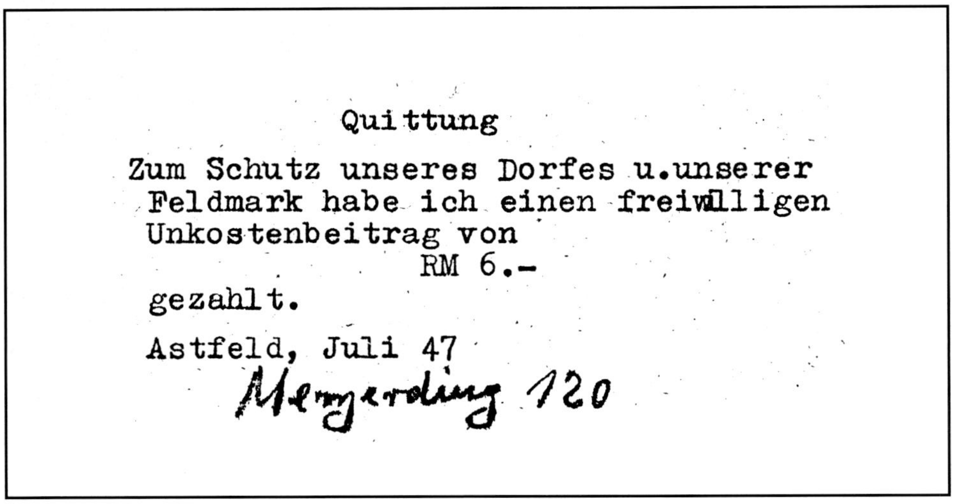

Quittung

Zum Schutz unseres Dorfes u.unserer Feldmark habe ich einen freiwilligen Unkostenbeitrag von RM 6.- gezahlt.

Astfeld, Juli 47

Mengerding 120

M 1. Beitragsquittung zur Bezahlung eines polizeilichen Hilfsdienstes, der zum Schutz der Orte gegen marodierende DPs eingerichtet wurde. / Q.: Klaus Timmermann

Zunächst einmal hielten sich die DPs an ihren Peinigern schadlos, zumindest diejenigen, welche in Lagern eingesperrt gewesen, schlecht verpflegt, gepeinigt und erniedrigt worden waren. Sie zogen in den ersten Wochen und Monaten marodierend durchs Land, und der Militärregierung fiel es schwer, sie am Plündern und Zerstören zu hindern. Schon deshalb mußte die Repatriierung möglichst schnell passieren. Die Fremd- und Zwangsarbeiter, welche in bäuerlichen oder Handwerksbetrieben gearbeitet hatten, waren in der Regel mit ihren Dienstherren besser ausgekommen und gar nicht immer bereit, ihre Wohnung gegen einen Platz in einem Repatriierungslager zu tauschen.

Schon am 28. April 1945 begann die britische Besatzungsmacht mit der zügigen Heimführung von durchschnittlich 1.400 Menschen täglich, die im Lande Braunschweig leb-

Flüchtlinge aus der Sowjetzone nach dem illegalen Grenzübertritt vor dem Helmstedter Bahnhof. / Foto: Christa Bosse-Schaper

2. Zustrom von Flüchtlingen

Gegen Kriegsende schwoll der Strom von Flüchtlingen an. Dies war einerseits eine Flucht vor der vorrückenden Roten Armee, andererseits zwangen Räumungsbefehle deutscher Stellen die Bevölkerung, ihre Heimat zu verlassen. Diese Menschen versuchten bei Verwandten im Westen unterzukommen oder suchten Hilfe in ländlichen Gebieten, die der Zerstörung entgangen waren. Eine Stadt wie Braunschweig etwa, die bis zu 50% zerstört war, mieden die Flüchtlinge (bis Oktober 1945 wanderten nur rund 9.000 Menschen zu).

Im Sommer und Herbst 1945 verstärkte sich der Flüchtlingsstrom durch **wilde Vertreibungen** der Polen und Tschechen. Hauptaufnahmegebiete waren zunächst die sowjetische Zone und die östlichen Gebiete der Westzonen. Schon im Sommer 1945 war die Aufnahmekapazität des Landes Braunschweig erschöpft, so daß die britische Militärregierung anordnete, daß die Städte des Landes Duchgangslager anzulegen hätten.

In Mariental und Alversdorf im Landkreis Helmstedt entstanden Grenzdurchgangslager, wo die Flüchtlinge, die zum Teil wochenlang unter unmenschlichen Bedingungen unterwegs gewesen waren, "entseucht", verpflegt und zum Teil auch neu eingekleidet wurden. (**Q.: 3.1.**) Anschließend wurden sie in die Durchgangslager des Landes geschleust, wo sie auf den Weitertransport nach Westen warteten, bzw. ein geringer Anteil auf das Land Braunschweig verteilt wurde. Im November 1945 hatte das Land schon fast 130.000 Flüchtlinge aufgenommen.

In Potsdam verständigten sich die Alliierten auf die **„geregelte und humane" Umsiedlung** der verbliebenen Deutschen aus "Neupolen" und dem Sudetenland. Die britische Zone sollte nach den Umsiedlungsplänen des Alliierten Kontrollrates vom 20. November 1945 noch rund 1,5 Millionen Vertriebene aufnehmen, die zum erheblichen Teil über den Grenzbahnhof Helmstedt in die britische Zone kommen würden.(Zu dieser Zeit war Helmstedt die einzige offene Bahnverbindungsstelle zwischen der Sowjetzone und den Westzonen.)

Im November 1945 trafen dann tatsächlich die ersten geschlossenen Transporte ein, es waren dies jedoch zunächst Repatriierte aus dem Ruhrgebiet und Hamburg, die die deutschen Behörden zum Schutz vor alliierten Luftangriffen 1943/44 in die Tschechoslowakei evakuiert hatten. In der letzten Novemberwoche mußten in der Stadt Braunschweig schon 17.000 Menschen betreut werden, und ein vierter Bunker mußte als Durchgangslager eingerichtet werden. Im Winter 1945/46 ging der Flüchtlingsstrom zwischenzeitlich etwas zurück.

Am 7. Februar 1946 organisierte die britische Militärregierung in Hannover unter dem Decknamen **„Operation Schwalbe“** die Verteilung der 1,5 Millionen Flüchtlinge, die für das Jahr 1946 zu erwarten waren. Tatsächlich reisten in diesem Jahr allein in Helmstedt 1,25 Millionen Flüchtlinge in die britische Zone ein.

Dem Land Braunschweig wurden 100.000 dieser Menschen zugewiesen, und niemand fragte, wie das ermöglicht werden sollte. Vorgesehen für die zentrale Verteilung auf die Städte und Dörfer des Landes war das 1945 als “Cushion Camp“ (Pufferlager) eingerichtete Lager in Immendorf im Stadtkreis Watenstedt-Salzgitter, das im Notfall bis zu 28.000 Flüchtlinge vorübergehend aufnehmen konnte.

Da die Landkreise wegen des geringen Grades an Kriegszerstörungen bisher die meisten Flüchtlinge aufgenommen hatten und ihr Wohnraum bis an die Grenze der Belastbarkeit der einheimischen Bevölkerung ausgeschöpft war, mußten die Stadt Braunschweig, die wegen des hohen Grads ihrer Zerstörung bisher vom Aufnahmezwang ausgenommen worden war, Goslar und Watenstedt-Salzgitter einen erheblichen Anteil des Kontingentes der Schwalbe-Aktion aufnehmen. Da sich die Städte weigerten, verordnete die Militärregierung die Beschlagnahme von Wohnraum und legte detailliert fest, wieviel Wohnraum jedem Einzelnen zustand. (vgl. **Q.: 4.1.**).

Nach Beendigung der Aktion Schwalbe ließ der Zustrom von Flüchtlingen zwar nach, verebbte jedoch keineswegs, denn viele der auf die sowjetische Zone verteilten Flüchtlinge sahen dort keine Zukunftschance und suchten jetzt schon den Weg nach Westen. Mit diesen Flüchtlingen fertigzuwerden, oblag nach der Gründung des Landes Niedersachsen am 1.November 1946 und der Übertragung des Flüchtlingswesens von der britischen Militärregierung auf die Landesregierung nun der Staatskommissarin für das Flüchtlingswesen, der Braunschweigerin **Martha Fuchs.**

Niedersachsen glaubte das Zuzugsproblem durch eine Abriegelung der Grenzen (wofür allerdings zu wenige Grenzpolizisten zur Verfügung standen), die Einschränkung des Asylrechts und die Schließung des Durchgangslagers Mariental lösen zu können. Illegale Flüchtlinge, d.h. solche, die nicht im Zuge von Familienzusammenführung ins Land kamen, wurden bereits an der Grenze zurückgewiesen (wenn sie über die Grenzkontrollpunkte einzureisen versuchten). Wer die “Grüne Grenze“ passierte, wurde nicht von den Gemeinden aufgenommen, sondern mußte sich im einzig verbliebenen Aufnahmelager Uelzen-Bohldamm melden. Wer dies umging, erhielt weder Lebensmittelkarten noch eine **Zuzugsgenehmigung**, sprich Wohnung. In Uelzen anerkannte Flüchtlinge wurden den zentralen Flüchtlingslagern der Bezirke überwiesen (für Braunschweig war dies Immendorf), von wo aus sie verteilt wur-

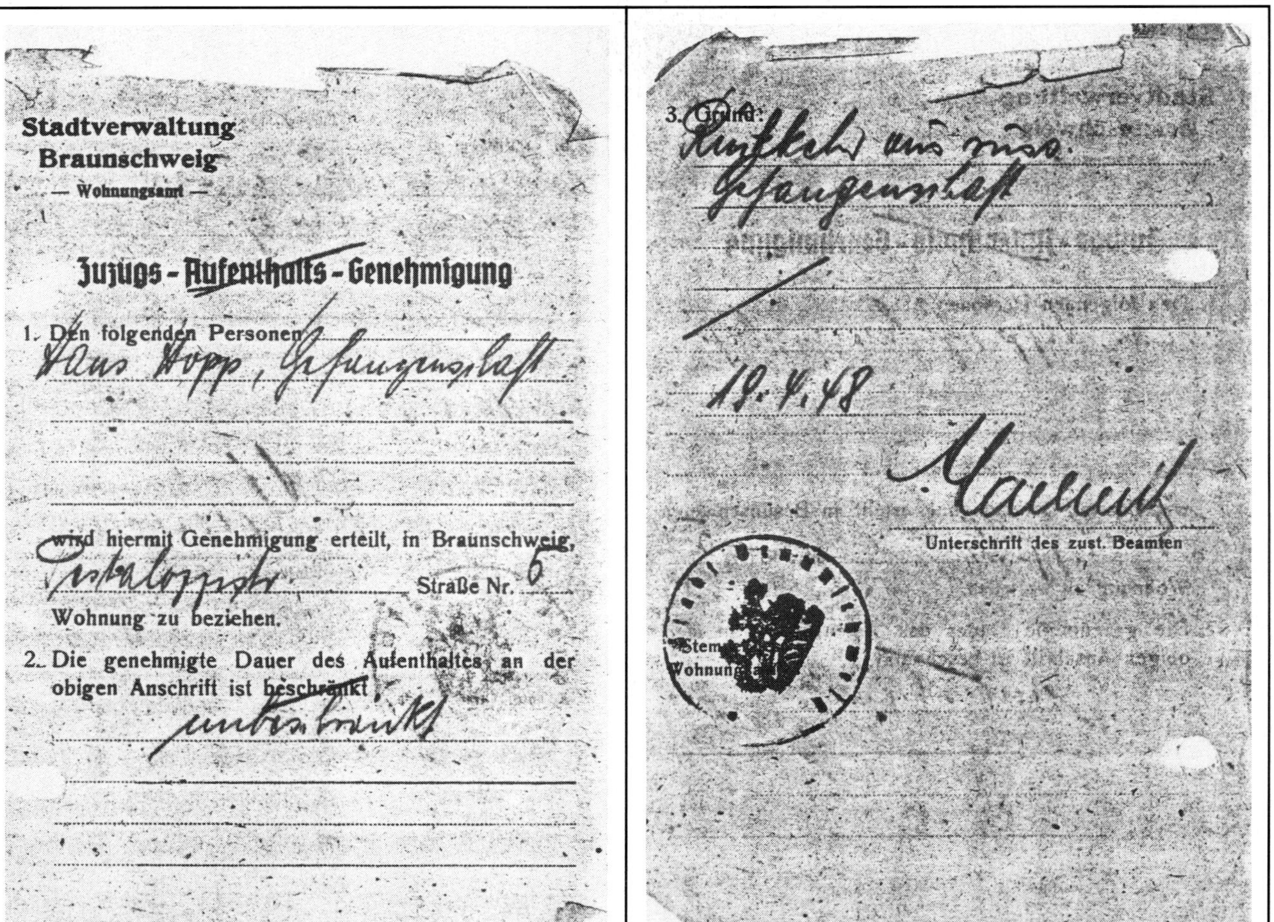

Stadtverwaltung Braunschweig
— Wohnungsamt —

Zuzugs-~~Aufenthalts~~-Genehmigung

1. Den folgenden Personen

wird hiermit Genehmigung erteilt, in Braunschweig, Straße Nr. 6 Wohnung zu beziehen.

2. Die genehmigte Dauer des Aufenthaltes an der obigen Anschrift ist ~~beschränkt~~ unbeschränkt

3. Grund: Rückkehr aus russ. Gefangenschaft

19.4.48

Unterschrift des zust. Beamten

M 2. Zuzugsgenehmigung für einen heimkehrenden Kriegsgefangenen (1948). Ohne Zuzugsgenehmigung bestand kein Anrecht auf eine Wohnung. / Q.: Rosemarie Vogt den. Mit dieser Abriegelung war Niedersachsen so erfolgreich, daß es (aus Kostengründen) die Durchgangslager der Bezirke auflösen konnte. Sie blieben jedoch Lager, wurden lediglich von den Städten zu Wohn-lagern für einen längeren Aufenthalt umgewandelt (**Q.: 3.2.**).

Nach dem Scheitern der Londoner Außenministerkonferenz im Herbst 1947 über die Zukunft Deutschlands erwarteten die westlichen Besatzungsmächte ein erneutes Anschwellen des Flüchtlingsstroms nach Westen. Dies traf zu und sollte sich auch bis zum Mauerbau in Berlin 1961 nicht mehr ändern. Die britische Militäradministration verfügte deshalb eine Lockerung der Abriegelungsmaßnahmen der Länder ihrer Zone. Diese Länder verständigten sich am 6. 2. 1948 in Braunschweig darauf, illegale Sowjetzonenflüchtlinge nur dann aufzunehmen, wenn sie politische Verfolgung nachweisen konnten. Die anerkannten Flüchtlinge wurden von Uelzen aus auf die Länder verteilt.

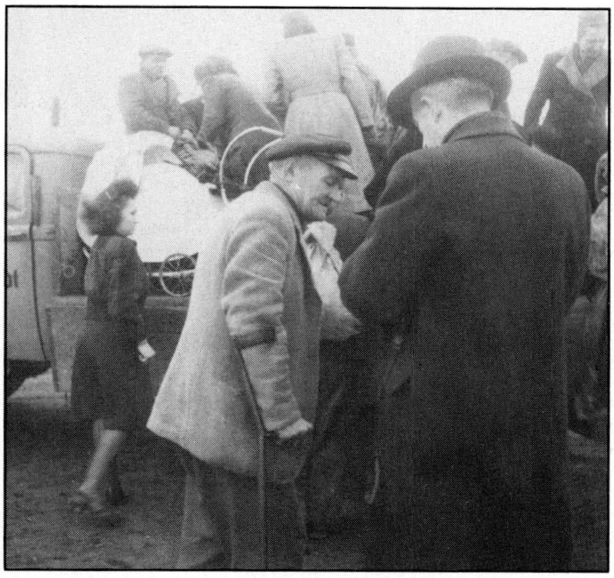

Flüchtlinge aus der SBZ werden vom Bahnhof Helmstedt in das Notaufnahmelager Mariental gebracht. / Foto: Christa Bosse-Schaper

Mit dem **„Notaufnahmegesetz“** vom 22. August 1950 schuf die Bundesrepublik Deutschland eine einheitliche Regelung für die Aufnahme von Sowjetzonenflüchtlingen. Auch mit diesem Gesetz wurde zwischen politischen-und Wirtschaftsflüchtlingen unterschieden, eine Abschiebung der nicht anerkannten Flüchtlinge aus humanitären Gründen aber ausgeschlossen. Nicht anerkannte Flüchtlinge besaßen keinen Anspruch auf eine Wohnung und auf öffentliche Unterstützung.

3. Durchgangs- und Verteilungslager

Bis zum Herbst 1945, als die britische Kontrollkommission in Berlin wegen der in Potsdam vereinbarten Umsiedlungen Vorsorge treffen mußte, waren bereits rund 700.000 Flüchtlinge im Gebiet des späteren Landes Niedersachsen aufgenommen worden, im Land Braunschweig 130.000. Das ergab sich aus der Zählung im August 1945. Am 1. November 1945 verfügten die britischen Militärregierungen der Länder eine Wohnraumzählung, um aus den ermittelten Daten die Zuweisung auf die einzelnen Regionen erarbeiten zu können.

Am 21. November 1945 erließ die Kontrollkommission (faktisch die Regierung der britischen Zone) die Zonenexekutivanweisung Nr. 10 über den "Verwaltungsapparat, den die deutsche örtliche Verwaltung für die Behandlung der Flüchtlingsbewegung bereitstellen muß“. Auf örtlicher sowie auf Kreis- und Landesebene sollten Flüchtlingsausschüsse eingerichtet werden, in denen Beamte und Angestellte der Finanz- und Ernährungsabteilungen, der Wohnungs-, Gesundheits-, Arbeits-, Jugend-, und Wohlfahrtsämter und der Polizei mit Vertretern der Flüchtlinge, der Kirchen und Wohlfahrtsverbände zusammenarbeiten sollten. Die Militärregierungen der Länder wurden aufgefordert, Durchgangs- und Verteilungslager einrichten zu lassen.

Im Lande Braunschweig passierten die meisten Flüchtlinge das Durchgangslager der Stadt Braunschweig, als Verteilungslager wurde das Lager Immendorf eingerichtet. Das Durchgangslager Braunschweig bestand aus einer Registrierungsbaracke auf dem Hauptbahnhof und mehreren Bunkern zur Unterbringung. Die Flüchtlinge erhielten eine Registrierungskarte, falls das nicht schon in Helmstedt geschehen war (**M 3**), wurden untersucht, erhielten Verpflegung und Lebensmittelkarten, eventuell auch Kleidung, übernachteten in Bunkern und fuhren am folgenden Tag in ihre Bestimmungsorte.

In der Praxis sah das so aus: Nach der Ankunft am Hauptbahnhof erfolgte die Ausgabe der **Flüchtlings-Meldescheine**, in die nach Absprache mit den Flüchtlingen der aufnehmende Kreis einzutragen war. Außerdem erhielt die Karte einen Datumsstempel, der das Eintreffen am Zielort befristete. Nach der Ausgabe von Lebensmittelkarten bekamen die Flüchtlinge eine warme Mahlzeit und eine Portion Marschverpflegung, bestehend aus 500 Gramm Brot, 100 Gramm Wurst und 25 Gramm Butter. Anschließend "besichtigten“ Braunschweiger Ärzte die Durchreisenden und schickten die Verlausten in die Desinfektionsanstalt. Seuchenverdächtige und Kranke wurden in den Bahnhofsbunker eingewiesen und medizinisch versorgt, bis sie marschbereit waren. Für die Gesunden erfolgte die Verteilung auf die Bunker, anfangs Steinstraße für Frauen und Madamenweg für Männer. Nach Protesten der Betroffenen änderte der Flüchtlingsausschuß das System: In die Bunker Kalenwall, Sack und Steinstraße wurden Familien eingewiesen, im **Bunker Madamenweg** sollten Männer und Frauen lediglich nach Stockwerken getrennt untergebracht werden. In der Regel verließen die Flüchtlinge innerhalb von 24 Stunden Braunschweig wieder, wenn sie transportfähig waren.

Diese Situation änderte sich im Sommer 1946 mit dem Zustrom der Schwalbe-Flüchtlinge, als die Stadt gezwungen war, Kontingentflüchtlinge aufzunehmen, ohne für sie entsprechenden Wohnraum zur Verfügung stellen zu können. Sie blieben anfangs in den Bunkern, bis diese vollständig überlastet, hygienisch und menschlich unzumutbar waren (**M 10**) Erst als sich die Beschwerden häuften, bequemte sich die Stadt, für Entlastung zu sorgen. Sie richtete für durchreisende Jugendliche die Lager "Sternhaus“ bei Wolfenbüttel und "Ölper Waldhaus“ ein, für durchreisende Familien und erwachsene Einzelpersonen reichte ab Herbst 1946 der Bunker am Bahnhof aus. In den übrigen Bunkern sowie in den Lagern "Hohestieg“ und

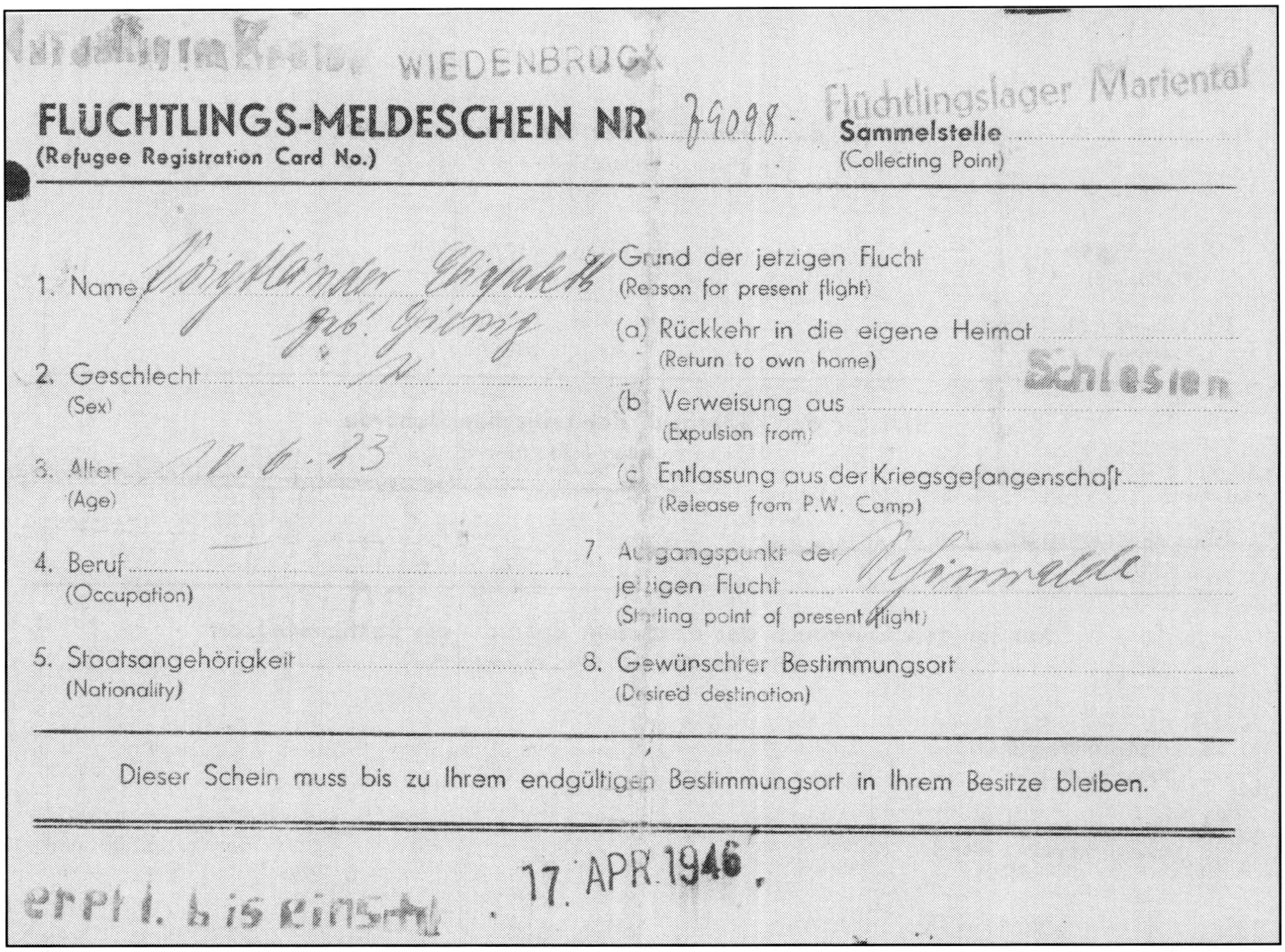

WIEDENBRÜCK

FLÜCHTLINGS-MELDESCHEIN NR. 29098

(Refugee Registration Card No.)

Flüchtlingslager Mariental

Sammelstelle

(Collecting Point)

1. Name

2. Geschlecht (Sex)

3. Alter (Age) 11. 6. 23

4. Beruf (Occupation)

5. Staatsangehörigkeit (Nationality)

6. Grund der jetzigen Flucht (Reason for present flight)

(a) Rückkehr in die eigene Heimat (Return to own home)

(b) Verweisung aus (Expulsion from) Schlesien

(c) Entlassung aus der Kriegsgefangenschaft (Release from P.W. Camp)

7. Ausgangspunkt der jetzigen Flucht (Starting point of present flight)

8. Gewünschter Bestimmungsort (Desired destination)

Dieser Schein muss bis zu Ihrem endgültigen Bestimmungsort in Ihrem Besitze bleiben.

17. APR. 1946

M 3. Flüchtlingsmeldeschein des Grenzdurchgangslagers Mariental bei Helmstedt. Über Helmstedt wurde der gesamte Flüchtlingsstrom der „Aktion Schwalbe" gelenkt. In den oberen Rand stempelte die Behörde den Aufnahmekreis und das Datum, bis zu dem sich der Flüchtling im aufnehmenden Kreis melden mußte. / Q.: privat

"Hansa" (Güldenstraße) warteten ca 2.500 zugewiesene Flüchtlinge auf die Bereitstellung von Wohnraum.

Als am 10. 11. 1947 die Zuständigkeit für die durchreisenden Flüchtlinge auf die Bezirksregierung überging, war der Flüchtlingsstrom aus den Ostgebieten soweit zurückgegangen, daß der Bahnhofsbunker allein für ihre Betreuung ausreichte. Trotz zum Teil schwieriger Zeitabschnitte, in denen die Bunkerverwaltung zusammenzubrechen drohte, wurde dem Flüchtlingsausschuß in Braunschweig vielfach Lob ausgesprochen für seine aufopferungsvolle und tüchtige Arbeit (**Q.: 3.5.**).

Die Durchgangslager konnten aber keineswegs geschlossen werden, denn Braunschweig war für die Sowjetzonenflüchtlinge die erste Großstadt nach dem Grenzübertritt in Helmstedt. Nach wie vor mußten sechs Durchgangslager erhalten bleiben und außerdem zwei Übernachtungsstätten für Flüchtlinge, die am folgenden Tag weiterreisen wollten (Bunker Steinstraße und Madamenweg) (**Q.: 3.6.**).

4. Die Unterbringung der Flüchtlinge

Aus der Wohnraumverknappung durch den Bombenkrieg wurde in den Nachkriegsjahren durch den Flüchtlingsstrom eine katastrophale Wohnungsnot. Buchstäblich jeder nur denkbare Raum mußte genutzt werden, ob Kaserne oder Bunker, Zwangsarbeiterlager oder leerstehender Gewerberaum, Gartenlaube oder Keller. Aber schon im Herbst 1945 konnte auch durch die sofort nach Kriegsende einsetzende Trümmerräumung soviel an Baumaterial gewonnen werden, daß ein Teil der leicht beschädigten Wohnungen wieder genutzt werden konnte. Behindert wurde ein zügiger Wiederaufbau aber durch den überall herrschenden Mangel an Zement, Walzeisen und Holz.

Für die Stadt Braunschweig sah die Situation im Sommer 1945 besonders trostlos aus: **Die Hälfte aller Wohnungen war zerstört bzw. beschädigt** (11.115), ganze Wohnviertel hatte die Militärregierung für ihren Eigenbedarf beschlagnahmt (rund 70.000 m² (vgl. **B 5**) – nicht einmal die aus der Evakuierung zurückkehrenden Braunschweiger fanden eine Wohnung. Schon für sie mußten Behelfsheime eingerichtet werden. Wegen dieser prekären Situation verzichtete die Militärregierung zunächst darauf, der Stadt Flüchtlinge zuzuweisen. Allerdings hielten sich doch schon rund 11.000 im Winter 1945/46 in Braunschweig auf, die weitgehend ohne Zugangsgenehmigung untergekommen waren. Um die Flüchtlingsmassen der Aktion Schwalbe unterbringen zu können, wurde im Sommer die Stadt Braunschweig angewiesen, für rund 30.000 Flüchtlinge Platz zu schaffen. Das schien unmöglich zu sein, lediglich 2.000 Flüchtlinge konnten durch Einweisung in den vom Krieg weitgehend unbeschädigt gebliebenen Siedlungshäuser der Nazi-Mustersiedlungen untergebracht werden.

Die Militärregierung machte dem Oberbürgermeister Böhme und den Spitzen seiner Verwaltung jedoch am 26. August 1946 klar, daß noch 60.000 Flüchtlinge untergebracht werden könnten, wenn man den Wohnraum so begrenzt, daß 2 Personen sich einen Raum von $8m^2$ teilen, wenn dieser größer als $8m^2$ war. Der bei dieser Bespechung anwesende Stadtkommandant Allen teilte der Stadt am 28. 8. 1946 mit, wie der notwendige Wohnraum zu gewinnen sei, nämlich durch die konsequente Durchforstung und Ausspähung durch städtische Bedienstete (**Q.: 4.2.**). Diese Aktion brachte nicht den gewünschten Erfolg. Aber der Wiederaufbau des Jahres 1946 schaffte Entlastung, wenn auch neue Flüchtlinge gleich wieder zusätzliche Belastungen brachten: Bis August 1946 waren 78% der leicht, 20% der mittelschwer und 3% der schwer beschädigten Wohnungen wieder benutzbar, und weitere Barackenlager (Lehre) waren errichtet worden.

Noch mehrmals drängten die Briten darauf, ungenutzten Wohnraum ausfindig zu machen und die **Zwangseinweisung** konsequent durchzuführen. Im Jahre 1947 betrug die Belegungsquote in Braunschweig mit 1,6 Personen je Wohnraum tatsächlich fast die von den Briten gewünschte Dichte. Sie selbst breiteten sich auf 69.843 m^2 aus, wie die Stadtverwaltung ihnen vorhielt. Bei Zugrundelegung der Richtzahl von $7{,}2m^2$ für jede Person (sofern sie deutsch war) hätten in diesem Wohnraum rund 10.000 Menschen untergebracht werden können. Stattdessen lebten 13.000 Menschen in Behelfsunterkünften, 3.300 in normalerweise unbewohnbaren Räumen und 20.700 in überbelegten Wohnungen. Diese Rechnung beeindruckte wohl auch die Besatzungsmacht, denn sie gab zumindest die Luftnachrichtenkaserne zum Umbau als Flüchtlingsunterkunft frei. Außerdem wurde die Humboldtkaserne zur Aufnahme von Flüchtlingen hergerichtet, mit zweifelhaftem Erfolg, wie die Quellen versichern (**Q.: 4.7.**). Aber allen kurzfristig gewonnenen Wohnraum verschlangen neue Flüchtlingszuweisungen und die nun verstärkt einsetzende Familienzusammenführung.

Bis 1948 war es der Stadt jedoch gelungen, über 40.000 Flüchtlinge unterzubringen, von denen lediglich noch 10% in Bunkern oder Baracken hausen mußten. Entspannen konnte sich die Lage erst, als in den 50er Jahren mit dem Wohnungsbauförderungsprogramm verstärkt Neubauten errichtet wurden. Auch die Flüchtlinge selbst trugen zur Linderung der Wohnungsnot bei, als sie mit Lastenausgleichsmitteln beim Wiederaufbau helfen konnten. Aber auch Mitte der 50er Jahre lebten noch 7.500 Braunschweiger in Notwohnungen.

5. (u. 8.) Einheimische und Flüchtlinge

Fremdenfeindlichkeit ist keine Erscheinung unserer Zeit, schon immer schrillten bei den Einheimischen die Alarmglocken, wenn sie das Gefühl hatten, da kommt jemand,

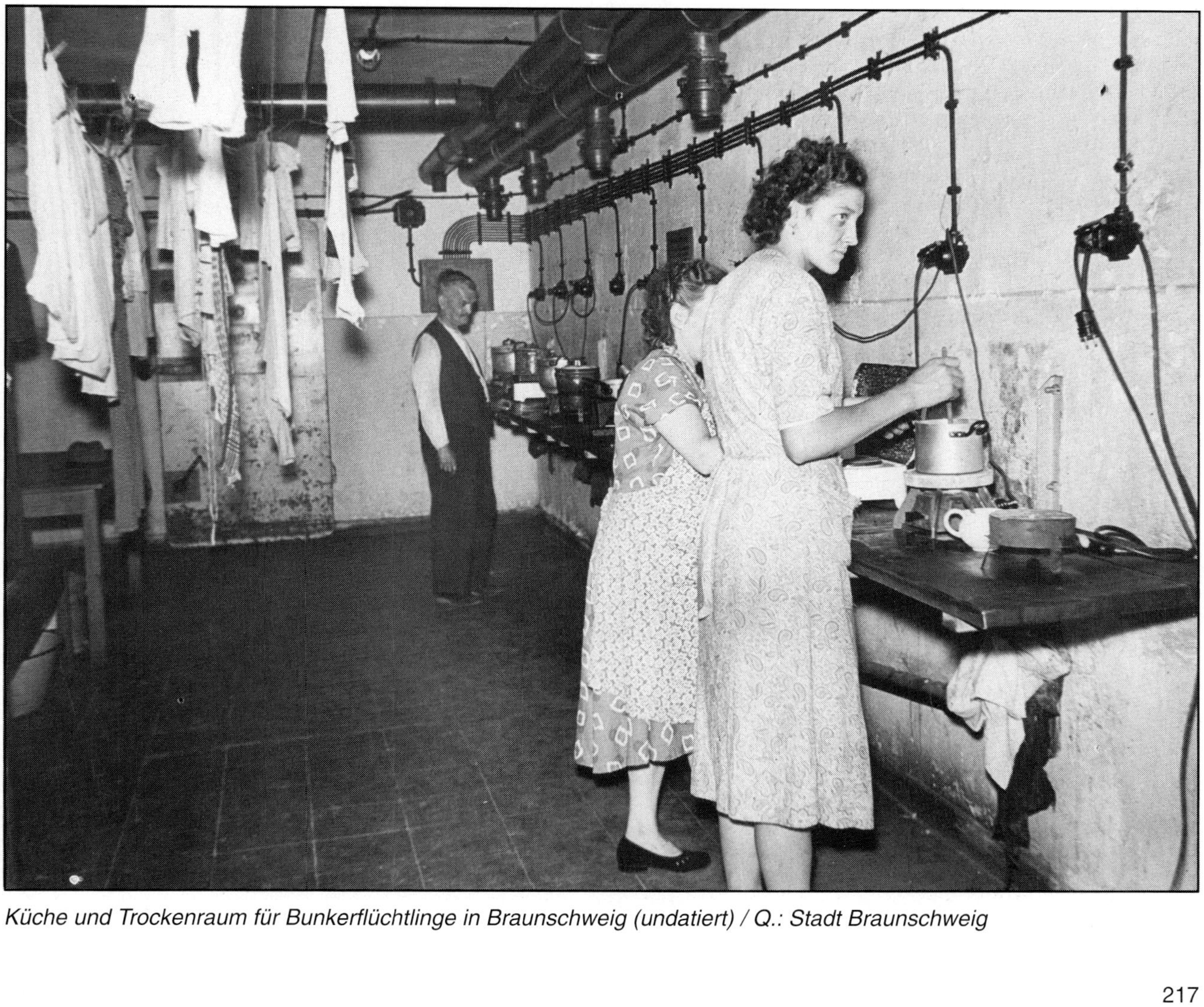

Küche und Trockenraum für Bunkerflüchtlinge in Braunschweig (undatiert) / Q.: Stadt Braunschweig

der ihren Besitzstand schmälern bzw. ihre Existenz bedrohen will.

Bis zum Sommer 1946 verhielten sich die Braunschweiger in der Regel freundlich gegenüber den fremden Deutschen, wenn diese bescheiden um Milderung ihres elenden Zustandes baten. Als sie im Sommer 1946 in Scharen nach Braunschweig kamen, änderte sich die Stimmung in der Bevölkerung. So eng, wie man nun mußte, wollte man eigenlich nicht zusammenrücken, und wer konnte, bemühte sich bei beamteten Freunden um eine Ausnahmegenehmigung, um von der drohenden Einquartierung verschont zu bleiben. Wurde man durch das Wohnungsamt dennoch gezwungen, Flüchtlinge aufzunehmen, machte man ihnen wenigstens das Leben sauer durch unnötige Einschränkungen, Verbote und Wuchermieten. Und Flüchtlinge, die gar auf ihr Recht pochten, wie normale Menschen behandelt zu werden, erzeugten sogar bei den gutwilligen Braunschweigern (und Wolfenbüttlern und Harzburgern ...) Ablehnung.

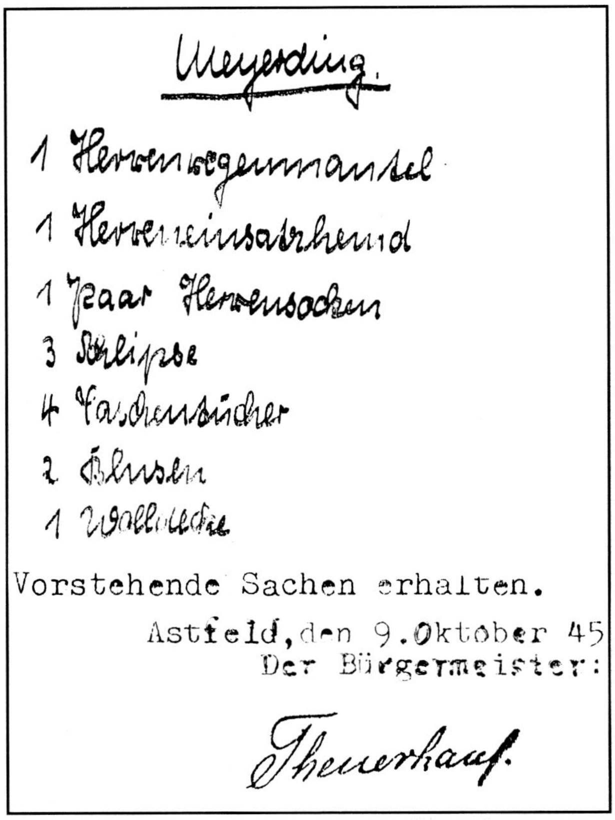

Meyerding.

1 Herrenregenmantel
1 Herreneinsatzhemd
1 Paar Herrensocken
3 Schlipse
4 Taschentücher
2 Blusen
1 Wolldecke

Vorstehende Sachen erhalten.
Astfeld, den 9.Oktober 45
Der Bürgermeister:
Theuerkauf.

***M 4.** Flüchtlingsspende von 1945. Auf Anordnung der Militärregierung wurde im Oktober 1945 eine als freiwillig definierte Sammelaktion durchgeführt, um Flüchtlinge zu bekleiden. / Q.: Klaus Timmermann*

Sieht man sich die **Geldspenden** an, die bei Sammelaktionen des Flüchtlings- und Wohlfahrtswerkes zusammenkamen, so waren das in der Stadt Braunschweig im Winter 1945/46 im Durchschnitt monatlich 200.000 Reichsmark, im Sommer 1946 sank die Wohltätigkeit auf monatlich 95.000 und 1947 auf durchschnittlich 50.000 Reichsmark. Nach der Währungsreform schließlich hatten die Braunschweiger nur noch rund 7.000 DM im Monat für ihre Flüchtlinge übrig. Bei den **Sammlungen von Sachgütern** war das Bild ähnlich. Natürlich zwang der allgemeine Mangel bis 1948 zu immer stärkeren Einsparungen auch bei den Einheimischen, und was man 1945/46 weggeschenkt hatte, konnte man 1947/48 nicht noch einmal verschenken, aber eine veränderte Haltung gegenüber den Flüchtlingen wird an diesen Zahlen wohl doch deutlich. Auch die 1948 vom Flüchtlingsamt immer wieder beklagte Tatsache, daß Wohnungsinhaber auf die Rückgabe früher zur Verfügung gestellter Möbel wegen Eigenbedarf drängten, ist ein Indiz. Und die hartnäckige Weigerung von Besitzern von Gartenland, den Flüchtlingen ein Stück zu überlassen, ein weiteres.

Anders war das schon, wenn die Hilfe der Flüchtlinge dringend gebraucht wurde. In der **Landwirtschaft** z.B. fehlten nach der Repatriierung der Zwangsarbeiter zahlreiche Hilfskräfte, Landwirte bemühten sich um die Gewinnung einer Flüchtlingsfamilie, der sie auch bereitwillig Obdach gewährten (**B 6**). Die "Braunschweiger Zeitung" veröffentlichte gern Aufrufe zur Flüchtlingshilfe, berichtete über ihr hartes Los und bat die Einheimischen um Verständnis. Gute Beispiele für die Hilfsbereitschaft der Braunschweiger wurden recht selten abgedruckt.

Die Flüchtlinge merkten bald, daß jeder für sich zu schwach war, um das eigene Los zu verbessern. Während sie dahin tendierten, sich zu organisieren, bemühten sich die Länderchefs der britischen Zone am 26. Januar 1946 in Oldenburg darum, derartige Organisationen gar nicht erst entstehen zu lassen, weil sie schädliche revanchistische Äußerungen erwarteten. Ihre Beschluß: "Die Militärregierung möge Flüchtlingsorganisationen in der britischen Zone nicht dulden."

Die braunschweigische Landesregierung kanalisierte den zunehmenden **Protest der Flüchtlinge** durch die Wahl von Vertrauensleuten durch die Flüchtlinge. Sie sollten "Bindeglied zwischen der einheimischen Bevölkerung und den behördlichen Stellen einerseits und den Flüchtlingen andererseits" werden, wie es der erste Kreisvertrauensmann der Stadt Braunschweig, Anton Belda, ein ehemaliger Funktionär der christlichen Textilarbeitergewerkschaft in Schlesien, formulierte. Belda sorgte tatsächlich für eine Entspannung und wurde schnell zu einem von beiden Seiten anerkannten Vermittler.

Im Dezember 1946 konnten die Vertrauensmänner ihre Arbeit aufnehmen. Belda erkannte, daß die 38 Vertrauensmänner der 38 Fürsorgebezirke der Stadt und die Vertrauensmänner der Orte der Landkreise, alle von den Flüchtlingen direkt gewählt, eine solide Basis für eine spätere **Flüchtlingsorganisation** bildeten und organiserte deshalb im Februar 1947 eine Flüchtlingsvertretung der Vertrauensleute auf Landesebene. Sie waren dadurch Vorstandsmitglieder eines nichtexistierenden Interessenverbandes. Nach der Gründung des Landes Niedersachsen änderte das Land mit dem Gesetz über die Flüchtlingsbetreuung vom 16. 7. 1947 das Braunschweiger Modell, indem es die von den Flüchtlingen gewählten Vertrauensleute durch Flüchtlingsräte ersetzte, die zum größten Teil Ratsmitglieder und zumeist keine Flüchtlinge waren. Zum Ausgleich wurde ein Flüchtlingsamt verordnet, daß alle Angelegenheiten der Flüchtlinge regeln sollte (**Q.: 5.8.**). In Braunschweig wurde Anton Belda dessen Leiter und blieb es bis 1960.

27.000 Flüchtlinge, 12.000 Evakuierte und 6.000 Ausgebombte, mithin ein Viertel der Einwohnerschaft waren sei-

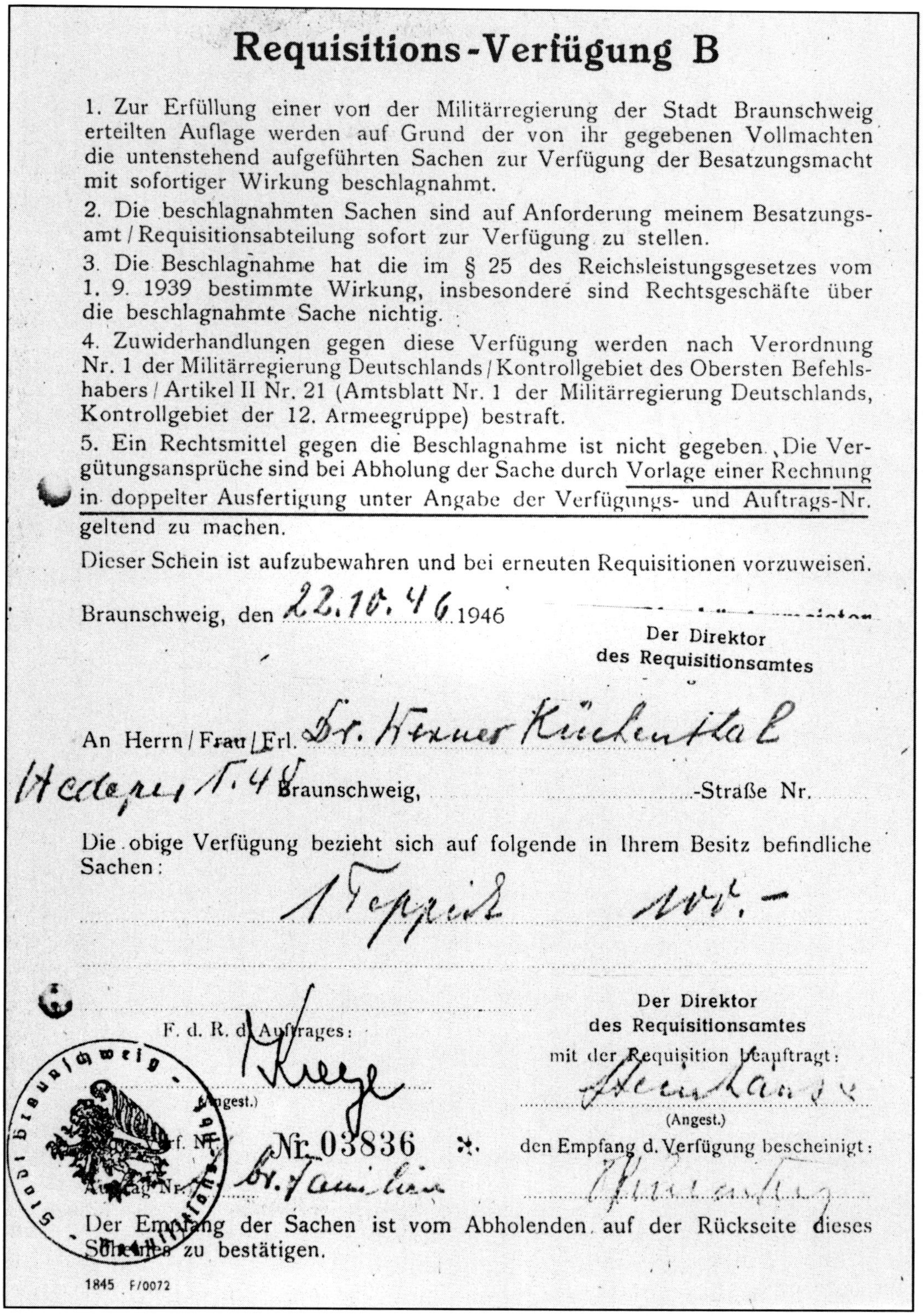

Requisitions-Verfügung B

1. Zur Erfüllung einer von der Militärregierung der Stadt Braunschweig erteilten Auflage werden auf Grund der von ihr gegebenen Vollmachten die untenstehend aufgeführten Sachen zur Verfügung der Besatzungsmacht mit sofortiger Wirkung beschlagnahmt.

2. Die beschlagnahmten Sachen sind auf Anforderung meinem Besatzungsamt / Requisitionsabteilung sofort zur Verfügung zu stellen.

3. Die Beschlagnahme hat die im § 25 des Reichsleistungsgesetzes vom 1. 9. 1939 bestimmte Wirkung, insbesondere sind Rechtsgeschäfte über die beschlagnahmte Sache nichtig.

4. Zuwiderhandlungen gegen diese Verfügung werden nach Verordnung Nr. 1 der Militärregierung Deutschlands / Kontrollgebiet des Obersten Befehlshabers / Artikel II Nr. 21 (Amtsblatt Nr. 1 der Militärregierung Deutschlands, Kontrollgebiet der 12. Armeegruppe) bestraft.

5. Ein Rechtsmittel gegen die Beschlagnahme ist nicht gegeben. Die Vergütungsansprüche sind bei Abholung der Sache durch Vorlage einer Rechnung in doppelter Ausfertigung unter Angabe der Verfügungs- und Auftrags-Nr. geltend zu machen.

Dieser Schein ist aufzubewahren und bei erneuten Requisitionen vorzuweisen.

Braunschweig, den 22.10.46 1946

Der Direktor
des Requisitionsamtes

An Herrn / Frau / Frl. Dr. Werner Küchenthal

Hedeper Str. 4 Braunschweig, ...-Straße Nr.

Die obige Verfügung bezieht sich auf folgende in Ihrem Besitz befindliche Sachen:

1 Teppich

F. d. R. d. Auftrages:

(Angest.)

Nr. 03836

Auftrag Nr.

Der Direktor
des Requisitionsamtes
mit der Requisition beauftragt:

(Angest.)

den Empfang d. Verfügung bescheinigt:

Der Empfang der Sachen ist vom Abholenden auf der Rückseite dieses Scheines zu bestätigen.

1845 F/0072

M 5.
Beschlagnahmeverfügung der braunschweigischen Militärregierung von 1946.

Da die Spendenbereitschaft nachließ, verfügte die Requisitionsabteilung Beschlagnahmen. / Q.: privat

ne Klientel. Wohnraumfragen und Mietangelegenheiten waren und blieben die Hauptaufgabe dieser Behörde. Als Vermittler zwischen Einheimischen und Flüchtlingen erwarb sich Belda auch in diesem Amt Ansehen und sorgte für Klimaverbesserung.

Der Versuch der Landesregierung, auf administrativem Weg eine Interessenvertretung der Flüchtlinge auf Dauer zu unterbinden, konnte aber nicht gelingen, denn alle Fragen vermochte ein Flüchtlingsamt nicht zu lösen. Im Mai 1948 gründete sich eine "Arbeitsgemeinschaft der Flüchtlinge im Verwaltungsbezirk Braunschweig", deren Wortführer die Inhaber der Flüchtlingsämter und die ehemaligen Vertrauensleute waren. Die Landesregierung verbot umgehend den Zusammenschluß oberhalb der Kreisebene und beschränkte die Vereinigung auf kulturelle und soziale Aufgaben, aber sie gestattete mit dieser Einschränkung erstmals eine Flüchtlingsorganisation.

Diese Arbeitsgemeinschaften auf Kreisebene entstanden landesweit und bildeten den Zentralverband der vertriebenen Deutschen (ZvD), später Bund der Vertriebenen Deutschen (BvD). Rund ein Viertel der Flüchtlinge waren in diesem Verband. Beschränkte er sich anfangs auf die erlaubten Aufgaben, äußerte er sich nach Änderung der politischen Großwetterlage (1951/52) lautstark mit Rückkehrforderungen. Solange sich die Flüchtlinge als nicht integriert betrachteten, meinten sie es damit ernst. Mit den Jahren aber spürten sie, "wie die neue Heimat uns in ihren Bann zwingt" (**Q.: 5.9.**) und die Forderung des "Rechts auf Heimat" wurde zur rhetorischen Pflichtübung der Vertriebenenfunktionäre (**Q.: 8.**).

6. Arbeitsmöglichkeit für Flüchtlinge

Arbeit ist für Deutsche nicht nur wirtschaftliche Notwendigkeit, sondern auch wichtig für ihre Selbstachtung. Letzteres galt in besonderem Maße für die entwurzelten Flüchtlinge. Sie nahmen jede Arbeit an, wenn es ihnen nicht gelang, im erlernten Beruf unterzukommen. Nur etwa die Hälfte von ihnen konnte in den ersten Nachkriegsjahren ihren Fähigkeiten entsprechend beschäftigt werden.

Als die Aktion Schwalbe 1,25 Millionen Flüchtlinge nach Niedersachsen schwemmte, konnte niemand in den Durchgangslagern sie zumindest ihren beruflichen Qualifikationsen entsprechend auf die Aufnahmeorte verteilen. Städter fanden sich auf dem Lande wieder und Bauern in der Stadt. Aber auch Stadt war nicht gleich Stadt: Glogau oder Breslau hatten eine andere wirtschaftliche Struktur als Goslar oder Braunschweig. So fanden nur etwa 25% der schlesischen Textilarbeiter in Niedersachsen überhaupt wieder eine Tätigkeit in ihrem erlernten Beruf, und dies erst, als Flüchtlingsbetriebe wie z. B. die Firma "Odermark" in Goslar ihr Können benötigten und ein Zuzug nach Goslar gestattet wurde. Denn es war in den Nachkriegsjahren keineswegs so, daß jeder in einen anderen Ort ziehen konnte, wenn er dort die Chance auf einen Arbeitsplatz bekam. Das Hauptproblem für einen Wirker oder Stricker war jedoch, daß Niedersachsen überhaupt keine leistungsfähige Textilindustrie besaß, so daß auch das Warten auf einen Arbeitsplatz nicht weiter half. Maurer hingegen waren 1948 zu gut 80% wieder im erlernten Beruf beschäftigt, sie wurden in allen zerstörten Städten benötigt, und nach der Währungsreform, als die Förderungsmittel von Bund und Ländern reichlicher flossen, auch in den unzerstörten Gemeinden.

Für selbständige Handwerker und Kaufleute bestand aus naheliegenden Gründen zunächst so gut wie keine Möglichkeit, einen eigenen Betrieb zu eröffnen, trotzdem mußte nur die Hälfte von ihnen fachfremd arbeiten. Nur 200 heimatvertriebene Bauern konnten 1950 durch die Übernahme "wüster Höfe" wieder selbständige Landwirte werden. Bis 1956 war der Kauf weiterer 3.600 auslaufender bzw. wüster Höfe durch das Land Niedersachsen (Hofgröße durchschnittlich 12,5 ha; Kostenaufwand 272 Millionen DM) vorgesehen. Von 84.000 heimatvertriebenen Bauern, die nach Niedersachsen gelangt waren, konnten also nur 6.000 wieder in ihrem ursprünglichen Beruf arbeiten (**B 7**).

Bei den akademischen Berufen war das ganz anders. Den geringsten Anteil an berufsfremder Arbeit stellten die Statistiker bei Ärzten und Zahnärzten fest. Ärzte wurden überall in den Krankenhäusern benötigt, und es gab keinerlei Re-

Flüchtling ohne Arbeit musiziert auf einem Karabiner. / Q.: Stadtarchiv Salzgitter

striktionen, denn nur ganz wenige hatten sich aktiv in der Nazipartei hervorgetan. Bei den Lehrberufen war dies anders. Wer da Karriere machen wollte, hatte in der Regel schon in die NSDAP eintreten müssen, und wer es getan hatte, wurde 1945 erst einmal bis zur Klärung seines Falles von der Militärregierung entlassen. Einige Statistiken scheinen zu belegen, daß heimatvertriebene Lehrer eine größere Chance auf Wiedereinstellung hatten als einheimische, weil ihre Personalakten im Osten geblieben waren, aber es zeigte sich, daß mit dem gewaltigen Menschenstrom 1946 Zeugen kamen, so daß die Freude über die wiedergewonnene Dienststellung nur eine kurze war. Und daß man als Mitglied der Nazipartei zunächst einmal eine Weile für Hilfs- und Aufbauarbeiten engesetzt wurde, galt auch für belastete Richter und Staatsanwälte.

Insgesamt gesehen, gab es für die Flüchtlinge vor der Währungsreform gute Chancen auf eine Beschäftigung. Danach stieg die Arbeitslosenquote unter den Flüchtlingen zunächst erheblich an, weil die Arbeit teurer wurde, d. h. eigentlich überflüssig Beschäftigte entlassen wurden. Erst durch die **Förderungs- und Eingliederungshilfen des Staates** entstanden neue Arbeitsplätze, und die Arbeitslosigkeit unter den Flüchtlingen sank 1950 wieder unter die Höchstmarke von 9,4% nach der Währungsumstellung.

Schon mit dem Erlaß des Finanzministers vom 19. Dezember 1947 gewährte Niedersachsen Einrichtungsdarlehen für Flüchtlinge und stellte z.B. der Stadt Braunschweig 180.000 RM zur Verfügung. Damit sollten kleine Flüchtlingsbetriebe eine Startchance erhalten. Bis April

1949 konnten mit diesen Darlehen 61 Betriebe eröffnet werden. Die Statistiker zählten im September 1949 in Niedersachsen schon 17.301 Flüchtlingsbetriebe – 62.814 Flüchtlinge hatten vor der Vertreibung einen Betrieb besessen. Allerdings waren es fast durchweg kleine Unternehmungen, die insgesamt nicht mehr als rund 50.000 Menschen beschäftigten. Man muß bedenken, daß die Fördermöglichkeiten zu dieser Zeit recht bescheiden waren. Der Haushalt des Landes z.B. sah für 1949/50 36 Millionen DM Fördermittel für Flüchtlinge vor bei einem Haushaltsvolumen von rund 2 Millarden DM. Davon entfielen allein auf Besatzungskosten und Kriegsfolgelasten 500 Millionen.

7. Soforthilfe und Lastenausgleich

Flucht und Vertreibung kamen einer **vollständigen Enteignung** gleich, egal was und wieviel man besessen hatte. Da es buchstäblich an allem fehlte und der massenhafte Bedarf in den Nachkriegsjahren überhaupt nicht angemessen befriedigt werden konnte, blieb der Ruf nach Umverteilung nicht aus. Alle wichtigen Parteien forderten schon 1946 einen gerechten Lastenausgleich. Wer durch den Krieg keinen oder einen nur geringen Vermögensverlust erlitten hatte, sollte einen Teil seines Vermögens abgeben, um aktuelle Not zu lindern (sozialer L.) und erlittene Vermögensverluste auszugleichen (quotaler L.). Radikalere Forderungen der Flüchtlingssprecher, etwa nach einer Bodenreform und Enteignung wie in der Sowjetzone, hielten die Befürworter einer marktwirtschaftlichen Neuordnung für gefährlich, SPD und KPD für erforderlich.

Da Niedersachsen einer reichs-/bundeseinheitlichen Regelung nicht vorgreifen konnte und wollte, blieb es in den ersten Nachkriegsjahren zunächst bei der traditionellen, die Flüchtlinge aber empörenden Form der Hilfe: Sie mußten aufs **Fürsorgeamt** und um Unterstützung bitten. Allerdings gewährte Niedersachsen seit 1947 **Darlehen für Betriebsgründungen** in Höhe von maximal 5.000 RM, die vor der Währungsreform aber nur zögernd nachgefragt wurden. Erst danach stieg die Nachfrage steil an. In Salzgitter z. B. war bis Oktober 1949 schon 3.000 Anträge gestellt worden; die Antragssteller waren zumeist Handwerker und Kaufleute. Aber nicht alle Wünsche um finanzielle Hilfe konnten angesichts der Begrenztheit der Landesmittel befriedigt werden.

Im Herbst 1948 bereitete der bizonale Wirtschaftsrat eine **Gesetzgebung zum Lastenausgleich** für die britische und amerikanische Zone vor, die in das **Soforthilfegesetz** vom August 1949 mündete. Statt Fürsorge erhielten die betroffenen arbeitslosen bzw. erwerbsunfähigen Flüchtlinge jetzt eine Unterhaltshilfe, die zwar ihre finanzielle Lage nicht wesentlich verbesserte, sie jedoch vom Stigma der "Asozialenhilfe" befreite. Jede Familie hatte Anspruch auf eine einmalig gezahlte Hausratshilfe von durchschnittlich 135 DM zur Finanzierung dringend benötigter Haushaltsgegenstände. Weiterhin vergab das Soforthilfegesetz Aufbauhilfe – Kredite, wie sie das Land Niedersachsen bereits früher vergeben hatte, in durchschnittlicher Höhe von 4.100 DM.

Das Soforthilfegesetz, welches 1952 auslief, war ein erster Schritt, um härteste Not zu lindern und durch Hilfe zur Selbsthilfe den Flüchtlingen Mut zu machen. So wurde es auch verstanden. Weniger verstanden wurde von den Flüchtlingsorganisationen, daß das eigentliche **Lastenausgleichsgesetz** nicht vorankam. Sie meldeten sich deshalb 1951 massiv zu Wort, an der Spitze der "Block der Heimatvertriebenen und Entrechteten" (BHE), eine Partei der Flüchtlinge. Der Druck auf die Parteien des Bundestages führte schließlich zur Verabschiedung des Lastenausgleichsgesetzes am 14. August 1952. Nach ihm sind die Geschädigten nicht nur Heimatvertriebene und Flüchtlinge, sondern auch Besitzer von Altsparbüchern, die durch die Währungsreform enteignet worden waren, Emigranten, Bombengeschädigte und Evakuierte.

Die Berechtigten erhielten Darlehen, Wohnraumhilfen, Hausratsentschädigung und eventuell Renten. Wichtigster Teil war die Hauptentschädigung, bei der nachgewiesene Verluste nach einem komplizierten System entschädigt wurden. Ein Verlust von einer Million RM entprach z.B. einer Entschädigung von 50.000 DM. Ein Verlust von 1.000 Reichsmark hingegen erbrachte eine Mindestbeihilfe von 800 DM.

Finanziert wurde der Lastenausgleich durch alle natürlichen und juristischen Personen (mit Ausnahme einiger öffentlicher Körperschaften, konfessioneller und karitativer Verbände), die die Hälfte dessen, was sie besaßen, in 30 Jahresraten an den staatlichen Ausgleichsfonds abzuführen hatten.

Literatur:

1. Kogelfranz, Siegfried (Hsg.), Die Vertriebenen, Reinbek 1985
2. Niemeyer, Thomas F. W., Flüchtlinge in der Stadt Braunschweig 1945-1948, Braunschweig 1989
3. Ehrhardt, Andreas, Wie lästige Ausländer. Flüchtlinge und Vertriebene in Salzgitter 1945-1953, Salzgitter 1991
4. Jakobmeyer, Wolfgang, Vom Zwangsarbeiter zum heimatlosen Ausländer. Die Displaced Persons in Westdeutschland 1945-1951, Göttingen 1985
5. Wiesemann, Falk / Kleinert, Uwe, Flüchtlinge und wirtschaftlicher Wiederaufbau in der britischen Besatzungszone; in: Pletzina, Dietmar/ Euchner, Walter (Hsg.), Wirtschaftspolitik im britischen Besatzungsgebiet 1945-1949, Düsseldorf 1984
6. Malecki, Hans- Joachim, Die wirtschaftliche Eingliederung der Flüchtlinge in Niedersachsen; Pfeil, Elisabeth, Berufliche und soziale Eingliederung der Heimatvertriebenen in Niedersachsen; in: Flüchtlinge in Niedersachsen, Hsg. vom Niedersächsischen Amt für Landesplanung und Statistik, Hannover 1951
7. Schneider, Ulrich, Niedersachsen 1945/46. Kontinuität und Wandel unter britischer Besatzung, Hannover 1984
8. Lölhöffel, Erich von, Briefe aus dem Spatzengarten. Die Nachkriegserlebnisse einer ostpreußischen Flüchtlingsfamilie in Bad Harzburg, Leer 1983
9. Von Hitler zu Adenauer. Deutsche Geschichte von 1945-1949, Hamburg 1976

Q.: 1. Displaced Persons

Q.: 1.1. Repatriierung

„Jetzt, da der Frieden wieder in Europa eingekehrt ist, liegt diese Fabrik still, ihre Arbeiter wurden durch Beauftragte der Alliierten wieder in ihre eigenen Länder zurückgebracht und zwar in einer Quote von ungefähr 1.200 pro Tag ... Am 12. Mai 1945 wurden Teile des 'Lagers 23' auf Lastwagen verladen und zu einem Nebengleis, das ein paar Kilometer entfernt war, gefahren, um dort den Zug in die Heimat zu besteigen. Diese Leute sind Franzosen und Belgier, alle freudig erregt und aufgeregt bei der Aussicht, ihre alten Freunde und Lieben in ihrem Heimatlande wiederzusehen. Die Lastwagen werden am Eingang ausgeladen, die Insassen entlaust, ihr Gepäck geordnet, dann werden sie überprüft und in Waggons gewiesen. Vier Männer werden von jedem Waggon ausgewählt, die die Lebensmittelrationen für jeden Waggon für zwei Tage holen. Die Rationen bestehen aus deutschem Brot und deutschem Fleisch, das an Ort und Stelle requiriert wurde."

Q.: Beschreibung eines Films der US-Military-Police vom 12.5.1945, gedreht in Watenstedt-Salzgitter, St A Salzgitter

Q.: 1.2. Lager-Karriere:

geb.: 1911
Staatsangehörigkeit: jugoslawisch:
„Volksungar" aus der "Batschka"
verheiratet
spricht ungarisch, serbisch, polnisch und deutsch
Beruf: Tischler
kam mit Familie 1943 als angeworbener "Zivilarbeiter" nach Deutschland
1943-45: Wohnlager in Salzgitter
1945-47: UNRRA-Lager in Braunschweig (Schillkaserne), ein in Deutschland geborener Sohn verstarb 1946 an Gehirnhautentzündung
1947-49: Ausländerlager Reppner
1949-50: Auswandererlager Fallingbostel, Auswanderung wegen schizophrener Erkrankung der Ehefrau nicht genehmigt. Ehefrau seit 1951 in einem Landeskrankenhaus asyliert.
1950-51: Lager Osterode
1951-57: MSO-Lager, Braunschweig
ab 1957: Ausländerlager Broitzem
längere Zeit arbeitsunfähig wegen Beinblutaderverstopfung

Q.: Thomas G. Hund, Sozialhygienisch-typologische Analyse von Integrationsprozessen heimatloser Ausländer, Hamburg/Braunschweig1961; S.58 und 86 f.

Q.: 1.3. Plündernde Displaced Persons

Der Landrat des Kreises Wolfenbüttel,
Wolfenbüttel, 3. 9. 1945
An den Herrn Staatsminister für Inneres in Braunschweig
Betr.: Lagemeldung Nr. 1

Die allgemeine Lage im Kreise Wolfenbüttel ist charakterisiert durch die Schwierigkeiten in der Wohnungsraumbeschaffung und durch die aus den immer zahlreicher werdenden Übergriffen und Überfällen polnischer Staatsangehöriger sich ergebenden Übelständen. Hier kann ohne Hilfe der Besatzungsmacht nichts ausgerichtet werden, während den erstgenannten Schwierigkeiten wenigstens teilweise durch Initiative und energisches Eingreifen der deutschen zuständigen Stellen begegnet werden kann . . .

Zum Schutz vor nächtlichen Räubereien hat sich in den meisten Ortschaften des Kreises ein Ortsschutz gebildet; aber auch dieser vermag zumeist gegen die schwer bewaffneten und in der Überzahl befindlichen Polen nichts auszurichten. Der Aufruf Montgomerys, der den Polen, die Straftaten begehen, schwere Strafen androht, hat leider bisher noch keine abschreckende Wirkung ausgeübt. Neben den oft geradezu bandenmäßigen Überfällen auf einzelne Höfe und Ortschaften wird auch in den Städten, so auch vor allem in Wolfenbüttel, von den in Lägern untergebrachten Polen alles gestohlen, was in der Nähe erreichbar ist. Da für einen Abtransport der Polen in Kürze noch keine Aussichten bestehen, kann eine Besserung in dieser Beziehung nur herbeigeführt werden durch eine Zusammenfassung der Polen in Läger, die zwar unter eigener Aufsicht stehen, aber dennoch von Engländern des Nachts durch Patrouillengänge kontrolliert werden. Dieser Plan findet seine erste Verwirklichung in einem Barackenlager, das ich auf dem Gelände der Dr. Lüddemann- Werke in Oker errichten lasse und das zur Aufnahme für 2.000 Polen, vornehmlich aus dem Amtsbezirk Bad Harzburg, bestimmt ist.

Q.: Nds. Staatsarchiv Wolfenbüttel

Q.: 1.4. Nöte der Ausländer

Nicht viel anders liegen die Nöte der heimatlosen Ausländer. Mit Wirkung vom 1. Juli 1950 wurden die Lager des ehemaligen Flugplatzes an der Broitzemer Straße, der Kaserne am Altewiekring, am Bienroder Weg, an der Friedrich-Voigtländer-Straße und dem Karl-Hinze-Weg sowie an der Rautheimer Straße in deutsche Verwaltung übernommen. Sie waren insgesamt mit 4.729 Personen belegt, von denen seither 1.737 auswanderten. Ihnen waren die Innere Mission und die Nation Catholic Welfare Conference (NCWC) besonders durch Beschaffung von Bürgschaften behilflich. Die Betreuung durch die englischen Quäker hörte mit dem Zeitpunkt der Übernahme in deutsche Verwaltung auf. Am Ende des Jahres verblieben nach einigen Verschiebungen in den Lagern insgesamt 3.323 Personen. Die in diesen Lagern vorhandenen Schulen werden als Sonderschulen weitergeführt; ebenso der Kindergarten. Das Lager am Karl-Hinze-Weg, ehedem von den in englischen Diensten stehenden Jugoslawen bewohnt, wurde bis zum 24. August 1950 geräumt; jenes an der Friedrich-Voigt-länder-Straße mit Beginn des Jahres 1951 der Bereit-schafts-Polizei übertragen, und der dortige Block C ging an die Volksschule Gliesmarode über. Die deutsche Verwaltung ist bestrebt, den heimatlosen Ausländern die gleiche Behandlung wie deutschen Staatsangehörigen angedeihen zu lassen.

Q.: Verwaltungsbericht der Stadt Braunschweig 1950, Braunschweig 1952

Grenzfluß Aller bei Bahrdorf/Landkreis Helmstedt. Illegale Grenzgänger überqueren die Notbrücke (1948). / Foto: W. Lohse

Q.: 2. Zustrom von Flüchtlingen 1945 bis 1949

Q.: 2.1. Flucht über die Grüne Grenze

Am 2. Juli 1945 rückten die Russen bis zur Grenze Braunschweig-Prov. Sachsen vor und sperrten den Verkehr nach Weferlingen, Walbeck, Döhren duch Anlage von Schlagbäumen und starke Besatzungen. Jeglicher Verkehr über die Grenze nach der Provinz Sachsen war gänzlich unterbunden. Die Russen ließen niemand durch. Der Bahnverkehr Helmstedt-Oebisfelde ist seit Mitte Juni gesperrt. Die Post brachte durch Auto am Dienstag und Freitag Briefsachen aus der britischen Zone (Postbezirke 20-24). Durch die Absperrung der Grenze durch die Russen setzte ein Flüchtlingsstrom über die Grenze zwischen Weferlingen und Walbeck ein. (Anfang September).

Manche Flüchtlinge wurden dabei beim Grenzübertritt erschossen. Täglich kamen Tausende von Flüchtlingen heimlich in unser Dorf (bis zu 7.000 Personen), die von hier mit Autobussen im Pendelverkehr und mit Gespannen der Bauern nach Helmstedt, resp. von Helmstedt nach hier befördert wurden. Die Häuser, vor allen Dingen die Bauernhöfe, waren des Nachts überfüllt. In Sälen, Scheunen, Stallungen verbrachten die Armen – ihr bißchen Hab und Gut im Rucksack – die Nacht. Um der größten Not zu steuern, wurde in der Schule eine Volksküche durch die Innere Mission (Missionar Beimann und Braut Frl. Ahrens) mit 3 Kochkesseln eingerichtet. Es wurden täglich mittags ca. 1.000 Portionen verausgabt. Des Abends gab es 3 Schnitten Brot, mit Käse usw. belegt. Die Frauen der Frauenhilfe und der Jungmädchenbund leisteten freiwillig und kostenlos Helferdienste. Die Kochkessel und auch die Zutaten lieferte das Landratsamt.

Im Dorf war für Flüchtlinge eine Entlausungsanstalt eingerichtet (zuerst bei Schlachter Bendler, dann bei dem Invaliden Willi Germer). Dort wurden auch die Impfungen gegen Typhus bei den Flüchtlingen vorgenommen. Trotz aller Vorsicht herrschte Typhus im Dorfe und wurde Zwangsimpfung angeordnet.
Am 7. November 1945 wurde die Grenze nach Weferlingen für 3 Stunden täglich für die Flüchtlinge geöffnet. Diese wurden in langen Kolonnen durchgeschleust (täglich ca. 5.000 Personen). Nach der Durchschleusung wurde die Grenze wieder geschlossen. Das Dorf wurde übervölkert, obwohl die Flüchtlinge mit Flüchtlingszügen und vielen Lastautos täglich abtransportiert wurden.
Die Bahn Helmstedt-Oebisfelde ruhte noch immer, die Flüchtlingszüge verkehrten nur zwischen Helmstedt Grasleben. Vom Ende November ab wurden die Flüchtlinge nach dem Westen in Auffanglager auf dem Fliegerhorst (Mariental) weiterbefördert.

Q.: Die schweren Tage 1945 in Grasleben, von Rektor i. R. O. Berge, Grasleben; in: 1945-1955 Zonengrenzkreis Helmstedt, Helmstedt 1955, S. 41 f.

Q.: 2.2. Kontrollierte Vertreibung

Beinahe schlagartig stellte das neue Jahr die Polizei vor neue Aufgaben. Mit der Übernahme der polnischen Verwaltung in den besetzten Gebieten ostwärts der Oder-Neiße-Linie setzte ein Flüchtlingsstrom aus Ostdeutschland in die Westzonen ein, der an Tragik in der neueren Geschichte alles übertrifft. Zum gleichen Zeitpunkt wurden die politischen Spannungen zwischen Ost und West an der Zonengrenze spürbar. Der Eiserne Vorhang senkte sich immer schneller über die Grüne Grenze und teilte Deutschland in zwei Teile. Helmstedt ist Grenzstadt geworden.

Im Kreis Helmstedt mußten im Jahre1945 in Alversdorf, Jerxheim und Mariental Auffanglager errichtet werden, um die Berliner Kinder (Aktion Storch) und die Flüchtlinge aus den Ostgebieten, die in großer Zahl über die Zonengrenze kamen, aufzunehmen. Die Polizei hatte auch hier die Aufgabe, die Durchschleusung zu leiten.

Zwei offizielle Grenzübergangsstellen wurden von der Besatzungsmacht in Helmstedt-Autobahn – und in Büstedt bei Velpke eingerichtet. In der ersten Zeit versahen dort alliierte Soldaten den Zonengrenzdienst. Doch schon bald wurden den alliierten Kommandos deutsche Polizeibeamte zur Dienstleistung zugeteilt. Der Dienst der deutschen Beamten bestand aus der Kontrolle der Fahrzeuge und Personen auf mitgeführte Waren und Ausweispapiere. Kontrolliert wurden von der Polizei nur die deutschen Passanten, eine Überprüfung der alliierten Fahrzeuge fand nicht statt.

Q.: Gustav Rossel, Aus dem Polizei-Tagebuch im Grenzkreis Helmstedt; in: 1945-1955 Zonengrenzkreis Helmstedt, Helmstedt 1955, S. 45f

Q.: 2.3. Aktion Wespe: Vertreibung aus den Ostgebieten

Am 3. 4. 46 traf um 10.40 Uhr auf dem Hauptbahnhof unangemeldet ein Flüchtlingstransport aus Berlin ein. Die ursprüngliche Stärke dieses Transportes betrug 1.200 Personen. Hier trafen aber nur 570 Personen ein. Es handelte sich bei diesem Transport um Ausgewiesene aus Neupolen, Schlesien und Ostpreussen (198 Männer, 268 Frauen und 104 Kinder). Da auch diese Flüchtlinge durchweg ein bestimmtes Reiseziel zu Verwandten und Bekannten hatten, konnten sie das Durchgangslager noch am gleichen Tage wieder verlassen, nur 20 Personen mußten im Raum Braunschweig untergebracht werden.

Q.: Wochenbericht des Fürsorgeamtes Braunschweig vom 8. April 1946, Stadtarchiv Braunschweig

Q.: 2.4. Aktion Schwalbe: Vertreibung aus den Ostgebieten

In den nächsten Tagen und Wochen treffen weitere Flüchtlingstransporte hier ein. Der zur Unterbringung benötigte Wohnraum muß zur Verfügung gestellt werden. Das bedeutet ein weiteres Zusammenrücken und oft auch den Verzicht auf traditionelle Bequemlichkeiten. Trotzdem darf kein Flüchtling vergeblich an eine Tür klopfen ... Er muß unverzüglich und zwar mit allem Entgegenkommen Aufnahme finden, die ihm gebührt ... Dabei ist zu beachten, daß niemand, der eine eigene Wohnung hat, mehr Raum für sich beanspruchen darf, als er den Flüchtlingen zu geben bereit ist. Entscheidend ist die Zahl der Unterzubringenden, nicht das oft unzureichende Maß der Aufnahmebereitschaft des Wohnungsinhabers (oder seiner Frau, die ihre Küche nicht mit den zugewiesenen Flüchtlingen teilen mag).

Gegen Wohnungsinhaber, die sich auch trotz Belehrung der Inanspruchnahme ihrer Räume durch das Wohnungsamt widersetzen, wird unnachsichtlich eingeschritten werden. Es ist bereits gegen einige besonders hartnäckige und gefühlsrohe Wohnungsinhaber das Strafverfahren in Gang gebracht worden.

Q.: Amtliche Bekanntmachungen Watenstedt-Salzgitter 9. 8. 1946, Stadtarchiv Salzgitter

Q.: 2.5.1. Die Militärregierung weist Kontingente zu

Am 17. 8. 1946 traf ein erneuter Transport von 1.200 Flüchtlingen ein. Diese sind heute noch in den Bunkern der Stadt untergebracht. Von diesen können höchstens bis zu 100 Personen unter Anwendung von Zwangsmaßnahmen in den Bezirken der Innenstadt untergebracht werden. Die Unterbringungen dieses 2. Transportes wird sich daher auf mindestens 2 Wochen erstrecken. Heute wird uns mitgeteilt, daß am 21. 8. 1946 weitere 600 Flüchtlinge und am 25. 8. 1946 ein Transport von 1.800 Flüchtlingen der Stadt zugeteilt werden sollen. Damit sieht sich die Stadtverwaltung vor eine unlösbare Aufgabe gestellt, da Barackenlager nicht zur Verfügung stehen.

Q.: Schreiben des Stadtrates Krebsbach an die Militärregierung in Braunschweig vom 20. 8. 1946, Stadtarchiv Braunschweig

Q.: 2.5.2. Die Stadt wehrt sich vergeblich gegen weitere Zuweisungen

Die Stadtvertretung wünscht aber mit ihrem Beschluß vor allem darauf hinzuweisen, daß sie die Maßnahme der Vertreibung selbst nicht versteht und nicht billigt und deshalb auch an ihr nicht mitarbeiten kann. Sie wünscht mit ihrem Beschluß die Frage aufzuwerfen, ob nicht die Maßnahme selbst aufgehoben werden kann. Die Vertreibung von Millionen von Menschen aus ihrer Heimat ist eine Unmenschlichkeit, ebenso die Überfüllung zerstörter Städte bis zum Dreifachen ihres normalen Fassungsvermögens. (...) Der Beschluß richtet sich nicht gegen die Vertriebenen selbst; deren schlimme Lage wird mitfühlend anerkannt. Die beste Hilfe für die Vertriebenen wäre es jedoch, wenn sie, wie sie selbst es wünschen, wieder in ihre Heimat zurückgeführt würden.

Q.: Protokoll der Ratssitzung vom 6. September 1946, Stadtarchiv Braunschweig

Q.: 2.6. Flüchtlinge beklagen die Hartherzigkeit der Städte

Wer es wissen **will**, der weiß, daß die Deutschen jenseits der Oder-Neiße-Linie die Hölle ausstehen, eine Behandlung erfahren wie räudige Hunde und eine Sehnsucht haben, nur eine Rettung kennen: das westliche Rest-Deutschland. Vor kurzem kamen Verwandte aus dem Memelgebiet, die in Pommern in Russen- und Polenhände gefallen waren, in der Hamburger Gegend an als menschliche Wracks, nach fast vollständiger Erschöpfung ihrer Arbeits- u. Lebenskraft. Ein Bild des Jammers, vor dem meine Frau und ich mit Tränen standen. Und solchen Menschen, Deutschen, denen kaum noch ihr Menschtum verblieb, will man, wenn es nach den Resolutionen von Stadtrat und Landtag

Ankunft von Flüchtlingswaisen in der Waldschule Querum. Viele Kinder, die durch die Kriegswirren im Osten von ihren Eltern getrennt worden waren, kamen erst 1948 aus Dänemark und Polen in die Westzonen. / Q.: AWO Braunschweig

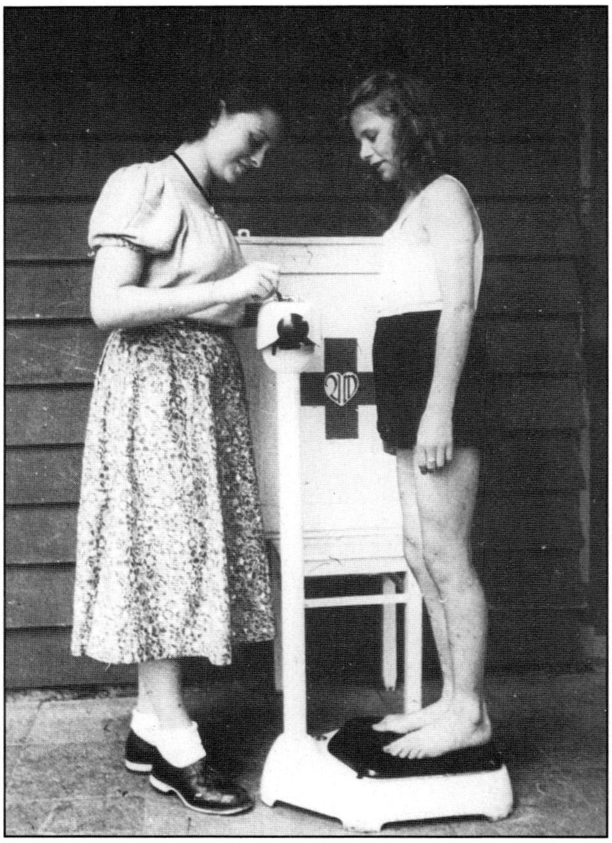

Betreuung von Mädchen und jungen Frauen in der Waldschule Querum durch die Arbeiterwohlfahrt (ca. 1948). Elternlose streunende Jugendliche wurden in den Nachkriegsjahren von der Polizei aufgegriffen und in Heime gebracht. Sie wurden ärztlich versorgt, erhielten Unterkunft und eine Berufsausbildung. / Q.: AWO Braunschweig

Der Präsident der Reichspostdirektion III

Braunschweig, den 20. August 1945

An

die Ämter des Bezirks,
an die Abteilungen und Sachgebiete
der RPD, an die Oberpostkasse und
an die Besoldungskasse.

Kleidung für notleidende Kameraden

Eine Nachfrage hat ergeben, daß sich unter den Mitarbeitern des Bezirks nahezu 1000 befinden, die Hausrat und Kleidung durch den Krieg verloren haben. Noch täglich kommen einige dieser Armen hierher und zeigen ihre zerschlissene, fast oder vollkommen unbrauchbare Kleidung vor oder erwähnen, daß für erwartete Erdenbürger keine Erstlingswäsche vorhanden sei und noch vieles mehr. Die Not ist unerhört groß! Trotzdem die abgetretenen Machthaber schon häufig Kleidersammlungen zur Weiterführung des längst verlorenen Krieges durchführen ließen und die Vorräte verkleinerten, wage ich es, an das warme Herz der Kameraden zu appellieren, die den Krieg verhältnismäßig gut überstanden haben und noch etwas abgeben können und wollen.

Ich bitte, brauchbare Kleidung, besonders Männerhosen und Unterzeug, aber auch jede andere Art von Männer- und Frauenkleidung einschl. Schuhwerk sowie Möbel und Hausrat (Teller, Messer, Gabeln usw.) zu geben. Die Einsammlung werden die Herren Amtsvorsteher durchführen. Die gespendeten Sachen wären listenmäßig der RPD zu melden, die für eine weitgehend gerechte Verteilung im ganzen Bezirk sorgen wird. Die Sachen können auf Wunsch auch gekauft werden, da dem "Kameradschaftswerk des RPD - Bezirks Braunschweig" ein Betrag zur Verfügung steht.

Ich hoffe, keine Fehlbitte getan zu haben und den Notleidenden unter uns noch vor Eintritt der kalten Jahreszeit mit Kleidung helfen zu können.

Z a u b i t z e r

M 6. *Q.: Oberpostdirektion Hannover-Braunschweig*

Flüchtlinge in den Kreisen des Landes Braunschweig
(Anteil an der Gesamtbevölkerung in Prozent)

Nov. 1945	
Braunschweig	28,0
Gandersheim	42,0
Goslar	39,0
Helmstedt	33,0
Wolfenbüttel	34,0
Stadt Braunschweig	2,2
zum Vergleich	
Grafschaft Bentheim	11,0
Leer	13,0
Lingen	18,0
Celle	66,0
Gifhorn	68,0
Lüneburg	72,0

Bevölkerungsentwicklung

Gebiet	1939	1950	1961
Landkreis Goslar	28.780	50.129	41.077
Stadt Goslar	27.081	40.689	41.431
Stadt Salzgitter	45.598	100.667	110.276
Landkr. Gandersheim	50.496	91.203	75.939
Landkr. Wolfenbüttel	91.207	148.728	133.868
Landkr. Helmstedt	75.133	126.950	119.384
Restkr. Blankenburg	9.470	17.215	14.287
Landkr. Braunschweig	42.740	72.174	72.691
Stadt Braunschweig	196.088	223.760	246.085
Verwaltungsbez. BS	566.573	871.515	855.735

Q.: G. Uelschen,
Die Bevölkerung in Niedersachsen, Hannover 1965

Kleiderspenden in einem Depot des Fürsorgeamtes Braunschweig. / Q.: Städtischer Bilderdienst / Rudert

ginge, die Türe vor der Nase zuschlagen und sie in Jammer und Elend verderben lassen. Solche Unmenschlichkeit und Härte verdient tiefste Verurteilung. **Man lasse uns Vertriebene die Unterbringungsmöglichkeiten prüfen!** Wir würden bestimmt noch ausreichende Unterbringungsmöglichkeiten für unsere unglücklichen Landsleute und Schicksalsgenossen finden, auch in diesem steinernen Herzen Deutschlands.

Q.: Schreiben des Landwirts Körnig, Flüchtling in Bad Harzburg, an den Oberbürgermeister von Braunschweig, Ernst Böhme, vom 14. September 1946, St A Braunschweig.

Q.: 2.7. Unmenschliche Transporte

Entschließung
Der Landtag möge beschließen:
Aus Veröffentlichungen der Presse geht hervor, daß in jüngster Zeit von den verantwortlichen Instanzen in Polen vorgenommene Deportierungen Deutscher zu erschütternden Folgen für die Flüchtlinge geführt haben, weil alle menschenwürdigen Voraussetzungen sowohl in den Sammellagern, insbesondere aber für den tage- und wochenlangen Transport, der bei 20 Grad Kälte erfolgte, gefehlt haben. Dazu kam dann noch häufig die restlose Beraubung der schwerbetroffenen Flüchtlinge.

Erfrierungen aller Grade, die große Zahl von 35 Toten auf einem Transport, eine Zahl, die sich in den Krankenhäusern noch erheblich erhöhte, Erkrankungen und Verletzungen schwerster Art, die Zahl von fünf Geburten unter diesen unglaublichen Verhältnissen, insgesamt ein unbeschreibliches Elend sind das Ergebnis solcher Maßnahmen gewesen.

Der Niedersächsische Landtag lenkt die Aufmerksamkeit der Weltöffentlichkeit auf die allen Gesetzen der Menschlichkeit widersprechenden Anordnungen der polnischen Stellen, die getroffen wurden, obwohl dieser Krieg von den Alliierten für die Wiederherstellung humaner Gesetze und Ideen geführt und gewonnen wurde.

Das deutsche Volk hat dem gerechten Urteil der Welt zugestimmt, daß in zahlreichen Prozessen die Verbrechen gegen die Menschlichkeit – soweit sie von Deutschen begangen wurden – mit dem Tode oder mit hohen Freiheitsstrafen gesühnt werden. Da es keine andere Instanz gibt, die diese Aufgabe erfüllen könnte, so erwartet der Landtag, daß der Alliierte Kontrollrat die Pflicht übernimmt, die Bestrafung der Schuldiggewordenen zu fordern und daß er Maßnahmen ergreift, die Unmenschlichkeiten wie diese, ganz gleich, wer von ihnen betroffen wird und wer sie begeht, für alle Zukunft unterbindet. Der Landtag erwartet von der Landesregierung, daß sie dem Landtag alle Berichte zugänglich macht, die von jedem Flüchtlingstransport, der auf britisch besetztem Boden ankommt, angefertigt werden.

Hannover, den 7. Januar 1947, Fraktion der SPD, gez.: Leddin (Niedersächsischer Landtag, 1. Wahlperiode, Drucksache 78)

Q.: 2.8. Flucht aus der Ostzone

Im Amt ist meine Hauptsorge der ständig wachsende Zustrom von Leuten aus der Sowjetzone, vor allem von jungen Menschen, die vor der persönlichen und wirtschaftlichen Unsicherheit und der drohenden Verschickung zur Zwangsarbeit hierher fliehen. Meist sind sie ohne alle Mittel, oft an der Grenze ausgeplündert, und hoffen nun hier in ein Paradies zu kommen, in dem sie Freiheit, Arbeit, Wohnung und Nahrung finden. Die erste Enttäuschung beginnt, wenn sie hier bei der Überfüllung weder Unterkunft noch Arbeit finden. Ich muß sie nach dem nächsten Sammellager weiterleiten, wo sie überprüft, kurze Zeit untergebracht und meist, wenn kein besonders dringlicher Grund vorliegt, wieder an die Grenze zurückgebracht werden. Sie müssen sich gegen die Bolschewisierung des Lebens und der Wirtschaft drüben selber wehren; wir können ihnen zur Zeit nicht helfen, dazu geht es uns selber zu schlecht. Für mich ist es nicht leicht, das Elend der armen Kerle, der Frauen und Kinder anzusehen und ihnen nicht helfen zu können.

Tagebucheintragung des Leiters des Flüchtlingsamtes Bad Harzburg, Erich von Lölhöffel, vom 26. September 1949; Erich von Lölhöffel , Briefe aus dem Spatzengarten. Die Nachkriegserlebnisse einer ostpreussischen Flüchtlingsfamilie in Bad Harzburg, Leer 1983, S. 191

Q.: 2.9. Die Zonengrenze wird dichtgemacht

Die Zonengrenze im Kreise Helmstedt hat eine Länge von rund 100 km. Von der Gesamtlänge der Zonengrenze, die dem Hauptzollamt Zonengrenze in Braunschweig untersteht und die etwa 170 km beträgt, machen die obigen 100 km im Kreise Helmstedt also fast zwei Drittel aus.

Von dieser Zonengrenze im Kreise Helmstedt hat die sowjetische Besatzungsmacht seit dem 26. 5. 1952 etwa 25 km verdrahtet, also mit einem hohen Stacheldrahtzaun versehen. Der Grenzkontrollstreifen in 10m Breite, der aus umgepflügtem Ackerland besteht, wurde auf Seiten der sowjetischen Besatzungszone in der ganzen Länge von Norden bis zum Süden Deutschlands ebenfalls seit dem 26. 5. 1952 eingerichtet. Dieser Grenzkontrollstreifen wird bis auf den heutigen Tag auf der ostzonalen Seite stets so in Ordnung gehalten, daß jede Spur auf diesem Ackerstreifen, der turnusmäßig neu gepflügt und geeggt wird,

Rast auf der Flucht. Jeden Monat passierten im Raum Helmstedt ca. 100.000 Menschen die Grenze zwischen der sowjetischen und der britischen Zone. Im offiziellen Reiseverkehr waren es knapp die Hälfte (1950). / Foto: Christa Bosse-Schaper

zu sehen ist. Die Volkspolizei wird für diese Arbeiten selbst herangezogen. Eigene Dienstgespanne stehen dafür zur Verfügung. Wo Waldbestand die Herrichtung des Kontrollstreifens erschwerte, wurden auf der anderen Seite Bäume gefällt, gerodet oder quer gelegt. Illegale Grenzübergänge können auf der sowjetzonalen Seite also jederzeit durch die Fußspuren auf dem geharkten Kontrollstreifen festgestellt und beobachtet werden. Schlagbäume, Warntafeln mit Vorwarnungen sind auf westdeutscher Seite der sichtbare Ausdruck der Zonengrenze.

Straßen, Wirtschafts- und Feldwege, die früher vom Kreise Helmstedt in das benachbarte Preußen führten, sind an der Zonengrenze seit dem 26. 5. 1952 auf der ostzonalen Seite zusätzlich verbarrikadiert. Gräben sind ausgeworfen, Steinwälle zusammengetragen und Eisenstangen in die Erde gerammt. Diese Sperren an der "Grünen Grenze" führen am deutlichsten vor Augen, daß Deutschland heute in "zwei Teile gespalten" ist, die getrennt sich gegenüberstehen und sich auseinanderentwickeln. Wer diese Pionier-Sperren sich einmal angesehen hat, wird den Eindruck nicht mehr los, daß hier tatsächlich ein "Eiserner Vorhang" heruntergelassen wurde.

Die zwischen den legalen Grenzübergangsstellen liegenden Grenzabschnitte bilden im dienstüblichen Sprachgebrauch des Zollgrenzdienstes die "Grüne Grenze". Dieser "Grünen Grenze" gilt das besondere Augenmerk des Zollgrenzdienstes, damit nicht Personen in die Westzone kommen, die politisch unerwünscht sind, damit nicht Waren hereingeschleust werden, die unser Wirtschaftsgefüge durcheinanderbringen würden oder damit nicht Waren herausgebracht werden aus der Westzone, die der Aufrüstung der Ostzone dienen könnten.

Tag und Nacht laufen daher entlang der "Grünen Grenze" auf beiden Seiten die Posten. Die Zollgrenzbeamten sind ausgerüstet mit Handfeuerwaffen und Feldstecher. Sie sind zu Fuß oder per Fahrrad. Die Postenstärke beträgt entweder 2 Mann oder 1 Mann und 1 Zollhund. Untergebracht sind die Männer in den genannten Orten der Grenzaufsichtsstellen in Holzbaracken. Auf der ostzonalen Seite stellt die Volkspolizei die Posten, die immer Doppelposten sind und meistens mit Maschinenpistolen ausgerüstet sind. An unübersichtlichen Stellen hat die Volkspolizei für diese Posten Beobachtungstürme im freien Gelände oder auf hohen Häusern errichten lassen, die dann sehr oft als zusätzliche Ausstattung ein Scherenfernrohr aufweisen.

Q.: Erich Plenge, Wesen und Bedeutung der Zonengrenze im Kreise Helmstedt, in: 1945-1955 Zonengrenzkreis Helmstedt, Helmstedt 1955, S. 17

Die Zonengrenze

Bis zur Gründung des Frontier Control Service (Grenzkontrolldienst) 1946, dessen Aufgabe als zivile Einheit u. a. im Aufbau der Zollverwaltung bestand, wurde die Ostgrenze der britischen Zone durch Patrouillen der britischen Besatzungsarmee bewacht. 1947 beauftragte die britische Militärregierung die deutsche Polizei zusätzlich mit der Übernahme der Grenzsicherung wegen der steigenden Kriminalität im Grenzbereich. Ende desselben Jahres begann auf Weisung der Briten der Aufbau des Grenzdienstes durch Deutsche (1950 Zollgrenzdienst, 1974 Grenzzolldienst). Seine Aufgabe bestand zunächst in der Überwachung der "Grünen Grenze" und der wenigen Grenzkontrollstellen. Im September 1950 erlaubten die Westmächte den Aufbau des Bundesgrenzschutzes, im März 1951 trat das entsprechende Gesetz in Kraft. Die auf 10.000 Mann festgesetzte Stärke des Bundesgrenzschutzes (BGS) wurde kurz nach dem 17. Juni 1953 verdoppelt.

Die Aufgabe des BGS, die polizeilicher, nicht militärischer Natur ist, besteht in der Sicherung der Grenze der Bundesrepublik innerhalb eines 30km breiten Grenzstreifens.

Im November 1946 begann auf Anordnung der sowjetischen Militärregierung der Aufbau einer Grenzpolizei in der Sowjetzone. Sie war der 1945 entstandenen Volkspolizei angegliedert und unterstand sowjetischen Kommandeuren. Ihre Aufgabe bestand in der Bewachung der Demarkationslinie zu den Westzonen und in der Verhinderung von Schmuggel und unerlaubten Grenzübertritten. Zwar übernahm nach der Gründung der DDR das Ministerium des Innern die Grenzpolizei, die sowjetische Aufsicht aber blieb bis 1955 bestehen.

Die Grenze zwischen der DDR und der BRD entwickelte sich im Laufe der Zeit auf Seiten der DDR zu einem undurchdringlichen Festungswall. 1945 markierten Holzpfähle die Grenzlinie. Im Jahr darauf erfolgte die erste Sperrung. Ab 1952 entstand neben dem Stacheldrahtzaun der gepflügte und geeggte Kontrollstreifen zur Spurensicherung. 1961, gleichzeitig mit dem Mauerbau in Berlin, wurde der alte Stacheldrahtzaun durch einen stabilen ersetzt. In den folgenden Jahren errrichtete man Beobachtungstürme, verlegte Minen und baute Hundelauflanlagen. 1966 entstanden die 2,40 Meter hohen Absperrungen aus Metallgitterplatten und der Kfz-Sperrgraben.

In den Nachkriegsjahren wurde Helmstedt zum Hauptanziehungspunkt für Schmuggler und illegale Grenzgänger, denn hier war das Schlupfloch, wo die Händler von Nord und Süd, Ost und West zusammentrafen. Von Norden kamen die "Capri-Fischer", Leute die an der Nordsee Heringe gekauft hatten und sie meist per Bahn nach Osten weitertransportierten.

Die erste Nachricht über Todesfälle an der Grenze bei Helmstedt stammen schon aus den 40er Jahren, als das Überschreiten der Grenze mit gültigen Papieren noch möglich war. Die meisten Grenzgänger jedoch besaßen keine Interzonenpässe und versuchten den illegalen Weg über die "Grüne Grenze". Grenzführer und Schlepper boten am Helmstedter Bahnhof den Ortsunkundigen ihre Dienste als Führer über die Grenze an. Zahlreiche Gutgläubige wurden von ihnen ausgeraubt und im Lappwald in die Irre geschickt, manche wurden wegen eines Rucksackes voller Schmugglerware ermordet.

Texte aus dem Grenzmuseum in Helmstedt, Südertor 6, 38350 Helmstedt (Öffnungszeiten Di.-So. 15.00 bis 17.00 Uhr, Mi. auch 10.00 bis 12.00 Uhr, Do. auch 15.00 bis 18.30 Uhr).

Der Helmstedter Bahnhof war Anlaufstelle für Geldwechsler, Schieber, Schmuggler und Hamsterer. Zivile Polizei regulierte und überwachte den eigentlich verbotenen Handel, griff aber nicht ein. 1952 riegelte die DDR die Demarkationslinie durch Stacheldraht ab und verschärfte die Kontrollen, verhaftete in den östlichen Grenzdörfern bekannte Grenzgänger und Schleuser und siedelte sie ins Hinterland um. Danach versickerte der Flüchtlingsstrom über die „grüne Grenze" und der illegale Warenaustausch. / Foto: Christa Bosse-Schaper

Sperrmaßnahmen der DDR an der Zonengrenze Anfang der 50er Jahre zwischen Saalsdorf/Kreis Helmstedt und Lockstedt/Kreis Oebisfelde. / Foto: W. Lohse

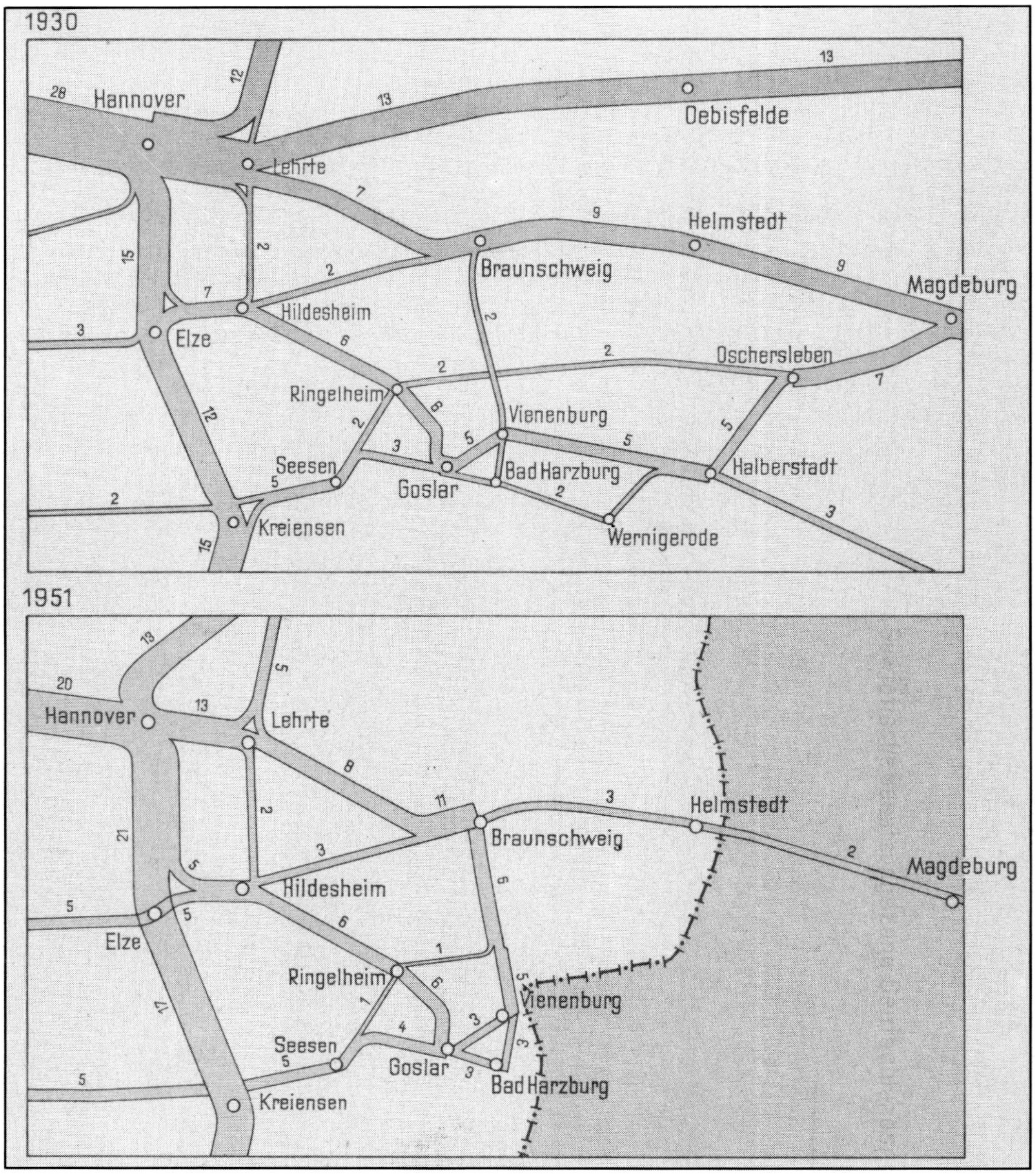

M 7.
Karte: Zugverkehr zwischen sowjetischer und britischer Zone im Verleich zur Vorkriegszeit. (Die Zahlen bezeichnen die täglichen Zugpaare.) / Q.: Der Landkreis Helmstedt, Bremen 1971

Q.: 3. Durchgangslager Braunschweig, Salzgitter und Mariental

Q.: 3.1. Auffanglager Mariental bei Helmstedt

Die Flüchtlinge bzw. Vertriebenen wurden nicht, wie von vielen Leuten heute angenommen wird, in den Kasernen des Flugplatzes Mariental untergebracht, was für sie sehr schön gewesen wäre, da die Kasernen recht gut ausgestattet waren (fließendes Wasser usw.). Stattdessen legte man das Lager in das Gelände der Fahrzeughallen Mariental und Mariental-Horst, dem alten Fliegerhorst. Dort errichtete man nach und nach vier Holzbaracken.

Das Flüchtlings-Auffanglager Mariental existierte von Ende 1945 bis zum Frühjahr 1947. Als der Flüchtlingsstrom seinen Höhepunkt Mitte 1946 erreichte, kamen täglich zwei bis drei Transporte im Lager an, das bedeutete, daß im Durchschnitt dreieinhalb- bis viertausend Menschen täglich aufgenommen werden mußten. Diese Transporte setzten sich folgendermaßen zusammen: Ungefähr 2/3 waren Frauen, knapp 1/3 Kinder und nur wenige Männer. Diese Männer waren meistens sehr alt, da man die jüngeren in den polnisch besetzten Gebieten zurückbehalten hatte. Dort mußten sie Notstandsarbeiten verrichten, wie zum Beispiel Aufräumarbeiten in den zerbombten Städten.

Im Lager wurden die Flüchtlinge registriert und ihre Personalien aufgenommen. Die meisten Flüchtlinge hatten nur das dabei, was sie am Leibe trugen, bestenfalls noch eine Tasche oder einen Koffer, wenn ihnen dieser belassen worden war. Während des Transportes waren viele von ihnen, wie man im Volksmund sagt, "gefilzt" worden.

Sie bekamen nun eine Mahlzeit und noch etwas Proviant für den weiteren Weg. Danach wurden sie ärztlich versorgt: Viele von ihnen hatten schon tage- oder wochenlang in polnischen Lagern auf ihren Transport gewartet. Ihr Gesundheitszustand war zusätzlich durch den Transport in Viehwagen beeinträchtigt, wobei auch keine Rücksicht auf die Witterung genommen wurde. Im allgemeinen blieben die Flüchtlinge bzw. Vertriebenen nicht länger als einen Tag, da schon die nächsten Transporte eintrafen. Kam ein Transport spät in der Nacht, so übernachteten die Flüchtlinge in den Fahrzeughallen und Baracken. Als Betten dienten Holzgestelle, die mit Stroh gefüllt waren. Wenn jemand krank war, wurde er entweder in der Krankenbaracke des Lagers behandelt oder bei ernsterer Erkrankung in das nächste Krankenhaus eingewiesen.

Aufenthaltsraum im Flüchtlingsbunker Madamenweg. Der mehrstöckige Bunker wurde in 3 x 5 m große Parzellen abgeteilt. Q.: Städtischer Bilderdienst / Rudert 1954

Noch am gleichen bzw. nächsten Tag wurden die Transporte weitergeleitet. Wohin, wurde von der britischen Militärregierung in Verbindung mit den deutschen "Kommunalbehörden" festgelegt. Wenn jetzt zum Beispiel ein Transport aus Breslau kam, wurde entschieden, daß dieser Transport mit soundsovielen Personen für Detmold oder Bielefeld bestimmt sei. Die Unterbringung der Flüchtlinge bzw. Vertriebenen war dann das Problem der Städte und Gemeinden.

Die Oberaufsicht über das Lager Mariental hatte die britische Militärregierung. Auf deutscher Seite gab es damals nur die unteren Behörden, da es noch keine Landes- und Bundesbehörden gab. Diese "Kommunalbehörden" unterstützten die Finanzierung und Betreuung des Lagers. Auch die britische Militärregierung half mit "Sachspenden" aus alten Heeresbeständen. Die Versorgungslage war ein schwieriges Problem, da sie durch den hiesigen Bestand nicht zu decken war. Meistens griff die Militärregierung ein. So wurden unter anderem Lebensmittel auf Bauernhöfen beschlagnahmt. Die Lagerleitung übernahm ein politisch Unbelasteter.

Aufgrund der hohen Flüchtlingszahlen mußte die Lagerleitung rund um die Uhr in drei Schichten arbeiten. Dabei standen ihr mehrere hundert Helfer zur Verfügung (Mitte 1946 waren es ca. 350). Die Helfer kamen aus allen Berufsgruppen. Neben mehreren Ärzten und Krankenschwestern, die zum Teil aus aufgelösten Wehrmachtslazaretten stammten, arbeiteten auch viele Arbeitslose im Lager, wie zum Beispiel Beamte, die aufgrund der Zugehörigkeit zur NSDAP entlassen wurden. Das Lagerpersonal wurde streng überwacht, und bei groben Fehlverhalten wurde man sofort entlassen.

Q.: Interview von Maren Böcker und Kirsten Weigel mit Rolf Volkmann, Helmstedt, am 24. 05. 1994 im Juleum in Helmstedt

Q.: 3.2. Bei den Flüchtlingen im Lager Immendorf

Nachdem der Kreis Wolfenbüttel seit dem Jahre 1939 rund 38.000 Flüchtlinge und Evakuierte aufgenommen hatte, hat sich die Zahl der Flüchtlinge seit Februar d. J. um weitere 19.000 erhöht, von denen ein großer Teil in den letzten Tagen in das Kreisgebiet hineingekommen ist. Seit Tagen herrscht im Flüchtlingslager Immendorf, das als Durchgangslager für die Ostflüchtlinge im Lande Braunschweig eingerichtet ist, ein sehr lebhafter Betrieb.

Das Lager Immendorf steht unter der Leitung des Lagerführers Zollenkopf. Seit vielen Tagen kommen täglich bis zu 2.000 Ostflüchtlinge mit der Bahn bis zur russisch-englischen Zonengrenze nach Alversdorf und Marienthal. Von hier werden sie mit großen Postomnibussen in das Lager Immendorf gebracht, das aus vier einzelnen Lagern besteht. Jedes dieser Lager hat einen eigenen Lagerführer und ist aufs Vorbildlichste eingerichtet. Wir sehen dort Rote-Kreuz-Schwestern, in der mit allem Erforderlichen ausgestatteten Krankenabteilung, wir sehen eine eigene Telefonzentrale, große Lagerküchen, eine Baracke, die als Kino eingerichtet ist. Es gibt dort eine Bücherei mit rund 12.000 Bänden. Für die kirchliche Betreuung steht ein evangelischer Pfarrer zur Verfügung, für die Angehörigen des katholischen Glaubens gibt es einen katholischen Pfarrer.

Frauen und Kinder überwiegen

Die Flüchtlinge bleiben in der Regel höchstens ein bis zwei Tage im Lager Immendorf und werden dann mit Autos und Lastwagen in die ihnen zugewiesenen neuen Aufenthaltsorte gebracht. Die Flüchtlinge, die in der Regel innerhalb einer Stunde ihr Heim in Schlesien verlassen mußten und nur das Notwendigste an Gepäck mitnehmen konnten, verfügen auch über keine großen Geldmittel. Es fiel besonders auf, daß ausschließlich Frauen mit Kindern (sehr viel Kindern) alte und gebrechliche Personen und Invaliden im Flüchtlingslager ankamen. Die arbeitsfähigen Männer mußten an ihrem bisherigen Aufenthaltsort bleiben.

Wir haben mit vielen Flüchtlingen gesprochen. Trotz allen Leides, das ihnen widerfahren ist und trotz des Verlustes ihrer Heimat, ihres Hab und Gutes legen sie eine überraschende Zuversicht an den Tag. Sie stellen keine Ansprüche, sie sind dankbar für jede Hilfe, die ihnen zuteil wird. Sie sprechen sich mit größter Anerkennung über die ihnen bei der Ankunft in der britischen Zone zuteilgewordene Behandlung aus. Sie hatten befürchtet, zu fünf bis sechs Familien in einem Zimmer hausen zu müssen und können es nicht fassen, als ihnen versichert wird, daß jede Familie in dem neuen Aufenthaltsort für sich ein eigenes Zimmer bekommt. Viele Frauen mit kleinen Kindern auf dem Schoß weinten und antworteten auf Befragen, daß sie glücklich seien, mit soviel Liebe und Vorsorge empfangen zu werden.

Q.: Braunschweiger Zeitung vom 24. 5. 1946

Q.: 3.3.1. Entseuchung

Auf dem Bahnsteig wird eine Kontrolle organisiert werden, die diejenigen erfaßt, die sich nicht im Besitz von Lebensmitteln befinden, woraus hervorgeht, daß sie in Helmstedt oder sonstwo an der Grenze nicht durch die Entwesungsstation gegangen sind. Diese Personen bleiben auf dem Bahnsteig zurück und werden dann in den Bunker geführt, wo sie untersucht werden. Die Verlausten und Verdächtigten bleiben die Nacht im Bunker und werden am nächsten Tag in der Frühe zu den Entlausungsanstalten, Standortlazarett und Desinfektionsanstalt geführt.

Bericht des Stadtrates Dr. Lube an den Oberbürgermeister Böhme über eine Besprechung mit Major Smithard am 28. September 1945, St A Braunschweig

Q.: 3.3.2.

Ferner müßten baldmöglichst Maßnahmen getroffen werden, um die Entlausung und Typhus-Schutzimpfungen dieser Zuwanderer vorzunehmen; etwa in einer Baracke am Bahnhof. Es dürften nur solche Flüchtlinge Aufnahme in den Baracken oder sonst noch zu errichtenden Unterkünften finden, die einen Ausweis über die vorgenommene Entlausung und Impfung erhalten haben. Es wäre zu erwägen, die deutsche Sanitäts-Kompanie 167, die auf dem Leonhardplatz sitzt, für die Impfung einzusetzen. Major Lazarus sagt jedwede Hilfe für diese Aktion zu.

Notiz des Oberbürgermeisters Böhme über ein Gespräch mit Major Lazarus am 25. September 1945, St A Braunschweig.

Q.: 3.4. Verpflegung im Lager

Im Lager Immendorf befanden sich im Durchschnitt 5 bis 6.000 Flüchtlinge (...) Es wurde damals zugrundegelegt:

Kaltverpflegung (täglich)

Brot	300 g
Wurst	30 g
Fett	15 g
Kaffee-Ersatz	5 g

Warmverpflegung (täglich)

Fleisch	25 g
Nährmittel	75 g
Kartoffeln	140 g
Zucker	20 g
Salz	5 g

Q.: G. Staff / Bund der Vertriebenen (Hrsg.), Chronik der Vertriebenen in Salzgitter 1945-1966, Salzgitter o. J.

Q.: 3.5. Dank an die Betreuer

Hamburg, den 20. 12. 1945
An den Vorstand des Bunkers Steinstraße 2.

Am 2. und 3. November genoß ich die Gastfreundschaft Ihres Bunkers. Und heute drängt es mich, Ihnen einige Zeilen des Dankes auszusprechen. Meine Schwester wurde in der Nacht sehr krank, Gallenkolik und Darmkrampf, und Schwestern und Ärzte bemühten sich rührend um sie!

Herrn Dr. Faulhaber und Herrn Dr. Schäfer möchte ich ganz besonders danken für Ihre Teilnahme und Sorgfalt, Hilfe und Verständnis unserer unglücklichen Lage. Wir haben auf der Heimfahrt nach Hamburg andere Bunker (Hannover, Hamburg) kennen gelernt und wissen jetzt, wie es **nicht** sein sollte! In Hannover war die Hölle! Keine Ordnung, keine Disziplin. An jeder Säule zeigte ein Pfeil zum Arzt: Solange wir gezwungen waren, im Bunker auszuharren, bekamen wir keinen zu Gesicht! Und den einzigen elektrischen Kocher hatte der abwesende Arzt eingeschlossen! Darum möchte ich Sie bitten, niemals Schwerkranke in Richtung Hannover weiterfahren zu lassen. Gewähren Sie denen noch einen etwas längeren Aufenthalt, wenn es auch schwierig ist. Der Bunker in Hannover am Bahnhof ist furchtbar! (...)
Ihre dankbare
Hertha Reinmuth

Q.: Stadtarchiv Braunschweig

Aus dem Durchgangslager Bunker Madamenweg wurde nach 1950 eine Dauerunterkunft. / Q.: Städtischer Bilderdienst / Rudert 1954

Q.: 3.6. Durchgangslager bleiben (1950)

Nicht besser sind diese Verhältnisse in den aufs äußerste belegten Durchgangslagern. Sogar ein Teil der Übernachtungsstätte "Bunker Madamenweg" mußte mit als Lager herangezogen werden. Es wurden außerdem Maßnahmen erwogen, einen weiteren Bunker einzubeziehen. Gerade der Bunker Madamenweg ist das besondere Sorgenkind. Nur durch Belegung der Kabinen mit 4 und 5 Personen war es möglich, Platz zu schaffen, und das in einem Bunker, der keine Fenster und nur künstliche Belichtung hat. Die Einrichtung zusätzlicher Kochstellen und die Vernichtung des Ungeziefers durch Spezialmittel des Gesundheitsamtes vermochten nur die allergrößten Mißstände zu beseitigen. Die große Sehnsucht der Bewohner ist es, baldmöglichst wieder Boden unter die Füße zu bekommen. Viele sind von einer Apathie erfaßt, die angesichts der großen Not nur zu verständlich ist. Seitens der Stadt wird alles getan, um diesen Menschen endlich auch menschliche Unterkünfte zu geben. Aber 2.128 Personen werden durch das Flüchtlingsamt immer noch dauernd betreut. Die Hoffnung auf völlige Beseitigung der Flüchtlingsnot ist nur gering; der nicht abreißende Zustrom gleicht einer Hydra, die uns statt eines abgeschlagenen Kopfes neun neue entgegenstreckt.

Q.: Verwaltungsbericht der Stadt Braunschweig 1950, Braunschweig 1952.

Q.: 4. Die Unterbringung der Flüchtlinge

Q.: 4.1. Beschlagnahme von Wohnraum

Stadtverwaltung Braunschweig
– Wohnungsamt –
Braunschweig, den 2. 9. 1946
Richtlinien für die Aktion zur sofortigen Unterbringung der Vertriebenen
(nur Anhaltspunkte, kein Schema)

1. Die angeordnete sofortige Unterbringung der Vertriebenen ist nur möglich, wenn grundsätzlich in jedem Raum von mindestens 8 m² Fläche 2 Personen wohnen. Allerdings muß in jedem Fall ein schematisches Vorgehen vermieden und auf besondere gesundheitliche und berufliche Verhältnisse in begründeten Ausnahmefällen Rücksicht genommen werden.
2. Ein kinderloses Ehepaar wird sich grundsätzlich auf einen Raum beschränken müssen, auch wenn es sich um Hauptmieter handelt. Allerdings ist in jedem Falle zu prüfen, ob ein Wohnen in einem Raum bei Vorhandensein von 2 Betten möglich ist.
3. Jedes Wohnzimmer soll bei mehrköpfigen Familien als Schlafraum benutzt werden.
4. Auch Durchgangszimmer ausreichender Größe sollen belegt werden; auf die Trennung der Geschlechter ist Bedacht zu nehmen.
5. Die weitere Verwendung von Wohnräumen zu gewerblichen Zwecken ist nur noch zu gestatten, wenn bei Wegnahme des Raumes der Gewerbebetrieb stillgelegt werden würde.
6. In allen Fällen, in denen dies erforderlich ist, muß auch die Mitbenutzung der Küche und deren Einrichtung gestattet werden.
7. Geeignete Räume sind in der Regel auch dann zu belegen, wenn zur Zeit noch keine ausreichende Anzahl Schlafgelegenheiten zur Verfügung steht.
8. Wenn auch die soziale Lage des Wohnungsinhabers bei der Beschlagnahme von Wohnraum für Vertriebene selbstverständlich grundsätzlich keinerlei Rolle spielen darf, so gibt es doch in wenigen Ausnahmefällen sogenannte völlig geschützte oder zu bevorzugende Wohnungsinhaber und Wohnungen. Dazu gehören:
   a) Personen, die wichtige Arbeit im Interesse der Gemeinschaft leisten, z. B. hervorragende Wirtschaftler, Beamte, Hochschullehrkräfte,
   b) Opfer des Faschismus, die den amtlichen Ausweis vorlegen,
   c) Personen, deren Verwandte in England tätig sind,
   d) Zimmer, in denen Studenten wohnen, bleiben zur Verfügung des Studentischen Wohnungsamtes,
   e) Extraschlafzimmer (außer Wohnzimmern) für Polizeibeamte (auch kinderlose).
   f) Gästezimmer des Verkehrsvereins

Q.: Stadtarchiv Braunschweig

Q.: 4.2. Durchführung eines Befehls

Die gesamte Stadt soll in 20 Bezirke eingeteilt werden, ferner sind für diese Bezirke sofort 20 neue Angestellte, davon 4 Flüchtlinge einzustellen. Dieses Personal hat täglich den unterbelegten Wohnraum zu melden, der aber bereits am nächsten Tage belegt werden muß. Die Angestellten sollen Zulegekarten erhalten. Bei ihrer Arbeit darf keine Unterscheidung in Klassen vorgenommen werden. Dagegen sind die Wohnungen folgender geschützter Personen mit Rücksicht zu belegen:
a) Personen, welche wichtige Arbeit im Interesse der Gemeinschaft leisten
b) Geschädigte des Faschismus
c) Familien, deren Angehörige in England tätig sind.

Der Kommandeur wies darauf hin, daß die gesamte Unterbringung der 30.000 bis 1.10.1946 beendet sein müsse. Er legt dar, daß jeder der 20 Angestellten täglich für 50 Personen Unterkunft schaffen müsse.

Q.: Protokoll der Besprechung zwischen dem Stadtkommandanten Allen und dem Rat vom 28. 8. 1946, St A Braunschweig.

Q.: 4.3. Aufnahmekapazität erschöpft

Mit der Aufnahme von 2.000 Flüchtlingen aus der Aktion "Schwalbe" hat die Stadt Braunschweig, die auch bei Anlegung eines strengsten Maßstabes mit einem notwendigen laufenden Zuzug von 1.200 Personen pro Monat rechnen muß, den äußerst möglichen Beitrag zur Unterbringung der Flüchtlinge geliefert. Das Wohnungselend, die gesundheitlichen und hygienischen Zustände der zerstörten Stadt und die sonstigen auf dem Gebiete der Lebensmittel- und Brennstoffversorgung gerade für eine Großstadt besonders großen Schwierigkeiten machen die Aufnahme weiterer Flüchtlinge unmöglich.

Die Stadtvertretung als verantwortliches Organ der Bevölkerung hält sich nach gewissenhafter Prüfung aller Umstände unter gleichzeitiger Berücksichtigung der Interessen der Flüchtlinge für verpflichtet, an die zuständige Stelle der Militärverwaltung und der deutschen Verwaltung den dringenden Notruf zu richten, die Zuweisung weiterer Flüchtlinge sofort einzustellen, um eine drohende Katastophe zu verhindern.

Q.: Drucksache 22/1946 vom 19. 8. 1946, St A Braunschweig

Wohnungsschilder!

Auf Befehl der Militärregierung müssen ab sofort alle Deutschen an ihrer Haus- oder Wohnungstür ein Schild mit folgenden Angaben anbringen:

a) Name eines jeden dort Wohnenden
b) Zahl der Wohnräume

Wohnräume sind alle Räume außer Badezimmer, Toiletten und Küchen unter 8 qm. Bei Mietskasernen (abgeteilte Gebäude) wird ein einzelnes Schild für jeden Block geschrieben und an dem Haupteingang angebracht. Alle Schilder müssen so gut wie möglich vor Witterungseinflüssen geschützt sein.

Die Hauseigentümer sind für die Durchführung verantwortlich. Ab 22. September 1945 wird die Nichtbefolgung dieser Anordnung bestraft werden.

Wolfenbüttel, den 17. September 1945

Der Bürgermeister
der Stadt Wolfenbüttel
MULL

***M 8.** Befehl der Militärregierung zur Kennzeichnung von Wohnungen. Die Militärregierung verfügte 1945/46 eine Wohnraum- und Volkszählung, um weitere Flüchtlinge bei den Eigentümern von Wohnraum unterzubringen. / Q.: Staatsarchiv Wolfenbüttel*

Q.: 4.4. Wohnen in der Gartenlaube

Die katastrophale Wohnraumnot wird auch durch die Tatsache gekennzeichnet, daß z.Zt. 12.899 Personen in Behelfsunterkünften (Baracken, Gartenbuden usw.), 3.311 Personen in baulich normalerweise nicht bewohnbaren Räumen und 20.666 Personen in überbelegten Wohnräumen untergebracht sind.

Q.: Material für das Schreiben des Oberstadtdirektors Lotz an den britischen Deutschlandminister Lord Pakenham, 5. Juli 1947, St A Braunschweig

Q.: 4.5.1. Behelfsheime

„Bis Grasleben (Kreis Helmstedt) ist ja alles glatt gegangen. Wir wollten da über die "grüne Grenze". Allerdings mißlang der erste Versuch. Wir wurden von einer russischen Patrouille erwischt und zurückgeschickt. Vorher haben sie uns natürlich noch unser bißchen Habe – Oma hatte ein paar Wäsche- und Kleidungsstücke in einen Koffer gepackt, den wir mitgenommen haben – weggenommen. Nur den **Bollerwagen** mit Mama drin durften wir behalten. Also haben wir uns auf einem Bauernhof eine Bleibe für die Nacht gesucht und unser Glück dann am nächsten Morgen noch einmal versucht. An einer Stelle, nicht weit von der ersten entfernt, sind wir durch einen Bach, der die Zonengrenze darstellte.

In der britischen Zone angekommen, sind wir erst mal in ein Flüchtlingslager gegangen (in Cremlingen/ Kreis Braunschweig), wurden dort als Flüchtlinge registriert, da unser Hauptwohnsitz ja Elbing (Ostpreussen) war, und sind dann auf eigenen Wunsch nach Klein Schöppenstedt (Kreis Braunschweig). Ich hatte nämlich in Braunschweig einen alten Freund (aus der Kaserne in Rautheim) wiedergetroffen, der mir geraten hat, sich bei der Vermögensstelle der Stadt Braunschweig zu melden. Die würde nämlich "Be-

Haus Nr. 12o

1. Karl Meyerding, Lehrer, 15.1.1890, männlich
2. Lisa Meyerding, Ehefrau, 1.1.1897, weiblich
3. Gerda Meyerding, Lehrerin, 8.7.1925, weiblich
4. Marie Schucht, Witwe, 2o.8.187o, weiblich
5. Else Trüe, Ehefrau, 3.2.1918, weiblich
6. Lotte Muhs, 19.12.1925, weiblich
7. Helmut Trüe, Kixnd, 12.4.1939, männlich
8. Karl-Heinz Trüe, Kind, 9.3.1942, männlich
9. Christa Trüe, Kind, 13.8.1944, weiblich
10. Dietrich Obst, Baupraktikant, 18.5.1926 männlich

Vor Juni 1946

***M 9.** Belegungsliste für ein Einfamilienhaus in Astfeld/ Kreis Goslar. Sie mußte außen sichtbar angebracht werden, um Kontrollen zu erleichtern. / Q.: Timmermann*

Musterbehelfsheim der Stadt Braunschweig 1945 (vermutlich Echternstraße). / Q.: Martina Kuchen

helfsheime" vermieten – für 15 Mark im Monat, und in Klein Schöppenstedt würde noch eins leerstehen. Also bin in hin, und sie haben es mir zum Glück vermietet."

Das **Behelfsheim** bestand aus zwei kleinen Räumen und einem Flur. Toiletten gab es für alle Bewohner der "Behelfsheimsiedlung" in einem sogenannten "Toilettenhaus", das von außen genauso aussah wie die übrigen Behelfsheime, innen aber nur Toilettenkabinen hatte. Waschmöglichkeiten bestanden nur aus Eimern und Schüsseln; Wasser mußt man sich draußen von der Pumpe holen.

Q: Verena Scheinhardt, Facharbeit Geschichte 1991

Q.: 4.5.2. Kochen in einer Behelfswohnung

„Ja, und mit dem Kochen war das so: Die eine Tante aus Bayern, die stand sehr spät auf und hat auch erst sehr spät gekocht. Die Kinder und der Opa bekamen deshalb vor 14.00 Uhr kein Essen. Dadurch war für uns um die Mittagszeit die Möglichkeit zum Kochen gegeben. Die andere Tante, die Wohnungsinhaberin, die brauchte erst am Spätnachmittag kochen, weil mein Onkel ja erst dann aus der Arbeit kam."

Wer von den sieben Erwachsenen ging denn zur Arbeit?
„Der Onkel und der damalige Partner meiner Tante."
Und die anderen waren praktisch den ganzen Tag zu Hause?

„Wir Kinder waren in der Schule und die Frauen waren durchweg zu Hause. Der Opa und mein Vater waren auch zu Hause. Die konnten beide nicht mehr weit laufen. Wir haben es immer versucht , so einzurichten, daß wir wenig in der Küche waren, denn es war doch ziemlich eng. Es gab auch Streitigkeiten, da wurde mal das Essen vom Herd heruntergeschmissen und so. Es war halt die Notsituation. Wir hatten alle mehr oder weniger Hunger."

Q.: Andreas Ehrhardt: Wie lästige Ausländer, Flüchtlinge und Vertriebene in Salzgitter 1945-1953, Salzgitter 1991; Interview mit einem Arbeiter, S. 56

Q.: 4.6. Wohin mit dem Bett?

„Da kriegte ich einen Bezugschein für ein Bett, das wir aber nicht aufstellen konnten. Wir konnten ja kein zweites Bett aufstellen. Da wäre ja die Mutter nicht mehr an den Herd rangekommen. Da habe ich dann das Unterteil von diesem Bett, das war so ein Lattengitter, das habe ich immer tagsüber an die Wand gestellt. Und bevor ich dieses Bett hatte, das hat ja gedauert. Es mußte erst beim Gemeindeamt beantragt und genehmigt werden. Vorher hatte ich ja nichts, nur den Rucksack mit meinem Mantel und einer Decke drin. Dann habe ich immer vom Küchenschrank die Türen ausgehängt und auf den Fußboden gelegt mit meinen Decken und was ich so hatte. Haben Sie den Gipsfußboden noch kennengelernt? Das gab es ja in dieser Gegend als Fußboden. Das war kalt wie ein Stein."

Hatten Sie einen Strohsack oder eine Matratze?
„So was hatten wir nicht zu der Zeit. Man hätte auch gar nicht gewußt, wohin damit tagsüber."

Q.: Andreas Ehrhardt, a. a. O., S. 76; Interview mit einem Bergmann

ot. F 1
..: F 1 - 0
Dir.Ra/Ma

Braunschweig, den 12. Februar 1947

Herrn
Oberstadtdirektor L o t z
über Herrn Stadtmedizinalrat Dr.L u b e.

Zu der anliegenden Beschwerde berichte ich folgendes:

Läuse sind nach den übereinstimmenden Berichten des Bunkerleiters Reuter, Bunkerarztes Dr.Baum und Herrn Lehmann bei Insassen des Bunkers seit Oktober 1945 nur dreimal festgestellt worden. Nach der Feststellung wurde jedesmal eine gründliche Reinigung und Entlausung angeordnet und durchgeführt. Wanzen sind nach den Berichten der vorgenannten Herren in den letzten Monaten überhaupt nicht sichtbar geworden. Bettbezüge gibt es im Bunker überhaupt nicht und die vorhandenen Decken sind Eigentum der Bunkerinsassen bzw. der Durchreisenden.

Der Bunker war in letzter Zeit mit im Durchschnitt 800 Personen belegt. Darunter befinden sich 400 Personen, die auf Einweisung in Wohnungen warten und 400 Personen sind Durchreisende. Außerdem befindet sich im Bunker eine sogenannte polizeiliche Unterkunft für Personen, die keine ordnungsmäßigen Papiere haben oder sonst verdächtig erscheinen.

Die Züge kommen in den letzten Wochen sehr unregelmäßig; manche Züge mit Durchreisenden und Flüchtlingen laufen erst gegen Mitternacht oder noch später ein. Bis diese Reisenden Unterkunft gefunden haben, ist es oftmals 1°°, 2°° oder noch später. Die ersten Reisenden rüsten aber morgens um 4°° schon wieder zur Weiterreise. Also nahezu während der ganzen Nacht herrscht ein Kommen und Gehen im Bunker. Die Bunkerinsassen, die teilweise schon mehrere Monate auf Wohnung warten, erhalten echten und unechten Besuch im Bunker. Daß auf solche Weise unerwünschte Elemente in den Bunker gelangen, ist unvermeidbar.

Bei der Beurteilung der Verhältnisse in einem Hause, in dem täglich 800 Personen aller Schattierungen ein- und ausgehen, können die Schwierigkeiten, die sich der Ordnung und Unterhaltung gegenüberstellen, nicht übersehen werden. Unter diesen 800 Personen sind neben hochanständigen, achtbaren Personen nicht selten böse und gefährliche Zeitgenossen.

Daß die Moral und Sittlichkeit bei diesem Völkergemisch oftmals nicht sehr hoch im Kurse steht, ist nicht verwunderlich. Das Leben wird durch die fehlenden Glühbirnen natürlich begünstigt.

Nebenbei sei bemerkt, daß mir über den Bunker Bockstwete ganz ähnliche Beschwerden vorgetragen sind.

Zur Unterbringung der Bunkerinsassen und Durchreisenden stehen uns drei Etagen zur Verfügung. Eine Trennung nach Geschlechtern ist praktisch nicht durchführbar.

Die zurzeit starke Belegung durch die Durchreisenden macht uns größte Schwierigkeiten. Zweifellos nehmen viele Personen, darunter sind besonders viele sogenannte "Halbstarke", die Bunkerunterkunft ohne zwingenden Grund in Anspruch. Bei den zeitigen Witterungsverhältnissen ist aber eine Abweisung auch in den Fällen nicht recht durchführbar, wenn man allen Grund zu der Annahme hat, daß der Antragsteller eine andere Unterkommensmöglichkeit hat. Um die Zahl der Durchreisenden im Bunker zu drücken, habe ich heute angeordnet, daß nur noch den

unter-

unterkunftbegehrenden Durchreisenden eine Übernachtung gewährt werden darf, die eine gültige Fahrkarte für eine Strecke von mindestens 15 km vorzeigen können.

Hätten wir es nur mit Flüchtlingen oder nur mit Durchreisenden in diesem Bunker zu tun, wäre vieles weit einfacher.

Die Fußbodenreinigung des Bunkers ist täglich ein Problem. Höchst mangelhafte Besen stehen nur zur Verfügung (Reiserbesen) und die Scheuertüchernot ist übergroß. Wieviel Schnee und Dreck wird am Tage in die Bunker getragen! Kaum sind die Bunkerfußböden gereinigt und aufgewaschen, ist alles wieder wie zuvor!

Der Bunker Salzdahlumerstraße wird zur Aufnahme von Flüchtlingen vorbereitet und ich werde nach Abschluß dieser Arbeiten die Flüchtlinge vom Madamenweg nach dort verlegen, vorausgesetzt natürlich, daß wir keine neuen Flüchtlinge bekommen.

Eine klare Sachlage bekommen wir am Madamenweg nur dann, wenn wir es dort entweder nur mit Flüchtlingen oder nur mit Durchreisenden zu tun haben.

Von einem regelrechten Bordellbetrieb, von einem abwechselnden Hereinholen von Frauen und Mädchen, kann aber auch heute keine Rede sein. Die Behauptung ist maßlose Übertreibung. Zur Bekämpfung des dunken Treibens ist seitens der Aufsicht geschehen was geschehen konnte.

Ihrer Anordnung gemäß habe ich Reuter zunächst in eine andere Dienststelle versetzt. Ich halte mich aber für verpflichtet auszusprechen, daß ich eine solche strafende Maßnahme für nicht gerecht halte und Sie daher bitte, die Anordnung zurückzunehmen.

Im übrigen darf ich bei dieser Gelegenheit daran erinnern, daß ich in meinen Berichten vielmals darauf hingewiesen habe, wie notwendig es ist, daß mir für meine umfangreichen Dienstgeschäfte und für die ordnungsmäßige Überwachung all' meiner Dienststellen ein Pkw. zu jeder Zeit, ob Tag oder Nacht, zur Verfügung steht, wie dieses früher auch der Fall war. Bei dieser Gelegenheit darf ich die Bitte um die Zurverfügungstellung eines Wagens wiederholen.

Raschen

(Raschen)
Direktor.

Br.: 13.2.47.
Ich stimme den Ausführungen des Direktor Raschen zu. Ich bin auch der Ansicht, daß eine Maßregelung eines einzelnen Beamten in dieser Form ungerecht wirkt. Die Not ist so groß, daß ihr mit den besten Vorstellungen [illegible] nicht beizukommen ist. Nach 2 Jahren seit dem [illegible] angeblichen Kriegsende – und die Erscheinungen, die sich im Bunker zu beobachten sind, werden weiteste Kreise des deutschen Volkes betreffen – [illegible] keine Vorstellungen [illegible] sind da verhindern können.
[illegible]

M 10. Q.: Stadtarchiv Braunschweig

Q.: 4.7. Situationsbericht 1947

(Punkt 14 der Tagesordnung der Stadtvertretung am 13. August 1947)
Begründung des dringlichen Antrages der Fraktion der CDU.
Betr.: Flüchtlingselend.

Es darf als bekannt vorausgesetzt werden, daß die Unterbringung der Flüchtlinge in der Stadt Braunschweig ihren auch in der heutigen Zeit berechtigten Ansprüchen in keiner Weise genügt und zu den schwersten Bedenken Veranlassung gibt. Bekannt ist auch, daß bereits mehrfach von verschiedenen Seiten der Versuch unternommen worden ist, Abhilfe zu schaffen, und es soll durchaus anerkannt werden, daß im Laufe der Zeit manches zur Linderung des Notstandes geschehen ist und daß weitere Abhilfemaßnahmen im Gange sind. Im großen und ganzen aber ist die Elendslage der Flüchtlinge dieselbe geblieben, und ihre Klagen und ihre Bitten um Abhilfe sind deshalb nicht verstummt und in der letzten Zeit ganz besonders vernehmbar geworden. Wir haben deshalb Veranlassung genommen, durch zwei Mitglieder unserer Fraktion eine Besichtigung der den Flüchtlingen in der Humboldtkaserne zur Verfügung gestellten Räume vornehmen zu lassen. Das Ergebnis ist folgendes:

Die Flüchtlinge sind in 5 Räumen untergebracht, von denen die 4 kleineren mit je 15 bis 23, der große saalartige Raum aber mit 53 Insassen belegt ist. Beim Betreten dieser Räume bietet sich dem Beschauer ein kaum beschreibbarer Anblick, und es wird ihm schwer, sich mit der Tatsache abzufinden, daß Menschen unter solchen Umständen wohnen und leben müssen. Die Gesamtzahl der Flüchtlinge beträgt 125, und zwar 19 Männer, 49 Frauen und 57 Kinder bis zu 18 Jahren. Alles liegt, einzig und allein nach Familien getrennt, durcheinander. Der zur Verfügung stehende Raum wird durch die Betten so eingeengt, daß die Bewegungsfreiheit der Insassen in erheblichem Maße beeinträchtigt wird. Die Zahl der Tische und Sitzgelegenheiten ist unzulänglich. Schränke zur Unterbringung der Garderobe und Wäsche sind nicht vorhanden. Auch die Möglichkeit, diese Sachen aufzuhängen, ist recht beschränkt. Sie liegen vielmehr aufeinander und durcheinander, so daß es unmöglich ist, auch nur einigermaßen für Ordnung und Sauberkeit zu sorgen. In zwei Räumen ist die Decke so schadhaft, daß bei Niederschlägen die Feuchtigkeit durchsickert.

Die Beheizungsmöglichkeit ist in einigen Räumen ungenügend, weil die Öfen zum Teil nicht in ausreichender Menge vorhanden, zum Teil aber auch zu klein und zum Teil auch schadhaft sind. Auch zum Kochen am Morgen und Abend sind die vorhandenen Öfen nicht in allen Fällen geeignet. Das wird in besonderem Maße bei der Bereitung von kochendem Wasser für die Wäschereinigung als fühlbarer Mangel empfunden. Eine Waschgelegenheit in den Unterbringungsräumen ist nicht vorhanden. Männer, Frauen und Kinder müssen sich vielmehr auf dem Flur waschen, wo verschiedene Wasserhähne neben einander angebracht sind. Diesen Flur müssen zudem auch fremde Personen passieren, die die Handwerker besuchen wollen, die in einigen Räumen der Kaserne untergekommen sind. Als ganz besonderer Übelstand aber wird es empfunden, daß die Abortanlage von den sogenannten Wohnräumen der Flüchtlinge so weit entfernt ist, daß für den Hin- und Rückweg eine Strecke von ca. 350 Meter, davon ein recht großer Teil im Freien, zurückgelegt werden muß. Was das bei Wind und Wetter, bei Schnee und Regen, was das in der Nacht , zumal für alte, gebrechliche und kranke Personen bedeutet, braucht wohl kaum besonders hervorgehoben zu werden. Daß diesem letztgenannten Übelstande so schnell als möglich in irgendeiner Weise abgeholfen werden möge, ist ein besonders dringlicher Wunsch der Flüchtlinge, die z. T. schon den letzten so überaus strengen Winter in der Kaserne durchgemacht haben und mit Entsetzen daran denken, daß sie noch einen zweiten Winter unter diesen Umständen wohnen und leben müssen.

Die hier geschilderten Verhältnisse sollen in ähnlicher Weise auch in den Bunkern, in denen Flüchtlinge untergebracht sind, herrschen. Von diesen Bunker würde dann also dasselbe zu sagen sein, was vorstehend über die Verhältnisse in der Humboldtkasere gesagt ist.

Einen weiteren Grund zur Beschwerde erblicken die Flüchtlinge in der Verpflegung, die nach ihrer Ansicht zum Teil unzureichend, zum Teil aber auch nicht schmackhaft ist. In einigen Fällen soll das aus der Großküche gelieferte Mittagessen sogar ungenießbar gewesen sein. Insbesondere haben sich die Mütter darüber beklagt, daß ihre Kinder zu wenig Milch erhalten und im übrigen nicht genügend bei der Zuteilung von Kindernährmitteln berücksichtigt werden.

Alles in allem ein höchst unerfreuliches Bild. Die Fraktion der CDU hält es deshalb aus allgemein menschlichen, aus sozialen und aus christlichen, nicht zuletzt aber auch aus hygienischen Gründen für ihre unabweisbare Pflicht, sich für die aus ihrer Heimat vertriebenen Flüchtlinge, die so gut wie alles verloren haben, mit ganzer Kraft einzusetzen und die Stadtverwaltung zu veranlasssen, schnellstens Abhilfe zu schaffen, soweit das hier nur irgend möglich ist.

Q.: Stadtarchiv Braunschweig

Q.: 4.8. Anzeichen von Entspannung

Augenblicklich ist für mich als Leiter des Flüchtlingsamtes besonders viel im Gange, weil sich die französische Zone endlich bereit erklärt, Ostvertriebene aufzunehmen – das ist Rheinland-Pfalz und Südbaden-Südwürttemberg – und nun festzustellen ist, wer wohl aus unserem überfüllten Harzburg in die zwar noch wenig belegten, aber dafür von Franzosen stark ausgeplünderten und gegenüber allen Ostvertriebenen stark voreingenommenen südwestdeutschen Länder freiwillig rüber möchte. (...)

Inzwischen ist auch die Arbeit hier wieder weiter im Wachsen. Neben dem gewöhnlichen Kram, der mir mit stetem Anwachsen der Besucher zeigt, daß man mit kleinen Ratschlägen nützlich sein kann, hat die letzte Woche zwei große Zusatzarbeiten gebracht: eine Zuteilung staatlicher Zuschüsse zu den untragbar hohen Mieten, die der in Hotels und Pensionen untergebrachte Teil unserer Vertriebenen zahlen muß, und deren Ausrechnung und Prüfung eine Riesenarbeit verursacht. Das zweite ist die Umsiedlung in die französische Zone, in der heute erst drei Vertriebene auf 100 Einheimische kommen, während wir hier in Niedersachsen 40 und in Harzburg sogar 55 von hundert sind. So haben sich sofort freiwillig 400 Familien gemeldet, die versuchen möchten, in Südwestdeutschland bessere Wohn- und Arbeitsmöglichkeiten zu finden. Diese nun sind von mir zu registrieren, auf Fragebogen einzutragen und in oft langen Auseinandersetzungen zu beraten. Ich habe mir für diese Arbeiten ein paar freiwillige Helfer rangeholt. Leute aus unserer Gemeinschaft, die Arbeitslosenunterstützung beziehen und ohne Bezahlung die Schreib- und Registrierarbeiten machen.

Q.: von Lölhöffel a. a. O., Tagebucheintragung vom 24. 4. 1949 und 15. 5. 1949, S. 180, 184

Q.: 4.9. Erst in den 60er Jahren verschwanden die Lager

Im Laufe der Zeit begannen sich die Lager zu leeren. Aus einem reinen Flüchtlingslager wurde ein Wohnlager für die Beschäftigten der Hüttenwerke. Die Baracken wurden umgebaut, aus den großen Stuben entstanden Wohnungen mit zwei, drei oder vier Zimmern. Es gab weiterhin kein fließendes Wasser, keine Toiletten, keine Badezimmer oder gar Zentralheizung. Aber mit viel Geschick und Organisationstalent haben es viele Familien verstanden, sich ein behagliches Zuhause zu schaffen. (...)
Von den Lastenausgleichszahlungen konnten die ersten richtigen Möbel gekauft werden. Die Wände wurden mit Kalkfarben gestrichen. Auf dem Markt gab es Gummirollen mit skurrilen Mustern, mit denen auf die Grundfarbe der Wände ein farblich abgestimmtes Muster aufgerollt werden konnte – so entstand der Eindruck, daß Tapeten an den Wänden waren... Die Küche erhielt einen Sonderanstrich. Die unteren Hälften der Wände erhielten einen Anstrich aus Ölfarbe. Das war praktisch und notwendig, da die Küche zugleich Eß- und Badezimmer war. Am Sonnabend war in den Familien Badetag. Der Ofen in der Küche wurde angeheizt. In allen verfügbaren Behältern wurde Badewasser heißgemacht. Zuerst badeten die Kinder, danach die Eltern...
Für uns Kinder schien sich die Zeit normalisiert zu haben, als die Zeit der Einschulung heranrückte. Daß dies noch lange nicht der Fall war, haben wir erst viel später erfahren. Südfrüchte, Fleisch, Schokolade, Butter u. a. waren Delikatessen, die uns nicht zu fehlen schienen. Im Gegenteil, was habe ich für herrliche Erinnerungen an ein Brot mit dunkelbraunem Sirup aus Zückerrüben, an ein Brot mit selbstgemachtem Gänseschmalz mit Äpfeln und Grieben! Was war Sauerampfersuppe für ein Genuß! Erst als wir älter wurden und Unterschiede bemerkten, war manches nicht mehr gut genug. (...)

Q.: L. Schneider a. a. O. S. 4ff

Q.: 4.10. Die Probleme der Landkreise (Helmstedt)

Der Wiederaufbau der Verwaltung wurde durch den Zustrom von Tausenden von Flüchtlingen erschwert. Der Zonengrenzbereich Helmstedt richtete in Mariental, Alversdorf, Helmstedt, Schöningen, Jerxheim und Vorsfelde Flüchtlingslager ein, in denen bis zum Jahre 1945 über 1,23 Mill. Flüchtlinge aufgenommen und verpflegt wurden.

Spielplatz Bunker Madamenweg 1948 / Q.: Städtischer Bilderdienst / Foto: Gertrud Bingel

Über 40.000 von ihnen blieben in dem verkleinerten Landkreis (der Bereich des Amtes Calvörde war an das Land Sachsen-Anhalt gefallen).
Zwei große Probleme hatte die Kreisverwaltung zu lösen. Der Ausgang des Krieges verschärfte die Schwierigkeiten der Lebensmittelversorgung bis zu einer kaum verschleierten Hungersnot. Die Mängel dieser Versorgung konnten vom Landkreis nur gemildert, aber nicht beseitigt werden. Das Wirtschaftsamt sorgte dafür, daß Lebensmittel, Feuerung und Kleidung so gerecht wie möglich verteilt wurden. Die ungeheure Not hat das Wirtschaftsamt oft zum Ziele unbeherrschter und persönlicher Angriffe gemacht. Heute, nachdem die Zeiten sich völlig geändert haben, ist es eine moralische Pflicht, anzuerkennen, daß alle Angestellten damals Außerordentliches geleistet haben. Während das Problem der Versorgung nach der Währungsreform schlagartig verschwand, blieb das andere Problem – die Unterbringung der Flüchtlinge – bestehen. Der Landkreis hat mit allen Kräften versucht, unsere Flüchtlinge in bessere Wohnungen hineinzubringen und hat bis zum 31. 12. 1954 4.596 Wohnungen geschaffen. Ein großer Teil, nämlich 1.532, entfallen davon auf das Förderungsprogramm der Braunschweiger Kohlen-Bergwerke. Eine eigene Baugesellschaft wurde 1951 gegründet, die den sozialen Wohnungsbau weiter vorantreibt. Wir dürfen jedoch nicht vergessen, daß heute ca. 52.000 Menschen mehr im Kreise Helmstedt leben als vor dem Kriege. Der Landkreis wird daher auch noch in den nächsten Jahren alles daransetzen müssen, durch den Neubau von Wohnungen der zugezogenen Bevölkerung Hilfe zu bringen.

Q.: W. Diederichs, Der Landkreis Helmstedt – sein Werden und sein Wachsen, in: 1945 -1955 Zonengrenzkreis Helmstedt, Helmstedt 1955, S. 10f.

Auswanderung.

Viele Familien in Deutschland setzen ihre Hoffnung auf die Möglichkeit einer Auswanderung, um sich eine neue Existenz zu gründen. Diese Möglichkeiten sind aber bisher für deutsche Staatsangehörige noch nicht in dem Maße gegeben, wie es vielfach erhofft wird. Daher sind die Versprechungen auf Auswanderung, die von „Auswanderungsbüros" und „Vereinigungen von Auswanderungswilligen" gemacht werden, ein verderbliches Spiel mit der Hoffnung heimatlos gewordener Menschen. Trotz staatlichen Verbotes tauchen derartige „Büros" und „Vereinigungen" immer wieder auf.
Um diesem Treiben Einhalt zu bieten, ist vom Herrn Niedersächs. Minister des Innern unter dem 26. 2. 48 die

„Niedersächsische Auswanderer-Beratungsstelle"

als halbamtliche Beratungsstelle in allen Auswanderungsfragen errichtet worden. Das Büro befindet sich vorerst in Hannover-Linden, Falkenstraße 1. Sie berät in allen Auswanderungsfragen und ist bei Beschaffung von Rechtsauskünften, Dokumenten und Anschriften von Konsulaten und bei der Prüfung von Anstellungsverträgen ins Ausland behilflich. Bei schriftlichen Anfragen ist Rückporto beizufügen.

Wolfenbüttel, den 30. Juni 1948.

Veröffentlicht:

Stadt Wolfenbüttel

Der Stadtdirektor

MULL

M 11. Q.: Staatsarchiv Wolfenbüttel

Q.: 5. Einheimische und Flüchtlinge

Q.: 5.1. Ein buntes Sprachgemisch

Gestern bin ich nach Wolfenbüttel gefahren, um ein Bild abzuholen, daß Eva ihrer Mutter schenken will. Der Maler hatte es zwar fertig, aber die Rahmen waren noch nicht soweit, und so reiste ich mit 1 1/2 Stunden Verpätung runter, suchte den Maler und mit ihm zusammen den Glaser, zog bei diesem das fertige Bild aus der Schublade und fuhr nach ein paar Besorgungen für den Betrieb um Mittag wieder heim – nochmals 5/4 Stunden im überfüllten Zug an einem Arm hängend, auf einem Bein stehend, aber schön warm dank der wie die Bücklinge gepreßten Nachbarn. Ein Glück, daß man als Berliner Stadtbahnfahrer aus Vor-Auto-Zeiten so was zur Genüge kennt und daher an dem törichten Zorn weniger erfahrener Mitreisender seine helle Freude haben kann, zumal sich der heutzutage in allen Mundarten Deutschlands äußert, die man sich nur denken kann: Schlesisch, rheinisch, ostpreußisch, braunschweigisch, pommersch und hamburgisch in herrlichstem Durcheinander. Sogar ein Sachse gab seinen Senf dazu, um das Bild unserer zerfetzten und zusammengepreßten Heimat zu vervollständigen.

Q.: von Lölhöffel a. a. O. S. 60
Tagebucheintragung vom 22. 12. 1946

Q.: 5.9. Tag der Heimat (1958) Mit der Ansprache Anton Beldas

Der "Tag der Heimat" sollte für uns Veranlassung sein, das Gelöbnis der Einheit und Einigkeit vor aller Welt abzulegen.

Wir wissen und wir fühlen es, wie die neue Heimat uns in ihren Bann zwingt. Wir empfinden Stolz, wenn wir die ruhmvolle Geschichte der Stadt Braunschweig betrachten.
Wir sind beglückt, wenn wir die türmereiche Sihouette der Stadt wieder zu Gesicht bekommen, und nicht nur mit den Menschen dieser Stadt fühlen wir uns verbunden, sondern auch unsere lieben Toten, die wir hier der Erde übergeben mußten, lassen uns von hier kaum los. Wer kann es uns aber verdenken, daß wir von der verlorenen Heimat uns nicht trennen können!

Wenn die vielen Glocken dieser Stadt den Sonntag einläuten, dann ist es, als würden wir mit ihren Klängen hinweggetragen über die weiten Lande, dem Osten zu, zu unserer Heimat. Ihr Klang mischt sich dann mit dem Klang unserer heimatlichen Glocken, und in mächtigen Akkorden brausen sie über die gesegneten, ernteschweren Fluren unserer Heimat und steigen hinauf zu den waldbedeckten Bergen, um im tiefblauen Äther unsere Gebete vor Gott zu tragen, unsere Gebete, die um Rückkehr in die Heimat erfüllt sind. Wann wird unserm Gebet Erfüllung beschieden sein? (...)

Deutsche Heimat, wir grüßen dich in dieser Stunde. Deutsche Heimat im Osten, wir tragen dich immer noch liebend im Herzen und bleiben dir in Treue verbunden. Deutsches Land im Osten, dich möge segnen der Herrgott, bis wir dich wieder besitzen, denn Recht und Treue werden doch siegen.

Q.: "1948-1958" 10 Jahre Bund der Vertriebenen Deutschen, Kreisverband Braunschweig-Stadt, E. V., Braunschweig o. J.

Q.: 5.2. Flüchtlinge über Einheimische

21. 8. 1946: Für diese Leute müßte man sich direkt den Russen und den Kommunismus hierher wünschen, damit sie endlich auch einmal etwas vom Kriege spüren... Bei täglicher Sorge und Not kann kein Interesse für Demokratie entstehen... Könnte man doch dieses ungastliche Land, diese unfreundliche, eigennützige und mitleidlose Bevölkerung hinter sich lassen und nach Hause zurück. Vielleicht ermöglicht uns der Krieg zwischen Ost und West die Heimkehr, es wird wieder viel davon gesprochen. Schlimmeres als bisher kann uns dabei nicht mehr zustoßen. Es kann nur Vorteile bringen. Die hiesige Bevölkerung fürchtet sich ja sehr davor, weil sie Angst haben, daß sie etwas davon zu spüren bekommen, aber alle Flüchtlinge würden es ihnen nur wünschen, damit sie mal Not am eigenen Leibe kennenlernen. Denn vom ganzen Kriege haben die ja hier ebenso wenig gespürt wie die in Schleswig-Holstein, deshalb auch die gleiche Einstellung. Frau E. sprach offen aus, daß die heimatlosen ehemaligen Soldaten ins Ausland in Kriegsgefangenschaft gehen sollen, damit Einheimische nach Hause können, weil ja die Flüchtlinge hier sowieso überflüssig sind...

26. 8. 1946: Frau E. zänkisch und stets meckernd ... Ihr paßt nicht, daß wir mit den Eltern gemeinsam kochen. Vielleicht ist sie noch einmal froh, solche Flüchtlinge wie uns zu haben. Würde mich direkt freuen, wenn ihr Polen oder Russen alles oder einen Teil wegnähmen, Haus und Garten, damit sie am eigenen Leibe spürt, wie es uns ergangen ist.

Q.: A. Ehrhardt a. a. O. S 114, Tagebuchauszug eines Beamten aus Salzgitter

Q.: 5.3. Die Flüchtlinge stellen Forderungen

Wenn man aber seinem Hund in der Hundehütte Blumenampeln aufhängt, den Flüchtlingen aber nicht gestattet, das Wasser aus der Küche zu holen, und ihm neben dem Klosettbecken eine Zapfstelle schafft, dann müssen solche Handlungen dazu führen, daß eines Tages mit elementarer Gewalt das mißhandelte Menschentum der Flüchtlinge in revolutionären Entladungen sich Raum schafft. (...)

Wir sind genügsam geworden, aber das, was wir unbedingt zum Leben brauchen, das verlangen wir. Es gibt hier nur zwei Lösungen: Entweder die Zuteilungen aus der Produktion werden den Kriegsgeschädigten restlos zur Verfügung gestellt, oder aber man öffnet die Kleider- und Wäscheschränke und teilt mit uns.

Q.: Rede des Bezirksvertrauensmanns der Flüchtlinge Anton Belda (Braunschweig) im Oktober 1947, St A Braunschweig

Q.: 5.4. Einheimische über Flüchtlinge

An den Rat der Stadt Braunschweig

Heute fiel mir ein Artikel aus der Zeitung in die Hände, bezüglich auf die Flüchtlinge. Man muß sich wundern, wie sich gerade um diese Menschen gebangt und gesorgt wird. Wenn diese Flüchtlinge schon einesteils wohl zu bedauern sind, so ist es jedoch im anderen Falle gegen die Gerechtigkeit gehandelt.

Was sind wir armen Bewohner aus Braunschweig dagegen? Doch nichts. Für uns ist nichts übrig, wir stehen, trotzdem wir doch zum Teil ausgebombt sind, nicht mehr auf der Tagesordnung, es dreht sich lediglich nur um die Flüchtlinge. Warum sind diese Menschen nicht in ihrer Heimat geblieben, weil sie dort für den Russen oder Polen nicht arbeiten wollten. Hier bummeln sie herum und bekommen noch dazu eine monatliche Rente. Niemand hätte den Leuten dort in der Heimat etwas getan, wenn sie die Arbeit nicht verweigert hätten. Und wenn man diese Menschen zum Teil beobachtet, so ist es ein schlechtes Volk, unter sich sprechen sie fließend polnisch, was sollen wir Deutschen dagegen machen?

Ich bin eine Kriegerfrau und habe 4 Kinder, mein Mann befindet sich in russischer Gefangenschaft. Da wir restlos alles verloren haben, wohnen wir so primitiv ohne Betten und sonstigen warmen Kleidungsstücken für meine Kinder, aber was sind wir gegen diese Flüchtlinge. Als ich vor kurzem einen Bezugschein für mein 6 Jahre altes Töchterchen haben wollte, hieß es einfach: Erst kommen die Flüchtlinge, also wir Bewohner, da wir nichts mehr besitzen, werden in den Hintergrund gestellt. –

Ist dies eine gerechte Handlung? Man geht zugrunde an dieser Ungerechtigkeit. Wenn ich von der Arbeit heimkehre, komme ich in die kalte Wohnung mit einigen nur notwendigen selbst zusammengebauten Ersatzmöbeln, während sich die Flüchtlinge mit einer Frechheit in fremder Leute Sachen breit machen, und behaupten ihr Recht, was ihnen eingeräumt wird, und der wirkliche Wohnungsinhaber kann in der Küche schlafen und zugleich wohnen. Die Flüchtlinge wissen vor Langeweile nicht, wie sie den Tag rumkriegen, sie rauchen, treiben sich vor den Polenkasernen herum und führen teilweise ein schmutziges Leben. Die Flüchtlinge können stehlen, das Eigentum des Wohnungsinhabers an sich nehmen, niemand bestraft sie dafür, trostlose Zustände! Was haben wir gelitten und was wir alles entbehren, aber die ganze Aufmerksamkeit gilt nur den Flüchtlingen. Diese Sorte Menschen, die weder Unterwäsche noch Strümpfe gekannt haben und was sonst noch dazu gehört zum menschlichen Leben, die wollen uns hier alles nehmen usw. ... wir müssen zusehen? So wie ich über den Aufenthalt dieser hier nicht her gehörenden Menschen denke, so teilen Hunderte von Stadt- und Landbewohner meine Gesinnung. Es sind nur einzelne darunter, wo man sagen könnte, es seien anständige und

bescheidene Menschen, aber im allgemeinen gehören diese Leute zum Abschaum der Menschheit, so gemein betragen sie sich zum Teil. Da man auch in der heutigen Zeit die Wahrheit nicht sagen darf, denn wer gerecht denkt, wird bestraft. So war es schon zu Hitlers Zeiten, so ist es noch heute. Es wäre im Interesse und zum Wohle des Deutschen Volkes, wenn dieses Pack wieder dahin befördert würde, wo es hingehört.
Eine Volksgenossin

Schreiben mit dem Eingangsstempel vom 25. 11. 1946, Stadtarchiv Braunschweig

Q.: 5.5. Anhaltende Spannungen

Man beläßt uns in Elendsquartieren, und hat man uns in Privatwohnungen eingewiesen, dann geht der Kampf mit dem Vermieter erst richtig los, weil man uns wieder an die frische Luft setzen möchte. Man nimmt uns stückweise das Mobiliar wieder weg und behandelt uns auch sonst wie lästige Ausländer . . . Ja es sind Fälle vorgekommen, wo man in unserer Abwesenheit das ganze Zimmer ausgeräumt hat, und niemand konnte uns helfen. Wir Flüchtlinge werden nicht in diesen Winter hineingehen, indem wir auf dem Fußboden schlafen, und auf den Dachböden verkommt das abgestellte ungenutzte Mobiliar. Wenn nicht sofort Abhilfe geschaffen wird, werden wir zur Selbsthilfe greifen.

Auszug aus einer Entschließung der Braunschweiger Kreisvertrauensmänner 11. 8. 1947, Stadtarchiv Braunschweig

Q.: 5.6. Untermieter in der Stadt Salzgitter

Von 100 Personen in "Normalwohnungen"
waren Untermieter in:

Salzgitter-Bad	37
Gebhardshagen	38
Flachstöckheim	40
Beinum	52
Bruchmachtersen	53
Salder	54
Osterlinde	54
Hohenrode	55

Q.: Stadtarchiv Salzgitter

Bunker Steinstraße. Ein Uhrmacher in seiner „Werkstatt", die gleichzeitig auch Wohn- und Schlafraum ist (Braunschweig 1954). / Q.: Städtischer Bilderdienst / Rudert

Q.: 5.7. Wohnungsnot führt zur Revolte

Wenn heute die Forderung der Flüchtlinge so weit gediehen ist, daß sie uns damit drohen, daß sie, wenn erst einmal ihre Organisation steht, dann die Einheimischen aus ihren Wohnungen herausjagen und selber hineinziehen würden, dann ermessen Sie bitte selber, wie weit die Tragweite dieses Willens und Beschlusses gehen kann. Das ist offene Meuterei und Revolution und Anarchie. Ob uns damit gedient ist, hierdurch unter den Augen der Besatzungsmacht aufzuzeigen, daß wir Deutschen weiter nichts können, als uns selbst totzuschlagen, wenn wir keinen anderen dazu besitzen – ich glaube, keiner, der sich ehrlich zu unserem Lande bekennt, wird dieses Beispiel fördern helfen. Ich bin der Meinung, daß wir die heilige Verpflichtung haben, heute dieses Kapitel der Wohnungsnot so ernst und so mit allem Willen anzufassen, daß wir nach außen nicht nur den Willen, sondern die Tat bekunden. Wir wollen den Wohnungsbau mit allen Mitteln in erster Linie fördern, und ich bitte Sie, diesen Antrag anzunehmen.

(Starker Beifall und Händeklatschen auf allen Bänken des Hauses) (...)

Niedersächsischer Landtag, 1. Wahlperiode, 46. Sitzung, 26. August 1948, Sp. 2405 ff.

Q.: 5.8. Einrichtung von Flüchtlingsämtern

(...) Dreimal in der Woche ein Sprechtag, wo man von Besuchern mit tausend Wünschen, Sorgen und Fragen überschüttet wird, und wo es nicht immer leicht ist, die erwarteten Auskünfte über die ausgefallensten Dinge rasch und richtig zu geben, und wo es vor allem unmöglich ist, den Leuten wirklich zu helfen, weil ja nichts da ist, weder Sachen noch Geld. Ein-bis zweimal bin ich mit dem Leiter des Wohnungsamtes unterwegs, um die Elendsquartiere anzusehen, in denen unsere Flüchtlinge noch immer zu Hunderten hausen müssen, weil es in dem überfüllten Harzburg ja keinen freien Raum gibt, und die Wohnungssuchenden werden durch ständigen Zustrom aus der Sowjetzone immer mehr statt weniger werden. Bei der Gelegenheit habe ich festgestellt, das viele dieser als untragbar bezeichneten Behausungen immer noch besser und bequemer sind als unsere.

Q.: E von Lölhöffel, a. a. O., S. 171, Tagebuchnotiz vom 6. 2. 1949

In den Nachkriegsjahren gründeten Unternehmer aus den abgetrennten Ostgebieten im Westen neue Produktionsstätten, so die Waggonfirma Linke-Hoffmann-Busch aus Breslau in Watenstedt-Salzgitter und die Kleiderfabrik Odermark in Goslar. Zu diesen Neugründungen gehört auch das Werk Kuba des Tonmöbelherstellers Kubetschek, der 1948 im "Kanonenschuppen" der Artilleriekaserne in Wolfenbüttel mit der Produktion begann. Nach Ankauf der Firma Imperial in Osterode stieg es unter dem Namen Kuba Imperial für einige Jahre zu den größten Fersehherstellern in Westdeutschland auf. / Q.: Heimatmuseum Wolfenbüttel

Q.: 6. Arbeitsmöglichkeiten für Flüchtlinge

Q.: 6.1. Gelegenheitsarbeit

Die vergangene Woche war so mit Arbeit zugedeckt, daß ich nicht einmal am Sonntag zum Briefschreiben kam. Die Engländer bekamen Tag für Tag waggonweise Kohlen, und wir wurden ohne Pause eingesetzt, sie zu entladen und in die Unterkünfte zu bringen. Die Zeit spielte dabei keine Rolle; einen Abend ging es bis halb 10, am nächsten bis nach 8, und der folgende Sonntag wurde von früh um 8 bis nachmittags um 4 ohne Mittagspause mit Kohlenschippen verbracht. Bezahlung als einfache Überstunde; wer nicht mitarbeitet, ist als entlassen anzusehen.

Unsere Gesamtleistung im Monat Oktober sind 690 Tonnen, die wir zu sechs Mann zu schaffen hatten. Bezahlt wurden wir dafür nicht etwa nach dem dafür gültigen Transportarbeitertarif, sondern als "ungelernte Hilfsarbeiter" mit 75 Pfennig die Stunde. Überstunden werden nur zum Teil bezahlt, und als Lebensmittelzulage erhalten wir nur die "Mittelschwerarbeiterkarte", die hier im Brunnen unsere Frauen für das Flaschenspülen kriegten. Das hiesige Arbeitsamt erklärt, uns nicht helfen zu wollen, da es sich mit der Besatzungsmacht nicht anlegen will; da andere Arbeit nicht zu finden wäre, müßten wir froh sein, daß wir wenigstens das verdienen.

Q.: von Lölhöffel a. a. O., S. 161,
Tagebuch vom 1. 12. 1948

Q.: 6.2. Karriere

Ich habe in diesen Tagen die Geschäftsführung unserer Flüchtlingsgemeinschaft zunächst ehrenamtlich übernommen und bin andauernd unterwegs in Besprechungen, Sitzungen, auf dem Rathaus. Und immerzu kommt irgendeiner rein, auch wenn ich nicht da bin, so daß sich Hedwig über den ständigen Besuch freut, zumal sehr viele darunter Ostpreußen sind, mit denen sie sich dann gleich ein bißchen was erzählt...

Durch die heutige Wahl zum Leiter des städtischen Flüchtlingsamtes bin ich zunächst wieder in Amt und Würden und bekomme eine ganz brauchbare Bezahlung, ab wann, weiß ich noch nicht sicher, da ich erst vom Kreis bestätigt werden muß. Dann bin ich allerdings wieder den ganzen Tag aus dem Hause, und weil ich die Arbeit für die Flüchtlingsgemeinschaft daneben weitermache, wird reichlich zu tun sein.

Q.: von Lölhöffel a. a. O. S. 168,
Tagebuch vom 16. 1. 49 und 23. 1. 1949

Q.: 6.3. Man nimmt, was man bekommt

„51 im März haben wir geheiratet. Der Junge ist aber schon vorher geboren, er ist schon 1949 geboren. Der hat mitgefeiert. Mein Mann sagte: Ich muß erst vernünftige Arbeit haben, und da ist er denn in den Westen gegangen."

„Ich bin 1950, Juni 1950 in die Kohle gegangen, ins Ruhrgebiet. Da ging hier ein ganzer Transport weg. Das war ja die Zeit, wo die Panzerschichten so populär waren, da mußte ja Kohle ran. Da waren einmal die Einheimischen, die sowieso Bergmann waren, dann kamen solche Leute wie wir dazu, die einen vom Bauern, die anderen weiß der Teufel woher, und dann wurden da Bergleute draus gemacht. Das waren auch meistens Flüchtlingsjungen. Ja, wie ich die Begriffe des Bergbaus mitbekommen habe – die kriegten Sie ja dann im Westen enorm mit – das will ich ihnen sagen. Ich hab immer gedacht: Irgendwas mußt du Böses ausgefressen haben, daß du hier in der Kohle gelandet bist. Nur auf Knien wurde gekrochen. Als wenn Sie immer unter dem Tisch arbeiten müßten. Aber wir haben keine andere Möglichkeit gesehen. Ich bin '51 wiedergekommen, hier zum Erzbergbau."

„Ich bin dann auch mit, habe den Jungen bei meinen Eltern gelassen ein paar Monate, und hab dann auch gearbeitet in einer Gastwirtschaft. Nun habe ich bloß 50 Mark verdient. Da sagte er: Dann können wir auch heiraten, da gibt es Trennungsgeld. Ich mußte dann auch zurück, weil meine Mutter krank wurde."

1946 -1948:	„Lagerpolizist" im Flüchtlingslager Immendorf
1948:	„beim Arbeitsamt Schlange gestanden"
1948 -1950:	„bei allen möglichen Krautern gearbeitet"
1950:	Statistisches Amt in Drütte (Volkszählung)
Seit 1951:	bei der FAMAS, zunächst als Schriftenmaler:

„Ich mußte die erst davon überzeugen – weil ich als Kaufmann registriert war –, daß ich zum Schriftenmaler talentiert war." Dann als Anstreicher: "Wir arbeiteten mit Bleimennige und Nitrofarben, ich bin ständig mit Magenbeschwerden rumgelaufen." Dann als Sandstrahler: "Wir haben mit Quarzsand gearbeitet. Man durfte die Arbeit maximal ein halbes Jahr machen, ich blieb dort, glaube ich zwei Jahre."

Dann als Schweißer: "Wir haben im Kesselwaggon geschweißt, während außen genietet wurde. Da können Sie sich vorstellen, wo mein Gehör geblieben ist." Dann im Verkauf: "Falls Aufträge ausblieben, wurde der Verkauf personell reduziert."

Wieder als Schweißer in der Produktion, dann in der Produktionsplanung und schließlich als Sachbearbeiter im Einkauf: "In der damaligen Zeit, als man sich erst wieder eine Existenz aufbauen mußte, war Krankfeiern ausgeschlossen. Wenn's nicht allzu schlimm war, ging auch, wer kank war, arbeiten."

Q.: Andreas Erhardt, a. a. O., S. 67 ff, Gespräch mit einem Bergmann, einer Hausfrau und einem Angestellten.

Q.: 6.4. Bilanz

Deklassiert – das heißt, daß die Wandlungen, welche eine Vertreibung im wirtschaftlichen und sozialen Gefüge hervorruft, ganz überwiegend negativ sind. Unerhört sowohl im Tempo wie dem Umfang nach: was sich sonst in säkularen Zeiträumen abspielte, ein Verlust an Eigenständigkeit, hat sich in wenigen Wochen und Monaten vollzogen, den Menschen keine Gelegenheit zur Umstellung und Anpassung gebend.

Der Anteil der Arbeiter an den Erwerbstätigen ist von 40 vH auf 77 vH angestiegen, der Anteil der Unselbständigen, in abhängiger Stellung Befindlichen, von 69 auf 92 vH.

Zugleich haben die Vertriebenen in großem Maße zu anderen Berufen greifen müssen. Wenn wir uns die Zusammensetzung der heute im Erwerbsleben stehenden Vertriebenen ansehen, so ergibt sich folgendes Bild:

Unter 100 Erwerbspersonen sind:
41 in alten Berufen tätig,
25 in fremden Berufen tätig,
19 zum erstem Male erwerbstätig,
15 erwerbslos.

Aber nicht nur, daß ein Viertel der Erwerbspersonen oder ein Drittel der Erwerbstätigen in einem anderen Berufe als dem einst ausgeübten arbeiten muß, mit dem Berufswechsel verbunden ist häufig auch noch ein Verlust an sozialem Rang: Der Selbständige wurde zum Angestellten oder Arbeiter, der Beamte zum Angestellten, der Angestellte zum Arbeiter, der Facharbeiter zum Hilfsarbeiter. Selbst dort, wo der Vertriebene wieder in seinem Berufe Arbeit fand, ist das der Fall, wenn auch nicht ganz so häufig wie beim Übergang in einen anderen Beruf. Am krassesten und bekanntesten ist der Fall des einstigen Bauern, der heute als Knecht auf dem fremden Hofe tätig ist, aber nicht als berufsfremd gezählt wird. Wir sahen die gleiche Erscheinung aber auch bei allen Handwerkern, wenn auch in verschiedenem Maße.

Die Tatsache, daß solche Berufe, deren Berufsangehörige nach der Vertreibung nicht wieder den Zugang zu ihrem einstigen Berufe fanden, von anderen als Ausweichberuf gewählt wurden, wie wir es namentlich bei den Kaufleuten und Textilarbeitern festellten, deutet darauf hin, in welchem Grade die Menschen durch eine Vertreibung "durcheinandergeraten", nicht nur im geographischen Raume, indem Städter aufs Land kamen, Dörfler in die großen Städte, sondern auch im sozialen Raum. Ihr spezifisches Können liegt brach, sie werden in unangemessenen Tätigkeiten und Stellungen verbraucht, die Berufszufriedenheit ist dementsprechend gering, und es fehlt ihnen die allererste Voraussetzung des Einlebens: daß sie die rechte Stelle im Arbeitsleben gefunden hätten.

Q.: Elisabeth Pfeil, Die berufliche und soziale Eingliederung der Heimatvertriebenen in Niedersachsen in: "Flüchtlinge in Niedersachsen, Aufbau aus eigener Kraft", Hrsg. vom Niedersächsischem Amt für Landesplanung und Statistik, Hannover 1951, S. 23.

Q.: 7. Soforthilfe und Lastenausgleich

Q.: 7.1. Gerechtigkeit für die Flüchtlinge

Wir wollen mit allen nur denkbaren Mitteln die Vertriebenen an die echte soziale und politische Verantwortung heranzuführen. Der Vertriebene soll seine Heimat niemals vergessen, aber sein Verstand hat hier wach zu sein, und seine tägliche harte und schwere Arbeit hat sich ausschließlich auf den Kampf um seine Existenz im westdeutschen Raum und um die Wiederherstellung der zerstörten sozialen Gerechtigkeit zu richten.

Der Entwurf des Gesetzes über die Bildung eines Parlamentarischen Rates, der uns das Grundgesetz einer neuen deutschen Ordnung schenken soll, ist der gegebene Anlaß, das mit allem Ernst, aber auch mit aller Schärfe auszusprechen. Obwohl niemand von uns jemals den berechtigten Anspruch auf die Grenzen Deutschlands nach dem Stande von 1937 aufgeben wird, haben wir hier zu leben und zu arbeiten und auch politisch zu handeln, als ob kein einziger der Ostvertriebenen seine Heimat in absehbarer Zeit wiedersehen würde. Gebe Gott, daß dieses Als-Ob eine Illusion bleibt.

Solange wir aber der nüchternen Wirklichkeit der augenblicklichen politischen Lage gegenüberstehen, werden wir jedenfalls mit allen Mitteln zu verhindern wissen, daß uns ausgerechnet der entwurzelte ostdeutsche Mensch für einen neuen Nationalismus reif geschossen wird, und zwar lediglich, um die eigene soziale Bequemlichkeit zu schützen. Denn gerade der Vertriebene soll wesentlicher Träger der neuen Ordnung sein, die eine Ordnung der deutschen Armut ist und die die Erfahrungen der Besitzlosigkeit der Ostvertriebenen in sich schließen muß – oder wir gehen alle miteinander zugrunde. (...)

Q.: Niedersächsischer Landtag, 1. Wahlperiode, 42. Sitzung, 4. August 1948, Sp. 2210

Q.: 7.2. Forderung von Lastenausgleich

Flüchtlinge ! Vertriebene !
Die Sozialdemokratie . . . kämpft . . . für einen gerechten Lastenausgleich, denn nicht Ihr allein, sondern das deutsche Volk in seiner Gesamtheit hat den Krieg verloren. Es ist nur recht und billig, daß die daraus entstehenden Lasten von allen getragen werden, und es verdient schärfste Ablehnung, daß weite Volkskreise heute so tun, als ob sie das alles nichts anginge. Wenn krasser Egoismus die Wärme des Herzens erstickt, dann müssen Maßnahmen getroffen werden, um durch ein einheitliches für Gesamtdeutschland geltendes Flüchtlingsgesetz die Sicherstellung Eurer politischen, wirtschaftlichen und gesellschaftlichen Rechte zu gewährleisten.

Q.: SPD-Wahlflugblatt, Frühjahr 1947

Q.: 7.3. Lastenausgleichsfonds

Nachdem der Gesetzgeber durch das Soforthilfegesetz vom 18. 8. 1949 erste Hilfe geleistet hatte, trug er dem Anspruch der durch den Krieg und seine Folgen besonders betroffenen Bevölkerungsteile auf einen Ausgleich der Lasten und auf die zur Eingliederung der Geschädigten notwendige Hilfe durch das Lastenausgleichsgesetz vom 14. 8. 1952 Rechnung. Er mußte dabei die Grundsätze der sozialen Gerechtigkeit ebenso wie die beschränkten volkswirtschaftlichen Möglichkeiten berücksichtigen. Da die Währungsreform für weitere Bevölkerungsteile mit erheblichen Vermögensverlusten verbunden war, sind auch diese "Währungsgeschädigten" in die Lastenausgleichsgesetzgebung mit einbezogen worden. Zur Durchführung des Lastenausgleichs werden Ausgleichsabgaben erhoben und Ausgleichsleistungen gewährt . . . Als Ausgleichsabgaben werden erhoben: eine einmalige Vermögensabgabe, eine Sonderabgabe auf Gewinne aus Schulden (Hypothekengewinne durch die Währungsreform) und Sonderabgaben auf Schuldnergewinne gewerblicher Betriebe (Kreditgewinnabgabe). Die Abgaben werden dem Ausgleichsfonds zugeführt, der als Sondervermögen des Bundes selbstständig neben dem allgemeinen Bundeshaushalt steht.

Q.: Das Wissen des 20. Jahrhunderts, Köln 1962, 3. Band, S. 905 f.

Q.: 7.4. Staatliche Hilfsmittel

Der junge Staat Bundesrepublik bediente sich besonders erfolgreich dreier Instrumente, um die Vertriebenen und Flüchtlinge aus ihrer schlimmen Lage, das heißt aus dem Lager, herauszuführen: Kredite, Lastenausgleichsfonds und Wohnungsbau. Der Lastenausgleichsfonds zahlte innerhalb von dreißig Jahren rund 128 Milliarden Mark aus: 86 Milliarden an Vertriebene und Flüchtlinge, 26 Milliarden an Bombengeschädigte, 12 Milliarden an geschädigte Sparer, knapp 4 Milliarden an Flüchtlinge aus der DDR.

Q.: G. Böddeker, Die Flüchtlinge. Die Vertreibung der Deutschen aus dem Osten, Bergisch Gladbach 1982, S. 474

Q.: 7.5. Soforthilfe nach dem Soforthilfegesetz vom 18. 8. 1949

Für Vertriebene wird jetzt aus der Soforthilfe ein Betrag als einmalige Zahlung zur Wiederbeschaffung von Hausrat ausgegeben, dessen Höhe sich nach der Kopfzahl der Familie richtet und für uns 200,- DM betragen wird. Es ist nicht einfach, zu wissen, was man als erstes davon anschaffen soll. Für Möbel reicht der Betrag doch nicht, und wir könnten in unserer Bude nichts Vernünftiges stellen.

Bergarbeitersiedlung in Salzgitter-Lichtenberg, 1953 fertiggestellt von der Wohnungs AG Salzgitter mit Hilfe von ERP-Mitteln. / Q.: Wohnungs AG Salzgitter

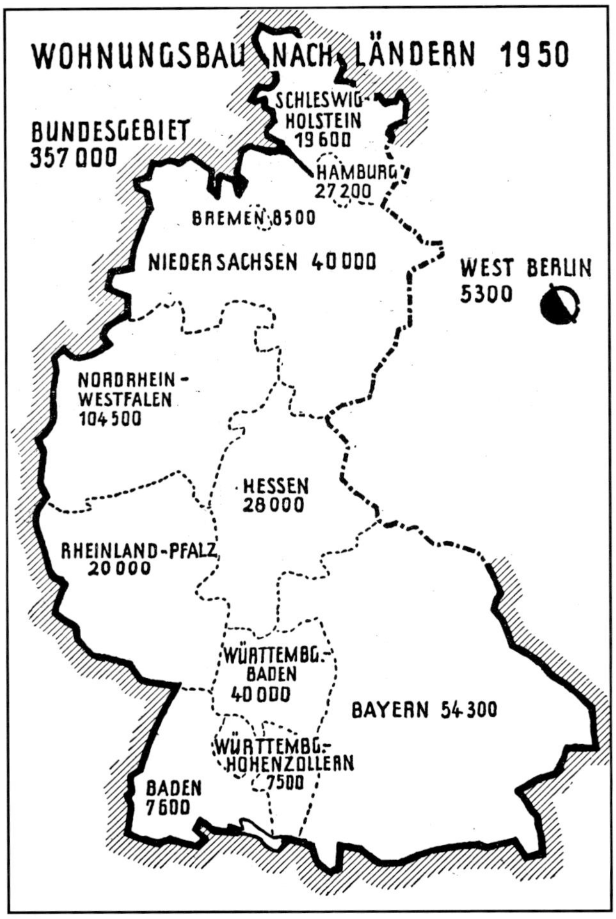

M 12. Wohnungsbau 1950 in Westdeutschland / Q.: Wohnungen für Jedermann, Berlin 1951

Marschallplanhilfe für Braunschweig: Erweiterung der Lincoln-Siedlung / Foto: Otto Hoppe

So sind wir darauf gekommen, uns als Dringendstes Hauswäsche zu beschaffen: Handtücher, Lakenleinen usw., denn was wir bisher haben, ist alt und in Fetzen. Die schlechte Seife und das Waschpulver der vergangenen Jahre und das allwöchentliche Waschen hat den Stücken noch den Rest gegeben. Dazu brauche ich dringend eine Hose, denn meine einzige lange Hose ist auch kaputt, und die alten Sachen von Onkel Ernst sind in den Arbeitsjahren verbraucht.

Q.: von Lölhöffel, a. a. O. S. 210,
Tagebucheintragung vom 4. 12. 1949

Q.: 7.6. Wohnungsbau

Wenn über den Lastenausgleichsfonds über 33.800.800 DM für 8.685 Wohneinheiten, in den Wohnungsbau nach Salzgitter geflossen sind, dann läßt sich aus dieser stolzen Zahl leicht erkennen, was diese Mittel für den Aufbau der Stadt Salzgitter bedeutet haben. . . . Bis Ende 1964 wurden unter dem Einfluß der Vertriebenen folgende Bauleistungen vollbracht (ohne Sowjetflüchtlinge):

- 2.070 Eigenheime und Eigentumswohnungen mit 2.174 Wohnungen
- 193 Nebenerwerbssiedlungen mit 284 Wohnungen
- 6.092 Mietwohnungen in Salzgitter-Bad und Salzgitter-Lebenstedt.

Q.: G. Staff/ BdV (Hrsg.), Chronik der Vertriebenen in Salzgitter 1945-1966, Salzgitter o. J.

Q.: 7.7. Lastenausgleich (nach dem Lastenausgleichssgesetz vom 14. 8. 1952)

Q.: 7.7.1.
„Ich kann Ihnen hier noch ein Dokument zeigen. Das ist noch so eine Geschichte. Das sind 136 Morgen gewesen. Hier vorne mit den Gebäuden: das zog sich 2 Kilometer hin. Und dann kriegte der Vater 1961 die Entschädigung hier, für so einen Hof. Und da ist der Endbetrag, was da so rausgesprungen ist: 14.680 Mark. Wir haben so eine Aufstellung gemacht, was wir alles an Maschinen und so weiter hatten – das mußte man alles angeben. Da mußten Zeugen sein usw., also das war nicht so einfach. Und das ist dabei rausgesprungen, man sollte es nicht für möglich halten. Es hat ja eine Zeit lang die Meinung gegeben: ja, die Flüchtlinge kriegen einen Haufen Geld und so. Ich wollte es ihnen nur zeigen, wieviel es gewesen ist. Da ist nämlich viel dummes Zeug geredet worden."

Q.: 7.7.2.
„Ich sag Ihnen meine Meinung: Ich war nicht zufrieden, und daß die anderen zufrieden waren, glaub' ich auch nicht. Wir hatten einen Bauernhof von 200 Morgen, 4 Pferde, 4 Ochsen, die ganzen Maschinen usw., und ich habe nur zwölfhundert Mark bekommen, weil mein Vater noch Besitzer war und in der Ostzone verstorben ist. Dadurch war ich ja praktisch nur Mitarbeiter meines Vaters, es hat mir nichts gehört. Ich hab also nur so einen Grundbetrag von 1.200 Mark bekommen. Ich kam mir nicht zufrieden vor."

Q.: Andreas Ehrhardt a. a. O., S. 84 und 90 f.

Q.: 7.8. Beginnende Verwurzelung

Ich habe in dieser Woche in ewigen Verhandlungen gesteckt, die viel Zeit nahmen und wenig Ergebnisse brachten. Wir stehen hier in den Wochen vor der für lange Zeit entscheidenden Wahl, und es ist schwer, die Interessen von Flüchtlingen und Einheimischen von den paar wirklich wesentlichen Persönlichkeiten unter einen Hut zu bringen oder wenigstens in eine sinnvolle Richtung zu lenken.

Immerhin macht es Spaß, in all diesen für die nächste Zukunft mitentscheidenden Dingen mitwirken und vorwärtstreiben zu können. Es scheint hier im Westen Deutschlands wieder ein geistiges, politisches Leben zu beginnen, das sich von den alten und vergangenen Parteifesseln zu lösen sucht und neue, freiheitliche Gedanken trägt, die besonders von uns Heimatvertriebenen ausgehen. Noch werden wir nicht stark genug sein, uns durchzusetzen, und nicht einig genug. Aber es braucht seine Zeit, und es ist schön zu sehen, daß die Kräfte sich regen und Neues zu wachsen beginnt.

Q.: Erich von Lölhöffel, Leiter des Flüchtlingsamts
Bad Harzburg, 31. 7. 1949, a. a. O., S. 195

Q.: 8. Was bedeutet Heimatverlust?

Q.: 8.1. Heimat in gesellschaftlichen und politischen Organisationen?

Q.: 8.1.1.
„Erst war ich bei den Falken. Aber irgendwie hatte ich meine Schwierigkeiten. Ich war Mädchen gegenüber eher schüchtern. Einige kannte ich, das waren Schlesier. Die sagten: Wir haben auch eine Jugendgruppe, dann komm doch zu uns. Das war denn so ein bißchen Nestwärme, das waren eben alles Schlesier. An den Gruppenabenden, die wir gemacht haben, da wurden irgendwelche Spiele gemacht, die auch andere Jugendgruppen gemacht haben. Am Ende haben wir uns an den Händen gefaßt und so ein choralartiges Lied gesungen. Der Gruppenabend wurde dann mit dem Spruch: "Heimat, Ehre, Vaterland" beendet." (Arbeiter)

Q.: A. Ehrhardt, a. a. O., S. 106

Q.: 8.1.2.
Die Heimatvertriebenen und Entrechteten wollen nicht länger abseits stehen. Die bitteren Erfahrungen der vergangenen Jahre haben gelehrt, daß die bestehenden politischen Parteien nicht den Willen oder die Fähigkeit besitzen, die Wege zu einer gerechten Neuordung unseres zusammengebrochenen Vaterlandes zu beschreiten. Millionen entrechteter Menschen warten seit fünf Jahren vergeblich darauf, daß die Folgen des verlorenen Krieges gleichmäßig auf alle deutschen Schultern gelegt werden.

Q.: (Gründungsprogramm des BHE, Januar 1950) in: Franz Neumann, Der Block der Heimatvertriebenen und Entrechteten 1950-1960, Meisenheim/Glahn 1968.

Q.: 8.1.3.

Ich fuhr am Sonnabend zur Ostpreußenwoche in Hannover vor allem, um an den organisatorischen Besprechungen teilzunehmen und so gut als möglich Leute unseres Tharauer Bezirks zu treffen. Es waren im ganzen an die 20.000 Menschen dort, und machmal war es ergreifend zu sehen, wie sich mitten im Gedränge plötzlich zwei Leute nach jahrelanger Trennung wiedererkannten und um den Hals fielen. Nachbarn oder Verwandte, die oft gar nicht mehr den anderen am Leben vermutet hatten. Sowohl bei der Großkundgebung wie nachher bei den Kreistreffen war es sehr eng, weil viel mehr zusammengekommen waren, als man erwartet hatte. Mima und ich trafen eine Unmenge von Nachbarn; vom Gut selbst wohnt niemand so nahe, daß er sich das Reisegeld hätte leisten können.

Q.: von Lölhöffel, a. a. O. S. 192,
Tagebucheintragung vom 17. 7. 1949

Schlesiertreffen in Salzgitter-Lebenstedt. CDU-Ratsherr Dr. Höck nimmt den Schlesierschild entgegen. / Q.: Stadtarchiv Salzgitter

Q.: 8.2. Revanchismus?

„Na ja, wir haben über Danzig gesprochen, über die Hilfe für die alten Leutchen, haben sie unterstützt, Krankenbesuche gemacht. Wenn die alten Leute Geburtstag hatten, haben wir sie besucht, darüber gesprochen, daß wir in unsere Heimat zurück möchten und daß wir um unsere Heimat gekämpft haben. Da sind wir heute noch nicht mit einverstanden, daß es so ist."

Haben Sie in diesen Jahren denn geglaubt, daß Sie jemals zurückkehren würden?
„Das haben wir immer geglaubt , in den ganzen Jahren."

Sind Ihnen denn irgendwann mal Zweifel gekommen, daß sie geglaubt haben: in diesem Leben nicht mehr?
„Ja, dann ist es eben so, daß wir es nicht mehr erleben, aber einmal kommt die Zeit, 40 Jahre ist eine kurze Zeit. Danzig besteht ja nicht erst seit 1800, das ist ja so um 1100 oder 1200 aufgebaut worden."

Wenn man Ihnen, nachdem Sie hier gebaut hatten, angeboten hätte: jetzt können Sie wieder zurück. Wären Sie gegangen?
„Ja, ich wäre gleich gegangen. Das hier hätte ich nicht verkauft, nur verpachtet, aber nach Danzig wäre ich gleich gegangen. Aber nur unter Deutschen. Nicht mit den Polen zusammen. Die Polen kenne ich zur Genüge, mir kann keiner was erzählen von Polen, denn wir waren ja an der Grenze. Der Pole ist falsch. Der kann hier freundlich sein, hinterher steckt er dir das Messer in den Rücken."

Also, die Polen hätten gehen müssen?
„Ja, dann wäre man wieder zurück."

Haben Sie das damals denn für möglich gehalten oder für wahrscheinlich?
„Ja, das haben wir alle für möglich gehalten. Wir haben gedacht: Das kommt mal anders."

Was haben Sie denn gedacht, was mit den Polen geschehen solle, die jetzt dort leben?
„Ja, man hat gedacht , daß der Russe den Polen das zurückgibt, das ... Wenn Sie das kennen, Lemberg, was dem Polen gehörte, das ist alles jetzt russisch. Da finden Sie keinen Polen mehr. Ich bin ja dagewesen. In den 80er Jahren waren wir mit dem Bus in Rußland."
(Ortsvorsitzender des Bundes der Danziger)

Q.: A. Ehrhardt a. a. O., S. 109

Q.: 8.3. Wurzeln

„Ich würd' sagen, ich habe mich nicht mehr als Flüchtling gefühlt, als ich anfing, hier Wurzeln zu schlagen. Schlesien ist die Heimat meiner Kindheit, und Niedersachsen ist die Heimat meiner Jugend und wird wohl auch meine Heimat sein – ja, bis ich ins Grab sinke. So seh' ich das also."
(Arbeiter)

„Erstmal war unser Gedanke, überhaupt nichts mehr anzufangen. Da waren wir niedergeschlagen, und wir haben uns hier nicht eingelebt. Also bis 1956 – bis wir bauten – habe ich mich hier nicht zu Hause gefühlt."
(Kaufmann)

„Immer wenn es anfing zu schneien, da hatte ich Heimweh, also da mußte ich immer erst mit fertig werden. Wie ich das den Jungs später erzählte, daß ich da immer Heimweh gehabt habe, da haben sie alle drei gelacht. A. hätte es noch wissen müssen, wie schön es war, wenn es bei uns schneite, aber Kinder sehen das noch nicht so. Das nehm' ich mit ins Grab, das Heimweh. Ich bin richtig glücklich, daß meine Kinder nicht daran leiden."
(Krankenpflegerin)

Q.: A. Ehrhardt a. a. O., S. 141.

Zeitzeugenberichte

B 1 **Daniela Opitz:**

Flucht aus Turek Warthegau (Polen)

Die Eltern meiner Oma kamen 1910 aus Amerika nach Polen (Warthegau/ Turek). Dort bauten sie sich eine Existenz mit einer Limonadenfabrik und einem Bierverlag auf. Sie hatten 27 Arbeiter.

Im Januar 1945 flüchtete meine Oma mit meinem (damals) 2jährigen Vater vor den Verfolgungen durch die Polen und gab ihren ganzen Besitz auf, wie Millionen andere Deutsche auch. Ich habe meine Oma zu ihrer Flucht befragt, und sie hat mir erzählt, was sie noch wußte:

„Im Januar entschloß ich mich zur Flucht, da ich Angst vor den Polen hatte, die uns Deutsche nun ihren Haß zeigten, den sie durch Hitlers Besatzungspolitik auf die Deutschen bekommen hatten. Schließlich waren sie wirklich benachteiligt, z.B. auf Lebensmittelkarten bekamen sie immer weniger ausgehändigt als die Deutschen. Mit unserem Planwagen aus dem Bierverlag bin ich mit meinem Sohn zusammen mit zwei anderen Familien geflüchtet. Da wir wenig Platz auf dem Wagen hatten, konnte ich nur das Nötigste mitnehmen. Schließlich wollten die beiden anderen Familien auch etwas mitnehmen. Ich packte also etwas Schmuck, Geld, wichtige Papiere und Wäsche wie Bettwäsche und Winterkleidung ein. Mit noch etwas Verpflegung war der Platz schon ausgefüllt. Auch das Klavier im Wohnzimmer mußte ich zurücklassen, dabei habe ich so leidenschaftlich gerne darauf gespielt. Es war ein Geschenk von meinem Mann.

Völlig verzweifelt sind wir dann aufgebrochen. Schließlich läßt man alles zurück und fährt ins Ungewisse. Es war fürchterlich kalt, und wir hatten alle Angst. Schließlich waren wir nur Frauen mit ihren Kindern. Mit dem Planwagen fuhren wir mehrere Tag lang. Eines Tages hatten wir eine Panne, denn unser Pferdewagen hatte Gummiräder, von denen eines geplatzt war. Deutsche Soldaten, die auf dem Rückzug waren, haben uns aber geholfen, so daß wir weiterfahren konnten.

Doch begann dann unser Pferd zu kränkeln. Schließlich hatte es keinen Sinn mehr, mit dem Planwagen weiterzufahren. Bei einem Bauern verkaufte ich Pferd und Wagen für ein paar Lebensmittel. Dafür brachte er uns zum nächsten Bahnhof. Leider mußten wir uns durch den Verlust unseres Planwagens von vielen Dingen trennen, denn man konnte ja nicht viel tragen. Außerdem mußte ich noch auf meinen zweijährigen Sohn aufpassen und ihn manchmal tragen. So blieb mir nur das Geld, das ich von zu Hause mitgenommen hatte, etwas Schmuck und ein Koffer mit dem Nötigsten.

Am überfüllten Bahnhof drückten wir uns mit vielen anderen Flüchtlingen in den erstbesten Zug Richtung Westen. Es war ein Viehwaggon, in dem wir reisten. So gelangte ich mit meinem Sohn nach Rinow, nahe Berlin. Das befand sich im russischen Sektor.

Wir Flüchtlinge wurden in einem Auffanglager untergebracht. 30 Tage lebte ich dort, dann wurde uns bei einem Bauern ein Zimmer zugewiesen. Ein halbes Jahr, bis November (1945), haben wir dort gelebt. Gelebt habe ich die ganze Zeit während der Flucht von meinem Geld von Zuhause. Sonst haben uns auch polnische Zwangsarbeiter etwas abgegeben, oder wir haben Kartoffeln vom Feld geklaut. Manche Bauern haben uns auch Milch geschenkt. Gehungert haben wir eigentlich nicht. Der Bauernhof, auf dem ich gelebt habe, war nahe dem Bahnhof. Als man uns warnte, die Gegend um den Bahnhof könnte zerbombt werden, entschlossen wir uns, nach Gieboldehausen bei Duderstadt im Südharz zu gehen.

Ich war auch froh, den russischen Sektor verlassen zu können, ich hatte ständige Angst. Denn russische Solda-

Flüchtlingstreck in Böhmen (1945) / Q.: Martina Kuchen

ten holten nach der Besetzung des Ostens häufig Frauen, die sie vergewaltigten.

Im November kam ich dann nach Gieboldehausen. In einem ehemaligen Internat war ein Flüchtlingslager eingerichtet worden. Als dieses Lager geschlossen wurde, weil eine Topffabrik daraus werden sollte, kam ich zu einem Bauern. Dort hatten wir es sehr schön. Er war sehr reich und gab uns das nötige Mobiliar für die Wohnung, das wir sogar behalten durften.

Drei Jahre lang haben wir dort gewohnt. In dieser Zeit kam mein zweiter Sohn aus russischer Gefangenschaft nach Hause. 4 Jahre war er in der Gefangenschaft. Mein Mann war ebenfalls in Gefangenschaft geraten. Dort war er, wie ich erfuhr, an einer Lungenentzündung gestorben.

Als sich mein zweiter Sohn von der Gefangenschaft erholt hatte, wollte er wieder arbeiten und mich und seinen Bruder unterstützen. Doch in Gieboldehausen war es um die Arbeitsplätze schlecht bestellt. Ein glücklicher Zufall ermöglichte es uns, nach Braunschweig zu gelangen. Die Tochter des Bauern hatte eine Wohnung in Braunschweig. Sie wollte gern nach Gieboldehausen ziehen. Also konnten wir einen Wohnungstausch machen, ohne den man keine Wohnung bekommen konnte.

1950 zog ich nun mit meinen beiden Söhnen nach Braunschweig in die neue Wohnung. Die Miete, die wir zu zahlen hatten, war sehr gering, und die Möbel hatten wir vom Bauern geschenkt bekommen. Nachdem mein Sohn eine Stelle als Lehrling bekommen hatte, ging es uns auch finanziell besser, obwohl wir ja von der Wohlfahrt unterstützt wurden, nachdem wir in Braunschweig 1957 unseren Ausweis für Vertriebene und Flüchtlinge erhalten hatten. Nach und nach ging es dann aufwärts, bis man sich ein neues Zuhause geschaffen hatte.

Facharbeit Geschichte 1991

B 2 Myriam Mommertz

Flucht aus Leimnitz
(Kreis Schwiebus)
Posen / Westpreußen

Die Ausgangssituation: Leimnitz war für meine Großmutter der Geburtsort und der Inbegriff der Heimat. Dort war sie groß geworden, als Tochter einer Müllerfamilie, die die reichste und bedeutendste Familie in der ganzen Umgebung war. Die Familie verfügte über eine Mühle und riesige Ländereien.

In Leimnitz lernte sie auch meinen Großvater kennen und heiratete ihn später. Mein Großvater war der Lehrer und Kantor der Gemeinde Leimnitz und bewohnte mit seiner späteren Familie das Schulhaus von Leimnitz. Unter dem Naziregime trat er in die Partei ein, um seine Stelle halten und seine Familie ernähren zu können.

Im Krieg kämpfte er an der Südfront und geriet gegen Ende 1944 bis Mitte 1947 in britische Gefangenschaft. Die Flucht wurde also von meiner Großmutter mit Hilfe von Verwandten ganz allein gemeistert. Allerdings bestand während der gesamten Kriegsgefangenschaft meines Großvaters ein reger Briefwechsel. Die Flucht begann am 21. Januar 1945, als meiner Großmutter mütterlicherseits mitgeteilt wurde, daß sie in rund drei Stunden alles gepackt haben müßte und mit der ganzen Familie abfahrbereit in Schwiebus zu sein hätte. In Schwiebus sollten sie in einem Militärfahrzeug einer Führungstruppe des Naziregimes, die bei den künftigen Schwiegereltern des Bruders meiner Großmutter einquartiert waren, mitgenommen werden.

In der auf diese Mitteilung folgenden Hast und Eile wurde ohne Überlegung zusammengerafft und in aller Heimlichkeit und Stille losgefahren. Als meine Oma dann in Schwiebus bei den P.'s mit fünf Kindern ankam, wurde sie davon unterrichtet, daß es sich um einen Fehlalarm handelte und es noch nicht beginne. Daraufhin mußte die ganze Familie mit Sack und Pack genauso heimlich wieder zurück nach Leimnitz, wie sie gegangen war. Den fünf Kindern wurde eingeschärft, zu niemandem ein Wort zu sagen, da es bei Todesstrafe verboten war, das Dorf ohne offizielle Genehmigung zu verlassen, wie viele angeschlagene Plakate aussagten.

Für meine Großmutter war diese Rückkehr eine große Erleichterung. Nun konnte etwas genauer sortiert und gepackt werden, was wirklich wichtig war. Es wurde noch in dieser Nacht ein Rucksack aus Fallschirmseide genäht, in den man zwei Betten unterbringen konnte. Auch an Sommerkleidung für die Kinder wurde nun gedacht.

Trotz dieser verbesserten Fluchtmaßnahmen traf die Nachricht am nächsten Tag, dem 22.1.1945, wieder wie eine Bombe, daß es in der Nacht losginge. Wieder war Hast und Eile, aber mit dem Unterschied, daß die Flucht diesmal wirklich ernst wurde.

1. Station Freiwaldau:
Mit dem Soldatenbus ging es über mehrere Städte und Dörfer bis nach Freiwaldau (ca. 95 Kilometer), das 10 km von der späteren Oder-Neiße-Grenze entfernt war. Hier fand man seine erste Zwangsunterkunft bei einer Familie, deren erste Reaktion war: "Oh, nein, so viele?!"

In Freiwaldau blieb man 8-14 Tage. 8-14 Tage, die allen den neuen Flüchtlingsstatus verdeutlichten. Die Kinder mußten extrem leise und diszipliniert sein, um bloß nicht negativ aufzufallen. Auch für meine Großmutter fand hier das erste einschneidende Erlebnis statt. Beim Öffnen des angeblichen Lebensmittelkoffers kam "nur" das alte Familiensilber zum Vorschein, welches eine Kollegin meines Opas eingepackt hatte. Diese Kollegin war selber schon aus dem Sudetenland mit dem Einmarsch der Russen geflohen und wußte dementsprechend genau, was man brauchte, um zu überleben. Meine Oma hingegen war beim Packen der Fluchtsachen immer noch davon ausgegangen, daß man ja bald wieder zurückkommen würde. Endergebnis dieser Packerei war nun die Notwendigkeit, Mehl bzw. Brot zu kaufen. Brot und Mehl, was bisher immer aus der eigenen Produktion kam.

2. Station Bautzen:
Auf Grund der immer weiter vorrückenden Russen war der Militärbus gezwungen weiterzufahren und meine Familie mit ihm. Es ging nach Bautzen (ca 45 km von Freiwaldau entfernt). In Bautzen wurde meine Großmutter bei der Fa-

milie Fünfstück einquartiert, die ihre frisch tapezierte Wohnung, die nach der Heirat für die Tochter sein sollte, zur Verfügung stellen mußte. Dementsprechend war das Verhältnis der beiden Familien zu Beginn sehr kühl.

In Bautzen kam meine Familie dann auch erstmals mit richtigen Flüchtlingstrecks aus Schlesien in Berührung. "Im Gegensatz zu diesen müde, fast völlig besitzlos daherziehenden Menschen ging es einem selbst ja noch richtig gut", war die sich daraus ergebende Konsequenz. Allerdings war die "leichte" Zeit, mit Hilfe des Soldatenbusses zu fliehen, ab Bautzen auch vorbei, da dieser Trupp den Befehl hatte, sich aufzulösen.

3. Station Lüderitz bei Stendal:
Meine Großmutter mußte nun alleine weiterkämpfen. Mit der Bahn ging es über Lübbenau, Börßum bis zur Bahnstation Demka bei Stendal. Dort wurden sie von einem Fuhrwerk abgeholt, das die ganze Familie nach Lüderitz bringen sollte, wo Verwandte der oben schon erwähnten Familie P. wohnten. Der Spruch des Kutschers "Weiter nix wie Köppe" blieb allen noch lebhaft in Erinnerung. Am 27.2.1945, knapp vier Wochen nach Fluchtbeginn, kam man schließlich in Lüderitz an.

In Lüderitz wohnte die Familie in der Wassermühle des Ortsgruppenleiters (der später enteignet wurde), wo man zwei Stuben zugestanden bekam. In den nächsten 2 1/2 Jahren wohnte die Familie in Lüderitz. So erlebte man die erste Besetzung durch die Amerikaner und die spätere Einbeziehung in die sowjetische Besatzungszone, bis man nach Braunschweig umsiedelte, bzw. floh....

4. Station Braunschweig:
Da mein Opa seit Mitte des Jahres 1947 aus englischer Kriegsgefangenschaft entlassen worden war und er sich aber nicht nach Lüderitz entlassen lassen konnte, weil von den westlichen Alliierten nicht in die SBZ entlassen wurde, hat er sich nach Braunschweig entlassen lassen, wo schon ein Bruder meiner Oma lebte. Mein Großvater arbeitete dann über ein Jahr in einer englischen Wäscherei und bekam auf Grund seiner fünf Kinder in stark verkürzter Zeit seinen Entnazifizierungsbescheid. Er war daraufhin wieder in der Lage, in seinem Beruf als Lehrer tätig zu werden.

Für meine Oma war somit auf jeden Fall klar, nach Braunschweig zu ihrem Mann zu ziehen. Da sie legal aus der SBZ zwecks Familienzusammenführung ausreisen wollte, stellte sie alle Anträge und hatte schließlich alle Papiere und Formulare beisammen. Ende August 1948 war es dann soweit. Mit drei kleinen Kindern und einigen Gegenständen sollte es mit der Bahn nach Oebisfelde und von dort über die Grenze nach Vorsfelde und von Vorsfelde

Flüchtlinge im Lappwald bei Helmstedt überqueren die „grüne Grenze" zur britischen Zone (1950). / Foto: Christa Bosse-Schaper

wieder mit der Bahn nach Braunschweig gehen. In Oebisfelde war allerdings am ersten Tag die Grenzübertretung auf Grund des großen Andranges nicht möglich. Nach einer getrennten Übernachtung in Zugwaggons war der Übergang am nächsten Tag wieder nicht möglich, da die Russen die Grenze nach reiner Willkür und privatem Ermessen öffneten und schlossen.

Auf die verzweifelte Anfrage meiner Oma bei einem deutschen Grenzer, wie sie denn nun irgendwie rüberkommen könnte, erhielt sie zur Antwort: "Wenn ich Sie wäre, wüßte ich schon wie:" Das bedeutete also, "schwarz" die Grenze zu überqueren.

Bei Dunkelheit ging es nun los über Wiesenauen. Unterwegs traf meine Oma einen Mann, der sich auskannte und die ganze Familie bis zum Mittellandkanal führte. Mit der Instruktion, bis zur 5. oder 7. (das ist unklar heute) Brücke zu gehen, um im Westen zu sein, ging es alleine weiter. Nach stunden- und kilometerlangem Marsch, immer an der Kanalböschung entlang – keiner konnte schwimmen – erreichte man schließlich am Morgen Vorsfelde. In der Morgensonne sitzend, erholte man sich und genoß die ersten Liebesknochen seines Lebens (Puddingkuchen, die meine Oma mit teuren Lebensmittelmarken erwarb). Mit dem Zug ging es dann endlich weiter nach Braunschweig....

In Braunschweig bekam meine Oma einen Platz im Bunker Madamenweg zugewiesen. Bei Erreichen des Bunkers erlitt sie dann fast einen Nervenzusammenbruch, da der angebotene Lebensraum unzumutbar zu sein schien. Es gab keine Lüftung, kein Licht und nur durch Militärdecken abgetrennte Wohnbereiche.

Die Weigerung meiner Oma schuf ein neues Problem: Wo sollte man hin? Allein der Großzügigkeit der Vermieterin meines Opas ist es zuzuschreiben, daß die gesamte Familie doch noch eine Unterkunft fand, nämlich in der Karl-Schmidt-Straße.

Die neuen Lebensverhältnisse lassen sich ungefähr so beschreiben: Ein 10-12 m² großer Raum mußte tagsüber ausreichen, um Schularbeiten zu machen, zu essen und einfach miteinander zu wohnen. Jeden Tag mußte zum Madamenweg gefahren werden, um die tägliche Bunkerration abzuholen und sich zu melden, da man ja offiziell immer noch dort registriert war. An manchen Tagen mußte die Weltreise durch die Stadt sogar zweimal durchgeführt werden, um neben der Warmspeise auch die Kaltspeise (Fett, Wurst usw), abzuholen. Hier in der Stadt war man auf diese Lebensmittel noch viel stärker angewiesen als auf dem Lande, wo man sammeln gehen konnte.

Nachts wurde die Familie aufgeteilt. Meine Mutter übernachtete bei Frau H. auf dem Sofa, mein Onkel bei dem 2. Untermieter von Frau H., und meine beiden ältesten Tanten schliefen oben in einer Dachkammer. Mein jüngster Onkel schlief bei meinen Großeltern mit im Bett. Die Küche durfte von meiner Oma mitbenutzt werden. Einen Baderaum gab es nicht. Die Toilette befand sich in der Zwischenetage. Die gesamte Wohnung hatte eine Größe von ca. 55-60 m².

Bunker Madamenweg in Braunschweig: Schock für Flüchtlinge aus dem Osten. / Q.: Städtischer Bilderdienst

So lebte man über ein Jahr auf engstem Raum, bis einem am 5.11.1949 durch die Verwaltung eine 3-Zimmerwohnung in der Göttingstraße zugewiesen wurde. Als ich (jetzt) das Haus in der Karl-Schmidt-Straße besuchte, in dem meine Großeltern gelebt hatten, war ich über die Größenverhältnisse entsetzt. Auch die Dachkammer war fürchterlich. Es gab keine Wärmedämmung, einfach nur Ziegelsteine und tausend Ritzen, durch die der Wind zog. Daß ein Leben auf solch einer Lebensgrundlage überhaupt möglich ist, erschien und erscheint mir immer noch nahezu unmöglich.

Facharbeit Geschichte 1991

B 3 Frauke Stieghan

Flucht aus Bilin Sudetenland

Nach der Besetzung des Sudetenlandes durch die amerikanischen Truppen übernahmen die Tschechen die Verwaltung der von Deutschen bewohnten, jedoch bis 1938 zur Tschechoslowakei gehörenden Gebiete. Da die Tschechen unter der deutschen Besatzung stark gelitten hatten, kehrten sie nun den Spieß um.

Frau D. mußte wie alle Deutschen eine weiße Armbinde (mit dem Buchstaben N = Nemec = Deutscher) tragen. Außerdem war es ihr verboten, in bestimmten Geschäften einzukaufen, ins Kino zu gehen etc. Ende 1944 wurde sie (29), ihr Sohn (7) und ihr erst einige Wochen altes Baby aus ihrer Wohnung ausgewiesen. Ein Tscheche zog in die Wohnung. Frau D. war es mit Hilfe eines befreundeten tschechischen Bauern möglich, einige Möbel und Gebrauchsgegenstände mitzunehmen. Zwar nahmen ihr tschechische Passanten einige Dinge wieder weg, aber sie kam nicht ganz besitzlos zu ihrer Mutter. Dort lebte sie in einem Raum mit ihren zwei Kindern. Ihre Mutter mußte in der Wohnung noch einen russischen Soldaten (inzwischen waren die Amerikaner von den Russen abgelöst worden) beherbergen und bewirten.

Frau D. berichtete, daß zu dieser Zeit viele junge deutsche Frauen und Männer abgeholt wurden. Sie selbst konnte diesen Abtransporten immer entgehen. Es wurden auch viele Deutsche aus ihren Häusern, Wohnungen und Höfen vertrieben. Einige Bauern konnten auf ihren Höfen bleiben und als Knechte unter ihren ehemaligen polnischen und tschechischen Knechten arbeiten.

An einem frühen Morgen im Mai 1945 wurde Frau D. angewiesen, innerhalb von einer Stunde sich mit ihren zwei Kindern auf dem Marktplatz von Bilin einzufinden. Frau D. wurde mitgeteilt, daß sie nur so viel mitnehmen dürfte, wie sie tragen könne, da sie zu Fuß gehen müßten. Eine tschechische Nachbarin brachte Frau D. Milch, damit sie ihrem Kleinkind noch einen Brei kochen konnte. Frau D. packte in den Kinderwagen ihrer acht Monate alten Tochter, in den Rucksack ihres Sohnes und in ihre eigene Tasche Honig, eingemachte Früchte, Windeln, Kinderkleidung, Papiere, eine kleine Kochplatte und zur Beruhigung ihrer Tochter deren Puppe.

Auf dem Marktplatz versammelten sich viele hundert Menschen, meist Frauen, Kinder und alte Menschen. An diesem Tag kam der Flüchtlingszug (in Begleitung von tschechischen Soldaten) innerhalb von 10 Stunden nur zwei Kilometer weit. Die meiste Zeit mußten die Menschen in der prallen Sonne stehen und durften sich nicht setzen. Frau D. fiel in diesen Stunden noch vieles ein, was sie hätte mitnehmen sollen.

Die Nächte wurden entweder im Freien oder in Scheunen verbracht. Frau D. berichtete, daß sie nachts oft Schreie von Flüchtlingen hörte, die mit Gummiknüppeln geschlagen wurden. Wer tagsüber den Anschluß an den Flüchtlingszug verlor, wurde kaltblütig erschossen. Außerdem hungerten die Flüchtlinge, und Krankheiten breiteten sich aus.

Monate später erreichte der Flüchtlingszug die Grenze zur sowjetischen Besatzungszone. Bevor sie diese passierten, plünderten die tschechischen Soldaten die Flüchtlinge. Frau D. warf die Ohrringe ihrer Tochter und ihren eigenen Ehering ins Gras, damit die Soldaten sie nicht bekämen. Die Soldaten nahmen Frau D. ihre Kochplatte, das Geld, die Uhr, einige Kleidungsstücke und selbst die Haarspange weg.. Nur die Puppe konnte Frau D. gerade noch retten, indem sie den Soldaten weismachte, daß sie sowieso schon kaputt sei. Dabei war die Puppe so gebaut, daß man ihr den Kopf abnehmen konnte. Einige Frauen mußten sich nackt ausziehen, damit die Soldaten sehen konnten, ob sie nicht noch etwas versteckten.

Nach dem Passieren der Grenze fühlte sich Frau D. froh, erleichtert und frei. Einige Wochen später erreichten die Flüchtlinge Freiberg (in Sachsen), wo sie in eine Turnhalle einquartiert wurden. Dort war es dunkel, es gab nur wenig Heu und viele Wanzen. Frau D. fand in der Nähe des Lagers eine Stelle als Putzfrau. So konnte sie wenigstens ein wenig Essen für ihre Kinder und sich selbst verdienen. Als sie aber an einem Tag von der Arbeit zurückkam, waren fast sämtliche Kinderkleidung und fast alle Windeln verschwunden. Frau D. gelang es zwar herauszufinden, wer die Kleidung genommen hatte, konnte sie aber nicht mehr für ihre Kinder benutzen, da das Kind des Diebes Typhus hatte.

Nach einigen Wochen gelang es Frau D., Kontakt zu ihrem Bruder in Braunschweig zu bekommen und beschloß, zu ihm zu fahren. Obwohl es verboten war, sich weiter als 30 Kilometer vom Lager zu entfernen, schloß sich Frau D. mit ihren Kindern heimlich einem Flüchtlingstreck in Richtung amerikanische Besatzungszone an. Sie fuhren über Halle und Magdeburg mit dem Zug nach Braunschweig. Frau D. gelang es, den Fahrkarten- und Ausweiskontrollen zu entgehen. In den frühen Morgenstunden des 13. Dezember 1945 erreichte sie Braunschweig/Broitzem.

Da sämtliche Aufnahmestellen geschlossen hatten und sie nicht wußte, wo ihr Bruder wohnte, schlief Frau D. auf einer Bank, wobei noch ihr Handspiegel zerbrach. Da dachte Frau D. nur noch: "Und jetzt noch 7 Jahre Pech." Der Kinderwagen hatte schon vor einigen Jahren den Geist aufgegeben, so daß Frau D. und ihre Kinder außer ein wenig Kleidung nur noch die Puppe besaß.

Facharbeit Geschichte 1991

Als wir flüchten mußten.

Vor drei Jahren mußten wir unser Städtchen verlassen. Es war sehr traurig für uns. Denn wir hatten ein eigenes Haus mit vier Stuben, eine Küche, zwei Flure, einen Keller und einen großen Stall. Als eines Tages ein Mann zu uns kam, und sagte, daß wir aus Tilsit rausmüssen und nichts weiteres mit nehmen dürfen, als für jeden einen Koffer. Wir hatten einen sehr klugen Hund, der Prinz hieß, den haben wir für einen Kriminalbeamten verkauft. In einer Stunde mußten wir schon aus Tilsit draußen sein, denn die Russen waren schon in Eydkau drin. Wir mußten zum Rennplatz, wo Pferdewagen standen, die uns aus Tilsit rausfuhren. Mein kleiner Bruder war erst 4 Monate alt. Wir setzten uns auf den Pferdewagen und fuhren aus Tilsit raus. Es war eine Bullenhitze auf den Pferdewagen zu sitzen, denn wir hatten unser Winterzeug angezogen. Wir fuhren immer die Landstraße entlang; als es Abends wurde und wir nicht mehr weiter fahren durften, da mußten wir vom Wagen absteigen und in einer Scheune übernachten. Wie wir gerade in der Scheune lagen, da heulte auf einmal die Sirene und wir mußten im Keller laufen, aber die Bomben fielen schon, und die Flieger warfen Leuchtraketen herunter, gerade vor der Scheune fiel eine Bombe hin, denn die Flugzeuge haben es gesehn, daß so viele Menschen über die Straße liefen. Unser ganzes Städtchen war in einem großen Bombenangriff kaputt. Nur noch die Siedlungen standen, wo unser Haus mit dabei war. Und als der Bombenangriff vorbei war, war es halb sieben Uhr morgens. Wir gingen aus dem Bunker, und stiegen wieder im Pferdewagen ein, und fuhren weiter nach Rautenburg; da waren wir 14 Tage; da hatten wir es sehr gut, denn wir waren bei einen Bauer, da bekamen wir sehr gutes Essen. brauchten nichts bezahlen. Einen Abends um 9 Uhr kam eine Frau zu uns, und sagte, daß wir den nächsten Morgen um 10 Uhr auf dem Bahnhof sein müßen, von da ging es mit der Bahn nach Sachsen. Wir waren in Hohnstein, Sächsische Schweiz, in einer Gastwirtschaft untergebracht bei zwei alten Leuten. da hatten wir es auch sehr gut; da waren wir sechs Monate. Und eines schönes Morgens ging es plötzlich los. Wir wußten aber nicht wohin mit uns. Sie haben uns im Viehwagen verladen. Unten im Wagen war etwas Holzwolle zum Schlafen, aber dazu war ja kein Platz, denn wir waren ja 48 Personen darin mit sehr viel Säuglingen und Kleinkindern. Wir haben furchtbar gefroren, als wir viele Tage gefahren waren da waren wir in Österreich. Da hatten wir es nicht gut, denn die Österreicher haben uns wie Kriegsverbrecher behandelt. Wir bekamen da sehr wenig zu Essen. Kartoffel gab es fast garkeine, und Brot gab es auch nur 1 Pfund die Woche. Zum Abendbrot mußten wir uns erst eine Scheibe Brot, bei den Bauern zusammen betteln gehn, sonst mußten wir mit den leeren Magen schlafen gehn, und sehr wenige haben uns was gegeben. Für uns war es sehr schwer. Denn wir waren sechs Kinder und dann nichts zu essen. In Österreich waren wir drei Monate, da wurden wir ausgewiesen, da sind wir 5 Wochen mit dem Kohlenwagen auf ~~nach~~ der Bahn gefahren. bis wir hier in Braunschweig gelandet sind. Uns gefällt es hier sehr gut, wir wohnen jetzt schon drei Jahre hier, und wenn wir nach Ostpreußen nicht mehr zurück dürfen, so wird hier unsere zweite Heimat sein.

Lehndorf, den 20. Oktober 1948

M 13. *Hausaufsatz einer Schülerin zur Flucht ihrer Familie / Braunschweig-Lehndorf 1948 / Q.: Rosemarie Vogt*

B 4 **Diana Buttler / Andrea Bieler**

Umsiedlung aus Bessarabien

1940 wurden wir Deutschen aus Bessarabien umgesiedelt. Bessarabien ist ja von der Landkarte verschwunden. Wenn man diesen Landstrich auf der Karte sucht, muß man nach Moldavien / Rumänien suchen. Warum wurden wir umgesiedelt? Wir waren immerhin 80.000 Deutsche, die dort etwa seit 150 Jahren gelebt haben.

Umgesiedelt wurden wir, weil Stalin Bessarabien von heute auf morgen den Rumänen weggenommen hat. Bis 1918 hat das sowieso zu Rußland gehört. 1918 nach dem Versailler Vertrag wurde es Rumänien zugesprochen. Bis 1940 haben wir dort gelebt. Ich bin in Rumänien geboren, aufgewachsen, habe dort Schulen besucht und dabei auch Deutsch als Fremdsprache gehabt. 1940, wie gesagt, hat Stalin sich gesagt, wenn der Hitler sich den Sudetengau usw. holt, dann holen wir uns Bessarabien auch wieder. Die Rumänen waren ja nur ein kleines Volk gegen die Russen und konnten sich kaum wehren.

Der russische Außenminister Molotow und der deutsche Außenminister Ribbentrop hatten aber vorher schon vereinbart, daß die Deutschen, die nach der Besetzung durch Rußland auswandern wollten, nach Deutschland gehen konnten. Die Russen haben wahrscheinlich darauf spekuliert, daß der Großteil der Menschen dort bleibt. Aber das war nicht so. Fast alle Deutschen haben Haus und Hof, Grund und Boden verlassen. Zum großen Teil war das die Landbevölkerung. Sie sind alle umgesiedelt worden. Das war alles schon geplant. Russische und reichsdeutsche Kommissionen haben das Hab und Gut geschätzt. Diese Werte sollten dann zu späterer Zeit verrechnet werden. Der russische Staat sollte an den deutschen Staat für das, was er dort übernommen hatte, bezahlen.

Wir wurden jedenfalls im Laufe des Sommers 1940 umgesiedelt. Die Leute kamen bis nach Galatz, einer Donauhafenstadt, per Treck, also Pferdewagen, auf die man auflud, was der Wagen tragen konnte. In Galatz war ein großes Sammellager. Dort haben wir meist ein paar Tage Station gemacht. Dann wurde eingeteilt, wo die einzelnen hinkamen.

Ich selbst war nicht zu Hause, als die Russen Bessarabien besetzten. Ich war in der rumänischen Donauhafenstadt Braila. Dort war ich in einem deutschen Internat als Kindergärtnerin und Erzieherin berufstätig. Als ich von der Aussiedlung der Bessarabier hörte, habe ich mich in dem Sammellager in Galatz gemeldet und angefragt, wann meine Heimatgemeinde dort ankommt. Das konnte man mir nicht genau sagen, aber ich hatte die Möglichkeit, in diesem Lager zu warten, um mich dann anzuschließen. Wenn man warten wollte, mußte man sich irgendwie nützlich machen. Ich habe sechs Wochen als Helferin in einem Sanitätslager gearbeitet und bin dann mit dem letzten Schiff von Rumänien bis nach Semlin, in der Nähe von Belgrad, gefahren. Dort waren wir ein paar Tage. Von Semlin ging es per Bus nach Graz und von Graz per Bahn nach Linz. Ich wußte nicht, warum wir so geleitet wurden. Jeder hatte eine Karte bekommen. Bei mir stand z. B. Ki 3 drauf. Das Ki 3 war eine Art roter Leitfaden. Die Beamten wußten dann, wo wir hinkamen.

Im November kam ich also in Linz an. Am 7. März 1941 wurden wir ganz offiziell eingebürgert. Da wurde ich offiziell zur deutschen Staatsbürgerin. Vorher war ich ja rumänische Staatsbürgerin. In Linz wurden wir wieder abgeholt und kamen in die Nähe von Wels. Dort war ein früheres Kloster, in dem die Umsiedler untergebracht waren. Ich habe mit einem Ehepaar und noch einer Frau mit zwei Kindern ein Zimmer bewohnt – für heutige Verhältnisse undenkbar. Zu Neujahr 1942 bekam ich einen Brief von meinem späteren Mann, mit dem ich zuvor schon in dem Sanitätshaus in Galatz gearbeitet hatte. Er hatte vorgeschlagen, bei seiner neuen Stelle in einem Sanitätshaus in Litzmannstadt, heute Lodz, mitzuarbeiten, da ich mich in dem rumänischen Sanitätshaus ganz gut eingearbeitet hatte. Ich war in Österreich wieder als Kindergärtnerin eingesetzt. Das hat mir nicht so gut gefallen, deshalb wollte ich nach Litzmannstadt gehen.

Eine Episode, die vielleicht charakteristisch für die Zeit ist: Ich habe einen Antrag gestellt nach Litzmannstadt zu gehen und dort eine andere Arbeit aufzunehmen. Man sagte mir daraufhin, wo kämen wir denn hin, wenn jeder das macht, was er will. In Deutschland wäre es üblich, daß jeder dort, wo er hingestellt ist, seine Pflicht zu tun habe. Ich sagte, ich wolle ja meine Pflicht tun, aber dort, wo ich hin möchte. Ich wollte also nicht mehr im Kindergarten arbeiten, sondern im Sanitätslager in Litzmannstadt. Dort hätte ich schon sechs Wochen gearbeitet, das hätte mir gut gefallen. Der Antrag wurde abgelehnt. Das habe ich nach Litzmannstadt geschrieben. Die Ablehnung hat meinen früheren Chef geärgert. Er hat mir dann einen "Marschbefehl" geschickt. Diesen habe ich dem Lagerleiter vorgelegt. Er hatte bereits das Original zugestellt bekommen. Ich erhielt nur ein Duplikat. Er war also bereits vorinformiert und sagte, was dieser kleine Leutnant sich wohl einbilde – die Versetzung wurde wieder abgelehnt. Darauf bin ich nach Linz zum Sitz der Gauleitung gefahren. Von dort wollte ich versuchen, die Genehmigung zu bekommen. Sie haben mir dann auch gesagt, da stecke noch etwas anderes dahinter. Sie stellten es so dar, daß es wohl kein reguläres Arbeitsverhältnis sei. Sie haben es jedenfalls auch abgelehnt. Meinen Chef hat das so sehr geärgert, daß er sich an seinen Chef in Berlin, in der Reichsärztekammer wandte. Daraufhin bekam ich einen "Marschbefehl", direkt aus der Reichsärztekammer. Gegen diese Instanz waren die anderen machtlos, und ich konnte doch noch nach Litzmannstadt fahren. So war das damals. Man konnte nicht ohne Genehmigung hingehen, wo man hin wollte.

Das Umfeld in Litzmannstadt war nicht so gut. Die Polen mochten die Deutschen bestimmt nicht. Sie wurden ja zwangsweise eingesetzt, haben überall arbeiten müssen. Die Polen durften nach 21 Uhr nicht auf die Straße. Wenn Deutsche unterwegs waren, wurden sie oft überfallen, es gab auch Morde. Aber man hat eben nicht versucht, miteinander auszukommen. Ich habe das nicht so empfunden, ich war daran gewöhnt, zwischen fremden Völkern zu leben. In meiner Heimat waren Russen, Rumänen und andere Nationalitäten in der Nachbarschaft. Mit denen haben wir Geschäfte gemacht. Für mich war das kein Problem, mit den Polen irgendwie nett umzugehen. Mir war aber bekannt, daß es zwischen anderen Probleme gab.

Im Juli 1944 sah es an der sogenannten Ostfront ziemlich kritisch aus. Dort waren die Russen inzwischen bis nach Lemberg gekommen. Wir haben den Entschluß gefaßt, wegzugehen, provisorisch wegzugehen. Wir haben ja niemals damit gerechnet, daß es für immer sein würde. Wir haben es als Urlaub getarnt, denn es war ja verboten, daß ausgerechnet Offiziersfamilien weggehen. Dann haben wir das so gemacht, daß ich mit den Kindern nach Andreasberg im Harz fuhr. Da lebten meine Schwiegereltern, die hatten ein Haus. Ich bin vier Monate da gewesen und fand es ziemlich schrecklich. Ich konnte mich nicht einleben, habe mich da nicht wohlgefühlt.

Mein Mann verlagerte seine Dienststelle. Das ganze Sanitätslager ist in die Mark Brandenburg umgesiedelt. Sie wollten ja nicht, daß es den Russen in die Hände fällt. Weil das Sanitätslager verlagert wurde, haben wir eine Wohnung in der Nähe von Beeskow bekommen. Dort haben wir uns zwei Monate aufgehalten. Die Russen rückten immer weiter westwärts vor. Sie waren bereits an die Oder gekommen. Da gab es nur eins: wieder weg.

Das war ziemlich dramatisch. Wir wollten in Berlin zum Potsdamer Bahnhof, um wieder nach Andreasberg zu fahren. Als wir nachts ankamen, dachten wir, jetzt kommt kein Angriff mehr. Angriffe auf Berlin fanden immer in den Abendstunden statt. Meistens waren sie vor Mitternacht vorbei. Als wir dann mitten in Berlin waren, gab es Fliegeralarm. Es kam eine zweite Angriffswelle. Wir haben unser Auto stehen lassen, die Kinder geschnappt und uns in das nächstgelegene Haus geflüchtet und abgewartet. Im nächsten Moment fielen auch schon die Bomben. Es ist ein ganz fürchterliches Gefühl, das kann man gar niemandem beschreiben, der das nicht miterlebt hat. Wenn man in so einem Keller hilflos sitzt, die Leute sitzen alle ganz verängstigt umher und man hört, wie die Bomben fallen, eine Explosion nach der anderen. Jedes Mal denkt man, jetzt hat es einen erwischt. Und dann, wenn im eigenen Keller nichts passiert ist, atmet man auf. Der Angriff dauerte vielleicht eine halbe Stunde, und dann kam Entwarnung. Wir sind aus dem Haus gegangen. Das Auto stand noch da, auch das Gepäck war alles noch drin. Wir wollten weiter zum Potsdamer Bahnhof fahren. Der Weg führte durch das brennende Berlin. So etwas habe ich noch nie gesehen. Ganze Häuserviertel standen in Flammen. Die Menschen zogen zum Teil nur mit einem Bündel ihrer Sachen umher. Wir haben ziemlich lange gebraucht, bis wir morgens um halb sechs am Bahnhof ankamen. Da stand auch der Zug, der nach Goslar fuhr. Der war schon voll, aber wir haben versucht, noch hineinzukommen. Die Kinder wurden durch die Fenster gereicht. Die Leute waren hilfsbereit und gefällig. Der Zug war völlig überfüllt. Wir sind bis nach Goslar zwei Tage unterwegs gewesen. Das ist eine lange Zeit für diese Strecke. Unterwegs hielt der Zug, und wir mußten alle aussteigen, weil die Züge auch beschossen wurden.

Glücklicherweise sind wir dann doch in Goslar angekommen. Das Rote Kreuz hat uns in Empfang genommen. Wir haben vor Erschöpfung stundenlang geschlafen. Von Goslar gab es keine Verbindung nach Andreasberg. Man mußte von dort über Seesen, Herzberg, Scharzfeld nach Andreasberg fahren. Mit dem Zug war das eine Nachtreise, wegen der Tieffliegerangriffe. Wir sind abends abgefahren und morgens gegen sechs Uhr in Andreasberg gelandet. Die Schwiegereltern waren glücklich, daß wir wieder da waren.

Heute könnte ich das nicht mehr durchstehen. Das kann man nur, wenn man jung und kräftig ist. Die Angst und die Sorge um die Kinder ...

In Andreasberg gab es auch noch ein paarmal Tieffliegerangriffe. Dann zogen sich die deutschen Soldaten über dem Harz zurück, und die Amerikaner rückten nach. Das Haus war durch die Angriffe ganz kaputtgeschossen.

Q.: Befragung der Großmutter von Diana Buttler, Mai 1994

B 5 **Reinhard Bein**

18. April 1945: Das Malerviertel wird geräumt

Als die Amerikaner einmarschierten, wurden hier im Malerviertel nach und nach einzelne Häuser beschlagnahmt. Das erste, an das ich mich erinnere, war das Haus Bernerstraße / Roonstraße, in dem seinerzeit die Schwester unserer Nachbarin wohnte. Die hatten Zeit bis zum Abend, um auszuräumen. Alle Nachbarn wurden gebeten zu helfen, um möglichst viel rauszubekommen. Meine Mutter sagte: Wenn das hier bei uns auch passieren sollte, dann werden die Nachbarn auch helfen, das wird schon klappen. Das war aber nicht so.

Am 18. April morgens kam der Ausrufer mit seiner Glocke – es gab damals keine andere Möglichkeit der Information – und erklärte, das ganze Viertel würde beschlagnahmt. Bis abends 18 Uhr – dann begann die **Sperrstunde**, wo alle von der Straße sein mußten – sollten wir die Häuser geräumt haben. Wir durften nur Kleider, Wäsche und Lebensmittel mitnehmen. Und wir waren so dumm, daß wir uns ziemlich daran gehalten haben. Man wußte gar nicht wohin. Die sagten, wer nicht weiß, wo er hin soll, sollte zu Freunden oder Verwandten gehen, die Räumung sei nur für zwei bis drei Wochen. Und wer gar nichts wüßte, müßte sich beim Wohnungsamt melden. Wir sind von unserem Haus Böcklinstraße 34 zu einer Tante gezogen, die am Steintorwall in einer Dachwohnung lebte. Die hatte eine Zweizimmerwohnung mit riesengroßer Diele und riesengroßem Badezimmer und hat uns erstmal aufgenommen; meine Mutter, mich und meine beiden Schwestern. Sie sagte: Euch kann ich nehmen, aber die ganzen Lebensmittel, die Kleider, das kann ich nicht alles unterbringen. Dann war hier in der Durchgangsgasse zwischen Richter- und Spitzwegstraße ein Haus halb abgebrannt, da war nichts mehr drin. Jemand besaß Schlüssel und gab uns einen. So konnten wir in der ersten Etage unsere Sachen deponieren.

Zum Transport hatten wir nicht mal einen **Bollerwagen**, nur ein Gerät aus dem Garten aus Holz mit zwei Rädern – für Blumen. Außerdem einen etwas wackligen Teewagen. Mit diesen Gefährten haben wir unsere Sachen transportiert. Wir hatten durch den Garten viel Eingemachtes im Keller und was wir so gehamstert hatten.

Außerdem mußten wir unsere Hühner wegschaffen. Hühner waren so ziemlich das Wichtigste in jener Zeit. Wir steckten sie in einen Sack. Es war schon nach 18 Uhr und Sperrstunde. Eine Militärstreife hielt uns an und fragte,

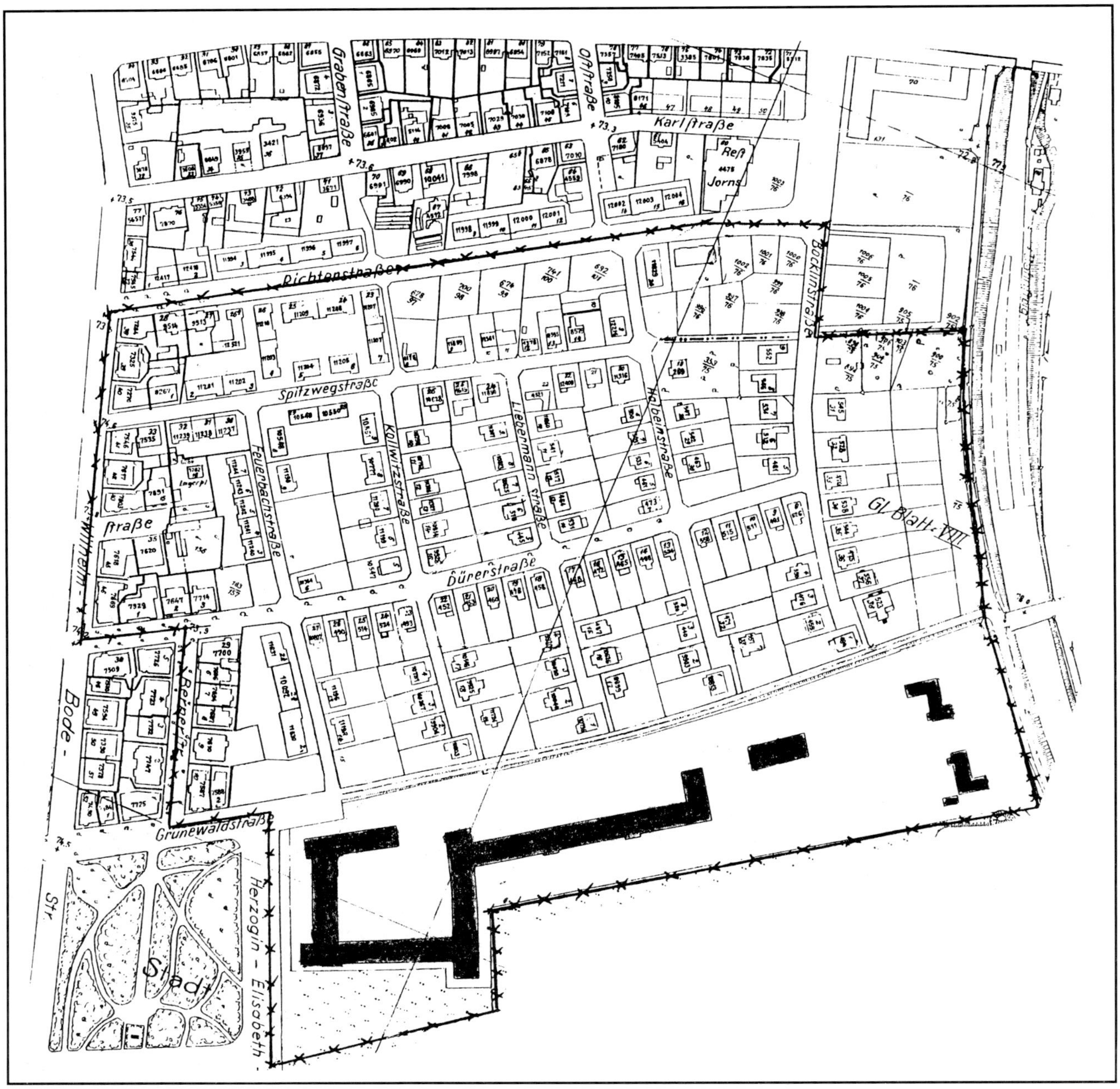

M 14. Stadt Braunschweig, Ausschnitt Malerviertel mit der Einzäunung von 1945, Angaben Nuiman

weshalb wir noch auf der Straße seien und was wir in dem Sack hätten. Wir sagten nichts und drucksten herum, aber die blöden Viecher fingen an zu gackern. Da sagte der eine: Are you a chicken? Sie lachten und ließen meine Schwester und mich gehen, aber wir sollten uns beeilen, um von der Straße zu kommen. Die Hühner brachten wir in ein Gartenhaus zu dem Hausmeister von Dr. Hoff. Der nahm sie auf, weil er selbst Hühner hielt. Seltsamerweise starben unsere Hühner nach und nach oder wurden, nach Angaben des Hausmeisters, vom Habicht geholt. Sie haben auch vor lauter Kummer über die Trennung nicht mehr gelegt. Seine starben nicht und legten. Daß wir von den Hühnern nichts hatten, war sehr traurig, denn wir hatten große Hoffnung auf sie gesetzt.

Viele Leute haben ein paar Sachen mehr herausbekommen, aber nicht viel, denn Autos und Lastwagen gab es nicht, höchstens einen Bollerwagen oder einen größeren Anhänger. Noch am selben Tag begannen die Amerikaner das ganze Viertel mit Stacheldraht einzuzäunen. Posten marschierten den ganzen Zaunbereich ab. An der Ecke Grünewaldstraße / Stadtpark war der Zugang.

Wir sind dann ziemlich bald in die Richterstraße gezogen, dort waren Verwandte, die zu diesem Zeitpunkt noch evakuiert waren. Als die Verwandten wiederkamen, wurde es in dieser Wohnung zu eng. Im Winter 1945 wurden wir durch das Wohnungsamt in ein Haus in der Heinrichstraße / Ecke Wachholtzstraße eingewiesen und bewohnten die zweite Etage. Im Erdgeschoß hatte der Bäcker Ziemann sein Geschäft und die Backstube. Der Schornstein ging durch unsere Wohnung durch, und dadurch war es schön warm. Eine Küche hatten wir nicht, aber eine **„Kochhexe"**. Wir bohrten den Schornstein an und schlossen sie dort an. Erste Möbel bekamen wir von Verwandten, die in die Heide geflüchtet waren, weil der Mann bei der SS gewesen war.

Die Amerikaner benahmen sich so, wie sich halt Soldaten benehmen. Sie haben wohl mal Zielschießen auf unsere Bilder gemacht oder Möbel verheizt, wenn ihnen kalt war, aber sie haben nichts mutwillig zerstört. Sie erlaubten auch, daß man Sachen, die sie nicht benötigten, aus dem Haus abholen durfte. Dafür gab es beim Besatzungsamt Passierscheine. Man konnte auch Lebensmittel, Kartoffeln und Kohlen herausholen.

Wir liehen uns für den Transport einen Pferdewagen, stellten ihn vor der Haustür in der Böcklinstraße ab, und eine Nachbarin, die lange in Amerika gelebt hatte, beschäftigte den Posten, der aufpassen sollte. So brachten wir Kartoffeln und Kohlen nach vorne zum Wagen, und durch den Garten schleppten wir zum Stacheldraht Möbel, die die Amerikaner in den Keller gebracht hatten, weil sie sie nicht brauchten. Und unsere Bekannten saßen am Bahndamm und nahmen die Sachen an. Sie trugen sie am Bahndamm entlang bis zur Gliesmaroder Straße, dort luden wir sie auf den Wagen und fuhren sie in die Richterstraße.

Als die Engländer die Amerikaner abgelöst hatten, wollten sie unser Klavier für die Offiziersmesse, die war in dem Haus von Dr. Pagenstecher, dem letzten in der Böcklinstraße. Meine Mutter erfuhr davon durch Zufall, und wir stellten umgehend beim Besatzungsamt einen Antrag, ich bräuchte das Klavier für ein Musikstudium. Wir bekamen daraufhin das Klavier.

Die Standuhr wurde von einem Freund herausgemogelt, der war Koch bei den Engländern. Nach und nach brachte er Teile zu uns, bis sie komplett war. Einige unserer Bilder hatten wir vor Kriegsende nach Osterode ausgelagert, alle natürlich nicht. Was wir nicht ausgelagert hatten an großen Bildern, das verschwand durch die Besatzung. Die kleinen hatten wir in einer eisernen Kiste mitgenommen.

Später gab es in der Broitzemer Straße ein großes Möbellager, wo all die Möbel, die die Engländer in den beschlagnahmten Wohnungen nicht haben wollten, lagerten. Wenn man nachweisen konnte, daß sie einem gehörten, konnte man sie mitnehmen. Während des Krieges war angeordnet worden, daß man seine Möbel kennzeichnen sollte mit Namen und Adresse, damit, wenn was brennt – da wurde alles auf die Straße gestellt – jeder seine Stücke wiederfinden konnte. Wenn die Möbel in dem Lager in der Broitzemer Straße nach einer gewissen Zeit nicht abgeholt worden waren, konnte man sie kaufen. So haben wir uns dort ein Schlafzimmer gekauft.

Nach den Amerikanern bewohnte eine britische Familie unser Haus. Für eine zweite war nicht Platz, weil ein Teil des Hauses unbewohnbar war durch Hunde, die in einem Zwinger in der ersten Etage gehalten worden waren, und durch einen Wasserschaden. In der oberen Etage hatten sie ein Waschbecken überlaufen lassen: Das Wasser war bis zum Erdgeschoß durchgelaufen und hatte die Fußböden verdorben. Zum Teil hatten sie sie durch neue Steinfußböden ersetzt.

1948 wurde ein Teil des Viertels freigegeben (**vgl. Kap. Schule B 3**), und wir bewohnten in einem Haus Dürerstraße / Ecke Holbeinstraße eine ganze Etage. Wir hatten die Wohnung schön zurechtgemacht und fühlten uns ganz wohl. Eines Tages, es waren seit dem Einzug ungefähr acht Wochen vergangen, schauten wir aus dem Fenster und sahen, daß die Engländer wieder mit ihrer Quartierliste von Haus zu Haus gingen. Meine Mutter beobachtete mit einem Fernglas von oben die Liste und stellte fest, daß all die Häuser, die zwei Monate vorher freigegeben waren, wieder angekreuzt worden waren. Und was haben wir gemacht? Bei Nacht und Nebel schafften wir heimlich die Möbel, die wir inzwischen wieder hatten, in die Richterstraße zu den Verwandten auf den Boden und in den Keller. In der Wohnung in der Dürerstraße verblieben nur ein paar Strohmatrazen, ein klappriger Gartentisch, Holzkisten zum Sitzen und die Kochhexe. Da hatten wir also eine schöne Vierzimmerwohnung, wo nichts drin war außer uns. Am nächsten Tag kamen sie und beschlagnahmten. Um zu verhindern, daß die Bewohner bei Beschlagnahme heimlich die Möbel ausräumten, schrieben die Engländer genau auf, was in den Wohnungen war. Als sie zu uns kamen, guckten sie ganz schön dumm. Wie das denn nun sei? Ja, wir sind schon mal rausgeschmissen worden, wir haben nichts mehr. Kleidung hing an Nägeln an der Wand oder lag im offenen Koffer, dann waren da die Strohsäcke, der Gartentisch und die Kisten. Ja, sie mußten es glauben. Bis zum Abend mußten wir die Wohnung geräumt haben, und der Zaun wurde wieder neu gezogen. Ich glaube, bis zur halben Spitzwegstraße.

Dann zogen wir zur Wilhelm-Bode-Straße und schließlich (zu viert) in eine Dreizimmerwohnung in die Bernerstraße. Später zog noch ein Neffe ein, der in Braunschweig studieren wollte. Anfang der 50er Jahre wurde in der Richterstraße eine Häuserzeile gebaut für Besatzungsgeschädigte. Über den Verein der Besatzungsgeschädigten konnte man für diese Wohnungen Anträge stellen. Das war die letzte Station unserer Odyssee. Dort wohnten wir bis zum Frühjahr 1955; im Dezember 1954 wurde unser Haus in der Böcklinstraße freigegeben.

Wir haben dann von der Wohnung in der Richterstraße aus unser Haus renoviert. Die Fußböden mußten bis auf die Balkenlage herausgerissen werden, das war alles durch die Wasserschäden verdorben worden. Sachverständige schätzten die Schäden, und es gab einen Lastenausgleich für die entstandenen Schäden; auch für die verschwundenen Bilder bekamen wir eine Entschädigung. Der Chef von Karstadt, der die erste Etage bewohnen wollte, gab einen Mietvorschuß für die Instandsetzung. Eingezogen sind wir im Frühjahr 1955.

Zeitzeugeninterview mit Charlotte Nuiman
und ihrer Mutter Asta Kohfahl am 27. 4. 1994.

B 6 Reinhard Bein

Flüchtlinge auf dem Lande

Da sehr viele Flüchtlinge ihren erlernten Beruf nicht mehr ausüben konnten, boten sie ihre Arbeitskraft in den ersten Nachkriegsjahren für Gelegenheitsarbeiten an (z.B. als landwirtschaftliche Hilfskraft, Waldarbeiter, Trümmerräumer, Demontagearbeiter).

Auf dem Lande erging es ihnen dann zumeist besser als in der Stadt, wenn sie einen Teil ihrer Bezahlung in Naturalien vereinbaren konnten. Ein Kartoffeldeputat, der Sack Weizen oder Roggen, eine Schweinehälfte halfen der Familie über den Winter. Die Ehefrau des Flüchtlings war in dieses System der Naturalwirtschaft eingebunden. In der Regel erlaubte der Bauer die Bewirtschaftung eines Gemüsegartens, in dem Kohl, Bohnen, Lauch usw. angebaut werden konnte. Oft gehörte ein Doppelzentner Zuckerrüben zum Deputat. Sie wurden geschnitzelt, gedünstet, gepreßt und der Saft zu Rübensirup verarbeitet. Das Getreide wurde mit Handwagen zur Mühle gefahren. Verzichtete man auf das Mahlschrot, war das Mahlen umsonst. Aber wer verzichtete schon darauf? Das Schrot lieferte die wertvolle morgendliche Kleiesuppe. Weißkohl wurde geraspelt, gesalzen und in einen großen Steintopf gestampft. Monatelang hatte man so das wichtige Sauerkraut als Vitaminlieferant.

Trotz teilweiser Selbstversorgung waren nicht Mehl und Kartoffeln die Basis der Ernährung in jener Zeit, sondern die leidige Steckrübe, die es in großen Mengen gab und die für alle möglichen Speisen herhalten mußte.

Obst zu beschaffen, gelang weniger gut, denn Bäume und Sträucher gehörten ihnen nicht und wuchsen nicht so schnell heran, um für die Ernährung in der Nachkriegszeit einen Beitrag zu leisten. Erdbeeren zu pflanzen, dazu war der Boden zumeist zu kostbar, da waren Kartoffeln nützlicher. Wer konnte, holte sich Obst aus dem Wald, Himbeeren, Heidelbeeren oder Brombeeren. Der Wald lieferte außerdem Pilze, die getrocknet aufgehoben werden konnten. Im Herbst lieferten Bucheckern und Sonnenblumenkerne (letztere vom Grabeland) wertvolles Öl.

Wer konnte, hielt sich Kaninchen, die wenig Platz benötigten. Gras für sie wuchs am Straßenrand, hin und wieder fiel eine Mohrrübe oder ein Salatblatt ab. Schweine und Hühner zu halten, war den Flüchtlingen zumeist verboten. Trotz aller Vorsorge herrschte oft über viele Monate Fettmangel, nur durch Tausch und andere Gelegenheitsarbeiten kam man an Schmalz oder Butter. Wenn der Winter kalt war und lang, breiteten sich Mangelerkrankungen aus (z.B. Tuberkulose).

B 7 Reinhard Bein

Die Gärtnerhöfe in Broitzem

„Der Flugplatz Broitzem war im Kriege ein Schulflugplatz für Fallschirmjäger, die lernten da das Abspringen. Der Platz war hart ... und mit Quecken durchsetzt, was ich dann auch zu spüren bekommen habe, als ich dort Landwirtschaft betrieb. Einmal pflügte ich eine 20-Zentner-Bombe auf, die dann von den Engländern gesprengt wurde, so daß ein gewaltiger Bombentrichter entstand. Da kamen Koksstücke zum Vorschein, die in einer Schicht in den Boden eingebracht worden waren. Die haben uns im Winter sehr geholfen.

1946 war meine Mutter so verhungert, daß sie nicht mehr die Treppen hochsteigen konnte, sie ging auf allen Vieren. Da mußte etwas geschehen, und ich versuchte (im Frühjahr), Gartenland zu pachten. Und da habe ich an der Lit-

Gärtnerhof in Broitzem auf dem Gelände des Flugplatzes mit Nissenhaus als Wohnhaus und Nissenhütte als Stallung. / Q.: Martina Kuchen / Foto: Charlotte Pilz

faßsäule gelesen: Stadt Braunschweig verpachtet Brachland auf dem Broitzemer Flugplatz. Ich habe mich sofort gemeldet und dachte so an fünf Morgen – bei der Vermessung waren es dann 16 Morgen. Das war etwas ganz anderes, als ich gedacht hatte. Ich wurde nicht Pächter eines Gartens, sondern sollte einen Gärtnereibetrieb aufbauen. Da war aber nichts außer einer Grasnarbe.

Von der Stadt wurden zwei Dampfwalzen aufgestellt, eine oben an der Broitzemer Straße (heute Münchenstraße / Traunstraße / Lichtenberger Straße), die andere an den Schrebergärten (heute das östliche Ende der Weststadt). Zwischen denen wurde eine Kette gespannt und ein Scharpflug angesetzt, damit wurde die Grasnarbe umgebrochen. Und nachdem nun diese riesigen Schollen dalagen, wurden wir 16 Siedler darauf losgelassen und konnten sehen, wie wir fertig wurden.

Martina Kuchen mit Mascha, einem russischen Panjepferd. / Q.: Martina Kuchen

Ich weiß noch, daß ich jede Scholle hochgehoben und darunter eine Kartoffel gelegt habe. Ein Bauer aus Broitzem – von ihm stammten wohl die Kartoffeln – sah sich das an und meinte, daß würde ja wohl nie was. Dann zog er verstohlen eine Schmalzstulle aus der Tasche, gab sie uns und sagte, das braucht aber meine Frau nicht zu wissen."

Martina Kuchen, die Erzählerin, stammt aus Braunschweig. Ihr Vater war Regierungsdirektor in Kassel, die Mutter entstammte der Firma Pfeiffer und Schmidt. Die Eltern besaßen ein Siedlungshaus in Lehndorf. Als Fotographin bekam sie in Berlin, wo sie seit 1939 lebte, 1941/42 einen Sonderauftrag als Bildberichterstatterin und arbeitete im Baltikum. Danach war sie zwischen 1942 und 1945 in dieser Eigenschaft in Prag beauftragt, monatlich einen "Elternbrief" in Wort und Bild zu erstellen (Auflage 30.000), der die Eltern der nach Böhmen verschickten Kinder informieren sollte über das Leben und Treiben in der "Kinderlandverschickung" (vgl. Bein: Freistaat Braunschweig 1930-1945, S. 226f). Ihre Mutter wurde 1943 in Lehndorf ausgebombt und zog zur Tochter nach Prag. 1945 kehrten sie auf abenteuerlichen Wegen von dort als Flüchtlinge (sie waren in Braunschweig nicht mehr gemeldet) zurück.

Sie trugen sich mit der Hoffnung, bei den zahlreichen Verwandten aufgenommen zu werden, aber es stellte sich heraus, daß sie alle ausgebombt waren. Ein Jahr hungerten sie sich durch, dann ergab sich die Chance, einen Gärtnerhof zu erarbeiten. Mit den 16 Neusiedlern – bis auf einen Bauern ohne direkte landwirtschaftliche Vorkenntnisse – schloß die Stadt nach der ersten Ernte im Herbst 1946 Pachtverträge. Sie berief sich dabei auf die Direktive 120 der britischen Militärregierung vom 20. März 1946, wonach jede verfügbare und brachliegende landwirtschaftlich nutzbare Fläche zur Linderung der allgemeinen Not und als Programm gegen Flüchtlingselend und "Degeneration" sofort ungeachtet der Besitzverhältnisse (das Gelände gehörte dem Reich) kultiviert werden sollte. Mit der Rekultivierung des Flugplatzgeländes diente man außerdem dem in Potsdam beschlossenen Entmilitarisierungsprogramm für Deutschland.

Der Pachtvertrag zwischen der Stadt und Fräulein Martina Kuchen vom 29.11.1946 hat u.a. folgenden Wortlaut:

„§ 1. Die Stadt Braunschweig verpachtet von ihrem in der Feldmark Broitzem gelegenen, zu dem Rollfeld des früheren Flugplatzes Braunschweig-Broitzem gehörenden Plane Nr. 6 das auf diesem Vertrage als Anlage beigefügten Planauschnitt gekennzeichnete Teilstück in einer Größe von etwa 42.582 qm zur Errichtung und Unterhaltung eines Gärtnereibetriebes.

§ 2. Die Verpachtung des Geländes erfolgt im augenscheinlichen Zustande und ohne Gewähr für das Nichtvorhandensein von offenen oder geheimen Mängeln. (...)

§ 8. Der Pächter ist ferner verpflichtet, das Pachtgelände gemäß dem Bedarf der Bevölkerung der Stadt Braunschweig an Gartenbauerzeugnissen zu bewirtschaften. Die Anbauvorschriften der Landwirtschaftskammer sind dabei zu berücksichtigen und durchzuführen. Eine teilweise landwirtschaftliche Nutzung des Geländes zur Sicherung von höchstens zwei Stück Großvieh und sechs Stück Kleinvieh (Schweine, Schafe und Ziegen) ist zugelassen. Anstelle von 1 Stück Großvieh können 4 Stück Kleinvieh gehalten werden. Dabei darf jedoch die landwirtschaftliche Nutzung nur in Form eines Fruchtwechsels durchgeführt werden und 1/3 der Pachtflächen nicht übersteigen.

§ 11. Der Verpächterin steht jederzeit das Recht zu – frühestens nach einer Anlaufzeit von 3 Jahren – durch eine von ihr einzusetzende Kommission die fachlichen Fähigkeiten des Pächters prüfen zu lassen. Falls die Prüfung ergibt, daß der Pächter zur ordnungsmässigen Führung des Betriebes nicht fähig ist, ist die Verpächterin berechtigt, das Pachtverhältnis mit einjähriger Kündigungsfrist, jeweils am 30. 9. aufzuheben."

Auf die Siedlerstellen des Flugplatzgeländes setzte die Stadt je vier Nissenhütten aus Blech für die Siedler, das Hilfspersonal, für Nutzvieh und Geräte.

„Ich hatte keine große Ahnung von Gemüseanbau. Meine ganzen landwirtschaftlichen Kenntnisse stammten von Ferienaufenthalten auf den Gütern meiner Verwandten. Natürlich, als Kind sieht man sich viel ab, und man hat auch viel mit den Augen gelernt, aber das selber zu machen, das war ein großer Unterschied. Aber eins konnte ich: reiten. Somit konnte ich mit Pferden umgehen, das hat mir sehr geholfen.

Die Ukrainerin Senni als landwirtschaftliche Hilfskraft auf dem Gärtnerhof bringt die Milchschafe auf die Weide. / Q.: Martina Kuchen

Ich habe mir dann landwirtschaftliche Bücher besorgt und habe, wie man das in der Schule gelernt hat, Millimeterpapier genommen und die Vegetationszeiten der Gemüsesorten und der Getreidesorten dort eingetragen und habe an Hand dieser Graphik, die da nun entstand, festgestellt, wann ich was säen mußte und wann ich was ernten konnte. Das ist alles erst mal theoretisch auf Millimeterpapier entstanden. Und das Ergebnis: Ich habe von einem Morgen 23-26 Zentner Weizen gedroschen. Das war damals sehr viel.

Mit dem Pachtvertrag ging man zum Staatsministerium. Ich weiß noch, daß ich so dicke Holzschuhe anhatte, und damit klapperte ich über die Flure. Wir hatten auch keine Lederschuhe mehr. Überall in den Verwaltungen saßen jetzt Leute, die verfolgt oder entlassen gewesen waren. Da war man verunsichert, aber ich habe keine schlechten Erfahrungen gemacht. Sie waren alle sehr hilfsbereit. Einer sagte mit Blick auf meinen Lebenslauf, er sei nicht aus dem KZ gekommen, um andere hineinzubringen.

Von ihm bekam ich einen Bezugsschein für ein sehr schönes Warmblutpferd. Das war gut gemeint, aber das Tier war eine ungarische Zuchtstute aus der Puszta und hatte noch nie einen Pflug gezogen und hat es auch nie gelernt. Ich mußte sie ganz langsam an den Zügel gewöhnen ... Ich beschloß, das Warmblut zu verkaufen und bekam dafür ein Maultier und eine hochtragende Kuh.

Meine Mutter sagte dann eines Tages, ich glaube die "Resi" ist soweit zum Kalben. Ich werde mal den Wecker stellen und regelmäßig nach ihr schauen. Hat sie gemacht, ich habe geschlafen. Wir haben im Stroh geschlafen. Die Nissenhütte war geteilt mit einer Strohwand. Auf der einen Seite schliefen die Viecher, auf der anderen wir. Meine Mutter hat öfter nachgesehen, aber nichts gesehen. Die "Resi" hat dauernd gemuht, es war eine ganz große Unruhe im Stall. Wir haben sie beruhigt und getröstet. Dann war Futterzeit, und ich ging die Schweine füttern in diesen kleinen Boxen. Und wer liegt ganz wunderbar warm zwischen den Schafen? – ein Kalb. Da muß man sich nicht wundern, daß die Kuh nach ihrem Kalb gebrüllt hat.

Vor dem Pflug, der Egge, der Ringelwalze usw. brauchten wir zwei Tiere. "Resi" lernte das gleichmäßige Ziehen mit der Ringelwalze. Wenn sie plötzlich losruckte, kriegte sie die Ringelwalze in die Hacken. Das brachte sie dazu, ruhig und gleichmäßig zu ziehen. Das Ziehen hat ihr Spaß gemacht. Unser Panjewagen, mit dem wir das Gemüse zum Großmarkt brachten, war mit seinen Zugtieren Maultier und Kuh stadtbekannt."

Die Nissenhütten bestanden anfangs nur als Blech, mit einer Stirn- und Rückwand aus Brettern. Um dort wohnen zu können, mußte eine Hütte ausgemauert werden. Aus einem Dokument der Grundstücksverwaltung der Stadt Braunschweig vom 23.11.1948 ist zu entnehmen, daß das Hochbauamt im Jahre 1948 jeweils eine der Nissenhütten auf den Gärtnerhöfen zu einem Nissenhaus ausbauen ließ. (Grundfläche ca. 60m²) und für den 1.2.1948 die Fertigstellung versprach.

Im gleichen Zeitraum zwischen 1946 und 1948 versuchte Martina Kuchen die Baugenehmigung für den Wiederaufbau ihres Hauses in Lehndorf zu erhalten. Dafür mußte sie 1946/47 30.000 Trümmersteine putzen. Das Material für den Wiederaufbau mußte unter der Hand beschafft werden, zum Teil wurden auch die Trümmer wieder verwendet.

In den folgenden Jahren (bis zum Umzug nach Lehndorf) wohnten Mutter und Tochter auf dem Grundstück des Gärtnerhofes. Hinzu kamen als landwirtschaftliche Hilfskräfte zwei ehemalige sowjetische Kriegsgefangene, die nicht in die Sowjetunion zurückkehren wollten, und ein ehemaliger Korvettenkapitän, der als Kutscher arbeitete. Zum Personal des Gärtnerhofes gehörten außerdem noch zwei Ukrainerinnen, die sich der deutschen Wehrmacht auf deren Rückzug angeschlossen hatten, um nach Deutschland und von dort aus nach Amerika zu kommen. Diese beiden Frauen wohnten bis zu ihrer Auswanderung im Aussiedlungslager in den Broitzemer Kasernen.

1950 verlangte die Stadt Braunschweig durch die von ihr beauftragte Siedlerberatungsstelle Niedersachsen in Hannover von der Pächterin, sie müsse zur Verlängerung ihres Pachtvertrages innerhalb von drei Jahren einen Landwirt heiraten. Offenbar bestanden Bedenken, eine alleinstehende Frau sei zur Führung eines landwirtschaftlichen Betriebes nicht befähigt. Der Direktor der Landwirtschaftsschule und Wirtschaftsberatungsstelle Braunschweig teilte daraufhin der Siedlerberatungsstelle am 2.3.1950 mit: "Fräulein Martina Kuchen, geb. 12.3.1919, bewirtschaftet eine Siedlerstelle auf dem ehemaligen Rollfeld des Flugplatzes Broitzem, in der Größe von 4 ha. Fräulein Kuchen hat mit der Siedlung im Frühjahr 1946 begonnen und unter schwierigsten Verhältnissen ihre Siedlung aufgebaut. Als betreuende Organisation der Landwirtschaftskammer Hannover können wir bestätigen, daß die fachliche Eignung zur Bewirtschaftung dieser Siedlerstelle gegeben ist." Das half aber offenbar nicht, denn der "Eignungsschein für eine kleinbäuerliche Siedlung" war auch im Frühjahr 1951 noch nicht erteilt, so daß der Kreissiedlungsbeauftragte des Landkreises Braunschweig sich mit einem weiteren positiven Gutachten an die Siedlerberatungsstelle wandte.

1952, als die Verlängerung des Pachtvertrages noch immer in der Schwebe war, bekam Martina Kuchen eine Stelle

Neue Nutzung für den Flugplatz Broitzem 1946/47: Kohlrabi-Ernte / Q.: Martina Kuchen

als Fotografin bei der Bundesforschungsanstalt für Landwirtschaft und gab, der Auseinandersetzung mit der Stadt überdrüssig, den Gärtnerhof ab.

Q.: Interview mit Martina Kuchen (Kalanke) am 18. 5. 1994; Materialien aus dem Besitz der Berichterstatterin.

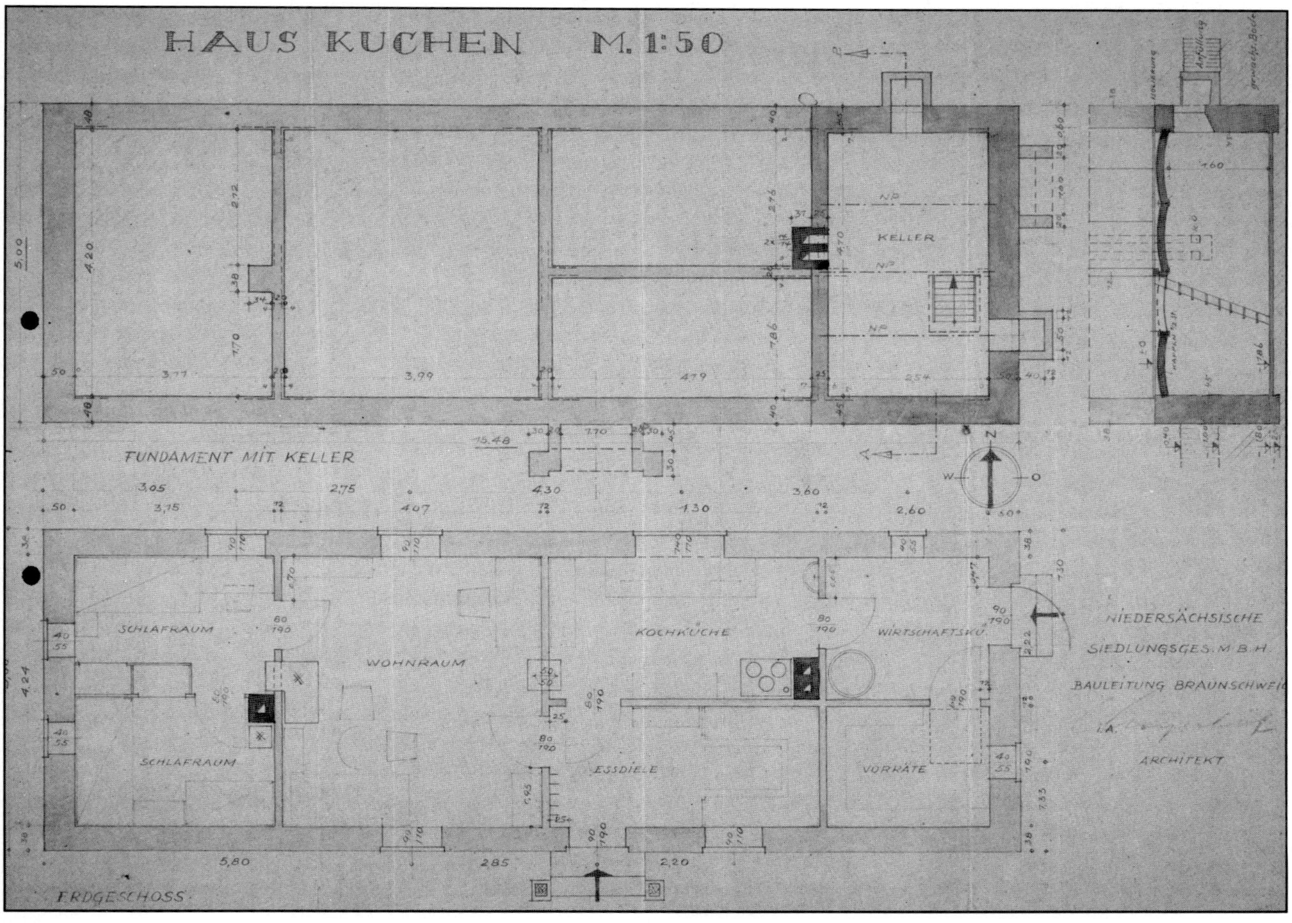

***M 14.** Grundriß eines Nissenhauses für die Gärtnerhöfe. / Q.: privat*

Vom Theater aus gesehen: Von Trümmern geräumter Steinweg (1948) / Foto: Gertrud Bingel

7 Kultur

Zeitzeugenberichte

B 1 **Björn Wilhelm**

Kurt Seeleke und der Wiederbeginn

Dr. Kurt Seeleke ist einer der Pioniere, die durch ihren persönlichen Einsatz Wesentliches zum kulturellen Wiederaufbau beigetragen haben. Nach seinem Studium der Kunstgeschichte wurde er Landeskonservator des Landes Braunschweig. Während des Krieges war er, vom NS-Ministerpräsidenten zum Generalkunstschutzbeauftragten ernannt, für die **Evakuierung der im Land befindlichen Kunstgüter** zuständig, so beispielsweise der des Burglöwen und der Bildersammlungen der Museen wie der des Herzogs. Da diese Tätigkeit ob der Not der Zeit häufig nur auf Mißbilligung und Unverständnis stieß, mußte Seeleke sich in dieser Zeit oft spektakulärer Rettungsaktionen bedienen, um die ihm am Herzen gelegenen Gegenstände zu schützen.

Nach dem Krieg verlor er zwar seinen Einfluß von Amts wegen, konnte aber die **Rückführung der Braunschweiger Kunstgüter** fast allein handhaben :
Wie jedem Gebiet in Deutschland wurde auch Braunschweig von seinen Besatzern ein Kunstschutzoffizier zugeteilt (MFA&A), der für den Schutz der vom Krieg verschonten Kunstgegenstände sowie deren weitere Verwendung verantwortlich war. Da sich zwischen diesem Offiziellen **Rollo Charles** und Seeleke eine Freundschaft entwickelte, die auf einem ähnlichen Kunstverständnis beruhte, war es dem ehemaligen Konservator möglich, seine Ideen beim Neubeginn durchzusetzen. Außerdem war Seeleke der einzig kompetente Ansprechpartner für die Briten, da er als Kunstschutzexperte über den Verbleib der meisten Objekte Bescheid wußte. Auch besaß er einen weiteren Vorteil : Der für Braunschweig zuständige Stadtkommandant, **Group Captain Hicks**, hatte nie einen Hehl daraus gemacht, daß er den Kunstschutz für überflüssig hielt. Das bedeutete zwar, daß von ihm keine Hilfe zu erwarten war, hieß aber auch, daß den Kunstschützern vollkommen freie Hand gelassen wurde. "*Die Regierung hatte nichts zu sagen, das waren Neulinge, die wußten von nichts. Die mußte man nur dreist überrennen, ein bißchen pokern, dann konnte man alles erobern. (...) Außerdem hatte man ja seine Kontakte*".

Rettung von Kulturgut – Kunstschutz nach dem Krieg

1945 war der Kampf um die Rettung der Kunstgegenstände noch lange nicht beendet, sondern befand sich vielmehr auf dem Höhepunkt. Die Museen waren noch Ende '39 geschlossen und die Exponate zuerst in den Kellern gelagert worden. Besondere Stücke wurden in den Hochbunker Salzdahlumer Straße ausgelagert, mußten aber bald der Zivilbevölkerung weichen und wurden daher in der Mine Grasleben, in den Tiefkellern des Blankenburger Schlosses oder wie der Löwe im Rammelsberg bei Goslar aufbewahrt. Speziell nach der Braunschweiger Brandbombennacht vom 14. auf den 15. Okt '44 waren die wertvollsten Kunstschätze der ganzen Stadt ins Land ausgelagert und verteilt worden. Nach Beendigung der Kampfhandlungen mußte Seeleke nun herausfinden, was durch alliierte Angriffe zerstört und was noch heil war. Dabei waren sowohl die britischen Besatzer, die ein freies Bewegen einschränkten, als auch die großen Distanzen, die es zu überwinden galt, ein Problem. Man darf nicht vergessen, Deutschland besaß im zivilen Bereich 1945 so gut wie keinen Fahrverkehr. Ohne die Hilfe des brit. Offiziers wären Transporte sicher gar nicht möglich gewesen. War dann erstmal festgestellt, was den Krieg überlebt hatte, begann der eigentliche "Kunstschutz". Man mußte nämlich gleich gegen zwei Gegner kämpfen: zum einen gegen die Zeit, zum anderen gegen menschlichen Zugriff von Briten wie Deutschen.

Die Zeit konnte bewirken, daß viele evakuierte Kunstgüter, die in der Hast nur provisorisch und oft dilettantisch untergestellt worden waren, durch die Witterung einfach verrotteten, rosteten oder zerfielen. Sie waren also, auch wenn sie aus Braunschweig gerettet worden waren, noch keinesfalls sicher. Zum anderen waren die Schätze wenig gegen Diebstahl und/oder andere Verwendung geschützt. Zwar hatten die Amerikaner wie auch später die nachrükkenden Briten versprochen, die Kunstdepots zu schützen, da aber viele andere wichtige militärische wie administrative Probleme drückten, wurde der Kunstschutz mehr geduldet als unterstützt. So war es oft kein Problem für Deutsche wie Briten, sich der Bilder etc. zu bedienen **(Golddiebstähle in Celle)**. Auch waren plündernde Displaced Persons oder Großfeuer Ursache für den Verlust vieler Kunstgegenstände.

Mehr als der Diebstahl aber war die Mißbilligung der Mitbürger ein Problem: Die materielle Not gefährdete den Wettlauf um die Kulturschätze weit mehr als z. B. die brit. Militärregierung.

„*1945 litten die meisten Menschen bittere Not. Man suchte Wohnraum und was zum Essen. Ich hatte damals auf abenteuerliche Weise von der Regierung die Genehmigung zur Restauration der Kirchen bekommen. Das war eine schwere Aufgabe : Man mußte sich von den Leuten anpöbeln lassen, es entstand eine wahre Volksfeindschaft, weil die Kirchen als Wohnraum eben ungenutzt dastanden und das viele Holz, aus denen sie bestanden, nicht verbrannt werden durfte. Jeder war eigentlich so mit sich selbst beschäftigt, daß in den ersten Tagen, Wochen und Monaten wirklich kein Platz für Kultur war. Es war ein Kampf gegen alle, gegen die Not und das Kaputtgehen, aber die Stimmung bei uns war 'jetzt oder nie'.*

Trotzdem machte gerade die materielle Not und die unfähige Regierung das überfallartige und unbürokratische Handeln möglich", so Seeleke.

„*Mit Restriktionen der Briten war zwar wegen ihrer Unkenntnis nicht zu rechnen, den Erfolg der Aktionen verdanke ich aber vor allem Rollo. Er sagte nie ein Wort gegen meine Pläne, bevormundete nie. Er war der fairste Kollege, den ich je hatte. Ohne Rollo und seinen Einfluß, den er zu unseren Gunsten nutzte, wären die vielen Transporte gar nicht möglich gewesen. Dabei mußte er sich selbst oft gegen*

Eines der unterirdischen Lager von Kulturgut aus den Museen des Reiches war der Schacht Grasleben bei Helmstedt. Am 27. Mai 1945 besichtigten der britische Kunstschutzoffizier der Militärregierung von Braunschweig Robert Lonsdale Charles und der braunschweigische Landeskonservator Kurt Seeleke diesen Schacht und fanden u.a. Gemälde der Nationalgalerie in Berlin, viele durch einen Brand zerstört, etliche von Plünderern weggeschafft. / Q.: Kurt Seeleke

seine eigenen Leute durchsetzen, solche, die die deutsche Kultur als Kriegsbeute ansahen und uns gegenüber sehr reserviert taten. Das lag daran, daß wir gemeinsam an ein neues Europa glaubten, an europäische Werte und die Kunst als Gemeinschaftsverpflichtung. (...) Gegen die Baupolizei haben wir es sogar geschafft, die Straßenbahnen an gewissen Punkten stillzulegen. Rollo hat sehr geholfen. Die schönen Barockfassaden, die den Krieg überlebt hatten, konnten nur gerettet werden, wenn jede Erschütterung vermieden wurde. Deshalb mußten wir die Bahnen zum Langsamfahren kriegen, auch nicht sehr zur Freude von Bürgern und Offiziellen ! "

**Rückführung von Gütern,
Restauration und Wiederbeginn des Kulturlebens**

Um die vor den Bomben geretteten Kulturgüter jetzt nicht auf diese Weise zu verlieren, mußten sie also schnellstmöglich in die Museen etc. zurückgeführt und teilweise restauriert werden.

„*Ich hatte* ***Angst um den Löwen****. Er war in Goslar im Rammelsberg zusammen mit Mathilde und Heinrich eingelagert gewesen. Als wir nach dem Krieg hinfuhren, fanden wir das Depot wider unsere Erwartung unbewacht, auch hatte man hier schon polnische DP's gesichtet. Zum Glück fanden wir ihn fast unbeschädigt. Aber russische Fremdarbeiter hatten ein Loch in sein Hinterteil geschlagen, weil sie in ihm Gold vermuteten. '45 holten wir ihn dann zurück. Die Leute standen auf den Feldern und freuten sich. Es war fast eine Prozession, als der Löwe wieder in die Stadt kam."*

Weit weniger öffentlichkeitswirksam, aber genauso spektakulär waren die vielen anderen Rückführungen von Kulturgut dieser Zeit. Alles, was ausgelagert worden war, mußte wieder nach Braunschweig gebracht werden. Dies war eine große organisatorische Leistung, da die Zahl der Schätze riesig, die Transportmöglichkeiten aber nur rar waren, zumal sie von den Feinden von gestern "beschafft" werden mußten.

Hinzu kam das Problem der Materialbeschaffung für Wiederinstandsetzungen und Restaurationen von Gebäuden wie Kunstgütern. Diese war immer mit großem Risiko verbunden, Glas und Holz wurden ja überall gebraucht, und schnell galt man als unsozialer 'Feind der Republik'. Auch hier half nur forsches Auftreten: "*Wir nahmen die Regierung nicht ernst.*"

**Aus dem Tagebuch
des britischen Offiziers R. Charles**

Montag, 20. August 1945
Im Anschluß an die übliche Besprechung nahm ich meine Nachforschungen wegen des Bilderrestaurators und der Kriegsgräberkommission wieder auf. Dann stellte sich Frau Stenger bei mir vor. Da ich aber nicht genug Arbeit für sie hatte, schickte ich sie weiter zu Parker, dem Personalchef. Anscheinend mochte sie ihn nicht – und wer kann ihr das verdenken. Seeleke fährt gern mit nach Goslar. Um 11:45 Uhr hielt ich Ausschau nach dem von mir bestellten Wagen. Als er um 12:40 immer noch nicht da war, stellte man mir den von Major Southly zur Verfügung. Auf halbem Weg war das Benzin alle. Für 12:30 war ich eingeladen, beim Glockenschlag 2 Uhr waren wir da. Immerhin bekam Seeleke bei Freunden noch etwas zu essen (er behauptet es wenigstens), und ich wurde bei T-Force verpflegt. Anschließend trafen wir uns mit Davenport von T-Force, um uns das Bergwerk Rammelsberg anzusehen. Ich hatte gedacht, T-Force würde es bewachen, aber die hatten noch nie davon gehört, und als wir in die Nähe kamen, meinte Davenport, dies sei wohl die Gegend, wo polnische DP's gesichtet worden seien. Ich war nahe an einem Herzanfall – aber der Löwe war noch da, und bis auf ein Loch in seinem Hinterteil war alles in Ordnung. Russische Fremdarbeiter hatten es hineingeschlagen, weil sie glaubten, er sei mit Gold gefüllt. Und da waren noch, in Kisten verpackt, Heinrich und Mathilde, der Leuchter und das Kruzifix. Wir veranlaßten, daß morgen mit Ausnahme des Löwen alles abgeholt würde. (...)

Dienstag, 21. August 1945
Wachte auf und fühlte mich den ganzen Morgen über elend. Trotzdem ganz erfolgreich, zumal Seeleke und ich nur 15 Minuten später als geplant einen Wagen bekamen. Er brachte einen gewissen ***Werner Kump****, Metallbildhauer, Richard-Strauß-Weg 9, mit, von dem er sagt, daß er eine bemerkenswerte Person ist. Ich weiß eigentlich nicht, was so außergewöhnlich an ihm sein soll. Sicherlich macht er einen ziemlich sonderbaren Eindruck; während man Seeleke mit einem Blick richtig einschätzen kann, habe ich fast den ganzen Tag in Gegenwart dieses Mannes verbracht und weiß keinen Deut über ihn.*

Auf der Fahrt nach Goslar sprach er zu Seeleke mit unverständlichem Braunschweiger Akzent, so daß ich der Unterhaltung wenig Beachtung schenkte. Dort angekommen, widmete er sich dem Hinterteil des Löwen in priesterhafter, hochmütiger Manier mit der Metallsäge; da kam dann auch schon ein T-Force-Viertonner mit vier Soldaten, und mit der Hilfe von einem Dutzend Bergleuten schufteten wir die Kisten mit dem Kruzifix und dem zerlegten Leuchter und die schweren Grabplatten von Heinrich und Mathilde an Bord.
Kump und ich luden uns zusammen mit den beiden T-Force-Sergeants beim Headquarter ihres Zugs zum Mittag ein, während Seeleke mitgebrachte Butterbrote aß. Nachdem Kump noch einen Freund besucht hatte, machten wir uns auf den Weg zurück nach Braunschweig, und zwar so langsam über die holprigen Straßen der Stadt, wie wir den Fahrer irgend zügeln konnten. Nach der Ankunft zeigte sich, daß einer der Kistendeckel mit Teilen des Leuchters aufgeplatzt war, es war aber nichts kaputtgegangen. Das Kruzifix setzten wir im Museum ab und brachten den Rest in den Dom, wo wir mit Hilfe von Polizei und Feuerwehr zwei hektische Stunden ausluden.
Die großen Kisten mit Heinrich und Mathilde gingen so gerade eben durch die Pforte – mit nur einem Millimeter Platz an jeder Seite. Zum Schluß mußten wir sie wie einen Keil hineintreiben, indem die LKWs sie von hinten anschoben.

Dienstag, 23. Oktober 1945
Mit Seeleke und Kump nach Goslar, um den Löwen zurückzuholen. Ich besorgte von T-Force einen Lastwagen, und wir fuhren zum Rammelsberg, wo der Löwe in der Werkstatt darauf wartete, abgeholt zu werden. Doch der Ladekran war unter der Decke installiert, und es zeigte sich, daß das Eingangstor zu niedrig war, um mit dem aufgeladenen Löwen wieder herauszukommen. Wir mußten

Der Braunschweiger Burglöwe überstand den Krieg im Schacht Rammelsberg in Goslar. Am 23. Oktober 1945 kehrte er nach Braunschweig zurück. Von links: Kurt Seeleke, Metallrestaurator Werner Kump, Rollo Charles / Q.: Kurt Seeleke

also einen niedrigeren Anhänger besorgen, und es dauerte eine Weile, bis wir ihn aufgeladen und vertaut hatten.

Um 2:30 Uhr konnten wir losfahren – mit einer Geschwindigkeit von 12 Meilen in der Stunde. Die Landarbeiter auf den Feldern sperrten Mund und Nase auf, als sie ihn vorbeifahren sahen, und ich konnte ihre Lippen sich bewegen sehen, wenn sie auf uns zeigten, lachten und riefen : "Der Braunschweiger Löwe !" Gegen fünf Uhr kamen wir in Braunschweig an und hielten vor dem Rathaus. (Hier irrt Charles. Der Transport hielt auf dem Burgplatz, und Seeleke ging hinein ins Staatsministerium.) Seeleke ging hinein, um dem Ministerpräsidenten die Rückkehr zu vermelden. Eine Menschenmenge versammelte sich um ihn, Mütter hoben ihre Kinder hoch, damit sie ihn sehen konnten. Dann kam Weitz (Oberregierungsrat im Staatsministerium), um ihn zu begrüßen, und alles war sehr rührend. Um ihn in Kumps Werkstatt abzuladen, war es nun zu spät geworden, außerdem gab es keine Hilfskräfte, und es war auch nicht mehr hell genug. Daher parkten wir ihn auf dem Burgplatz, und er mußte die Nacht auf seinem Anhänger verbringen.

Ein herrliches Tier. Man hat das Gefühl, daß er jeden Augenblick mit seinem Schweif wedeln wird !

Die ersten Veranstaltungen und Aktionen

Die anfängliche Mißstimmung der Menschen gegen die Kulturleute änderte sich aber schon bald: Als die Stimmung auf Neubeginn umschlug, machte sich ein wahrer Kunsthunger breit, der 12 Jahre unterdrückt worden war. Man wollte wieder an all dem teilhaben, was an Kunst und Kultur im 3. Reich verboten gewesen war. Das Kulturleben begann aber verständlicherweise erstmal im kleinen Kreise, aus der Initiative heraus improvisiert.

„Noch im Jahr '45 habe ich im Herzog-Anton-Ulrich Museum im Erdgeschoß moderne Kunst ausgestellt. Es handelte sich um eine private Sammlung. Daß sich im Museum die Engländer einnisteten, kam mir sehr zu Nutzen. Das bedeutete verglaste und schützende Fenster und vor allem: Heizung. Über Rollo konnte ich dann unten die Räume nutzen. Ich hatte die Sachen bekommen und mir gesagt: 'Das mußt du einfach irgendwo aufhängen, wo es schon mal hier ist'.

Damals habe ich die 'Ausstellung' mit den Worten eröffnet: 'Leute kommt und seht Euch diese Bilder an, es wird nicht das letzte Mal gewesen sein, daß diese Werke verboten werden'. Es war wirklich andächtig, als unser kleiner Zirkel (Freunde und Bekannte) diese erste Ausstellung besah. "

Diese Worte zeigen, daß Kultur, trotz der Not, damals viel mehr war als nur Unterhaltung und Ablenkung. *„**Man war ausgehungert nach der langen Ächtung aller freier Kulturentfaltung**, man hatte einen richtigen Heißhunger. Was mir am stärksten in Erinnerung geblieben ist, ist die große Andacht, mit der wir die ersten **Austellungen**, **Kinovorführungen** und **Theaterstücke** begrüßten. Wir waren wirklich ergriffen, andächtig wie bei einer Messe, menschlich anrührig. Wir waren nochmal davongekommen. (...) Aus dem Mangel wurde das Bemühen, mit Fleiß jetzt wirkliche Qualitätsarbeit zu leisten. Die menschliche Dichte war riesengroß, nicht nur die oft schwierige gegenseitige Hilfe unter Kollegen, sondern auch die Bürgerhilfe setzte so langsam wieder ein."*

Als das Zentrum des neuen Kulturbetriebes kann das Schlößchen Richmond angesehen werden. Schon Anfang '46 hatte Seeleke es mit Charles Hilfe erobert, und auf altbewährte Pokerweise als Depot für die rückgeführten Kunstgüter organisiert. Hier waren die Sachen schon mal gegen die Witterung gesichert, da man schnell Glas besorgt und die Fenster dicht gemacht hatte.

Hier wurde nun zweierlei nebeneinander geleistet: Zum einen wurden hier im kleinen Kreis von Freunden erste Veranstaltungen abgehalten:

*„Noch '46, gleich nachdem ich Richmond okkupiert hatte, habe ich dort die ersten kleinen **Konzerte** arrangiert. Ich war ja bekannt in Braunschweig, so hat sich das herumgesprochen, daß wir wieder Kultur machen. Erst war es eine kleine Clique, Freunde und Bekannte, dann ein wahrer Kunstverein. Zuerst spielte die Pianistin Herta Kluge-Kahn, die 'Klimper Herta' wie ich sie nannte, Klavier, brachte manchmal einen Freund mit, der Geiger war, und Rollo (der befreundete brit. Kunstschutzoffizier, s.o.) besorgte Schnaps. So ging's mit den Konzerten und Ausstellungen los. Die besten Bilder aus dem Herzog-Anton-Ulrich-Museum haben wir hier auch hingehängt, erste ganz kleine Austellungen gemacht."*

Zum anderen richtete Seeleke hier **die einzige Restaurationswerkstatt des Nordens** ein. *„Oben, in der Mansarde des Schlosses, wurden die Bilder von Fritz Herzig, meinem Restaurator, betreut. In Grasleben waren ja Teile der großen Berliner Sammlung eingelagert. Obwohl in Hannover kulturell mehr los war als hier, waren unsere Arbeitserfolge bekannt; nicht Braunschweig kannten die Kollegen (der Kunstschützer), sondern Seelekes und Herzigs Werkstatt. Deshalb durften wir auch die Berliner Gemälde restaurieren. Einen Teil habe ich dann auch bald im Anton-Ulrich ausgestellt."* (Es handelt sich bei diesen Bildern um Gemälde der Berliner Nationalgalerie, die zusammen mit großen Beständen des Völkerkundemuseums Berlin in der Mine Grasleben 430 Meter unter Tage eingelagert worden waren).

Aus diesen Gründen wählten die Briten **Richmond** auch **als Tagungsort für Konservatoren und Museumsdirektoren** aus. Auch auf diesem Sektor begann ein Neubeginn: man traf sich wieder, Bayern und Holsteiner konnten sich wieder austauschen, nachdem man sich Jahre nicht gesehen hatte. Aber auch neue und alte Kontakte mit dem Ausland wurden wieder belebt. *„In Richmond ging die ganze Fachelite ein und aus."*.

Der Neubeginn und die Wiederherstellung des Alten liefen also ständig parallel.

Kunst für alle: Kino und Theater

„Der Anstoß, wieder Theater zu machen, kam vom englischen Group Captain Hicks, der unseren Kunstschutz zwar für überflüssig hielt, aber sehr am Theater interessiert war. Er wollte wieder Theater, es müsse wieder gespielt werden. Und obwohl alle so viele Probleme hatten, waren die Braunschweiger begeistert von der Idee, wieder Theater zu machen. Sie waren alle theaterfreudig, jetzt geht's wie-

der los. 1946 wollte die komische Regierung aber kein Geld geben. Obwohl es noch keinem allzu gut ging, war die Spendenbereitschaft riesig. Ich selbst habe mich ja sehr für das Schloßtheater in Celle interessiert. Aber die ersten ***Aufführungen*** *fanden dann in der* ***Kant-Hochschule****, der Hochkantschule, wie wir sie immer nannten, statt. Es war eine Notlösung, die nichts von der Größe des alten Hoftheaters hatte. Erst '48 gab es dann wieder Theater am Steinweg.*
1946 wurde auch im Vieweg-Haus wieder Kino gemacht, ebenso wie im ***'Burg Kino' in der Wendenstraße *)****. Es kamen ungeahnt viele Leute und es war ein Bärenerfolg." Aber die finanziellen Mittel waren äußerst knapp. "Auf Hilfe vom Bürgertum konnten wir lange warten. Ja, früher waren sie die kulturtragende Schicht, aber nach den Nazis war da ja nichts mehr. Viele sind im Krieg geblieben, und selbst Grotrians oder Westermanns waren mit sich selbst beschäftigt."*

Der vorliegende Bericht beruht auf Informationen, die uns Kurt Seeleke bei einem Gespräch am 4. 7. 1994 gab. Die Tagebuchaufzeichnungen von R. Charles entnahmen wir: C. Friemuth, Die geraubte Kunst, Braunschweig 1989 (mit Erlaubnis des Westermann-Verlags).

B 2 Björn Wilhelm

Das Staatstheater – Willy Steegen berichtet

Das Braunschweiger Theater mußte zum 1. Sept. 1944 wie alle anderen Theater des Landes schließen. Als Maßnahme für den totalen Krieg wurden auch die Ensembles benötigt, die bis dahin den Menschen einen letzten Weg aus der Wirklichkeit gewiesen hatten. In der Bombennacht vom 14. auf den 15. Okt. 1944 wurde das Theater bis auf die Außenmauern zerstört, die Brände konnten erst am 22. endgültig unter Kontrolle gebracht werden. Nach 250 Jahren Theater in Braunschweig hieß es dann 1945 : Neubeginn.

Willy Steegen war fast von Anfang an als Schauspieler dabei, Braunschweig war sein erstes Nachkriegsengagement.

Frage: Der Krieg war aus, die Stadt kaputt, auch der Zuschauer- und Bühnenraum des Theaters total zerstört, 12 Jahre lang war Kultur geächtet gewesen, und nun steht man vor dem materiellen wie kulturellen Nichts. **Wie ging es dann 1945 wieder los, für Sie persönlich und für das Theater ?**

Steegen: Also ich muß erstmal sagen, ich war in der Gefangenschaft. Wir sind hier eingezogen worden, als letzte Truppe, und kamen in englische Gefangenschaft. Ich kam aber schnell wieder raus, war '46 schon wieder hier. Deshalb war ich die allererste Zeit, also direkt nach '45, nicht hier, kann ich also nicht beschreiben. Ich kam also dazu, als das Leben wieder zu pulsieren anfing, besser:als das Intresse am Leben und am Erleben schon wieder außerordentlich stark war. Und es ist sicher nicht falsch zu sagen, durch die Bank. Es ist merkwürdig, wie viele Menschen in das Theater strömten, die wissen wollte, was hat man im Ausland in der Zwischenzeit getan. Stücke aus Amerika usw. waren natürlich sehr gefragt. Nicht so die englischen, den englischen Humor hatte man inzwischen vergessen.

Sehr gefragt waren auch die ganz großartigen französischen Stücke. Also, das alles strömte auf die Menschen ein. Aber auch russische Stücke wurden gegeben, die alle entweder den 'reinen' Kommunismus zur Aussage hatten, den ideellen, den Menschheitsgedanken, oder Grotesken waren. Die Russen können ja keine Lustspiele schreiben, schon gar keine Komödien, sondern es wird gleich immer eine Groteske, die sich zwar über die Probleme dort mokiert, aber tolerant bleibt. Interessant ist, daß wir diese nicht aussparten. Nachher änderte sich das ja, aber zu der Zeit nicht. Es waren eben alles Völker, von denen wir etwas haben wollten. Man soll nicht verallgemeinern, aber: Ich kannte natürlich zu der Zeit wenige Kollegen, aber alle, mit denen ich sprach, waren Menschen, keine Leute. Ich habe jedenfalls keine gesehen.

Daß das Interesse an Kultur so groß war, der Beweis dafür ist, daß die Theater voll waren. Und zwar nicht nur die "Lustige Witwe", auch die anderen Stücke waren ausverkauft. Es ergab sich sogar etwas ganz Merkwürdiges: Es waren ja schlechte Zeiten, man mußte von etwas leben, was essen, und es ergab sich so, daß die **Theaterkarten eine Valuta** (Währung) waren. Wer also Karten besaß, konnte sie dann anderen anbieten, die irgendwas besaßen. Ich hatte das Glück, daß eine Fleischersfrau mein Fan war, so bekam ich immer ein bißchen Fleisch von der Tochter gebracht. Dafür bekam sie aber auch Theaterkarten. Und so eine Reihe, die stand schon am Anfang der Woche, Montag glaube ich, vorm Theater, Sonntag sollte es losgehen, eine große Schlange von Menschen. Und es waren immer etliche Schauspieler dabei oder Sänger, die auch auf diese Weise was zu essen verdienen wollten. Kultur als Währung. Zum Beispiel, als ich „**Draußen vor der Tür**" spielte, das war was Tolles, da brachte der Regisseur zur Generalprobe 2 Eier mit ! Damit ich ja nicht umfalle. Und das war viel, damals.

Viele Professoren beschäftigten sich derzeit damit, wie man die Lebensmittelkarten am besten verteilen sollte. Ich weiß nicht mehr, wie viele Gruppen es gab, die Gewöhnlichen, die Schwer- und die Schwerstarbeiter, vielleicht waren es auch vier Gruppen. Jedenfalls hatten wir teilweise die Schwerstarbeiter- oder die Schwerarbeitergruppe. Das Ballett immer Schwerstarbeiterkarten. Um es zu verstehen: In Wien ließ ein Professor als Test Gasmasken mit Sauerstoff füllen und die Schauspieler dann damit Heldengedichte aufsagen. Danach wurde der Verbrauch gemessen. Und es ergab sich, daß eine Silbe soviel Sauerstoff kostete, wie ein Mensch braucht, um einen Ziegelstein vom Boden bis zur Hüfte zu heben. Man kann sich vorstellen, wie viele Silben so ein Stück hat, in "Draußen vor der Tür" geht man zum Beispiel gar nicht ab, und dafür bekam ich zwei Eierchen.

Und das sonstige kulturelle Interesse war natürlich auch sehr groß. Wie immer ist die Malerei gefragt, und der BBK, **der Bund Bildender Künstler wurde hier gegründet**. Ein großer Verein, bei dem viele dabei waren. Austellungen waren sehr sehr gefragt, und es wurden überall schon welche gemacht, wo man nur irgendwie Bilder vom Ausland bekommen konnte. Es war ein solcher Hunger nach alledem, die Menschen interessierten sich.

---

*) vermutlich ist damit das Gloria gemeint

Das zerstörte Große Haus des Staatstheaters / Q.: Staatstheater Braunschweig

Bevor ich hierher kam, da strömte alles, was Rang und Namen hatte, nach Braunschweig, aus Berlin her. Braunschweig war ja kaputt, und so wohnte man in Wolfenbüttel. Wolfenbüttel ist ja klein, und so ergab sich schnell eine Runde der Intelligenz. Und die stritten natürlich miteinander, wie Intellektuelle es immer tun, wie die Wilden. Und auch bei ihnen haperte es in dieser Zeit natürlich, sie stritten darüber, welche Fahne Deutschland jetzt haben solle. Das waren also typisch deutsche Wissenschaftler.

Wir hatten sehr gute Schauspieler hier, und die bleiben auch gerne hier, nicht nur, weil wir ein gutes Theater waren, sondern vor allem, weil wir in Summe so gut harmonierten. Schlimmer wurde es nachher, geradezu verheerend, als die Menschen das Geld entdeckten. Das zog das Ensemble auseinander, viele konnten mit teuren Gagen abgezogen werden. Immerhin konnte Braunschweig damals noch ganz gut zahlen, und wir hatten gute Intendanten, die Leute halten konnten, die auch ihrerseits sehr energisch in Hannover für das Theater eintraten. **Braunschweig war ja auch kein Provinztheater**. Wir hatten hier Uraufführungen großer Stücke, viele spielten wir als Zweite oder Dritte. Man darf nicht vergessen: Berlin war weg. Es kamen keine Direktiven mehr, und vor allem auch keine Impulse. Klar ging es auch da schnell voran, aber die Dominanz war weg, die Stadt total kaputt, und so hatte Braunschweig eben viel Zulauf.

Frage: Kann man von einem Braunschweiger Lokalpatriotismus sprechen? Denn das 'Wunder von Braunschweig', wie der schnelle Wiederauf- und Ausbau des Steinweghauses [bis '48] genannt wurde, war ja auch stark durch Bürgerhilfe, wie etwa die 'Bausteinesammlung', gefördert worden. Trotz aller Not kamen 700.000 Reichsmark zusammen. Nur Theaterbegeisterung oder auch Lokalpatriotismus?

Steegen: Ich störe mich ein bißchen an dem Wort. Es stimmt sicher, daß es schnell voran ging. Zwar waren Baupläne und ihre Verwirklichung ein Kuriosum, aber es ging: Hatte man was, dann ging's weiter, hatte man nicht das Richtige, wurde der Plan im Kopf geändert. Aber wesentlich ist: Wir waren alle tüchtig. Als wir kamen, gab es natürlich nichts. Wovon sollten wir Kulissen machen? Aber wir hatten einen Bühnenbildner, Pfitzner hieß er. Weiß der Kuckuck wie, er schaffte die schönsten Bühnenbilder mit wenig Mitteln. Er besorgte dieses oder jenes, wo man fragte, woher und wieso, wir hatten unsere Schreinerei, die sägte, die arbeitete, die kriegte es halt irgendwoher! Zum Beispiel wurde für "Draußen vor der Tür" in der Kanthochschule ein richtiger Turm gebaut, von dem ich, hinten hochgeklettert, runter ins Wasser springen konnte, alles ist absolut ganz echt gewesen. Das kostet doch etwas, heute würde es ein horrendes Geld kosten: Damals kostete es gar nichts. Er hat's halt beschafft. Auch beim Aufbau des Steinwegs: Da hingen keine Kulissen, die den Schall wegnehmen. Da mußten wir Schauspieler uns wieder umstellen, mit der Akustik. Wie Pfitzner auch die Akustik in der Kanthochschule hinbekam, war nicht zu fassen. Einen Fundus gab es ja gar nicht mehr, und plötzlich war doch alles da!

Frage: Theater gleich Improvisation. Galt das auch für die Gagen?

Steegen: Nein, nein. Wir bekamen unsere Gagen. Es ging ja so los: Es wurde gesagt, die Schauspieler, die vor ihrer Einziehung ein Theater hatten, sollten sich da melden, wo sie zuletzt engagiert gewesen waren. Das Gerücht kursierte auch in der Gefangenschaft. Töricht, wie ich immer bin, hatte ich es nicht gelesen, daß man sich melden sollte. Also beantragte ich nicht, nach Köln gehen zu dürfen, sondern wollte zu meiner Mutter nach Berlin. Das verzögerte meinen Aufenthalt natürlich nicht wenig, und so entschied ich mich schließlich um. Aber ich wollte gern nach Braunschweig und sprach also hier vor und bekam natürlich nicht mehr die Gage von früher.

STAATSTHEATER BRAUNSCHWEIG

SPIELZEIT 1947/48

Mittwoch, den 14. April 1948, 19 Uhr

Im Zyklus „Theater der Gegenwart", Reihe B 4

Wolfgang Borchert

Draußen vor der Tür

Ein Stück,
das kein Theater spielen
und
kein Publikum sehen will.

Inszenierung: Heinrich Sauer a. G.
Bühnenbild: Dr. Heinz Beisker
Kostüme: Magdalene Pieper
Musik zum Lied im 6. Bild: **Arnold Kempkens**

Ich möchte Leuchtturm sein
in Nacht und Wind —
für Dorsch und Stint,
für jedes Boot —
und bin doch selbst
ein Schiff in Not!

Q.: Staatstheater Braunschweig

Frage: Das schnelle Wiederaufleben der Kultur – war es gezielte „Kulturarbeit", gesetztes Ziel oder einfach natürliches Weitermachen?

Steegen: Kultur, Kunst machen . . . Es kamen natürlich die Gewerkschaften, aber die waren auch dafür, daß man Kunst machte. Sie guckten z.B. nicht nach der Uhr, und der Dirigent legte nicht den Taktstock um genau die und die Zeit weg. Und uns, uns war ganz Wurst, wo wir probten: Wir probten auch im Treppenhaus des Großen Hauses, da war auf den breiten Stufen noch die Möglichkeit zu proben, wettergeschützt, obwohl der Bühnen- und der gesamte Zuschauerraum zerstört war. Wir probierten in Hinterräumen, überall. Und deshalb probierten wir nicht weniger, im Gegenteil.

Die Proben dauerten, und das war ein ganz anderes Arbeiten als mit sattem Magen. Wenn man das Kunstmachen nennt, dann haben wir sie gemacht. Und wenn ich sage, daß der Bühnenbildner herumlief nach Restbeständen, dann hat er auch Kunst gezielt gemacht. Aber eigentlich zählte nur eins: Die Leute waren hungrig, hungrig nach der Kunst, für Karten bekam man alles. Diese Menschen, die da saßen, die paßten auf, die hörten zu. Das sind nicht die Zuschauer von heute. Für die war das alles. Man sollte nicht von Andacht oder Begeisterung sprechen, son-

Beginn der Rekonstruktionsarbeiten am Großen Haus des Staatstheaters / Q.: Staatstheater Braunschweig

dern von Aufmerksamkeit und Liebe! Der Schauspieler merkt ja genau, was für ein Publikum er hat. Wir merken es an den Lachern, die manchmal verspätet oder nicht oder gar an der falschen Stelle kommen. Wir merken es an der Ruhe und Unruhe. Und sowas gab es damals nicht, es gab nicht diese Juchzer, sondern man hat sich das alles angehört. Es war ganz anders. Man konnte zum Beispiel nach der Vorstellung mit Freunden reden, über das Theater. Viel mehr reden als heute, heute ist es so, daß die Leute sagen: "Mensch, du warst aber gut heute. Das hat mir aber sehr gut gefallen", und dann geht man schon zu den alltäglichen Dingen über. So war es nicht, die haben sich auseinandergesetzt mit den Stücken. Und wir uns ja auch, für uns war es ja vollkommen neu, all das. Es mag zwar Leute gegeben haben, die gemeckert haben, weil zwei Steine zum Dom getragen wurden. Aber die Leute haben doch viel mehr gelacht als heute! Freude war bei denen, sie konnten wieder was denken, sie konnten auch wieder was sagen, das war enorm! Sicher waren wir als Schauspieler privilegiert, das glaube ich ganz gerne. Vielleicht hätte sich ein Arbeiter geärgert, hätte er gewußt, daß wir als Schwerarbeiter eingestuft waren, obwohl es keine leichte Arbeit ist. Außerdem konnten wir für unsere Privilegien ja auch was geben!

Aber es kam nie zu Belästigungen von irgendwem, kein Mensch marschierte, nie wurde öffentlich Kritik gegen die Kultur laut, sowas gab es gar nicht, von niemandem. Ich denke nur daran, wie die Leute in den Buchhandlungen standen, in den Büchern blätterten, mit solch einer Freude, und wie sie nicht einfach zugriffen, sondern auswählten, schauten, genossen. Und wer Kunst und Kultur haben wollte, der wußte, wie und wo er sie bekommen konnte, da waren die Litfaßsäulen gar nicht nötig. Deshalb spielte es auch gar keine Rolle, wer da letztendlich damals saß. Soweit ich mich erinnere, war das alles gutes Publikum, aber es gab ja auch Arbeitertheater, und alle freuten sich, obwohl jeder so hart arbeiten mußte. Die Worte Kunstmachen oder Andacht kann man aber nicht in die Zeit schikken.

Frage: Bis zur Fertigstellung des Großen Hauses wurde in der umgebauten Turnhalle der Kanthochschule gespielt. Bedeutete das keine große Umstellung für die Schauspieler, die schon vor dem Krieg hier gespielt haben?

Steegen: In dem Moment, als wir da waren, war es ja keine umgebaute Turnhalle, sondern unser Haus, das wir in Besitz haben! Natürlich war die Akustik anders, aber leicht zu meistern. Man gewöhnt sich an die Umstände ja sehr schnell. Viele andere waren ja wie ich auch vorher an anderen Bühnen oder Wandertheatern gewesen, da ist man an Umstellungen gewöhnt. Im übrigen: Sie können im Grunde doch predigen, wo sie wollen, **wenn sie eine gute Predigt haben, dann haben sie den Zuhörer, und der Zuhörer ist der Raum**. Das braucht nicht Theater zu sein. Das muß auch nichts Besonderes auf dem Theater sein, ich weigere mich allerdings, auf dem Klo Theater zu spielen.

Frage: Hatte das Theater bzw. der Spielplan mit Restriktionen der Besatzer, der Briten zu kämpfen? **Wurde das Theater entnazifiziert?**

Steegen: Ich habe keine Briten gesehen und von keinem was gehört. Und wenn er ins Theater gekommen wäre, dann hätte er sich wie ein guter Brite die Uniform ausgezogen und wäre zivil gegangen. Vielleicht waren sie mehr in Hannover, das war ja die größere Stadt. Aber Sie werden lachen, es gab am Theater ja sehr viele Menschen, aber nur einer war Nazi! Nur einer wurde entnazifiziert, aber auch ziemlich milde. Er bekam dann ein Engagement an einem kleineren Theater, arbeitete fleißig und kam dann später wieder.

Q: Interview mit Willy Steegen am 24.8.94 in Wolfenbüttel

B 3 Björn Wilhelm

Buchhandel nach dem Kriege

„Mein Vater war Nationalsozialist, hatte aber, als ich aus der Gefangenschaft zurückkehrte, sein Entnazifizierungsverfahren bereits hinter sich. Er durfte deswegen seinen Buchladen nicht mit seinem eigenen Namen wiedererrichten, sondern mußte ihn auf den einer Mitarbeiterin führen. Er war dabei sehr idealistisch: So habe ich schon in Gefangenschaft von meinem Vater einen Brief bekommen, ich solle mich doch bei der Lagerleitung melden, er brauche mich daheim, um die Buchhandlung wieder aufzubauen.

Da konnte ich natürlich nur lächeln, so ließ man einen ja nicht frei. Dieses '**wenn du nach Hause kommst, dann bauen wir die Welt wieder auf**', diese Kraft steckte noch in den Menschen, und gerade in meinem Vater. Er wollte mich, da ich keinerlei Auslandserfahrung besaß, den Betrieb zuhause führen lassen und selbst das deutsche Buch wieder ins Ausland bringen. Sein Idealismus war sicher sehr weltfremd, aber kein Einzelfall.

So stand ich nun eines Tages hier mit meinem Seesack in Braunschweig, wir wurden von einem Laster auf dem Burgplatz abgeworfen, und ich fand mich in den Trümmern nicht zurecht. Ich weiß noch, daß ich dann komischerweise den ersten Weg zur Konkurrenz machte. Ich kam also bei Pfankuch an, man hatte sich natürlich nicht immer so ganz schrecklich gut verstanden, aber sie erkannten mich wieder, und ich konnte dort erstmal meinen Seesack stehen lassen. Mein Vater hatte mir ja geschrieben, daß von der Buchhandlung nichts mehr da war. Ich sah wie die Buchhandlung und auch unser Privathaus zerstört war.

Mein Vater mußte in der ersten Zeit, in der ich noch gar nicht hier war, immer hospitieren. Er fing an beim Zigarrenhändler Fähnrich in der Neuen Straße. Später war er bei Störig in einem einzigen Raum, und so mußte er noch ein paar andere Male umziehen, die ich gar nicht mehr weiß. Ein sehr, sehr mühevolles Arbeiten, das die Raumnot auch dem Handel aufnötigte. Wir waren auch mal in einer ehemaligen Apotheke am Eiermarkt, in der wir dank eines zinslosen Zuschusses von DM 5.000,- eine Bleibe fanden. Damals waren wir nur 5-7 Mitarbeiter, heute sind es 90. Es war, wenn auch ein stetiger, so doch ein sehr langsamer Weg durch die Zeit. Ich kann für uns alle sagen, auch für meinen Vater, daß nie eine unkorrekte Handlung diesen Weg abgekürzt hat.

Wir wollten ja wieder an alter Stelle aufbauen, besaßen dafür auch eine Baugenehmigung, doch als wir gerade

Die Buchhandlung Graff vor und nach der Zerstörung / Q.: Graff

beginnen wollten, kam ein Einspruch von der Stadt: Ein großer Konzern, Karstadt, benötigte das Gebäude an eben dieser Ecke, und so mußten wir mit unseren Wiederaufbauplänen auf die gegenüberliegende Seite, wo wir auch heute noch sind, umziehen.

Ganz zuerst hat mein Vater sich, mich und seine zwei Angestellten durch Zeitschriften ernährt und durch eine Leihbuchhandlung. Wenn wir noch einigermaßen gute eigene Bücher hatten, dann stellten wir sie in der eigenen Leihbücherei auf. Die Leute zahlten dann 10 Pfennige für eine Woche, und so hielt man sich über Wasser. Dieses bescheidene Tun änderte sich aber sofort mit der Währungsreform, da kaufte man dann, obgleich ja jeder nur so wenig bekam, sofort eine Zeitschrift, die man gestern noch so viel billiger hätte bekommen können. Man merkte doch immer, das Leben geht weiter. Wir wunderten uns ja am Anfang selbst, daß die Leute, die doch so viel anderes im Kopfe hätten haben sollen, gerade Geld für Bücher ausgaben.

Man hat in der ersten Zeit natürlich immer wieder einige Bücher unter dem Ladentisch verkauft. Die Qualität war nicht besonders, aber die Verlage haben verhältnismäßig gut geliefert. **Jede Buchhandlung bekam bestimmte Kontingente**, man versuchte aber immer mehr herauszuschlagen. So fuhr ich selbst einmal nach Leipzig, der Keimzelle des Buchhandels und der Verlage. Ich konnte allerdings nie gut kungeln. Viele Verlage fanden natürlich schnell den Weg, der sie im nachhinein groß machte, relativ preiswerte Bücher zu drucken und in Massen zu verkaufen.

Was die Bücher selbst angeht, so gab es ja vorher nur nordische Literatur. Die verschwand wohl vom Buchmarkt, das ist aber ganz still vonstatten gegangen, das hat man gar nicht so gemerkt. Aber merkwürdigerweise hinterließen sie eigentlich gar keine Lücke, die nordischen Romane verschwanden einfach. Dann kam wohl als erstes Kasack: 'Die Stadt hinterm Strom' von Suhrkamp auf den Markt, und die Leute waren hungrig nach neuen Publikationen, neuen Büchern. Wir bekamen als Zuteilung zwei Exemplare vom Verlag, und als ich dann um mehr nachfragte, bekam ich zur Antwort, daß wir als Nazi weniger bekämen als andere. Und das war ja nicht zu leugnen, selbst Dietrich Klagges hatte bei uns gekauft. Man kann aber nicht sagen, daß die Leute uns gemieden hätten. Vielleicht ist der eine oder andere weggeblieben, aber nie habe ich ein böses Wort von einem Kunden gehört. Wir hatten eben alle in einem Boot gesessen. Wohl schwang bei den Buchhändlern eine gewisse Engstirnigkeit mit, aber jeder tat in dieser Zeit ja verständlicherweise so, als hätte er nie was mit dem Nazionalsozialismus zu tun gehabt. Aber die Solidarität, die damals durch das Volk ging, war erstaunlich.

Die **Alliierten restriktierten die Verlage** in der ersten Zeit doch sehr stark. So mußte, in den ersten Büchern, die 1946 herauskamen, sogar eine Registriernummer stehen, die bestätigte, daß das jeweilige Buch von der Militärregierung erlaubt worden war. Genauso war es mit den Zeitungen, auch diese durften nicht einfach erscheinen. Die Besatzer wußten außerdem sehr genau, wer (von den Verlegern) belastet war und wer problemlos verlegen durfte. Und das war natürlich Rowohlt. Dieser Verlag hat die amerikanische Literatur sehr stark propagiert. Und sie begannen dann mit ihren Taschenbüchern, die, für jeden erschwinglich, gute und vor allem neue Literatur boten.

Aber es kamen genauso sehr schwere Werke wie "Das siebte Siegel" (von Langgässer) oder "Das siebte Kreuz" von Seghers auf den Markt. Man interessierte sich für alles, was von der äußeren Welt auf einen einströmte. Sartre zum Beispiel war sehr, sehr beliebt. Und all das wurde vom Buchhandel und von den Kunden sehr begierig aufgenommen. Aber natürlich ist Braunschweig nicht der Ort gewesen, an dem ein starkes literarisches Leben pulsiert hat. Doch auch hier fanden wieder **Autorenlesungen** statt. Aber es waren natürlich (nach 1948, als die Alliierten sich schrittweise aus der deutschen Politik zurückzogen) immer noch einige unverbesserliche Nazis auf dem Markt. Und man darf auch nicht vergessen: Dieses NS-Gedankengut war in den Menschen noch drin. Und ganz langsam, nicht schnell, kamen auch alte Bestände von den Verlegern. Jeder hatte damals (vor dem Krieg) was gehortet, denn er wußte, irgendwann werde ich das noch mal brauchen, um zu existieren.

Aber vor allem die jungen Buchhändler reagierten extrem antinazistisch, hatte ein Buch auch nur einen leichten Einschlag, existierte es für sie gar nicht."

Q: Interview mit Jürgen Wrentsch,
Seniorchef der Buchhandlung Graff, am 26.8.1994

B 4 Karen Wulff und Björn Wilhelm

Johann Heinrich Wicke – Wiederaufbau der Magnikirche

Pastor Johann Heinrich Wicke kam als sozialdemokratischer Pastor 1943 nach Braunschweig, und erlebte hier die Zerstörung der Stadt und ihrer Kirchen mit. Er, der sich schon im Dritten Reich nicht durch die Nazis in seinem Religionsbetrieb hatte stören lassen, berichtet, wie er nach Ende der Bombardierung die ersten Gottesdienste in der Magnikirche abgehalten hat und wie sich nach Ende des Krieges das Leben in und mit der Kirche veränderte.

„Also, der Gemeindesaal ist (im Oktober 1944) ganz schnell wieder gebrauchsfähig geworden. Da wurden Sonntag die NS-Ortsgruppenleiter der Dörfer um Braunschweig zitiert, um die schlimmsten **Bombenschäden** zu beseitigen. Man hatte nur Pappe zur Verfügung, um die Fenster zu vernageln. Und dann kommen die in den Betsaal und sind böse, den Betsaal sollen wir herrichten, dazu haben sie uns nötig! Und den Betsaal habe ich dann natürlich auch fleißig benutzt. Schon am Sonntag nach der Zerstörung haben wir da im Gemeindesaal den ersten Gottesdienst gehalten, mit zugenagelten Fenstern. Pastor Schwarze, mein Vertreter, mußte sogar seinen Talar aus den Trümmern holen. Die Sakristei war auch noch zu gebrauchen. So mußten wir also nie auf Gottesdienste verzichten.

Die kostbaren Geräte hatte ich vor oder während der Angriffe im Koffer nach Grünenplan gebracht, da war meine Frau noch in meiner früheren Pfarrstelle, man hatte ja Angst vor den Amerikanern. Und da hatte ich dann im Stall einige Fußbodenplatten hochgenommen und die Altargeräte darunter vergraben. Und als dann keine Gefahr mehr bestand, habe ich sie wieder ausgebuddelt. So ging nichts verloren!

Erster Gottesdienst nach dem Krieg in der Magnikirche mit Pastor Wicke / Q.: privat

(Im September 1945) kam die **Trümmerräumung**, die war Bedingung für jeden, der Lebensmittel haben wollte, jeder mußte eine Woche Trümmer räumen. Und es kamen auch viele Leute, auch aus dem Kirchenvorstand, und sagten: 'Bevor wir anderen ihre Grundstücke wieder säubern, da gehen wir doch lieber in die Kirche. Außerdem waren da noch Kriegsgefangene aus Holland und griechischen Mädchen, die mit ihren Absätzen da gar nicht rumlaufen konnten.

Das habe ich mir auch bewilligen lassen, von dem Baurat. Sogar andere Pfarrer kamen, nur um nicht bei Privatleuten räumen zu müssen. Auch die Jugendgruppe wurde sofort engagiert zur Trümmerräumung, die halfen, das Blei aus den zerstörten Fenstern zu klauben. Die Gruppe bestand ja während der ganzen Nazizeit, davon hat sich der Sozi-Wicke nicht stören lassen.

Und dann sind wir **mit dem Gottesdienst in die Ruine gegangen**, in die Trümmer. Da gab es viele Gründe für: Es gab nämlich einen großen Streit. Der neu eingesetzte Ober-landeskirchenbaurat Prof. Dr. Friedrich Bernd, vormals Luftwaffenbaurat, der erschien. Er hätte den Auftrag, für den Wiederaufbau der Kirchen in Braunschweig zu sorgen. Und der sagte: '**Es werden alle Kirchen wieder hergestellt, mit Ausnahme der Magnikirche, die bleibt Ruine**. Auch der Prof. Cremer, städtischer Baurat, wollte die Kirche als Fanal dieser Zeit liegenlassen. Da habe ich entgegnet: Die Gemeinde ist anderer Meinung, die geben schon laufend Geld für den Wiederaufbau. Das kam ganz von selbst.

Daraufhin hat der Prof. Dr. Friedrich Bernd die Kirche gesperrt, einfach an die provisorische Tür anmalen lassen **'Betreten verboten'**. Ich habe die Tür dann wieder aufgemacht und gesagt, wir machen in der Ruine einen Gottesdienst. Da sagte der: "Da könnten Steine runterfallen. Die sind nicht taktfest, die Pfeiler." Dann habe ich die Leute aufgefordert, sich mit den Stühlen nach der Mitte eng zusammenzusetzen, damit ihnen kein Stein auf den Kopf fällt. Aus Protest wollte ich jetzt erst recht in die Trümmer. Und die Leute wollten auch gern in die Kirche. Die liebten sie ja. Die war ja vollkommen verändert, war ja viel schöner geworden, als Ruine. Nicht mehr die düstere gotische Kirche, die nichts hergab.

Da kam auch der Steffen von der Zeitung, der Fotograf, und der wollte Bilder von diesem Gottesdienst machen. Das habe ich ihm auch erlaubt, und so ist er dann hinter dem Altar auf einen Mauervorsprung geklettert und tauchte dann immer wie ein Kasper mit seiner Kamera auf. Ich habe dann für den Wiederaufbau insgesamt 5 Entwürfe eingeholt, auch einen vom berühmten Hamburger Langmark. Ein Braunschweiger Architekt hat sogar unaufgefordert einen Plan eingereicht. Da kamen die abenteuerlichsten Modelle, die wir alle verwarfen.

Außerdem gab es beim **Wiederaufbau der Kirche** noch ein Problem: Die Kirche sagte nämlich: "Wenn nicht mindestens 800 Sitzplätze geschaffen werden, gibt die Kirche kein Geld." Das wurde dann also Bedingung für den Architekten.

Probleme mit der Gemeinde oder dem Vorstand hatte ich nie, ich brauchte ja nur die Initiative zu ergreifen, die sagten Ja und Amen dazu.

Magnikirche mit Blick auf das Residenzschloß (BS) 1945 / Q.: Archiv der NO

Kirche als Kulturzentrum

Aber erst nach dem Krieg wurde das Kirchenleben richtig lebendig. Es pulsierte wieder, und die Kirchengemeinden wurden zu einem starken Anziehungspunkt für das gemeinsame Leben, natürlich je nachdem, wie die Pastoren waren. Die Kirche gab die einzige Möglichkeit, Gemeinschaft zu leben. Die Menschen, die in den Gottesdienst kamen, waren natürlich viel weniger, als wir in der Gemeinde nominell hatten. Die Leute waren zum Glauben weiterhin gleichgültig eingestellt. Aber das Interesse an den Gottesdiensten war nach dem Krieg doch ganz erheblich, und sie wurden weit besser besucht als vor dem Zusammenbruch '45. Es wurde ja auch eigentlich (von der neuen Ordnungsmacht) keine Orientierung geboten.

Alle waren ja bei den Nazis in Organisationen gewesen, in der SA oder in der Frauenschaft usw., und als das dann alles verboten war, da sprang die Kirche in die Bresche. Wir waren damals zwei Pastoren (in der Magni-Gemeinde), der eine war konservativ, der hatte die eine Kundschaft, und der andere vertrat am nächsten Sonntag das Gegenteil. Und die Leute waren auch bei der Sache: Für eine Kirchenwahl benötigten wir eine bestimmte Anzahl an Listenbewerbern. Und mein Kollege hat 100 Leute aufgetrieben, aber ich habe genauso 100 gefunden von der anderen Seite!

Zum Beispiel die **Jugendgruppen** florierten in allen Gemeinden. Und bei uns war sie wirklich stark. Die waren nicht von außerhalb, sondern alle aus der Gemeinde, meine früheren Konfirmanden. DIe wollten einfach zusammenbleiben. Des Abends saßen die vor dem Pfarrhaus und wollten bei mir rein. Ich hab' sie auch gelassen. Aber dann haben wir im Kirchturm einen Raum hergerichtet, extra für die Jugendgruppe. Da kamen dann auch mal Rabauken, da rotteten sich andere Jugendliche zusammen, denen was fehlte. Die waren irgendwie neidisch, daß die kirchliche Jugend da etwas unternehmen und sich treffen konnte. Und die wollten dann in den Kirchturm eindringen. Da mußte ich ein Schloß an der Tür anbringen und einmal sogar die Polizei holen.

Dann hieß es: "Der Pastor Wicke, der ist in Braunschweig fehl am Platze." Da kam vom Landeskirchenamt eine Verfügung, ich solle mir eine der freien Pfarrstellen aussuchen, ich könne irgendwohin gehen. Mit der Begründung: Die von Ihnen verantwortete Jugendarbeit hat jeglichem Tun und Treiben Tür und Tor geöffnet. Das war die schmutzige Phantasie solch alter Herren. Die Oberkirchenräte zerissen sich mal wieder das Maul über Wicke.

'45 haben wir auch den **Kindergarten** der Kirchengemeinde übernommen. Die brit. Militärregierung hatte ja die Vollmacht, alles zu regeln, wie sie wollte. Und dann bin ich zu dem Offizier gegangen, der für education zuständig war, und hab mir dann den Kindergarten mit sämtlichen in ihm befindlichen Möbeln zusprechen lassen. Damit war das einfach geritzt. Es war eigentlich einfach, damals etwas zu erreichen. Die Briten haben sich gar nicht wie die neuen Herrenmenschen aufgeführt.

Kindergarten einer Braunschweiger Kirchengemeinde / Q.: Städtischer Bilderdienst

Ich habe die Kinder auch oft in die Ruine geholt, da haben wir gesungen, und ich wollte, daß sie ein Verhältnis zu dieser Zeit bekommen. Oder die Frauen. Ich erinnere mich: Eine der Frauen wurde, als sie von unserem Kaffeetrinken nach Haus ging, angefahren, und das einzige, woraus man schließen konnte, wo die hingehörte - sie hatte ja keine Papiere - war die Kaffeetasse. Und da sind sie drauf gekommen: Beim Pastor, da müssen sie immer die Tassen mitbringen. Die Schwestern wollten nicht das Geschirr abwaschen, die waren zu faul. MIt dem Kaffeetrinken haben wir die Leute eigentlich wieder ziemlich munter gehalten. Die sind gerne da jede Woche erschienen, und das war ein **Kommunikationspunkt**, Kulturzentrum.

Die Frauen waren ja froh, nicht mehr in die Frauenschaft gehen zu müssen. Es gab natürlich auch noch unseren **Altenkreis**. Als die Kirche fertig war, haben wir dann sogar die Festlichen Tage Neuer Kammermusik in der Magnikirche gemacht. Man hatte ja keine Räumlichkeiten.

Bei diesen 'Organisationen', kirchlichen Kreisen konnte man erscheinen oder nicht, anders als bei der SA. Das ist so eine Art Vereinsleben gewesen.

Wir haben auch **Kleidersammlungen für Flüchtlinge** gemacht. Die meldeten sich in der Kirche, wenn sie Probleme mit ihrer Quartierung hatten. Für die waren wir Ansprechpartner. Die Braunschweiger nahmen die Flüchtlinge ja nicht sehr herzlich auf.

Die Pastoren mußten natürlich auch von einem Spruchkollegium entnazifiziert werden. Bei mir war das also gar kein Problem. Ich war bekannt als SPDler, ich war zwar pflichtmäßig in der SA gewesen, aber auch nur ein halbes Jahr, dann bin ich rausgeschmissen worden, weil ich gegen kirchenfeindliche Artikel in der SA-Zeitung protestiert hatte. Das war mein Alibi, und ich war nachgewiesenermaßen ein politisch freier Mann."

Q.: Interview mit Johann Heinrich Wicke
am 28.8.94 in Wolfenbüttel

Kopfgeld:
Das Geld, das jeder Deutsche am Tag der **Währungsreform**, dem 20.6.1948, erhielt. Sämtliche alten Reichsmarkbestände mußten zurückgegeben werden, und jede Person erhielt 60 D-Mark. Private Sparguthaben wurden hingegen im Verhältnis 1:10 umgetauscht, waren außerdem nur zur Hälfte verfügbar, da die andere Hälfte zunächst gesperrt (Festgeld) und vor der Auszahlung in der „Nachreform" noch einmal um 70% gekürzt wurde. Unternehmen erhielten 60 Reichsmark pro Beschäftigtem im Verhältnis 1:1 umgetauscht. **TS**

Lebensmittelkarte:
Regelmäßig ausgeteilter **Bezugsschein** (die Zuteilungsperioden wurden jeweils in der Zeitung bekannt gegeben), der die Verteilung knapper Lebensmittel in Kriegs- und Nachkriegszeiten ermöglichte. Nach der **Währungsreform** wurde diese Bewirtschaftung abgeschafft. **KWZ**

Neulehrer:
Neueingesetzter Lehrer mit verkürzter Ausbildung als Ersatz für Lehrer, die in der NSDAP einen höheren Rang eingenommen hatten oder noch nicht entnazifiziert waren. Mit Neulehrern wurde an den Volksschulen der akute Lehrermangel der Nachkriegszeit zu verringern versucht. Die Neulehrer mußten die Kurzausbildung durch Lehrgänge und Seminare während ihrer Dienstzeit ergänzen. **DB**

Nissenhütte:
Halbzylindrische Hütte aus Wellblech. Stirn- und Rückfront waren gemauert. Die Hütte diente als Notunterkunft für Ausgebombte und Flüchtlinge. **DB**

No-Fraternisation:
Das Verbot von privaten Kontakten zwischen Soldaten der Besatzungsmächte und der deutschen Bevölkerung zur Bestrafung der Deutschen für die nationalsoz. Verbrechen. Das Verbot wurde von Anfang an nicht konsequent durchgeführt. **VF**

Persilschein:
Leumundszeugnis, das aktive ehemalige Nationalsozialisten von politisch Unverdächtigen zu bekommen suchten, um beim Entnazifizierungsverfahren als „Mitläufer" oder „Entlastete" eingestuft zu werden.

Produktionspermit:
Konzession oder Erlaubnis der Militärregierung für Betriebe, mit der Produktion beginnen zu dürfen. **PP**

Raucherkarte:
Monatlich ausgeteilter Bezugsschein für Zigaretten bzw. Tabak, nach der **Währungsreform** 1948 nicht mehr ausgegeben. **DB**

Reparation:
Reparationen sind Geld-, Sach- und Dienstleistungen, die für die Wiedergutmachung für die von den Siegerstaaten und deren Angehörigen erlittenen Verluste und Schäden verwendet werden. **HM**

Requisitionsamt:
Behörde, auf der Sachleistungen (Lebensmittel, Kleidung, Unterkunft usw) im besetzten oder eigenen Land zum Lebensunterhalt einer Truppe oder für einen öffentlichen Notstand angefordert werden können. 1945 von den Besatzungsmächten in den Städten zur Versorgung der Flüchtlingsmassen und der Besatzungsmacht eingerichtet. **VF**

Schichtunterricht:
Nach dem Krieg war das Schulleben durch äußere Umstände wie zerstörte Gebäude, Mangel an Lehrkräften, Schulbüchern und anderen Unterrichtsmaterialien stark beeinträchtigt. Um jedoch allen Kindern eine Schulbildung zu ermöglichen, wurden die Klassenräume mehrfach genutzt und die verschiedenen Klassen in Schichten vom Vormittag bis in den späten Nachmittag unterrichtet. **KW**

Schieber:
Der Schieber war eine Art Zwischenhändler, der den **Schwarzen Markt** nutzte, um Waren gewinnbringend weiterzuverkaufen. **KW**

Schlepper:
siehe unter **Grenzgänger**

Schulspeisung:
Zur Unterstützung der überwiegend untererernährten Kinder in der Nachkriegszeit organiserten karikative ausländische Organisationen bzw. die Alliierten täglich eine warme Mahlzeit, die in den Schulen an die Kinder ausgegeben wurde. **KW**

Schwarzmarkt:
Aufgrund der geringen Warenproduktion nach dem Krieg waren Lebensmittel und andere lebenswichtige Waren knapp. Das Unterangebot sollte durch Bezugsscheine gerecht verteilt werden. Teile der knappen Waren wurden jedoch illegal an der Bewirtschaftung vorbeigeschleust, weil die knappen Waren auf einem heimlich existierenden Markt teurer zu verkaufen waren als im offiziellen Handel.

Sperrstunde:
Aus Angst vor Unruhen und Aufständen verhängten die Besatzungsmächte in den von ihnen besetzten deutschen Gebieten anfangs eine Ausgangssperre. Während der Sperrstunde, die zumeist abends bis morgens andauerte, durften die Häuser nicht verlassen werden. Im Laufe des Jahres 1945 wurde die Sperrstunde zeitlich immer mehr eingeschränkt und schließlich ganz aufgehoben. **MB**

Stromsperre:
Da viele Elektrizitätswerke während des Krieges zerstört worden waren, herrschte in den ersten Nachkriegsjahren eine Stromknappheit in Deutschland. Im Strom einzusparen und um die Stromversorgung der noch verbliebenen Industrien sicherzustellen, wurde in den Privathaushalten er elektrische Strom zeitweise gesperrt. **MB**

Stuken:
(Stubben) Baumstumpf, der ausgerodet oder aus dem Boden herausgesprengt wurde, um ihn als Heizmaterial (nach Zerkleinerung) verwenden zu können.

Trümmerfrau:
Da sich nach Kriegsende die meisten Männer noch in Kriegsgefangenschaft befanden, mußte der Wiederaufbau der zerstörten Städte vor allem von den Frauen geleistet werden. Viele von ihnen halfen als sogenannte Trümmerfrauen bei der Beseitigung der Trümmerfelder und der Bereitstellung von gebrauchsfähigen Ziegelsteinen. **MB**

Währungsreform:
Umstellung der Alliiertenwährung und der Reichsmark auf die Deutsche Mark in Westdeutschland 1948. Vorausgegangen waren die Gründung der Bank Deutscher Länder am 21. Juni und eine entsprechende Anordnung der westl. Besatzungsmächte. **PP**

Zigarettenwährung:
Da das deutsche Geld durch den Krieg und die verdeckte Inflation zunehmend an Wert verlor, entstand in den Nachkriegsjahren eine Art Nebenwährung, die wertbeständiger war: die Zigarettenwährung. Für Zigaretten , die man beispielsweise von amerikanischen Soldaten im Tausch gegen Wertgegenstände erhalten hatte, oder aber für selbst angebauten Tabak konnte man auf dem **Schwarzen Markt** lebensnotwendige Nahrungsmittel, Kohlen oder Kleidung eintauschen. **MB**

Zonenbeirat:
Deutsche Berater der britischen Militärregierung, bestehend aus Parteivertretern, Regierungschefs, Fachleuten und Gewerkschaftlern (gegründet am 15.2.1946, Sitz Hamburg).

Zuzugsgenehmigung:
Von der jeweiligen Stadtverwaltung genehmigter Zuzug in die Stadt oder den Landkreis. Der Zuzug mußte deshalb kontrolliert werden, weil infolge des Krieges nur wenig Wohnraum zur Verfügung stand und dieser dazu noch auf äußerst viele Menschen (Zuweisung von Flüchtlingen durch die Alliierten) verteilt werden mußte. **TS**

AB = Andrea Bieler		**MB** = Maren Böcker	
DB = Diana Buttler		**TB** = Tobias Burkhardt	
VF = Vanessa Feige		**HM** = Helge Mette	
PP = Philipp Pausder		**SDP** = Sebastian Pany	
TS = Thorsten Schumacher		**KWZ** = Kerstin Wenzel	
KWO = Karen Wulff		**KW** = Kirsten Weigel	

Leistungskurs Geschichte
3. Sem. 1994 / 95, Neue Oberschule Braunschweig